## E-Book inside.

Mit folgendem persönlichen Code
können Sie die E-Book-Ausgabe
dieses Buches downloaden.

```
9r65p-6x5d4-
01800-tv1dv
```

Registrieren Sie sich unter
**www.hanser-fachbuch.de/ebookinside**
und nutzen Sie das E-Book
auf Ihrem Rechner*, Tablet-PC
und E-Book-Reader.

Der Download dieses Buches als E-Book unterliegt gesetzlichen
Bestimmungen bzw. steuerrechtlichen Regelungen, die Sie unter
www.hanser-fachbuch.de/ebookinside nachlesen können.
* Systemvoraussetzungen: Internet-Verbindung und Adobe® Reader®

Freiknecht

Big Data in der Praxis

## Bleiben Sie auf dem Laufenden!

 Unser **Computerbuch-Newsletter** informiert Sie monatlich über neue Bücher und Termine. Profitieren Sie auch von Gewinnspielen und exklusiven Leseproben. Gleich anmelden unter

www.hanser-fachbuch.de/newsletter

 **Hanser Update** ist der IT-Blog des Hanser Verlags mit Beiträgen und Praxistipps von unseren Autoren rund um die Themen Online Marketing, Webentwicklung, Programmierung, Softwareentwicklung sowie IT- und Projektmanagement. Lesen Sie mit und abonnieren Sie unsere News unter

www.hanser-fachbuch.de/update

Jonas Freiknecht

# Big Data in der Praxis

Lösungen mit Hadoop, HBase und Hive

Daten speichern, aufbereiten, visualisieren

**HANSER**

Der Autor:
*Jonas Freiknecht*, Karlsruhe
www.jofre.de

Alle in diesem Buch enthaltenen Informationen, Verfahren und Darstellungen wurden nach bestem Wissen zusammengestellt und mit Sorgfalt getestet. Dennoch sind Fehler nicht ganz auszuschließen. Aus diesem Grund sind die im vorliegenden Buch enthaltenen Informationen mit keiner Verpflichtung oder Garantie irgendeiner Art verbunden. Autor und Verlag übernehmen infolgedessen keine juristische Verantwortung und werden keine daraus folgende oder sonstige Haftung übernehmen, die auf irgendeine Art aus der Benutzung dieser Informationen – oder Teilen davon – entsteht.

Ebenso übernehmen Autor und Verlag keine Gewähr dafür, dass beschriebene Verfahren usw. frei von Schutzrechten Dritter sind. Die Wiedergabe von Gebrauchsnamen, Handelsnamen, Warenbezeichnungen usw. in diesem Buch berechtigt deshalb auch ohne besondere Kennzeichnung nicht zu der Annahme, dass solche Namen im Sinne der Warenzeichen- und Markenschutz-Gesetzgebung als frei zu betrachten wären und daher von jedermann benutzt werden dürften.

Bibliografische Information der Deutschen Nationalbibliothek:
Die Deutsche Nationalbibliothek verzeichnet diese Publikation in der Deutschen Nationalbibliografie; detaillierte bibliografische Daten sind im Internet über http://dnb.d-nb.de abrufbar.

Dieses Werk ist urheberrechtlich geschützt.
Alle Rechte, auch die der Übersetzung, des Nachdruckes und der Vervielfältigung des Buches, oder Teilen daraus, vorbehalten. Kein Teil des Werkes darf ohne schriftliche Genehmigung des Verlages in irgendeiner Form (Fotokopie, Mikrofilm oder ein anderes Verfahren) – auch nicht für Zwecke der Unterrichtsgestaltung – reproduziert oder unter Verwendung elektronischer Systeme verarbeitet, vervielfältigt oder verbreitet werden.

© 2014 Carl Hanser Verlag München, www.hanser-fachbuch.de
Lektorat: Sieglinde Schärl
Copy editing: Sandra Gottmann, Münster-Nienberge
Herstellung: Irene Weilhart
Umschlagdesign: Marc Müller-Bremer, München, www.rebranding.de
Umschlagrealisation: Stephan Rönigk
Gesamtherstellung: Kösel, Krugzell
Printed in Germany

Print-ISBN:   978-3-446-43959-7
E-Book-ISBN: 978-3-446-44177-4

*„Wenn Du schnell gehen willst, geh allein.
Wenn Du weit gehen willst, geh mit anderen."*

*Afrikanisches Sprichwort*

# Inhalt

| | | |
|---|---|---|
| Vorwort | | XI |
| **1** | **Einleitung** | **1** |
| **2** | **Big-Data** | **7** |
| 2.1 | Historische Entstehung | 8 |
| 2.2 | Big-Data – ein passender Begriff? | 9 |
| | 2.2.1 Die drei V | 10 |
| | 2.2.2 Das vierte V – Veracity | 13 |
| | 2.2.3 Der Verarbeitungsaufwand ist big | 14 |
| | 2.2.4 Sicht der Industrien auf Big-Data | 14 |
| 2.3 | Eingliederung in BI und Data-Mining | 15 |
| **3** | **Hadoop** | **19** |
| 3.1 | Hadoop kurz vorgestellt | 20 |
| 3.2 | HDFS – das Hadoop Distributed File System | 21 |
| 3.3 | Hadoop 2.x und YARN | 25 |
| 3.4 | Hadoop als Single-Node-Cluster aufsetzen | 26 |
| | 3.4.1 Falls etwas nicht funktioniert | 39 |
| 3.5 | Map-Reduce | 42 |
| 3.6 | Aufsetzen einer Entwicklungsumgebung | 44 |
| 3.7 | Implementierung eines Map-Reduce-Jobs | 51 |
| 3.8 | Ausführen eines Jobs über Kommandozeile | 63 |
| 3.9 | Verarbeitung im Cluster | 67 |
| 3.10 | Aufsetzen eines Hadoop-Clusters | 69 |
| 3.11 | Starten eines Jobs via Hadoop-API | 81 |
| 3.12 | Verketten von Map-Reduce-Jobs | 94 |
| 3.13 | Verarbeitung anderer Dateitypen | 109 |
| 3.14 | YARN-Anwendungen | 125 |
| | 3.14.1 Logging und Log-Aggregation in YARN | 125 |
| | 3.14.2 Eine einfache YARN-Anwendung | 129 |

| | | |
|---|---|---|
| 3.15 | Vor- und Nachteile der verteilten Verarbeitung ............................ | 153 |
| 3.16 | Die Hadoop Java-API ................................................... | 154 |
| | 3.16.1 Ein einfacher HDFS-Explorer .................................... | 155 |
| | 3.16.2 Cluster-Monitor ............................................... | 167 |
| | 3.16.3 Überwachen der Anwendungen im Cluster ........................ | 169 |
| 3.17 | Gegenüberstellung zur traditionellen Verarbeitung ......................... | 171 |
| 3.18 | Big-Data aufbereiten ................................................... | 172 |
| | 3.18.1 Optimieren der Algorithmen zur Datenauswertung ................. | 172 |
| | 3.18.2 Ausdünnung und Gruppierung .................................. | 174 |
| 3.19 | Ausblick auf Apache Spark ............................................. | 176 |
| 3.20 | Markt der Big-Data-Lösungen .......................................... | 178 |

## 4 Das Hadoop-Ecosystem ................................................. 181

| | | |
|---|---|---|
| 4.1 | Ambari ............................................................... | 182 |
| 4.2 | Sqoop ................................................................ | 183 |
| 4.3 | Flume ................................................................ | 183 |
| 4.4 | HBase ................................................................ | 184 |
| 4.5 | Hive ................................................................. | 184 |
| 4.6 | Pig ................................................................... | 185 |
| 4.7 | Zookeeper ............................................................ | 185 |
| 4.8 | Mahout ............................................................... | 186 |
| 4.9 | Spark ................................................................ | 187 |
| 4.10 | Data Analytics und das Reporting ....................................... | 187 |

## 5 NoSQL und HBase ..................................................... 189

| | | |
|---|---|---|
| 5.1 | Historische Entstehung ................................................. | 189 |
| 5.2 | Das CAP-Theorem ..................................................... | 190 |
| 5.3 | Typen von Datenbanken ................................................ | 191 |
| 5.4 | Umstieg von SQL und Dateisystemen auf NoSQL oder HDFS ................ | 194 |
| | 5.4.1 Methoden der Datenmigration .................................... | 194 |
| 5.5 | HBase ................................................................ | 196 |
| | 5.5.1 Das Datenmodell von HBase ..................................... | 196 |
| | 5.5.2 Aufbau von HBase .............................................. | 198 |
| | 5.5.3 Installation als Stand-alone ....................................... | 199 |
| | 5.5.4 Arbeiten mit der HBase Shell ..................................... | 201 |
| | 5.5.5 Verteilte Installation auf dem HDFS ............................... | 203 |
| | 5.5.6 Laden von Daten ................................................ | 206 |
| |     5.5.6.1 HBase Bulk Loading über die Shell ...................... | 207 |
| |     5.5.6.2 Datenextrakt aus einer Datenbank über Sqoop ............ | 209 |
| | 5.5.7 HBase Java-API ................................................. | 218 |
| | 5.5.8 Der Umstieg von einem RDBMS auf HBase ........................ | 242 |

## 6 Data-Warehousing mit Hive .................................................. 245
6.1 Installation von Hive ............................................................ 246
6.2 Architektur von Hive ........................................................... 248
6.3 Das Command Line Interface (CLI) ........................................ 249
6.4 HiveQL als Abfragesprache ................................................... 251
    6.4.1 Anlegen von Datenbanken ........................................ 251
    6.4.2 Primitive Datentypen ............................................... 252
    6.4.3 Komplexe Datentypen .............................................. 252
    6.4.4 Anlegen von Tabellen ............................................... 253
    6.4.5 Partitionierung von Tabellen ..................................... 254
    6.4.6 Externe und interne Tabellen .................................... 254
    6.4.7 Löschen und leeren von Tabellen .............................. 255
    6.4.8 Importieren von Daten ............................................. 256
    6.4.9 Zählen von Zeilen via count ...................................... 257
    6.4.10 Das SELECT-Statement ............................................. 257
    6.4.11 Beschränken von SELECT über DISTINCT ................. 260
    6.4.12 SELECT auf partitionierte Tabellen .......................... 261
    6.4.13 SELECT sortieren mit SORT BY und ORDER BY ......... 261
    6.4.14 Partitionieren von Daten durch Bucketing ................ 263
    6.4.15 Gruppieren von Daten mittels GROUP BY ................. 264
    6.4.16 Subqueries – verschachtelte Abfragen ..................... 265
    6.4.17 Ergebnismengen vereinigen mit UNION ALL ............. 265
    6.4.18 Mathematische Funktionen ...................................... 266
    6.4.19 String-Funktionen ................................................... 267
    6.4.20 Aggregatfunktionen ................................................. 268
    6.4.21 User-Defined Functions ............................................ 269
    6.4.22 HAVING ................................................................... 277
    6.4.23 Datenstruktur im HDFS ............................................ 277
    6.4.24 Verändern von Tabellen ........................................... 278
    6.4.25 Erstellen von Views .................................................. 281
    6.4.26 Löschen einer View .................................................. 281
    6.4.27 Verändern einer View ............................................... 281
    6.4.28 Tabellen zusammenführen mit JOINs ....................... 282
6.5 Hive Security ....................................................................... 284
    6.5.1 Implementieren eines Authentication-Providers ....... 290
    6.5.2 Authentication-Provider für HiveServer2 .................. 294
    6.5.3 Verwenden von PAM zur Benutzerauthentifizierung ... 295
6.6 Hive und JDBC .................................................................... 296
6.7 Datenimport mit Sqoop ....................................................... 314
6.8 Datenexport mit Sqoop ....................................................... 316
6.9 Hive und Impala .................................................................. 317
6.10 Unterschied zu Pig .............................................................. 318
6.11 Zusammenfassung .............................................................. 319

# 7 Big-Data-Visualisierung ... 321
## 7.1 Theorie der Datenvisualisierung ... 321
## 7.2 Diagrammauswahl gemäß Datenstruktur ... 327
## 7.3 Visualisieren von Big-Data erfordert ein Umdenken ... 328
### 7.3.1 Aufmerksamkeit lenken ... 329
### 7.3.2 Kontextsensitive Diagramme ... 331
### 7.3.3 3D-Diagramme ... 333
### 7.3.4 Ansätze, um Big-Data zu visualisieren ... 334
## 7.4 Neue Diagrammarten ... 336
## 7.5 Werkzeuge zur Datenvisualisierung ... 340
## 7.6 Entwicklung einer einfachen Visualisierungskomponente ... 344

# 8 Auf dem Weg zu neuem Wissen – aufbereiten, anreichern und empfehlen ... 357
## 8.1 Eine Big-Data-Table als zentrale Datenstruktur ... 360
## 8.2 Anreichern von Daten ... 362
### 8.2.1 Anlegen einer Wissensdatenbank ... 364
### 8.2.2 Passende Zuordnung von Daten ... 364
## 8.3 Diagrammempfehlungen über Datentypanalyse ... 368
### 8.3.1 Diagrammempfehlungen in der BDTable ... 370
## 8.4 Textanalyse – Verarbeitung unstrukturierter Daten ... 376
### 8.4.1 Erkennung von Sprachen ... 377
### 8.4.2 Natural Language Processing ... 378
#### 8.4.2.1 Klassifizierung ... 379
#### 8.4.2.2 Sentiment-Analysis ... 384
### 8.4.3 Mustererkennung mit Apache UIMA ... 386

# 9 Zusammenfassung und Ausblick ... 405

# 10 Häufige Fehler ... 409

# 11 Anhang ... 415
## 11.1 Installation und Verwendung von Sqoop2 ... 415
## 11.2 Hadoop für Windows 7 kompilieren ... 421

# Literaturverzeichnis ... 425

# Index ... 429

# Vorwort

Die Verfügbarkeit von Daten hat sich in den vergangenen zehn Jahren drastisch verändert. Immer neue Datenquellen, die zunehmende Verbreitung mobiler, internetfähiger Geräte und natürlich alle Entwicklungen, die sich aus dem *Web 2.0* ergeben haben, tragen dazu bei, dass sich Unternehmen heute mit einer sehr viel größeren Datenmenge konfrontiert sehen, die es zu erfassen, zu speichern und auszuwerten gilt, als bisher. Dabei ist es nicht nur die Datenmenge selbst, die den Unternehmen Probleme bereitet, sondern darüber hinaus auch die Struktur und die Art der Daten sowie die Geschwindigkeit, mit der sie anfallen.

Die meisten Unternehmen sehen sich noch immer in einer klassisch relationalen Welt verhaftet, die sie sich selbst in den letzten Jahrzehnten aufgebaut haben. Über mehr als 40 Jahre hinweg haben relationale Datenbanken und SQL als standardisierte Abfragesprache sowie die dazugehörigen Architekturen die Datenhaltung, -verarbeitung und -auswertung beherrscht. Und auch heute stellt niemand infrage, dass der Großteil der Datenbanken, die wir in den Unternehmen vorfinden, diesem klassischen Paradigma entsprechen: Zeilenorientierte, weitestgehend normalisierte RDBMS-Systeme, die die Daten in Tabellen halten und über Beziehungen miteinander verknüpfen, um auf diese Weise ihre Datenbankschemata aufzubauen.

Viele der Problemstellungen, die sich in den vergangenen zehn Jahren entwickelt haben, passen jedoch nicht in ein solch relationales Modell – was die Anwender zum Teil aber nicht davon abhält zu versuchen, ihre Welt mit eher mäßigem Erfolg in das relationale Modell zu zwingen.

Seit einigen Jahren aber gibt es Alternativen zu den klassischen Architekturen. Als Stichwörter fallen dabei immer wieder Termini wie Hadoop, NoSQL oder auch Map-Reduce. Letztlich aber ist es der Begriff Big-Data, der diese Stichwörter zusammenführt. Ein Begriff, der leider in den vergangenen Monaten zu oft für alles herhalten musste, was mit Daten zu tun hatte. Die hier zu beobachtenden Entwicklungen sind dabei vielfach eng miteinander verwoben, auch wenn sie nicht explizit voneinander abhängen. Getrieben werden sie in allen Bereichen vor allem von großen Internetkonzernen wie Google, Facebook, Yahoo oder Amazon, die maßgeblich an den grundlegenden Konzepten mitgearbeitet haben.

Über den Begriff Big-Data und seine Definition ist in der Fachwelt viel und sehr kontrovers diskutiert worden. Unabhängig davon, ob man von den klassischen drei V (*Volume, Variaty* und *Velocity*) ausgeht oder noch weitere (wie etwa *Value* oder *Veracity*) einbezieht, lässt sich feststellen, dass es sich bei Big-Data um zumeist große, polystrukturierte Datenmengen handelt, deren Verarbeitung mit konventionellen Mitteln, wie etwa den traditionellen relationalen Datenbanken, kaum oder gar nicht mehr möglich ist.

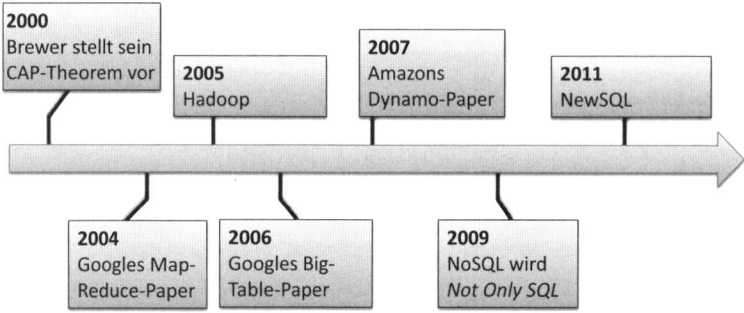

Meilensteine in der Big-Data-Entwicklung

Die *Hadoopisierung* in den Unternehmen schreitet darüber hinaus zunehmend voran. Dabei geht es letztlich um die Verarbeitung von Big-Data mit Hadoop oder ähnlichen Frameworks (z. B. *Disco* oder *BashReduce*) in einem verteilten System. Die hier zum Einsatz kommenden Konzepte umfassen etwa das sogenannte Map-Reduce-Verfahren, welches die Verarbeitung großer Datenmengen in einem Cluster ermöglicht, und für die Datenhaltung werden in der Regel NoSQL-Datenbanken eingesetzt. Der Grund dafür, dass im Geflecht von Big-Data und Hadoop NoSQL-Datenbanken eingesetzt werden, ist unter anderem in der Skalierbarkeit der Systeme zu sehen.

Das vorliegende Buch zeigt nun, wie man eine entsprechende Architektur tatsächlich aufbauen kann. Und dies nicht nur theoretisch, sondern sehr praxisnah, stets mit konkreten Beispielen und bei Bedarf auch mit passenden Code-Schnipseln. Die entsprechenden theoretischen Grundlagen und Konzepte werden vorgestellt und in einem nächsten Schritt gleich zur Anwendung gebracht. Angefangen bei einem entsprechenden Hadoop-Cluster mit den typischen in der Praxis häufig zu findenden Tools über die verwendete NoSQL-Datenbank bis hin zur Visualisierung der Ergebnisse. Dabei werden auch die unterschiedlichen Aspekte, die Big-Data ausmachen, behandelt. So wird nicht nur der Größenaspekt allein adressiert, sondern darüber hinaus auch, wie man etwa das Problem der Unstrukturiertheit der Daten angehen kann. Hier werden Methoden aus dem Data- und Text-Mining ebenso vorgestellt wie neue Aspekte, beispielsweise das Natural Language Processing.

Nach der Lektüre bleibt für den Leser nur noch die Frage offen, ob er tatsächlich *Big-Data-Schmerzen* hat, wie Pavlo Baron (2012) es nennt, und die vorgestellten Konzepte einsetzen möchte. Wie diese konkret umzusetzen sind, zeigt Jonas Freiknechts Buch anschaulich und erfreulich praxisorientiert.

*Professor Dr. Uwe Haneke*, Hochschule Karlsruhe

# 1 Einleitung

Der Begriff Big-Data ist in den letzten Jahren vom bloßen Buzz-Word hin zu einem greifbaren technischen Begriff gereift. Hadoop und NoSQL-Technologien haben maßgeblich zu dieser Evolution beigetragen und bestimmen derzeit den Inhalt vieler Fachzeitschriften und -bücher. In den jeweiligen Texten werden meist generelle Beschreibungen des Mehrwerts, der durch den Einsatz besagter Technologien für Banken, Automobilhersteller, Forschungseinrichtungen, Versicherungen etc. entsteht, hervorgehoben und die Notwendigkeit betont, sich mit den hauseigenen und öffentlichen großen Datenmengen zu beschäftigen, um dem eigenen Unternehmen einen Wettbewerbsvorteil zu verschaffen, indem es durch die Auswertung besagter Daten neue, geschäftskritische Informationen gewinnt. Die Aufgabenstellung ist also klar: Beschäftigen Sie sich mit Big-Data und sehen Sie zu, dass Sie alle Ihnen zugängliche Datenquellen nutzen, um die Entscheidungsfindung in Ihrem Unternehmen positiv zu beeinflussen. Die Frage nach dem *Wie* bleibt jedoch weitestgehend unbeantwortet. Wie gewinne ich neue Informationen aus meinen Daten? Wie integriere ich denn Hadoop und Co. in unsere bisherige Business-Intelligence-Architektur? Und wie schaffe ich es, Big-Data in all seinen Ausprägungen aufzubereiten, zu visualisieren und den Fachabteilungen zugänglich zu machen? Wie und mit welchen Tools erstelle ich eine Big-Data-Architektur, um für neue, bisher unbekannte Herausforderungen optimal aufgestellt zu sein?

Dieser Fragenkatalog ließe sich beliebig fortführen und erweitern, denn – Sie haben vielleicht schon gemerkt, worauf ich hinaus möchte – die *technischen* Aspekte des Big-Data-Trends werden nur selten in ausreichendem Detailgrad diskutiert. Und wenn, dann nicht in Form von Gesamtlösungen, sondern in kleinen, gut verdaulichen Häppchen. Gründe dafür gibt es viele. Einerseits gibt es bisher wenige Referenzimplementierungen, außer vielleicht bei Branchengrößen wie Google, Facebook oder Yahoo. Zweitens entsteht die Big-Data-Bewegung nicht nur durch einen einzelnen neuen Technologientrend. Vielmehr basiert diese auf vielen verschiedenen Ansätzen, die erst im Zusammenspiel ihr ganzes Potenzial entfalten. Darunter fallen sicherlich – neben Hadoop und Co. – NoSQL-Datenbanken, Data-Warehousing-Komponenten für große Datenmengen, die Map-Reduce-, YARN- und Spark-Programmiermodelle und all diejenigen Ansätze, die bereits etablierte Lösungen, etwa im Bereich des Data-Minings oder der ETL-Prozesse (*Extract, Transform, Load*), mit der Big-Data-Thematik verheiraten.

Sie sehen, dass das Thema aus technischen Gesichtspunkten unglaublich umfangreich ist und viele neue Bereiche bietet, in denen es sich neues Wissen anzueignen gilt. Wichtig ist daher, dass Sie eine hohe Affinität zum Forschen und zum Experimentieren mitbringen, denn nicht immer ist die erste Wahl einer Software die richtige. Häufig wählt man diese erst in der zweiten oder dritten Iteration. Dazu kommt, dass viele Projekte, die Big-Data adressieren, noch recht jung sind, ständig wachsen und in jedem größeren Release neue Funktionen integriert werden, die es wieder kennenzulernen und für einen Einsatz im Unternehmen zu bewerten gilt.

**Was Sie in diesem Buch erwartet**

Ich möchte mich mit Ihnen den oben genannten Herausforderungen stellen und das Thema Big-Data aus einer technischen Sicht in Gänze und mit genügend Tiefgang beleuchten. Die folgenden Seiten sollen sich also nicht nur den fachlichen Neuerungen der Big-Data-Bewegung widmen, sondern vor allem einen praktischen Einstieg in sämtliche Bereiche bieten, die für die Verarbeitung von Daten aus sozialen Netzwerken, unstrukturierten Webseiten, umfangreichen Fließtextdokumenten und geografischen Daten nötig sind. Dabei wird nicht nur gezeigt werden, wie große Datenmengen in einem Cluster verarbeitet, sondern auch über ein Data-Warehouse bereitgestellt oder mit neuen, innovativen Diagrammen visualisiert werden können. Ich möchte mit Ihnen das Thema *NoSQL* besprechen und im praktischen Teil HBase als Vertreter dieser Kategorie aktiv einsetzen. Apache Hive wird als Data-Warehouse-Software vorgestellt, um zu zeigen, inwiefern auf Big-Data mit Abfragesprachen ähnlich SQL zugegriffen werden kann. Sie werden lernen, welche neuen Diagrammarten dabei unterstützen, große Datenmengen mit komplexen Beziehungen untereinander zu visualisieren und zu verstehen. Diese versprochenen Erläuterungen möchte ich Ihnen nicht nur in Textform geben, sondern Sie aktiv in den Entwicklungsprozess mit einbeziehen und Ihnen, wo möglich, die theoretischen Hintergründe näher bringen. Neben den bekannten Apache-Projekten wie Hadoop, Hive und HBase werden wir auch einige weniger bekannte Frameworks wie Apache UIMA oder Apache OpenNLP besprechen, um gezielt die Verarbeitung unstrukturierter Daten zu behandeln. Dazu werden wir gemeinsam viele kleinere Projekte entwickeln, um die Kniffe bezüglich der Nutzung der neuen Software kennenzulernen und zu verstehen. Mein Ziel ist es, Sie auf den Effekt und den Mehrwert der neuen Möglichkeiten aufmerksam zu machen, sodass Sie diese konstruktiv in Ihr Unternehmen tragen können und für sich und Ihre Kollegen somit ein Bewusstsein für den Wert Ihrer Daten schaffen.

**Voraussetzungen**

Wie im Vorwort erwähnt, ist die wichtigste Voraussetzung sicherlich die Experimentierfreude und die Bereitschaft, Neues zu erlernen und alte Gewohnheiten und Denkweisen kurze Zeit abzuschalten. Die technischen Vorkenntnisse, die Sie mitbringen sollten, um dieses Buch flüssig lesen und nachvollziehen zu können, lassen sich in die drei Bereiche *Entwicklungsumgebungen*, *Entwicklung* und *Betrieb* unterteilen. Sie sollten sich mit Eclipse, Java EE und dem Betrieb von Enterprise-Anwendungen auf einem Java Application-Server auskennen. Des Weiteren ist es von Vorteil, wenn Sie gängige Webtechnologien wie HTML und JavaScript verstehen, denn damit werden wir später die Datenvisualisierung erarbeiten. Da wir zusammen Hadoop, HBase, Hive, Sqoop etc. auf Ubuntu installieren werden, ist es ebenfalls hilfreich, sich in einer Unix-Umgebung bewegen zu können und die grundliegenden Befehle zu kennen, um etwa Verzeichnisse zu wechseln, anzulegen oder zu löschen. Zudem ist ein etwas stärkerer PC vonnöten, um alle Szenarien aus dem Buch zu Hause konstruieren zu können. Ich rate daher zu einem Mehrkernprozessor mit einer Taktfrequenz von mindestens 3 GHz und mindestens 12 Gigabyte RAM. Die gute Nachricht ist, dass Sie für die Software, die wir einsetzen werden (*Eclipse, Glassfish, Ubuntu* ...), kein Geld bezahlen müssen, denn alle Komponenten stehen in vollem Umfang kostenlos im Internet zur Verfügung.

Wenn ich Sie mit diesen Anforderungen nun ein wenig abgeschreckt habe, möchte ich Sie auch gleich wieder beruhigen. Anstatt in diesem Buch zu erklären, wie eine Lösung aussehen könnte, möchte ich diese mit Ihnen ganz konkret Schritt für Schritt aufbauen und Sie so hin zu einer fertigen und funktionstüchtigen Implementierung führen. In meinem letzten Buch habe ich die Erfahrung gemacht, dass dieses Vorgehen sehr gut angenommen wird und dass es sich lohnt, lieber einen Teil zu detailliert zu erklären, als etwaige Fragen offenzulassen. Wenn Sie sich also nicht sicher sind, ob Ihnen dieses Buch zu viel abverlangt, dann seien Sie mutig. Das sage ich nicht, da ich hoffe, durch die Verkäufe meinen nächsten Urlaub finanzieren zu können, sondern da ich davon ausgehe, dass Sie mit einem technischen Interesse an Big-Data bereits über die eine oder andere Vorerfahrung im Bereich der Informationsverarbeitung verfügen und Sie sich somit getrost der vorliegenden Lektüre widmen können.

### Für wen ist dieses Buch geschrieben?

Dieses Buch ist ganz klar für Menschen konzipiert, die sich in ihrem Beruf praktisch mit dem Thema Big-Data auseinandersetzen. Doch ich möchte ganz klar sagen, dass sich nun nicht nur studierte Informatiker angesprochen fühlen sollen, sondern auch solche, die aus anderen Disziplinen kommen und vielleicht eine tolle Idee (und jede Menge Daten) haben und damit z. B. planen, ein Start-up zu gründen. Ich hoffe ebenso, mit dieser Lektüre Studenten und Auszubildende begleiten zu dürfen, die das Buch als Ergänzung zu einer Vorlesung oder zum Schreiben einer Seminararbeit verwenden. Wenn Sie sich also zu einer Gruppe der in Bild 1.1 genannten Tätigkeitsfelder zählen oder sich mit einem der aufgeführten Themen beschäftigen, dann lohnt sich ein Blick in die folgenden Seiten.

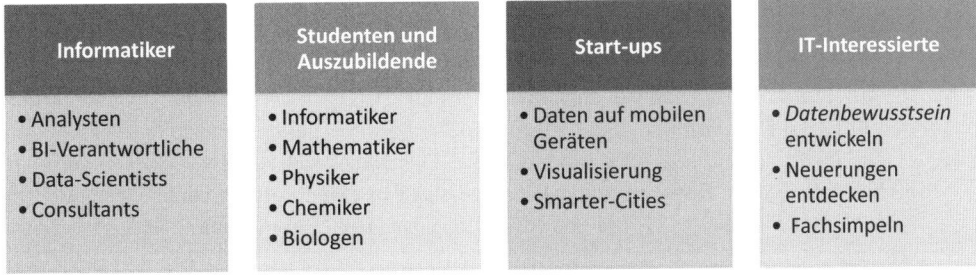

**Bild 1.1** Gruppen und Themen, die in Zusammenhang mit Big-Data genannt werden

Neulich war ich in einer Buchhandlung in Hannover und habe zwei neue Werke mit dem Wort *Big-Data* im Titel entdeckt, die fernab der technischen Fachliteratur lagen. Da ich gerade begonnen hatte, dieses Buch zu schreiben, weckten sie natürlich mein Interesse und ich blätterte ein wenig darin. Der Inhalt bestand aus theoretischen Anwendungsfällen, rechtlichen Fragen zum Datenschutz und ein bisschen Panikmache durch Begriffe wie *Prism, NSA* und *Gläserner Mensch*. Für mich eine wunderbare Vorlage für einen Absatz über das Thema: *Für wen dieses Buch nicht geschrieben ist.* Denn so interessant die Diskussionen auch sind, möchte ich mich in diesem Buch ganz vorbehaltlos ausschließlich mit den technischen Details beschäftigen. Wenn Sie also ein wenig gehofft haben, nach dem Lesen dieses Buches auf der nächsten Familienfeier mit ein bisschen Insiderwissen über amerikanische Geheimdienste glänzen zu können, muss ich Sie enttäuschen. Ich verspreche Ihnen aber, dass Sie bei der nächsten Fachsimpelei mit Kollegen und Freunden bei einer Tasse Kaffee durchaus etwas zu erzählen haben werden.

### Warum „Big-Data in der Praxis"?

Ich muss gestehen, dass ich, wenn ich selber Bücher oder Fachzeitschriften lese, gerne größere Theorieblöcke überspringe und mir zuerst die praktischen Teile anschaue. Vielleicht sind Sie, genau wie ich, ein Learning-by-Doing-Typ, dem es liegt, sich Wissen anhand von praktischen Erfahrungen anzueignen. Wenn ich Befehle auf der Tastatur eingebe, kann ich mir diese einfach besser merken und häufig entsteht auch dann ein tiefergehendes Interesse an der Materie, mit der ich mich gerade beschäftige, sodass ich dann bereit bin, die Theorie nachzuholen. Genau diesen Gedanken möchte ich in diesem Buch praktizieren, sodass fachliche mit technischen Erklärungen einhergehen und sich symbiotisch ergänzen. Dadurch erhoffe ich mir den Effekt, dass Sie die Verbindung zwischen Hintergrundwissen und der tatsächlichen Anwendung schnell herstellen und verinnerlichen und Ihnen dennoch beim Lesen nicht langweilig wird.

### Vorgehensweise und Struktur

Dieses Buch ist so aufgebaut, dass ich zu Beginn eine theoretische Einführung in alle Themen rund um Big-Data gebe. Neben der historischen Entwicklung des Begriffs und der Diskussion einiger unterschiedlicher Definitionen, möchte ich Ihnen mithilfe von Studien und Umfragen zeigen, welche Industrien welche Themen mit dem Begriff Big-Data verbinden, und somit die Erwartungshaltung verschiedener Menschen in Bezug auf den Trend darlegen. Eine Gegenüberstellung der Begrifflichkeiten BI, Data-Mining und Big-Data soll dabei helfen, Zusammenhänge, Unterschiede und gegenseitige Ergänzung der drei Begrifflichkeiten zu erkennen, und Sie befähigen, diese gegeneinander abzugrenzen und an anderer Stelle Schnittpunkte zwischen ihnen zu finden.

Im Anschluss folgt ein Kapitel über Hadoop, in dem ich dessen Installation, Konfiguration und Bedienung erkläre und dabei jeweils auf die Besonderheiten bei der Verwendung mit einem *Single-* oder *Multi-Node-Cluster* eingehe. Es schließt sich die Entwicklung von Map-Reduce-Jobs und YARN-Anwendungen an, gefolgt von einem ausführlichen Abschnitt zur Arbeit mit der Hadoop-API, um den Zugriff auf das HDFS, den Resource-Manager etc. zu erklären.

Nachdem die Funktionsweise und die Idee hinter Hadoop bekannt sind, stelle ich in Kapitel 4 kurz vor, welche Projekte um Hadoop herum in dessen Eco-System existieren und welche Aufgaben diese haben. In Kapitel 5 wird das Thema NoSQL aufgegriffen, theoretisch erläutert und praktisch unter Zuhilfenahme von HBase umgesetzt. Dabei zeige ich nicht nur, wie HBase installiert und eingerichtet wird, sondern auch wie auf dessen Daten, entweder über das Terminal oder die Java-API, zugegriffen werden kann.

Analog dazu wird in Kapitel 6 das Thema Data-Warehousing mit Apache Hive besprochen und gezeigt, wie sich Hive in das Big-Data-Umfeld integrieren lässt. Elementarer Bestandteil dieses Kapitels ist die Abfragesprache *HiveQL* mit all ihren Ausprägungen und die Verwendung von Hive über einen herkömmlichen JDBC-Adapter, um aus einer Java-Anwendung Abfragen absetzen und auswerten zu können.

Das Thema Datenvisualisierung beschäftigt uns dann in Kapitel 7, in dem ich zuerst einige Visualisierungsframeworks vorstelle und vergleiche und dann mit *D3.js* ein Set von Visualisierungskomponenten erarbeite, mit denen wir in einer Beispielanwendung ein paar ansehnliche Diagramme zeichnen werden. Im theoretischen Teil dieses Kapitels geht es darum, was man beachten muss, wenn Sie planen, große Datenmengen auf kleinem Raum unterzubringen, und welche Trends und Möglichkeiten es dabei gibt.

In Kapitel 8 soll das Thema Informationsgewinnung nähergebracht werden, das zum einen einen Zusammenschnitt aller bisher kennengelernten Techniken in einer schicken Gesamtlösung vereint und des Weiteren auf die Besonderheiten bei der Verarbeitung von unstrukturierten Daten mit aktuellen Text-Mining-Frameworks eingeht, darunter Apache UIMA und Apache OpenNLP. Diese werden ebenfalls als Bestandteil in das hier zu entwickelnde Programm einfließen.

Das Buch schließt in den letzten beiden Kapiteln mit einem Beiwerk ab, das einerseits Lösungen zu häufigen Fehlern bei der Arbeit mit Hadoop, Hive und HBase anbietet und zum anderen einige ergänzende Anleitungen bereitstellt, die den Inhalt des Buches ergänzen sollen.

### DVD zum Buch

Auf der DVD, die diesem Buch beiliegt, finden Sie die fertigen Projekte, die wir gemeinsam in diesem Buch erarbeiten werden. Nutzen Sie diese gerne als Nachschlagewerk, um Vorgehensweisen und Verwendung der entsprechenden APIs im Detail zu verstehen. Des Weiteren stelle ich für einige Aufgaben Video-Tutorials bereit, die u. a. die Installation von Hadoop, Hive und HBase zeigen, sodass Sie jeden einzelnen Schritt der Erklärungen genau nachverfolgen können. Last but not least sind auf der DVD diverse Testdatensätze zu finden, die gerne während der Entwicklung und Erprobung der Anwendungen genutzt werden dürfen. Für die Daten in der Wissensdatenbank liegen im Ordner *Lizenzdateien* die Quellen der Daten vor. Die generierten Beispieldatensätze sind von mir zufällig gewählt bzw. generiert, sodass Übereinstimmungen von Namen, Adressen, Berufen oder anderen Eigenschaften mit denen von realen Personen nur zufällig sind.

Wenn Sie Fragen oder Anregungen bezüglich dieses Buches haben, würde ich mich freuen, wenn Sie mich über meinen Blog *www.jofre.de* kontaktieren. Nun wünsche ich Ihnen viel Spaß bei der vorliegenden Lektüre.

# 2 Big-Data

Zu Beginn wurde bereits eine kurze Einführung in das Thema Big-Data gegeben. In diesem Kapitel möchte ich diese noch etwas vertiefen und verschiedene Definitionen vorstellen, die diesbezüglich in den letzten Jahren entstanden sind. Bitte lassen Sie mich zuvor noch einmal den Gedanken der Präsenz von Big-Data in den verschiedenen Industrien aufgreifen, die eben in der Einleitung bereits in den Raum gestellt wurde. Bild 2.1 zeigt eine Statistik, die eine Umfrage von Gartner (Kart, 2012) aus dem Jahre 2012 verbildlicht. In dieser wurde evaluiert, welche Industrien sich mit dem Thema Big-Data in welchem Ausmaß auseinandersetzen.

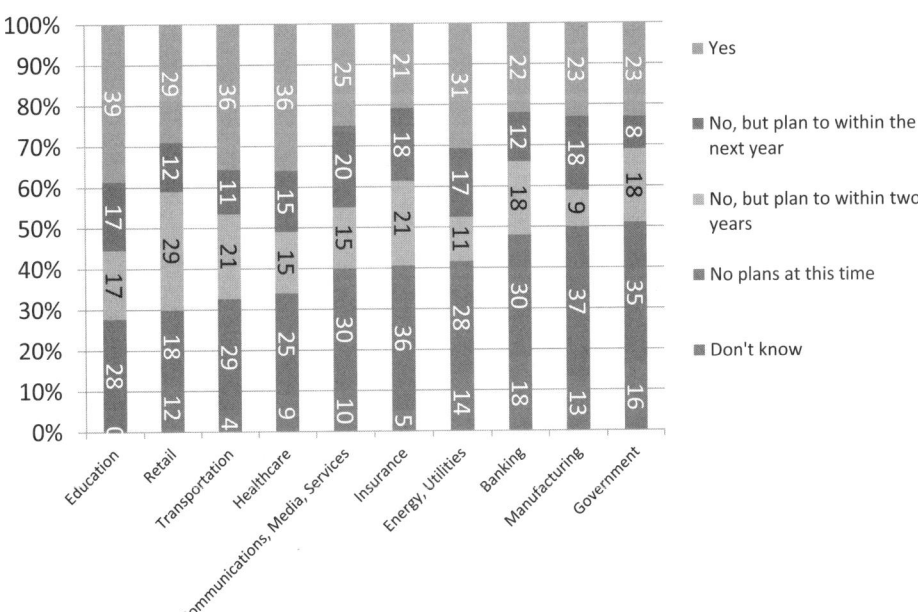

**Bild 2.1** Big-Data regt das Interesse sämtlicher Industrien an.

Das wenig verblüffende Ergebnis ist, dass sich alle bereits damit beschäftigt haben, allen voran die Sparte *Education*. Zwar kann man davon ausgehen, dass es sich häufig noch um einfache Evaluationen handelt, die bestimmen sollen, ob der Einsatz passender Technologien im Unternehmen infrage kommt und notwendig ist bzw. sein wird, jedoch ist eine gewisse Grundeinstellung zu erkennen, die aussagt, dass Big-Data als wichtige Neuerung wahr- und ernst genommen wird. Erfolgte noch keine intensivere Auseinandersetzung, so ist sie jedoch für die Hälfte aller Unternehmen und Einrichtungen in den nächsten zwei Jahren geplant. Natürlich bleibt bei vielen eine Restunsicherheit, die dadurch hervorgerufen wird, dass man nicht weiß, ob Big-Data nun ein kurzlebiger Hype bleibt oder nicht. Dem sei jedoch entgegenzusetzen, dass uns die Diskussion rund um große Datenmengen nun schon einige Jahre beschäftigt und immer noch zu der Veröffentlichung neuer Artikel, Bücher und neuer Software führt. Wir können also bald aufhören, von einem bloßen Trend zu sprechen, und beginnen, Big-Data als integralen Bestandteil der heutigen IT zu sehen.

Bevor es in den folgenden Abschnitten an die Begriffsdefinitionen von Big-Data geht, soll zuvor ein kurzer Einblick in dessen historische Entstehung gegeben und skizziert werden, wo die Big-Data-Bewegung ihren Ursprung hat.

## ■ 2.1 Historische Entstehung

Einen konkreten Ursprung für den Begriff Big-Data gibt es nicht. Zwar ist bekannt (Press, 2012), dass der Begriff selbst von Michael Cox und David Ellsworth verhältnismäßig früh (im Jahr 1997) öffentlich in einem Paper genannt wurde (Cox et al., 1997), jedoch wird auf *Wikipedia* der Ursprung des Begriffs kontrovers diskutiert und andere Quellen werden genannt (Mashey), die behaupten, dass John Mashey den Terminus *Big* bereits 1994 im Zusammenhang mit Datenmengen verwendete. Dies geschah jedoch vorwiegend als stilistisches Mittel, um die Komplexität einiger Teilbereiche der IT hervorzuheben. Darunter waren auch *Big Bandwidth*, *Big Physics*, *Big Latency* und eben auch *Big Data*, sodass der Begriff zwar gleich dem heutigen verwendet wurde, die Bedeutung jedoch nicht oder nur in Teilen übereinstimmte.

Im November 2009 entstand der erste Wikipedia-Artikel zu Big-Data und wurde vom Benutzer John Blackburn prompt wieder gelöscht. Die Begründung war folgende:

"*Delete as per nom – it is simply a combination of big and data, dictionary words which have no place here. I'm not even sure it's a neologism, and even if it was it doesn't need an article.*"
(John Blackburne)

Nach einigen Diskussionen, die besagten, dass *Big Band* oder *Big Bang* ebenso gelöscht werden müssten, wenn Big-Data doch auch nur ein zusammengesetzter Begriff aus einem Adjektiv und einem Substantiv sei, wurde der Artikel letztendlich zugelassen und sogar später (2011) in den *Gartner Hype Cycle* aufgenommen (McBurney, 2012).

**Bild 2.2** Frühe Nennung des Begriffs Big-Data auf der IEEE Supercomputing Conference 1996 in Pittsburgh; Foto: Michael Woodacre

Besonders interessant an dieser Betrachtung ist, dass Doug Cutting bereits 2006 unter der Schirmherrschaft von Yahoo an Hadoop arbeitete (Cutting). Die Definition des Begriffs Big-Data hat also von der ersten Open-Source-Implementierung von Hadoop in 2006 bis hin zum Wikipedia-Artikel fünf Jahre benötigt, um zu reifen und um Big-Data als eigenes Teilgebiet der Informatik anzuerkennen.

In den letzten zwei Jahren wurde der Begriff von den bekannten IT-Häusern wie IBM, SAP oder Oracle aufgenommen und wird heutzutage in Zusammenhang mit Speicher, Business-Intelligence (BI), Data-Warehousing (von Data-Warehouse, DWH) und Data Analytics verwendet. *Visible Technologies* diagnostizierte einen Anstieg der Zahl der Begriffsnennungen in Social Media Channels von 2009 bis 2012 um 1211 % (Press, 2012). Es ist also kaum mehr möglich, vor dem Begriff die Augen zu verschließen. Wie aber wird nun Big-Data eigentlich definiert?

## ■ 2.2 Big-Data – ein passender Begriff?

In diesem Abschnitt sollen zunächst verschiedene Quellen herangezogen werden, die Big-Data aus verschiedenen Perspektiven betrachten. Ohne in die Tiefe zu gehen, lässt sich Big-Data so definieren: Big-Data sind Datenmengen, die zu groß für traditionelle Datenbanksysteme sind, eine hohe Halbwertszeit besitzen und in ihrer Form nicht den Richtlinien herkömmlicher Datenbanksysteme entsprechen (Dumbill, 2012). Ziel ist es nun, diese Daten dennoch zu speichern und zu verarbeiten, sodass aus ihnen zeitnah wertvolle, neue Informationen gewonnen werden können. Diese neu gewonnenen Informationen können etwa passende Produktempfehlungen in E-Commerce-Lösungen sein, empfohlene Kontakte in sozialen Netzwerken oder Artikelvorschläge auf Nachrichtenseiten. Sind diese Daten nun wirklich *big* gemäß der oben gegebenen Definition?

Auf den ersten Blick wirkt es tatsächlich nicht so, denn Freundschaften können als klassische n:m-Relation gespeichert werden, Artikelvorschläge werden anhand der Tags des gelesenen Artikels erstellt und Produktempfehlungen entstehen auf Basis der Produktkategorie der vorher betrachteten Artikel. Zieht man aber nun vom Benutzer generierte Inhalte (*User-Generated Content*) hinzu, trifft man auf Inhalte wie:

- Rezensionen und Bewertungsschreiben für Güter und Dienstleistungen
- Foren-Posts und Kommentare
- Pinnwandeinträge
- Blogeinträge
- (Wissenschaftliche) Artikel
- Tweets

Diese enthalten oft subjektive Meinungen von Benutzern und Konsumenten und sind dementsprechend wertvoll. Allerdings müssen sie vorher analysiert werden, um sie für Maschinen lesbar zu machen und somit dem Datenhalter einen Mehrwert zu liefern. Diese Datenbeschaffenheit geht mit einem Datenumfang einher, der die traditionelle Datenverarbeitung vor eine scheinbar unlösbare Aufgabe stellt. So sammeln Twitter beispielsweise 8 Terabyte an Daten am Tag, Facebook 500 Terabyte und Google verarbeitet pro Tag etwa 20 Petabyte an User-Generated Content.

### 2.2.1 Die drei V

Die Frage nach der am meisten verbreiteten Definition von Big-Data lässt sich wohl am ehesten durch die drei V beantworten, die der Anbieter von Marktanalysen Gartner 2001 einführte (Lancy, 2001). Zwar wurde hier noch kein Zusammenhang zu Big-Data hergestellt, jedoch erkannte man bereits die zukünftigen Herausforderungen der Datenverarbeitung (hier im E-Commerce-Sektor), die den Big-Data-Begriff später prägen sollten. Es werden nun die einzelnen V genauer beschrieben.

**Volume**

Hinter *Volume* (deutsch: Volumen) verbirgt sich der Begriff, den man auf den ersten Blick am wahrscheinlichsten erwartet. Wo früher 500 Megabyte große Festplatten eine Sensation waren, sind es heute die Gigabyte großen USB-Sticks in Fingernagelgröße. Dieses Beispiel mag zwar etwas einfach erscheinen, spiegelt aber dennoch die rasante Entwicklung der Speicherhardware wider. Mit den Möglichkeiten steigen nämlich auch die Anforderungen. Wo vor 15 Jahren 20 Gigabyte für einen PC völlig ausreichend waren, ist heute ein bis zwei Terrabyte Speicher der Stand der Dinge. Dieses Wachstum fasst eine Studie von IDC (Gantz et al., 2011) passend in Worte:

> "Like our physical universe, the digital universe is something to behold – 1.8 trillion gigabytes in 500 quadrillion 'files' – and more than doubling every two years."

Projiziert man diese Behauptung nun auf die Anforderungen an Suchmaschinen, Reporting, Online-Marketing und irgendwann auch Suchfunktionen auf dem lokalen Computer, so wird schnell klar, dass die Art, die Daten zu speichern und zu verarbeiten, überdacht werden muss. Wann man nun Volumina als groß bezeichnet, ist immer stark von der verfügbaren Hardware abhängig. Öffnet man eine 100 Megabyte große CSV-Datei (*Comma-Separated Value*) in Microsofts Excel, so benötigt der Ladevorgang bereits einige Minuten auf einem durchschnittlich ausgestatteten Desktop-PC. Auf einem mobilen Gerät oder sehr simpler Hardware (*RaspberryPI, FritzBox, Aruduino* …) sind solche Vorgänge überhaupt nicht praktikabel. Klar ist, dass hier die Leistung der CPU (Central Processing Unit) und des RAM (Random Access Memory) den Flaschenhals darstellt. Der Speicher an sich reicht in den meisten Fällen für 100 Megabyte ohne Weiteres aus. Es ist also ersichtlich, dass bei großen Datenmengen die Verarbeitung das *Big* ausmacht (Baron, 2013), nicht der Speicherbedarf (siehe Abschnitt 2.2.3).

### Velocity

Das zweite V beschreibt die Geschwindigkeit der Daten. Damit wird einmal deren Aktualität angesprochen sowie die Geschwindigkeit der Verarbeitung. Ein passendes Beispiel sind etwa Twitter-Meldungen oder Blog-Posts, die zu Zeiten von Wahlkämpfen verfasst werden. Dabei stellt das Internet ein starkes, aber schwer zu kontrollierendes Werkzeug dar. Bekommt ein Politiker beispielsweise eine schlechte Presse, so muss das bereitstehende Marketing-Team entsprechend zügig reagieren und diese durch korrigierende Meldungen relativieren. Die Betonung liegt auf *zügig*, denn ein einziges Gerücht zur falschen Zeit kann zu ungewollten Auswirkungen führen. So sorgte ein am 23. April 2013 geschriebener Tweet über einen Bombenanschlag auf das Weiße Haus für einen Börsen-Crash an der Wall Street. Bleibt man dem Beispiel der Börse treu, finden sich schnell noch weitere Szenarien, in denen die Geschwindigkeit der Erfassung von Daten eine große Rolle spielt. So sind zum Beispiel Ankündigungen über Firmenübernahmen Gold wert, wenn diese direkt nach der Bekanntgabe verifiziert werden können. Für beide Szenarien gilt: Je schneller die Auswertung stattfindet, desto höher ist der Wert der Information.

### Variety

Hier kommt nun die bereits häufig angesprochene Abwesenheit von festen Strukturen und Normalisierungen zur Sprache. Das sicherlich beste Beispiel, um die Datenvielfalt, mit der wir es zu tun haben, zu beschreiben, ist das Internet, das – außer vielleicht den Wiki-Seiten – keine feste Struktur vorweisen kann, aber doch einige Ähnlichkeiten aufweist, die eine maschinelle Verarbeitung ermöglichen. So können etwa bei der Analyse des HTML-Codes die Titel-Tags, z. B. <h1>, durchsucht werden, um eine thematische Einordnung des Inhalts vorzunehmen. Jedoch sind HTML-Seiten nicht die einzigen Daten, die verarbeitet werden. IBM befragte Mitte 2012 (Schroeck et al., 2012) einige Unternehmen, die an einer Big-Data-Initiative teilnahmen, welche Quellen sie für ihre Analysen verwenden.

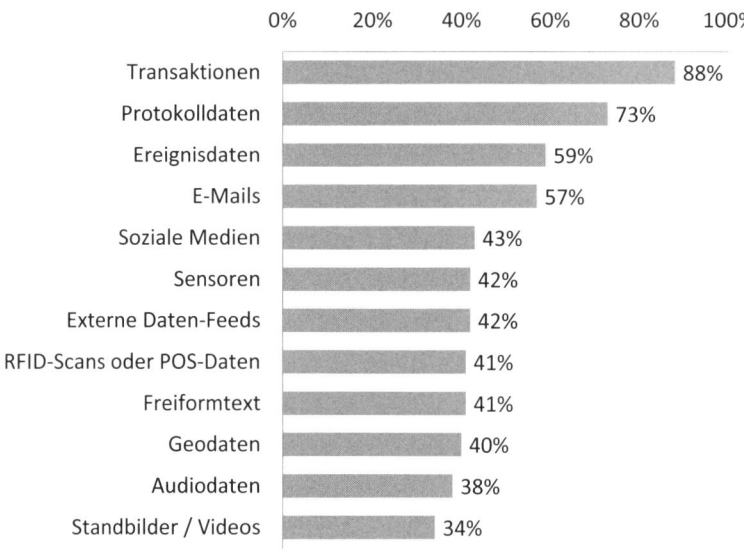

**Bild 2.3** Quellen für Big-Data-Analysen auf Basis einer Umfrage von IBM im Jahr 2012

Transaktionsdaten beziehen sich dabei beispielsweise auf den klassischen Börsenhandel, in dem jeder Ver- und Einkauf gespeichert wird. Protokolldaten sind unter anderem Serverlogs, die entsprechend dem Log-Level der jeweiligen Architektur sehr groß ausfallen können und häufig dazu genutzt werden, um Klickpfade durch komplexere Anwendungen zu ermitteln und Benutzer möglichst lange im System zu halten bzw. zu einer bestimmten Aktion (Kauf, Registrierung, Empfehlung) zu bewegen. Ereignisdaten werden etwa in der Automobilindustrie protokolliert, in der Fahrzeugteile produziert, an die Logistik übergeben und verfrachtet werden. Das Feld dieser Daten ist jedoch weder auf die Automobilindustrie noch auf die Produktherstellung im Allgemeinen beschränkt, sondern beschäftigt sich in der IT mit allen Systemen, die bestimmte Ereignisse aufzeichnen und zur Auswertung bereitstellen. So kann etwa die Ausschussquote einer Produktreihe überprüft und ggf. fehlerhafte Teile im gesamten Produktionszyklus, über mehrere Hersteller hinweg, ausfindig gemacht werden. Platz vier auf der Liste belegen E-Mails, die von Mail-Service-Anbietern gescannt, auf Muster von Malware oder Spam durchsucht und für gezielte Produktvorschläge für den jeweiligen Empfänger hin untersucht werden. Ob und wie dieses Vorgehen mit den Datenschutzbestimmungen des jeweiligen Landes und der Moral der Betreiber vereinbar ist, sei einmal dahingestellt. Dass soziale Medien, externe Daten-Feeds und Freitextformen noch keine so starke Beachtung finden, mag daran liegen, dass Restriktionen für die Sichtbarkeit von Daten, etwa in Facebook, die Akquise erschweren oder aber dass die Szenarien für eine Nutzung der Daten noch nicht gefunden sind, um einen produktiven Mehrwert daraus zu ziehen.

Da nun einige Quellen für Big-Data vorgestellt wurden, lässt sich auch gleich auf die Vielgestalt der Formatierung eingehen. Neben klassischen, unformatierten Texten kommen häufig JSON (*JavaScript Object Notation*), XML (*Extensible Markup Language*), HTML- oder sogar Byte-Code vor. Gerade wenn man an den Aspekt der Visualisierung denkt, ist es wichtig, Relationen zwischen einzelnen Datensätzen herzustellen, um diese in Abhängigkeit voneinander zu präsentieren. Was in relationalen Datenbanken über simple Queries erreicht werden kann, bedarf bei Plain-Text-Analysen eines erheblichen Aufwands (siehe Kapitel 8). Viel früher trifft man jedoch bei der Analyse auf die Herausforderung, die gewünschte Information aus jedem einzelnen der vielen Formate herauszufiltern. Des Weiteren gilt zu bedenken, dass sich Formate im Laufe der Zeit auch ändern können. Gerade bei der Auswertung fremder, externer Datenquellen erfolgt meist keine Benachrichtigung über eine Anpassung der Datenstruktur seitens des Datenhalters. Hier ist es wichtig, Auswertungen entsprechend zu überwachen, um Abweichungen frühzeitig festzustellen.

Ist es denn nun gerechtfertigt, von unstrukturierten Daten zu reden? Schließlich weisen ja viele Datensätze eine Struktur auf, nur eben keine feste, einheitliche. Als besserer Begriff wäre hier vielleicht polystrukturiert anzuführen, wie es der Analyst Mike Ferguson in seinem Blog beschreibt (Ferguson). Im späteren Verlauf des Buches, wenn wir zu den Eingabeformaten für die diversen Diagramme kommen, wird sich zeigen, dass diese Vielgestalt einen großen Teil der Arbeit eines Datenanalysten ausmacht, denn die Interpretation der Eingangsdaten einer Analyse variiert nur allzu häufig. Zu diesem Umstand gesellen sich ebenso Fehler in Daten, die schon vor dem Big-Data-Hype bekannt waren. Nathan Yau (Yau, 2010) benennt sechs davon wie folgt:

- Fehlende Werte
- Falsche Beschriftung
- Inkonsistenz
- Tippfehler
- Werte ohne Kontext
- Verteilte Datensätze (über mehrere Quellen hinweg)

Die Komplexität einer Verarbeitung von Daten, die in mehreren, ggf. unbekannten, Strukturen vor- und diesen sechs Umständen unterliegen, erfordert also einen erheblichen Mehraufwand gegenüber der Aufbereitung von normalisierten Daten, z. B. aus einer relationalen Datenbank.

### 2.2.2 Das vierte V – Veracity

IBM führt ein viertes V ein, das die Richtigkeit und die Echtheit von Daten beschreibt (Zikopoulos et al., 2013). Zwar steigt die Menge an zur Verfügung stehenden Daten nachweislich an, jedoch werden diese häufig durch generierte Inhalte verfälscht, die da sein können:

- Werbung und Spam, die eine einseitige Sicht auf Personen, Produkte oder Vorkommnisse wiedergeben.
- Per Automatismus übersetzte Texte, die häufig grammatikalische, sprachliche und inhaltliche Fehler aufweisen.
- Veraltete oder falsch kategorisierte Suchergebnisse oder Forenindizes.
- Gezielte Falschaussagen oder Fehlinformationen.

Das beste Beispiel sind die klassischen Falschmeldungen, die sich im Internet manchmal in wenigen Minuten verbreiten. So streute etwa ein junger Brite am 26. Februar 2012 das Gerücht, dass der Schauspieler Rowan Atkinson gestorben sei (Gardner, 2012). In nur drei

Stunden wurde das Gerücht so schnell verteilt, dass sogar auf Wikipedia der Todestag des Schauspielers eingetragen wurde. Einmal mehr zeigt sich hier die Notwendigkeit, die gesammelten Daten vor der Nutzung zu verifizieren und auszusortieren.

### 2.2.3 Der Verarbeitungsaufwand ist big

Ein weiterer interessanter Ansatz, den Aufwand der Verarbeitung großer Datenmenge als *big* zu sehen, liefert der Autor Pavlo Baron:

*„Ich hatte z. B. einen Fall, bei dem es um lächerliche Datenmengen ging, die problemlos auf einen USB-Stick gepasst hätten. Man erwartete allerdings simultane Zugriffszahlen im zweifachen Millionenbereich pro Sekunde. [...] das ist definitiv Big [...]."* (Baron, 2013)

Es ist also aus dieser Perspektive nicht die bloße Größe der Daten, sondern die Komplexität der Aufbereitung und der Informationsgewinnung. Ein gutes Beispiel sind dafür etwa Video-Streams in Kaufhäusern, die das Kaufverhalten von Kunden auswerten sollen. Auch wenn eine einstündige Aufnahme lediglich ein paar Hundert Megabyte groß ist, ist die Schwierigkeit der Implementierung und des Trainierens von situationserkennenden Algorithmen sehr hoch und steht beispielsweise im Gegensatz zu einem einfachen Algorithmus, der lediglich alle *<h1>-Tags* aus einigen Millionen HTML-Seiten auslesen muss. Sind die notwendigen Daten extrahiert, müssen ggf. noch Beziehungen zu anderen Datensätzen hergestellt werden, etwa über einen übereinstimmenden Datumswert, Quellenübereinstimmungen oder, im Optimalfall, über vorliegende IDs. Relationale Daten hingegen verfügen über Schlüsselattribute, die eine Zuordnung von Datensätzen erheblich vereinfachen.

Roger Magoulas von O'Reilly Media gibt eine weitere sehr schöne Definition für Big-Data.

*„Big-Data ist, wenn die Daten selbst Teil des Problems werden."*

Dieses Zitat passt besonders gut, da Magoulas gar nicht erst versucht, eine Größendefinition zu geben, sondern einfach sagt, dass man, wenn die Datenmenge für *aktuelle* Verarbeitungsmethoden zu umfangreich wird, von Big-Data spricht. Wenn ein Kunde zu Ihnen kommt und Sie fragt, ob seine Daten nun *big* sind oder nicht, dann antworten Sie doch einfach mit einem der beiden hier gegebenen Zitate.

### 2.2.4 Sicht der Industrien auf Big-Data

IBM befragte in der bereits in Abschnitt 2.2.1 erwähnten Studie (Schroeck et al., 2012) mehrere Unternehmen nach deren Definition von Big-Data. Eine Auswertung nach Schlagworten bestätigte die in den vorigen Abschnitten gegebene Sicht auf den neuen Trend weitestgehend. Auffällig ist, dass der Größenbegriff nicht immer im Sinne von Datengröße verwendet wird. Stattdessen wird etwa in dieser Studie das Schlagwort *Größere Bandbreite an Informationen* verwendet, das sowohl auf große Datenmengen als auch auf mehr oder vielfältigere Informationsquellen hindeutet. 16 Prozent der befragten Unternehmen stellen neue Datenarten und Analysemethoden in den Vordergrund, was wieder für das *big* im Sinne des Verarbeitungsaufwands hindeutet (siehe Abschnitt 2.2.3).

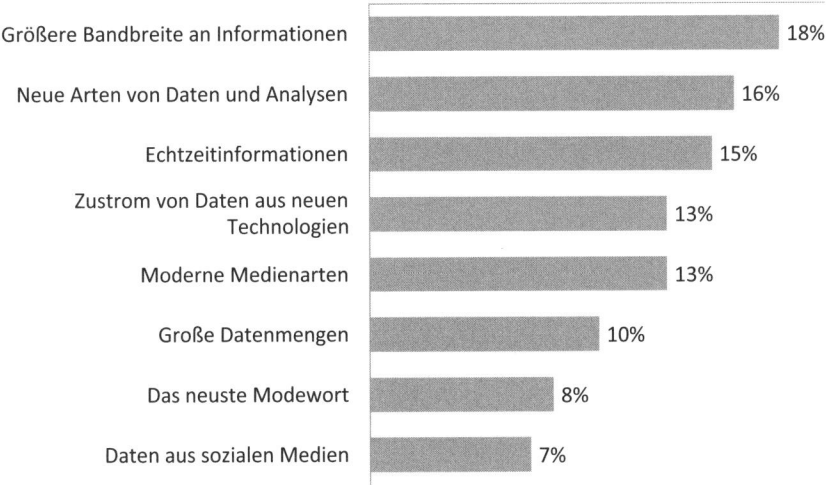

**Bild 2.4** Definition von Big-Data (Schroeck et al., 2012)

Überraschend ist, dass Big-Data von einer Mehrheit im Jahre 2012 mehr als Modewort gesehen wurde, als dass es Daten bezeichnet, die aus sozialen Medien stammen. Zwar weist der Begriff *Big-Data* den typischen Buzz-Word-Charakter auf, jedoch ist hier das Ranking entscheidend, dass Daten aus Social-Network-Daten dem Modewortcharakter hintanstellt. Auch diese Studie bestätigt durch die verschiedenen Antworten, dass eine einheitliche Sichtweise auf Definition, Verwendung und Ausprägung des Begriffs noch nicht vorherrscht. Nichtsdestotrotz zeigt sich, dass bestimmte Themengebiete bei einem Eingrenzungsversuch immer wieder auftauchen.

## ■ 2.3 Eingliederung in BI und Data-Mining

Um die Begriffe BI und Data-Mining in Relation zu Big-Data setzen zu können, gilt es, diese im Vorfeld zu definieren. Kemper, Mehanna & Unger bezeichnen BI recht prägnant als Filter, der Daten in strukturierte Information umwandle (Kemper et al., 2010). Gartner hingegen konstatiert etwas ausführlicher, dass BI ein Überbegriff für Anwendungen, Infrastruktur, Werkzeuge und Best Practices sei, die den Zugriff auf und die Analyse von Informationen ermöglichen, um Entscheidungsfindung und Performance zu erhöhen (Gartner). Hält man sich nun strikt an die Definitionen, besteht der Unterschied zwischen BI und Big-Data darin, dass BI sich auf bereits vorliegende Informationen bezieht, die dazu noch strukturiert sind und sich auf einen eindeutigen Kontext beziehen. Das Ziel von BI und der Big-Data-Bewegung ist jedoch dasselbe, nämlich aus vorhandenen Daten neue Erkenntnisse zu gewinnen, die der Entscheidungsfindung bei vorher definierten Fragestellungen dienen. BI ist jedoch mittlerweile mehr als diese einfache Begriffsdefinition. Es hat sich in den letzten Jahren zu einem festen Prozess samt einem Set aus technischen Werkzeugen entwickelt, um das Berichtswesen in Unternehmen zu automatisieren. Dazu gehören die Datenaufbereitung, die Datenspeicherung in DWHs sowie deren Darstellung aus verschiedenen Perspektiven.

Welche Techniken, Methoden und Arbeitsschritte werden aber nun angewandt, um Informationen aus vorliegenden Daten zu extrahieren? Die Antwort darauf gibt der sogenannte KDD-Prozess (*Knowledge Discovery in Databases*).

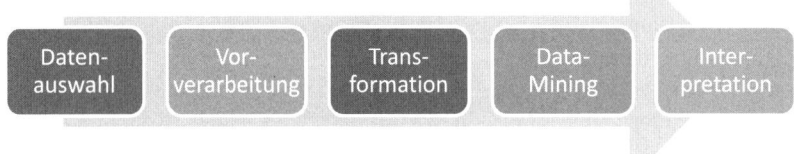

**Bild 2.5** Der KDD-Prozess nach (Kononenko et al., 2007)

Der (iterative und interaktive) KDD-Prozess hat das Ziel, gültige, neue, nützliche und verständliche Muster in vorhandenen Daten zu erkennen (Fayyad et al., 1996). Wirft man nun einen Blick auf den vierten Schritt des in Bild 2.5 illustrierten Ablaufs, so ist zu erkennen, dass Data-Mining einen Teil des KDD-Prozesses darstellt. Dieser nimmt gesäuberte, korrigierte und transformierte Daten entgegen, extrahiert aus diesen Muster und Zusammenhänge und gibt diese zur Interpretation frei. Quellen müssen, anders als der Begriff KDD vermuten lässt, nicht zwingend Datenbanken sein, sondern können auch als simple Datensätze gesehen werden, z.B. als Flat-Files, CSV, XML oder Dateisystemstrukturen. Wichtig ist, dass diese bereits im Vorfeld aufbereitet wurden. Zu dieser Aufbereitung (*Preprocessing*) gehören:

- Formatanpassungen (z.B. Datums- und Zahlenformate)
- Korrigieren von Ausreißern (Messfehler, Verarbeitungsfehler, bewusste Falschangabe)
- Auffüllen dünn besetzter Daten

 **HINWEIS:** Ohne nun zu viel verraten zu wollen, möchte ich hier kurz darauf hinweisen, den KDD-Prozess im Hinterkopf zu behalten, wenn wir in Kapitel 8 aus allen behandelten Themen unsere kleine Reporting-Anwendung konstruieren. Sie werden bei deren Entwicklung und Bedienung einige Parallelen feststellen. Ebenso lohnt sich ein Vergleich des KDD-Prozesses mit neuartigen verteilten Verarbeitungsframeworks wie Apache Spark (siehe Abschnitt 3.19), in denen sich einzelne Prozessschritte eins zu eins wiederfinden lassen.

Stellt man nun die drei Begriffserklärungen BI, Data-Mining und Big-Data einander gegenüber, so erkennt man schnell einige Gemeinsamkeiten sowie Unterschiede.

Einerseits werden die Daten bei der Big-Data-Verarbeitung vorher nicht aufbereitet und in einem eigens dafür eingerichteten System, wie beim Data-Mining dem DWH, abgelegt. Das macht den Prozess performanter und schlanker, erfordert allerdings wesentlich flexiblere, aufwendigere Algorithmen zur Mustererkennung. Ein weiterer Nachteil der Big-Data-Verarbeitung gegenüber dem Data-Mining ist, dass Daten bei Letzterem strukturiert in einem

DWH abgelegt sind und somit auch aus anderen Perspektiven betrachtet werden können (Stichwort *Online Analytical Processing Cube*). Soll also in einer Grafik der Gewinn eines Unternehmens samt aller Töchterfirmen angezeigt werden anstatt wie bisher ohne, so müssen im Reporting-Werkzeug lediglich vom Benutzer die bereits ermittelten Gewinne der Töchterfirmen dem Gesamtgewinn hinzuaddiert werden. Im Falle von einer Umsetzung auf Basis von Hadoop, müsste die Auswertung programmatisch angepasst werden, sie ist also weniger flexibel, was Änderungen in Abfragen angeht[1]. Die Verarbeitung der Daten zeigt deutliche Übereinstimmungen bei Big-Data und Data-Mining. Zwar nutzt Big-Data den Map-Reduce-Algorithmus zum Extrahieren der Daten, jedoch werden für Klassifizierung, Clusteranalyse etc. dieselben Algorithmen (*K-Means*, *CLARA*) verwendet. Die Apache Foundation hat den Vorteil der verteilten Verarbeitung für Data-Mining bereits aufgegriffen und implementiert eine entsprechende Lösung mit Namen Apache Mahout (siehe Abschnitt 4.8).

Zu guter Letzt sollen die Resultate der drei Vorgänge betrachtet werden. Diese weisen auf den ersten Blick starke strukturelle Unterschiede auf. Der Benutzer eines BI-Reporting-Werkzeugs wünscht sich ein Diagramm, das einige Zahlenmengen so darstellt, dass er darin Informationen erkennt, die ihm vorher nicht zugänglich waren. Big-Data wird im Allgemeinen durch den Map-Reduce-Prozess auf Schlüssel-Wert-Paare reduziert und danach auf dem traditionellen Weg (Reporting-Werkzeuge, Geschäftsanwendungen …) weiterverarbeitet. Neue, flexiblere Frameworks wie YARN oder Spark sind jedoch stark im Kommen. DM ermittelt laut der Beschreibung des KDD-Prozesses Muster und Zusammenhänge, die dann als Rohdaten ebenso kontextabhängig aufbereitet werden müssen. So liefern diese aggregierte Einkäufe einer bestimmten Artikelgruppe über einen Zeitraum t sowie die Seitenaufrufe der Artikel *xyz* dieser Gruppe. Ein Algorithmus erkennt hier etwa einen Zusammenhang von Seitenaufrufen und Käufen über eine positive Kovarianz. Um dem Benutzer diese Information zugänglich zu machen, müssen diese in irgendeiner Form aufbereitet werden, z. B. als Tabelle, als Information in Textform oder als Diagramm. Auffällig ist, dass sich alle drei Ergebnisse in der fachlichen Betrachtung ähneln, denn jeder Einzelne hat das Ziel, neu gewonnene Informationen zu liefern, die der Entscheidungsfindung dienen. Der technische und fachliche Weg dorthin unterscheidet sich jedoch mitunter sehr.

Bild 2.6 (auf der nächsten Seite) zeigt noch einmal die in den Begriffsdefinitionen gefundenen Übereinstimmungen der drei Themenbereiche BI, Big-Data und Data-Mining. Diese Betrachtung war nun sehr theoretisch. In der Praxis ergänzen sich Big-Data, DWH und BI natürlich. So liefern Big-Data-Technologien die Daten für das Reporting und stellt Schnittstellen zur Verfügung, um die großen Datenmengen ähnlich einem DWH abzurufen. Die bisherige DWH-Infrastruktur wird mit großer Wahrscheinlichkeit noch viele Jahre parallel zu den neuartigen Methoden für die Verarbeitung von Big-Data existieren.

---

[1] Ausnahmen gibt es auch hier. So können SQL-ähnliche Abfragen über Apache Hive auch dynamisch zur Laufzeit angepasst werden. Dafür ist es allerdings notwendig, dass die Daten in einem festen Schema vorliegen, was jedoch nicht immer dem Normalfall entspricht.

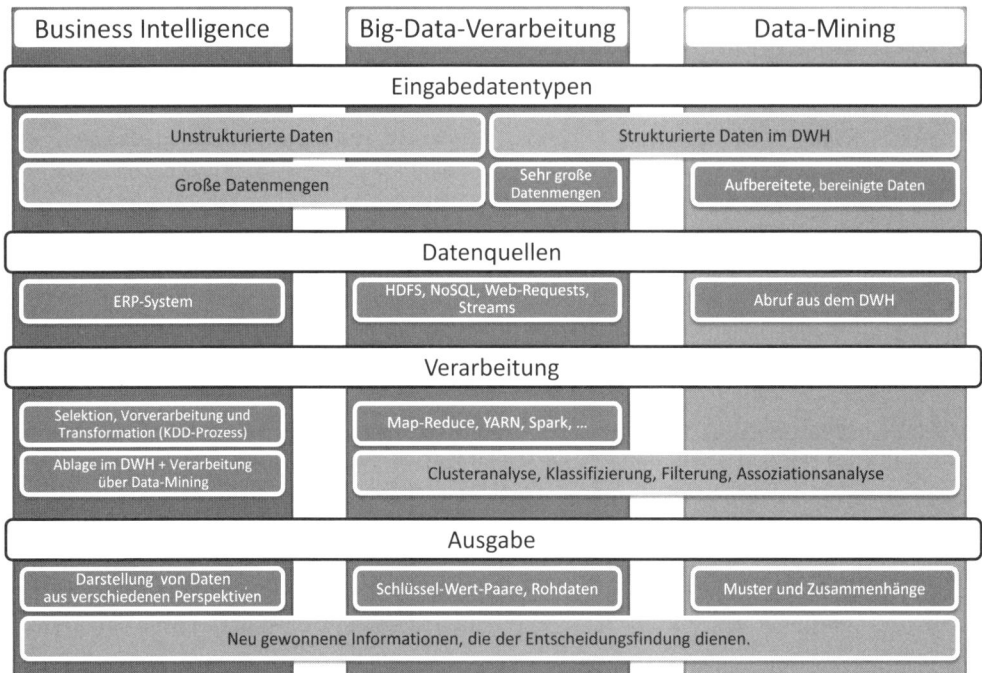

**Bild 2.6** Definitionsvergleich von BI, Big-Data und Data-Mining

 **PRAXISTIPP:** Der Trend bei der Bereitstellung großer Datenmengen und traditioneller Daten im DHW oder in relationalen Datenbanken geht dahin, dass alle Datenquellen über ein einheitliches Interface angeboten werden. So werden Abfragen nur noch an eine Datenbank-Engine gerichtet, die die Queries an die entsprechende Stelle weiterleitet. Die eigenständigen Systeme dahinter verlieren bei einem solchen sogenannten föderierten Informationssystem (*Federated Database System*) weder ihre Selbstständigkeit, noch müssen deren Daten zwischen den verschiedenen Systemen ausgetauscht werden.

# 3 Hadoop

In diesem Kapitel möchte ich ganz unauffällig den Bogen von der fachlichen Betrachtung hin zur technischen schlagen. Um es mir leicht zu machen, könnte ich nun behaupten, dass Hadoop dazu da ist, Big-Data zu verarbeiten, und wir nun beginnen würden, diese Behauptung beispielhaft umzusetzen. Ich möchte Sie allerdings nicht mit solch einfachen Statements abfertigen und Sie stattdessen dazu anhalten, einmal einen Blick auf die *Landing-Page* des Hadoop-Projekts der Apache Software Foundation zu werfen[1]. Suchen Sie dort einmal nach dem Begriff *Big-Data*; mit oder ohne Bindestrich, völlig egal, Sie werden ihn nicht finden. Ebenso wenig wird im Wiki Hadoops von Big-Data gesprochen. Und das ist nämlich die Krux an der Sache, die mir auch die Titulierung dieses Buches sehr erschwert hat: Ist Hadoop die technische Antwort auf die fachlichen Herausforderungen, die wir unter dem Überbegriff *Big-Data* zusammenfassen?

Tatsächlich ist es das nicht zur Gänze, denn Hadoop sagt ganz klar, dass es darauf ausgelegt ist, große Datenmengen in geringer Zeit zu verarbeiten. Somit deckt es zwei der oben genannten vier V ab: Volume und Velocity. Allerdings ist es nicht in der Lage, die Aufgaben für Variety und Veracity zu übernehmen. Hier wären vielmehr Ansätze aus dem Data-Mining gefragt. Daten müssen zunächst in eine einheitliche Struktur gebracht und anschließend verifiziert werden; z.B. indem sie gegen verschiedene Quellen verifiziert oder auf Ausreißer geprüft werden. All das kann Hadoop nicht, sondern bietet lediglich die Grundlage, um derartige Aufgaben auf vielen Rechnern parallel und zügig durchzuführen.

Vielleicht mag das Hinterfragen dieser Zusammenhänge ein wenig kleinlich und übergenau wirken, dennoch denke ich, dass Begrifflichkeiten und Zusammenhänge im Vorfeld verstanden und geklärt sein müssen, um sich mit einem derartigen Thema auseinanderzusetzen. Jeder, der wie ich im IT-Bereich tätig ist und seinem Chef (der häufig wenig Zeit hat, um sich in technische Themen so tief reinzudenken wie man selbst) eine vermeidlich einfache, technische Gegebenheit erklären musste, weiß diese Betrachtungsweise sicherlich zu schätzen. Schließlich wird von uns Informatikern häufig erwartet, nicht nur die Technik zu beherrschen, sondern auch die Zusammenhänge zu verstehen und zu wissen, wo neue Technologien die Prozesse unseres Unternehmens oder unserer Einrichtung verbessern können.

---

[1] *http://hadoop.apache.org/*

## 3.1 Hadoop kurz vorgestellt

Lassen Sie uns das Open-Source-Projekt Hadoop etwas genauer betrachten. Technisch gesehen, ist Hadoop ein Java-Framework zum verteilten Speichern von Daten und zu derer parallelen Verarbeitung auf *Commodity-Hardware*. Dabei wird Hadoop in einem horizontal skalierbaren Cluster betrieben, dem auf einfachstem Wege weitere Knoten hinzugefügt werden können, sodass eine Vergrößerung oder Verkleinerung gemäß den Anforderungen schnell erfolgen kann. Große Unternehmen wie Yahoo betreiben so Cluster mit über 4000 Knoten[2]. Statt auf teure Hardware zu setzen, ist Hadoop darauf ausgelegt, günstige Systeme einzusetzen. Diese als Commodity-Hardware bezeichneten Geräte sind verhältnismäßig günstig, leicht zu beziehen und leicht ersetzbar. Statt der Anschaffung neuer, schnellerer Hardware (*Scale Up*) wird also beim Betrieb von Hadoop vielmehr die Erweiterung des Clusters (*Scale Out*) um weitere Knoten empfohlen.

Das von Yahoo initiierte Hadoop-Projekt besteht maßgeblich aus drei Komponenten:

- **Hadoop Distributed File System (HDFS):** Ein über den gesamten Cluster verteiltes Dateisystem zur Speicherung der zu verarbeitenden Daten.
- **Hadoop Map-Reduce:** Ein Programmierframework zur verteilten Verarbeitung von Daten gemäß der zweiphasigen Verarbeitung durch Mapper und Reducer.
- **YARN:** Ein Programmiermodell, das es erlaubt, beliebige Anwendungen verteilt auf einem Hadoop-Cluster auszuführen und für diese Ausführen eine genaue Anzahl an Ressourcen zu reservieren.

Diese drei Komponenten werden in den folgenden Abschnitten genauer erklärt und später eingesetzt. Wichtig ist zu wissen, dass Hadoop erst durch deren Zusammenspiel seine Stärken ausspielen kann. Dennoch sind HDFS, Map-Reduce und YARN, entgegen möglicher Annahmen, nicht zwingend voneinander abhängig. So kann ein HDFS auch als verteiltes Dateisystem betrieben werden und ebenso Map-Reduce auch andere Quellen nutzen, um Daten für die verteilte Verarbeitung zu beziehen (z. B. über das herkömmliche Dateisystem des Betriebssystems, siehe Kapitel 3.7, oder indem es die Daten in memory hält, so wie es Apache Spark praktiziert, siehe Abschnitt 3.19).

Eine große Rolle spielt bei Hadoop das *Konzept der Datenlokalität*. Anders als wir es von traditionellen Anwendungen kennen, in denen die Daten dem Programm zur Verfügung gestellt werden, wird bei Hadoop der Programmcode auf dem Cluster verteilt, um die Notwendigkeit des Datentransports minimal zu halten. Denkt man darüber nach, dass man vorwiegend mit großen Datenmengen arbeitet, so macht das Prinzip durchaus Sinn, denn eine Anwendung zu verteilen – sei sie 50 Megabyte groß –, ist wesentlich effizienter, als Gigabytes an Daten im Netz auf mehreren Knoten abzulegen. Bei der Verarbeitung selbst, sind die Knoten im Cluster nur für einen ihnen zugewiesenen Bruchteil der Eingabedaten zuständig. Dabei werden redundante Operationen durchaus provoziert, denn wenn Hadoop am Ende die Ergebnisse der Datenverarbeitung konsolidiert, kann er die Teilergebnisse verwenden, die der schnellste Knoten im Cluster zurückliefert.

---

[2] Referenzzahlen für Unternehmen, die Hadoop einsetzen, finden Sie unter:
*http://wiki.apache.org/hadoop/PoweredBy*

**HINWEIS:** Seit einigen Monaten kursiert der Begriff **Data Lake** in Zusammenhang mit Big-Data-Architekturen in der IT-Welt. Auch wenn ich persönlich kein Freund von derartigen Marketingbegriffen bin, hat die Idee dahinter doch einen interessanten Kern. Ein *Data Lake* wird als IT-Architektur gesehen, in dem *alle* großen Datenmengen zentral gespeichert und so verarbeitet werden können, ohne dass man sie zuvor bewegen muss. Neben der Datenlokalität, wie sie eben in Abschnitt 3.1 angesprochen wurde, ist in einem *Data-Lake* vorgesehen, später auch generische Analysemethoden mit abzulegen, sodass diese ebenfalls für die zentral gespeicherten Daten zur Verfügung stehen und nicht im Vorfeld jedes Prozesses zusammengetragen werden müssen. Sehen Sie jedoch bitte nicht Hadoop als einen *Data Lake*. Es ist lediglich eine von vielen Technologien, die das Konzept eines *Data Lakes* umsetzen.

Bevor nun auf die Neuerungen in Hadoops Version 2 eingegangen wird, sollen das HDFS und dessen Konzept erklärt werden.

## 3.2 HDFS – das Hadoop Distributed File System

In unserem Zeitalter werden Daten zu einem Großteil in relationalen Datenbanken gespeichert. Daneben existiert natürlich auch die Möglichkeit, Daten ohne Relation zueinander in einem herkömmlichen Dateisystem abzulegen, wobei man von sogenannten Flat-Files spricht. Da die Verteilung und Verwaltung vieler Tausend Dateien in einem Cluster einen erheblichen Aufwand bedeutete, entwickelte Google für die hauseigene Websuche das *GFS* (*Google File System*). Aus dieser Technologie entstand ein Paper (Ghemawat et al., 2003), das sich die Apache Foundation zunutze machte, um nach Googles Vorbild das HDFS zu implementieren. Folgende Anforderungen wurden während des Designs an das Dateisystem gestellt:

- Betrieb auf Commodity-Hardware
- Ausfallsicherheit einzelner Knoten
- Speicherung und Verarbeitung großer Datenmengen
- Einfache Skalierbarkeit

Ein einziger Masterknoten, genannt *Name-Node*, verwaltet alle Metadaten des Dateisystems, darunter Verzeichnisstrukturen, Dateien und Dateizugriffe der Clients (Apache Software Foundation, 2013). Parallel dazu existieren mehrere *Data-Nodes*, die den Speicher verwalten, der den entsprechenden Knoten im Cluster zugeordnet ist. Das HDFS bietet ein Set an Funktionen an, das es erlaubt, Daten in das Dateisystem zu schreiben und daraus zu lesen. Es ist nicht nötig, eine eigene Partition für ein HDFS anzulegen, denn es setzt auf einem existierenden Dateisystem, z. B. dem gängigen *ext4* (*Fourth Extended Filesystem*), auf. Ein signifikanter Unterschied ist, dass die Blockgröße in einem HDFS im Durchschnitt 64 bis

128 Megabyte beträgt. Traditionelle Dateisysteme arbeiten mit 1 bis 64 Kilobyte großen Blöcken.

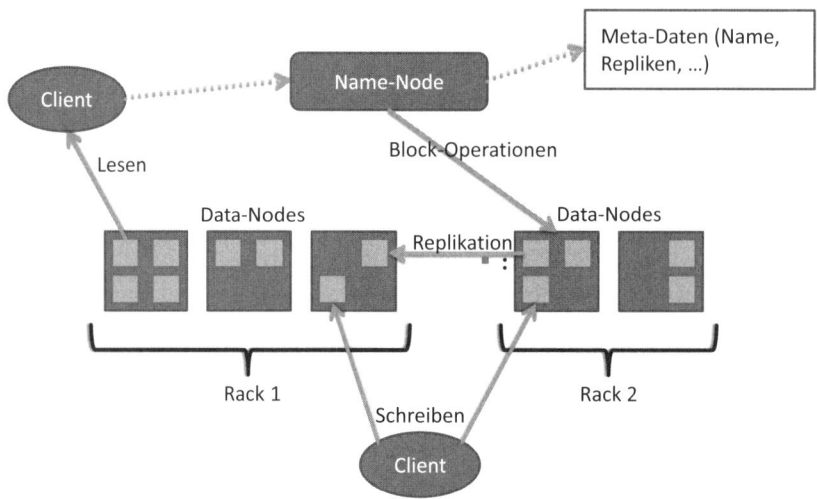

**Bild 3.1** Architektur und Funktionsweise des HDFS

Erhält der *Name-Node* nun vom Client eine Datei, die im Dateisystem abgelegt werden soll, benötigt dieser zwei weitere Informationen: erstens die eben genannte Blockgröße, in die er die Datei aufteilen soll, und zweitens die Anzahl der Repliken, die über den Cluster verteilt werden. Darauf werden vom *Name-Node* so viele *Data-Nodes* herausgesucht, wie der Client durch die Replikenanzahl fordert. Deren Adressen werden an den Client zurückgeliefert, sodass dieser mit dem Beschreiben der *Data-Nodes* beginnen kann. Dabei wird nur ein *Data-Node* beschrieben. Dieser gibt dann die Daten weiter an die anderen Knoten. Für eine effiziente Übermittlung sortiert der *Name-Node* die *Data-Nodes* vor der Übergabe nach bestimmten Parametern (höchster Datendurchsatz, beste Netzanbindung, geringster momentaner Work-Load), sodass der Client weiß, welcher *Data-Node* am besten erreichbar und geeignet ist. Am häufigsten werden drei Repliken für einfache Setups angelegt. Diese Anzahl kann jedoch zu jeder Zeit per Konfiguration erhöht oder verringert werden. Eine sehr anschauliche Erklärung für das HDFS liefert *Maneesh Varshney* in einem eigens dafür gezeichneten Comic[3].

Wie führen wir nun aber Dateioperationen auf dem Dateisystem aus? Einer der meistgenutzten Wege ist sicherlich die Kommandozeile. Hadoop bietet dafür parametrisierbare Anwendungen an, die etwa dabei helfen, Dateien aus dem lokalen Dateisystem in das HDFS zu kopieren (oder vice versa), die Lese- und Schreibrechte der Dateien zu ändern oder neue Verzeichnisse im HDFS anzulegen oder ungewünschte zu löschen. Für den späteren, praktischen Teil werden wir einige dieser Operationen anwenden. Dazu möchte ich Ihnen die wichtigsten hier vorstellen. Jedem einzelnen Befehl folgt ein exemplarisches Beispiel.

---

[3] http://de.slideshare.net/jaganadhg/hdfs-10509123

## Dateien vom lokalen Dateisystem auf das HDFS kopieren

```
hdfs dfs -copyFromLocal QUELLE ZIEL
hdfs dfs -copyFromLocal /usr/input/test.txt /hdfs/input/test.txt
```

Legt die Datei *test.txt* im Ordner */hdfs/input/* im HDFS ab.

## Dateien vom HDFS in das lokale Dateisystem kopieren

```
hdfs dfs -copyToLocal QUELLE ZIEL
hdfs dfs -copyToLocal /hdfs/input/test.txt /usr/input/test.txt
```

Kopiert die Datei *test.txt* aus dem HDFS in das lokale Dateisystem unter */usr/input/*.

## Alle Dateien und Ordner in einem HDFS-Ordner auflisten

```
hdfs dfs -ls ORDNER
hdfs dfs -ls /
```

Listet alle Dateien und Ordner im Hauptverzeichnis des HDFS auf.

## Erstellt einen neuen Ordner im HDFS

```
hdfs dfs -mkdir [-p] ORDNER
hdfs dfs -mkdir /input/
```

Erstellt den Ordner *input* im Hauptverzeichnis des HDFS. Ist das Argument *-p* gesetzt, so werden auch alle nicht existenten Überordner mit erzeugt.

## Kopiert eine Datei im HDFS

```
hdfs dfs -cp QUELLE ZIEL
hdfs dfs -cp /hdfs/input/test.txt /hdfs/input/test2.txt
```

Legt eine Kopie der Datei */hdfs/input/test.txt* als */hdfs/input/test2.txt* an.

## Verschiebt eine Datei im HDFS

```
hdfs dfs -mv QUELLE ZIEL
hdfs dfs -mv /hdfs/input/test.txt /hdfs/input2/test.txt
```

Verschiebt die Datei *test.txt* aus */hdfs/input/* nach */hdfs/input2/*.

## Löschen von Dateien und leeren Verzeichnissen

```
hdfs dfs -rm LEERER_ORDNER_ODER_DATEI
hdfs dfs -rm /hdfs/input/test.txt
```

Löscht die Datei *test.txt*.

### Rekursives Löschen von Verzeichnissen

```
hdfs dfs -rm -r ORDNER
hdfs dfs -rm -r /hdfs/
```

Löscht den Ordner */hdfs/* und alle Unterverzeichnisse und -dateien. Achten Sie darauf, dass das Argument *-r* gesetzt ist. Früher wurde der Befehl separat als *rmr* geführt, ist jedoch seit Kurzem als *deprecated* gekennzeichnet.

### Erstellen einer leeren Datei

```
hdfs dfs -touchz DATEI
hdfs dfs -touchz /hdfs/input/test3.txt
```

Erstellt eine leere Datei mit Namen *test3.txt*.

### Ausgeben des letzten Kilobytes einer Datei

```
hdfs dfs -tail [-f] DATEI
hdfs dfs -tail -f /hdfs/input/test.txt
```

Gibt die letzten Kilobyte der Datei *test.txt* aus. Ist das Argument *-f* angegeben, so wird jede Änderung am Ende der Datei ausgegeben, bis der Prozess mit **STRG+C** beendet wird.

> **PRAXISTIPP:** In früheren Versionen waren alle Befehle bzgl. des HDFS unter der Anwendung *hadoop* zusammengefasst (also z. B. hadoop dfs -mkdir /xyz/). Seit Neuestem sind sie jedoch unter der Anwendung *hdfs* zu finden, funktionieren jedoch unter *hadoop* immer noch. Allerdings werden Sie über einen *Deprecated-Vermerk* auf diesen Umstand hingewiesen.

Neben dem Weg über die Kommandozeile können Sie ebenso die Java-API Hadoops benutzen, um Dateioperationen auszuführen. Oder Sie nutzen HttpFS[4], um über eine REST API auf das HDFS zuzugreifen, oder nutzen das mitgelieferte *Eclipse-Plug-in*. Die Entwicklung von Letzterem wird von der Community allerding in letzter Zeit sehr vernachlässigt. Wenn Sie sich also einen Namen machen möchten, setzen Sie sich doch mal ein paar Abende hin und schreiben Sie einen einfachen Desktop-Client, der ähnlich dem Windows Explorer für ein HDFS agiert. Ich verspreche Ihnen, dass Sie sich damit viele Freunde machen werden (mich eingeschlossen).

---

[4] *http://hadoop.apache.org/docs/r2.2.0/hadoop-hdfs-httpfs/ServerSetup.html*

## 3.3 Hadoop 2.x und YARN

Seit einiger Zeit existiert nun die Version 2 von Hadoop. Nachdem 2.1 noch als Beta veröffentlicht wurde, folgte dann am 15. Oktober 2013 die Version 2.2 als *Stable Release*. Die Gründe für eine Erneuerung des Kerns des Frameworks waren z.B. eine Limitierung der Clustergröße auf etwa 4500 Knoten und die Identifizierung des *Name-Nodes* von HDFS als *Single Point of Failure*. So entstand in der letzten Zeit eine neue Architektur, die vor allem eine Änderung mit sich brachte. In Version 1 war Hadoop eine reine Map-Reduce-Umgebung. Ein neues System namens YARN (*Yet Another Resource Negotiator*) bringt nun die Fähigkeit mit sich, auch andere verteilte Typen von Programmen auf Hadoop auszuführen. So bleibt Map-Reduce zwar bestehen, bildet aber nur eine von mehreren möglichen Programmiermodellen. YARN hat seinen Namen daher, dass es als Zwischenschicht alle im Cluster verfügbaren Ressourcen wie CPU, RAM und Speicher verwaltet und den Anwendungen zur Verfügung stellt. Für die Entwickler unter uns ist als weiterer Vorteil zu nennen, dass viele Funktionen von YARN über REST Services angesprochen werden können (siehe Abschnitt 3.10). Die grobe Architektur Hadoops ist jedoch weitestgehend dieselbe geblieben, sodass denjenigen, die bereits mit Hadoop 1.x gearbeitet haben, der Umstieg leicht gemacht wird.

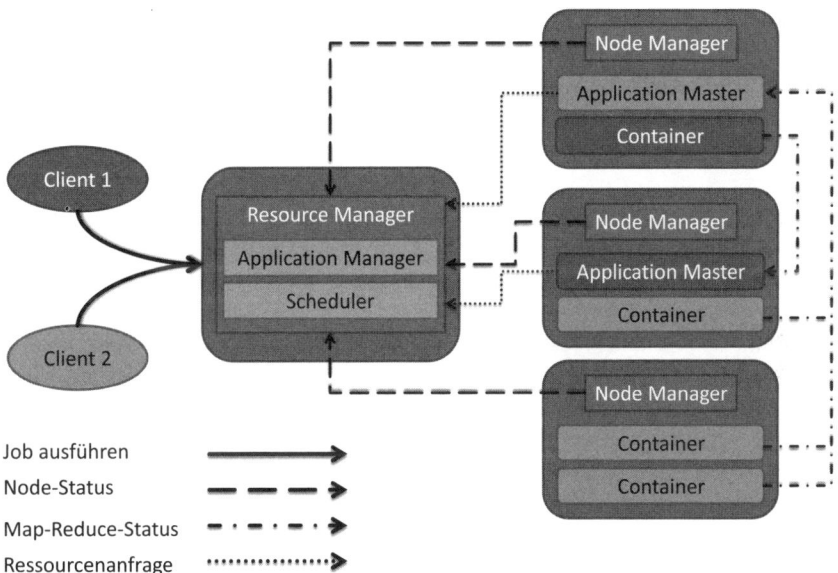

**Bild 3.2** Architekturübersicht zu YARN

Wer sich bereits mit der Architektur von Hadoop 1.x beschäftigt hat, wird den *JobTracker* vermissen, der in YARN in *ResourceManager* und *ApplicationMaster* unterteilt wird. Wie in der Abbildung zu sehen, ist der *ResourceManager* eine globale Komponente, die nur auf dem Master zu finden ist. Vom *ApplicationMaster* hingegen existiert pro Anwendung eine Instanz auf einem beliebigen Knoten im Cluster. Der *ResourceManager* verwaltet alle Ressourcen im Cluster und vergibt diese auf Anfrage an die *ApplicationMaster*, die diese benötigen, um die Jobs auszuführen und zu überwachen.

Der *ResourceManager* ist abermals in *ApplicationManager* und Scheduler unterteilt. Der Scheduler übernimmt das Allokieren von Ressourcen für die Ausführung von Jobs unter Einbeziehung von Kriterien wie Warteschlagen (*Queues*) und Kapazitäten einzelner Knoten. Der *ApplicationManager* hingegen nimmt neue Job-Anfragen von Clients entgegen und initialisiert diese. Dazu gehört unter anderem auch das Ausführen des jobspezifischen *ApplicationMasters* für die jeweilige Anwendung. Der *ApplicationMaster* requestiert bei Ausführung eines Jobs eine bestimmte Anzahl an Containern. Ein Container steht für eine Ressource (u.a. in Form von Speicher) auf einem Knoten. Diese Ressourcen werden einer Anwendung zum Ausführen zur Verfügung gestellt. Ein *NodeManager* kann auf Anfrage eines *ApplicationMasters* neue Container bereitstellen[5]. Daneben hat der *NodeManager* weiterhin die Aufgaben, als Agent den Knoten hinsichtlich CPU-Gebrauch, Speicher- und Netzwerkkapazitäten zu überwachen und regelmäßig Statusmeldungen an den *ResourceManager* zurückzuliefern.

Neben einer geringfügig angepassten Architektur bringt YARN ebenso ein neues Programmiermodell mit sich, das in Abschnitt 3.14 vorgestellt wird. Bis hierhin soll es uns erst einmal genügen, den Aufbau des Frameworks zu kennen, um eine einfache Hadoop-Instanz aufzusetzen.

## ∎ 3.4 Hadoop als Single-Node-Cluster aufsetzen

Nun beginnen wir, einen einfachen Server aufzusetzen und darauf eine Hadoop-Instanz zu installieren. Zwar gibt es mehrere Hadoop-Distributionen wie *Cloudera*, *Hortonworks* oder *IBM BigInsights*, jedoch möchte ich in diesem Buch die Open-Source-Software von Apache verwenden. Der Hauptvorteil bei der Verwendung einer kommerziellen Distribution ist, dass Sie dafür beim Hersteller Support einkaufen können und Sie eine zusätzliche Menge an Werkzeugen zur Verfügung gestellt bekommen, die Ihnen die Arbeit mit dem Produkt erleichtern. Grundliegende Neuerungen an der Kernkomponente fließen jedoch häufig auch in Hadoop mit ein, da die Unternehmen, die die Distributionen zur Verfügung stellen, ein ebenso großes Interesse daran haben, dass Hadoop als Basis ihrer Software performant und fehlerfrei funktioniert.

Bei der Installation von Hadoop entscheidet man maßgeblich zwischen drei Konfigurationen.

---

[5] In Bild 3.44 sehen Sie diesen Prozess anhand eines Beispiels.

**Tabelle 3.1** Die drei möglichen Konfigurationen von Hadoop

| Bezeichnung | Beschreibung | Verwendung |
| --- | --- | --- |
| Standalone | Hadoop läuft als einzelner Java-Prozess auf einer einzigen Maschine. | Apache empfiehlt, diese Konfiguration lediglich für Entwicklungs- und Debugging-Zwecke zu verwenden. Hadoop ist nach dem Entpacken bereits fertig für den Stand-alone-Modus konfiguriert. |
| Pseudo distributed | Hadoop wird auf einer einzelnen Maschine eingerichtet und jeder Hadoop-Daemon läuft in einem eigenen Java-Prozess. | Dieser Modus erfordert eine Konfiguration der einzelnen Komponenten im Unterverzeichnis Hadoops /etc/hadoop. Durch das Aufsetzen eines Pseudo-Distributed-Clusters können Konfigurationen erprobt und das gesamte Setup der Hadoop-Instanz getestet werden. |
| Fully distributed | Hadoop läuft auf mehreren Maschinen im Cluster. | Ein Fully-Distributed-Setup wird in Produktionsumgebungen eingesetzt. Nur durch die Verwendung mehrerer Maschinen kann Hadoop seine Stärken in der verteilten Verarbeitung ausspielen. |

Wir überspringen den *Stand-alone-Modus* und beginnen mit dem *Pseudo-Distributed-Mode*, da auch dieser recht leicht zu konfigurieren ist und wir daran lernen können, was für Konfigurationsmöglichkeiten wir in Hadoop haben.

### Installation eines Ubuntu-Servers

So, genug der Vorreden, bitte laden Sie nun den kostenlosen *VMware Player* herunter und installieren Sie diesen. Zu finden ist die Software unter folgendem Link *http://www.vmware.com/de/products/player/*. Wenn Sie es gewohnt sind, mit einer anderen virtuellen Umgebung zu arbeiten, können Sie das natürlich auch gerne tun.

> **HINWEIS:** VMWare ist ein 1998 gegründetes, amerikanisches Unternehmen, das sogenannte Virtualisierungslösungen bereitstellt. Virtualisierung erlaubt es, einen Computer durch Software zu simulieren, sodass ein Betriebssystem nicht zwingend physikalische Hardware benötigt. Durch sogenannte **VMs (Virtuelle Maschinen)** kann ein beliebiges Betriebssystem als Gast in einem Hostsystem betrieben werden. Das erleichtert etwa Softwaretests auf vielen verschiedenen Betriebssystemversionen sowie das Testen von unbekannter, möglicherweise schädlicher Software (*Sandbox*). Ebenso können VMs leicht gesichert, vervielfältigt und weitergegeben werden.

Laden Sie nun bitte zusätzlich das Installations-Image von *Ubuntu Server* herunter (ich verwende Version 12.04.3 des 64-Bit-Servers). Dieses finden Sie hier: *http://www.ubuntu.com/download/server*. Wenn Sie sich im Umgang mit dem Terminal unsicher fühlen, dann können Sie auch zur Desktop-Variante von Ubuntu greifen.

Haben Sie das Image runtergeladen, starten Sie bitte den *VMware Player*, klicken Sie auf **Create a New Virtual Machine**, selektieren Sie **Install disc image file** und wählen Sie dann das eben heruntergeladene Iso-Image.

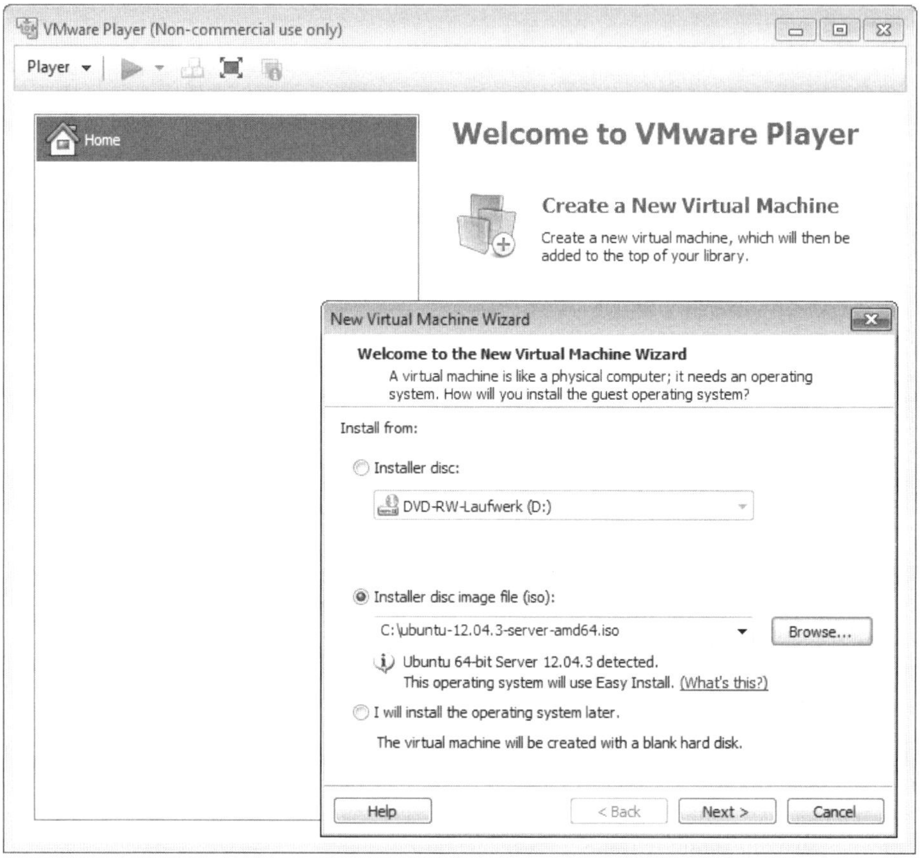

**Bild 3.3** Installieren eines virtuellen Ubuntu-Servers

Klicken Sie auf **Next** und geben Sie einen Namen und ein Passwort ein. Ich werde im Folgenden für Name und Passwort *user1* verwenden. Ein weiterer Klick auf **Next** bringt Sie zu einem Dialog, in dem Sie bestimmen, wie die VM heißen soll. Nennen Sie diese *hadoop1*.

Klicken Sie ein weiteres Mal auf **Next** und dann auf **Customize Hardware**. Dort erhöhen Sie bitte den Arbeitsspeicher auf mindestens 2 Gigabyte (besser sind 8 GB) und die Anzahl der verwendeten Kerne auf 3 (besser sind 4). Nun schließen Sie den Dialog und klicken dann auf **Finish**. Der *VMware Player* beginnt jetzt Ubuntu zu installieren und Sie können sich kurz zurücklehnen.

 **PRAXISTIPP:** Sie werden eventuell gefragt werden, ob Sie **VMware Tools** für Ihre VM installieren möchten. Diese Anwendung erleichtert die Kommunikation zwischen Host- und Gastsystem, sodass Sie etwa einfacher Dateien austauschen oder Einstellungen synchronisieren können. Wir benötigen das Werkzeug nicht explizit, prinzipiell ist es allerdings ratsam, es mit zu installieren.

## (Optional) Anpassen des Tastaturschemas in Ubuntu

Das Tastaturlayout von Ubuntu ist zu Beginn auf Englisch gestellt. Mit folgendem Befehl können Sie es umstellen. Die Information, dass der *Bindestrich* sich auf der englischen Tastatur auf der Taste unseres *ß* befindet, spart Ihnen sicher einiges an Nerven.

**Listing 3.1** Ändern des Tastaturlayouts unter Ubuntu

```
sudo dpkg-reconfigure keyboard-configuration
```

Geben Sie Ihr Benutzerpasswort ein, wenn Sie danach gefragt werden. Bestätigen Sie nun alle Einstellungen, bis Sie zu einer Auswahl mit dem Titel *Country of origin for the keyboard* kommen. Dort wählen Sie bitte *German* aus und klicken sich durch den restlichen Wizard.

## Installation einer Java-Laufzeitumgebung

Da Hadoop auf Java basiert, benötigt es eine JRE (*Java Runtime Environment*), um ausgeführt werden zu können. Sie haben nun zwei Optionen. Entweder Sie benutzen das freie OpenJDK (*Java Development Kit*) oder die proprietäre Oracle JRE. Wir werden das OpenJDK verwenden. Öffnen Sie nun bitte die VM, loggen Sie sich mit Ihrem Benutzernamen und Passwort ein und führen Sie folgende Befehle aus, um die JRE zu installieren.

**Listing 3.2** Installation der OpenJDK 7

```
sudo apt-get install openjdk-7-jdk
cd /usr/lib/jvm
sudo ln -s java-7-openjdk-amd64 jdk
```

In Listing 3.2 geschieht nichts anderes, als dass das OpenJDK installiert und auf das Verzeichnis *java-7-openjdk-amd64* ein symbolischer Link mit Namen *jdk* angelegt wird. Der Paketmanager fragt an einigen Stellen nach, ob er eine Operation wirklich durchführen soll. Bestätigen Sie das bitte je nach Vorschlag mit *Y*.

> **HINWEIS:** Das **sudo** vor den jeweiligen Befehlen sorgt dafür, dass selbiger als Superuser ausgeführt wird. Das ist zum Beispiel bei der Installation von neuen Anwendungen oder bei Änderungen von Systemeinstellungen nötig. Sie werden folgend aufgefordert, Ihr Passwort einzugeben, um sich zu authentifizieren.

Der Paketmanager lädt nun die nötigen Dateien herunter und installiert diese anschließend. Mit dem Befehl in Listing 3.3 können Sie anschließend prüfen, ob Installation und Aktivierung der JRE funktioniert haben.

**Listing 3.3** Überprüfung der primären Java-Laufzeitumgebung

```
java -version
```

Sieht das Ergebnis aus wie in Bild 3.4 auf der nächsten Seite, dann war die Installation des JDK erfolgreich.

```
user1@localhost:~$ java -version
java version "1.7.0_25"
OpenJDK Runtime Environment (IcedTea 2.3.10) (7u25-2.3.10-1ubuntu0.12.04.2)
OpenJDK 64-Bit Server VM (build 23.7-b01, mixed mode)
user1@localhost:~$
```

**Bild 3.4** Ausgabe des gesetzten JDK

Wird jedoch eine andere Ausgabe gezeigt, dann können Sie mit dem Befehl in Listing 3.4 eine alternative Java-Version auswählen.

**Listing 3.4** Setzen einer alternativen JRE

```
sudo update-alternatives --config java
```

In der nun erscheinenden Liste können Sie mit den Zahlentasten die gewünschte Version setzen.

### Einrichten eines dedizierten Hadoop-Users

Wir werden für ein passendes Rechtemanagement einen speziellen Benutzer samt Gruppe für die Hadoop-Installation anlegen. Führen Sie bitte dafür den in Listing 3.5 gezeigten Befehl aus.

**Listing 3.5** Anlegen eines Hadoop-Benutzers mit Gruppe

```
sudo addgroup hadoop
sudo adduser --ingroup hadoop hduser
```

Die erzeugte Gruppe heißt *hadoop*, der Benutzer *hduser*. Als Passwort verwende ich ebenfalls *hduser*. Arbeiten Sie sich durch die nun erscheinenden Fragen zum Benutzer (Name, Raumnummer etc.). Diese können Sie leer lassen, der Inhalt spielt für uns keine Rolle. Bestätigen Sie die Korrektheit der Informationen mit *Y* und der Benutzer wird vom System eingerichtet.

### SSH-Zugang einrichten

Das Einrichten eines SSH-Zugangs (*Secure Shell*) auf der Hadoop-Instanz hat zwei Gründe. Später, wenn wir mehrere VMs zu einem Hadoop-Cluster zusammenschalten, damit diese ihre Arbeit untereinander aufteilen können, müssen sie miteinander kommunizieren können. Weiterhin wollen wir ebenso von unserem Hostsystem Dateien auf den VMs ablegen dürfen. Für beide Fälle wird ein SSH-Zugang vorausgesetzt.

Am Anfang gilt es, den *OpenSSH-Server* zu installieren.

**Listing 3.6** Installation des OpenSSH-Servers

```
su - user1
sudo apt-get install openssh-server
```

**HINWEIS: SSH** besteht aus einem Netzwerkprotokoll und einigen Programmen, die es ermöglichen, eine sichere, verschlüsselte Netzwerkverbindung mit einem entfernten Computer herstellen zu können.

Bitte führen Sie folgende Befehle aus, um das Erzeugen eines SSH-Keys für den Benutzer *hduser* zu initiieren.

**Listing 3.7** Erzeugen eines SSH-Schlüssels für den Benutzer hduser

```
su - hduser
ssh-keygen -t rsa -P ""
```

Nachfragen nach dem Zielpfad des Schlüssels bestätigen Sie bitte einfach. Zuerst wechseln wir den aktiven Benutzer von *user1* hin zu *hduser*. Dann wird ein Schlüssel ohne ein Passwort erzeugt, was normalerweise nicht empfehlenswert, für unsere Zwecke aber in Ordnung ist. Den eben erzeugten Schlüssel müssen wir nun zu den autorisierten SSH-Schlüsseln unseres Benutzers hinzufügen.

**Listing 3.8** Registrierung des eben generierten Schlüssels

```
cat $HOME/.ssh/id_rsa.pub >> $HOME/.ssh/authorized_keys
```

**HINWEIS:** Das **$HOME** verweist hier auf das Benutzerverzeichnis unseres *hdusers*, ähnlich den *Eigenen Dateien* unter Windows.

Um nun vice versa den Fingerprint des Hosts zu den bekannten Systemen (*known_hosts*) des *hdusers* hinzuzufügen, muss sich wenigstens ein einziges Mal im Vorfeld mit dem *localhost* verbunden werden.

**Listing 3.9** Verbindung zum localhost herstellen

```
ssh localhost
```

Bestätigen Sie bitte die folgende Sicherheitsabfrage mit *Yes* und trennen Sie die Verbindung wieder mit dem Befehl *exit*.

### (Optional) Deaktivieren des IPv6-Protokolls

Falls Sie eine ältere Hadoop-Version betreiben, sollten Sie das IPv6-Protokoll deaktivieren, da dieses in einigen Fällen zu Problemen führen kann. Dazu editieren wir die Datei */etc/sysctl.conf*. Da unser *hduser* keine Administratorenrechte besitzt, sollten Sie zunächst den Benutzer *user1* reaktivieren.

**Listing 3.10** Editieren der Systemeinstellungen zu IPv6

```
su - user1
sudo nano /etc/sysctl.conf
```

Nun öffnet sich ein Editor, in dem Sie bitte folgende Zeilen am Ende der Textdatei einfügen.

**Listing 3.11** Deaktivieren von IPv6

```
# disable ipv6
net.ipv6.conf.all.disable_ipv6 = 1
net.ipv6.conf.default.disable_ipv6 = 1
net.ipv6.conf.lo.disable_ipv6 = 1
```

Speichern Sie die Datei mit **Strg+o** ab und beenden Sie den Editor mit **Strg+x**. Um die Änderungen wirksam zu machen, müssen Sie Ubuntu neu starten.

**Listing 3.12** Neustarten des Systems

```
sudo reboot
```

Melden Sie sich bitte wieder als *hduser* an und überprüfen Sie, ob IPv6 erfolgreich deaktiviert wurde.

**Listing 3.13** Überprüfung der Deaktivierung von IPv6

```
cat /proc/sys/net/ipv6/conf/all/disable_ipv6
```

Gibt der Befehl die Zahl *1* zurück, so war das Vorgehen erfolgreich.

### Installation von Hadoop

Nun sind wir endlich so weit, dass wir Hadoop installieren können.

**Listing 3.14** Herunterladen und entpacken von Hadoop

```
su - user1
cd /usr/local
sudo wget
http://mirror.lwnetwork.org.uk/APACHE/hadoop/common/hadoop-2.2.0/hadoop-2.2.0.tar.gz
sudo tar xzf hadoop-2.2.0.tar.gz
sudo mv hadoop-2.2.0 hadoop
sudo chown -R hduser:hadoop hadoop
```

Was hier geschieht, ist, dass wir zuerst in das Verzeichnis */usr/local* wechseln und dorthin die Datei *hadoop-2.2.0.tar.gz* herunterladen. Dieses Archiv entpacken wir und benennen den beim Entpacken erzeugten Ordner *hadoop-2.2.0* um in *hadoop*. Das erspart uns später jede Menge Tipparbeit. Zuletzt bestimmen wir, dass unser Benutzer *hduser* Besitzer des Ordners *hadoop* (und all seiner Unterordner und Dateien) ist.

Nun müssen noch einige Benutzervariablen erstellt werden, die beim Anmelden unseres *hdusers* initialisiert werden und danach im Terminal zur weiteren Verwendung bereitstehen. Dazu wechseln wir wieder zum *hduser* und bearbeiten die *.bashrc* in unserem Home-Verzeichnis.

**Listing 3.15** Wechseln ins Home-Verzeichnis

```
su - hduser
nano .bashrc
```

Kopieren Sie nun die folgenden Zeilen ans Ende der *.bashrc*. Mit den Tasten *Bild-Auf* und *Bild-Ab* können Sie schneller im Nano-Editor scrollen.

**Listing 3.16** Setzen der Umgebungsvariablen für Hadoop

```
# Java
export JAVA_HOME=/usr/lib/jvm/jdk/

# Hadoop
export HADOOP_INSTALL=/usr/local/hadoop
```

```
export PATH=$PATH:$HADOOP_INSTALL/bin
export PATH=$PATH:$HADOOP_INSTALL/sbin
export HADOOP_MAPRED_HOME=$HADOOP_INSTALL
export HADOOP_COMMON_HOME=$HADOOP_INSTALL
export HADOOP_HDFS_HOME=$HADOOP_INSTALL
export HADOOP_YARN_HOME=$HADOOP_INSTALL
```

Navigieren Sie anschließend in das Verzeichnis */usr/local/hadoop/etc/hadoop* und bearbeiten Sie die Datei *hadoop-env.sh*. Suchen Sie dort die Zeile, die mit *export JAVA_HOME* beginnt, und ändern Sie diese wie folgt.

**Listing 3.17** Setzen der Umgebungsvariablen JAVA_HOME in hadoop-env.sh

```
export JAVA_HOME=/usr/lib/jvm/jdk/
```

**PRAXISTIPP:** Der letzte Schritt ist nur aufgrund dessen notwendig, dass Hadoop es in der Version 2.2.0 versäumt, die Definition von *JAVA_HOME* aus der *.bashrc* auszulesen. Wenn das in einem der nächsten Fixes obsolet wird, können Sie diesen Schritt getrost auslassen.

Starten Sie nun Ihr System neu und Hadoop ist fertig eingerichtet. Den Erfolg Ihrer Bemühungen prüfen Sie wie in Listing 3.18 gezeigt.

**Listing 3.18** Überprüfen, ob Hadoop erfolgreich gestartet wurde

```
hadoop version
```

Der entsprechende Output sollte Bild 3.5 ähneln.

```
hduser@localhost:~$ hadoop version
Hadoop 2.2.0
Subversion https://svn.apache.org/repos/asf/hadoop/common -r 1529768
Compiled by hortonmu on 2013-10-07T06:28Z
Compiled with protoc 2.5.0
From source with checksum 79e53ce7994d1628b240f09af91e1af4
This command was run using /usr/local/hadoop/share/hadoop/common/hadoop-common-2
.2.0.jar
hduser@localhost:~$
```

**Bild 3.5** Ergebnis der Überprüfung zum Start von Hadoop

Anschließend müssen lediglich noch ein paar kleinere Dinge erledigt werden, bis wir Hadoop testen können; unter anderem die Konfiguration der Ports, um die wir uns nun kümmern wollen. Davor müssen wir jedoch noch drei weitere Ordner anlegen.

**Listing 3.19** Anlegen eines Temp-, Name- und Dataverzeichnisses

```
su - user1
sudo mkdir -p /usr/local/hadoop/tmp
sudo mkdir -p /usr/local/hadoop/name
sudo mkdir -p /usr/local/hadoop/data
sudo chown hduser:hadoop /usr/local/hadoop/tmp
sudo chown hduser:hadoop /usr/local/hadoop/name
sudo chown hduser:hadoop /usr/local/hadoop/data
```

Das Verzeichnis *tmp* dient Hadoop, wie der Name vermuten lässt, um temporäre Dateien abzulegen. Im *data* genannten Ordner speichert ein Datenknoten (*Data-Node*) später die Datenblöcke. Das Name-Verzeichnis wird vom *Name-Node* dafür verwendet, um die Namenstabellen (*Name Table*) zu speichern. Keine Angst vor den vielen neuen Begriffen, wir gehen später noch detailliert darauf ein.

**HINWEIS:** Die Dateien, die wir im Folgenden anlegen und editieren, finden Sie fertig auf der DVD im Ordner *single_node_config* Kapitel 3.

Navigieren Sie nun in das Verzeichnis */usr/local/hadoop/etc/hadoop/* und öffnen Sie als *hduser* die Datei *core-site.xml* mithilfe von *nano*. Fügen Sie dort zwischen den Tags <*configuration*> und </*configuration*> folgende Zeilen ein.

**Listing 3.20** Einstellungen in core-site.xml

```
<property>
    <name>fs.defaultFS</name>
    <value>hdfs://localhost:9000</value>
</property>
<property>
    <name>hadoop.tmp.dir</name>
    <value>/usr/local/hadoop/tmp</value>
</property>
```

Die Eigenschaft *fs.defaultFS* bestimmt, wo der *Name-Node* zu finden ist. Dieser übernimmt die Koordination der *Data-Nodes*, auf denen später im Cluster die Daten liegen (siehe Abschnitt 3.9); er agiert also als Master. *fs.defaultFS* war früher als *fs.default.name* bekannt. Diese Bezeichnung ist allerdings nun veraltet. Sie finden eine Liste aller Eigenschaften, die in den letzten Releases ihren Namen geändert haben, unter der folgenden Adresse:

*http://hadoop.apache.org/docs/current/hadoop-project-dist/hadoop-common/ DeprecatedProperties.html*

Editieren Sie nun im gleichen Verzeichnis die Datei *hdfs-site.xml* und fügen Sie auch hier die genannten Eigenschaften hinzu.

**Listing 3.21** Einstellungen in hdfs-site.xml

```
<property>
    <name>dfs.replication</name>
    <value>1</value>
</property>
<property>
    <name>dfs.permissions</name>
    <value>false</value>
</property>
<property>
    <name>dfs.namenode.name.dir</name>
    <value>file:/usr/local/hadoop/name</value>
</property>
<property>
    <name>dfs.datanode.data.dir</name>
    <value>file:/usr/local/hadoop/data</value>
</property>
```

Durch die Eigenschaft *dfs.replication* legen wir fest, in wie vielen Kopien unsere zu verarbeitenden Daten später auf dem Cluster verteilt werden sollen. Da wir in diesem Falle nur einen Knoten verwenden, können wir lediglich eine Kopie speichern.

Die Eigenschaft *dfs.permissions* bestimmt, ob das Rechtesystem von Hadoop genutzt werden soll. Gemäß dem Posix-Modell verfügt jede Datei über einen Besitzer und eine Gruppe. Alle Zugriffe von Fremdbenutzern, Besitzern und Nutzern in der entsprechenden Gruppe werden anders behandelt. Für unsere Zwecke schalten wir diese Funktion ab, das erleichtert uns die Entwicklung und das Testen unserer Jobs, die wir später schreiben werden.

Der Zweck von *dfs.datanode.data.dir* und *dfs.datanode.name.dir* wurde bereits oben erklärt. Die Verzeichnisse, die Sie hier angeben, müssen zwingend existieren, Hadoop erstellt diese nicht. Zudem können Sie hier auch mehrere Ordner durch Kommata getrennt angeben. Die Daten werden dann in allen gelisteten Verzeichnissen abgelegt.

Weiter geht es mit der Datei *mapred-site.xml*. Diese existiert noch nicht im entsprechenden Verzeichnis, jedoch stellt uns Hadoop ein Template für eine solche Datei zur Verfügung. Dieses benennen wir der Einfachheit halber in *mapred-site.xml* um. Natürlich können Sie es auch nach eigenem Gusto kopieren, um eine Sicherungskopie davon zu behalten. Da die Datei jedoch beinahe leer ist, müssen wir uns darum eigentlich keine Sorgen machen.

**Listing 3.22** Umbenennen der Datei mapred-site.xml

```
mv mapred-site.xml.template mapred-site.xml
```

In *mapred-site.xml* bestimmen wir lediglich, dass wir das neue Map-Reduce-Framework (siehe Abschnitt 3.5) *YARN* benutzen möchte.

**PRAXISTIPP:** Müssen Sie dann Ihre bisherigen Map-Reduce-Jobs umgestalten, sodass sie mit dem neuen Framework *YARN* funktionieren? Nein, die Entwickler von Hadoop versichern eine vollständige Kompatibilität zwischen den Map-Reduce-Jobs der ersten Generation und denen der zweiten. Diese wird übrigens auch MR2 genannt. Möchten Sie dennoch den alten Map-Reduce-Algorithmus verwenden, ersetzen Sie in Listing 3.23 das *yarn* durch *local*.

**Listing 3.23** Einstellungen in mapred-site.xml

```
<property>
    <name>mapreduce.framework.name</name>
    <value>yarn</value>
</property>
```

**PRAXISTIPP:** In manchen Quellen finden Sie in einem *Property-Tag* das Tag **<final>true</final>**. Wenn eine Eigenschaft auf diese Weise markiert wurde, kann sie später nicht mehr programmatisch, von uns oder von Hadoop selber, verändert werden.

Die letzten Änderungen nehmen wir in der Datei *yarn-site.xml* vor.

**Listing 3.24** Einstellungen in yarn-site.xml

```
<property>
    <name>yarn.nodemanager.aux-services</name>
    <value>mapreduce_shuffle</value>
</property>
<property>
    <name>yarn.nodemanager.aux-services.mapreduce.shuffle.class</name>
    <value>org.apache.hadoop.mapred.ShuffleHandler</value>
</property>
<property>
    <name>yarn.nodemanager.vmem-pmem-ratio</name>
    <value>3</value>
</property>
<property>
    <name>yarn.nodemanager.delete.debug-delay-sec</name>
    <value>600</value>
</property>
```

Die ersten beiden Eigenschaften (*yarn.nodemanager.aux-services* und *yarn.nodemanager.aux-services.mapreduce.shuffle.class*) legen fest, wie Hadoop später die Verteilung (Mischung) der Knoten im Cluster handhaben wird. In früheren Versionen waren diese Methoden fest implementiert, ab Version 2.x wollten die Entwickler jedoch die Möglichkeit bieten, diese Verteilung selber festzulegen. Wir nutzen hier jedoch den altbekannten Standard. *yarn.nodemanager.vmem-pmem-ratio* stellt das Verhältnis von physikalischem zu virtuellem Speicher dar. Verwenden wir beispielsweise 4 GB RAM, steht uns 4 * 3 = 12 GB virtueller Speicher für unsere Map-Reduce-Jobs oder YARN-Anwendungen zur Verfügung. Der Default-Wert ist hier 2,1. *yarn.nodemanager.delete-debug-delay-sec* gibt an, wie viele Sekunden die Anwendungsdaten (lokale Ressourcen, Log-Dateien …) für auf YARN laufende Anwendungen bestehen bleiben, bevor sie automatisch gelöscht werden. Für eine Produktivumgebung ist es ratsam, diesen Wert niedrig zu halten. Ich stelle ihn auf 600 Sekunden (10 Minuten), sodass wir später, wenn wir unsere erste YARN-Anwendung implementieren, einen Blick auf die Ressourcen werfen können, die der Anwendung zur Verfügung gestellt werden.

**HINWEIS:** In manchen Tutorials lesen Sie von **weiteren Eigenschaften**, die in der *yarn-site.xml* gesetzt werden, z. B. *yarn.resourcemanager.resource-tracker.address* oder *yarn.resourcemanager.address*. Diese können Sie bei Bedarf ebenfalls ändern, ansonsten werden die Dienste auf dem jeweiligen Default-Port gestartet. Da wir in diesem Abschnitt nur die Minimalkonfiguration verwenden wollen, lasse ich sie hier erst einmal weg. Wir werden später beim Aufbau eines Clusters darauf zurückkommen.

## Formatieren des HDFS (Hadoop Distributed File System)

Das Dateisystem, das Hadoop benutzt (siehe Abschnitt 3.2), muss, wie jedes andere Dateisystem auch, vor dem ersten Benutzen formatiert werden. Das erreichen wir nun mit dem folgenden Befehl.

**Listing 3.25** Formatieren des HDFS

```
hdfs namenode -format
```

Bestätigen Sie die Nachfrage, ob Sie das HDFS wirklich löschen wollen, mit einem großen *Y*, nicht bloß mit einem kleinen.

Nun wird sich zeigen, ob Sie die verschiedenen XML-Dateien fehlerfrei geschrieben haben. Sollte Hadoop diese nicht lesen können, da evtl. ein Schrägstrich vergessen wurde, so werden Sie in der Ausgabe des Formatierungsprozesses Fehlermeldungen finden. Meistens werden diese mit Hinweisen auf die entsprechende Fehlerquelle versehen.

 **PRAXISTIPP:** Achten Sie darauf, niemals ein laufendes HDFS zu formatieren, sonst werden Ihre Daten darauf, wie zu erwarten, gelöscht.

## (Optional) Konfigurieren der Datenkompression im HDFS

Das HDFS bietet die Möglichkeit, die Daten, die sich darin befinden, zu komprimieren. Das bringt einerseits den Vorteil, dass I/O-intensive Operationen (Datentransfer, Speichern von Daten) schneller ausgeführt werden, da kleinere Daten schneller über den Cluster verteilt und schneller in einen Map-Reduce-Job eingelesen werden können. Andererseits wird natürlich beim Komprimieren sowie beim Dekomprimieren CPU-Zeit in Anspruch genommen und die Verarbeitungszeit steigt an. Es gilt folglich abzuwägen, ob man mit eingeschalteter Kompression Speicherbedarf, Festplatten-I/O und Netzwerkbelastung reduzieren möchte oder ob man Wert darauf legt, die CPU zu entlasten, und dafür auf Kompression verzichtet. Tabelle 3.2 zeigt die verfügbaren Kompressionsverfahren in Hadoop.

**Tabelle 3.2** Kompressionsverfahren in Hadoop

| Format | Algorithmus | Dateiendung | Teilbar (Splittable) | Bemerkung |
|---|---|---|---|---|
| zlib | DEFLATE | .deflate | Nein | Standardverfahren |
| gzip | zlib Wrapper | .gz | Nein | Kann in HBase verwendet werden |
| bzip2 | Burrows-Wheeler transformation | .bz2 | Ja | Üblicherweise in PIG benutzt |
| lzo | Ähnlich LZ77 | .lzo | Nein | Kann in HBase verwendet werden |
| lz4 | Ähnlich LZ77 | .lz4 | Nein | In neueren Hadoop-Distributionen verfügbar |
| snappy | LZ77 | .snappy | Nein | Kann in HBase verwendet werden, wurde von Google herausgebracht |

Kompression ist in Hadoop per Default ausgeschaltet. Um sie zu aktivieren, müssen Sie die Option in der *mapred-site.xml* aktivieren. Dazu setzen Sie die folgenden Werte.

- **mapreduce.map.output.compress** auf *true*
- **mapreduce.map.output.compress.codec** auf die gewünschte Klasse (s. u.)
- **mapreduce.output.fileoutputformat.compress** auf true
- **mapreduce.output.fileoutputformat.compress.codec** auf die gewünschte Klasse
- **mapreduce.output.fileoutputformat.compress.type** auf den Kompressionstyp der Sequence-Files (NONE, RECORD (Default), BLOCK)

Die oben erwähnten Klassen, die den oben gezeigten Kompressionsmethoden entsprechen, sehen Sie hier:

- *org.apache.hadoop.io.compress.DefaultCodec* (zlib)
- *org.apache.hadoop.io.compress.GzipCodec* (gzip)
- *org.apache.hadoop.io.compress.BZip2Codec* (bzip2)
- *com.hadoop.compression.lzo.LzoCodec* (lzo)
- *org.apache.hadoop.io.compress.Lz4Codec* (lz4)
- *org.apache.hadoop.io.compress.SnappyCodec* (Snappy)

Ob und wann Sie ein Kompressionsverfahren einschalten, ist oft vom individuellen Fall abhängig. In einem Big-Data-Projekt bin ich mit einigen Kollegen mal in eine recht ungewöhnliche Lage geraten: Uns ist der Speicherplatz auf den Maschinen unseres Clusters ausgegangen, da wir die Daten auf dem HDFS für eine Echtzeitsuche indizieren mussten und die Indizes den Speicherbedarf über Nacht etwa um den Faktor 10 ansteigen ließen. In dem Fall war es klar, dass wir die Dateien komprimieren mussten, um weiterarbeiten zu können, wobei zu sagen ist, dass die Maschinen, die uns zur Verfügung standen, über ausreichend CPU-Leistung verfügten, um den Mehraufwand bei der Verarbeitung bewältigen zu können. Halten Sie also die Augen während der Arbeit mit Hadoop offen und bedenken Sie, dass Sie durch Datenkompression die Belastung einzelner Hardwarebauteile Ihres Clusters umwälzen können.

### Starten des Hadoop-Services

Nun müssen alle nötigen Services gestartet werden. Früher existierte ein Skript namens *start-all.sh*, das heute leider veraltet (*deprecated*) ist. Also müssen wir uns Schritt für Schritt um jeden einzelnen Service kümmern.

**Listing 3.26** Starten aller Hadoop-Services

```
hadoop-daemon.sh start namenode
hadoop-daemon.sh start datanode
hadoop-daemon.sh start secondarynamenode
yarn-daemon.sh start resourcemanager
yarn-daemon.sh start nodemanager
mr-jobhistory-daemon.sh start historyserver
```

Der Startvorgang kann sich ein wenig hinziehen, seien Sie also nicht verwundert, wenn die Ausgabe der Skripte ein wenig Zeit benötigt.

**HINWEIS:** Eventuell sehen Sie eine **Warnung** *Unable to load native-hadoop library for your platform... using builtin-java classes where applicable.* Diese tritt auf, da die Hadoop-Bibliotheken für das aktuelle Release nicht für 64 Bit kompiliert wurden. Da es sich jedoch nur um eine Warnung handelt, können wir die Meldung ignorieren.

**Listing 3.27** Überprüfen des erfolgreichen Starts der Hadoop-Services

jps

Mit diesem einfachen Befehl listen Sie alle gestarteten Java-Prozesse auf. Die Ausgabe sollte sechs (mit *Jps* sieben) Prozesse beinhalten, so wie sie in Bild 3.6 gezeigt werden.

```
hduser@localhost:/usr/local/hadoop$ jps
1580 ResourceManager
1408 DataNode
1349 NameNode
2603 Jps
1654 NodeManager
1947 JobHistoryServer
1514 SecondaryNameNode
hduser@localhost:/usr/local/hadoop$ _
```

**Bild 3.6** Der Befehl JPS zeigt alle sechs gestarteten Hadoop-Prozesse.

Herzlichen Glückwunsch, die erste Hürde haben Sie gemeistert und eine einzelne Hadoop-Instanz aufgesetzt und gestartet. Was aber tun, wenn einer der Services nicht ordnungsgemäß gestartet wird?

### 3.4.1 Falls etwas nicht funktioniert

Wenn z. B. Prozesse nicht gestartet werden oder Sie Probleme beim Herstellen einer SSH-Verbindung beobachten, dann sind die Log-Dateien im Ordner */usr/local/hadoop* Ihre erste Anlaufstelle. Dort finden Sie zu den folgenden Prozessen die Startprotokolle:

- *Data-Node*
- *Name-Node*
- *Secondary Name-Node*
- *Node Manager*
- *Resource Manager*

Bei mir hat sich das Vorgehen etabliert zu verifizieren, ob alle fünf Prozesse gestartet wurden (über den Befehl *jps*). Sollte einer davon nicht laufen, dann gilt es, die Logs zu diesem Prozess zu überprüfen, um etwaige Fehler festzustellen. Häufige Fehlerquellen beim Aufsetzen einer neuen Instanz sind nicht oder falsch gesetzte Umgebungsvariablen oder fehlerhafter XML-Code in den Konfigurationsdateien von Hadoop. Fehler werden in den Logs häufig durch das Kennwort *ERROR* hervorgehoben.

## Fehler in der Hadoop-Konfiguration

Treffen Sie in den Logs auf eine *SAXParserException*, dann können Sie davon ausgehen, dass Sie in einer der zahllosen XML-Dateien eine fehlerhafte Formatierung vorgenommen haben. Generell weist Sie die Log-Datei auf die genaue Stelle hin, so würde ein falsch geschriebenes Tag in der Datei *hdfs-site.xml* folgende Log-Ausgabe hervorrufen:

> 2013-12-02 03:27:34, 472 FATAL org.apache.hadop.conf.Configuration error parsing conf hdfs-site.xml
>
> org.xml.sax.SAXParseException; systemId: file:/usr/local/hadoop/etc/hadoop/hdfs-site.xml; lineNumber: 39; columnNumber: 4; The element type "property" must be terminated by the matching end-tag "</property>".

Sie sehen, dass Hadoop seine Benutzer quasi genau auf die Fehlerquelle aufmerksam macht, wenn man denn weiß, wo man nach dieser Information suchen muss. Prinzipiell ist es einfacher, die Konfigurationsdateien in einem XML-fähigen Editor zu erstellen (z. B. *Notepad++* oder *Eclipse*), der fehlerhafte Syntax schon beim Schreiben bemerkt, und sie anschließend in das entsprechende System zu kopieren.

## Das Web-Interface Hadoops

Des Weiteren bietet Hadoop ein Web-Interface an, das über den Status des Clusters und seiner einzelnen Knoten berichtet. Dieses Interface können Sie auch von Ihrem Hostsystem aufrufen. Bringen Sie dazu zunächst die IP-Adresse der VM in Erfahrung.

**Listing 3.28** Abfragen der IP-Adresse des Ubuntu-Servers

```
su - user1
sudo ifconfig
```

Die erste Ethernet-Schnittstelle mit Namen eth0 enthält die Eigenschaft *inet addr*. Dahinter finden Sie die IP-Adresse Ihrer VM.

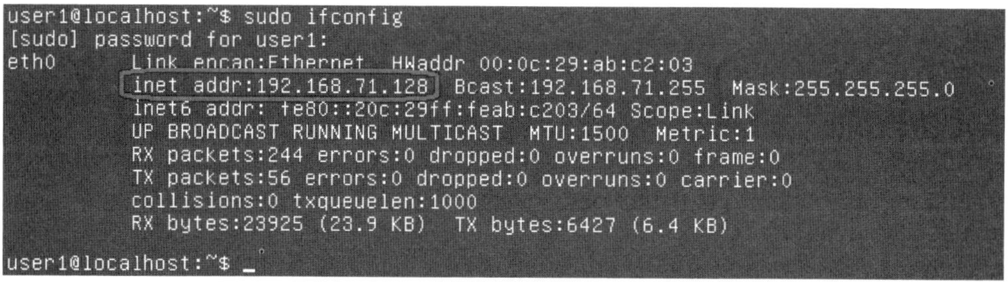

**Bild 3.7** Ausgabe von ifconfig

Nutzen Sie nun die IP, um die erste Web-Ansicht der Hadoop-Umgebung aufzurufen. In meinem Fall wäre diese unter folgendem Link zu finden:

*http://192.168.71.128:50070/dfshealth.jsp*

Der Aufruf sollte ein Fenster ähnlich Bild 3.8 zum Vorschein bringen.

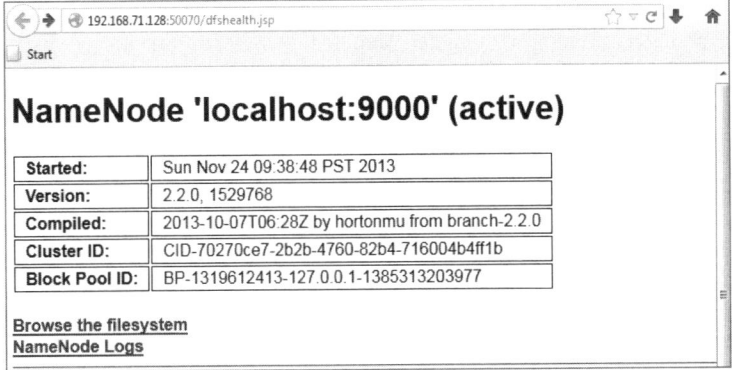

**Bild 3.8** Die Ansicht dfshealth zeigt eine Übersicht über den Name-Node.

Dort sehen Sie unter anderem:

- Wie viel Festplattenspeicher dem System zur Verfügung steht
- Wann der Cluster gestartet wurde
- Wie viele Knoten laufen/nicht laufen
- …

Die zweite Ansicht erreichen Sie über:

*http://192.168.71.128:8088/cluster/nodes*

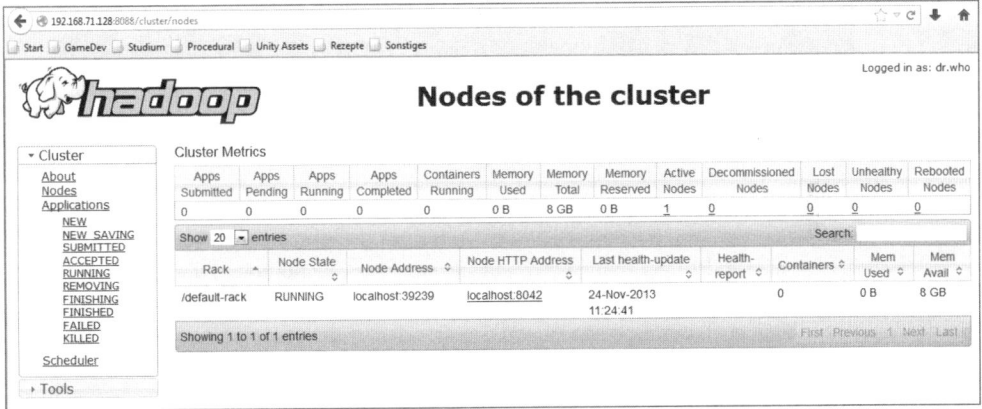

**Bild 3.9** Übersicht über den Cluster und laufende Jobs

Über das Menü links haben Sie eine Auswahl über verschiedene Aufgaben. So können Sie einmal den Status einzelner Knoten im Cluster betrachten oder aber Anwendungen sehen, die gerade im Cluster ausgeführt werden. Folglich ist es auch möglich, im Web-Interface Fehler in Ihrem Hadoop-Cluster aufzuspüren, jedoch ist dieses eher für die Fehler geeignet, die sich zur Laufzeit oder beim Hinzufügen neuer Knoten ereignen. Die Logs hingegen geben Auskunft über grundlegendere Dinge, die evtl. sogar verhindern, dass Sie überhaupt das Web-Interface aufrufen können. Weitere häufige Fehlermeldungen und -fälle habe ich samt Lösungsvorschlägen in Kapitel 10 im Anhang dieses Buches aufgelistet.

Bevor wir nun im nächsten Teil beginnen, aus einem *Single Node Cluster* einen *Multi Node Cluster* zu erzeugen, schauen wir uns den Map-Reduce-Algorithmus an.

## ■ 3.5 Map-Reduce

2004 veröffentlichten die Google-Mitarbeiter *Jeffrey Dean* und *Sanjay Ghemawat* ein Paper (Dean et al., 2004) zu einem neuen Ansatz, um große, unstrukturierte Daten zu indizieren und darin suchen zu können. Auch sie sahen sich damals mit der Herausforderung konfrontiert, dass die im Unternehmen gespeicherten Datenmengen zu schnell zu stark wuchsen, um sie mit herkömmlichen Mitteln verarbeiten zu können. Das in dem Paper vorgestellte Programmiermodell hieß *Map-Reduce*. Es beschrieb nicht nur, wie man große Datenmengen durchsuchte, auswertete und in Schlüssel-Wert-Paaren zusammenfasste, sondern auch, wie man diese sogenannten Map-Reduce-Jobs effizient über einen Cluster aus *Commodity-Hardware* verteilte. Einige Quellen bezeichnen dieses Paper als Ursprung einer Revolution, die Implementierungen wie Hadoop, Disco oder BashReduce ermögliche. Inspiriert wurde die Vorgehensweise von funktionalen Programmiersprachen wie etwa Scala. Im folgenden Abschnitt soll die Arbeitsweise des Algorithmus näher beschrieben werden. Diese lässt sich in drei Prozessschritte untergliedern.

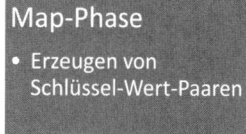

**Bild 3.10** Die drei Phasen eines Map-Reduce-Prozesses

Wie in Bild 3.10 dargestellt, beginnt der Prozess mit der Map-Phase, in der die Rohdaten entgegengenommen und ausgewertet werden. Dabei wird ein gewünschter Index festgelegt (ein numerischer, inkrementeller Wert, ein Datum, eine Zeichenfolge). Den Indizes werden nun einzelne Teile der Rohdaten zugeordnet, sodass am Ende eine Liste aus Schlüssel-Wert-Paaren vorliegt, in denen der Index den Schlüssel und die zugehörigen Daten die Werte darstellen. Einzelne Indizes können in der ersten Phase noch mehrmals vorkommen. Die Combine-Phase aggregiert nun alle Werte eines Schlüssels zu einem einzelnen Schlüssel-Wert-Paar, sodass keine doppelten Indizes mehr vorkommen. Zuletzt, in der Reduce-Phase, werden die Werte dieser neuen Liste, falls möglich, zusammengefasst (z. B. aufsummiert) oder ausgedünnt, indem lediglich der am besten passende Wert behalten und alle anderen Werte verworfen werden. Neben den drei genannten Phasen existiert noch eine vierte, die Split-Phase. Darin werden die zu verarbeitenden Rohdaten in kleinere Chunks unterteilt und den einzelnen Jobs als Input zugeführt. Da diese Phase jedoch weniger zum eigentlichen Algorithmus gehört, wurde sie in der Abbildung außen vor gelassen.

Ein fiktives Beispiel soll diese Vorgehensweise nun veranschaulichen. Es wird der Notendurchschnitt aller Studenten einer Hochschule in den letzten zehn Jahren berechnet, sodass ermittelt werden kann, ob die Klausuren über die Jahre von den Dozenten zu simpel oder zu anspruchsvoll konzipiert wurden. Ziel ist es, für jedes Jahr genau eine Durchschnittsnote zu erhalten, die die Leistung der Studierenden in den schriftlichen Klausuren widerspiegelt. Die Datenbasis liefert dafür eine Log-Datei des Hochschulservers, der jede von einem Dozenten eingetragene Note mitschreibt. Diese weist folgende Struktur auf:

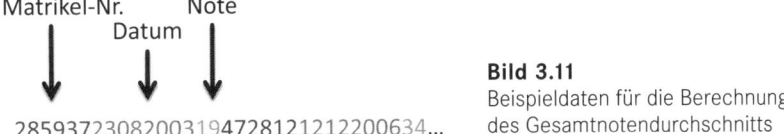

**Bild 3.11**
Beispieldaten für die Berechnung des Gesamtnotendurchschnitts

Die Log-Datei besteht also aus einer Folge numerischer Werte. Die ersten sechs Ziffern kennzeichnen die Matrikelnummer des entsprechenden Studierenden, die folgenden acht Stellen kennzeichnen das Datum, an dem die Note eingetragen wurde, und die letzten zwei Ziffern geben die erreichte Note an. Daran schließt sich ein neuer Datensatz an. Es ist zu sehen, dass die Daten zwar strukturiert, aber unleserlich sind. In einem realen Szenario würde eine Log-Datei wahrscheinlich weiterhin Löschungen, Änderungen und Fehlermeldungen beinhalten sowie weitere Operationen wie beispielsweise Immatrikulationen. Um Map-Reduce zu erklären, soll jedoch ein einfaches Beispiel genügen. Bild 3.12 zeigt nun die Arbeitsweise der drei eben beschriebenen Schritte.

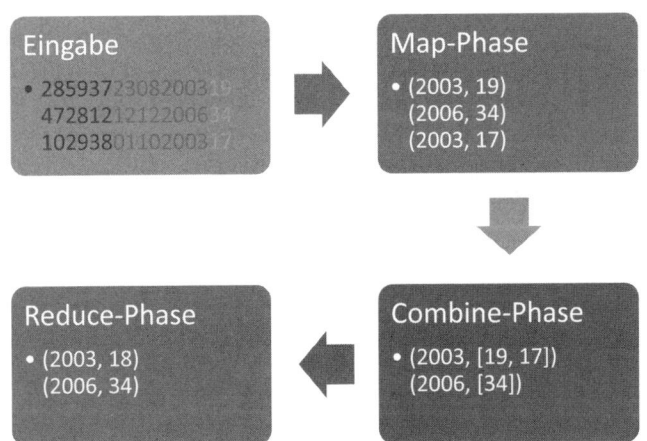

**Bild 3.12** Map-Reduce, angewandt auf die in Bild 3.11 gezeigten Beispieldaten

Die Eingabedaten entsprechen dem eben beschriebenen Schema und werden an den ersten Prozessschritt weitergeleitet. Dort, in der Map-Phase, wird die Datei ausgelesen und eine erste Hash-Map erstellt, die das Jahr der eingetragenen Note als Schlüssel und die Note selbst als Wert extrahiert. In der Combine-Phase werden dann die Noten eines Jahres gesammelt und zusammengefasst als Wert zum entsprechenden Jahr abgelegt. Hier tritt jedes Jahr schon nur noch einmal auf. In der Reduce-Phase wird nun die Durchschnittsnote jedes Jahres berechnet und als Wert für das jeweilige Jahr eingetragen.

Eine Hochschulleitung sieht nun die Entwicklung der Noten der Studenten über die Jahre und kann daraus Schlüsse ziehen, ob sie das Niveau anheben oder senken sollten. Bedenkt man, dass Noten noch je nach Modul gewichtet werden können und man bei der Auswertung zwischen Sommer- und Wintersemester unterscheiden könnte, so liegt es auf der Hand, dass das Beispiel im produktiven Einsatz an seiner Simplizität scheitern würde. Dennoch soll es hier als Stütze dienen, um die verschiedenen Phasen des Algorithmus zu erkennen.

Eine interessante Frage ist nun, ob ein Map-Reduce-Job immer auf dieselbe Art und Weise abläuft. Die Antwort ist klar: Nein. Der Algorithmus kann im Vorfeld nicht wissen, welche Daten als Indizes verwendet werden sollen, ebenso wenig weiß er, welche Werte es zu extrahieren gilt und wie diese aggregiert werden. Hier ist der Entwickler gefragt, der letztendlich einen Weg finden muss, in den Daten zu lesen und die Informationen an den richtigen Stellen zu entdecken und auszuwerten. Durch diese Anforderung ist in den letzten Jahren sogar ein neues Berufsfeld entstanden, nämlich das des *Data-Scientists* (siehe Kapitel 8).

Customizing spielt also eine große Rolle, wenn es darum geht, Map-Reduce-Jobs zu implementieren. Der Vorteil von konkreten Implementierungen wie Hadoop liegt nun darin, dass diese Bibliotheken bereitstellen, mit denen sich Jobs effizient und einfach programmieren lassen. Eine Auswertung wie oben beschrieben mag trivial klingen, verliert aber ihre Überschaubarkeit, wenn sie von Grund auf so programmiert werden muss, dass die Verarbeitung über einen Cluster verteilt stattfinden kann. Dennoch schaffen es die aktuellen Frameworks unter Zuhilfenahme entsprechender Bibliotheken und gewisser Programmierrichtlinien, Jobs so zu kompilieren, dass sie miteinander arbeiten können, hochgradig skalierbar sind und Lasten untereinander aufteilen, ohne dass der Entwickler dafür auch nur einen Finger krümmen muss. Abschnitt 3.7 zeigt später, wie ein solcher Job technisch umgesetzt wird und worauf es dabei zu achten gilt. Map-Reduce ist also keine universelle Allzweckwaffe gegen Big-Data, sondern ein neues Programmiermodell, das den Entwicklern an die Hand gegeben wird, um sich den aufkommenden technischen Herausforderungen zu stellen und diese anzugehen. Es wird dabei durch weitere Neuerungen wie das HDFS und NoSQL-Datenbanken ergänzt.

## ■ 3.6 Aufsetzen einer Entwicklungsumgebung

Bevor wir uns nun daranmachen, das eben gezeigte Beispiel zu implementieren, müssen wir zuerst eine geeignete Entwicklungsumgebung aufsetzen. Dazu benötigen wir, wie in der Einleitung erklärt, eine IDE (*Integrated Development Environment*) und eine Java-EE-Laufzeitumgebung.

### Eclipse als IDE

Laden Sie bitte zuerst die *Eclipse IDE for Java EE Developers* herunter, Sie finden die Anwendung unter folgendem Link:

*http://www.eclipse.org/downloads/*

Um einfache Map-Reduce-Jobs zu schreiben, würde auch die Standard-Java-IDE ausreichen, jedoch wollen wir später ein paar kleine Web-Ansichten und Visualisierungen auf Basis von JSPs (*Java Server Pages*) erstellen.

**PRAXISTIPP:** Falls Sie ganz von vorne beginnen, benötigen Sie ein JDK, das Sie über folgenden Link herunterladen können: *http://www.oracle.com/technetwork/java/javase/downloads/index.html*

Entpacken Sie das heruntergeladene Archiv bitte in ein Verzeichnis, das keine Leerzeichen enthält und dessen Name möglichst kurz ist. Manche Bibliotheken, die wir benutzen werden, bekommen sonst unter Umständen einen Schluckauf. Ich persönlich tendiere dazu, Eclipse auf einer Nicht-System-Partition direkt im Hauptverzeichnis abzulegen, z. B. unter *D:\eclipse\*. So bekommen Sie auch keine Probleme mit fehlenden Administratorenrechten, falls Sie Dateien manipulieren, die nicht in Ihrem Benutzerverzeichnis liegen. Starten Sie im Anschluss *eclipse.exe* und legen Sie, wenn Sie möchten, einen neuen Workspace für dieses Buch an.

 **HINWEIS:** Falls Sie Eclipse das erste Mal starten, sehen Sie eine **Welcome-View**, die alle nötigen Fenster verdeckt. Schließen Sie diese einfach über einen Klick auf das kleine Kreuz oben rechts, um zur Hauptansicht der IDE zu gelangen.

Es gilt zu Beginn das JDK, das Sie installiert haben, als Standard-Laufzeitumgebung für Eclipse zu setzen. Klicken Sie dazu bitte auf **Window → Preferences**, dann weiter auf **Java → Installed JREs** und klicken Sie dort auf **Add**. Wählen Sie hier den Eintrag *Standard VM* aus, klicken Sie auf **Next** und wählen Sie dann über den Button **Directory…** ganz oben das Verzeichnis aus, in das Sie das JDK installiert haben (bei mir *C:\Java\jdk1.7.0_45*). Eclipse erkennt das Verzeichnis und setzt automatisch einen passenden Namen ein, sodass Sie nur noch auf **Finish** zu klicken brauchen.

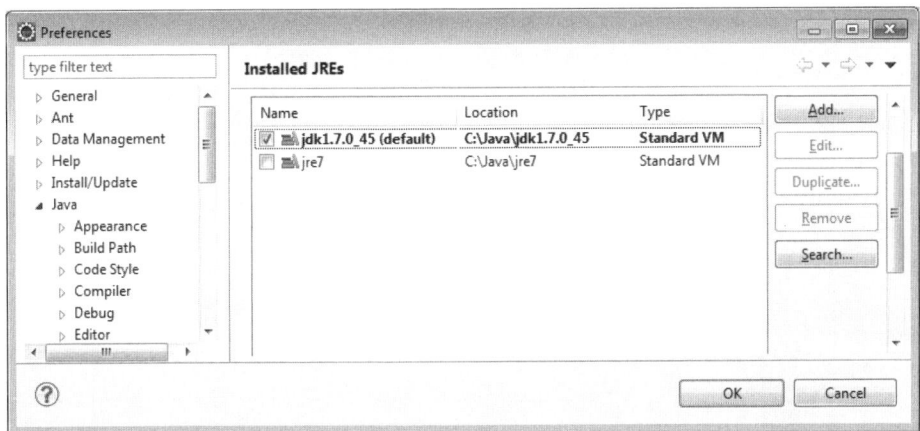

**Bild 3.13** Setzen des JDK als Standard-Laufzeitumgebung

Setzen Sie nun vor dem neuen Eintrag ein Häkchen, um es zu aktivieren. Das JDK benötigen wir nachher, wenn wir Maven zur Verwaltung unserer Abhängigkeiten im Projekt einsetzen. Das JDK enthält, neben einem kompletten JRE, noch einige weitere Werkzeuge für Entwicklungszwecke. Schließen Sie das Fenster nun mit **OK**.

Oben rechts in der Hauptansicht sollte die Perspektive *Java EE* ausgewählt sein. Im unteren Bereich sehen Sie eine *View* mit dem Titel *Servers*.

 **PRAXISTIPP:** Eine *View* ist ein einzelnes Fenster in Eclipse, z. B. der *Project Explorer* oben links oder die *Console* im unteren Teil. Eine *Perspektive* hingegen ist eine Zusammenstellung mehrerer *Views*, die immer eine ganz bestimmte Aufgabe abdeckt. So ist die Java-EE-*Perspektive* darauf ausgelegt, Java-Enterprise-Anwendungen zu entwickeln.

Sehen Sie diese nicht, gehen Sie bitte sicher, dass die Java-EE-Perspektive ausgewählt ist. Fehlt die Ansicht immer noch, fügen Sie diese über **Window → Show View → Servers** hinzu. Aktivieren Sie nun den Reiter *Servers*, hier werden wir nun einen Glassfish-Server über den entsprechenden Adapter hinzufügen.

### Glassfish als Application-Server

Bevor wir jedoch einen Adapter hinzufügen können, müssen wir diesen zunächst installieren. Klicken Sie dazu bitte auf **Help → Eclipse Marketplace…** und geben Sie dort im Suchfenster *Glassfish* ein. In der Ergebnisliste sollten Sie dann die Version für Ihr Eclipse-Release aussuchen und über **Install** installieren. Ich verwende die aktuelle Version von Eclipse namens *Kepler*.

**Bild 3.14** Glassfish-Tools für das Release Kepler im Marketplace

Ist die Installation abgeschlossen, müssen Sie Eclipse neu starten und können dann den Server unten in der Liste in der *Servers-View* hinzufügen. Dort sehen Sie einen Schriftzug **No servers available. Click this link to create a new server**. Klicken Sie diesen an und wählen Sie in der Liste den Ordner *GlassFish* und dann den Server *Glassfish 3.1* aus. Klicken Sie auf **Next**. Nun müssen wir veranlassen, dass Eclipse den Glassfish-Server installiert. Dazu klicken wir im folgenden Dialog auf **Browse...**, wählen dort ein Verzeichnis aus, in das der Server installiert werden soll (der Ordner dafür muss existieren und es darf kein Ordner in einem Root-Verzeichnis wie *C:\* oder *D:\* sein), und klicken dann auf **Install Server**. Ich wähle als Installationspfad den Ordner *C:\glassfish31*. Akzeptieren Sie die Lizenzbestimmungen und klicken Sie auf **Finish**, um den Installationsvorgang zu starten. Da Eclipse die nötigen Pakete erst herunterladen muss, müssen Sie hier über einen funktionierenden Internetzugang verfügen.

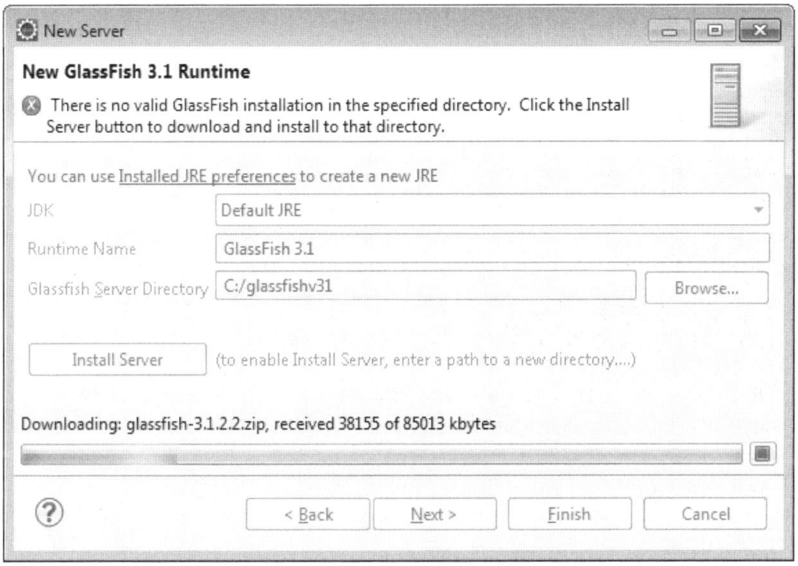

**Bild 3.15** Installation des Glassfish-Servers über Eclipse

Ist der Installationsvorgang abgeschlossen, klicken Sie auf **Next** und bestätigen Sie die Einstellungen. Eclipse nimmt automatisch die Konfiguration einer Domäne vor und setzt als Benutzernamen das Wort *admin* und vergibt kein Passwort. Achtung, in diesem Dialog können Sie Benutzername und Passwort nicht vergeben, sondern teilen Eclipse mit, welche Credentials es verwenden soll, um sich zum Server zu verbinden. Lassen Sie also am besten die Konfiguration wie sie ist, es sei denn, Sie nutzen eine manuell installierte Version des Glassfish und haben andere Benutzerdaten hinterlegt.

**PRAXISTIPP:** Eine **Domäne** ist einfach gesagt ein Objekt, das einen Server kapselt. Man kann diese wie einen Server konfigurieren und darauf Anwendungen installieren. Ein Server kann jedoch auch mehrere Domänen besitzen, das macht die Software etwas dynamischer. Für unsere weitere Tätigkeit als Entwickler wird uns dieser Umstand im Laufe dieses Buchs nicht mehr beschäftigen. Mehr dazu finden Sie im Oracle-Blog[6].

Klicken Sie nun auf **Finish** und Sie haben den Server erfolgreich angelegt.

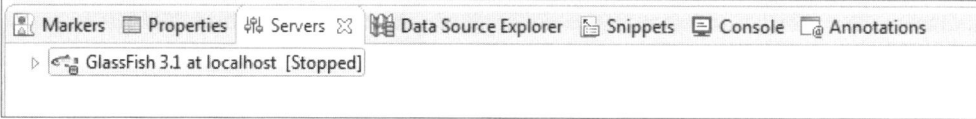

**Bild 3.16** Der Server ist nun in der entsprechenden View zu sehen.

Mit einem Rechtsklick auf den Eintrag und einen Klick auf **Start** fahren Sie den Server hoch. Dieser Vorgang kann je nach Leistung Ihres Rechners einen Augenblick benötigen. Nun können wir unseren Glassfish-Server im *Full-Profile* verwenden.

 **PRAXISTIPP:** Von Java EE 6 existieren zwei Arten von Profilen, ein leichtgewichtiges **Web Profile** und ein vollständiges **Full Profile**. Diese unterscheiden sich dadurch, dass aus dem Web Profile einige Features entfernt wurden, etwa die Web-Service-Standards JAX-WS und JAX-RPC sowie die ganze Funktionalität der EJB-3.1-Spezifikation (Enterprise Java Beans). Die Entscheidung, in diesem Buch das *Full Profile* zu verwenden, basiert darauf, dass ich denke, dass Web-Services (außer REST, welches auch im *Web Profile* enthalten ist) und EJBs für Entwicklungszwecke zur Verfügung stehen sollten. Für den produktiven Einsatz kann dann später immer noch evaluiert werden, ob das *Web Profile* den Ansprüchen der Anwendung genügt. Einen kompletten Vergleich der Features finden Sie hier:

*https://glassfish.java.net/webprofileORfullplatform31x.html*

### (Optional) Erstellen eines Testprojekts

Um zu verifizieren, dass Eclipse und Glassfish zusammen funktionieren, können Sie ein kleines Testprojekt erstellen. Dazu klicken Sie mit der rechten Maustaste auf den *Project Explorer* rechts, wählen **New** → **Dynamic Web Project** und geben dem Projekt den Namen *TestProject*. Unter *Target runtime* sollte nun schon unser Glassfish-Server 3.1 eingetragen sein.

---

[6] *https://blogs.oracle.com/bloggerkedar/entry/concept_of_a_glassfish_domain*

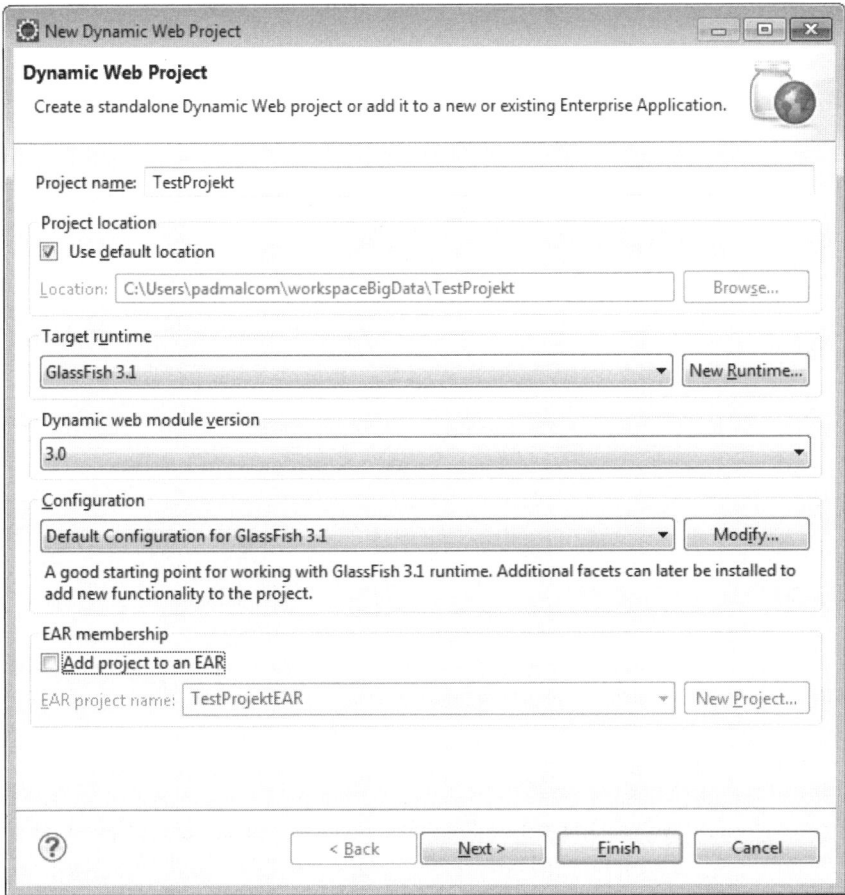

**Bild 3.17** Anlegen eines Testprojekts (verkürzte Darstellung)

Entfernen Sie das Häkchen bei *Add project to an EAR* und klicken Sie auf **Finish**. Das Projekt wird erstellt. Expandieren Sie den Eintrag *TestProject* im *Project Explorer*, indem Sie auf den kleinen Pfeil daneben klicken. Verfahren Sie ebenso beim sich öffnenden Eintrag *WebContent*. Klicken Sie rechts darauf, wählen Sie **New** → **JSP File**, nennen Sie dieses *index.jsp* und beenden Sie den Wizard mit einem Klick auf **Finish**. Nun sollte sich in der mittleren Ansicht ein neues Editorfenster öffnen, das den Inhalt der JSP anzeigt (wechseln Sie für eine ausschließliche Code-Ansicht unten auf den Reiter *Source*). Schreiben Sie etwas Kreatives zwischen die Body-Tags und speichern Sie die Datei (**Strg+S**).

Klicken Sie mit der rechten Maustaste auf die Datei *index.jsp*, wählen Sie **Run As** → **Run on Server** und bestätigen Sie mit **Finish**, dass Sie das Projekt auf dem Glassfish ausführen möchten. Nun wird das Projekt auf dem Server installiert (*deployed*) und ein Web-Browser öffnen sich in Eclipse, der den soeben verfassten Text ausgibt. Haben Sie das geschafft, haben Sie erfolgreich eine funktionierende Laufzeitumgebung für alle unsere kommenden Projekte eingerichtet.

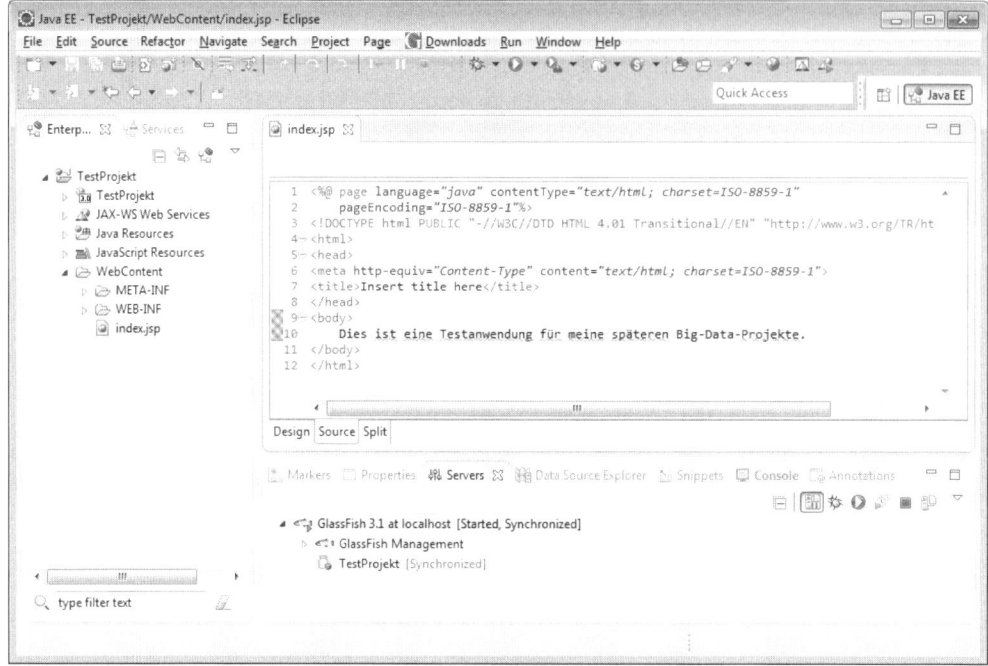

**Bild 3.18** Eine JSP dient dem Testen unseres Setups.

### Installation des Maven-Plug-ins

Maven ist ein auf Java basierendes Build-Management-Tool, das in der Lage ist, unserem Projekt Bibliotheken zusammenzusuchen und herunterzuladen, die die Logik der Anwendung ergänzen. Dabei verwaltet es die Abhängigkeiten ganz von alleine und nimmt uns somit eine Menge Arbeit ab. Für Eclipse existiert ein Maven-Plug-in, das wir nun installieren werden. Klicken Sie bitte im Menü auf **Help** → **Install new Software...** Unter *Work with* geben Sie nun folgenden Link ein:

*http://download.eclipse.org/technology/m2e/releases*

Bestätigen Sie mit Enter und in der Liste sollte ein Eintrag namens *Maven Integration for Eclipse* erscheinen. Setzen Sie daran ein Häkchen, klicken Sie auf **Next** und danach auf **Finish**. Akzeptieren Sie die Lizenzbestimmung und starten Sie Eclipse neu.

### Installation von WinSCP

Als Letztes benötigen wir noch ein Werkzeug, um Dateien zwischen unseren VMs und unserem Hostsystem austauschen zu können. Dafür bietet sich das kostenlose *WinSCP* an. Da dieses über einen komfortablen Installer verfügt, gebe ich Ihnen hier nur den Link mit auf den Weg:

*http://winscp.net/eng/docs/lang:de*

Herzlichen Glückwunsch, alles, was Sie zum Entwickeln der einzelnen Beispiele in diesem Buch benötigen, haben Sie nun eingerichtet.

# 3.7 Implementierung eines Map-Reduce-Jobs

Das eben erklärte Beispiel aus Abschnitt 3.5 soll nun praktisch umgesetzt werden. Die Testdaten dafür können Sie sich selber generieren, indem Sie die Anwendung *01_MRStudentTestDataGenerator.zip* von der beiliegenden DVD in Eclipse importieren. Alternativ liegt im Ordner des dritten Kapitels auf der DVD eine fertige Datei mit Namen *mr_student_data.txt* mit 2000 Datensätzen, die Sie zum Testen verwenden können.

> **PRAXISTIPP:** Ein **Projekt in Eclipse zu importieren** funktioniert über den Menüeintrag **File → Import…** Wählen Sie dort den Eintrag **General → Existing Project into Workspace**, klicken Sie dann auf **Next** und wählen Sie im Folgedialog den Radiobutton *Select archive file* aus. Über **Browse…** selektieren Sie nun das zu importierende Archiv und klicken dann auf **Öffnen**. Selektieren Sie anschließend in der Liste aus Projekten (ein Archiv kann mehrere davon enthalten) das Projekt, das Sie importieren möchten, und schließen dann den Vorgang mit **Finish** ab. Eventuell müssen Sie in den Projekteigenschaften unter *Target Runtimes* eine andere Plattform zum Ausführen der Anwendung spezifizieren.

Da die Datei lediglich 32 Kilobyte groß ist, würde es sich lohnen, es mal mit 20 Millionen Datensätzen zu versuchen. Setzen Sie dazu die Variable *data_counter* in der Klasse *TestData* auf den gewünschten Wert, sodass Hadoop später auch ein bisschen was zu tun hat. Führen Sie die Anwendung als Java-Application aus (**Rechtsklick auf die Klasse TestData → Run As… → Java Application**) und entnehmen Sie die fertige Datei dem Verzeichnis der Anwendung in Ihrem Workspace. Von dort aus können Sie über den gewohnten Weg (**Strg+C, Strg+V**) Dateien in Ihr lokales Dateisystem kopieren.

Nun haben wir ein paar Testdaten, fehlt noch der Map-Reduce-Job. Erstellen Sie dafür ein neues Projekt in Eclipse über **File → New… → Other…** und wählen in der Liste *Java Project* aus.

> **PRAXISTIPP:** Nutzen Sie das **Filterfeld**, das Eclipse Ihnen häufig anbietet. Statt das *Java Project* in der Liste zu suchen, können Sie den Term einfach in das Feld eingeben und Eclipse sucht Ihnen den Eintrag heraus.

Geben Sie dem Projekt einen sprechenden Namen (ich verwende *02_MapReduceStudentData*, unter demselben Namen finden Sie das Projekt auch auf der DVD) und klicken Sie auf **Finish**. Prinzipiell sollten Sie die Namen kurz halten, damit Sie sich später Schreibarbeit sparen, wenn Sie den Job auf Ubuntu über das Terminal ausführen.

## Maven-Projekt erstellen und Abhängigkeiten hinzufügen

Nun wollen wir Maven mitteilen, dass es sich bitte um die Abhängigkeiten zu den Hadoop-Bibliotheken kümmern möchte. Dazu müssen wir auf das eben erstellte Projekt im *Projekt Explorer* rechtsklicken und **Configure → Convert to Maven Project** auswählen. Das sich öffnende Fenster bestätigen wir mit **Finish**. Es sollte sich eine Ansicht wie in Bild 3.19 gezeigt öffnen.

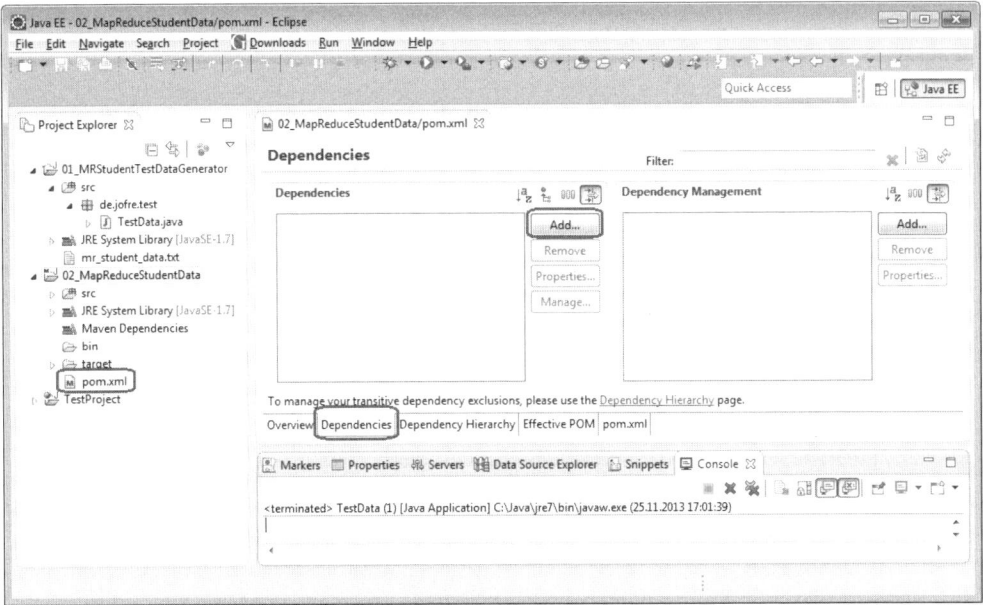

**Bild 3.19** Hinzufügen von Abhängigkeiten zu unserem Projekt

Falls Sie das Fenster aus Versehen schließen, können Sie es wieder zum Vorschein bringen, indem Sie auf die *pom.xml* in Ihrem Projekt doppelklicken. Wechseln Sie nun in den Reiter **Dependencies** am Fuße des Views, wählen Sie **Add...**, um eine neue Abhängigkeit (*Dependency*) hinzuzufügen, und füllen Sie die Felder gemäß Bild 3.20 aus. Hier ist es wichtig, dass Sie unter dem Feld *Version* genau die Version angeben, die der Hadoop-Version entspricht, die wir zuvor auf Ubuntu installiert haben. Andererseits kann es zu Komplikationen kommen.

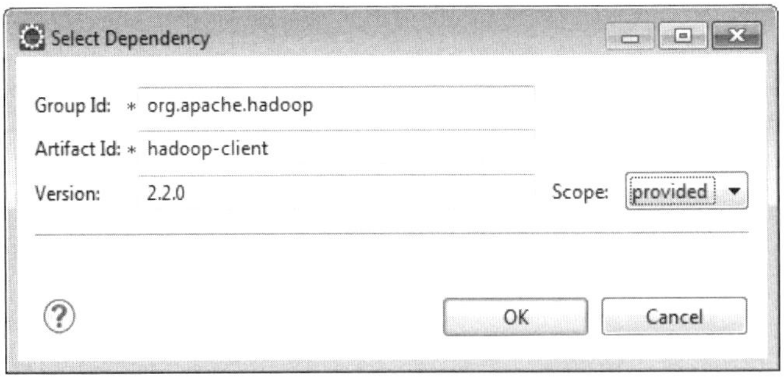

**Bild 3.20** Hinzufügen der Abhängigkeiten zum Entwickeln eines Map-Reduce-Jobs

Wer schon einmal einen Map-Reduce-Job für eine frühere Version geschrieben hat, der wird merken, dass wir das Artefakt *hadoop-client* statt wie damals üblich *hadoop-core* verwenden. Tatsächlich finden sich nun darin alle benötigten Klassen. Den Scope der Abhängigkeit setzen wir auf *provided*, da Maven uns die Bibliothek nur zur Zeit des Entwicklungsvorgangs zur Verfügung stellen soll. Zur Laufzeit benötigen wir sie nicht, da diese in der Hadoop-Installation auf Ubuntu bereits vorhanden und im *Classpath* bekannt gegeben sind.

### (Optional) Mögliche weitere Bibliotheken einbinden

Für alle, die noch nicht mit Java gearbeitet haben, wird es jetzt etwas komplizierter. Wir werden, wenn wir mit dem Programmieren fertig sind, den Map-Reduce-Job als JAR (*Java Archiv*) exportieren. Nun ist es so, dass wir uns weitere Abhängigkeiten in Form von JARs über Maven in unser Projekt laden könnten. Java kann allerdings keine JARs, die sich in anderen JARs befinden, im Classpath verwerten. Deswegen müssten wir in so einem Fall Maven anweisen, die referenzierten JARs zu entpacken und alle darin enthaltenen Dateien in unserem Haupt-JAR abzulegen. Da diese Anforderung recht häufig besteht, widme ich ihr eine eigene, kurze Anleitung. Im späteren Teil werden wir von dieser Vorgehensweise noch Gebrauch machen müssen.

Um Maven anzuweisen, die referenzierten Bibliotheken also in das JAR zu entpacken, klicken Sie auf den Reiter *pom.xml* unten rechts in der aktuellen Ansicht. Sie sehen hier die XML-Datei in ihrer eigentlichen Form. In diesem XML fügen Sie bitte zwischen den Tags *<plugins>* und *</plugins>* folgende Zeilen ein.

**Listing 3.29** Das Maven-Assembly-Plug-in legt alle Abhängigkeiten entpackt in das fertige JAR.

```xml
<plugin>
    <artifactId>maven-assembly-plugin</artifactId>
    <configuration>
        <archive>
            <manifest>
                <mainClass>de.jofre.grades.GradesDriver</mainClass>
            </manifest>
        </archive>
        <descriptorRefs>
            <descriptorRef>jar-with-dependencies</descriptorRef>
        </descriptorRefs>
    </configuration>
</plugin>
```

Über das sogenannte Maven-Assembly-Plug-in weisen wir Maven an, das Entpacken beim Erzeugen des JAR automatisiert vorzunehmen und alle Bibliotheken mit dem entsprechenden *Scope* zu berücksichtigen. Die Eigenschaft *mainClass* weist auf eine Klasse hin, die wir in den folgenden Abschnitten noch erstellen.

### Erstellen der Run Configuration zum Erzeugen des JAR

Nun müssen wir noch eine *Run Configuration* anlegen, um Maven mitzuteilen, wie es das JAR am Ende erstellen soll. Klicken Sie dazu mit der rechten Maustaste auf das Projekt und wählen Sie **Run As ...** → **maven build ...** Oben können Sie nun der Build-Konfiguration einen passenden Namen geben, etwa *02_MapReduceStudentData_Build*. Tragen Sie zuletzt noch in das Feld *Goals* Folgendes ein:

**Listing 3.30** Maven Build Goals

```
clean compile package
```

 **PRAXISTIPP:** Wenn Sie Ihrem Map-Reduce-Job weitere Abhängigkeiten hinzugefügt und den vorigen, optionalen Schritt durchgeführt haben, dann ersetzen Sie den Term *package* durch *assembly:singe*.

Über Listing 3.30 könnte man wahrscheinlich ein ganzes Kapitel schreiben. Hier sei jedoch nur so viel gesagt, dass wir Maven durch diese drei Begriffe mitteilen, dass wir das Projekt gesäubert bekommen möchten (*clean* als *lifecycle*), dass der Quelltext kompiliert werden muss (*compile* als *phase*) und dass das Projekt zum Schluss als JAR verpackt werden soll (*single* als *goal* des *assembly plugins*).

 **HINWEIS:** Das **Maven Project** bietet online eine sehr gute Dokumentation zum *Build LifeCycle* des Tools an. Diese finden Sie hier:

*http://maven.apache.org/guides/introduction/introduction-to-the-lifecycle.html*

Klicken Sie dann auf **Apply** und **Close**. Nun können wir später unseren Map-Reduce-Job ganz komfortabel von Maven erstellen lassen, ohne manuell Dateien hin und her kopieren zu müssen.

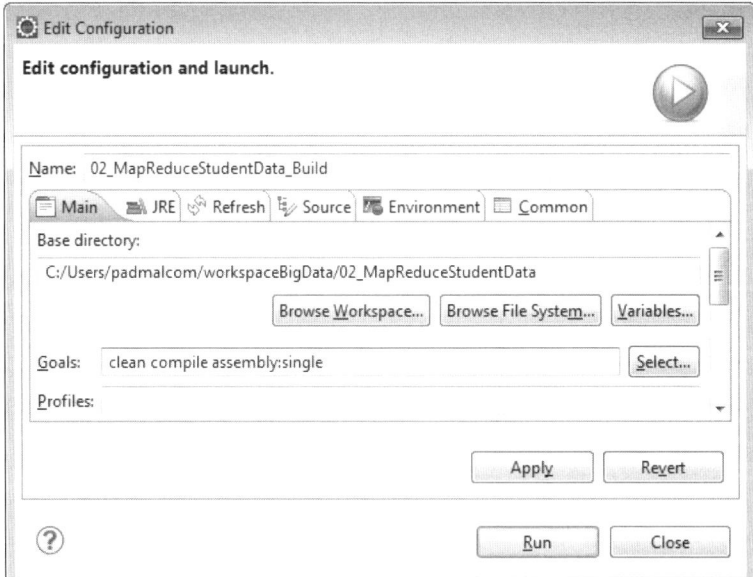

**Bild 3.21** Build-Konfiguration für den ersten Map-Reduce-Job

## Programmieren des Jobs

Nun können wir mit der Schreibarbeit beginnen. Zu Anfang benötigen wir ein *Package*, in das wir die drei Klassen legen, die nachher unseren Map-Reduce-Job kontrollieren. Mit einem **Rechtsklick auf den Ordner src** → **New** → **Package** erstellen Sie ein solches. Ich verwende den Namen *de.jofre.grades*. Darin legen Sie bitte drei Klassen mit folgenden Namen an:

- GradesDriver
- GradesMapper
- GradesReducer

Das Projekt sollte nun aussehen wie in Bild 3.22.

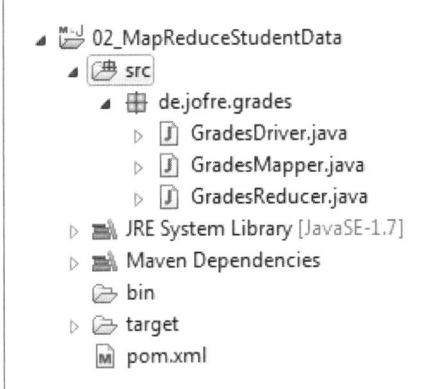

**Bild 3.22**
Struktur des Projekts

Beginnen wir nun mit der Implementierung des Mappers. Dieser nimmt später eine Textdatei Zeile für Zeile entgegen und liest jeweils Jahr und Note ein. Daraus erstellt er eine Hashmap aus Schlüssel-Wert-Paaren, in denen für jeden Eintrag ein Jahr und eine Note gespeichert werden.

**Listing 3.31** Quelltext des Mappers zur Notenauswertung

```
package de.jofre.grades;

import java.io.IOException;
import org.apache.hadoop.io.IntWritable;
import org.apache.hadoop.io.Text;
import org.apache.hadoop.mapreduce.Mapper;

// Eingabe-Key, Eingabe-Wert, Ausgabe-Key, Ausgabe-Wert
public class GradesMapper extends Mapper<Text,Text,IntWritable,IntWritable> {
  private IntWritable year_int = null;
  private IntWritable grade_int = null;

  public void map(Text key, Text value, Context context) throws IOException,
    InterruptedException {

    // Auslesen des Jahres und der Note aus einem String wie
    // "2853972308201319"
    String year_str = value.toString().substring(10,13);
```

```
        String grade_str = value.toString().substring(14,15);

        year_int = new IntWritable(Integer.parseInt(year_str));
        grade_int = new IntWritable(Integer.parseInt(grade_str));

        // Sammeln der Ergebnisse
        context.write(year_int, grade_int);
    }
}
```

Hier sehen Sie die Klasse *GradesMapper*, die die Klasse *Mapper* erweitert und einige Datentypen festlegt, die für die Ein- und Ausgabe des Mappers verwendet werden sollen. Als Eingabeschlüssel und -wert nimmt der Mapper einen *Text* (ähnlich einem String) entgegen, als Ausgabeschlüssel und -wert liefert er ein *IntWritable* zurück (ähnlich einem Integer). Um die Ein- und Ausgabe selber kümmert sich Hadoop, wir müssen lediglich spezifizieren, in welcher Form die Daten weitergegeben werden sollen.

> **HINWEIS:** In Hadoop gibt es **zwei Klassen für Mapper und Reducer**, eine in einem Package *org.apache.hadoop.mapreduce* und eine unter *org.apache.hadoop.mapred*. Letztere gilt jedoch als veraltet und sollte nicht mehr genutzt werden.

In der Methode *map* wird nun ein Key-Value-Paar entgegengenommen. Aus dem Wert lesen wir das Jahr und die Note des Datensatzes heraus, indem wir per *substring* auf die richtigen Zeichen zugreifen und diese in *year_str* bzw. *grade_str* schreiben. Anschließend erzeugen wir zwei Objekte vom Typ *IntWritable* (*year_int* und *grade_int*) und initialisieren diese mit den Strings, die wir von *Integer.parseInt* in eine Ganzzahl umwandeln lassen.

Über den Aufruf von *context.write* sammeln wir nun jeden gefundenen Datensatz als Kombination aus Jahr und Note. Diese Liste aus Schlüssel-Wert-Paaren wird anschließend an den Reducer weitergereicht, der für jedes Jahr eine Durchschnittsnote berechnet.

**Listing 3.32** Quelltext des Reducers zum Berechnen des Durchschnitts

```
package de.jofre.grades;

import java.io.IOException;

import org.apache.hadoop.io.FloatWritable;
import org.apache.hadoop.io.IntWritable;
import org.apache.hadoop.mapreduce.Reducer;

// Eingabe-Key, Eingabe-Wert, Ausgabe-Key, Ausgabe-Wert
public class GradesReducer extends Reducer<IntWritable, IntWritable,
IntWritable, FloatWritable> {

    @Override
    protected void reduce(IntWritable key, Iterable<IntWritable> values, Context
        context) throws IOException, InterruptedException {

        // Summiere alle Noten eines Jahres auf...
        float sum = 0;
```

```java
    int count = 0;
    for (IntWritable val : values) {
      sum +=val.get();
      count +=1;
    }

    // Und bilde den Durchschnitt
    float result = sum / count;

    // Schreibe den Durchschnitt für das Jahr in key
    context.write(key, new FloatWritable(result));
  }
}
```

Der Reducer bekommt nun einen Schlüssel (in unserem Fall ein Jahr als Ganzzahl) geliefert sowie alle dazugehörigen Werte, bei uns Noten. In der Methode *reduce* nehmen wir nun alle Werte zu einem Schlüssel entgegen, summieren sie auf und teilen sie durch deren Anzahl. Somit erhalten wir am Ende einen Notendurchschnitt für das gesamte Jahr. Alle gefundenen Jahr-Notendurchschnitt-Kombinationen speichern wir über *context.write* in einer weiteren Liste, die dann auch unser Endergebnis bildet.

Nun fehlt noch die Klasse, die den Einstiegspunkt in den Job bietet und Mapper sowie Reducer koordiniert. In einem sehr frühen Tutorial habe ich den Namen *Driver* gelesen, fand ihn passend und benutze ihn seitdem.

**Listing 3.33** Quelltext des Drivers, der die Koordination des Jobs übernimmt

```java
package de.jofre.grades;

import java.io.IOException;
import java.util.logging.Level;
import java.util.logging.Logger;

import org.apache.hadoop.conf.Configuration;
import org.apache.hadoop.conf.Configured;
import org.apache.hadoop.fs.Path;
import org.apache.hadoop.io.FloatWritable;
import org.apache.hadoop.io.IntWritable;
import org.apache.hadoop.mapreduce.Job;
import org.apache.hadoop.mapreduce.lib.input.FileInputFormat;
import org.apache.hadoop.mapreduce.lib.input.KeyValueTextInputFormat;
import org.apache.hadoop.mapreduce.lib.output.FileOutputFormat;
import org.apache.hadoop.mapreduce.lib.output.TextOutputFormat;
import org.apache.hadoop.util.Tool;
import org.apache.hadoop.util.ToolRunner;

public class GradesDriver extends Configured implements Tool {

  private final static Logger log = Logger.getLogger(GradesDriver.class.getName());

  public static void main(String[] args) {
    int res = 1; // Wenn 1 nicht verändert wird, endet der Job nicht korrekt
    try {
      res = ToolRunner.run(new Configuration(), new GradesDriver(), args);
    } catch (Exception e) {
      log.log(Level.SEVERE, "Fehler beim Ausführen des Jobs!");
      e.printStackTrace();
```

```java
    }
    System.exit(res);
  }


  @Override
  public int run(String[] args) {

    log.log(Level.INFO, "Starte Map-Reduce-Job 'GradesDriver'... ");

    // Wenn Configured erweitert wird, kann die bestehende Konfiguration
    // per getConf abgerufen werden.
    Configuration conf = this.getConf();

    Job job = null;

    try {
      job = Job.getInstance(conf);
    } catch (IOException e1) {
      log.log(Level.SEVERE, "Fehler bei Instanziierung des Jobs!");
      e1.printStackTrace();
    }

    // Hadoop soll ein verfügbares JAR verwenden, das die Klasse
    // GradesDriver enthält.
    job.setJarByClass(GradesDriver.class);

    // Mapper- und Reducer-Klasse werden festgelegt
    job.setMapperClass(GradesMapper.class);
    job.setReducerClass(GradesReducer.class);

    // Ausgabetypen werden festgelegt
    job.setOutputKeyClass(IntWritable.class);
    job.setOutputValueClass(FloatWritable.class);
    job.setMapOutputKeyClass(IntWritable.class);
    job.setMapOutputValueClass(IntWritable.class);
    job.setInputFormatClass(KeyValueTextInputFormat.class);
    job.setOutputFormatClass(TextOutputFormat.class);

    // Der Pfad, aus dem Hadoop die Eingabedateien liest, wird als erstes Argument
    // beim Starten des JAR übergeben.
    try {
      FileInputFormat.addInputPath(job, new Path(args[0]));
    } catch (IllegalArgumentException e) {
      log.log(Level.SEVERE, "Fehler (Argument) beim Setzen des Eingabepfades!");
      e.printStackTrace();
    } catch (IOException e) {
      log.log(Level.SEVERE, "Fehler (IO) beim Setzen des Eingabepfades!");
      e.printStackTrace();
    }

    // Der Ausgabeordner wird als zweites Argument übergeben
    FileOutputFormat.setOutputPath(job, new Path(args[1]));
    boolean result = false;

    try {
      // Führe den Job aus und warte, bis er beendet wurde
```

```
        result = job.waitForCompletion(true);
    } catch (ClassNotFoundException e) {
        log.log(Level.SEVERE, "Fehler (ClassNotFound) beim Ausführen des Jobs!");
        e.printStackTrace();
    } catch (IOException e) {
        log.log(Level.SEVERE, "Fehler (IOException) beim Ausführen des Jobs!");
        e.printStackTrace();
    } catch (InterruptedException e) {
        log.log(Level.SEVERE, "Fehler (Interrupted) beim Ausführen des Jobs!");
        e.printStackTrace();
    }

    log.log(Level.INFO, "Fertig!");
    return result ? 0 : 1;
    }
}
```

Gut, beginnen wir ganz vorne. Sie mögen mich rügen, dass ich alle Importe mit in das Listing aufnehme, jedoch will ich sicherstellen, dass Sie ganz genau wissen, welche Klassen ich verwende. Wie bereits angemerkt, gibt es zwei Arten von Map-Reduce-APIs, eine trägt den Namen *mapred* und eine den Namen *mapreduce* im Pfad. Wir entscheiden uns für die neuere Variante, jedoch ist sogar auch die ältere noch kompatibel mit der YARN-Architektur.

Unser Einstiegspunkt ist eine klassische *Main-Methode*, wie wir sie aus herkömmlichen Java-Anwendungen kennen. Nun könnten wir die komplette Logik des Drivers auch dorthinein schreiben, jedoch empfiehlt Hadoop, einen sogenannten *ToolRunner* zu verwenden und das Interface *Tool* zu implementieren. Der *ToolRunner* nutzt einen sogenannten *GenericOptionsParser*, der es ermöglicht, die Parameter, die beim Starten des JAR angehängt werden, auszuwerten. So können also später beim Aufrufen unseres JAR aus der Kommandozeile folgende Parameter angehängt werden.

**Tabelle 3.3** Vom ToolRunner verarbeitete Argumente

| Parameter | Beschreibung |
| --- | --- |
| -D Eigenschaft=Name | Setzt eine bestimmte Einstellung in Hadoop auf den entsprechenden Wert, z. B. *mapreduce.framework.name=yarn* |
| -conf Dateiname | Fügt eine ganze Datei mit mehreren Eigenschaften und Werten zur Konfiguration hinzu. Dies ist sinnvoll, wenn Sie zwischen verschiedenen komplexen Konfigurationen hin und her schalten möchten. |
| -fs URI | Setzt das Standard-Dateisystem auf einen bestimmten URI. Wir haben es in Listing 3.20 auf *hdfs://localhost:9000* gesetzt. Alternativ kann auch *-D fs.defaultFS=uri* gesetzt werden. |
| -jt host:port | Setzen des Job-Trackers (URL und Port). Dieser wurde in YARN von *Resource Manager* und *Job Scheduler* ersetzt, in Hadoop 1.x besteht die Funktionalität jedoch noch. |
| -files Datei1, Datei2 ... | Kopiert die angegebene(n) Datei(en) aus dem lokalen Dateisystem auf das Dateisystem, das durch *fs.defaultFS* spezifiziert wurde. Im Regelfall handelt es sich dabei um ein HDFS. |

**Tabelle 3.3** Vom ToolRunner verarbeitete Argumente *(Fortsetzung)*

| Parameter | Beschreibung |
|---|---|
| -archives Datei1, Datei2 ... | Tut das Gleiche wie *-files*, nur dass der Parameter Archivdateien entgegennimmt und diese am Zielverzeichnis entpackt. |
| -libjars JAR1, JAR2 ... | Die angegebenen JARs werden dem *Classpath* des Map-Reduce-Jobs zur Verfügung gestellt. Dieses Vorgehen ist eine valide Alternative zu unserem Vorgehen mit Maven, alle JARs zu entpacken und unserem Job beizulegen. |

Der *ToolRunner* nimmt also diese optionalen Parameter entgegen und füllt damit ein Objekt des Typs *Configuration*, das wir beim Aufruf der statischen Methode *run* neu erzeugen. Im Anschluss startet er eine Instanz der Klasse unseres Drivers *GradesDriver* und ruft die darin befindliche Methode *run* auf.

Hier holen wir uns über *this.getConf* die aktuelle Konfiguration des Jobs. Möchte man wissen, welche Eigenschaften alle in der aktuellen Konfiguration gesetzt sind, kann man sich diese über einen Iterator (*Configuration.iterator*) auflisten lassen. Kennt man den Namen einer Eigenschaft, lässt sich deren Wert über die Methode *Configuration.get(Name)* erfragen.

Die Konfiguration übergeben wir nun unserem Job, den wir über die statische Methode *Job.getInstance* initialisieren.

> **HINWEIS:** In früheren Versionen wurde ein **Job über new erzeugt**, diese Methode ist jedoch mittlerweile *deprecated* und es wird empfohlen, auf *Job.getInstance* umzusteigen.

Es folgt eine Flut an Setter-Methoden, beginnend mit *job.setJarByClass*. Hier teilen wir Hadoop mit, dass es bitte das JAR in seinem Fundus als Job verwenden möchte, das die Klasse *GradesDriver* enthält. Dieser Umstand wird noch wichtig, wenn wir später unsere Jobs aus einer Web-Anwendung heraus starten. Des Weiteren versichern wir mit dem Aufruf, dass Hadoop ebenfalls Mapper- und Reducer-Klasse in dem JAR findet. Diese beiden setzen wir über *job.setMapperClass* und *job.setReducerClass*. Wie zu erwarten war, übergeben wir hier die Klassen, die wir zuvor in Listing 3.31 und Listing 3.32 erstellt haben.

Nun müssen wir Hadoop mitteilen, mit welchen Datentypen wir beabsichtigen zu arbeiten. Auf der einen Seite haben wir da *job.setInputFormatClass* und *job.setOutputFormatClass*, die jeweils bestimmen, wie die Eingabedateien gelesen und wie Ausgabedateien geschrieben werden. Hier verwenden wir als Eingabeklasse *KeyValueTextInputClass*, um Schlüssel-Wert-Paare einzulesen. Sie als aufmerksamer Lesen werden jetzt sicher bemerken, dass wir keine Datenpaare (in der Regel durch Tabs getrennt), sondern nur einzelne Datensätze einlesen, nämlich unsere Kombination aus Matrikelnummer, Datum und Note. Mir war es hier jedoch wichtig, Ihnen zu zeigen, dass Map-Reduce flexibel ist und mehr als nur eine Eingabemethode anbietet, um Dateien zu lesen. Das Gleiche gilt übrigens auch für den Ausgabevorgang. Die bekanntesten Vertreter der InputFormat-Klassen sehen Sie in der folgenden Tabelle.

**Tabelle 3.4** Bestehende InputFormat-Klassen für Map-Reduce

| Klasse | Beschreibung | Key | Value |
|---|---|---|---|
| TextInputFormat | Liest Zeile für Zeile einer Textdatei | Byte-Offset der Zeile | Inhalt der Zeile |
| KeyValueInputFormat | Parst Schlüssel und Wert aus einer Zeile | Text bis zum ersten Tab | Rest der Zeile |
| SequenceFileInputFormat | Hadoop-spezifisches Binärformat | Benutzerdefiniert | Benutzerdefiniert |

Per Default werden für die Eingabe *TextInputFormat* und für die Ausgabe *TextOutputFormat* verwendet. Möchten Sie etwa Zip-Archive oder PDF-Dateien einlesen oder ausgeben, müssen Sie die Klasse *InputFormat* erweitern. Dieses Thema behandeln wir jedoch aus Komplexitätsgründen gesondert in Abschnitt 3.13.

Die Datentypen (*Text, FloatWritable, IntWritable* …), die wir aus den Dateien lesen oder bei der Ausgabe in Dateien schreiben, spielen bei der Definition des Formats erst einmal keine Rolle. Diese Bestimmung erfolgt erst durch den Aufruf der Methoden *job.setOutputKeyClass* und *job.setOutputValueClass*. Durch diese Methoden bestimmen Sie sowohl Ausgabetypen des Mappers und des Reducers. Möchten Sie, dass der Mapper andere Formate ausgibt, dann können Sie zusätzlich *job.setMapOutputKeyClass* und *job.setMapOutputValueClass* aufrufen und die Datentypen gesondert bestimmen.

Im sich anschließenden Try-Catch-Block bestimmen wir, in welchem Ordner sich unsere Eingabedateien befinden. Hier übernehmen wir den Pfad aus dem ersten Argument unseres JAR-Aufrufs. Ebenso setzen wir den Pfad, in den Hadoop die Ausgabe unseres Jobs schreibt, auf den Ordner, den wir als zweites Argument übergeben. Wir kommen später noch einmal darauf zurück.

Schließlich kommen wir zu dem eigentlichen Aufruf des Jobs. Über *job.waitForCompletion* wird dieser gestartet. Der Parameter *true* teilt dem Prozess mit, dass er so lange mit der Ausführung des Codes warten soll, bis der Job abgearbeitet ist. Wird dieser erfolgreich beendet, liefern wir wie üblich eine 0 zurück, andernfalls eine 1.

### Exportieren als JAR über Maven

Nun haben wir den Job fertig programmiert und müssen ihn nur noch in ein Java-Archiv verpacken, um ihn ausführen zu können. Unsere Build-Umgebung haben wir schon vorbereitet und befinden uns somit in der luxuriösen Situation, den Build-Job nur noch laufen lassen zu müssen. Klicken Sie dazu in Eclipse auf den Pfeil neben dem grünen Kreis mit dem weißen Dreieck oben in der Leiste unter dem Menü (*Run Button*). Haben Sie den Build-Job, den wir vorher eingerichtet haben (*02_MapReduceStudentData_Build*), schon einmal ausgeführt, dann finden Sie einen entsprechenden Eintrag in dem sich öffnenden Menü.

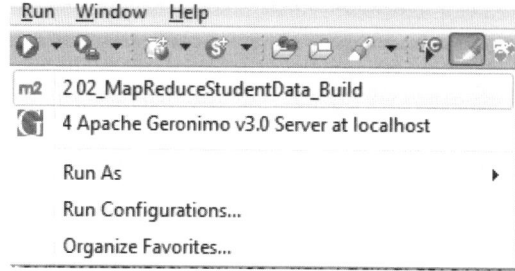

**Bild 3.23**
Ausführen des Build-Jobs zum Erzeugen eines JAR

Andernfalls wählen Sie bitte **Run Configurations…**, wählen links in der Liste den Build-Job aus und klicken Sie auf **run**.

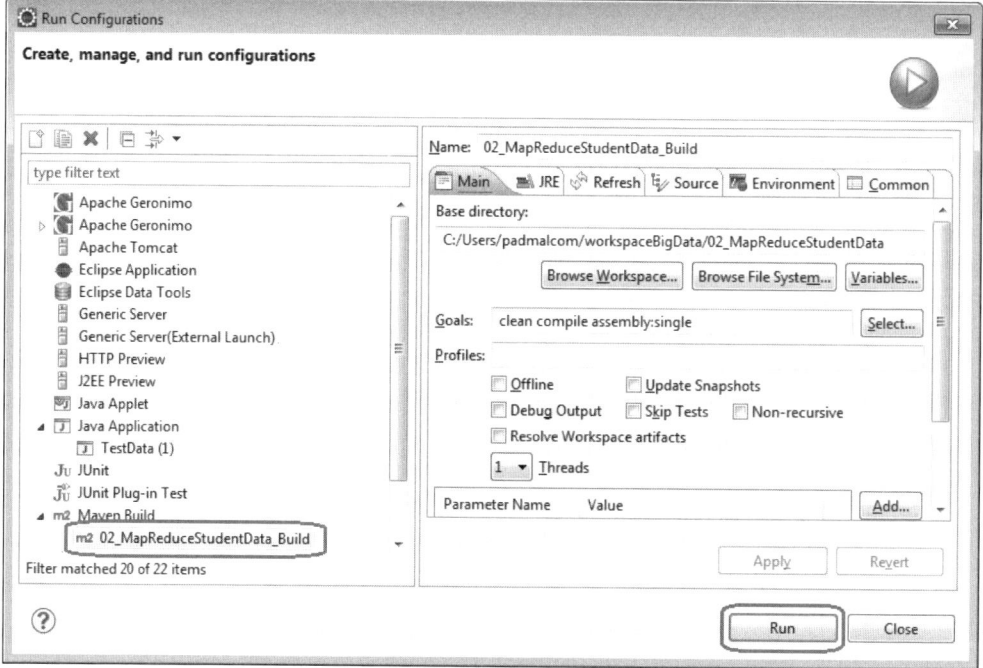

**Bild 3.24** Ausführen des Builds über Run Configurations

In Zukunft steht Ihnen der *Build-Job* auch über das Drop-down-Menü des *Run Buttons* zur Verfügung. In der View *Console* unten sollte Maven nun beginnen, das Paket zusammenzustellen und den erfolgreichen Build-Vorgang mit einem *BUILD SUCCESS* zu quittieren. Selektieren Sie darauf Ihr Projekt in Eclipse, erneuern Sie die Ansicht, indem Sie **F5** drücken, und wechseln Sie in den Ordner *target*. Dort sollte sich nun eine Datei finden, die den folgenden Namen trägt:

*02_MapReduceStudentData-0.0.1-SNAPSHOT-jar-with-dependencies.jar*

Die Entwicklungsarbeit des ersten Map-Reduce-Jobs ist hiermit beendet.

# 3.8 Ausführen eines Jobs über Kommandozeile

Kopieren Sie das JAR mit **Strg+C** aus Eclipse und fügen Sie diese in einen beliebigen Ordner auf Ihrem PC ein (**Strg+V**). Die Datei sollte recht klein sein und eine Größe von einem Megabyte nicht überschreiten. Tut sie das doch, haben Sie evtl. den Maven-Scope für die Hadoop-Abhängigkeiten falsch gesetzt (z. B. auf *compile* statt auf *provided*, ein nicht angegebener Scope ist gleich dem *compile*), sodass diese ins JAR integriert wurden.

> **HINWEIS:** JARs sind nichts anderes als **Archive**, Sie können sie mit einem beliebigen Packprogramm extrahieren und einen Blick auf die Dateien darin werfen.

Kürzen Sie nun den Namen der Datei etwas, ich habe sie *02_MapReduceStudentData.jar* genannt. Nun müssen wir den Job in unsere Hadoop-Umgebung bekommen, starten Sie dazu *WinSCP*. Sie gelangen in ein Anmeldungsfenster, in dem Sie rechts auf **Neu** klicken, um eine neue Verbindung anzulegen. Erinnern Sie sich, dass wir über *ifconfig* die IP-Adresse unserer Hadoop-Installation abgefragt haben? Diese tragen wir nun unter Rechnername ein. Als Benutzername und Kennwort spezifizieren wir jeweils *hduser* (falls Sie ein anderes Passwort verwendet haben, nehmen Sie bitte das). Klicken Sie auf **Speichern** und bestätigen Sie, dass Sie möchten, dass das Passwort ebenfalls von WinSCP gespeichert wird. Sie sehen nun einen Eintrag in der Liste im Hauptfenster vor sich.

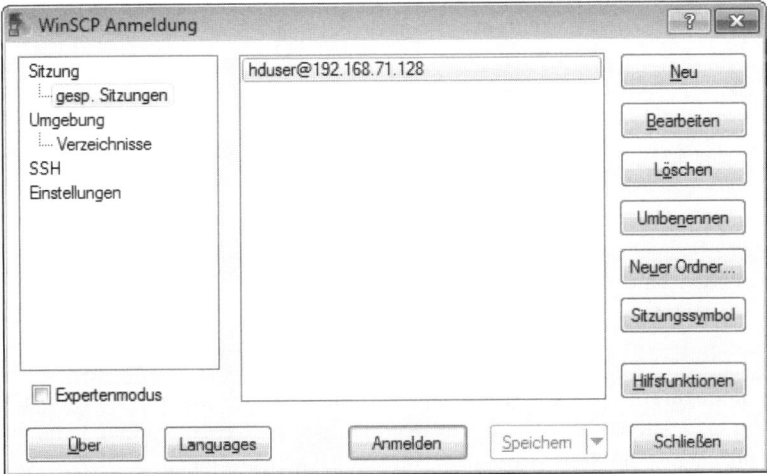

**Bild 3.25** Neu angelegte Verbindung zu Ubuntu in WinSCP

Wählen Sie diesen Eintrag aus und klicken Sie auf **Anmelden**. Akzeptieren Sie im Folgenden die Sicherheitsabfrage und Sie sollten Zugriff auf das Dateisystem von Ubuntu haben. Wechseln Sie bitte in das Verzeichnis */usr/local/hadoop/* und erstellen Sie über **Rechtsklick in das rechte Fenster** → **Neu** → **Verzeichnis...** einen neuen Ordner namens *input*. Wechseln Sie in diesen Ordner und kopieren Sie nun die Textdatei *mr_student_data.txt*, die wir in Abschnitt 3.7 erstellt haben, dort hinein. Zur Erinnerung: Diese wurde im Verzeichnis des Projekts *01_MRStudentTestDataGenerator* erstellt. In das Hadoop-Verzeichnis kopieren Sie nun bitte das eben erzeugte JAR. Fertig, wir können den Job starten.

Navigieren Sie in der gestarteten VM über *cd /usr/local/hadoop* in das Hadoop-Verzeichnis und stellen Sie sicher, dass Sie als *hduser* angemeldet sind. Ist das nicht der Fall, wechseln Sie mit *su - hduser* zu diesem. Vergewissern Sie sich, dass Sie gemäß Listing 3.26 alle Services gestartet haben. Nun geben Sie folgenden Befehl ein und bestätigen Sie diesen mit *Enter*.

**Listing 3.34** Starten eines Map-Reduce-Jobs über Kommandozeile

```
bin/hadoop jar 02_MapReduceStudentData.jar file:/usr/local/hadoop/input
file:/usr/local/hadoop/output
```

Stellen Sie sicher, dass das Eingabeverzeichnis existiert. Das Ausgabeverzeichnis darf hingegen *nicht* existieren! Hadoop legt dieses zur Laufzeit des Jobs an. Möchten Sie den Job erneut ausführen, müssen Sie es vorher löschen.

**Listing 3.35** Löschen des gesamten Output-Verzeichnisses unter Ubuntu

```
rm -rf output
```

> **HINWEIS:** Wir machen es uns in diesem Beispiel sehr einfach, indem wir keine Datei auf dem HDFS (*hdfs:*) angeben, sondern auf dem Standarddateisystem von Ubuntu (*file:*). Später werden wir lernen, wie wir das HDFS als Ein- und Ausgabesystem für Map-Reduce-Jobs verwenden. Für dieses einfache Beispiel soll uns das herkömmliche Dateisystem jedoch reichen. Natürlich darf das Eingabeverzeichnis auch mehrere Dateien beinhalten. Hadoop wird diese in einer Reihenfolge, auf die wir leider keinen Einfluss nehmen können, Stück für Stück verarbeiten. Wenn Sie eine Datei über das Protokoll *file* auf einem Hadoop-Cluster referenzieren, dann müssen Sie jedoch dafür sorgen, dass die Datei auf *allen* Knoten im Cluster, die an der Verarbeitung teilnehmen, vorhanden ist!

Je nach Konfiguration Ihrer VM und Ausstattung Ihres PC kann die Ausführung einige Sekunden bis mehrere Minuten dauern. Den Fortschritt der Anwendung können Sie über das bereits vorgestellte Web-Interface von Hadoop 2.x beobachten:

*http://192.168.71.128:8088/cluster/apps*

### 3.8 Ausführen eines Jobs über Kommandozeile

| ID | User | Name | Application Type | StartTime | State | FinalStatus | Progress | Tracking UI |
|---|---|---|---|---|---|---|---|---|
| application_1385625292678_0002 | hduser | 02_MapReduceStudentData.jar | MAPREDUCE | Thu, 28 Nov 2013 10:28:30 GMT | RUNNING | UNDEFINED | | ApplicationMaster |

**Bild 3.26** Der Fortschritt eines Jobs kann im Web-Interface beobachtet werden.

Ändert sich der Status von *RUNNING* auf *FINISHED*, ist der Job erledigt. Vergleichen Sie die Zeit zwischen *StartTime* und *FinishTime* (in Bild 3.26 nicht zu sehen) und Sie kennen die Gesamtlaufzeit des Jobs. In meinem Fall beträgt diese für den kleinen Datensatz mit 2000 Einträgen genau 3,5 Minuten. Die Kritiker unter Ihnen werden nun wahrscheinlich fragen, ob eine herkömmliche Anwendung nicht um einiges schneller wäre als Map-Reduce. Das wäre sicherlich der Fall, allerdings betrachten wir hier erstens keine großen Datenmengen und zweitens verwenden wir Hadoop nicht in einem Cluster mit mehreren physikalischen Maschinen, sondern nur in einer virtuellen Maschine.

 **PRAXISTIPP:** Sie erhalten zum Abschluss des Jobs eine Menge Statistiken in der VM. Um alle zu lesen, können Sie mit gedrückter Shift-Taste mit Bild-Auf und Bild-Ab **in Ubuntu Terminal scrollen.**

Bei diesem Schritt treten die meisten Fehler auf, Ihr Job und Ihre Konfiguration werden das erste Mal auf Herz und Nieren überprüft. Nutzen Sie auf jeden Fall die Log-Ausgabe im Terminal, um etwaige Fehler zu finden. Für viele Java-Anfänger sind die *Stack Traces* nur Hieroglyphen, jedoch sagen sie im Regelfall etwas aus. Suchen Sie jeweils den Anfang der Fehlerausgabe, sie beginnt meistens mit einem *ERROR*, und lesen Sie die Fehlerbeschreibung genau. Hadoop gibt Ihnen häufig einen Anhaltspunkt zu der betreffenden Quelle. Dies möchte ich anhand zweier einfacher Fehler verdeutlichen.

Beim ersten künstlichen herbeigeführten Fehler erzeugen wir das Ausgabeverzeichnis im Vorfeld. Die Fehlermeldung dabei sieht so aus.

```
13/11/28 03:30:53 ERROR security.UserGroupInformation: PriviledgedActionExceptio
n as:hduser (auth:SIMPLE) cause:org.apache.hadoop.mapred.FileAlreadyExistsExcept
ion: Output directory file:/usr/local/hadoop/output already exists
Nov 28, 2013 3:30:53 AM de.jofre.grades.GradesDriver run
SEVERE: Fehler (IOException) beim Ausführen des Jobs!
org.apache.hadoop.mapred.FileAlreadyExistsException: Output directory file:/usr/
local/hadoop/output already exists
```

**Bild 3.27** Das Ausgabeverzeichnis existiert bereits.

Das Stichwort *ERROR* und die Fehlermeldung, auf die ich Sie eben aufmerksam gemacht habe, habe ich markiert. Der Fehler, den Sie darunter sehen (beginnend mit *SEVERE*), ist die Log-Ausgabe, die wir über die Java-Logging-API aus unserer Driver-Klasse ausgegeben haben.

Der zweite Fall ist etwas kryptischer und schwerer zu erkennen, da er in der Driver-Klasse selber und nicht im Map-Reduce-Framework auftritt. Hier habe ich Ein- und Ausgabepfade beim Aufruf des Jobs weggelassen.

```
SEVERE: Fehler beim Ausführen des Jobs!
java.lang.ArrayIndexOutOfBoundsException: 0
        at de.jofre.grades.GradesDriver.run(GradesDriver.java:73)
        at org.apache.hadoop.util.ToolRunner.run(ToolRunner.java:70)
        at de.jofre.grades.GradesDriver.main(GradesDriver.java:27)
        at sun.reflect.NativeMethodAccessorImpl.invoke0(Native Method)
        at sun.reflect.NativeMethodAccessorImpl.invoke(NativeMethodAccessorImpl.java:57)
        at sun.reflect.DelegatingMethodAccessorImpl.invoke(DelegatingMethodAccessorImpl.java:43)
        at java.lang.reflect.Method.invoke(Method.java:606)
        at org.apache.hadoop.util.RunJar.main(RunJar.java:212)
hduser@localhost:/usr/local/hadoop$
```

**Bild 3.28** Ein- und Ausgabepfade wurden nicht angegeben.

Hier berichtet nicht das Hadoop-Framework von einem internen Fehler, sondern die Driver-Klasse selbst meldet zurück, dass ein Zugriff auf ungültiges Element eines Arrays stattgefunden hat. Es offenbart sich, wie wichtig es ist, alle Ereignisse und Eventualitäten mitzuschreiben, da das Finden von Fehlern in Map-Reduce-Jobs ungleich schwieriger ist als bei einfachen Java-Anwendungen, die man einfach so lange erneut ausführen kann, bis sie irgendwann laufen. Zwar kann man deren Logik wie sonst auch über Unit-Tests überprüfen, jedoch liegt die Komplexität bei Map-Reduce zu einem Großteil in der Infrastruktur. Das Bauen und Paketieren eines Jobs ist zudem ungleich aufwendiger und somit nimmt das Debugging auch mehr Zeit und Ressourcen in Anspruch.

**Betrachten der Ausgabe**

Ist der Job erfolgreich gelaufen, so sollte das Ausgabeverzeichnis angelegt worden sein, das beim Aufruf des JAR spezifiziert wurde. Wechseln Sie in dieses Verzeichnis und schauen Sie sich die Datei *part-r-00000* mit dem Editor nano an (nano `part-r-00000`).

```
2000    2.8040001
2001    2.7133334
2002    2.6846154
2003    3.0125
2004    2.75
2005    3.0153847
2006    3.0461538
2007    2.9071429
2008    2.72
2009    2.4285715
2010    2.8882353
2011    2.46
2012    2.5705884
                              [ Read 13 lines ]
^G Get Help    ^O WriteOut    ^R Read File   ^Y Prev Page   ^K Cut Text    ^C Cur Pos
^X Exit        ^J Justify     ^W Where Is    ^V Next Page   ^U UnCut Text  ^T To Spell
```

**Bild 3.29** Ergebnis der Notenauswertung der Studenten

**HINWEIS:** Der Name **part-r-00000** ist nicht immer zwingend derselbe. Wie Sie vielleicht vermuten, stellt die fünfstellige Zahl einen Iterator dar, der gemäß einem gewissen System hochgezählt wird. Tatsächlich werden damit die sogenannten *Partitions* gekennzeichnet, die einfach gesagt die Eingabedatensammlungen darstellen, die in den Mapper eingespielt werden (mehr dazu in Abschnitt 3.13). Da wir hier jedoch eine sehr kleine Datenmenge verarbeiten, erhalten wir auch lediglich nur eine Ausgabedatei. Das *r* im Namen steht übrigens für die Ausgabe des Reducers.

Da wir einen Zufallsgenerator für die Erzeugung unserer Noten verwenden, ist das Ergebnis nicht weiter verwunderlich. Alle Noten bewegen sich zwischen 2,4 und 3,0. Wenn Sie die Anzahl der Testdaten erhöhen, werden Sie sehen, dass die Zahlen sich immer weiter der 3,0 annähern. Schön ist hier die Key-Value-Struktur zu sehen, in der wir unsere Daten ausgeben.

Nun haben wir also gesehen, wie wir einen Job auf einem einzelnen Knoten ausführen. Lassen Sie uns im Folgenden betrachten, wie man einen Cluster aufsetzt und einen Job darauf verteilt laufen lässt.

## 3.9 Verarbeitung im Cluster

Plattformen wie Hadoop sind keine magischen Artefakte, die riesige Daten auf eine besonders effiziente und mysteriöse Weise prozessieren. Vielmehr schaffen sie es lediglich, die Arbeit so gut aufzuteilen, dass viele Rechner im Verbund eine Aufgabe parallel lösen und nicht ein einzelner Computer sämtliche Berechnungen übernimmt. Als Analogie kann man die Verarbeitung als Teamarbeit in einer Firma betrachten. Dort übernimmt nicht ein Einzelner die Arbeit – auch wenn er alle Arbeitsschritte ganz ausgezeichnet beherrscht –, sondern ein paar Menschen teilen sich die anstehenden Aufgaben. Dabei machen sie ggf. manche Schritte doppelt und benötigen Zeit, um ihre Ergebnisse auszutauschen, abzugleichen und zu konsolidieren. Dennoch sind sie, je nach Größe des Teams, schneller als der einzelne Angestellte. Ebenso funktioniert der verteilte Ansatz der Big-Data-Frameworks. Mehrere Maschinen sind vernetzt, wissen übereinander Bescheid und sind so konfiguriert, dass sie im Clusterverbund miteinander arbeiten können.

Einen solchen Cluster aufzusetzen, ist jedoch mit viel Arbeit verbunden. Verschiedene Anbieter von Hadoop-Distributionen bieten also verschiedene Wege an, um eine fertige Installation schnell einsetzen zu können. Dabei wird die Hadoop-Umgebung in den verschiedensten Formen angeboten:

- **Virtual-Machine:** Anbieter wie *Cloudera* bieten fertige VMs auf Basis von Linux mit einer Installation der hauseigenen Weiterentwicklung von Hadoop. Diese direkt einsatzbereiten Systeme sind leicht zu konfigurieren und zu skalieren, sodass weitere Instanzen ohne Schwierigkeiten in einen Cluster aufgenommen werden können. Ein großer Vorteil ist, dass das Rechtesystem der Linux-Distribution auf die installierte Software abgestimmt und dass die Kompatibilität von Hostsystem und Software gewährleistet ist.

- **Manuelle Installationsroutine:** Viele Lösungen existieren auch als fertiges Paket, das selbst entpackt und eingerichtet werden muss. Zwar ist dieser Schritt etwas mühsamer als das Dazuschalten einer fertigen VM, jedoch bleibt bei einer manuellen Installation mehr Spielraum für Administratoren und Entwickler. Wenn z. B. Hadoop für Entwicklungs- oder Testzwecke lokal in ein bestehendes Betriebssystem integriert werden soll, so kommt man um eine manuelle Installation nicht herum. Des Weiteren ist der Lernerfolg bei einer manuellen Installation umso höher.
- **Appliance:** Größere IT-Anbieter wie SAP oder IBM setzen auf sogenannte Appliances, also Hardware mit vorinstallierter und konfigurierter Software. Dabei wird häufig der Nutzen einer einfachen Skalierbarkeit betont (Bastien, 2013), wie sie etwa SAP mit SAP Hana oder IBM mit PureData Systems bieten.
- **Cloud-Service:** Anbieter wie Amazon bieten Web-Services an, um Map-Reduce-Jobs auf externen Systemen auszuführen. Diese Option hat den Vorteil, dass die Skalierung sehr einfach ausfällt, da sie auf der entsprechenden Web-Oberfläche konfiguriert oder komplett der Einschätzung des Anbieters überlassen werden kann. Die Berechnung der Kosten erfolgt gemäß der Nutzungsdauer und der Größe der beanspruchten Instanzen. Eine einzige Standardinstanz von Amazon Elastic MapReduce kostet pro Stunde 0,015 $ (Stand 2013). Hochgerechnet kann man so etwa 1000 Instanzen für 15 $ die Stunde mieten, was sich rentiert, falls derart aufwendige Datenanalysen nur sehr selten durchgeführt werden müssen. Kosten für Hardware, Strom und Betriebskosten fallen bei der Nutzung derlei Cloud-Services weg.

Bei der Auswahl einer Struktur sind einige bereits angesprochene Faktoren zu beachten. Eine davon ist etwa die Skalierbarkeit, die es erlaubt – im Optimalfall im laufenden Betrieb –, einem Cluster weitere Systeme hinzuzufügen, sollte die Datenmenge ein *Upscaling* fordern oder eine Einsparung ermöglichen. Eine andere ist mit Sicherheit die Performance. Je weniger Overhead eine Installation mit sich bringt, desto effizienter können Daten verarbeitet werden.

> *"In real production clusters there is no server virtualization, no hypervisor layer. That would only amount to unnecessary overhead impeding performance. Hadoop runs best on Linux machines, working directly with the underlying hardware."* (Hedlund, 2011)

Die Koordination aller Knoten im Cluster übernimmt ein Master. Dieser weiß darüber Bescheid, auf welchem Knoten welche Daten liegen und wo welche Jobs verarbeitet werden. Während des Betriebs übernimmt dieser ebenso die Verteilung und die Überwachung von Jobs und die Datenbereitstellung. Der Master wird mitunter als *Single Point of Failure* bezeichnet, da sein Ausfall eine Abstimmung der Knoten untereinander unmöglich macht. Jedoch ist mit einem solchen Ausfall seltener zu rechnen, da der Master selbst nicht an der Datenanalyse beteilig ist, sondern nur deren Koordination übernimmt. Festzuhalten ist, dass Map-Reduce seine Fähigkeiten erst beim Einsatz mehrerer Maschinen im Verbund voll ausspielen kann. Ein kleiner Cluster umfasst laut Brad Hedlund etwa 40 Knoten. Wir wollen uns nun einmal an vier Knoten versuchen.

## 3.10 Aufsetzen eines Hadoop-Clusters

Nun haben wir doch wieder recht viel Theoretisches gehört. Zeit also für etwas Praxisnahes. Lassen Sie uns der einzelnen Hadoop-Instanz, die wir bereits in Abschnitt 3.4 aufgesetzt haben, noch ein paar weitere Instanzen beiseite stellen und sie so organisieren, dass daraus ein kleiner, von einem Master verwalteter Cluster entsteht.

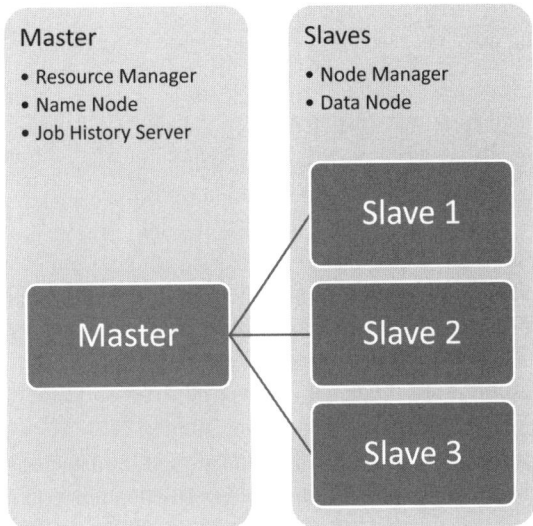

**Bild 3.30**
Der primäre Knoten (Master) soll drei sekundäre (Slaves) verwalten.

Wie in Bild 3.30 zu sehen, werden wir auf dem Master die drei Dienste *Resource Manager*, *Name-Node* und Job History Server starten. Sie übernehmen die Verwaltung unseres Clusters, so etwa das Verteilen der Jobs an die optimalen (am wenigsten ausgelasteten und am besten erreichbaren) Slaves, das Fehlerhandling (Wiederholen eines Jobs bei einem Fehler) und die Entgegennahme der Ergebnisse. Aufseiten jedes Slaves findet man einen *Node Manager*, der die Ressourcennutzung (CPU, Speicher, Netzwerk) überwacht und diese in regelmäßigen Abständen an den Resource Manager weitergibt. Ein *Data-Node* ist für die Datenpersistierung im HDFS verantwortlich.

 **HINWEIS:** Ich habe in meinem Studium gelernt, dass man aus Gründen der **Political Correctness** von **Primär** und **Sekundär** spricht, nicht jedoch von *Master* und *Slave*. Da letztere zwei Begriffe jedoch in vielen Dokumentationen zu Hadoop so verwendet werden, werde ich sie auch im Buch so verwenden. Ich hoffe, Sie sehen mir diesen Fauxpas nach.

Beginnen wir mit dem Aufsetzen der sekundären Knoten. Ich werde die folgende Anleitung so erstellen, dass wir derer drei aufsetzen. Falls Sie nicht genug Rechenleistung haben, um drei VMs parallel zu betreiben, dann verwenden Sie einfach nur einen oder zwei.

Installieren Sie nun bitte die Systeme entsprechend der in Abschnitt 3.4 gezeigten Anleitung für die folgenden Punkte:

- Aufsetzen einer VM mit den Namen *hadoop2*, *hadoop3* und *hadoop4*
- Installieren eines Ubuntu-Servers
- Tastaturschema anpassen
- OpenJDK installieren
- Hadoop-Benutzer *hduser* einrichten
- Hadoop herunterladen, entpacken und die entsprechenden Verzeichnisse einrichten
- OpenSSH-Server installieren

Als Master verwenden wir die VM *hadoop1*, die wir bereits aufgesetzt haben. Für die folgenden Schritte ist es notwendig, dass alle anderen Server (also *hadoop2*, *hadoop3* und *hadoop4*) ebenfalls laufen.

### Anpassen der /etc/hosts

Die Datei *hosts* im Verzeichnis *etc* nutzt Ubuntu, um Rechnernamen zu einer IP aufzulösen. Um später nicht mit IP-Adressen arbeiten zu müssen, werden wir dafür Hostnamen einsetzen. Diese kann man sich erstens besser merken, und sollte sich später mal eine IP ändern, muss man das nicht in allen einzelnen Konfigurationsdateien Hadoops nachtragen, sondern lediglich die Datei *hosts* anpassen.

Die vier Maschinen, die sich letztlich in unserem Cluster wiederfinden lassen, haben folgende Eigenschaften (die IPs können bei Ihnen abweichen, da sie über DHCP automatisch vergeben werden).

**Tabelle 3.5** Aufbau des Clusters

| VM-Name | Hostname | IP |
|---|---|---|
| hadoop1 | master | 192.168.71.128 |
| hadoop2 | slave1 | 192.168.71.129 |
| hadoop3 | slave2 | 192.168.71.130 |
| hadoop4 | slave3 | 192.168.71.131 |

Editieren Sie nun auf allen Maschinen (Master sowie Slave) die Datei *hosts* (als *user1*) und fügen Sie folgende Zeilen am Ende hinzu.

**Listing 3.36** Bekanntgabe der Hostnamen für den Hadoop-Cluster

```
# hadoop cluster
192.168.71.128   master
192.168.71.129   slave1
192.168.71.130   slave2
192.168.71.131   slave3
```

**PRAXISTIPP:** Dieser Schritt hat mich bei meinen ersten Gehversuchen mit Hadoop 2.2 einige schlaflose Nächte gekostet, da nicht nur die Einstellung in der /etc/hosts entscheidend ist, sondern auch, wie wir später sehen werden, weil die /etc/hostname auf die /etc/hosts abgestimmt sein muss. Wenn Sie später den Hostnamen der Systeme verändern, werden Sie sich vielleicht fragen, warum wir den Hostnamen nicht, wie üblich, auf die IP 127.0.1.1 auflösen. Das müssen wir nicht mehr, da wir sie der jeweiligen IP des Knotens in unserem Cluster zuordnen und der Hostname somit dorthin aufgelöst wird (was der hauptsächliche Grund für ein Auflösen zur IP 127.0.1.1 ist. Mehr zu dieser Absurdität finden Sie in dieser Fußnote[7] unter dem Punkt 10.4). Zu der Anpassung der /etc/hostname kommen wir später noch im Detail.

### Einrichten der SSH-Verbindung

Jeder der Slaves muss via SSH vom Master aus erreichbar sein, damit diese beiden miteinander kommunizieren können. Um den Master zu befähigen, die verwalteten Knoten anzusprechen, müssen Sie zunächst auf diesem den OpenSSH-Client, zusätzlich zum OpenSSH-Server, installieren.

**Listing 3.37** Installieren des OpenSSH-Clients

```
su - user1
sudo apt-get install openssh-client
```

Da wir den SSH-Key bereits auf *hadoop1* generiert haben, müssen wir diesen nur noch auf alle Slaves kopieren. Sollten Sie den Key noch nicht generiert haben, holen Sie das bitte, wie in Abschnitt 3.4 angegeben, nach.

**Listing 3.38** Generieren eines SSH-Keys auf dem Master

```
su - hduser
ssh-keygen -t rsa -P ""
```

Wenn Sie den Master ebenfalls an der Verarbeitung der Daten teilnehmen lassen wollen, müssen Sie den Schlüssel, wie in Listing 3.8 gezeigt, zu den autorisierten Schlüsseln des Masters hinzufügen.

**Listing 3.39** Kopieren des SSH-Keys des Masters auf alle Slaves

```
su - hduser
ssh-copy-id -i $HOME/.ssh/id_rsa.pub hduser@HOST_NAME_DES_SLAVES
```

Listing 3.39 gilt es für jeden Slave auszuführen, wobei der Teil *HOST_NAME_DES_SLAVES* durch die jeweilige IP oder den Hostnamen der VM ersetzt werden muss. Bestätigen Sie die Sicherheitsabfrage wie gewohnt mit *yes* und geben Sie immer, wenn Sie gefragt werden, das Passwort des Benutzers *hduser* ein.

---

[7] *http://qref.sourceforge.net/quick/ch-gateway.en.html*

> **PRAXISTIPP:** Auch der **Master kann als Slave agieren** und Daten verarbeiten. Ich rate zumindest in einer lokalen Testumgebung davon ab, zu oft führt dieses Vorgehen zu Engpässen bzgl. der Performance. Wenn Sie das jedoch explizit wünschen, sorgen Sie hier dafür, dass der SSH-Key wie in Listing 3.8 zu den vertrauenswürdigen Schlüsseln hinzugefügt und die IP oder der Hostname des Masters in die Liste der Slaves aufgenommen wird (zu diesem Schritt kommen wir gleich).

Um die Funktionsweise zu validieren, können Sie testweise eine Verbindung zum Slave herstellen. Wenn Sie den Schlüssel nicht über *ssh-copy-id* kopieren, ist dieses Vorgehen sogar obsolet, da Master und Slave initial ihren Fingerprint austauschen und Sie ihnen dazu die Erlaubnis geben müssen.

**Listing 3.40** Überprüfen der Konnektivität zum Slave und Austausch des Fingerprints

```
ssh hduser@HOST_NAME_DES_SLAVES
```

### Konfiguration Hadoops

Die Konfiguration sieht der eines *Single Node Clusters* sehr ähnlich, wir müssen lediglich darauf achten, dass wir statt *localhost* nun den Hostnamen *master* verwenden.

> **HINWEIS:** Die fertigen Konfigurationsdateien finden Sie auf der DVD im Ordner *cluster_config* unter *Kapitel 3*. Um Tippfehler und zusätzliche Arbeit zu vermeiden, empfehle ich Ihnen, die fertigen Dateien zu verwenden oder sie nach einmaligem Abschreiben über *WinSCP* auf alle weiteren Knoten zu kopieren.

Ändern Sie bitte auf jedem Knoten (Master und Slave) die entsprechenden XML-Dateien gemäß den folgenden Vorgaben ab. Fügen Sie, wie gehabt, die *Property-Tags* in die *Configuration-Tags* ein.

**Listing 3.41** Konfiguration der core-site.xml

```xml
<property>
    <name>fs.defaultFS</name>
    <value>hdfs://master:9000</value>
</property>
<property>
    <name>hadoop.tmp.dir</name>
    <value>/usr/local/hadoop/tmp</value>
</property>
```

Hier ändert sich lediglich, dass wir den Hostnamen *localhost* durch den Hostnamen *master* ersetzen.

**Listing 3.42** Konfiguration der hdfs-site.xml

```xml
<property>
    <name>dfs.replication</name>
    <value>2</value>
```

```xml
</property>
<property>
    <name>dfs.permissions</name>
    <value>false</value>
</property>
<property>
    <name>dfs.namenode.name.dir</name>
    <value>file:/usr/local/hadoop/name</value>
</property>
<property>
    <name>dfs.datanode.data.dir</name>
    <value>file:/usr/local/hadoop/data</value>
</property>
```

In der *hdfs-site.xml* erhöhen wir die Zahl der *Replications* von 1 auf 2, sodass die im HDFS gespeicherten Blöcke nun, falls nicht anders beim Anlegen angegeben, zweimal (redundant) gespeichert werden.

**Listing 3.43** Konfiguration der mapred-site.xml

```xml
<property>
    <name>mapreduce.framework.name</name>
    <value>yarn</value>
</property>
```

An der *mapred-site.xml* ändert sich nichts, ich geben sie der Vollständigkeit halber dennoch erneut an dieser Stelle an.

**Listing 3.44** Konfiguration der yarn-site.xml

```xml
<property>
    <name>yarn.nodemanager.aux-services</name>
    <value>mapreduce_shuffle</value>
</property>
<property>
    <name>yarn.nodemanager.aux-services.mapreduce.shuffle.class</name>
    <value>org.apache.hadoop.mapred.ShuffleHandler</value>
</property>
<property>
    <name>yarn.resourcemanager.resource-tracker.address</name>
    <value>master:8031</value>
</property>
<property>
    <name>yarn.resourcemanager.scheduler.address</name>
    <value>master:8030</value>
</property>
<property>
    <name>yarn.resourcemanager.address</name>
    <value>master:8032</value>
</property>
<property>
    <name>yarn.nodemanager.vmem-pmem-ratio</name>
    <value>3</value>
</property>
<property>
    <name>yarn.nodemanager.delete.debug-delay-sec</name>
    <value>600</value>
</property>
```

In der *yarn-site.xml* kommen drei neue Eigenschaften hinzu. Dabei handelt es sich jeweils um Adressen samt Portangaben (ich verwende die Default-Ports[8]), um den Slaves mitzuteilen, an welcher Stelle der Master die Ressourcenverwaltung des Clusters abwickelt. Wir unterscheiden hier zwischen:

- **ResourceTracker:** Legt z. B. fest, wie oft auf nicht antwortende Knoten überprüft oder nach welcher Zeit ein Knoten für tot erklärt wird. Als integraler Teil des *ResourceManagers* übernimmt er eben diese Überwachung der Knoten.
- **Scheduler:** Trägt die Verantwortung für das Allokieren von Ressourcen für die Ausführung von Jobs unter Einbeziehen von Warteschlangen (*Queues*) und Kapazitäten.
- **ResourceManager:** Der *ResourceManager* selber besteht aus *ResourceTracker*, *Scheduler* und *ApplicationsManager*. Letzterer übernimmt die Annahme von neuen Jobs und deren Initialisierung über den, für jeden Job spezifischen, *ApplicationMaster*.

Sie sehen, dass die Komponenten, die wir in der YARN-Architektur (Bild 3.2) kennengelernt haben, hier in der Konfiguration wiederzufinden sind.

### Bekanntmachen der Slaves

Im letzten Schritt müssen wir nur noch die Hostnamen der Slaves in die Datei */usr/local/hadoop/etc/hadoop/slaves* auf dem Master eintragen. Editieren Sie diese also, sodass sie wie Listing 3.45 aussieht. Falls Ihr Master ebenfalls als verarbeitender Knoten agieren soll, tragen Sie bitte zusätzlich den Hostnamen *master* in eine neue Zeile ein.

**Listing 3.45** Inhalt der Datei slaves auf dem Master

```
slave1
slave2
slave3
```

Den Eintrag *localhost*, der vorher in der Datei zu finden war, benötigen wir nicht mehr.

### Anpassen der Hostnamen

Dieser Schritt ist neu, zu der Zeit, zu der ich dieses Kapitel schreibe, noch nicht dokumentiert und bereitet so einigen Menschen im Netz Kopfzerbrechen. Scheinbar verwendet der Master nicht die in Listing 3.47 angegebenen Namen als Hostnamen der jeweiligen Slaves, sondern die Namen, die auf jedem sekundären Knoten in der Datei */etc/hostname* eingetragen sind. Dort steht im Regelfall *ubuntu* oder *localhost*. Sollten Sie die Einstellungen so belassen, so wird ein sekundärer Knoten als *localhost* bzw. *ubuntu* im Master ausgezeichnet, was natürlich nicht gewünscht ist. Um dem entgegenzuwirken, müssen wir nun für jeden Knoten einen passenden Hostnamen vergeben. Editieren Sie also bitte als Superuser die Datei */etc/hostname* auf dem jeweiligen Slave und schreiben Sie den jeweiligen Bezeichner (*slave1*, *slave2* oder *slave3*) dort hinein.

---

[8] *http://hadoop.apache.org/docs/current/hadoop-yarn/hadoop-yarn-common/yarn-default.xml*

**Listing 3.46** Ändern des Hostnamens auf den Slaves

```
su - user1
sudo nano /etc/hostname
```

Tragen Sie also für den ersten sekundären Knoten (*hadoop2*) den Namen *slave1*, für den zweiten (*hadoop3*) *slave2* usw. ein. Ich habe der Vollständigkeit halber in meiner Installation ebenso den Hostnamen meines Masters auf *master* geändert. Starten Sie Ihre Systeme nach diesem Schritt neu.

### Nicht vergessen: Formatieren des Name-Node

Falls Sie einen Cluster von Beginn an neu aufsetzen, müssen Sie an dieser Stelle den *Name-Node* formatieren.

**Listing 3.47** Formatieren des Name-Nodes

```
hdfs namenode -format
```

### Starten aller Dienste auf dem Cluster

Hier gibt es einen kleinen, aber feinen Unterschied, den es beim Starten der Services zu beachten gilt. Das folgende Listing zeigt, dass wir einmal *hadoop-daemons.sh* und einmal *yarn-daemons.sh* verwenden, es wird also jeweils an die Namen der Skripte ein *s* angehängt. Der Unterschied zu den zuvor verwendeten Skripten besteht darin, dass die zwei neuen alle Data-Nodes und Node-Manager auf den dazugehörigen Knoten starten. Die Adressen derer bezieht Hadoop aus der eben bearbeiteten Datei *slaves*.

**Listing 3.48** Starten aller Dienste über den Master

```
hadoop-daemon.sh start namenode
hadoop-daemons.sh start datanode
yarn-daemon.sh start resourcemanager
yarn-daemons.sh start nodemanager
mr-jobhistory-daemon.sh start historyserver
```

 **PRAXISTIPP:** Sie werden diese Zeilen sehr oft verwenden, also legen Sie sich dafür am besten ein Bash-Skript an. Erstellen Sie dafür eine Datei mit nano `start-cluster.sh` in einem beliebigen Verzeichnis. Dort schreiben Sie die folgenden Zeilen hinein:

**Listing 3.49** Erstellen eines Bash-Skripts zum Starten des Clusters

```
#!/bin/bash
hadoop-daemon.sh start namenode
hadoop-daemons.sh start datanode
yarn-daemon.sh start resourcemanager
yarn-daemons.sh start nodemanager
mr-jobhistory-daemon.sh start historyserver
```

Speichern Sie die Datei und schließen Sie den Editor. Dann führen Sie folgenden Code aus: `chmod +x start-cluster.sh`. Dadurch machen Sie die Datei ausführbar. Erstellen Sie eine weitere Datei mit Namen `stop-cluster.sh`, die alle nötigen Prozesse stoppt. Diese sollte den folgenden Inhalt aufweisen.

**Listing 3.50** Stoppen des gesamten Clusters

```
#!/bin/bash
hadoop-daemon.sh stop namenode
hadoop-daemons.sh stop datanode
yarn-daemon.sh stop resourcemanager
yarn-daemons.sh stop nodemanager
mr-jobhistory-daemon.sh stop historyserver
```

Dieses Skript können Sie auch gerne für den Single-Node-Cluster verwenden, fügen Sie dafür zusätzlich den Befehl `hadoop-daemon.sh start secondary-namenode` hinzu und verwenden Sie immer die Befehle, die auf *daemon.sh* enden, nicht auf *daemons.sh*.

Wir müssen die Befehle also nur einmal auf dem Master ausführen. Dieser kümmert sich dann um das Hochfahren des gesamten Clusters. Starten Sie etwa die *Data-Nodes*, so sollte die Ausgabe Ihnen bestätigen, dass die Aktion auf allen sekundären Knoten ausgeführt wurde.

```
hduser@localhost:/usr/local/hadoop$ hadoop-daemons.sh start datanode
slave1: starting datanode, logging to /usr/local/hadoop/logs/hadoop-hduser-datanode-localhost.out
slave3: starting datanode, logging to /usr/local/hadoop/logs/hadoop-hduser-datanode-localhost.out
slave2: starting datanode, logging to /usr/local/hadoop/logs/hadoop-hduser-datanode-localhost.out
hduser@localhost:/usr/local/hadoop$ yarn-daemon.sh start resourcemanager
starting resourcemanager, logging to /usr/local/hadoop/logs/yarn-hduser-resourcemanager-localhost.out
hduser@localhost:/usr/local/hadoop$
```

**Bild 3.31** Hadoop startet die Data-Nodes auf slave1, slave2 und slave3.

Geschieht das nicht, überprüfen Sie bitte die Datei *slaves* auf Vollständigkeit.

Mit dem Befehl *jps* verifizieren wir im Anschluss, dass alle Prozesse auf allen Knoten gestartet wurden. Der Master sollte folgende drei Prozesse aufweisen:

- JobHistoryServer
- ResourceManager
- NodeManager

Die Slaves sollten hingegen diese zwei Prozesse zeigen:

- DataNode
- NodeManager

Ist das der Fall, haben Sie erfolgreich einen Hadoop-Cluster aufgesetzt.

## Starten eines Map-Reduce-Jobs in einem Cluster

Prinzipiell spricht nichts dagegen, den Job wie schon zuvor auf dem *Single Node Cluster* zu starten. Mit einer Ausnahme: Wir geben eine lokale Datei auf dem Master als Eingabedatei an, die *mr_student_data.txt*. Dieses Vorgehen ist etwas an der Spezifikation und Funktionsweise von Hadoop vorbeigedacht. Der Vorteil, ein verteiltes Dateisystem zu verwenden, liegt darin, dass die Dateien, die wir im HDFS ablegen, entsprechend der Anzahl der angegebenen Replikationen über den Cluster verteilt werden. Würden wir weiterhin die Eingabedatei über einen lokalen Pfad einspielen, so müssen wir sie umständlich auf jedem einzelnen Knoten zur Verfügung stellen. Wir kopieren also diesmal die Datei *mr_student_data.txt* in das HDFS und lassen die Verteilung von Hadoop vornehmen.

**Listing 3.51** Anlegen eines Verzeichnisses und kopieren einer Datei in das HDFS

```
su - hduser
hdfs dfs -mkdir -p /hdfs/mr1/input/
hdfs dfs -copyFromLocal /usr/local/hadoop/input/mr_student_data.txt
/hdfs/mr1/input/
```

Hier legen wir zuerst das Verzeichnis */hdfs/mr1/input/* auf dem HDFS an und kopieren anschließend die Datei *mr_student_data.txt* in dieses Verzeichnis. Achten Sie immer darauf, wenn Sie eine Datei ins HDFS kopieren, dass das Zielverzeichnis auch existiert. Andernfalls schlägt der Kopiervorgang fehl.

**HINWEIS:** Ich verwende bewusst den Hauptordner *hdfs* in den kommenden Kapiteln, um zu zeigen, wann es sich um einen Pfad auf dem HDFS handelt und wann wir uns im Gegensatz dazu auf dem Dateisystem Ubuntus bewegen.

**PRAXISTIPP:** Es kann vorkommen, dass Sie eine Fehlermeldung bekommen, die folgende Nachricht ausgibt: *Cannot [beliebige Aktion auf dem Dateisystem ausführen]. Name node is in safe mode.* Der *Safe Mode* ist der natürliche Feind eines jeden Benutzers, der gerade beginnt, mit Hadoop zu arbeiten, denn *jeder* stolpert zwangsweise über diese Meldung. Hadoop setzt sein Dateisystem in den *Safe Mode*, während es dieses auf seine Verwendung vorbereitet und keine schreibenden Zugriffe darauf ausgeführt werden sollen. Es ist so gedacht, dass es den *Safe Mode* auch automatisch wieder deaktiviert. Leider funktioniert das in der Praxis nicht immer. Den *Safe Mode* können Sie jederzeit über den folgenden Befehl verlassen: `hdfs dfsadmin -safemode leave`

Mitunter kann es passieren, dass Hadoop automatisch wieder in den Safe Mode zurückspringt, wenn ihm nicht genügend Ressourcen zur Verfügung stehen. Die entsprechende Meldung, die Ihnen dann beim Absetzen von Befehlen (Map-Reduce-Jobs, HDFS-Operationen …) ausgegeben wird, lautet *Resources are low on NN. Please add more resources then turn off safe mode manually.* Überprüfen Sie dann per `dh -f` in Ubuntu, ob Ihre Partition vollgelaufen ist, und löschen Sie eventuell einige nicht benötigte Dateien oder erweitern Sie die Kapazität Ihrer Partition.

Stellen Sie mit einem der folgenden Befehle sicher, dass die Eingabedatei im HDFS angekommen ist.

**Listing 3.52** Existenz einer Datei im HDFS überprüfen

```
hdfs dfs -ls /hdfs/mr1/input/

hdfs dfs -tail /hdfs/mr1/input/mr_student_data.txt
```

Erster Befehl sollte folgende Liste ausgeben:

*Found 1 items*

*-rw-r--r-- 2 hduser supergroup 36000000 2013-12-02 08:58 /hdfs/mr/input/mr_student_data.txt*

Der zweite Begriff hingegen wird die letzten Einträge in unserer Eingabedatei auflisten.

Nun werden wir unseren Eingabe- und Ausgabepfad beim Aufruf des Jobs ein wenig abändern, sodass er auf das HDFS und nicht auf das lokale Dateisystem verweist.

**Listing 3.53** Aufrufen eines Jobs mit Ein- und Ausgabe auf dem HDFS

```
hadoop jar 02_MapReduceStudentData.jar /hdfs/mr1/input /hdfs/mr1/output
```

Der Befehl muss *nur* auf dem Master-Knoten aufgerufen werden, und zwar aus dem Verzeichnis, in dem das JAR unseres Jobs liegt (im Regelfall in */usr/local/hadoop*). Nun übernimmt Hadoop die Verteilung des JAR über die sekundären Knoten, startet den Job und konsolidiert die Ergebnisse im HDFS.

**HINWEIS:** Auch hier müssen Sie darauf achten, dass das Ausgabeverzeichnis noch nicht existiert. Ist das der Fall, löschen Sie es mit `hdfs dfs -rm -r /hdfs/mr1/output`.

Verwenden Sie einen sehr großen Datensatz, so können Sie den Fortschritt Ihres Jobs im Web-Interface (*http://IP_DES_MASTERS:8088/cluster/apps*) beobachten.

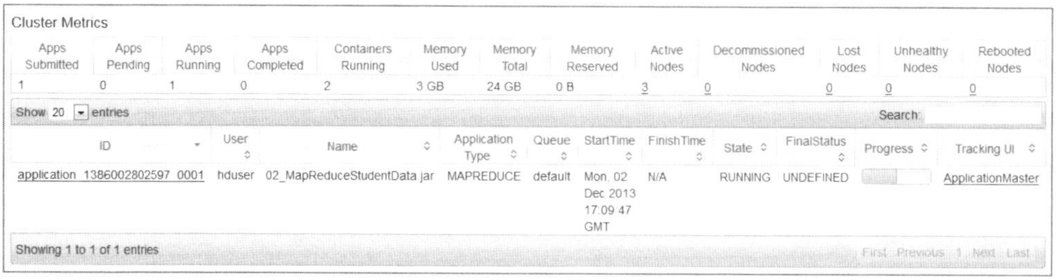

| Cluster Metrics | | | | | | | | | | | | |
|---|---|---|---|---|---|---|---|---|---|---|---|---|
| Apps Submitted | Apps Pending | Apps Running | Apps Completed | Containers Running | Memory Used | Memory Total | Memory Reserved | Active Nodes | Decommissioned Nodes | Lost Nodes | Unhealthy Nodes | Rebooted Nodes |
| 1 | 0 | 1 | 0 | 2 | 3 GB | 24 GB | 0 B | 3 | 0 | 0 | 0 | 0 |

Show 20 entries    Search:

| ID | User | Name | Application Type | Queue | StartTime | FinishTime | State | FinalStatus | Progress | Tracking UI |
|---|---|---|---|---|---|---|---|---|---|---|
| application_1386002802597_0001 | hduser | 02_MapReduceStudentData.jar | MAPREDUCE | default | Mon, 02 Dec 2013 17:09:47 GMT | N/A | RUNNING | UNDEFINED | | ApplicationMaster |

Showing 1 to 1 of 1 entries    First Previous 1 Next Last

**Bild 3.32** Beobachtung des Fortschritts eines Map-Reduce-Jobs

Zwar ist Bild 3.32 recht klein, dennoch sieht man rechts außen den Fortschrittsbalken, der anzeigt, wie weit der Prozess schon bearbeitet wurde.

## 3.10 Aufsetzen eines Hadoop-Clusters

| Cluster Metrics | | | | | | | | | | | | |
|---|---|---|---|---|---|---|---|---|---|---|---|---|
| Apps Submitted | Apps Pending | Apps Running | Apps Completed | Containers Running | Memory Used | Memory Total | Memory Reserved | Active Nodes | Decommissioned Nodes | Lost Nodes | Unhealthy Nodes | Rebooted Nodes |
| 1 | 0 | 1 | 0 | 2 | 3 GB | 24 GB | 0 B | 3 | 0 | 0 | 0 | 0 |

Show 20 entries    Search:

| Rack | Node State | Node Address | Node HTTP Address | Last health-update | Health-report | Containers | Mem Used | Mem Avail |
|---|---|---|---|---|---|---|---|---|
| /default-rack | RUNNING | slave2:54925 | slave2:8042 | 2-Dec-2013 09:09:05 | | 1 | 1 GB | 7 GB |
| /default-rack | RUNNING | slave3:44906 | slave3:8042 | 2-Dec-2013 09:08:59 | | 0 | 0 B | 8 GB |
| /default-rack | RUNNING | slave1:34295 | slave1:8042 | 2-Dec-2013 09:08:59 | | 1 | 2 GB | 6 GB |

Showing 1 to 3 of 3 entries    First Previous 1 Next Last

**Bild 3.33** Übersicht über den Cluster, während ein Job läuft

Etwas spannender ist jedoch ein Blick auf den gesamten Cluster. Klicken Sie dazu links in der Web-Ansicht auf den Eintrag *Nodes* und Sie erhalten eine Grafik ähnlich Bild 3.33. Dort zeigt sich, dass bei zwei unserer Knoten unter dem Eintrag *Containers* eine *Eins* steht und beim dritten eine *Null*. Ebenso scheinen nur zwei der drei Knoten Speicher zu verbrauchen. Kommen Sie darauf, warum das der Fall ist? Nun, wir haben angegeben, dass unsere Datei *mr_student_data.txt* im HDFS zwei Repliken bekommen soll. Scheinbar hat Hadoop diese auf die Knoten *slave2* und *slave1* verteilt und genau dort findet nun eine Verarbeitung unseres Jobs statt.

 **PRAXISTIPP:** Wenn Sie in der Nodes-Ansicht auf einen Eintrag unter *Node HTTP Address* klicken, so werden Sie z. B. im Falle von *slave2* auf die Adresse *slave2:8082* weitergeleitet. Diese Adresse kann Ihr Betriebssystem nicht auflösen, es sei denn, Sie fügen den Hostnamen *slave2* seiner eigenen hosts-Datei hinzu (eine solche existiert auch unter Windows). Sie finden diese bei einer herkömmlichen Installation unter *C:\Windows\System32\drivers\etc\hosts*. Tragen Sie dort die Kombination aus IP und Hostnamen wie auch auf Ubuntu ein. Windows kann dann die Hostnamen ohne einen Neustart auflösen. ∎

Der Job sollte nun erfolgreich ausgeführt werden können. Mit dem folgenden Befehl können Sie entweder die Datei im HDFS betrachten oder aber sie mit dem zweiten Befehl daraus extrahieren.

**Listing 3.54** Betrachten des Ergebnisses

```
hdfs dfs -tail /hdfs/mr1/output/part-r-00000

hdfs dfs -copyToLocal /hdfs/mr1/output/part-r-00000
/usr/local/hadoop/ergebnis.txt
```

Nun haben Sie gelernt, wie man einen Cluster aufsetzt, Daten im HDFS ablegt und einen Map-Reduce-Job so konzipiert und ausführt, dass er diese verarbeitet. Doch es gibt noch so viel mehr zu sehen! Zum Beispiel ist es ziemlich lästig, Jobs über die Kommandozeile zu starten oder dauernd das Ausgabeverzeichnis manuell zu löschen. Deswegen wollen wir uns gleich ansehen, wie wir den eben geschriebenen Job über die Java-API Hadoops starten können. Zuvor jedoch noch einige Worte zur automatisierten Installation, Konfiguration und Überwachung eines Clusters.

### Cluster-Setup, Überwachung und Verwaltung mit Apache Ambari und der Hadoop REST API

Das Aufsetzen eines Hadoop-Clusters ist bei vielen Knoten kaum manuell zu bewerkstelligen. Häufig wurden zur Automatisierung Images erstellt, kopiert, auf andere Systeme aufgespielt und per Skript rekonfiguriert. Seit einiger Zeit existiert ein weiteres Apache Projekt namens *Ambari*, das in der Lage ist, die Meta-Arbeit mit einem Cluster zu vereinfachen, indem es Aufgaben standardisiert wie:

- **Bereitstellung von Hadoop, HBase, Hive, Oozie etc.** Dabei führt eine Installationsroutine visuell durch Installation und Konfiguration eines Clusters auf einer beliebigen Anzahl von Knoten.
- **Verwaltung der Software** inklusive Konfiguration, Starten und Stoppen der einzelnen Komponenten.
- **Überwachung des Status des Clusters** über ein einheitliches Dashboard, das Auskunft über den Zustand des Clusters gibt. Ein eventgesteuertes Nachrichtensystem versendet auf Wunsch E-Mails über den Event oder den Zustand des Clusters.

Durch eine einfache Web-Ansicht und ein REST-Interface können die nötigen administrativen Tätigkeiten bequem durch den Browser oder einen selbst geschriebenen REST-Client durchgeführt werden.

**PRAXISTIPP:** So wichtig *Apache Ambari* für die Community auch ist, geht dessen Entwicklung dennoch etwas schleppend voran. So wurde schon vor über einem Jahr die Unterstützung für Ubuntu angekündigt, die es jedoch nicht in die vergangenen Releases geschafft hat. Wenn Sie also planen, Ambari einzusetzen, dann sollten Sie von Anfang an zu einer der unterstützten Linux-Distributionen greifen (Redhat Enterprise Linux 5 und 6, CentOS 5 und 6, Oracle Enterprise Linux 5 und 6 oder SuSE Linux Enterprise Server 11).

REST ist ein gutes Stichwort, denn auch Hadoop bietet eine API, mit der Sie den Status Ihres Clusters und der Knoten und Anwendungen darauf abfragen können. Den entsprechenden Service erreichen Sie über die URL *http://[Hadoop_IP]:8088/ws/v1/*. Tabelle 3.6 listet Ihnen einige Ressourcenpfade auf, die Ihnen den Zugriff auf die verschiedenen Funktionen der API ermöglichen. Fügen Sie diese einfach an die gerade genannte URL an. Die Spalte Request-Methode gibt an, ob die URL als GET, POST, PUT etc. aufgerufen werden muss.

**Tabelle 3.6** Funkionen in der REST API von Hadoop

| Ressourcenpfad | Request-Methode | Funktion |
| --- | --- | --- |
| cluster | GET | Informationen über den Cluster wie Startzeitpunkt, Zustand, Version ... |
| cluster/metrics | GET | Wie viele Anwendungen laufen, wie viele Knoten sind verfügbar ... |
| cluster/scheduler | GET | Gibt Auskunft über Scheduler und Queues. |
| cluster/apps | GET | Welche Anwendungen laufen auf dem Cluster, welche wurden bereits fertiggestellt ... |
| cluster/apps/{appid} | GET | Gibt eine detaillierte Auskunft über die Anwendung mit der ID appid. |
| cluster/nodes | GET | Listet die Knoten im Cluster und deren Eigenschaften auf. |
| cluster/nodes/{nodeid} | GET | Zeigt die Detaileigenschaften eines Knotens. |

Bisher nutzen die Funktionen nur die GET-Methode, wir können also lediglich Informationen abfragen, nicht jedoch Daten oder Befehle via REST an Hadoop schicken. Wenn Sie in Ihrer Architektur aus irgendeinem Grund zwingend REST verwenden müssen, um Jobs zu starten, dann möchte ich Sie an Apache Oozie verweisen, das dazu in der Lage ist und ein etwas komplexeres REST-Interface anbietet[9].

# 3.11 Starten eines Jobs via Hadoop-API

Um nun die Usability des Startvorgangs eines Map-Reduce-Jobs zu erhöhen, wollen wir lernen, wie man eine Anwendung aufbaut, um den Job über ein Web-Interface zu triggern. Sie sollten dazu Eclipse und Glassfish gemäß Abschnitt 3.6 eingerichtet haben. Bevor wir anfangen, möchte ich Sie noch darauf hinweisen, dass das Starten eines Map-Reduce-Jobs und einer YARN-Anwendung auf verschiedenen Wegen geschieht. Dieser, den ich Ihnen nun zeigen möchte, ist lediglich für Map-Reduce-Jobs vorgesehen, funktioniert dafür aber auch in früheren Hadoop-Versionen.

Öffnen Sie zu Anfang Eclipse und legen Sie über **File** → **New** → **Dynamic Web Project** ein neues Projekt mit Namen *03_MRJobStarter* an. Achten Sie darauf, dass das Feld *Target Runtime* auf *Glassfish 3.1* gestellt ist, klicken Sie dann zwei Mal auf **Next**, setzen Sie im sich öffnenden Dialog ein Häkchen bei *Generate web.xml deployment descriptor* und klicken Sie schließlich auf **Finish**.

---

[9] http://oozie.apache.org/docs/4.0.1/WebServicesAPI.html

**HINWEIS:** Der **Deployment Descriptor** ist eine XML-Konfigurationsdatei, die Informationen für das Zielsystem bereitstellt, auf dem die Anwendung installiert (*deployed*) wird. Diese Informationen können etwa Pfade zu Web-Ressourcen, Referenzen auf andere Objekte (EJBs, Web-Services) oder einfache Installationsanweisungen für die aktuelle Anwendung sein. In den letzten Versionszyklen von JavaEE bewegte man sich langsam weg von den *Deployment Descriptors* und setzte vermehrt auf *Annotations*. Für unsere recht simplen Beispiele ist es jedoch einfacher, eine (und nur eine) Konfigurationsdatei an einem festen Ort zu verwenden, statt in jeder Java-Klasse einzelne Annotationen vorzunehmen.

Klicken Sie nun im neu angelegten Projekt mit der rechten Maustaste auf *WebContent* und legen Sie über **New** → **JSP-File** eine neue Datei mit Namen *index.jsp* darin an.

Aktivieren Sie Maven für das Projekt, indem Sie rechts auf Ihr Projekt klicken und dann **Configure** → **Convert to Maven Project** wählen. Fügen Sie dann über den Reiter *Dependencies* die Abhängigkeit für den Hadoop-Client hinzu.

**Tabelle 3.7** Abhängigkeiten des Hadoop-Clients

| Eigenschaft | Wert |
| --- | --- |
| Group Id | org.apache.hadoop |
| Artifact Id | hadoop-client |
| Version | 2.2.0 |
| Scope | Compile |

Der *Scope* muss hier auf *Compile* stehen, da wir die Anwendung auf unserem Windows-System deployen, auf dem wir keinen Zugriff auf die Hadoop-Bibliotheken haben.

Da wir später eine JSP-Seite aufrufen wollen, müssen wir noch ein *Project-Facet* deaktivieren, damit Glassfish weiß, dass wir JSPs statt Java Server Faces (JSF) verwenden soll. Klicken Sie dazu mit der rechten Maustaste auf das Projekt und wählen Sie *Properties*. Wählen Sie nun links in der Baumstruktur *Project Faces* aus und deselektieren Sie *JavaServer Faces* (und optional *JAX-RS (REST Web Services)*, wir wollen nämlich auch keine Rest-Services erstellen).

**PRAXISTIPP: Project-Facets** sind eine Art Ressource, die eine bestimmte Aufgabe erledigen. Mit jedem selektierten Facet werden neue Konfigurationen und Bibliotheken ins Projekt aufgenommen, die dann etwa ermöglichen, Rest-Services zu schreiben, *Java Persistence API* (JPA) als Persistenzstandard zu benutzen etc. Um eine Anwendung schlank zu halten, lohnt es sich, nicht benötigte Facets zu Beginn einer Entwicklung zu deaktivieren. In manchen Fällen, so auch in unserem, kann auch Maven bestimmte Facets aktivieren.

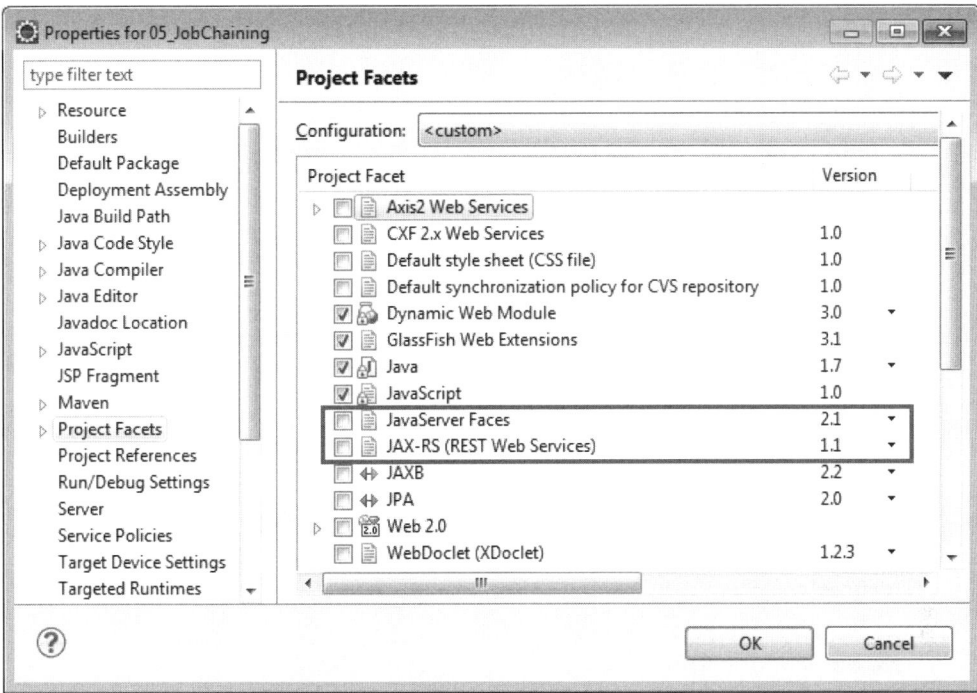

**Bild 3.34** Deaktivieren unnötiger Project-Facets

Nun legen Sie bitte den Map-Reduce-Job, den Sie beabsichtigen zu starten, im Projektverzeichnis *WebContent/WEB-INF/lib/* ab. In unserem Fall ist der Job das JAR mit Namen *02_MapReduceStudentData.jar*. Dieses muss im Projekt vorhanden sein, damit es später über den Cluster verteilt werden kann. Da wir Mapper- und Reducer-Klasse nachher im Quellcode referenzieren (und diese dafür bekannt sein) müssen, ist es obligatorisch, das JAR zum *Build Path* der Anwendung hinzuzufügen. Dazu führen Sie bitte einen Rechtsklick auf das JAR durch und wählen dann **Build Path → Add to Build Path**.

 **HINWEIS:** Für die Entwicklung ist es ratsam, aus Performancegründen nur eine VM laufen zu haben und dementsprechend Hadoop in einem Single-Node-Cluster zu betreiben. Damit Hadoop von unserem Host-System aus erreichbar ist, ist es notwendig, dass Sie in der */etc/hosts* des Hadoop-Servers einen Eintrag mit der lokalen IP des Systems vornehmen (ich werde das Mapping 192.168.71.132 single verwenden). Des Weiteren sollten Sie die Datei */etc/hostname* anpassen und *localhost* auf *single* ändern (natürlich ist *single* hier beliebig gewählt) und im Host-System (im Regelfall das System, auf dem Sie entwickeln) das Mapping ebenfalls eintragen (unter Windows *C:\System32\drivers\etc\hosts*). Wenn Sie mir IPs arbeiten, dann werden Sie über kurz oder lang auf die berühmte Meldung *Connection Refused*[10] treffen.

---

[10] http://wiki.apache.org/hadoop/ConnectionRefused

Zu Beginn möchte ich Ihnen drei Klassen vorstellen, die uns während der Entwicklung von Anwendungen auf Basis Hadoops begleiten werden. Diese Klassen finden Sie in den fertigen Projekten im Package *de.jofre.helper*.

## HadoopProperties

Diese Klasse liest häufig verwendete Eigenschaften Hadoops aus der Datei *hadoop.properties*, die ich in all den kommenden Projekten im Ordner *WebContent/WEB-INF/classes* abgelegt habe. Deren Inhalt sehen Sie in Listing 3.55.

**Listing 3.55** Die Datei hadoop.properties beinhaltet häufig genutzte Eigenschaften für den Zugriff auf Funktionen Hadoops.

```
#Single-Node-Cluster
hdfs_address=hdfs://single:9000
hadoop_user=hduser
scheduler_address=single:8030
resourcemgr_address=single:8032
task_tracker_address=single:8031

# Multi-Node-Cluster
#hdfs_address=hdfs://192.168.71.128:9000
#hadoop_user=hduser
#scheduler_address=master:8030
#resourcemgr_address=master:8032
#task_tracker_address=master:8031
```

Wie Sie sehen, habe ich zweierlei Konfigurationen angelegt, eine für einen Single-Node-Cluster, den ich für die Entwicklung verwende. Und einen Multi-Node-Cluster, der im echten Leben etwa für Abnahme- oder Produktivszenarien verwendet werden könnte. Die Rauten am Anfang der Zeilen bedeuten, dass die jeweilige Eigenschaft auskommentiert ist und nicht gelesen wird. Die Eigenschaften selber habe ich frei benannt und die Namen sollten selbsterklärend sein. Der Code der Klasse ist beinahe trivial, ich möchte ihn dennoch kurz vorstellen.

**Listing 3.56** Die Klasse HadoopProperties agiert als Singleton.

```java
public class HadoopProperties {

  private static Properties prop = null;
  private final static Logger log =
    Logger.getLogger(HadoopProperties.class.getName());

  // Klasse wird einmalig initialisiert
  private static void initProps() {
    prop = new Properties();
    try {
      // Lesen der Datei aus dem ClassPath WebContent/WEB-INF/classes/
      prop.load(HadoopProperties.class.getClassLoader().
        getResourceAsStream("hadoop.properties"));
    } catch (IOException e) {
      log.log(Level.SEVERE, "Konnte Properties-Datei nicht laden!");
      e.printStackTrace();
    }
  }
```

```
// Zugriff auf eine Eigenschaft in der hadoop.properties
public static String get(String key) {
  if (prop == null) initProps();
  String property = prop.getProperty(key);
  if (property == null) {
    log.log(Level.SEVERE, "Property '"+key+"' konnte nicht gefunden werden!");
  }
  return property;
}
}
```

Die Klasse wird einmalig initialisiert, wobei ein Objekt vom Typ *Properties* erstellt wird, das wir mit den Eigenschaften aus unserer Datei *hadoop.properties* befüllen. Da wir den *ClassLoader* benutzen, müssen wir sicherstellen, dass die Datei in einem Ordner liegt, der im *ClassPath* angegeben ist. Dieser Umstand ist u. a. für das Verzeichnis *WebContent/WEB-INF/classes* gegeben, weswegen ich die Datei hier abgelegt habe (auch wenn das vielleicht nicht der passendste Ort dafür ist). Ist das Objekt initialisiert, können wir über die statische Methode *get* einzelne Eigenschaften abfragen. Ein entsprechender Zugriff auf die Eigenschaft *hadoop_user* sähe also so aus: `HadoopProperties.get("hadoop_user")`. Der Rückgabewert wäre dann der String *hduser*.

Der Vorteil beim Einsatz einer Properties-Datei ist hier, dass wir alle unsere Eigenschaften an einem zentralen Ort (nämlich in der *hadoop.properties*) vorhalten und bei Änderungen nur diese eine Datei einpassen müssen. So können wir auch luxuriös zwischen den verschiedenen Konfigurationen (Single- und Multi-Node-Cluster) hin und her schalten, indem wir die Rauten für die Kommentare umsetzen oder eine zweite Properties-Datei anlegen.

### JSPHelper

Diese Klasse gibt lediglich Log-Meldungen aus unseren Java-Klassen auf einer JSP-Website aus, sodass wir auf der Web-Oberfläche die Ausgaben unseres Jobs sehen können. Der Quelltext ist sehr einfach und ich überlasse ihn Ihrem Selbststudium.

### WinUtilsSolver

Wenn Sie Dateien zwischen dem HDFS und Windows austauschen wollen (dazu gehört auch das Starten von Map-Reduce-Jobs, denn die Jobs müssen ja ebenso als JAR über den Cluster verteilt werden), dann müssen Sie Hadoop für Windows kompilieren. Eine detaillierte Anleitung dafür finden Sie in Kapitel 11 dieses Buches. Die erzeugten Dateien beinhalten unter anderem die Dateien *winutils.exe* und *hadoop.dll* (im Ordner *hadoop-dist\target\hadoop-2.2.0\bin*), die für das *Kopieren* von Dateien vonnöten sind. Die Binaries müssen Java als System-Property *hadoop.home.dir* bekannt gegeben werden, so wie es gleich in Listing 3.57 zu sehen ist. Zudem müssen Sie den Ort, an dem die Dateien liegen, in den Windows-Systemvariablen unter *PATH* eintragen (Bild 3.35 auf der nächsten Seite). Ich lege den kompletten Ordner *hadoop-2.2.0* an einer zentralen Stelle (*E:\hadoop-2.2.0*) ab, sodass ich somit auf die Binaries zugreifen kann.

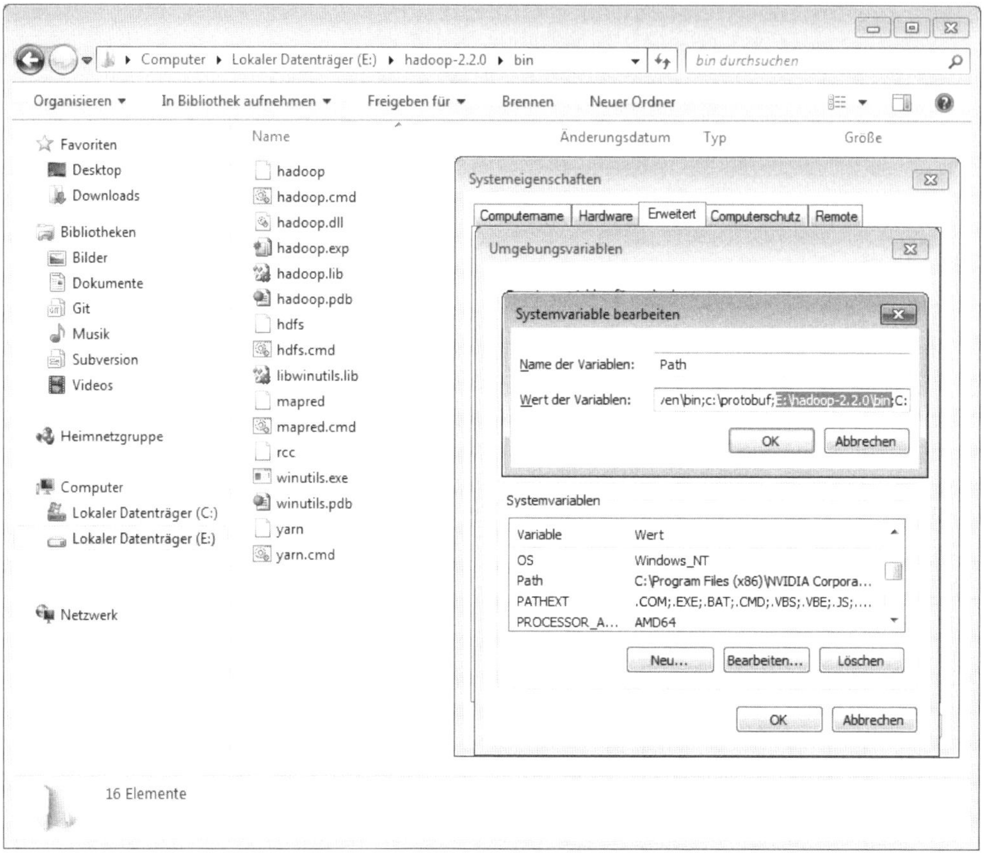

**Bild 3.35** Die Windows-Binaries Hadoops werden über die PATH-Variable bekannt gegeben.

Wenn Sie lediglich Dateien *auflisten* und *anzeigen*, ohne extra die Hadoop-Binaries kompilieren zu wollen, dann nutzen Sie die Funktion *solveWinUtilError* aus der Klasse *WinUtilsSolver*, um eine Dummy-Datei mit Namen *winutils.exe* zu erzeugen, die Ihr Programm auch ohne kompilierte Binaries fehlerfrei lauffähig macht. Für das folgende Beispiel ist es allerdings unerlässlich, dass Sie die Binaries erzeugen (oder die für Version 2.2.0 verwenden, die auf der DVD unter *hadoop_windows_binaries* liegen) und deren Pfad entsprechend in der PATH-Variablen bekannt geben. Ich rufe bei jedem Start der Anwendung die Methode *solveWinUtilError* auf. So gehe ich sicher, dass alle Eigenschaften gesetzt sind und der Speicherort der Binaries bekannt ist. Findet die Methode die entsprechenden Dateien vor, beendet sie sich einfach.

> **PRAXISTIPP:** Dateien aufzulisten und anzuzeigen, funktioniert also ohne Hadoop-Windows-Binaries, Dateien jedoch in das/aus dem HDFS zu kopieren und Jobs zu starten, benötigt diese.

Werfen wir nun kurz einen Blick auf die entsprechende Klasse, um das Vorgehen einmal praktisch zu betrachten.

**Listing 3.57** Bekanntgeben der Hadoop-Binaries unter Windows

```java
public static void solveWinUtilError() {

  // Erfrage, ob die Systemeigenschaft hadoop.home.dir gesetzt ist
  if (System.getProperty("hadoop.home.dir") != null) {

    String hDir = System.getProperty("hadoop.home.dir");
    if (!hDir.endsWith("\\")) {
      hDir = hDir += "\\";
    }

    // Wenn ja, überprüfe, ob darin ein Ordner "bin" existiert und
    // darin eine Datei "winutils.exe" liegt.
    File winUtilsPath = new File(hDir + "bin\\winutils.exe");
    if (winUtilsPath.exists()) {

      log.log(Level.INFO, "winutils.exe in "+winUtilsPath.getAbsolutePath()+
        " gefunden, Workaround nicht nötig.");
      return;
    } else {
      log.log(Level.WARNING, "hadoop.home.dir ist zwar gesetzt, jedoch wurden "+
        "keine Binaries gefunden.");
    }
  }

  // Existieren die Binaries denn?
  File binaries = new File("E:\\hadoop-2.2.0\\bin\\winutils.exe");
  if (binaries.exists()) {

    // ... dann verlinke sie
    System.getProperties().put("hadoop.home.dir", "E:\\hadoop-2.2.0\\");
  } else {

    // Existieren sie nicht, simuliere sie
    log.log(Level.INFO, "Wende WinUtils-Workaround an...");

    // Erstelle eine Datei im aktuellen Ordner (in unserem Fall dem
    // Root-Ordner von Eclipse)
    File workaround = new File("E:\\hadoop-2.2.0\\");

    // Erstelle die Systemeigenschaft hadoop.home.dir und setze deren
    // Wert auf den eben erstellten Ordner.
    System.getProperties().put("hadoop.home.dir", workaround.getAbsolutePath());

    // Erstelle in diesem Ordner den Ordner "bin" ...
    new File("./bin").mkdirs();
    try {

      // ... und darin eine leere Datei "winutils.exe"
      new File("E:\\hadoop-2.2.0\\bin\\winutils.exe").createNewFile();
    } catch (IOException e) {
      log.log(Level.SEVERE, "Fehler beim Erstellen der Datei "+
        "'./bin/winutils.exe'.");
      e.printStackTrace();
    }
  }
}
```

Die Kommentare sollten eigentlich die Funktionsweise und die Logik gut erklären. Wir überprüfen, ob die Systemeigenschaft *hadoop.home.dir* gesetzt ist und, wenn ja, ob die Binaries in dem angegebenen Ordner existieren. Wenn ja, ist alles gut und wir beenden die Funktion. Wenn die Eigenschaft nicht gesetzt ist oder die Binaries nicht existieren, dann schauen wir, ob wir die Binaries im Ordner *E:\hadoop-2.2.0\* finden. Wenn ja, lassen wir *hadoop.home.dir* auf diesen Ordner zeigen und sind fertig. Existiert der Ordner nicht, erstellen wir dort die Dummy-Datei *winutils.exe*, die uns lediglich vor Fehlermeldungen in Hadoop bewahrt, jedoch keinerlei Funktionalität bietet.

Manche Quellen im Internet bieten eine ähnliche Lösung an, verwenden allerdings relative Pfade. Das ist gefährlich, falls Sie verschiedene *Application Server* verwenden. So würde beispielsweise Glassfish die Dummy-Datei in dem Ordner der Domäne erstellt und der Server *Apache Geronimo* im Hauptverzeichnis von Eclipse. Dadurch, dass wir mit absoluten Pfaden arbeiten, haben wir zu jeder Zeit das Wissen und die Kontrolle über den Pfad, an dem die Dummy-Datei erstellt und wo nach den Hadoop-Binaries gesucht wird.

### Starten des Map-Reduce-Jobs

Nun wird es Zeit, dass wir uns um das Starten des Jobs selbst kümmern. Erstellen Sie dafür bitte eine Klasse *MRStarter* im Package *de.jofre.mrstarter*. Darin legen wir zwei private Variablen und eine Konstruktor an.

**Listing 3.58** Initialisieren eines Objekts vom Typ MRStarter

```
// Das Verzeichnis, in dem die Ausgabe des Jobs geschrieben wird
private final static String MR_OUTPUT_DIR = "/hdfs/mr2/output";

// Beinhaltet alle Eigenschaften der Hadoop-Konfiguration
private Configuration conf = null;

// Konstruktor wird bei jedem Erzeugen des Objekts aufgerufen
public MRStarter() {

  // Setze den Hadoop-User
  System.setProperty("HADOOP_USER_NAME", HadoopProperties.get("hadoop_user"));

  // Gebe des Verzeichnis der Hadoop-Binaries bekannt
  WinUtilsSolver.solveWinUtilError();

  // Erstelle die Konfiguration
  conf = new Configuration();
  conf.set("yarn.resourcemanager.scheduler.address",
    HadoopProperties.get("scheduler_address"));
  conf.set("yarn.resourcemanager.address",
    HadoopProperties.get("resourcemgr_address"));
  conf.set("yarn.resourcemanager.resource-tracker.address",
    HadoopProperties.get("task_tracker_address"));
  conf.set("fs.defaultFS", HadoopProperties.get("hdfs_address"));
}
```

Hier legen wir eine statische, finale Variable[11] an, in der wir das Ausgabeverzeichnis des Jobs speichern, nämlich */hdfs/mr2/output*. Erinnern Sie sich, dass ich alle Pfade in das HDFS mit *hdfs* beginnen lassen wollte? Hier schreiben wir also die Ausgabe in das HDFS und nicht in das *ext4*-Dateisystem unter Ubuntu. Das Objekt *conf* speichert Schlüssel-Wert-Paare für Konfigurationsparameter Hadoops. Der Konstruktor der Klasse *MRStart* setzt zu Beginn den *HADOOP_USER_NAME* auf unseren *hduser*. Dadurch gehen wir sicher, dass alle unsere Befehle, die wir aus der Anwendung geben, als *hduser* ausgeführt werden, also als der Benutzer, der Hadoop unter Ubuntu startet und ausführt. Nun wird die eben besprochene Methode *solveWinUtilError* aufgerufen, um die Hadoop-Binaries bekannt zu geben, falls sie denn vorhanden sind, oder um diese im anderen Fall durch eine Dummy-Datei zu simulieren, sodass die nötigen Funktionen zwar nicht vorhanden sind, Hadoop jedoch auch keine Fehlermeldung beim Starten ausgibt. Im Anschluss füllen wir die Instanz *conf* der Klasse *Configuration*. Die folgenden Eigenschaften werden gesetzt:

- yarn.resourcemanager.scheduler.address
- yarn.resourcemanager.address
- yarn.resourcemanager.resource-tracker.address
- fs.defaultFS

Die jeweiligen Werte entnehmen wir über die Klasse *HadoopProperties* der *hadoop.properties*, wie es im vorigen Abschnitt gezeigt wurde.

> **PRAXISTIPP:** Die Eigenschaften, die wir in der Konfiguration ablegen, entsprechen denen aus den XML-Dateien, die wir bei der Installation von Hadoop kennengelernt haben (Wir erinnern uns, dass wir darin mit dem Schlüsselwort *final* das programmatische Überschreiben der Eigenschaften verhindern können). Statt nun jede Eigenschaft aus den XML-Dateien einzeln über die Funktion *set* in die Konfiguration einzutragen, können wir auch ganze XML-Dateien über die Methode *Configuration.addResource* hinzufügen. Dieses Vorgehen ist eine gute Ergänzung zu unserer Klasse *HadoopProperties*, da Sie die komplette Konfiguration austauschen können, indem Sie einfach die zugrunde liegende XML-Datei anpassen.

Im kommenden Teil lösen wir ein häufiges Problem, bei dem wir bisher manuell Hand angelegt haben: das Löschen des Ausgabeverzeichnisses. Zu Beginn hatte ich erklärt, dass Hadoop sich weigert, einen Map-Reduce-Job auszuführen, wenn das angegebene Ausgabeverzeichnis bereits existiert. Mit der Methode *deleteOutput* löschen wir dieses nun jedes Mal, bevor wir den Job starten, über die Hadoop-API.

**Listing 3.59** Löschen des Ausgabeverzeichnisses auf dem HDFS

```
public boolean deleteOutput() {

  // Initialisieren des FileSystem-Zugriffs.
  FileSystem fs = null;
  try {
```

---

[11] Statisch heißt eine Variable, wenn sie in allen Instanzen einer Klasse denselben Wert hat. Mit dem Schlüsselwort *final* weisen wir daraufhin, dass diese Variable zur Laufzeit nie geändert, sondern nur gelesen wird.

```
      fs = FileSystem.get(conf);
    } catch (IOException e) {
      log.log(Level.SEVERE,"Fehler beim Initialisieren des Zugriffs auf das "+
        "FileSystem.");
      e.printStackTrace();
      return false;
    }

    // Löschen des Ausgabeverzeichnisses
    try {
      // Das true besagt, dass die Ordner unter unserem Pfad rekursiv gelöscht werden
      // sollen.
      fs.delete(new Path(MR_OUTPUT_DIR), true);
    } catch (Exception e) {
      log.log(Level.SEVERE, "Fehler beim Löschen des Verzeichnisses "+
        "'"+MR_OUTPUT_DIR+"'.");
      e.printStackTrace();
      return false;
    }

    return true;
  }
```

Zu Beginn holen wir uns Zugriff auf das HDFS über die Methode *FileSystem.get*. Diesem Aufruf übergeben wir die eben erstellte Konfiguration. Hadoop greift dabei auf die Eigenschaft *fs.defaultFS* zu, um herauszufinden, welches HDFS adressiert werden soll. Im zweiten Block der Methode löschen wir das Ausgabeverzeichnis (und alle darunter liegenden Dateien und Ordner) in der Zeile `fs.delete(new Path(MR_OUTPUT_DIR), true);`.

Um die Ergebnisse, die der Job liefert, auslesen zu können, bedarf es einer weiteren Funktion, *readResult*. Diese greift direkt auf das HDFS zu, liest die entsprechende ASCII-Datei Zeile für Zeile aus und liefert diese in einer Liste aus Strings zurück.

**Listing 3.60** readResult liest die Ergebnisdatei im HDFS aus

```
// Auslesen der Ergebnisdatei des Map-Reduce-Jobs
public List<String> readResult() {

  // Hier wird Hadoop die Datei ablegen
  Path pt = new Path(HadoopProperties.get("hdfs_address") + MR_OUTPUT_DIR
    + "/part-r-00000");
  List<String> result = new ArrayList<String>();
  FileSystem fs = null;
  BufferedReader br = null;
  try {
    // Zugriff auf das HDFS wird initialisiert
    fs = FileSystem.get(conf);
    br = new BufferedReader(new InputStreamReader(fs.open(pt)));
    String line;

    // Solange noch Zeilen in der ASCII-Datei zu finden sind,
    // lese diese aus und speicher sie in der Liste
    while ((line = br.readLine()) != null) {
      result.add(line);
    }
  } catch (IOException e) {
    log.log(Level.SEVERE, "Fehler beim Lesen der Ausgabedatei.");
```

```
      e.printStackTrace();
    } finally {
      if (br != null) {
        try {
          br.close();
        } catch (IOException e) {
          log.log(Level.SEVERE, "Fehler beim Schließen des Readers.");
          e.printStackTrace();
        }
      }
    }
    return result;
}
```

Schön ist, dass wir die Datei nicht temporär aus dem HDFS kopieren müssen, sondern direkt darin lesen können. Besonders, wenn Sie einmal Dateien > 100 Megabyte geliefert bekommen, werden Sie diesen Umstand zu schätzen wissen.

Die letzte Methode, *startJob*, führt dann schließlich der Map-Reduce-Job aus. Tatsächlich beinhaltet die Funktion recht viel Error-Handling, ich habe die entsprechenden Zeilen der Vollständigkeit halber mit in das Listing aufgenommen.

**Listing 3.61** Ausführen des Map-Reduce-Jobs

```
public boolean startJob(JspWriter writer) {

  boolean result = false;

  Job job = null;
  try {
    job = Job.getInstance(conf);
  } catch (IOException e1) {
    log.log(Level.SEVERE, "Fehler beim Setzen der Job-Config.");
    e1.printStackTrace();
  }

  JSPHelper.writeToJsp(writer, "Job-Konfiguration erstellt!<br>");

  // Hadoop soll ein verfügbares JAR verwenden, das die Klasse
  // GradesDriver enthält.
  job.setJarByClass(GradesDriver.class);

  // Mapper- und Reducer-Klasse werden festgelegt
  job.setMapperClass(GradesMapper.class);
  job.setReducerClass(GradesReducer.class);

  // Ausgabetypen werden festgelegt
  job.setOutputKeyClass(IntWritable.class);
  job.setOutputValueClass(FloatWritable.class);
  job.setMapOutputKeyClass(IntWritable.class);
  job.setMapOutputValueClass(IntWritable.class);
  job.setInputFormatClass(KeyValueTextInputFormat.class);
  job.setOutputFormatClass(TextOutputFormat.class);

  JSPHelper.writeToJsp(writer, "Klassen für Job gesetzt.<br>");

  // Den Input-Pfad setzen wir diesmal im Code
```

```
try {
  FileInputFormat.addInputPath(job, new Path(HadoopProperties.get("hdfs_address")
    + "/hdfs/mr1/input"));
} catch (IOException e) {
  log.log(Level.SEVERE, "Fehler beim Setzen des Eingabepfades!");
  JSPHelper.writeToJsp(writer, "<font color=\"#FF0000\">Fehler beim Ausführen "+
    "des Jobs"+e.getStackTrace()+"</font><br>");
  e.printStackTrace();
}

JSPHelper.writeToJsp(writer, "Eingabepfad gesetzt auf: " +
  HadoopProperties.get("hdfs_address") + "/hdfs/mr1/input<br>");

// Auch der Ausgabepfad wird statisch gesetzt
FileOutputFormat.setOutputPath(job, new Path(HadoopProperties.get("hdfs_address")
  + "/hdfs/mr2/output"));
JSPHelper.writeToJsp(writer, "Ausgabepfad gesetzt auf: " +
  HadoopProperties.get("hdfs_address") + "/hdfs/mr2/output<br>");

try {
  // Führe den Job aus und warte, bis er beendet wurde
  JSPHelper.writeToJsp(writer, "Führe Job aus...<br>");
  result = job.waitForCompletion(true);
} catch (Exception e) {
  log.log(Level.SEVERE, "Fehler beim Ausführen des Jobs!");
  JSPHelper.writeToJsp(writer, "<font color=\"#FF0000\">Fehler beim Ausführen "+
    "des Jobs"+e.getStackTrace()+"</font><br>");
  e.printStackTrace();
}

JSPHelper.writeToJsp(writer, "<b>Fertig!</b><br><br>");
log.log(Level.INFO, "Fertig!");

JSPHelper.writeToJsp(writer, "<b>Ergebnisse:</b><br>");
List<String> results = readResult();

for(int i=0; i<results.size(); i++) {
  JSPHelper.writeToJsp(writer, results.get(i)+"<br>");
}
return result;
}
```

Ein Umstand, der einem direkt ins Auge springt, ist, dass die Methode im Prinzip genauso aufgebaut ist wie die Methode *run* in unserem *GradesDriver*, den wir schon im ersten Map-Reduce-Job verwendet haben. Zu Beginn requestieren wir eine Instanz der Klasse *Job*, der wir die vorhin im Konstruktor erstellte Konfiguration übergeben. Die zweite, wichtige Zeile ist job.setJarByClass(GradesDriver.class);, in der wir bestimmen, welches JAR die Anwendung als Map-Reduce-Job verwenden soll. Dabei durchsucht Hadoop alle ihr bekannten JARs und wählt diejenige aus, die die angegebene Klasse, also *GradesDriver*, enthält. In unserem Fall ist das *02_MapReduceStudentData.jar*, die wir zu Beginn in unserem Web-Projekt abgelegt haben. Hadoop wird beim Aufruf dieser Methode dieses Java-Archiv finden (sofern es sich im *Build Path* befindet) und es an jeden an der Verarbeitung beteiligten Knoten im Cluster verteilen. Direkt im Anschluss darauf bestimmen wir, welche Klassen Hadoop als Mapper und Reducer verwenden sollen. Es wird erwartet, dass die beiden im selben JAR liegen, das wir gerade per *setJarByClass* festgelegt haben.

Nun bestimmen wir wie gehabt die Ein- und Ausgabedatentypen sowie Input- und Output-Pfade und starten den Job letztendlich über `result = job.waitForCompletion(true);`. Dafür verwenden wir die gleichen Eingabedateien und -pfade wie für den ersten, manuell gestarteten Map-Reduce-Job. Ist dieser dann fertig durchlaufen, so lesen wir die Ergebnisdatei zeilenweise über *readResult* aus und listen sie auf der *index.jsp* auf.

Zum Schluss bleibt die Aufgabe bestehen, die zwei geschriebenen Methoden in der *index.jsp* aufzurufen. Dazu öffnen Sie diese bitte und kopieren Sie den inneren Quelltext aus Listing 3.62 in die Body-Tags.

**Listing 3.62** Aufrufen der Methoden zum Starten des Jobs in der index.jsp

```
<%
  out.println("Initialisiere Job-Starter...<br>");
  MRStarter mrstarter = new MRStarter();
  out.println("Erledigt!<br><br>");
  if (mrstarter.deleteOutput()) {
    out.println("Ausgabeverzeichnis wurde gelöscht...<br><br>");
  }
  mrstarter.startJob(out);
%>
```

Installieren Sie das Projekt nun auf dem Geronio-Server und führen Sie die index.jsp aus, indem Sie mit der rechten Maustaste darauf klicken und **Run As → Run on Server** wählen. Das entsprechende Ergebnis sollte so aussehen.

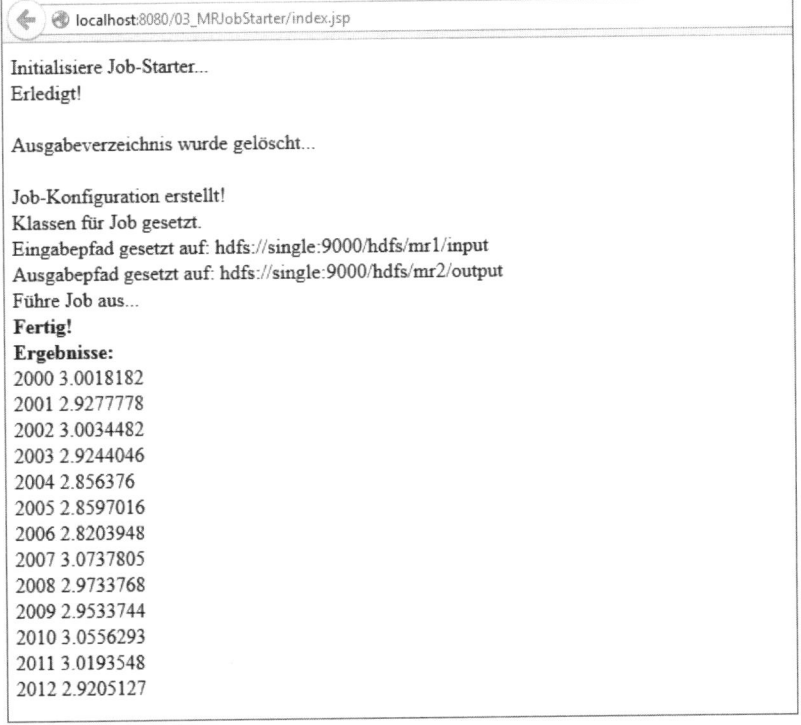

**Bild 3.36** Ausgabe des gestarteten Jobs über eine Web-Anwendung

Nun, da wir in der Lage sind, Jobs aus Java-Anwendungen heraus zu starten, können wir zum nächsten Thema kommen, in dem wir mehrere Jobs miteinander verketten.

## 3.12 Verketten von Map-Reduce-Jobs

Neben den Vorteilen, die der Map-Reduce-Algorithmus mit sich bringt, werden Entwickler doch sehr in ihrer bisherigen Denkweise eingeschränkt und müssen sich auf ein komplett neues Programmiermodell einstellen. Vorgehensweisen, die in Map-Reduce nun nicht mehr möglich sind, sind:

- Mehrfaches Iterieren über Eingabedaten
- Rückgabe von anderen Datentypen außer Key-Value-Pairs
- Gleichzeitiges Verarbeiten verschiedener Eingabedatentypen

Eine Lösung für diese Einschränkungen gibt es jedoch. Map-Reduce-Jobs können nämlich hintereinander ausgeführt werden, wobei sie jeweils die Ausgabedaten des/der Vorgänger-Jobs als Eingabedaten verwenden. Dazu wollen wir uns nun ein kleines Beispiel ansehen.

An einer Universität soll ermittelt werden, ob die weiblichen oder die männlichen Studierenden bessere Klausurergebnisse erziehen. Dafür sind in einer Liste alle Studierenden beiderlei Geschlechts samt der jeweiligen erzielten Noten vermerkt. In einem ersten Schritt wird dazu die Durchschnittsnote eines jeden einzelnen Studierenden ermittelt und in einer Hashmap ausgegeben. In einem zweiten Schritt wird anhand einer Namensliste geschaut, ob ein Student weiblich oder männlich ist, und entsprechend dieser Evaluierung ein weiterer, geschlechterspezifischer Durchschnitt gebildet.

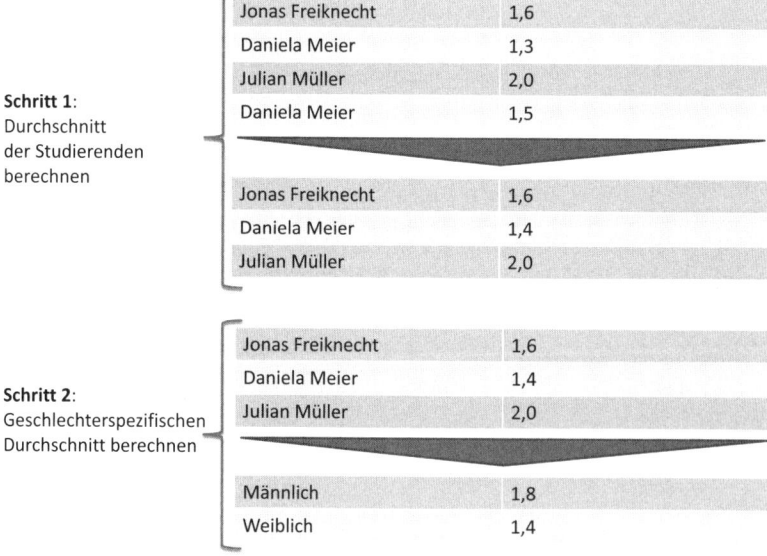

**Bild 3.37** Für die oben gezeigte Auswertung ist es nötig, zwei Jobs zu verketten.

Zu Beginn benötigen Sie wie immer Testdaten. Dafür liegt auf der DVD die Datei *mr_job_chaining_data.txt* bereit oder aber Sie importieren das Projekt *04_JobChainingTestDataGenerator* und generieren sich selbst eine beliebige Anzahl an Datensätzen selbst. Für die Generierung von Namen stelle ich Ihnen die Klasse *NamesByGender* zur Verfügung, die die häufigsten männlichen und weiblichen Vornamen sowie die häufigsten deutschen Nachnamen als Array enthält. Diese Klasse erkläre ich im Anschluss, wenn wir den zweiten Map-Reduce-Job erstellen, genauer. Eine gute Alternative, um derartige Testdaten zu erstellen, ist die Seite *http://www.generatedata.com/*, auf der Sie kostenlos ähnliche Datensätze erzeugen können.

Kopieren Sie die fertige Datei mit WinSCP auf Ihr Ubuntu und erstellen Sie dann über den Befehl `hdfs dfs -mkdir -p /hdfs/mr3/input` einen neuen Ordner, den wir für dieses Beispiel als Eingabeordner verwenden wollen. Mit `hdfs dfs -copyFromLocal mr_job_chaining_data.txt /hdfs/mr3/input/` kopieren Sie dann die Datei in das HDFS. Achten Sie darauf, dass Sie sich dafür im selben Ordner befinden wie die Datei *mr_job_chaining_data.txt*, oder geben Sie andernfalls den absoluten Pfad zu dieser an. Nun können wir anfangen, unsere zwei Jobs zu implementieren.

### Job 1 – Durchschnitt der Studierenden

Legen Sie ein neues Projekt in Eclipse an und nennen Sie es *05_1_AverageGrade*. Mit der zweiten Ziffer im Namen nummeriere ich die Schritte unserer Job-Kette durch, um nicht den Überblick zu verlieren. Aktivieren Sie Maven wie gehabt für das Projekt und fügen Sie die bereits bekannte Abhängigkeit des *hadoop-clients* ein (siehe Tabelle 3.7 in Abschnitt 3.11). Da wir den Job auf Ubuntu ausführen, können wir im *Scope Provided* angeben. Sollten Sie weitere Bibliotheken in Form von JARs einbinden, denken Sie daran, dass Sie die *pom.xml* um das *maven-assembly-plugin* erweitern (siehe Listing 3.29). Legen Sie dann eine Maven-Build-Configuration an, indem Sie Ihr Projekt in Eclipse selektieren, auf **Run → Run AS → Maven Build...** klicken und als Goal *clean compile package* eingeben. Klicken Sie dann auf **Apply** und **Close**.

Der Job ist nun recht simpel zu erstellen. Wie zuvor benötigen wir drei Klassen, den Driver, den Mapper und den Reducer. Diese nenne ich *AverageGradeDriver*, *AverageGradeMapper* und *AverageGradeReducer* und lege sie in dem Package *de.jofre.grades* ab. Beginnen wir mit dem Driver.

**Listing 3.63** Der Driver übernimmt die Koordination des Jobs.

```java
public class AverageGradeDriver extends Configured implements Tool {

  private final static Logger log =
    Logger.getLogger(AverageGradeDriver.class.getName());

  public static void main(String[] args) {
    int res = 1; // Wenn 1 nicht verändert wird, endet der Job nicht korrekt
    try {
      res = ToolRunner.run(new Configuration(), new AverageGradeDriver(), args);
    } catch (Exception e) {
      log.log(Level.SEVERE, "Fehler beim Ausführen des Jobs!");
      e.printStackTrace();
    }
    System.exit(res);
  }
```

```java
@Override
public int run(String[] args) {

  log.log(Level.INFO, "Starte Map-Reduce-Job 'GradesDriver'... ");
  // Wenn Configured erweitert wird, kann die bestehende Konfiguration
  // per getConf abgerufen werden.
  Configuration conf = this.getConf();
  Job job = null;

  try {
    job = Job.getInstance(conf);
  } catch (IOException e1) {
    log.log(Level.SEVERE, "Fehler bei Instanziierung des Jobs!");
    e1.printStackTrace();
  }

  // Hadoop soll ein verfügbares JAR verwenden, das die Klasse
  // GradesDriver enthält.
  job.setJarByClass(AverageGradeDriver.class);

  // Mapper- und Reducer-Klasse werden festgelegt
  job.setMapperClass(AverageGradeMapper.class);
  job.setReducerClass(AverageGradeReducer.class);

  // Ausgabetypen werden festgelegt
  job.setOutputKeyClass(Text.class);
  job.setOutputValueClass(FloatWritable.class);
  job.setMapOutputKeyClass(Text.class);
  job.setMapOutputValueClass(FloatWritable.class);
  job.setInputFormatClass(KeyValueTextInputFormat.class);
  job.setOutputFormatClass(TextOutputFormat.class);

  // Der Pfad, aus dem Hadoop die Eingabedateien liest, wird als erstes Argument
  // beim Starten des JAR übergeben.
  try {
    FileInputFormat.addInputPath(job, new Path(args[0]));
  } catch (Exception e) {
    log.log(Level.SEVERE, "Fehler beim Setzen des Eingabepfades!");
    e.printStackTrace();
  }

  // Der Ausgabeordner wird als zweites Argument übergeben
  FileOutputFormat.setOutputPath(job, new Path(args[1]));
  boolean result = false;

  try {
    // Führe den Job aus und warte, bis er beendet wurde
    result = job.waitForCompletion(true);
  } catch (Exception e) {
    log.log(Level.SEVERE, "Fehler beim Ausführen des Jobs!");
    e.printStackTrace();
  }

  log.log(Level.INFO, "Fertig!");
  return result ? 0 : 1;
  }
}
```

Wenn Sie den Quelltext des Drivers mit dem aus Abschnitt 3.7 vergleichen, dann werden Sie feststellen, dass sich im Driver bis auf die Ein- und Ausgabeobjekttypen und die Driver-, Mapper- und Reducer-Klassen kaum etwas ändert. Die kommenden Jobs, die Sie schreiben werden, werden also maßgeblich aus *Copy & Paste* bestehen. Wichtig ist noch einmal zu erwähnen, wenn wir die Klasse *Configured* erweitern, dass wir die Konfiguration der Hadoop-Parameter aus der aufrufenden Anwendung übergeben bekommen und diese nicht selber erstellen müssen. Die aufrufende Anwendung ist in unserem Fall später die Anwendung, die unseren Job über die Methode *waitForCompletion* aufruft.

Im Gegensatz zum Driver ist der Mapper, wenngleich er ein gewisses Grundgerüst beinhaltet, sehr individuell zu gestalten und ändert sich von Fall zu Fall. Werfen wir einen Blick in die Datei *AverageGradeMapper*.

**Listing 3.64** Der Mapper sammelt lediglich alle Namen und Noten ein.

```
// Eingabe-Key, Eingabe-Wert, Ausgabe-Key, Ausgabe-Wert
public class AverageGradeMapper extends Mapper<Text,Text,Text,FloatWritable> {

  public void map(Text key, Text value, Context context) throws IOException,
      InterruptedException {

    // Formatieren der Gleitkommazahlen (Ersetzen der Kommata durch Punkte)
    String pointFloat = value.toString().replace(',','.');
    FloatWritable floatValue = new FloatWritable(Float.parseFloat(pointFloat));

    // Hier müssen wir einfach nur die vorhandenen Daten in den Mapper einlesen
    context.write(key, floatValue);
  }
}
```

Tatsächlich ist die Klasse sehr kurz, wir lesen lediglich die Textdatei(en) in unserem Input-Verzeichnis (also *mr_job_chaining_data.txt*) mit dem Namen der Studierenden und deren Note ein. Dabei konvertieren wir die Note als Gleitkommazahl aus dem deutschen Format (Trennzeichen ist ein Komma) in ein englisches (Trennzeichen ist ein Punkt), damit Java damit arbeiten kann. Aus dem Datensatz *Jonas Freiknecht 1,9* wird also *Jonas Freiknecht 1.9*. Interessant ist nun noch, wie Hadoop weiß, welches Wort einer Zeile aus der Eingabedatei nun den Schlüssel und welches den Wert darstellt. Hier greife ich ein bisschen vor und erkläre eine Zeile Code aus der späteren Anwendung, die unsere Jobs aufruft.

**Listing 3.65** Festlegen eines Trennzeichens für Schlüssel und Wert

```
conf.set("mapreduce.input.keyvaluelinerecordreader.key.value.separator", "\t");
```

Indem wir also in dem Configuration-Objekt die Eigenschaft *mapreduce.input.keyvaluelinerecordreader.key.value.separator* setzen, können wir bestimmen, ob das Trennzeichen ein Tab, ein Leerzeichen oder was auch immer sein soll. Wir verwenden hier das Tab und können so ruhigen Gewissens Namen mit Leerzeichen verwenden, solange wir den Namen und die Note durch einen Tab trennen. Diese Zeile habe ich später übrigens im Quelltext noch einmal besonders kommentiert, sodass Sie abermals daran erinnert werden.

Verinnerlichen Sie auch die Typargumente in der Zeile, in der die Klasse definiert wird. Wir verwenden als Eingabeschlüssel *Text*, als Eingabewert *Text*, als Ausgabeschlüssel *Text* und als Ausgabewert *Float*. Da die Reihenfolge durch die Java-Dokumentation nicht während des

Schreibens des Codes ersichtlich ist, schreibe ich diese gerne über die Klasse selbst, um die Reihenfolge nicht durcheinanderzubringen. Achten Sie darauf, dass die Typen mit den Parametern der Methode *map* übereinstimmen. Die ersten beiden erwarten den Eingabeschlüssel und den Eingabewert und müssen demnach auch vom Typ *Text* sein. Eclipse weist Sie hier nicht auf Fehler hin, sondern überlässt Ihnen die Festlegung der Typisierung. Anders ist es beim Aufruf von *context.write*, bei dem die IDE Sie informiert, falls Sie falsche Typen ausgeben wollen. Hier können Sie also nichts falsch machen, wenn Sie sich an den Typen orientieren, wie sie in der Klassendefinition festgelegt sind.

Kommen wir nun zum Reducer.

**Listing 3.66** Der Reducer wertet für jeden Studierenden den Durchschnitt aus.

```
// Eingabe-Key, Eingabe-Wert, Ausgabe-Key, Ausgabe-Wert
public class AverageGradeReducer extends Reducer<Text, FloatWritable, Text,
FloatWritable> {

  private final static Logger log =
    Logger.getLogger(AverageGradeReducer.class.getName());

  @Override
  protected void reduce(Text key, Iterable<FloatWritable> values, Context context)
    throws IOException, InterruptedException {

    // Summiere alle Noten eines Studierenden auf...
    float sum = 0;
    float count = 0;
    for (FloatWritable val : values) {
      sum +=val.get();
      count +=1;
    }

    // Und bilde den Durchschnitt
    float result = sum / count;

    log.log(Level.INFO, "Name: "+key+" Note: "+result);

    // Schreibe den Durchschnitt für den Studierenden in key
    context.write(key, new FloatWritable(result));
  }
}
```

Diese Klasse ist nun wieder recht einfach. Die Methode *reduce* nimmt einen Schlüssel in Form eines Text-Objekts entgegen, das dem Namen eines Studierenden entspricht. Für diesen Studierenden wird ebenfalls eine Liste (*Iterable*) von Gleitkommazahlen übergeben, die alle Noten dieses einen Studierenden beinhaltet. Über diese Liste iterieren wir nun in der Methode und summieren die Noten auf, um am Schluss deren Durchschnitt zu errechnen und diesen letztendlich über *context.write* in die finale Ergebnismenge zu übernehmen. Sind die drei Klassen geschrieben, wählen wir über einen **Rechtsklick auf das Projekt** → **Run As** → **Run configurations...** die vorhin erstellte Konfiguration namens *05_1_AverageGrade* links unter *Maven build* aus und starten diese über **Run**. Nun wird unser Job als JAR im Unterordner *target* im eigenen Projekt erstellt.

### Job 2 – Durchschnitt nach Geschlecht der Studierenden

Erstellen Sie ein weiteres Java-Projekt mit Namen *05_2_AverageGender* und legen Sie wie im vorigen Abschnitt die Maven-Dependencies an und erstellen Sie eine Konfiguration für den Maven-Build.

Der Driver ist mit dem des vorigen Projekts identisch. Es unterscheiden sich lediglich die im Job-Objekt festgelegten Klassen für Driver, Mapper und Reducer. Aus diesem Grund werde ich den Quelltext hier nicht erneut anführen und möchte gleich zur nächsten Klasse kommen. Da wir in diesem Beispiel das Geschlecht eines Studierenden anhand seines Namens ermitteln wollen, habe ich die Hilfsklasse *NamesByGender* erstellt. Diese beinhaltet die häufigsten deutschen Vornamen für Männer und Frauen sowie die häufigsten Nachnamen in einem entsprechenden String-Array. Da dies nur ein Beispiel ist, ignorieren wir einmal geschlechtsneutrale Namen wie Kim, Nico oder Robin. Werfen wir einen Blick auf die wichtigsten Methoden der Klasse.

**Listing 3.67** Ermittlung des Geschlechts einer Person anhand deren Namen

```
public static String getGender(String _name) {
  if (contains(_name, MALE_NAMES)) {
    return "male";
  }
  if (contains(_name, FEMALE_NAMES)) {
    return "female";
  }
  return "unknown";
}

public static String getRandomName() {
  Random r = new Random();
  int gender = r.nextInt(2);
  if (gender == 0) {
    // Männlich
    int index = r.nextInt(MALE_NAMES.length);
    return MALE_NAMES[index];
  } else {
    // Weiblich
    int index = r.nextInt(FEMALE_NAMES.length);
    return FEMALE_NAMES[index];
  }
}

public static String getRandomLastName() {
  Random r = new Random();
  int index = r.nextInt(LAST_NAMES.length);
  return LAST_NAMES[index];
}
```

Wir betrachten die drei unten gelisteten Methoden:

- **getGender:** Ein Name wird als String übergeben, den die Methode in dem Array aus männlichen und weiblichen Vornamen nachschlägt und der je nach Fund *male* oder *female* zurückliefert. Die Methode *contains* prüft einen beliebigen String-Array auf das Vorhandensein einer bestimmten Zeichenkette.

- **getRandomName:** Liefert einen zufälligen Vornamen aus dem Array der männlichen und der weiblichen Vornamen zurück.
- **getRandomLastName:** Liefert einen zufälligen Nachnamen zurück.

Die letzten beiden Methoden sind lediglich für unseren Testdatengenerator *04_JobChaining-TestDatagenerator* interessant. Wir verwenden in diesem Map-Reduce-Job nur die Methode *getGender*, um eben ein Geschlecht zu einem Vornamen zu ermitteln.

Kommen wir nun zum Mapper.

**Listing 3.68** Der Mapper sammelt Noten gemäß dem Geschlecht des Studenten.

```
// Eingabe-Key, Eingabe-Wert, Ausgabe-Key, Ausgabe-Wert
public class GenderSpecificGradeMapper extends Mapper<Text, Text, Text,
  FloatWritable> {

  public void map(Text key, Text value, Context context)
    throws IOException, InterruptedException {

    final Text male = new Text("maennlich");
    final Text female = new Text("weiblich");

    // Extrahiere den Vornamen
    String names[] = key.toString().split(" ");

    // Ist der Name in zwei Teile zerlegbar?
    if (names.length > 0) {

      String pointFloat = value.toString(); //.replace(',','.');
      FloatWritable floatValue = new FloatWritable(Float.parseFloat(pointFloat));

      // Ist es ein männlicher Vorname?
      if (NamesByGender.getGender(names[0]).equals("male")) {
        context.write(male, floatValue);
      }

      // ... oder ein weiblicher?
      if (NamesByGender.getGender(names[0]).equals("female")) {
        context.write(female, floatValue);
      }
    }
  }
}
```

Als Schlüssel und Wert nehmen wir abermals zwei Objekte von Typ *Text* entgegen und geben wie im vorigen Job als Schlüssel einen Text und als Wert einen *FloatWritable* aus. In der Methode *map* erzeugen wir zwei Texte, die jeweils den String *male* und *female* beinhalten. Diese verwenden wir dazu, um sie später als Schlüssel in unsere Ergebnisliste zu schreiben. Im Folgenden brechen wir den Eingabeschlüssel (also den Namen des Studenten) in Vorname und Nachname auf. Dazu wird die Funktion *split* verwendet, der wir ein Leerzeichen als Parameter übergeben, sodass diese weiß, gemäß welchem Trennzeichen sie ihre Arbeit tun soll. Zurückgeliefert wird dann ein String-Array, der jeweils eines der getrennten Wörter enthält. In diesem Fall wäre das immer ein Array mit zwei Elementen, nämlich dem Vornamen und dem Nachnamen. Treffen wir einmal auf eine Leerzeile, die keinen Namen enthält, so sortieren wir diesen Sonderfall aus, indem wir die Länge des ermittelten Arrays mit den gesplitteten Namen überprüfen. Ist die Länge größer 0, können wir also davon ausgehen, dass der Array mindestens einen Vornamen enthält, mit welchem wir arbeiten können. Nun gehen wir sicher, dass die herausgefundene Note des aktuellen Studenten einen Punkt als Trennzeichen der Gleitkommazahl enthält und kein Komma, und speichern die Note dann in *floatValue* vom Typ *FloatWritable*. Darauf verifizieren wir mithilfe der Klasse *NamesByGender*, ob es sich bei dem gefundenen Vornamen um einen männlichen oder weiblichen handelt, und schreiben entsprechend einen Eintrag für den Schlüssel *male* oder *female*. Kann der Vorname nicht zugeordnet werden, dann wird er ignoriert.

Der Reducer tut nun tatsächlich das Gleiche wie der im vorigen Beispiel.

**Listing 3.69** Der Reducer wertet Noten nach Geschlecht aus.

```java
// Eingabe-Key, Eingabe-Wert, Ausgabe-Key, Ausgabe-Wert
public class GenderSpecificGradeReducer extends Reducer<Text, FloatWritable,
Text, FloatWritable> {

  private final static Logger log =
    Logger.getLogger(GenderSpecificGradeReducer.class.getName());

  @Override
  protected void reduce(Text key, Iterable<FloatWritable> values, Context context)
    throws IOException, InterruptedException {

    // Summiere alle Noten eines Geschlechts auf...
    float sum = 0;
    float count = 0;
    for (FloatWritable val : values) {
      sum +=val.get();
      count +=1;
    }

    // Und bilde den Durchschnitt
    float result = sum / count;

    log.log(Level.INFO, "Schreibe Geschlecht: "+key+" Note: "+result);

    // Schreibe den Durchschnitt für jedes Geschlecht auf
    context.write(key, new FloatWritable(result));

  }
}
```

Es wird also ein Schlüssel (*männlich* oder *weiblich*) samt all den dazugehörigen Noten in die Methode *reduce* übergeben. Die Noten werden dann aufsummiert und der Durchschnitt gebildet. Zuletzt wird dieser Durchschnitt mit dem Schlüssel *male* oder *female* in die Ergebnismenge geschrieben.

Lassen Sie Maven nun das JAR aus dem Projekt bauen. Sie finden es wie gehabt im Ordner *target* des Projekts.

### Verbinden und aufrufen der Jobs

Nun sind die beiden Map-Reduce-Jobs geschrieben, es gilt also, diese zu verbinden, sodass wir sie über einen Klick aufrufen können und der zweite Job so lange wartet, bis der erste fertig ist und dessen Ergebnisse weiterverarbeitet werden können. Den Aufruf starten wir ähnlich dem in Absatz 3.11 über die Hadoop-API aus einem Web-Projekt heraus. Erstellen Sie also ein solches in Eclipse über **File → New → Dynamic Web Project** und nennen Sie es *05_JobChaining*. Konvertieren Sie es in ein Maven-Projekt, indem Sie rechts auf das Projekt klicken, *Configure* auswählen und dann auf *Convert to Maven Project* klicken. Klicken Sie im folgenden Beispiel auf **Finish** und fügen Sie in den Dependencies der *pom.xml* die Abhängigkeiten für das Artefakt *hadoop-client* hinzu (Tabelle 3.7, Seite 82). Da wir abermals mit JSPs arbeiten wollen, um den Fortschritt unserer Bearbeitung anzuzeigen, müssen wir wieder das *Project-Facet* für *JavaServer Faces* entfernen (Eigenschaften des Projekts → Project Facets).

> **HINWEIS:** Das Entfernen des JSF-Facets ist notwendig, da sonst die HTTP-Requests über das Faces-Servlet geleitet werden, das die Requests für JSF-Seiten entgegennimmt und die entsprechenden Seiten konstruiert, die der Benutzer als Antwort zu sehen bekommt. Ist dieses Servlet aktiv, so werden alle Web-Requests an den Server über die URL des Servlets geleitet (z. B. *www.meinserver.de/faces/index.jsp*). Da das Servlet mit JSP-Code nichts anfangen kann und auch keine Ressource unter der URL */faces/index.jsp* liegt, liefert der Glassfish die Nachricht zurück, dass die angeforderte Seite nicht gefunden wurde.

Im bestehenden Projekt verwenden wir wieder unsere drei Hilfsklassen *HadoopProperties*, *JSPHelper* und *WinUtilsSolver*. Sie können diese in Eclipse einfach im gesamten Package *de.jofre.helper* aus dem Projekt *03_MRJobStarter* in unser aktuelles Projekt kopieren. Legen Sie ebenfalls im Ordner */WebContent/WEB-INF/classes/* die Datei *hadoop.properties* ab, wie sie auch in unserem letzten Projekt existierte. Wir erinnern uns, dass wir darin die Eigenschaften und Adressen des Hadoop-Clusters gespeichert haben, damit wir dynamisch zwischen einem Entwicklungscluster und einem Produktivcluster hin und her schalten können. Nun müssen wir unsere zwei eben erstellten Jobs in Form von JARs in das Verzeichnis */WebContent/WEB-INF/libs/* legen. Die Namen, die Maven den JARs gibt, sind sehr lang und beinhalten noch eine Versionsbezeichnung, die ich aus Gründen der Lesbarkeit gerne kürze. Ich habe die Jobs umbenannt in *05_1_AverageGrade.jar* und *05_2_GenderAverage.jar*. Da wir später Klassen aus diesen zwei JARs referenzieren, müssen wir sie dem *Build Path* hinzufügen. Das tun wir, indem wir sie mit der rechten Maustaste anklicken und **Build Path → Add to Build Path** wählen.

Erstellen Sie nun noch eine JSP namens *index.jsp* im Ordner */WebContent/* (**Rechtsklick auf den Ordner → New → JSP File**) und eine Klasse mit Namen *ChainedMrStarter* im Package *de.jofre.mrstarter*. Haben Sie das Projekt fertig angelegt, sollte die Struktur wie folgt aussehen. Die wichtigen Dateien habe ich hier hervorgehoben.

## 3.12 Verketten von Map-Reduce-Jobs

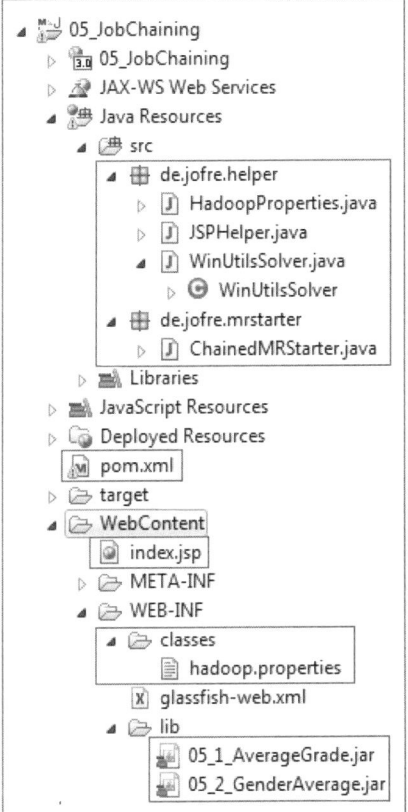

**Bild 3.38**
Fertige Dateistruktur des JobChaining-Projekts

Nun gilt es noch, die Klasse *ChainedMRStarter* und die JSP *index.jsp* zu formulieren. Gemäß dem Prinzip *first come, first serve* beginnen wir mit ersterer. Der Ablauf unseres Programms wird so sein, dass wir erst den ersten Job ausführen, bis zu dessen Fertigstellung warten, die Ausgabedatei des ersten Jobs als Eingabe für den zweiten Job verwenden, diesen ausführen und danach das Ergebnis des zweiten Jobs auf der JSP anzeigen.

**Listing 3.70** Lokale Variablen und der Konstruktor

```
// Das Verzeichnis, in das die Ausgabe des Jobs geschrieben wird
private final static String MR_OUTPUT_DIR_JOB1 = "/hdfs/mr3/output";
private final static String MR_OUTPUT_DIR_JOB2 = "/hdfs/mr4/output";

// Beinhaltet alle Eigenschaften der Hadoop-Konfiguration
private Configuration conf = null;

// Konstruktor wird bei jedem Erzeugen des Objekts aufgerufen
public ChainedMRStarter() {

    // Setze den Hadoop-User
    System.setProperty("HADOOP_USER_NAME", HadoopProperties.get("hadoop_user"));

    // Gib das Verzeichnis der Hadoop-Binaries bekannt
    WinUtilsSolver.solveWinUtilError();
```

```
  // Erstelle die Konfiguration
  conf = new Configuration();
  conf.set("yarn.resourcemanager.scheduler.address",
    HadoopProperties.get("scheduler_address"));
  conf.set("yarn.resourcemanager.address",
    HadoopProperties.get("resourcemgr_address"));
  conf.set("yarn.resourcemanager.resource-tracker.address",
    HadoopProperties.get("task_tracker_address"));
  conf.set("fs.defaultFS", HadoopProperties.get("hdfs_address"));

  // Wir benutzen für die Eingabe in den Mapper einen Tab als Trennzeichen
  // für Key und Value, da unsere Struktur "Vorname[Leerzeichen]Nachname[Tab]Note"
  // ist.
  conf.set("mapreduce.input.keyvaluelinerecordreader.key.value.separator", "\t");
}
```

Wir beginnen mit zwei finalen, statischen Strings, die jeweils das Ausgabeverzeichnis der Jobs beinhalten. So schreibt der erste Job in */hdfs/mr3/output* und der zweite in */hdfs/mr4/output*. Es folgt die Variablendeklaration für *conf* vom Typ *Configuration*, die, wie der Name schon sagt, die Konfiguration für alle Jobs beinhaltet, die wir später aufrufen. Natürlich wäre es auch möglich, dass Sie zwei verschiedene Konfigurationen für die beiden Jobs verwenden, falls Sie diese z. B. auf unterschiedlichen Clustern ausführen lassen möchten. Erstellen Sie dazu einfach ein weiteres Configuration-Objekt. Interessant ist hier die letzte Zeile, in der, wie bereits im Vorfeld erklärt, das Trennzeichen für das Einlesen der Key-Value-Paare aus unseren Eingabedateien angegeben wird. Wir geben dort explizit an, dass bitte ein Tabulator verwendet wird. Im Projekt auf der DVD finden Sie außerdem die Methoden *deleteOutput*, die die Ausgabeverzeichnisse beider Jobs löschen, und *readResult*, die die Ausgabe des zweiten Jobs direkt vom HDFS ausliest, um es auf der JSP darzustellen. Da diese zwei in etwa den Methoden aus Abschnitt 3.11 entsprechen, gehe ich hier nicht erneut drauf ein. Viel interessanter hingegen ist die Mammut-Methode *startJobs*, die mit ihrer Länge leider allen gängigen Standards widerspricht. Ich habe sie der Lesbarkeit halber dennoch in ihrer derzeitigen Form gelassen in der Hoffnung, dass ich dadurch deren Ablauf plausibler darstellen kann. Um den Umfang dieses Buches dennoch nicht zu sprengen, wurden einige Log-Meldungen herausgekürzt. Schauen Sie sich deshalb gerne das Projekt auf der DVD an, falls Sie ein paar mehr Informationen zum Quelltext wünschen.

**Listing 3.71** Verketten von zwei Map-Reduce-Jobs

```
public boolean startJobs(JspWriter writer) {

  boolean result = false;

  // 1. Job
  Job job1 = null;
  try {
    job1 = Job.getInstance(conf);
  } catch (IOException e1) {
    log.log(Level.SEVERE, "Fehler beim Setzen der Job1-Config.");
    e1.printStackTrace();
    return false;
  }
```

```java
// Hadoop soll ein verfügbares JAR verwenden, das die Klasse GradesDriver enthält.
job1.setJarByClass(AverageGradeDriver.class);

// Mapper- und Reducer-Klasse werden festgelegt
job1.setMapperClass(AverageGradeMapper.class);
job1.setReducerClass(AverageGradeReducer.class);

// Ausgabetypen werden festgelegt
job1.setOutputKeyClass(Text.class);
job1.setOutputValueClass(FloatWritable.class);
job1.setMapOutputKeyClass(Text.class);
job1.setMapOutputValueClass(FloatWritable.class);
job1.setInputFormatClass(KeyValueTextInputFormat.class);
job1.setOutputFormatClass(TextOutputFormat.class);

JSPHelper.writeToJsp(writer, "Klassen für Job1 gesetzt.<br>");

// Den Input-Pfad setzen wir diesmal im Code
try {
  FileInputFormat.addInputPath(job1, new Path(HadoopProperties.get("hdfs_address")
    + "/hdfs/mr3/input"));
} catch (IOException e) {
  log.log(Level.SEVERE, "Fehler beim Setzen des Eingabepfades!");
  e.printStackTrace();
}

// Auch der Ausgabepfad wird statisch gesetzt
FileOutputFormat.setOutputPath(job1, new Path(HadoopProperties.get("hdfs_address")
  + MR_OUTPUT_DIR_JOB1));

try {
  // Führe den Job aus und warte, bis er beendet wurde
  result = job1.waitForCompletion(true);
} catch (Exception e) {
  log.log(Level.SEVERE, "Fehler beim Ausführen von Job1!");
  e.printStackTrace();
}

// 2. Job
Job job2 = null;
try {
  job2 = Job.getInstance(conf);
} catch (IOException e1) {
  log.log(Level.SEVERE, "Fehler beim Setzen der Job2-Config.");
  e1.printStackTrace();
  return false;
}

// Hadoop soll ein verfügbares JAR verwenden, das die Klasse
// GradesDriver enthält.
job2.setJarByClass(GenderSpecificGradeDriver.class);

// Mapper- und Reducer-Klasse werden festgelegt
job2.setMapperClass(GenderSpecificGradeMapper.class);
job2.setReducerClass(GenderSpecificGradeReducer.class);

// Ausgabetypen werden festgelegt
job2.setOutputKeyClass(Text.class);
```

```
job2.setOutputValueClass(FloatWritable.class);
job2.setMapOutputKeyClass(Text.class);
job2.setMapOutputValueClass(FloatWritable.class);
job2.setInputFormatClass(KeyValueTextInputFormat.class);
job2.setOutputFormatClass(TextOutputFormat.class);

// Der Eingabeordner von Job2 ist der Ausgabeordner von Job1
try {
  FileInputFormat.addInputPath(job2, new Path(HadoopProperties.get("hdfs_address")
    + MR_OUTPUT_DIR_JOB1));
} catch (IOException e) {
  log.log(Level.SEVERE, "Fehler beim Setzen des Eingabepfades!");
  e.printStackTrace();
}

// Auch der Ausgabepfad wird statisch gesetzt
FileOutputFormat.setOutputPath(job2, new Path(HadoopProperties.get("hdfs_address")
  + MR_OUTPUT_DIR_JOB2));

try {
  // Führe den Job aus und warte, bis er beendet wurde
  result = job2.waitForCompletion(true);
} catch (Exception e) {
  log.log(Level.SEVERE, "Fehler beim Ausführen von Job2!");
  e.printStackTrace();
}

log.log(Level.INFO, "Fertig mit Job2!");

// Ergebnisse
JSPHelper.writeToJsp(writer, "<b>Ergebnisse:</b><br>");
List<String> results = readResult();

if (results != null) {
  for (int i = 0; i < results.size(); i++) {
    JSPHelper.writeToJsp(writer, results.get(i) + "<br>");
  }
} else {
  JSPHelper.writeToJsp(writer, "Es wurde keine Ergebnisdatei gefunden!<br>");
}

return result;
}
```

Was hier passiert, ist kein Hexenwerk. Wir definieren uns zwei Objekte vom Typ *Job*, konfigurieren diese genau, wie wir es im *Driver* getan haben, und führen den ersten aus *05_1_AverageGrade* über job1.waitForCompletion(true) aus. Das *true* als Parameter verrät, dass wir beabsichtigen, so lange zu warten, bis der Job erfolgreich abgearbeitet wurde. Dann starten wir den zweiten Job aus *05_2_GenderAverage* mit dem Ausgabeverzeichnis des ersten Jobs als Eingabeverzeichnis und warten wiederum, bis dieser fertig ist. Im Anschluss lesen wir die Ergebnisdatei des zweiten Jobs aus und sind fertig.

Wenn Sie das Projekt auf dem Glassfish ausführen (indem Sie die *index.jsp* über einen **Rechtsklick → Run As → Run on Server** starten), dann sollten Sie in Ihrem Browser eine solche Rückgabe sehen.

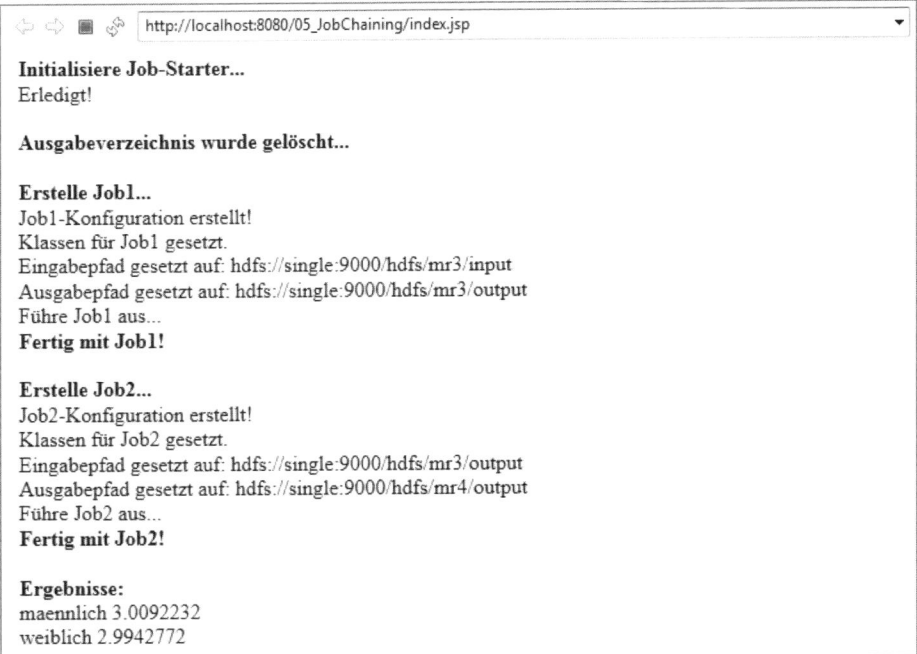

**Bild 3.39** Rückgabe des Job-Chaining-Beispiels

Wie zu sehen ist, schneiden also die Damen der Schöpfung im Gesamtvergleich besser ab als die Männer. Nun haben wir gelernt, wie wir zwei Jobs miteinander verknüpfen. Ist das nun die einzige Methode? Nein, tatsächlich bietet sogar die Hadoop-API eine Alternative dazu an, die wie folgt aussieht.

**Listing 3.72** Verknüpfen von Jobs über ein JobControl-Objekt

```
...

// Statt eines Job-Objekts wird ein ControlledJob erstellt
ControlledJob job1 = new ControlledJob(conf);
//job1 = Job.getInstance(conf);

...

// Dieser beinhaltet ein Objekt vom Typ Job, das wie gewohnt befüllt wird.
job3.getJob().setJarByClass(AverageGradeDriver.class);

...

// Über ein JobControl-Objekt werden Jobs verkettet und gestartet. Hier kann
// jedoch nicht auf die Fertigstellung des Jobs gewartet werden.
JobControl jc = new JobControl("grades");
jc.addJob(job1);
jc.addJob(job2);
job2.addDependingJob(job1);
jc.run();
```

```
// Warten, bis alle Jobs erledigt sind
while(!jc.allFinished()) {
    Thread.sleep(500);
}
```

Es kann also die Klasse *JobControl* verwendet werden, in der *ControlledJobs* aneinandergereiht werden und Abhängigkeiten definiert werden können. Eine eingebaute Funktionalität zum Warten, ob alle Jobs erledigt wurden, gibt es nicht. Wir müssen also abfragen, ob das der Fall ist, und wenn nicht noch ein wenig länger warten. Dieses Warten wir hier realisiert, indem wir den Thread 500 Millisekunden warten lassen, falls das JobControl-Objekt noch Arbeit zu erledigen hat.

**Weitere Werkzeuge zum Orchestrieren von Map-Reduce-Jobs**

Im Folgenden möchte ich Ihnen kurz einige Frameworks und Programme vorstellen, die sich zur Verwaltung und Orchestrierung von Map-Reduce-Jobs eignen.

- **Apache Oozie** ist ein auf Java basierender Workflow Scheduler, der es erlaubt, mehrere Jobs in einem gerichteten, azyklischen Graphen (*DAG, Directed Acyclic Graph*) zu platzieren und auszuführen. Dabei können sowohl *Control Nodes* gesetzt werden, die den *Execution Path* durch den Graphen bestimmen und festlegen, gemäß welcher Bedingung eine Aktion ausgeführt wird, als auch *Action Nodes*, die eine bestimmte Aktion (z. B. einen Map-Reduce-Job) aufrufen.

  Oozie integriert sich nahtlos in die Apache Hadoop-Familie (siehe Kapitel 4), sodass Sie nicht nur Map-Reduce-Jobs in einem Ablaufdiagramm miteinander verbinden können, sondern auch beispielsweise HiveQL-Statements (siehe Kapitel 6) oder Abfragen in Pig Latin (einer Abstraktionssprache für Map-Reduce-Anwendungen). Die auf Oozie ausführbaren Prozesse werden in Form von XML-Dateien verfasst.

  Oozie läuft auf einem Tomcat und stellt ein Web-Interface bereit, um den Fortschritt von Prozessen zu überwachen, Prozesse zu starten oder per Scheduler zu automatisieren. Ebenso bietet das Interface Ihnen die Möglichkeit, das HDFS zu durchsuchen.

  Ich habe die Erfahrung gemacht, dass Oozie sich sehr gut für komplexe Abläufe eignet, in denen viele Komponenten miteinander verknüpft werden und einzeln überwacht werden sollen. Sie finden das Apache-Projekt unter *http://oozie.apache.org/*.

- **Cascading** nennt sich ein *Big-Data Application Framework* und sieht sich als Abstraktionsschicht über Hadoop, die das Umsetzen von analytischen Prozessen darauf vereinfacht. Anders gesagt: Es ist ein Java-Framework, das es ermöglichen soll, mehrere Prozessschritte aneinanderzureihen und zu überwachen. Es ähnelt Oozie also sehr, mit dem Unterschied, dass Prozesse in Java und nicht in XML formuliert werden. Cascading kann frei unter *http://www.cascading.org/* heruntergeladen werden.

- **Azkaban** ist ein weiterer *Workflow Manager*, der von *LinkedIn* entwickelt wurde und in einem Web-Server läuft. Jobs werden hier in Form von Properties-Dateien erstellt und anschließend auf den Server hochgeladen. Azkaban bietet für die Konfiguration von Projekten und untergeordneten Flows eine sehr übersichtliche und leicht verständliche Web-Oberfläche. Ein Flow bezeichnet hier eine Sammlung an Map-Reduce-Jobs, in der es ebenfalls möglich ist, Abhängigkeiten voneinander zu definieren und bestimmte Jobs für den nächsten Lauf zu deaktivieren. Des Weiteren beinhaltet die Software Funktionen für

Monitoring und Fehlerbehebung wie z. B. E-Mail-Benachrichtigungen bei bestimmten Events oder die grafische Darstellung von Flows samt Statusberichten der enthaltenen Jobs. Azkaban ist unter *http://azkaban.github.io/azkaban2/* zu finden.

- **Talend Open Studio for BigData** ist eine Anwendung mit einer grafischen Oberfläche auf Basis von Eclipse, die im Vergleich zu den zuvor vorgestellten Werkzeugen die Möglichkeit bietet, Abläufe grafisch zu designen. Dabei werden sogenannte *Connectors* auf eine Fläche gezogen und miteinander verbunden. Die Anwendung bietet dabei wirklich für jede Software in der Branche eine Schnittstelle, sei es SAP, IBM Netezza, oder eine der klassischen Lösungen aus dem Hadoop-Ecosystem wie Pig oder Hive. Leider ist es in der kostenlosen Version nicht möglich, Map-Reduce-Jobs zu starten, was die Funktionalität leider doch sehr einschränkt. Talend bietet die freie Variante der Software unter *http://de.talend.com/products/big-data* an.

Ich hoffe, ich konnte Ihnen einen kleinen Überblick über die Werkzeuge geben, die die Orchestrierung von ETL-Prozessen im Big-Data-Umfeld ermöglichen. Ich habe hier nur die vier am häufigsten genannten Vertreter dieser Gattung herausgesucht, wer also ein bisschen tiefer gräbt, wird sicher noch auf die ein oder andere Lösung stoßen. Da in so jungen und neuen Themen wie *Hadoop* oder *Big-Data* häufig die Offenheit eines Projekts und die Größe deren Community den Fortschritt bestimmen, würde ich generell zu Oozie raten. Die nachfolgende Tabelle zeigt alle hervorzuhebenden Vorteile im Vergleich auf.

**Tabelle 3.8** Vorteile der einzelnen Workflow-Engines

| Oozie | Cascading | Azkaban | TOS for Big Data |
|---|---|---|---|
| + Community | + Abstrahiert von gewöhnungsbedürftigem Map-Reduce | + Gutes Web-Interface | + Grafisches Prozessdesign |
| + Hadoop-Ecosystem | + Entwicklung in Java | + Plug-in-Schnittstelle | + Viele Schnittstellen |
| + Ausführliche Dokumentation | | + Visuelle Darstellung der Prozesse | + Gewohnte Eclipse-UI |

# 3.13 Verarbeitung anderer Dateitypen

Bisher haben wir lediglich Dokumente in Textform eingelesen, verarbeitet und ausgegeben. Es wird also Zeit zu lernen, wie wir beliebige Dateien verarbeiten können, seien es nun Bilder, Archive oder Kalkulationstabellen. Für dieses Beispiel wollen wir einmal klassische Log-Dateien auswerten und die Vorkommnisse der Log-Level-Bezeichnungen zählen, sodass das Ergebnis am Ende Tabelle 3.9 ähnelt.

**Tabelle 3.9** Auswertung von Log-Dateien

| Log-Level | Vorkommen |
|---|---|
| SEVERE | 2 |
| WARNING | 200 |
| INFO | 1200 |
| CONFIG | 30 |

Zugegeben, kein wirklich anspruchsvolles Beispiel, jedoch machen wir es uns ein bisschen schwerer, indem wir sagen, dass wir den Text der Log-Files aus PDF-Dateien (*.pdf) lesen wollen und das Ergebnis in ein Excel-Sheet (*.xls) geschrieben werden soll. Dazu ist es nötig, dass wir zum Einlesen eine eigene Implementierung der Klassen *InputFormat* und *RecordReader* vornehmen sowie für die Ausgabe die Klassen *OutputFormat* und *RecordWriter* erweitern. *InputFormat* bestimmt, wie wir bereits gelernt haben, wie eine Datei in dem Mapper gelesen wird (siehe Tabelle 3.4, Seite 61). Jedoch wird dort nicht nur das Verfahren des Parsings definiert, sondern auch, wie die Dateien zum Lesen aufgeteilt werden. Werden etwa Dateien mit einer Größe mehrerer Gigabyte eingelesen, so müssen diese zur effizienten Verarbeitung in kleinere Häppchen aufgeteilt werden, sogenannte *Splits*. Durch das Verarbeiten kleinerer Fragmente können fehlerhafte Verarbeitungsschritte effizienter wiederholt werden und ebenso lässt sich die Verarbeitung so besser über viele Knoten (die nur kleine Stücke der Daten verarbeiten) im Cluster verteilen, als wenn einige wenige Cluster nur wenige große Dateien prozessieren. Diese Splits werden von Hadoop intern über das Interface *InputSplit* abgebildet, das wir gleich bei der Implementierung noch in Aktion sehen werden. Jedoch gilt es zu bedenken, dass nicht jede Datei beliebig unterteilt werden kann. Gerade wenn Dateien Metadaten enthalten (z. B. Farbpaletten in Bildern oder Informationen über Künstler in MP3s), dann ist die Datei sicherlich nicht in einem sequenziell lesbaren Format geschrieben. Diesen Punkt gilt es, im Vorfeld der Implementierung zu bedenken.

 **PRAXISTIPP:** Können eigentlich nur Dateien als Eingabe für Map-Reduce verwendet werden? Nein, einmal ist es uns natürlich möglich, Eingabedaten in einer eigenen Erweiterung von *InputFormat* selbst zu generieren (z. B. Zufallszahlen, Primzahlen, Abruf von Informationen aus dem Web ...), oder wir können sogar darin Datenbankverbindungen herstellen oder Video- und Sounddateien einlesen.

### Fluss der Daten durch einen Map-Reduce-Job

Die folgende Grafik soll den Datenfluss in Hadoop genauer darstellen, um die Verwendung von *InputFormat*, *Splits* und dem *RecordReader* zu verdeutlichen, den wir gleich kennenlernen wollen.

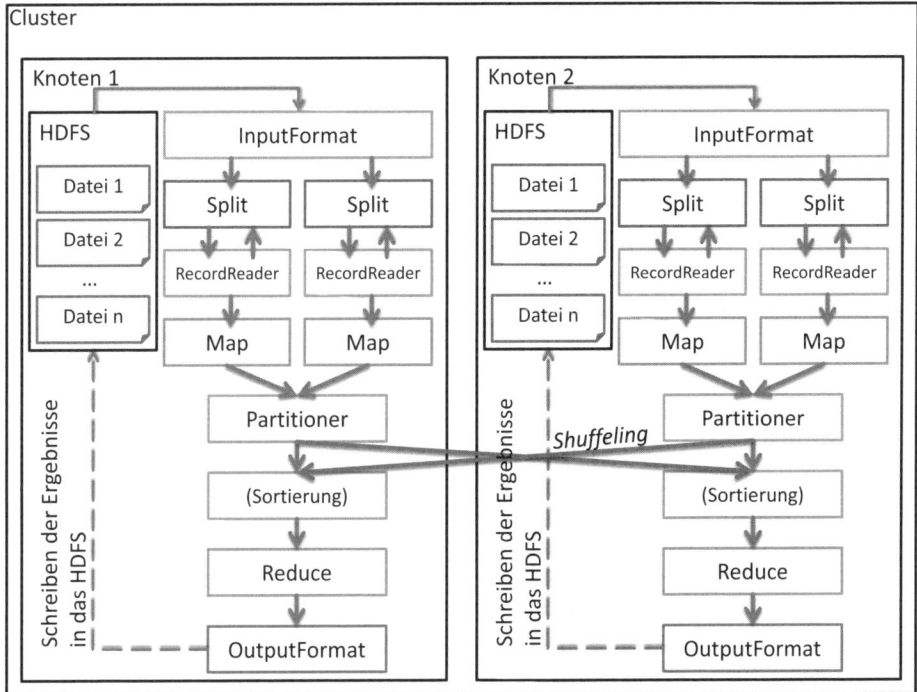

**Bild 3.40** Detailansicht des Datenflusses in Map-Reduce

Die Grafik stammt beinahe zur Gänze mit der aus der Hadoop-Dokumentation überein, ist aber zu wichtig, um sie Ihnen vorzuenthalten. Sie zeigt, dass der Datenfluss damit beginnt, dass die Daten dem HDFS entnommen werden. Wie das geschieht, bestimmt das **InputFormat**. Es legt unter anderem fest, welche Dateien aus welchen Ordnern stammen, wie/ob diese Dateien gesplittet und wie diese gelesen werden. Ein daraus resultierendes **InputSplit** (in der Grafik *Split* genannt) beschreibt eine Arbeitseinheit (*Task*), die auch immer einen Map-Vorgang mit sich bringt. Ein Map-Reduce-Job kann dabei aus vielen einzelnen Map-Vorgängen bestehen, die jeweils eine ganze oder eine aufgeteilte Datei bearbeiten. Per Default bricht *FileInputFormat* die Dateien in 64 Megabyte große Blöcke auf[12], sind sie kleiner, werden sie in ihrer eigentlichen Größe belassen. Diese Tasks werden dann auf die verschiedenen Knoten verteilt, wobei ein Knoten auch mehrere Tasks parallel verarbeiten kann.

Der InputSplit beinhaltet nun also eine Aufgabe samt Datenquelle. Der **RecordReader**, der nun auf den Plan tritt, bestimmt im Folgenden, wie die Datei zu lesen ist, und sorgt dafür, dass sie so gelesen wird, dass am Ende Key-Value-Paare in den Mapper eingespielt werden. Die Instanziierung des RecordReaders erfolgt im InputFormat in der Methode *createRecordReader*. Auch hier bringt Hadoop einige RecordReader mit sich, so besitzt etwa das *TextInputFormat* einen *LineRecordReader*, der Eingaben Zeile für Zeile liest. Der *RecordReader* wird in jedem Fall so oft aufgerufen, bis das InputSplit vollständig verarbeitet ist. Jeder

---

[12] Möchten Sie diesen Wert ändern, setzen Sie die Eigenschaft mapred.min.split.size in der mapred-site.xml oder direkt programmatisch im Configuration-Objekt. Die Angabe erfolgt in Bytes.

Aufruf bringt auch gleichzeitig einen Aufruf der Methode *map* des **Mappers** mit sich. Dieser arbeitet dann wie von uns in der Mapper-Klasse vorgegeben, nimmt also ein Key-Value-Paar entgegen und gibt ebenso ein solches zurück. Beim Aufruf bekommt jede Instanz des Mappers einen eigenen Java-Prozess für seine Tasks zugewiesen. Neben dem Key-Value-Paar bekommt die Methode *map* zwei weitere Parameter übergeben:

- **OutputCollector:** Der *OutputCollector* ist dafür verantwortlich, die gesammelten Key-Value-Paare an den Reducer zu übergeben.
- **Reporter:** Das *Reporter*-Objekt ist dazu da, dass es Informationen über den aktuellen Task vorhält und bekannt gibt. So können etwa per *getInputSplit* Informationen über den momentan zu verarbeitenden Split abgerufen werden, oder wir können programmatisch über die Funktion *setStatus* bestimmte Statusmeldungen an den Benutzer zurückgeben. Auch das sehen wir gleich in der Implementierung.

Hat der Mapper seine Arbeit verrichtet, kommen wir zum *Partitioner* und zum *Shuffeling*. Diese beiden Themen sind nicht explizit mit einbezogen, wenn es um die Verarbeitung verschiedener Dateitypen geht, sollen jedoch dennoch der Vollständigkeit halber erklärt werden. Schon während der Phase, in der der Mapper die verschiedenen Map-Tasks abarbeitet, werden die Ausgaben der ersten Arbeitsschritte über das **Shuffeling** so an die Reducer verteilt, dass der Hadoop-Cluster sie optimal parallel verarbeiten kann. Diese Verteilung erfolgt in Form sogenannter **Partitions**, die Untermengen der Map-Task-Ausgaben darstellen. Falls nicht anders definiert, werden die Partitions auf Basis des Keys erstellt, also alle Schlüssel-Wert-Paare, die z. B. den Key *1* haben, werden in einer Partition zusammengefasst und an einen Reducer übergeben. Der Standard-Partitioner ist der *HashPartitioner*, der genau diese Aufgabe übernimmt. Jedoch können Sie auch eigene Partitioner erstellen, Sie müssen dazu lediglich das Interface *Partitioner<Key, Value>* implementieren.

**Listing 3.73** Beispielimplementierung eines Partitioners

```
public class SimplePartitioner implements Partitioner<IntWritable,Text> {

  @Override
  public int getPartition(IntWritable key, Text value, int numPartitions) {
    if(key.get() < 1) {
      return 0;
    } else {
      return 1;
    }
  }
}
```

Listing 3.73 zeigt exemplarisch, wie ein solcher Partitioner aufgebaut ist. Er implementiert die Methode *getPartition*, die einen Key, einen Value und die Anzahl der möglichen Partitionen entgegennimmt. Wir fragen hier ganz stupide ab, ob der Wert des Schlüssels kleiner 1 ist. Wenn ja, wird das Schlüssel-Wert-Paar an die Partition 0 verteilt, wenn der Wert des Keys größer als 0 ist, bekommt die Partition 1 die Daten zugewiesen. Dieses Vorgehen ist natürlich alles andere als empfehlenswert, jedoch möchte ich dadurch nur den Aufbau einer derartigen Klasse zeigen. Den Partitioner benutzen Sie, indem Sie ihn später in Ihrem Configuration-Objekt via *setPartitionerClass* setzen.

**Listing 3.74** Setzen eines alternativen Partitioners

```
conf.setPartitionerClass(SimplePartitioner.class);
```

Im sich anschließenden Abschnitt erfolgt eine automatische **Sortierung** der Schlüssel durch Hadoop. Diese geschieht, bevor die Daten an den Reducer übergeben werden. Nun betreten wir wieder bekanntes Terrain und wenden uns dem **Reducer** zu. Für jeden Reduce-Task wird abermals eine Instanz des Reducers angelegt. Weiterhin wird für jeden Key der Partition die Methode *reduce* im Reducer aufgerufen. Wie wir bereits gesehen haben, bekommt diese Methode vier Parameter übergeben, einmal den *Key* selber und weiterhin einen *Iterator* über alle dem Key zugeordneten Values. Darauf folgen der *OutputCollector*, der die fertig reduzierten Key-Value-Paare sammelt, sowie einen *Reporter*, dessen Aufgabe wir bereits kennengelernt haben.

Zu guter Letzt wollen wir uns das **OutputFormat** anschauen, das uns auch auf das eigentliche Kernthema dieses Abschnitts zurückführt. Alle Schlüssel-Wert-Paare, die der *OutputCollector* sammelt, werden irgendwohin ausgegeben, sei es nun in Datenbanken, an Webservices oder, und das ist der Regelfall, in Dateien. *OutputFormat* bestimmt nun, wie diese Ausgabe geschehen soll, und funktioniert im Prinzip genauso wie *InputFormat*, es wird also z. B. spezifiziert, wie die fertigen Schlüssel und Werte getrennt werden (Tab, Komma …) und/oder ob die Ausgabe binär oder in Klartext erfolgt. Jeder Reducer erzeugt zum Abschluss des Prozesses eine Ausgabedatei im festgelegten Verzeichnis (wir erinnern uns, ein solches wird über *FileOutputFormat.setOutputPath* festgelegt) in der Form *part-r-xxxxx*, wobei *xxxxx* die ID der Partition darstellt, die in dem jeweiligen Reduce-Task verarbeitet wurde. Wie auch bei *InputFormat* hat *OutputFormat* einige fertige Implements vorzuweisen.

**Tabelle 3.10** Bestehende OutputFormat-Klassen für Map-Reduce

| Klasse | Beschreibung |
| --- | --- |
| TextOutputFormat | Schreibt Zeile in der Form Schlüssel [tab] Wert (Default) |
| SequenceFileOutputFormat | Schreibt Binärdateien, die von folgenden Map-Reduce-Jobs gelesen werden können. |
| NullOutputFormat | Gibt keine Dateien aus, wird z. B. verwendet, falls die Ausgabe in Datenbanken oder anderem erfolgt. |

*TextOutputFormat* ist das standardmäßig gesetzte *OutputFormat* und hat den Vorteil, dass es für uns leicht zu lesen ist und wir ebenso unseren Programmen leicht klarmachen können, wie sie es lesen sollen. Yahoo empfiehlt aus Gründen der Performanz die Verwendung des Typs *SequenceFileOutputFormat*, wenn mehrere Jobs verknüpft werden und diese sich die Ausgabe- und Eingabedaten gegenseitig zuspielen müssen. Das *NullOutputFormat* wird häufig verwendet, wenn es gewünscht ist, eigene Ausgabedaten zu schreiben oder eben Ausgaben in Datenbanken etc. umzuleiten. Dem *OutputFormat* steht überdies ein **RecordWriter** beiseite, der für das Schreiben der eigentlichen Ausgabedaten zuständig ist.

## Schreiben eigener Eingabeklassen

Nun wollen wir uns ein neues Projekt anlegen, in dem wir unseren Map-Reduce-Job anlegen. Zum ersten Mal werden wir nun weitere Bibliotheken darin unterbringen, die Maven für uns so verpacken wird, dass wir sie mit dem JAR ausliefern können. Diese Bibliotheken sind zum einen *PDFBox*, um PDFs zu lesen, und zum anderen *Apache POI*, um Excel-Dateien schreiben zu können.

Legen Sie also bitte ein neues Projekt mit Namen *06_InputOutputFormat* an und aktivieren Sie Maven, wie wir es bisher getan haben. In der *pom.xml* fügen Sie nun in der XML-Ansicht zwischen den Tags *<plugins>* *</plugins>* die folgenden Zeilen ein, um sicherzustellen, dass die beiden externen Bibliotheken in das JAR gepackt werden.

**Listing 3.75** Maven-Plug-in zum Entpacken referenzierter Bibliotheken

```xml
<!-- Benötigt für PDFBox und Apache POI, die mit dem Job mitgeliefert
  werden muss -->
<plugin>
  <artifactId>maven-assembly-plugin</artifactId>
  <configuration>
    <archive>
      <manifest>
        <mainClass>de.jofre.logfileanalyzer.LogDriver</mainClass>
      </manifest>
    </archive>
    <descriptorRefs>
      <descriptorRef>jar-with-dependencies</descriptorRef>
    </descriptorRefs>
  </configuration>
</plugin>
```

Anschließend fügen Sie bitte hinter dem schließenden *Build-Tag* die Tags *<dependencies>* *</dependencies>* ein und dort hinein wiederum die folgenden zwei Abhängigkeiten.

**Listing 3.76** Bibliotheken zum Lesen und Schreiben von PDF- und XLS-Dateien

```xml
<!-- Lesen von PDFs -->
<dependency>
  <groupId>org.apache.pdfbox</groupId>
  <artifactId>pdfbox</artifactId>
  <version>1.8.3</version>
</dependency>

<!-- Schreiben von XLS -->
<dependency>
  <groupId>org.apache.poi</groupId>
  <artifactId>poi</artifactId>
  <version>3.9</version>
</dependency>
```

Der Scope ist hier nicht aufgeführt, Maven weiß jedoch automatisch, dass *compile* verwendet werden soll.

Erstellen Sie nun ein Package namens *de.jofre.pdfinput* und legen Sie darin eine Klasse *PDF-InputFormat* an. Hinter den Klassennamen schreiben Sie nun extends FileInputFormat<Text, Text>, das heißt, dass wir die Klasse *FileInputFormat* um eine gewisse Funktionalität erweitern, jedoch ihre bisherigen Fähigkeiten in unserer Klasse nutzen wollen. Wenn Sie die Datei gespeichert haben, wird Sie Eclipse darauf hinweisen, dass Sie für das erfolgreiche Erweitern von *FileInputFormat* die vererbte Methode *createRecordReader* implementieren müssen. Diesen Hinweis sehen Sie, wenn Sie mit der Maus über die kleine Glühbirne auf der linken Seite des Editors fahren. Klicken Sie sie an, so bietet sie Ihnen für das Problem einige Lösungen. Wählen Sie *Add unimplemented methods* und Eclipse erstellt die Methode in der Form, in der sie von Java erwartet wird. In der automatisch erstellten Methode ersetzen Sie nun bitte die Zeile `return null;` durch `return new PDFLineRecordReader();`. Der Typ *PDFLineRecordReader* ist noch nicht implementiert – wir müssen ihn erst noch entwickeln – und wird deshalb rot hervorgehoben.

Zudem wollen wir verbieten, dass unsere PDF-Dateien gesplittet werden, da es sich dabei um ein Binärformat handelt, das nicht mehr lesbar ist, sollte die Datei unterteilt werden. Dafür überschreiben wir die Methode *isSplitable* und geben einfach ein *false* zurück. Da Hadoop Dateien per Default erst unterteilt, wenn sie eine Größe von 64 Megabyte überschreiten, sind wir mit PDF-Dateien als Eingabe eigentlich auf der sicheren Seite (es müssten dafür schon einige Tausend Seiten in einer Datei vorhanden sein), aber der Teufel ist ja bekanntlich ein Eichhörnchen. Die Klasse sollte nach den letzten Schritten so aussehen.

**Listing 3.77** Die Klasse PDFInputFormat

```
public class PDFInputFormat extends FileInputFormat<Text, Text> {

  // Eingabe Key und Value müssen den Datentypen des Mappers
  // entsprechen (Text, Text).
  @Override
  public RecordReader<Text, Text> createRecordReader(InputSplit split,
    TaskAttemptContext context) throws IOException, InterruptedException {

    // Der Record-Reader muss ebenfalls den Datentypen des Mappers entsprechen,
    // andernfalls wird direkt von Eclipse auf einen Typ-Missmatch hingewiesen.
    return new PDFLineRecordReader();
  }

  // Verbiete es, PDF-Dateien zu splitten
  @Override
  protected boolean isSplitable(JobContext context, Path filename) {
    return false;
  }

}
```

Wir sagen also, dass wir in den Mapper einen Key und einen Value im Format *Text* einlesen möchte. Das Lesen soll über den *RecordReader* des Typs *PDFLineRecordReader* geschehen, welchen wir nun implementieren müssen.

**Listing 3.78** Der PDFLineRecordReader

```
public class PDFLineRecordReader extends RecordReader<Text, Text> {

  private final static Logger log = Logger
    .getLogger(PDFLineRecordReader.class.getName());

  // Map-Reduce-Prozess
```

```java
    private Text key = new Text();
    private Text value = new Text();
    private int currentLine = 0; // Zeiger auf aktuelle Zeile
    private List<String> lines = null; // Inhalt der PDFs

    // PDF-Verarbeitung mit PDFBox
    private PDDocument doc = null;
    private PDFTextStripper textStripper = null;

    @Override
    public void initialize(InputSplit split, TaskAttemptContext context)
      throws IOException, InterruptedException {

      log.log(Level.INFO, "Initialisiere PDFLineRecordReader...");

      // Lese Split
      FileSplit fileSplit = (FileSplit) split;
      final Path file = fileSplit.getPath();
      log.log(Level.INFO, "Pfad des Splits ist '" + file.toString() + "'.");

      Configuration conf = context.getConfiguration();
      FileSystem fs = file.getFileSystem(conf);
      FSDataInputStream filein = fs.open(fileSplit.getPath());

      // Ist ein InputStream auf das PDF vorhanden?
      if (filein != null) {

        // Dann lese das PDF ein
        doc = PDDocument.load(filein);

        // Konnte das PDF gelesen werden?
        if (doc != null) {
          textStripper = new PDFTextStripper();
          String text = textStripper.getText(doc);

          // Lese jede Zeile des PDF in eine Liste
          lines = Arrays.asList(text.split(System.lineSeparator()));
          currentLine = 0;

          log.log(Level.INFO, "PDF wurde gelesen, "+lines.size()+" Zeilen gefunden.");
        } else {
          log.log(Level.SEVERE, "PDF konnte nicht gelesen werden!");
        }
      } else {
        log.log(Level.SEVERE, "Split konnte nicht gelesen werden!");
      }
    }

    // Geben wir hier false zurück, teilen wir dem Prozess mit, dass
    // der Split fertig gelesen wurde.
    @Override
    public boolean nextKeyValue() throws IOException, InterruptedException {

      // Initialisiere Variablen
      if (key == null) {
        key = new Text();
      }
```

```
    if (value == null) {
      value = new Text();
    }

    // Setze key und value
    if (currentLine < lines.size()) {
      String line = lines.get(currentLine);

      // Der Schlüssel beinhaltet die aktuelle Zeile des PDF
      key.set(line);

      // Der Wert bleibt leer
      value.set("");
      currentLine++;

      // Gebe true zurück, falls noch mehr Zeilen im PDF sind
      return true;
    } else {

      // Sind alle Zeilen bearbeitet, beende den Lesevorgang
      key = null;
      value = null;
      return false;
    }
  }

  @Override
  public Text getCurrentKey() throws IOException, InterruptedException {
    return key;
  }

  @Override
  public Text getCurrentValue() throws IOException, InterruptedException {
    return value;
  }

  @Override
  public float getProgress() throws IOException, InterruptedException {
    // Angabe in 0.0f - 1.0f
    return (100.0f / lines.size() * currentLine) / 100.0f;
  }

  @Override
  public void close() throws IOException {

    // Wenn wir fertig sind, schließe das PDF-Dokument
    if (doc != null) {
      doc.close();
    }

  }
}
```

Hier betrachten wir ein ausgesprochen langes Listing, das nun Schritt für Schritt erklärt werden soll. Es war gerade zu sehen, dass wir in unserer Implementierung des *PDFInputFormats* eine Instanz der Klasse *PDFLineRecordReader* erstellen. Diese wird zu Beginn über die Methode **initialize** initialisiert, wobei die Eingabe eines generischen *InputSplits* erfolgt.

Dieses *InputSplit* casten wir auf ein *FileSplit* und speichern den Pfad der Eingabedatei über *fileSplit.getPath* in der Variablen *file*. Dadurch können wir nun abfragen, welche Datei wir gerade verarbeiten. Im Folgenden öffnen wir die Datei auf dem HDFS und fordern einen *InputStream* darauf an. Erhalten wir einen solchen, lesen wir die Datei über die Bibliothek *PDFBox* via *PDDocument.load* ein und erhalten ein *PDDocument* namens *doc*. Über einen *PDFTextStripper* extrahieren wir nun den gesamten Text des PDF. Die Zeile `lines = Arrays.asList(text.split(System.lineSeparator()))` mag etwas kryptisch wirken. Hier trennen wir den Text des PDF über die Methode *split* auf. Das Splitting hier hat mit dem Splitting des Mappers nichts zu tun, es ist lediglich eine Methode, die die Java-String-Klasse zur Verfügung stellt, um Zeichenketten gemäß einem regulären Ausdruck zu unterteilen. Wir möchten nun, dass der Text bei jedem Zeilenende unterteilt wird, da ein Zeilenende von Betriebssystem zu Betriebssystem unterschiedlich gekennzeichnet ist, verwende ich die Systemeigenschaft *lineSeparator*, die in jedem Falle das richtige Trennzeichen ermittelt. Die Methode *split* gibt dann einen String-Array zurück, den wir über die statische Methode *Arrays.asList* in eine Liste umwandeln. Als Resultat erhalten wir eine Liste aus Strings, die alle Zeilen des PDF beinhaltet. Die Variable *currentLine* speichert die aktuelle Zeile, die wir gerade aus der Liste lesen. Indem wir sie auf 0 setzen, teilen wir dem *RecordReader* mit, dass wir mit der allerersten Zeile beginnen möchten.

Kommen wir nun zur Methode **nextKeyValue**, die, wie der Name schon vermuten lässt, das nächste Schlüssel-Wert-Paar ermittelt. Die Funktionalität hier ist recht einfach zu verstehen. Wir lesen einfach die Zeile aus unserer String-Liste aus, auf die *currentLine* zeigt, und zählen danach *currentLine* hoch. Das jedoch nur, wenn diese Variablen kleiner als die Anzahl der Zeilen in der Liste sind. Haben wir einmal das Ende der Liste erreicht, teilen wir dem Prozess mit, dass wir mit dem Lesen des PDF fertig sind, indem wir aus der Methode ein *false* zurückgeben. Haben wir stattdessen noch weitere Zeilen zu lesen, geben wir ein *true* zurück.

Es folgen die Methoden **getCurrentKey** und **getCurrentValue**, die neben *nextKeyValue* und *initialize* zwingend implementiert werden müssen. Hier geben wir lediglich den aktuellen Schlüssel und den aktuellen Wert zurück, der gerade in unseren Variablen steht. Die ebenfalls obligatorischen Methoden **getProgress** und **close** tun das, was ihre Bezeichnungen vermuten lassen. *getProgress* liefert den aktuellen Fortschritt des *RecordReaders* zurück, wobei die Angabe nicht in 0 – 100 %, sondern von 0.0 – 1.0 erfolgt. *close* hingegen schließt lediglich das aktuell geöffnete PDF-Dokument.

Das war doch gar nicht so kompliziert! Wenn Sie nun im *Driver* das *InputFormat* auf unser *PDFInputFormat* setzen (`job.setInputFormatClass(PDFInputFormat.class);`), dann können Sie bereits PDF-Dateien lesen! Das Ausgeben eigener Dateitypen ist ebenfalls nicht allzu anspruchsvoll.

### Schreiben eigener Ausgabeklassen

Das Schreiben der Ausgabedateien funktioniert ganz ähnlich. Erstellen Sie bitte im Projekt ein neues Package namens *de.jofre.xlsoutput* und legen Sie darin die Klasse *XLSOutputFormat* an. Diese Klasse wird nun *FileOutputFormat* erweitern.

**Listing 3.79** Die Klasse XLSOutputFormat lässt uns Excel-Dateien schreiben.

```
public class XLSOutputFormat extends FileOutputFormat<Text, IntWritable> {

  private final static Logger log =
    Logger.getLogger(XLSOutputFormat.class.getName());

  @Override
  public RecordWriter<Text, IntWritable> getRecordWriter(TaskAttemptContext job)
    throws IOException, InterruptedException {

    // Erzeuge Zieldatei
    FileSystem fs = FileSystem.get(job.getConfiguration());
    Path path = FileOutputFormat.getOutputPath(job);
    Path file = new Path("output_"+job.getTaskAttemptID().getTaskID()+".xls");
    Path absolute = new Path(path, file);
    FSDataOutputStream out = fs.create(absolute);

    log.log(Level.INFO, "Ausgabedatei des RecordWriters ist '"+
      absolute.getName()+"'.");

    // Erstelle Excel-Datei
    HSSFWorkbook workbook = new HSSFWorkbook();

    // Erstelle Excel-Sheet
    workbook.createSheet("Log-Auswertung");

    return new XLSRecordWriter(workbook, out);
  }
}
```

Abermals implementieren wir lediglich eine Methode, nämlich **getRecordWriter**, die am Ende einen solchen zurückgeben soll, der Schlüssel-Wert-Paare in Form von *Text* und *IntWritable* schreiben kann. Je nach Anforderung können Sie die Datentypen natürlich beliebig variieren, da wir hier jedoch die Log-Level-Bezeichner und deren Anzahl notieren möchten, drängt sich diese Kombination förmlich auf. Was wir in der Methode *getRecordWriter* hauptsächlich tun, ist, im HDFS eine Excel-Datei zu erstellen und dem *RecordWriter* eine Referenz darauf zu übergeben. Wir holen uns also zu Beginn Zugriff auf das HDFS über *FileSystem. get* und fragen über das Objekt *job* vom Typ *TaskAttemptContext* ab, wo unser Ausgabeverzeichnis liegt. Dann konstruieren wir uns einen Namen für die Ausgabedatei, die die TaskID beinhaltet, sodass der Name auf jeden Fall unique ist und nicht von anderen Tasks überschrieben wird.

Nun müssen wir nur noch über die Bibliothek *Apache POI* ein *HSSFWorkbook* anlegen und darin ein *Sheet* erstellen. Ein Sheet ist eine Art Tab, das Sie unten links sehen können, wenn Sie Excel öffnen (siehe Bild 3.41 auf der nächsten Seite). Dieses Sheet nenne ich *Log-Auswertung*. Sie können bei Bedarf auch gerne mehrere Sheets anlegen und dort hineinschreiben.

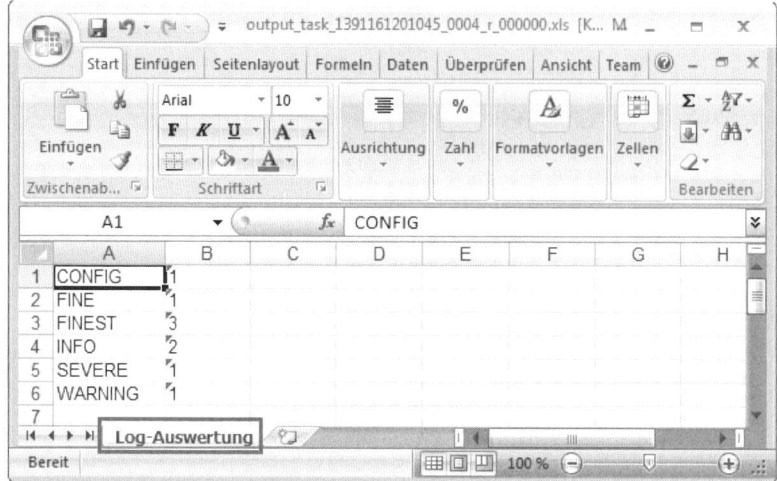

**Bild 3.41** Aufbau der Ausgabedatei in Excel

Das Workbook und den *FSDataOutputStream* der Ausgabedatei übergeben wir dann dem *XLSRecordWriter*, der für uns das Schreiben der Schlüssel und Werte in die Datei übernehmen wird.

**Listing 3.80** Der XLSRecordWriter übernimmt das Schreiben der Datei.

```
public class XLSRecordWriter extends RecordWriter<Text, IntWritable> {

  private final static Logger log =
    Logger.getLogger(XLSRecordWriter.class.getName());

  FSDataOutputStream out = null;
  HSSFWorkbook workbook = null;
  int rowCount = 0;

  // Constructor für den Writer, der ein Excel-Workbook und einen OutputStream
  // entgegennimmt.
  public XLSRecordWriter(HSSFWorkbook workbook, FSDataOutputStream out) {
    this.workbook = workbook;
    this.out = out;
    rowCount = 0;
  }

  // Schreiben der Schlüssel-Wert-Paare
  @Override
  public void write(Text key, IntWritable value) throws IOException,
    InterruptedException {

    log.log(Level.INFO, "Schreibe ["+key.toString()+", "+value.toString()+"].");

    // Wenn das Workbook erstellt werden konnte...
    if (workbook != null) {

      // Dann lege im ersten Sheet für jedes Schlüssel-Wert-Paar eine
      // neue Zeile an.
```

```
        Row row = workbook.getSheetAt(0).createRow(rowCount);
        Cell loglevel = row.createCell(0);
        Cell counter = row.createCell(1);
        loglevel.setCellValue(key.toString());
        counter.setCellValue(value.toString());
        rowCount++;
      }
    }

    // Sind alle Werte geschrieben, muss die Excel-Datei geschrieben werden.
    @Override
    public void close(TaskAttemptContext context) throws IOException,
      InterruptedException {

      log.log(Level.INFO, "Schreibevorgang beendet, speichere Excel-Datei...");
      if ((out != null) && (workbook != null)) {
        workbook.write(this.out);
        out.close();
      }
    }
  }
}
```

Der *XLSRecordWriter* ist ein wenig komplexer, aber dennoch nicht so schwer zu verstehen. Die Klasse erweitert *RecordWriter* mit den bereits genannten Typen *Text* und *IntWritable* und implementiert obligatorisch die beiden Methoden *write* und *close*. Zunächst spendieren wir ihr jedoch einen **Constructor**, der, wie eben schon gesehen, ein *HSSFWorkbook* und einen *FSDataOutputStream* entgegennimmt und diese in zwei entsprechenden lokalen Variablen ablegt. Zudem setzen wir darin eine lokale Variable *rowCount* auf 0. Diese benötigen wir, um die Zeilen hochzuzählen, die wir in die Excel-Datei schreiben.

Die Methode **write** überprüft nun zunächst, ob das Workbook erfolgreich erstellt werden konnte, und legt dann eine neue Zeile im ersten Sheet der Datei an. In diese Zeile erstellen wir zwei Zellen: eine für den Bezeichner des Log-Levels und eine für den Zähler, der benennt, wie oft der Log-Level in den Log-Dateien gefunden wurde. Zu guter Letzt zählen wir *rowCount* hoch, um beim nächsten Schlüssel-Wert-Paar die eben erstellte Zeile nicht wieder zu überschreiben.

Die Methode **close** wird aufgerufen, wenn alle Schlüssel und Werte über *write* geschrieben wurden. Wir schreiben hier das Objekt *workbook* in den *OutputStream* und schließen diesen dann.

### Schreiben von Mapper, Reducer und Driver

Der folgende Abschnitt behandelt wieder vieles, was bereits bekannt ist. Wir erstellen ein Package *de.jofre.logfileanalyzer* und darin zuerst eine Klasse *LogMapper*.

**Listing 3.81** Der Mapper zum Analysieren der Log-Dateien

```
public class LogMapper extends Mapper<Text, Text, Text, IntWritable> {

  private final static Logger log = Logger.getLogger(LogMapper.class.getName());

  // Statische Zahl 1
  private final IntWritable one = new IntWritable(1);
```

```
    public void map(Text key, Text value, Context context) throws IOException,
      InterruptedException {

      // Trenne eine Zeile nach Leerzeichen, sodass alle Wörter darin einzeln
      // in dem String-Array words vorliegen.
      String[] words = key.toString().split(" ");

      // Überprüfe alle diese Wörter auf Gleichheit mit einem bekannten Log-Level
      for (int i = 0; i < words.length; i++) {

        log.log(Level.INFO, "Logmeldung gefunden mit Bezeichner '"+words[i]+"'.");
        if (words[i].equals("SEVERE")
          || words[i].equals("WARNING")
          || words[i].equals("INFO")
          || words[i].equals("CONFIG")
          || words[i].equals("FINE")
          || words[i].equals("FINER")
          || words[i].equals("FINEST")) {

          // Wurde ein Log-Level gefunden, sammle es auf.
          log.log(Level.INFO, words[i] + " ist ein Log-Level und wird indiziert.");
          context.write(new Text(words[i]), one);
        }
      }
    }
  }
```

Der Mapper nimmt also *Key* und *Value* in Form von Text entgegen, wobei der *Value* wie vorhin erklärt keinen Inhalt liefert. Lediglich der *Key* beinhaltet eine komplette Zeile eines PDF. Die Wörter dieser Zeile trennen wir mit key.toString().split(" ") auf, sodass sie einzeln in einem String-Array vorliegen. Nun durchsuchen wir alle Wörter auf das Vorkommen von Log-Level-Bezeichnern, und wenn wir eines finden, schreiben wir in die Ausgabe den Bezeichner und dahinter eine finale *IntWritable* namens *one* mit dem Wert 1. So erhalten wir als Ausgabe des Mappers eine Liste mit Schlüssel-Wert-Paaren, die als Key den Bezeichner vorweisen und als Value immer eine 1. Dem Reducer werden jetzt, wie bereits in diesem Abschnitt beschrieben, die jeweiligen Schlüssel mit all ihren Werten übergeben. Wir müssen also nur noch über die Werte iterieren und die Einsen aufsummieren. Legen Sie für den Reducer bitte eine Klasse *LogReducer* im selben Package an.

**Listing 3.82** Der Reducer summiert die Einsen der Schlüssel auf.

```
public class LogReducer extends Reducer<Text, IntWritable, Text, IntWritable> {

  private final static Logger log = Logger.getLogger(LogReducer.class.getName());

  @Override
  protected void reduce(Text key, Iterable<IntWritable> values, Context context)
    throws IOException, InterruptedException {

    // Summiere alle Vorkommnisse der Log-Level-Bezeichner auf...
    int sum = 0;
    for (IntWritable val : values) {
      sum +=val.get();
    }
```

```
        log.log(Level.INFO, "Schreibe Log-Level-Bezeichner '"+key+"' mit Anzahl '"+
          sum+"'.");

        // Schreibe die absolute Anzahl der vorkommenden Log-Bezeichnung für den
        // einen Key auf.
        context.write(key, new IntWritable(sum));

    }
}
```

Der Reducer nimmt also als Schlüssel einen *Text* entgegen und als Wert ein *IntWritable*, genau so, wie wir eben die Ausgabe des Mappers implementiert haben. In der Methode *reduce* iterieren wir nun einfach wie bereits erwähnt über alle Werte zum jeweiligen Schlüssel und addieren diese. Das Resultat wird am Ende in den *context* geschrieben.

Den Driver abermals vollständig zu besprechen, ist nun wirklich nicht mehr nötig, da er bis auf einige kleine Ausnahmen seinen Vorgängern entspricht. Jedoch möchte ich Ihnen diese Ausnahmen nicht vorenthalten.

**Listing 3.83** Ausschnitt des LogDrivers

```
// Hadoop soll ein verfügbares JAR verwenden, das die Klasse
// LogDriver enthält.
job.setJarByClass(LogDriver.class);

// Mapper- und Reducer-Klasse werden festgelegt
job.setMapperClass(LogMapper.class);
job.setReducerClass(LogReducer.class);

// Ausgabetypen werden festgelegt
job.setOutputKeyClass(Text.class);
job.setOutputValueClass(IntWritable.class);

// Nicht nötig, da diese mit OutputKeyClass und OutputValueClass übereinstimmen.
//job.setMapOutputKeyClass(Text.class);
//job.setMapOutputValueClass(IntWritable.class);

// Hier setzen wir unsere eigenen Klassen ein
job.setInputFormatClass(PDFInputFormat.class);
job.setOutputFormatClass(XLSOutputFormat.class);
```

Wir setzen also die Mapper- und Reducer-Klassen und legen das JAR fest, das als Job über den Cluster verteilt werden soll, indem wir auf die Klasse unseres Drivers verweisen. Eine weitere Besonderheit, auf die ich bereits hingewiesen habe, ist, dass wir *setMapOutputKeyClass* und *setMapOutputValueClass* ignorieren können, wenn die Klassen denen im *setOutputKeyClass* und *setOutputValueClass* entsprechen. Dieses Vorgehen habe ich hier noch einmal absichtlich durch die Kommentarstriche betont.

Spannend wird es, wenn wir nun *setInputFormatClass* und *setOutputFormatClass* aufrufen. Dort geben wir die beiden Klassen an, die wir soeben erstellt haben. Da wir jeweils *(File)InputFormat* und *(File)OutputFormat* erweitern, ist die Methode zufrieden mit unserer Angabe und die IDE gibt keinen Fehler aus. Den Rest des Quelltextes können Sie dem Beispiel *06_InputOutputFormat* auf der DVD entnehmen. Bauen Sie das Projekt über Maven und verwenden Sie dieses Mal unbedingt *clean compile assembly:single* als *Build-Target*, da wir in dieses Projekt externe Bibliotheken aufnehmen und es nicht einfach nur als einfaches JAR paketieren wollen (*clean compile package*). Das fertige JAR finden Sie im Unterordner des Projekts mit Namen *target*. Ich kürze den Namen des JAR im Folgenden der Bequemlichkeit halber auf *06_InputOutputFormat.jar*.

Legen Sie als Eingabedateien im HDFS unter */hdfs/mr5/input/* einige PDFs ab, die Sie entweder selber erstellen[13] oder von der DVD nehmen können (*mr_input_output_data.pdf* im Ordner *Kapitel 3*). Nutzen Sie wie gehabt WinSCP, um die Daten von Ihrem Betriebssystem in die VM zu bekommen. Dann starten Sie den Job über die Kommandozeile Ihrer VM. Zuvor sollten Sie überprüfen, ob der Ausgabeordner bereits existiert, und ihn, falls dem so ist, löschen.

**Listing 3.84** Anlegen von Eingabepfaden und Eingabedateien und Starten des Jobs

```
hdfs dfs -mkdir -p /hdfs/mr5/input/
hdfs dfs -rm -r /hdfs/mr5/output/
hdfs dfs -copyFromLocal log1.pdf /hdfs/mr5/input/
...
bin/hadoop 06_InputOutputFormat.jar /hdfs/mr5/input /hdfs/mr5/output
```

Wurde der Job erfolgreich ausgeführt, können Sie sich die Ausgabedatei anzeigen lassen und/oder diese auf Ihr System kopieren, um sie mit Excel zu betrachten.

**Listing 3.85** Inspizieren der Ausgabedatei

```
hdfs dfs -ls /hdfs/mr5/output/
hdfs dfs -copyToLocal /hdfs/mr5/output/output_task_1391161201045_0004_r_000000.xls
/usr/local/hadoop
```

Es ist wahrscheinlich, dass die Datei, die Ihr Job schreibt, anders heißt als in Listing 3.85 gezeigt. Wenn Sie sie öffnen, sollte sie jedoch in etwa aussehen wie in Bild 3.41.

In diesem Abschnitt haben wir nun also gelernt, dass es nicht nur möglich ist, andere Datenformate zu lesen, sondern wir haben auch gesehen, was man beachten muss, wenn man Binärformate vor dem Splitting bewahren und diese ganzheitlich behandeln will. Ich hatte immer gehofft, dass einige weitere Implementierungen der Klasse *InputFormat* für Hadoop entwickelt werden, schließlich hört man ja häufig von Use-Cases, in denen Hadoop zur Videoanalyse etc. angepriesen wird. Leider hat scheinbar bisher niemand die Zeit dafür gefunden, sich dieser Aufgabe zu widmen. Möchten Sie sich einen Namen in der Community machen, implementieren Sie doch einfach ein paar Klassen für das Lesen von Excel-, PDF-, XML- und JSON-Dateien. Ich wäre einer der Ersten, von dem Sie Fanpost erhalten würden.

---

[13] Sie können z. B. den Bullzip PDF Printer verwenden, der als kostenloser Druckertreiber beliebige Textdokumente in PDF-Dokumente umwandeln kann.

# 3.14 YARN-Anwendungen

Nachdem wir bereits gesehen haben, wie ein Map-Reduce-Job implementiert und gestartet wird, soll nun noch gezeigt werden, wie eine YARN-Anwendung geschrieben wird. YARN bietet ein viel freieres und ungezwungeneres Programmiermodell als Map-Reduce, ist jedoch etwas aufwendiger zu handhaben und weniger innovativ. Ganz nach dem Kaizen-Prinzip ist es eine logische Weiterentwicklung für Hadoop, die es ermöglicht, neben Map-Reduce noch weitere Programmiermodelle zu verwenden. Die klassischen Marketingfolien, etwa von Hortonworks, die die Entwicklung von YARN maßgeblich vorangetrieben haben, sprechen in Zusammenhang mit YARN von Verwendungszwecken für z. B. In-Memory-Processing, Data-Streaming oder Graph-Processing. Wichtig ist zu wissen, dass YARN keinesfalls Map-Reduce ersetzt, sondern lediglich ein Framework bereitstellt, um herkömmliche Anwendungen über einen Cluster zu verteilen, dafür eine frei wählbare Menge an Ressourcen bereitzustellen und den Programmcode in der geschaffenen Umgebung auszuführen. Dabei ist es nicht mehr nötig, sich in das enge Mapper-Reducer-Korsett zu zwängen. Die geschriebenen Anwendungen können aus herkömmlichen POJOs (*Plain Old Java Object*) bestehen und müssen keinerlei Interfaces implementieren. Jedoch nimmt die Komplexität des Entwicklungsprozesses eher noch zu. Die Flexibilität, die die neue Architektur Hadoops bietet (siehe 3.3), wie das dynamische Allokieren von Ressourcen (CPU, RAM …) und Containern für verschiedene Anwendungen, bringt ebenso die Notwendigkeit mich sich, diese auch in der Anwendung zu definieren und dafür zu sorgen, dass sie der YARN-Anwendung auch tatsächlich bereitgestellt werden.

 **PRAXISTIPP:** Eine YARN-Anwendung ist also selbst nur dafür verantwortlich, die Anwendungslogik zu verteilen, für sie Ressourcen bereitzustellen und sie auszuführen. Diese Logik kann etwa in Form eines weiteren Java-Programms auftreten oder aber z. B. ebenso ein Bash-Skript sein, das die YARN-Anwendung auf jedem teilnehmenden Knoten startet. Wir sind also keinesfalls auf Java beschränkt, sondern können alle Prozesse via YARN starten, die wir auch über ein herkömmliches Terminal aufrufen könnten.

Ziel dieses Abschnitts soll es sein, eine verteilte Anwendung zu schreiben, die Primzahlen parallel im Cluster berechnet und dabei jedem einzelnen Container einen gewissen Zahlenraum zuordnet, sodass die Aufgabe parallelisiert werden kann. Bevor es jedoch an die Entwicklung geht, wollen wir noch ein Thema besprechen, das sich mit dem Release von Hadoop 2.x maßgeblich verändert hat – das Logging.

## 3.14.1 Logging und Log-Aggregation in YARN

Dass uns Log-Meldungen helfen, Anwendungsfehler, Performanceprobleme und Fehlkonfigurationen zu entdecken, ist seit jeher bekannt. Umso wichtiger ist es, dass uns diese Dateien jederzeit zugänglich sind, um uns deren Auswertung so komfortabel wie möglich zu machen. In Hadoop 1.x beließ jeder Map-Reduce-Job seine Logs auf dem individuellen

Knoten, auf dem die ihm zugeordneten *Splits* verarbeitet wurden. Diese konnten dann lediglich komfortabel über das Web-Interface Hadoops betrachtet und ausgewertet werden, eine manuelle Analyse war aufgrund der nicht gewährleisteten Datenlokalität schwierig. Die YARN-Architektur hingegen bietet nun die Option, dessen Log-Files auf einem verteilten Dateisystem, beispielsweise dem HDFS, zusammenzuführen, sodass die Meldungen für eine Anwendung alle in einer Datei zu finden sind. Statt nur über das Web-Interface, können diese nun unter YARN über bestimmte Terminal-Befehle sowie direkt über das verteilte Dateisystem betrachtet werden.

**HINWEIS:** Die wichtigste Aussage in diesem Absatz ist sicherlich, dass die von Hadoop erstellten **Logs nicht immer lokal auf dem Master** liegen! Vielmehr werden diese per Default auf jedem einzelnen Knoten abgelegt, auf dem die Container requestiert werden, um die gestellte Aufgabe zu erfüllen. Wundern Sie sich also nicht, dass die Log-Dateien nicht da zu sein scheinen oder sogar gar nicht erstellt werden, falls Sie einmal vergeblich danach suchen.

Dieses Zusammenführen der Logs wird als *Log-Aggregation* bezeichnet. Log-Aggregation wird eingeschaltet, wenn wir die Eigenschaft *yarn.log-aggregation-enable* in der *yarn-site.xml* auf *true* setzen.

Wenn wir hier über Log-Files sprechen, sind damit die Ausgaben des *Application-Masters* gemeint. Die des YARN-Clients werden je nach Art des Aufrufes (Command-Line, Java-API ...) in den entsprechenden Stream umgeleitet. Die Logik der YARN-Anwendung selbst, die aus dem Application-Master gestartet wird, muss selber für ihre Log-Ausgabe sorgen. Wie wir diese drei Fälle in der Praxis unterscheiden, sehen Sie später, wenn wir uns an die Implementierung einer YARN-Anwendung machen.

**Konfigurieren des Loggings für YARN**

Wenn nun die Zusammenführung eingeschaltet ist, sind folgende Eigenschaften bzgl. der Logs ebenfalls interessant.

- **yarn.nodemanager.remote-app-log-dir** – Bestimmt einen Pfad auf dem verteilten Dateisystem (in unserem Falle HDFS), an dem die Node-Manager die Logs zusammenführen sollen. Hier sollte kein Verzeichnis auf der lokalen Festplatte angegeben werden, da der History-Server sonst nicht in der Lage ist, die Logs zu liefern. Per Default ist der Pfad auf */tmp/logs* gesetzt.

- **yarn.nodemanager.remote-app-log-dir-suffix** – Das Log-Verzeichnis wird an der Stelle *[yarn.nodemanager.remote-app-log-dir]/${Benutzer}/[dieserParameter]* erstellt. Der Benutzer ist in unserem Falle der *hduser*. Per Default ist das Suffix *logs*.

- **yarn.log-aggregation.retain-seconds** – Bestimmt, für welche Dauer zusammengeführte Logs behalten werden sollen. Der Default-Wert ist *-1* und bestimmt, dass die Logs überhaupt nicht gelöscht werden. Die Dokumentation weist darauf hin, diesen Wert nicht zu klein zu wählen, um das HDFS nicht übermäßig zu beanspruchen.

- **yarn.log-aggregation.retain-check-interval-seconds** – In welchem Zeitabstand soll nach zu löschenden Logs gesucht werden? Ist der Wert *kleiner 1*, wird die Dauer automatisch berechnet, indem die *retain-seconds* durch 10 geteilt werden. Abermals wird dazu geraten, den Wert nicht zu klein zu wählen. Für unsere Testfälle wäre sicherlich ein Wert von zwölf Stunden sinnvoll, je nachdem wie intensiv Sie arbeiten.

Um es noch einmal zu betonen: Diese Eigenschaften werden nur berücksichtigt, wenn Log-Aggregation eingeschaltet ist. Andernfalls sind die folgenden zwei Settings interessant.

- **yarn.nodemanager.log.retain-seconds** – Zeit in Sekunden, nach der die Logs auf den Knoten des Clusters gelöscht werden. Der Default-Wert ist 10 800, was drei Stunden entspricht.
- **yarn.nodemanager.delete.thread-count** – Wie viele Threads sollen verwendet werden, wenn die Node-Manager die Log-Dateien wegräumen? Der Default-Wert ist *4*.

### Einsehen der Logs

Lassen Sie uns praktisch nachschauen, wo und wie wir die Logs betrachten können. Das *Web-Interface* listet alle laufenden und abgeschlossenen Anwendungen unter der URL *http://single:8088/cluster/apps* auf. Klicken Sie dort in der Liste der Anwendungen auf den Eintrag unter der Spalte *ID*, wird sich eine Detailansicht ähnlich Bild 3.42 öffnen.

**Bild 3.42** Detailansicht einer YARN-Anwendung in Hadoops Web-Interface

Klicken Sie dort auf den Link *logs* (rot hervorgehoben), dann zeigt Ihnen die Anwendung alle verwertbaren Log-Dateien für die betreffende Anwendung an. Diese sind unterteilt in den Standardausgabestrom *stdout* und den Standardfehlerausgabestrom *stderr*. Klicken Sie auf eine der Dateien, dann wird diese direkt im Browser angezeigt.

Möchten wir die Logs über *Kommandozeile* betrachten, dann muss, wie bereits angemerkt, Log-Aggregation eingeschaltet sein. Bei anderweitiger Verwendung des Befehls bekommen Sie eine Fehlermeldung, die besagt, dass Sie das Feature erst aktivieren müssen.

**Listing 3.86** Anzeigen der Logs zu einer bestimmten YARN-Anwendung

```
yarn logs -applicationId [ID_Der_Anwendung]
```

Wie Sie sehen, müssen Sie die ID der Anwendung kennen, für die Sie die Logs abrufen wollen. Diese ID wird beim Aufruf der Anwendung in der Kommandozeile ausgegeben oder kann über das Web-Interface erfragt werden. Eine beispielhafte Ausgabe sähe hier aus, wie in Bild 3.43 gezeigt.

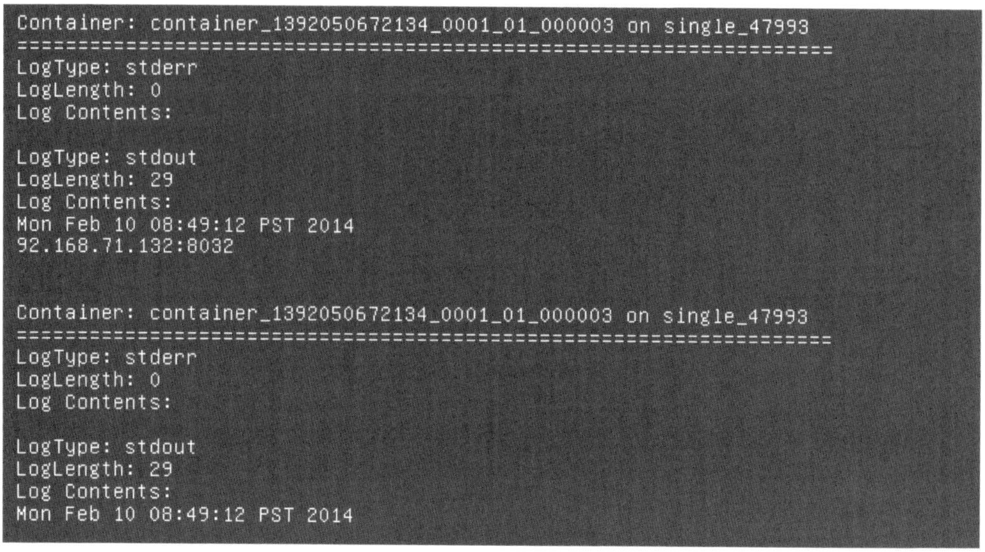

```
Container: container_1392050672134_0001_01_000003 on single_47993
=================================================================
LogType: stderr
LogLength: 0
Log Contents:

LogType: stdout
LogLength: 29
Log Contents:
Mon Feb 10 08:49:12 PST 2014
92.168.71.132:8032


Container: container_1392050672134_0001_01_000003 on single_47993
=================================================================
LogType: stderr
LogLength: 0
Log Contents:

LogType: stdout
LogLength: 29
Log Contents:
Mon Feb 10 08:49:12 PST 2014
```

**Bild 3.43** Ausgabe aggregierter Logs über Kommandozeile

Darin ist erkennbar, dass Logs nach Containern gelistet werden und nicht nach Knoten, denn ein Knoten kann ja bekanntlich mehrere Container beinhalten. Außerdem wird der Log-Typ gezeigt, der entweder *stderr* oder *stdout* sein kann. Unter *Log Contents* finden Sie dann letztendlich den Inhalt der Dateien.

Ob Sie nun Log-Aggregation einschalten oder nicht, bleibt Ihnen überlassen. Da ich sowieso über das Web-Interface auf die Logs zugreife und die Anzeige via Terminal nicht sehr attraktiv finde, belasse ich es zumindest bei meinem Testsystem dabei und verzichte auf das Feature. Für die folgenden Abschnitte ist es gleich, ob Sie die Logs zentral oder verteilt verwalten lassen.

## 3.14.2 Eine einfache YARN-Anwendung

Bevor wir beginnen, möchte ich Ihnen ein Schaubild des Ablaufs zeigen, dem die Ausführung der Anwendung später folgen wird.

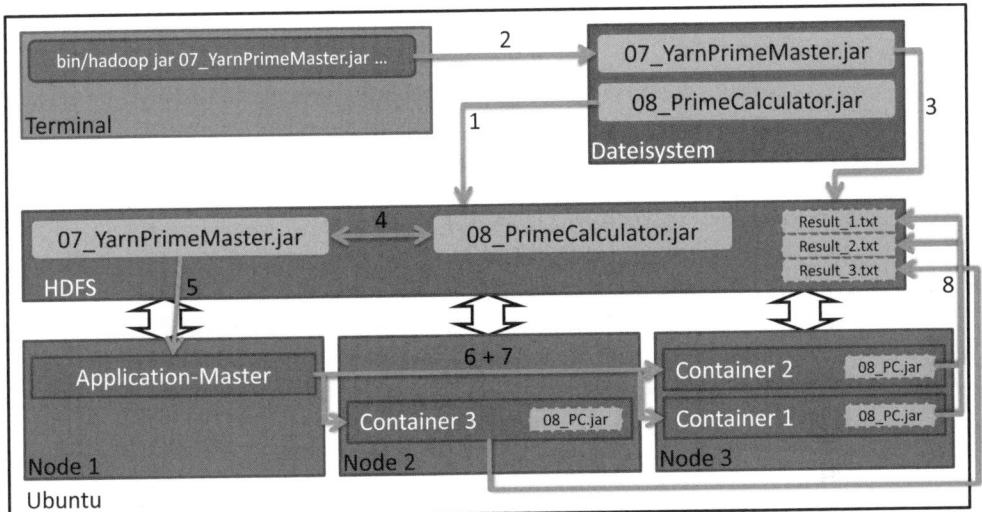

**Bild 3.44** Ablauf der YARN-Anwendung zur Berechnung von Primzahlen

Zugegeben, das Schaubild erschlägt einen zu Beginn ein wenig. Wenn wir nun aber den Ablauf Punkt für Punkt durchgehen, wird es sicher etwas klarer werden. Wichtig ist zu wissen, dass ich die Verwaltung der YARN-Anwendung, also das *Resource-Management*, die Reservierung und Freigabe der Container etc. in einem JAR paketiere und die eigentliche Logik zum Berechnen der Primzahlen und zum Schreiben der Ergebnisdateien in einem weiteren JAR. Ersteres ist in der Grafik *07_YarnPrimeMaster.jar* genannt, Letzteres, also die Logik, *08_PrimeCalculator.jar*. Wir werden der Verwaltungsanwendung dann sagen, dass sie die Anwendung, die die Logik beinhaltet, als Ressource mitführen soll.

Beginnen wir jetzt damit, den Ablauf zu beleuchten. Jeder der folgend aufgelisteten Schritte ist durch eine Zahl in Bild 3.44 markiert. Die Befehle, die wir in die Kommandozeile eingeben, liste ich mit auf, falls Sie die Anwendungen, die in fertiger Form auf der DVD liegen, bereits testen möchten, ohne sie zuerst implementieren zu müssen.

1. Zu Beginn kopieren wir manuell das JAR, das unsere Anwendungslogik beinhaltet, in das HDFS. Der Befehl dazu ist `hdfs dfs -copyFromLocal 08_PrimeCalculator.jar /hdfs/yarn1/`. Erstellen Sie vorher via `hdfs dfs -mkdir /hdfs/yarn1` das entsprechende Verzeichnis. Das JAR soll später allen Containern über das HDFS zur Verfügung stehen. Alternativ könnten wir unsere Anwendung anweisen, das JAR via Hadoop API auf dem HDFS abzulegen. Ich habe hier der Übersichtlichkeit halber den manuellen Weg gewählt, um die Anwendung nicht unnötig komplex zu gestalten.

2. Im zweiten Schritt setzen wir den Befehl zum Starten der YARN-Anwendung über die Befehlszeile aus dem Hauptordner unserer Hadoop-Installation ab (*/usr/local/hadoop/*). Der Befehl lautet `bin/hadoop jar 07_YarnPrimeMaster.jar de.jofre.primemaster.`

`Client /hdfs/yarn1/07_YarnPrimeMaster.jar 3000 2`. Damit starten wir eine Anwendung in Form eines JAR und rufen darin die Hauptklasse *de.jofre.primemaster.Client* auf. Wir übergeben ihr weiterhin einen Pfad im HDFS, an den Hadoop die Anwendung kopieren soll, um überall im Cluster zur Verfügung zu stehen. Der zweite Parameter, 3000, definiert den Zahlenraum, in dem wir beabsichtigen, alle Primzahlen zu finden, und der dritte Parameter besagt, wie viele Container wir für die Berechnung der Primzahlen anzufordern gedenken.

3. Im dritten Schritt wird ein Request zum Starten unserer Anwendung an den *Resource-Manager* Hadoops übermittelt; dazu müssen wir keine weiteren Eingaben tätigen. Die Anwendung wird dann auf das HDFS kopiert. Den Namen des JAR extrahieren wir, wie später im Quelltext ersichtlich, aus der Pfadangabe im ersten Parameter (/hdfs/yarn1/**07_YarnPrimeMaster.jar**). Die Zieldatei im HDFS muss also genauso heißen wie die Anwendung, die wir in Schritt 2 über die Kommandozeile gestartet haben. Technisch übermitteln wir mit dem Request ebenso die Ressourcenanforderungen, die wir zum Ausführen der Anwendung benötigen (RAM, CPUs, Befehl zum Starten des *Application-Masters*).

4. Nun binden wir die Anwendungslogik in *08_PrimeCalculator.jar* als lokale Ressource an die YARN-Anwendung. Diese wird dann den Programmcode samt Abhängigkeiten auf alle Knoten im Cluster mitnehmen, auf denen sie benötigt wird, und sie dort intern bereitstellen. Später, wenn wir auf die Entwicklung zu sprechen kommen, werde ich diesen Schritt noch detaillierter ausführen.

5. Der *Resource-Manager* startet dann den *Application-Master* auf einem Knoten.

6. Der *Application-Master* fordert anschließend die von uns festgelegte Anzahl an Containern ein, wartet, bis diese bereitgestellt wurden, …

7. … und führt auf diesen Containern den Befehl zum Starten der Logik aus, der in verkürzter Form etwa so aussähe: `java -jar 08_PrimeCalculator.jar 1 2 3000 1>/container_1_out 2> /container_1_err`. Sie müssen diesen Befehl nicht absetzen, das macht der *Application-Master* eigenständig. Die Parameter hingegen legen wir selber fest. Zu sehen ist hier, dass wir eine Java-Anwendung in Form eines JAR starten. Eine Hauptklasse müssen wir nicht angeben, da wir in der Manifest-Datei des JAR die Hauptklasse spezifizieren (Details dazu später). Der erste Parameter, die 1, bezeichnet die Nummer des aktuellen Containers, die 2 die gesamte Anzahl der Container, die für den Verarbeitungsprozess genutzt werden. Die 3000 kennzeichnet abermals den Zahlenraum, für den die Primzahlen berechnet werden sollen. *1>* und *2>* leiten den Standard- und den Error-Strom in die angegebenen Dateien um, sodass wir später die Anwendung debuggen können. Wir werden das Logging so implementieren, dass jeder Container auf seinem Knoten eine eigene Log-Datei anlegt.

8. Unsere Logik (*08_PrimeCalculator.jar*) läuft nun also auf den requestierten Containern und berechnet ihren jeweiligen Teil des zu überprüfenden Zahlenraums. Dessen Aufteilung wird über die Anzahl der Container bestimmt. Haben wir zwei Container angefordert, bekommt der erste die erste Hälfte der 3000, also 0 – 1500, und der zweite Container den Rest. Die Ergebnisse schreibt die Anwendung dann in das HDFS, wobei jeder Container seine Primzahlen in eine eigene Datei schreibt. Die Resultate können Sie nach Abschluss des Vorgangs manuell oder programmatisch zusammenführen.

Lassen Sie uns nun die Implementierung der beiden einzelnen JARs besprechen.

## Entwickeln der Logik für die YARN-Anwendung

Wir beginnen mit der Logik, also der Java-Anwendung, die später die Primzahlen berechnet und die Ergebnisse in das HDFS schreibt. Erstellen Sie dazu ein neues Java-Projekt in Eclipse und nennen Sie es *08_PrimeCalculator*. Da wir auf das HDFS zugreifen, benötigen wir die entsprechenden Dependencies für das Artefakt *hadoop-client*. Dieses soll Maven ins JAR einbinden, dazu müssen wir weiterhin das *maven-assembly-plugin* einschalten. Maven aktivieren wir wie gehabt über einen Rechtsklick auf das Projekt, **Configure** → **Convert to Maven Project**. Klicken Sie **Finish** und fügen Sie in der *pom.xml* zwischen den Tags *Dependencies* den folgenden Eintrag ein (erstellen Sie diese, falls sie nicht existieren, nach dem schließenden Tag *</build>*). Der Scope muss auf *compile* stehen, da die Logik losgelöst von Hadoop ausgeführt wird und somit keine Referenz auf die Hadoop-Bibliotheken besteht.

**Listing 3.87** Hinzufügen der Dependencies für den Zugriff auf das HDFS

```xml
<!-- Zugriff auf das HDFS -->
<dependency>
   <groupId>org.apache.hadoop</groupId>
   <artifactId>hadoop-client</artifactId>
   <version>2.2.0</version>
</dependency>
```

Als neues Build-Tag fügen Sie bitte das ein. Wichtig ist bei der Aktivierung des *maven-assembly-plugins*, dass wir die *Main-Class* angeben, da wir das JAR später ohne Angabe dieser über den *Application-Master* starten. Dazu muss Maven die Klasse explizit in der Manifest-Datei definieren.

> **PRAXISTIPP:** Wir fügen hier die Dependencies für *hadoop-client* hinzu und liefern diese mit dem JAR aus. Später in der YARN-Anwendung sehen wir, wie die **Klassenpfade aus YARN** in den *ContainerLaunchContext* übernommen werden können, was ebenfalls eine Lösung ist, um der Anwendung die nötigen Bibliotheken zur Laufzeit zur Verfügung zu stellen. Ich möchte hier nicht sagen, welcher der richtige Ansatz ist, beide haben sicherlich ihre Vor- und Nachteile (Kontrolle über die Libraries und deren Version vs. Größe und Performance der Anwendung). Wichtig ist, dass Sie beide Vorgehensweisen einmal gesehen haben.

**Listing 3.88** Build-Tag zum Paketieren der Dependencies im JAR

```xml
<!-- Benötigt, um später von Kommandozeile über java -jar myjar.jar starten
zu können und um das Artefakt hadoop-client zu inkludieren -->
<plugin>
   <artifactId>maven-assembly-plugin</artifactId>
   <configuration>
      <archive>
         <manifest>
            <mainClass>de.jofre.prime.PrimeCalculator</mainClass>
         </manifest>
      </archive>
```

```xml
        <descriptorRefs>
          <descriptorRef>jar-with-dependencies</descriptorRef>
        </descriptorRefs>
      </configuration>
    </plugin>
```

Schließen Sie die *pom.xml*, nachdem Sie sie fertig bearbeitet haben, und erstellen Sie ein neues Package im Source-Ordner mit Namen *main.resources*. Darin legen wir die Properties-Datei *hadoop.properties* ab. Den Inhalt der *hadoop.properties* finden Sie in Kapitel 3.11. Die entsprechende Klasse, *HadoopProperties*, erstellen Sie bitte wie gehabt im Ordner *de.jofre.helper*. Da unsere Anwendung nicht explizit Zugriff auf die Konfigurationsdateien Hadoops hat, müssen wir den Weg über die Properties-Datei wählen, um die Informationen über den Cluster zu speichern und diese zur Laufzeit abrufen zu können.

Es gilt anschließend, ein weiteres Package mit Namen *de.jofre.prime* zu erstellen und darin eine Klasse *PrimeCalculator* anzulegen. Die Projektstruktur sollte mittlerweile der in Bild 3.45 ähneln.

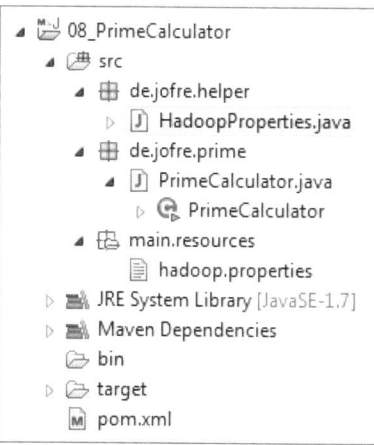

**Bild 3.45**
Projektstruktur der Logik der YARN-Anwendung

Die Klasse *PrimeCalculator* besteht maßgeblich aus zwei Funktionen. Die erste ermittelt alle Primzahlen eines Zahlenraums mit einer unteren und einer oberen Grenze.

**Listing 3.89** Ermitteln aller Primzahlen von min bis max

```java
// Methode zum Auffinden von Primzahlen
private static List<Integer> getPrimeNumbers(int min, int max) {
  List<Integer> primeNumbers = new ArrayList<Integer>();
  boolean primeCheck = false;
  if ((min >= 2) && (max > min)) {
    int k;
    for (k = min; k < max; k++) {
      primeCheck = true;
      for (int j = 2; j < k / 2; j++) {
        if (k % j == 0) {
          primeCheck = false;
          break;
        }
      }
```

```
      if (primeCheck) {
        primeNumbers.add(k);
      }
    }
  } else {
    // Ungültige Grenzen - Gib eine leere Liste zurück
    return primeNumbers;
  }
  return primeNumbers;
}
```

Den Algorithmus dahinter zu verstehen, überlasse ich Ihnen. Wichtig ist zu wissen, dass die Funktion als Eingabe Ganzzahlen größer 1 erwartet und eine Liste mit allen gefundenen Primzahlen zwischen *min* und *max* zurückgibt. Werfen wir nun einen Blick auf die Funktion *main*.

**Listing 3.90** Die Hauptfunktion der Klasse PrimeCalculator

```
public static void main(String[] args) {

  if (args.length < 3) {
    log.log(Level.SEVERE, "Anwendung erwartet 3 Argumente - es wurden lediglich " +
      args.length + " übergeben - Beende.");
    return;
  }

  // Hole die Nummer des allokierten Containers
  int currentContainerNumber = Integer.parseInt(args[0]);

  // Hole die Gesamtanzahl der Container
  int containerCount = Integer.parseInt(args[1]);

  // Hole max. Zahl für Primtest
  int maxInt = Integer.parseInt(args[2]);

  log.log(Level.INFO, "Starte einen neuen Container - Container-Nr: " +
    currentContainerNumber + ", Container-Anzahl: " + containerCount +
    ", Max-Int: " + maxInt);

  int minBorder = maxInt / containerCount * (currentContainerNumber - 1);
  if (minBorder < 2) minBorder = 2; // Algorthmus akzeptiert nur n>1

  int maxBorder = maxInt / containerCount * currentContainerNumber;
  // Überschneidungen vermeiden
  if (containerCount > currentContainerNumber) maxBorder -=1;

  log.log(Level.INFO, "Berechne Primzahlen von " + minBorder + " bis " +
    maxBorder + ".");

  // Berechne die Primzahlen für das gegebene Intervall
  List<Integer> primeNumbers = getPrimeNumbers(minBorder, maxBorder);

  // Auslesen der Eigenschaften aus der Properties-Datei
  Configuration conf = new Configuration();
  conf.set("fs.defaultFS", HadoopProperties.get("hdfs_address"));

  // Das Maven-assembly-plugin setzt die verwendeten Klassen für HDFS
```

```java
        // und File falsch. Die folgenden zwei Zeilen korrigieren das.
        conf.set("fs.hdfs.impl",
          org.apache.hadoop.hdfs.DistributedFileSystem.class.getName());

        conf.set("fs.file.impl", org.apache.hadoop.fs.LocalFileSystem.class.getName());

        // Schreibe das Ergebnis ins HDFS
        FileSystem fs = null;
        Path outputPath = null;
        try {
          fs = FileSystem.get(conf);
          if (fs != null) {

            // Jeder Container bekommt eine eigene Datei
            outputPath = new Path("/hdfs/yarn1/output/container" +
              currentContainerNumber + ".txt");

            outputPath = fs.makeQualified(outputPath);
            log.log(Level.INFO, "Ausgabepfad ist: " + outputPath);

            // Wir schreiben direkt ins HDFS
            BufferedWriter br=new BufferedWriter(new
              OutputStreamWriter(fs.create(outputPath,true)));

            log.log(Level.INFO, "Schreibe Ausgabe nach " + outputPath);

            if (br != null) {
              for (int i = 0; i < primeNumbers.size(); i++) {
                // Schreibe die Primzahlen als String, nicht als Integer
                br.write(primeNumbers.get(i).toString());
                br.write(","); // ... getrennt durch Kommata
              }
              br.close();
              log.log(Level.INFO, "Schreibvorgang abgeschlossen!");
            }
          }
        } catch (IOException e) {
          log.log(Level.SEVERE, "Ausgabe für Container "+currentContainerNumber+
            " konnte nicht nach "+outputPath+" geschrieben werden.");
          e.printStackTrace();
        }

        log.log(Level.INFO, "Kontainer " + currentContainerNumber + " fertig - Beende.");

    }
```

Wie schon beim Aufruf der Anwendung gesehen, erwartet diese beim Start drei Parameter:

1. Containernummer, die dem aktuellen Aufruf zugeordnet ist
2. Die maximale Anzahl der requestierten Container
3. Die höchste Zahl, für die ein Primzahlentest durchgeführt werden soll

Werden weniger als drei Parameter gefunden, beendet sich die Anwendung schon beim Start, denn jegliche Verwendung von Default-Parametern würde zu einer ungewünschten Funktionsweise führen. Im Folgenden berechnen wir den Zahlenraum, dem sich der aktuelle Container, in dem unsere Anwendung läuft, widmen soll. Dessen untere Grenze speichern wir in *minBorder*, die obere Grenze in *maxBorder*. Hier lernen wir schon einen signifikanten Unterschied zur Arbeit mit Map-Reduce kennen. In einer YARN-Anwendung müssen wir die Aufteilung der zu verarbeitenden Daten selbst festlegen, Map-Reduce teilt die Eingangsdaten automatisch an alle verfügbaren Instanzen auf. Ebenso können wir dieses Verhalten auch wieder als Vorteil auslegen, denn man kann ebenso sagen, dass wir die Aufteilung selber übernehmen *dürfen* und uns als Entwicklern mehr Handlungsfreiheit bleibt als bei der Implementierung via Map-Reduce.

Nun bestimmen wir die Primzahlen über den Aufruf unserer Funktion *getPrimeNumbers* und speichern diese in einer Liste. Folgend wird eine Instanz der Klasse *Configuration* erstellt, die wir sogleich befüllen. Die Eigenschaft *fs.defaultFS* setzen wir wie gehabt. Neu ist, dass wir die Klassen für das verteilte (*fs.hdfs.impl*) und für das lokale Dateisystem (*fs.file.impl*) neu setzen. Das ist nötig, da das *maven-assembly-plugin* beim Paketieren einige Metainformationen in der *META-INFO* überschreibt und so die richtigen Klassenzuordnungen verloren gehen. Durch das manuelle Zuweisen dieser bringen wir dies wieder in Ordnung.

Der letzte Block Code, der sich nun anschließt, schreibt die gefundenen Primzahlen in das HDFS. Dazu initialisieren wir den Zugriff darauf und bestimmen in der Variablen *outputPath*, wohin die Ausgabe geschrieben wird. Zu sehen ist, dass ich für jeden Container eine eigene Datei anlege, so können wir die einzelnen Primzahlenmengen später gut unterscheiden. Für den Schreibvorgang selbst erzeugen wir einen *BufferedWriter*, der in der Lage ist, direkt in das HDFS zu schreiben, ohne dass wir die Ausgabedateien wild zwischen Ubuntus Dateisystem und dem verteilten hin und her kopieren müssen. Im Anschluss tragen wir Primzahl für Primzahl ein. Integer-Werte müssen vor dem Schreiben via *toString* in Zeichenketten umgewandelt werden, da sie sonst unleserlich in der Datei erscheinen würden. Primzahlen trenne ich durch Kommata. Zu guter Letzt schließen wir den *BufferedWriter* und geben in einer Log-Meldung aus, dass die Anwendung erfolgreich beendet wurde.

Über einen Rechtsklick auf das Projekt und die Option **Run As → Maven build...** erstellen wir eine neue Konfiguration und tragen unter Goals `clean compile assembly:single` ein, denn wir möchten ja, dass unsere Anwendung als JAR erstellt wird und alle nötigen, in Maven referenzierten Abhängigkeiten beinhaltet. Führen Sie den *Build* aus, kopieren Sie die Datei aus dem Ordner *target* auf Ihren Desktop und benennen Sie sie um in *08_PrimeCalculator.jar*. Der erste Teil wäre damit geschafft.

### Entwickeln der verwaltenden Client-Anwendung

Abermals erstellen wir eine Java-Anwendung, nennen diese diesmal *07_YarnPrimeMaster* und schalten Maven ein. Erstellen Sie darauf eine Ordnerstruktur wie in Bild 3.46 zu sehen.

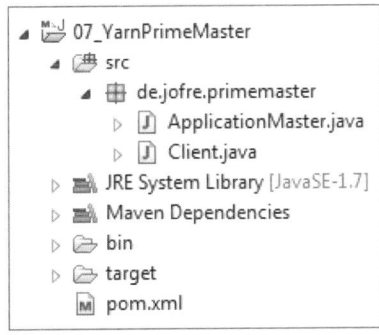

**Bild 3.46**
Projektstruktur der YARN-Anwendung

Befüllen wir zunächst die *pom.xml* mit drei Abhängigkeiten.

**Listing 3.91** Dependencies der YARN-Anwendung

```xml
<dependency>
  <groupId>jdk.tools</groupId>
  <artifactId>jdk.tools</artifactId>
  <version>1.7.0_45</version>
  <scope>system</scope>
  <!-- Nicht alle Systeme akzeptieren Umgebungsvariablen ($) -->
  <!-- <systemPath>${JAVA_HOME}/lib/tools.jar</systemPath> -->
  <systemPath>C:\java\jdk1.7.0_45/lib/tools.jar</systemPath>
</dependency>
<dependency>
  <groupId>org.apache.hadoop</groupId>
  <artifactId>hadoop-yarn-client</artifactId>
  <version>2.2.0</version>
  <scope>provided</scope>
</dependency>
<dependency>
  <groupId>org.apache.hadoop</groupId>
  <artifactId>hadoop-common</artifactId>
  <version>2.2.0</version>
  <scope>provided</scope>
</dependency>
```

Wir beginnen mit einer Abhängigkeit mit dem Scope *system*. Bei dieser Art wird davon ausgegangen, dass das ausführende System diese Abhängigkeit bereitstellt, sie wird also nicht im Repository angeschlagen. Wir verweisen hier auf das Artefakt *jdk.tools*, das von *hadoop-common* benötigt wird. In der Eigenschaft *systemPath* habe ich bewusst nicht auf die Umgebungsvariable *$[JAVA_HOME]* verwiesen, da diese nicht auf allen Systemen gesetzt ist. Stattdessen gebe ich einen absoluten Pfad an. Es folgen die Artefakte *hadoop-common* und *hadoop-yarn-client*. Beide sollen vom System bereitgestellt werden (*provided*). Schließen Sie bitte die *pom.xml*, wir wollen nun beginnen, die Client-Klasse zu implementieren, über die wir nachher unsere YARN-Anwendung aufrufen.

Der Client besitzt eine Main-Methode, die eine Instanz der Klasse *Client* erzeugt, deren Funktion *run* aufruft und ihr alle Parameter des Programmaufrufs übergibt. Außerdem ist *run* für vier verschiedene Aufgaben verantwortlich:

1. Entgegennehmen und verifizieren der Programmparameter
2. Anwendung auf dem HDFS für den Zugriff über den Cluster zur Verfügung stellen
3. Erstellen des *YarnClients* und Absenden der Anwendung an YARN
4. Ausführung der Anwendung abwarten und diese nach Beendigung deregistrieren

Aufgrund der Größe der *run*-Methode wollen wir uns diese vier Teile nun im Einzelnen ansehen.

**Listing 3.92** Verifizieren und Auslesen der Programmparameter

```
if (args.length < 3) {
  log.log(Level.SEVERE, "Es wurden drei Parameter erwartet, aber nur " +
    args.length + " gefunden - Beende.");
  return;
}
```

```
log.log(Level.INFO, "Job wird erzeugt...");

// Werte die Argumente des Jobs aus

// Erstes Argument nach der Klassenangabe enthält den Pfad des JAR, das
// später über den Cluster verteilt werden soll
Path jarPath = new Path(args[0]);

// Zweites Argument, die obere Primzahlengrenze
int maxPrime = Integer.parseInt(args[1]);

// Gesamtanzahl der Container
int containers = Integer.parseInt(args[2]);

log.log(Level.INFO, "Argumente des Jobs wurden ausgelesen - Pfad des JAR "+
  "auf dem HDFS ist " + jarPath.toString()+", Primzahlen werden bis " +
  maxPrime + " auf " + containers + " Containern berechnet.");
```

Ein kleiner Teil zum Warmwerden. Wir überzeugen uns davon, dass der Benutzer beim Starten des Jobs über die Kommandozeile mindestens drei Parameter übergibt. Diese müssen, in der exakten Reihenfolge, enthalten:

1. Den Zielpfad, an den die Anwendung dieses JAR kopieren soll, damit es für den Zugriff auf allen Knoten bereitsteht.
2. Die Zahl, die festlegt, bis zu welchem Wert die Anwendung die Primzahlen berechnen soll.
3. Die Anzahl an Containern, die der Client anfordern soll.

Kommen wir gleich zum zweiten Teil, in dem wir die Anwendung, die wir gerade ausführen, an einen zentralen Ort im HDFS kopieren.

**Listing 3.93** Kopieren des JAR in das HDFS

```
// Kopiere das JAR, das verteilt werden soll, in das HDFS
FileSystem fs = null;
try {
  fs = FileSystem.get(conf);

  // Das Dateisystem muss hier zwingend spezifiziert werden
  jarPath = fs.makeQualified(jarPath);

  // Löschen falls vorhanden
  if (fs.exists(jarPath)) {
    log.log(Level.INFO, "Datei '"+jarPath.toString()+
      "' existierte bereits im HDFS, wird gelöscht.");
    fs.delete(jarPath, true);
  }

  // Kopieren des neuen JAR an den Zielordner
  String yarnAppName = jarPath.getName();
  fs.copyFromLocalFile(new Path(yarnAppName), jarPath);
  log.log(Level.INFO, "JAR kopiert von '"+yarnAppName+"' nach '"+
    jarPath.toString()+"'.");
} catch (IOException e1) {
  log.log(Level.SEVERE, "JAR konnte nicht ins HDFS kopiert werden!");
  e1.printStackTrace();
}
```

Wir holen uns also Zugriff auf das HDFS und wandeln den Zielpfad aus dem ersten Parameter in einen vollen Pfad samt Angabe eines Dateisystems am Anfang um. Aus */hdfs/yarn1/07_YarnPrimeMaster.jar* wird also *hdfs://hdfs/yarn1/07_YarnPrimeMaster.jar*. Ohne diesen Schritt kann es passieren, dass das Löschen oder das Kopieren an das angegebene Ziel fehlschläft. Welches Löschen? Nun, falls die Datei bereits im HDFS liegt (falls sie früher schon einmal ausgeführt wurde), wird sie von unserer Anwendung mittels *delete* entfernt. Anschließend kopiert sie die Funktion vom lokalen Dateisystem an die angegebene Stelle im HDFS über *copyFromLocalFile*. Achten Sie beim Programmieren darauf, dass Sie die Hadoop-Klassen für z. B. *Path* erwischen und nicht die der Standard-IO.

Anschließend erstellen wir den *YarnClient* und starten die Anwendung.

**Listing 3.94** Erstellen des YarnClients und Starten der Anwendung

```
// Erstelle den YarnClient, um Zugriff auf den Cluster zu erhalten
YarnClient yc = YarnClient.createYarnClient();
yc.init(conf);
yc.start();

log.log(Level.INFO, "YarnClient wurde erstellt.");

// Erstelle eine Anwendungsinstanz über den Client
YarnClientApplication app = null;
try {
  app = yc.createApplication();
} catch (Exception e) {
  log.log(Level.SEVERE, "YarnClientApplication konnte nicht erzeugt werden!");
  e.printStackTrace();
}

// Erzeuge einen ContainerLaunchContext, um den ApplicationMaster auszuführen
ContainerLaunchContext amContainer =
  Records.newRecord(ContainerLaunchContext.class);

// Setzen des Befehls zum Ausführen des ApplicationMasters
amContainer.setCommands(
  Collections.singletonList(
    "$JAVA_HOME/bin/java" +
    " -Xmx256M" +
    " de.jofre.primemaster.ApplicationMaster" +
    " " + maxPrime + " " + containers +
    " 1>" + ApplicationConstants.LOG_DIR_EXPANSION_VAR + "/stdout" +
    " 2>" + ApplicationConstants.LOG_DIR_EXPANSION_VAR + "/stderr"
  )
);

log.log(Level.INFO, "Command für ApplicationMaster wurde gesetzt: "
  +amContainer.getCommands().toString());

// Setzen des JAR des ApplicationMasters als lokale Ressource,
// die mit dem Request mitgeschickt wird.
LocalResource appMasterJar = Records.newRecord(LocalResource.class);
FileStatus jarStat = null;
try {
  jarStat = fs.getFileStatus(jarPath);
  log.log(Level.INFO, "JAR-Pfad im HDFS ist "+jarStat.getPath());
```

```java
} catch (IOException e) {

  log.log(Level.SEVERE, "Datei des ApplicationMaster-JARs konnte nicht "+
    "abgerufen werden!");
  e.printStackTrace();
}
appMasterJar.setResource(ConverterUtils.getYarnUrlFromPath(jarPath));
appMasterJar.setSize(jarStat.getLen());
appMasterJar.setTimestamp(jarStat.getModificationTime());
appMasterJar.setType(LocalResourceType.FILE);
appMasterJar.setVisibility(LocalResourceVisibility.APPLICATION);

// Hier wird auf Ubuntu ein Syslink mit Namen primegen.jar angelegt
// (Name beliebig).
Map<String, LocalResource> res = new HashMap<String, LocalResource>();
res.put("primegen.jar", appMasterJar);
amContainer.setLocalResources(res);

// Setup des CLASSPATH für den ApplicationMaster
Map<String, String> appMasterEnv = new HashMap<String, String>();

// Erfragen aller Eigenschaften entsprechend der YARN-Konstanten
for (String c : conf.getStrings(YarnConfiguration.YARN_APPLICATION_CLASSPATH,
  YarnConfiguration.DEFAULT_YARN_APPLICATION_CLASSPATH)) {
    Apps.addToEnvironment(appMasterEnv, Environment.CLASSPATH.name(), c.trim());
}

Apps.addToEnvironment(appMasterEnv, Environment.CLASSPATH.name(),
  Environment.PWD.$() + File.separator + "*");

amContainer.setEnvironment(appMasterEnv);

// Setzen der benötigten Ressourcen für den ApplicationMaster
Resource capability = Records.newRecord(Resource.class);
capability.setMemory(256); // 256MB RAM
capability.setVirtualCores(1); // 1 virtueller Kern

// Anwendung zum Abschicken bereitmachen
ApplicationSubmissionContext appContext = app.getApplicationSubmissionContext();
appContext.setApplicationName("PrimeGenerator"); // Name der Anwendung
appContext.setAMContainerSpec(amContainer);
appContext.setResource(capability);
appContext.setQueue("default");

// Anwendung starten
ApplicationId appId = appContext.getApplicationId();
log.log(Level.INFO, "Submitte Anwendung "+appId);

try {
  ApplicationId id = yc.submitApplication(appContext);
  log.log(Level.INFO, "Application mit ID '"+id+"' erstellt.");
} catch (Exception e) {
  log.log(Level.SEVERE, "Fehler beim Absenden des Jobs!");
  e.printStackTrace();
}
```

Zu Beginn erfragen wir eine Instanz der Klasse *YarnClient* und initialisieren diese mit dem *YarnConfiguration*-Objekt, das wir als globale Variable deklariert haben. Wieso eigentlich *YarnConfiguration* und nicht nur *Configuration*? Nun, wir haben ja bereits gelernt, dass *Configuration* automatisch einige Eigenschaften des Hadoop-Clusters ausliest, darauf soll nun noch etwas genauer eingegangen werden. *Configuration* liest nämlich beim Initialisieren (oder genauer gesagt, in dessen *Constructor*) die *core-default.xml* aus und folgend die *core-site.xml*. Das heißt im Detail, dass zuerst alle Default-Werte für die Konfiguration gelesen und dann im zweiten Lesevorgang durch alle durch uns angepassten Werte aus der *core-site.xml* ersetzt werden. *YarnConfiguration* liest nun weiterhin die *yarn-default.xml* und anschließend unsere angepasste *yarn-site.xml* aus, erweitert also *Configuration* und stellt einige weitere Informationen über die Konfiguration unseres Clusters bereit.

Ist der *YarnClient* initialisiert und konfiguriert, wird er gestartet und wir können auf Basis dessen ein *YarnClientApplication*-Objekt erzeugen. Dieses müssen wir nun mit Informationen befüllen, die der *Resource-Manager* benötigt, um sie in den verschiedenen Containern korrekt und wie gewünscht auszuführen. Dafür erstellen wir zuerst einen *ContainerLaunch-Context*, der zwei wichtige Aufgaben erfüllt.

1. *Speichern des Commands zum Starten des Application-Masters* – Über die Funktion *setCommand* legen wir einen Befehl fest, den wir genauso in einem Terminal ausführen würden. Hier rufen wir eine Java-Anwendung mit einer Heap-Size von 256 Megabyte über die Hauptklasse *de.jofre.primemaster.ApplicationMaster* auf. Als Parameter übergeben wir die obere Grenze für die Primzahlenberechnung, die Anzahl der zu registrierenden Container sowie die Dateien, in die wir die Ausgabe unserer Log-Dateien umleiten wollen.

2. *Speichern des JAR der Yarn-Anwendung als LocalResource* – Hier übergeben wir den Pfad des JAR dieser Anwendung, das wir zuvor im HDFS abgelegt haben. Über die Funktion `FileSystem.getFileStatus(Path)` holen wir Informationen über das JAR im HDFS ein und befüllen damit das *LocalResource*-Objekt. Die erwähnten Informationen sind etwa Pfad, Größe, Timestamp, Art und Sichtbarkeit der Ressource.

Zur Art gibt es zu sagen, dass die Ressource entweder als Datei (*FILE*), als Archiv (*ARCHIVE*) oder als Muster (*PATTERN*) übergeben wird. Das Archiv wird automatisch vom *Node-Manager* entpackt (Endung muss jar, tgz oder zip sein), der Typ *FILE* wird nicht weiter bearbeitet und *PATTERN* ist ein Hybride aus beidem. Dabei wird ein vom Entwickler zu bestimmender Teil des Archivs entpackt, das Ursprungsarchiv liegt jedoch dennoch weiterhin vor. Da wir später das JAR unserer Logik auch als JAR starten, muss es nicht entpackt werden und wir wählen demnach den Typ *FILE*.

Nun noch einige Worte zur Sichtbarkeit von Ressourcen. Diese wird über *LocalResource-Visibility* festgelegt und kann die Werte *PUBLIC*, *PRIVATE* oder *APPLICATION* annehmen.

- *PUBLIC* – Ressource ist für alle Benutzer und all deren Anwendungen des Knotens zugänglich. Sie wird im Verzeichnis *<HADOOP_INSTALL>/tmp/nm-local-dir/filecache* abgelegt.

- *PRIVATE* – Ressource ist für alle Anwendungen eines Users zugänglich und liegt in *<HADOOP_INSTALL>/tmp/nm-local-dir/usercache/<USER_NAME>/filecache*.

- *APPLICATION* – Ressource ist nur für eine ausgewählte Anwendung verfügbar und ist unter *<HADOOP_INSTALL>/tmp/nm-local-dir/usercache/<USER_NAME>/appcache/<APP_ID>* zu finden.

Da wir die Ressource lediglich für unseren Anwendungsfall benötigen, muss sie weder anderen Benutzern noch anderen Anwendungen zur Verfügung stehen und kann daher mit der Eigenschaft *APPLICATION* versehen werden. Anschließend fügen wir dem *ContainerLaunchContext*, den wir zuvor erstellt haben, das JAR in Form unserer lokalen Ressource hinzu. Diese übergeben wir als *HashMap*, wodurch wir in der Lage sind, auch mehrere Ressourcen zu definieren. Der Schlüssel der Ressource kann von uns frei festgelegt werden. Ich wähle hier den Bezeichner *primegen.jar*. Mit exakt diesem Namen legt Hadoop später einen *Symbolic Link* (*Symlink*) an, und zwar dort, wo die *LocalResourceVisibility* es vorschreibt. Wir können die Ressource dann über diesen aus unserer Anwendung heraus verwenden.

Direkt im Anschluss geht es darum, die Klassenpfade aus YARN in die Anwendung zu übernehmen. Wir fragen aus der Konfiguration die Eigenschaften *YARN_APPLICATION_CLASSPATH* und *DEFAULT_YARN_APPLICATION_CLASSPATH* ab und fügen sie der Hashmap *appMasterEnv* hinzu. Anschließend referenzieren wir alle Dateien aus dem aktuellen Verzeichnis, in dem wir uns gerade befinden (*Environment.PWD.$() + File.separator + „*"*). Darin befinden sich in der Regel folgende Pfade:

- $HADOOP_COMMON_HOME/share/hadoop/common/*
- $HADOOP_COMMON_HOME/share/hadoop/common/lib/*
- $HADOOP_COMMON_HOME/share/hadoop/hdfs/*
- $HADOOP_COMMON_HOME/share/hadoop/hdfs/lib/*
- $HADOOP_COMMON_HOME/share/hadoop/yarn/*
- $HADOOP_COMMON_HOME/share/hadoop/yarn/lib/*

All diese Pfade werden dann an den Container via *setEnvironment* übergeben.

Zusätzlich gilt es zu bestimmen, welche (virtuellen) Hardware-Ressourcen zum Ausführen der Anwendung gewünscht sind. Wir fordern hier 256 MB RAM ein sowie einen virtuellen Prozessorkern. Wurden die Ressourcen spezifiziert, haben wir alle Informationen beisammen, um den *ApplicationSubmissionContext* zu erstellen, der letztendlich an den *ResourceManager* übergeben wird. Den Kontext holen wir uns von der *YarnClientApplication*, die wir anfangs erzeugt haben, und befüllen ihn mit:

- dem Namen der Anwendung (erscheint später in der Web-Ansicht)
- dem *ContainerLaunchContext*, um zu spezifizieren, wie die Container gestartet werden sollen
- den Hardware-Anforderungen, die wir eben festgelegt haben
- der Queue, in die wir unseren Anwendungs-Request einordnen wollen

Moment, was hat es mit diesen Queues auf sich?

## Ausflug in die Welt der Queues

Queues sind ein fester Bestandteil des *CapacitySchedulers* in YARN, der, wie der Name schon sagt, die Kapazitäten des Hadoop-Clusters verwaltet. Über Queues ist es so zum Beispiel möglich, dass man mehrere Warteschlangen definiert, um zu vermeiden, dass ein Benutzer oder eine Anwendung den gesamten Cluster auslastet. Queues werden in *<HADOOP_INSTALL>/etc/hadoop/capacity-scheduler.xml* definiert. Per Default existiert darin eine Queue mit Namen *root*, der wir nun mehrere Sub-Queues zuweisen können. Dazu suchen wir das Property-Tag mit Namen *yarn.scheduler.capacity.root.queues* und tragen etwa im Feld *value* mehrere durch Kommata separierte Namen ein.

**Listing 3.95** Beispielhafte Definition von drei Queues unter der Queue root

```
<property>
  <name>yarn.scheduler.capacity.root.queues</name>
  <value>queue1,queue2,default</value>
  <description>
    The queues at the this level (root is the root queue).
  </description>
</property>
```

Jeder dieser Queues können wir dann etwa eine gewisse Kapazität zuweisen. Diese wird in Prozent angegeben und sollte logischerweise am Ende aufsummiert 100 ergeben.

**Listing 3.96** Zuweisen von Kapazitäten an Queues

```
<property>
  <name>yarn.scheduler.capacity.root.queue1.capacity</name>
  <value>20</value>
  <description>Default queue target capacity.</description>
</property>

<property>
  <name>yarn.scheduler.capacity.root.queue1.capacity</name>
  <value>20</value>
  <description>Default queue target capacity.</description>
</property>

<property>
  <name>yarn.scheduler.capacity.root.default.capacity</name>
  <value>60</value>
  <description>Default queue target capacity.</description>
</property>
```

Die größte Kapazität bekommt also die Default-Queue und kann somit am meisten Anwendungsanfragen aufnehmen. Weiterhin sind folgende Eigenschaften der Queues interessant:

- *yarn.scheduler.capacity.<QUEUE_NAME>.state* – Kann *RUNNING* oder *STOPPED* annehmen und bestimmt, ob die Queue Anfragen annehmen darf oder nicht.
- *yarn.scheduler.capacity.root.<queue-path>.acl_submit_applications* – Bestimmt, welche User oder Gruppen Anfragen an die Queue absenden dürfen. Mehrere Benutzer oder Gruppen werden durch Kommata getrennt. Ein * lässt alle Benutzer für diese Queue zu.
- *yarn.scheduler.capacity.<queue-path>.acl_administer_queue* – Welche Benutzer oder Gruppen dürfen Anwendungsanfragen bearbeiten (z. B. über das Web-Interface)? Auch hier kann ein * für alle Benutzer verwendet werden.

Haben Sie alle gewünschten Änderungen an den Queues vorgenommen, müssen Sie YARN dies mitteilen.

**Listing 3.97** Aktualisieren der Queues via Terminal

```
yarn rmadmin -refreshQueues
```

Um alle Queues anzeigen zu lassen, die Sie konfiguriert haben, nutzen Sie bitte folgenden Befehl.

**Listing 3.98** Auflisten aller definierten Queues

```
mapred queue -list
```

### ... zurück zur YARN-Anwendung

Nach diesem kurzen Intermezzo wollen wir uns wieder der YARN-Anwendung widmen. Wir erinnern uns, dass wir soeben den *ApplicationSubmissionContext* erstellt haben, um die Anwendung an den *Resource-Manager* abzuschicken. Das tun wir letztendlich via `yc.submitApplication(appContext)`. Diese Funktion gibt uns eine *ApplicationId* zurück, die die Anwendung eindeutig identifiziert und die wir gleich verwenden können, um den Status derer zu verfolgen.

**Listing 3.99** Überwachen des Anwendungsstatus

```
// Warten, bis die Anwendung beendet wurde
String status = "unbekannt";
String finishTime = "unbekannt";
try {
  ApplicationReport appReport = yc.getApplicationReport(appId);
  YarnApplicationState appState = appReport.getYarnApplicationState();
  while (appState != YarnApplicationState.FINISHED &&
    appState != YarnApplicationState.KILLED &&
    appState != YarnApplicationState.FAILED) {
      Thread.sleep(500);
      appReport = yc.getApplicationReport(appId);
      appState = appReport.getYarnApplicationState();
      status = appState.toString();
      finishTime = sdf.format(new Date(appReport.getFinishTime()));
  }
} catch (Exception e) {
  log.log(Level.SEVERE, "Fehler beim Abholen des Job-Status.");
  e.printStackTrace();
}

// Fertig
log.log(Level.INFO, "Anwendung " + appId + " mit Status '" + status +
  "' fertig ausgeführt um " + finishTime);
```

Hier fragen wir im Prinzip lediglich alle 500 Millisekunden den Zustand der Anwendung über `yc.getApplicationReport(appId).getYarnApplicationState()` ab. Ist dieser *FINISHED*, *KILLED* oder *FAILED*, springen wir aus der Schleife heraus. In allen anderen Fällen (*ACCEPTED*, *SUBMITTED*, *NEW*, *NEW_SAVING*, *RUNNING*) legen wir den Thread für eine halbe Sekunde schlafen und *pollen* den Status dann erneut. Zu guter Letzt geben wir eine Log-Meldung aus, die den Anwendungsstatus, die ID und den Timestamp der Fertigstellung ausgibt. Den Timestamp formatieren wir entsprechend dem *SimpleDateFormat sdf*, das wir global definiert haben.

Der Client wäre damit fertig, widmen wir uns nun dem *ApplicationMaster*, den wir über den *ContainerLaunchContext* aufrufen. Die gleichnamige Klasse besteht aus einer einzigen

Methode mit Namen *main*, welche zu Beginn die Parameter abfragt, die wir im Client übergeben haben.

**Listing 3.100** Abfragen der Parameter des ApplicationMaster

```
if (args.length < 2) {
  log.log(Level.SEVERE, "Es wurden zwei Parameter erwartet, aber nur " +
    args.length + " gefunden - Beende.");
  return;
}

// Im ersten Argument des ApplicationMasters haben wir die obere Grenze
// unserer Primzahlenberechnung abgelegt.
int maxPrime = Integer.parseInt(args[0]);

// Der zweite Parameter beinhaltet die Anzahl an Containern,
// die wir zur Verarbeitung nutzen möchten. -1, da Schleifen
// mit 0 beginnen, nicht mit 1.
int containersRequested = Integer.parseInt(args[1]) - 1;
```

Wir erwarten also zwei Parameter. Der erste beinhaltet die obere Grenze des Zahlenraums, in dem wir die Primzahlen ermitteln wollen, und der zweite die Anzahl der Container, die sich dieser Aufgabe stellen sollen. Anschließend kümmern wir uns darum, jedem Container die Anwendungslogik bereitzustellen, die wir zuvor programmiert haben.

**Listing 3.101** Bereitstellen der Anwendungslogik als lokale Ressource im ApplicationMaster

```
// Erstellen der Konfiguration - yarn-site.xml und core-site.xml
// (und defaults) werden automatisch ausgelesen
Configuration conf = new YarnConfiguration();

log.log(Level.INFO, "Konfiguration erstellt.");

// Zugriff auf das HDFS erfragen
FileSystem fs = null;
try {
  fs = FileSystem.get(conf);
} catch (IOException e1) {
  log.log(Level.SEVERE, "Kein Zugriff auf das HDFS möglich.");
  e1.printStackTrace();
}

log.log(Level.INFO, "Link auf HDFS geholt.");

// Angeben, wo die Anwendung liegt, die vom ApplicationMaster ausgeführt
// werden soll (unsere Primzahlenlogik)
Path jarPath2 = new Path("/hdfs/yarn1/08_PrimeCalculator.jar");
// Pfad muss voll qualifiziert sein (hdfs://...)
jarPath2 = fs.makeQualified(jarPath2);

// Dateiinformationen von 08_PrimeCalculator.jar im HDFS abfragen
FileStatus jarStat2 = null;
try {
  jarStat2 = fs.getFileStatus(jarPath2);
  log.log(Level.INFO, "JAR-Pfad im HDFS ist " + jarStat2.getPath());
} catch (IOException e) {
  log.log(Level.SEVERE, "Datei des ApplicationMaster-JAR konnte nicht "+
```

```
      "abgerufen werden!");
  e.printStackTrace();
}

// Liefere das JAR 08_PrimeCalculator.jar an die Container als LocalResource mit
LocalResource packageResource = Records.newRecord(LocalResource.class);
packageResource.setResource(ConverterUtils.getYarnUrlFromPath(jarPath2));
packageResource.setSize(jarStat2.getLen());
packageResource.setTimestamp(jarStat2.getModificationTime());

// Da wir gleich die Anwendung als JAR starten, muss sie nicht
// als ARCHIVE mitgegeben werden, damit Hadoop sie entpackt.
// Wir können sie so aufrufen.
packageResource.setType(LocalResourceType.FILE);

// Die Ressource soll nur unserem Container zur Verfügung stehen
// und gelöscht werden, sobald der Job bearbeitet wurde.
packageResource.setVisibility(LocalResourceVisibility.APPLICATION);
```

Wir bitten wie gewohnt um Zugriff auf das HDFS und lesen den Dateistatus der Datei */hdfs/ yarn1/08_PrimeCalculator.jar* in Form einer Instanz des Typs *FileStatus* aus. Daraus benötigen wir Größe und Änderungszeitpunkt, um die Ressource zu erstellen. Weiterhin geben wir ihr den absoluten Pfad mit sowie den *ResourceType FILE*, der besagt, dass die Datei nicht entpackt werden soll. Ihr Zustand als JAR genügt uns, um sie später aufzurufen. Mit der Sichtbarkeitsbezeichnung *APPLICATION* bestimmen wir weiterhin, dass die Anwendungsdaten nach Beendigung der Anwendung plus der in der Eigenschaft *yarn.nodemanager. delete.debug-delay-sec* angegebenen Zeitspanne gelöscht werden.

Nun wird es Zeit, dass wir uns um die Container kümmern, die die Anwendung ausführen sollen.

**Listing 3.102** Anfragen von Containern für die Verarbeitung

```
// Initialisieren des Clients für den ResourceManager
AMRMClient<ContainerRequest> rmClient = AMRMClient.createAMRMClient();
rmClient.init(conf);
rmClient.start();

log.log(Level.INFO, "Client für ResourceManager initialisiert.");

// Initialisieren des Clients für den NodeManager
NMClient nmClient = NMClient.createNMClient();
nmClient.init(conf);
nmClient.start();

log.log(Level.INFO, "Client für NodeManager initialisiert.");

// Registrieren des Clients am ResourceManager
try {
  rmClient.registerApplicationMaster("", 0, "");
} catch (Exception e) {
  log.log(Level.SEVERE, "Konnte Client nicht im ResourceManager registrieren!");
  e.printStackTrace();
  return;
}
```

```
log.log(Level.INFO, "Client erfolgreich im ResourceManager registriert.");

// Setze Priorität für Container
Priority priority = Records.newRecord(Priority.class);
priority.setPriority(0);

log.log(Level.INFO, "Priorität für Container gesetzt auf 0.");

// Setze die nötigen Ressourcen für die Container
Resource capability = Records.newRecord(Resource.class);
capability.setMemory(128);
capability.setVirtualCores(1);

log.log(Level.INFO, "Nötige Ressourcen für Container angefordert "+
  "(128MB RAM, 1 Kern).");

// Anfordern der Container
for (int i = 0; i < containersRequested; ++i) {
  ContainerRequest containerAsk = new ContainerRequest(capability,
    null, null, priority);
  rmClient.addContainerRequest(containerAsk);
}

log.log(Level.INFO, "Es wurden " + containersRequested
  + " Container angefordert.");
```

Zu Beginn werden zwei Clients erzeugt, einer, um mit dem *ResourceManager* (*rmClient*), und einer, um mit den *NodeManagers* (*nmClient*) auf den Nodes zu kommunizieren. Diese initialisieren wir mit der *YarnConfiguration*, die die Eigenschaften unserer Konfigurationsdateien automatisch ausgelesen hat, und starten sie beide anschließend.

> **HINWEIS:** Der *rmClient* von Typ **AMRMClient** ist hier eine synchrone Komponente, im Vergleich existiert auch eine Klasse **AMRMClientAsync**, die über einen *CallbackHandler* Events abfängt und verarbeitet. Solche können etwa sein: *onContainersCompleted*, *onNodesUpdated*, *onReboot* etc. Wir fragen in unserer Implementierung den Status der Container kontinuierlich über eine While-Schleife ab, was eine adäquate Alternative zum event-getriebenen Verfahren ist.

Anschließend wird der *ApplicationMaster* auf dem *ResourceManager* registriert. Dabei ist es nicht nötig, die Parameter der Funktion *registerApplicationMaster* zu vergeben, der *ResourceManager* soll sich selber darum kümmern. Es wird für die Anwendung eine Priorität in Form einer Ganzzahl festgelegt, je höher diese Zahl ist, desto niedriger (!) ist die Priorität der Anwendung. Mit 0 wird die Anwendung also mit höchstmöglicher Dringlichkeit bearbeitet. Anschließend bestimmen wir die CPU- und RAM-Ressourcen, die wir für die Bearbeitung für nötig erachten. Beide Eigenschaften, Priorität und Ressourcen, lassen wir in der kommenden Schleife in die Konstruktion des *ContainerRequests* mit einfließen. Diesen Request übergeben wir dann dem *ResourceManager* und teilen ihm so mit, dass wir *n* Container mit jeweils einer (virtuellen) CPU und 256 MB RAM benötigen.

In einer While-Schleife bearbeiten wir nun die Antworten vom *RessourceManager* und bestimmen, was passiert, wenn wir einen Container erhalten haben oder wenn uns zu wenige Container zur Verfügung gestellt wurden.

**Listing 3.103** Verarbeiten der Rückmeldung des ResourceManagers

```
// Abholen und starten der requestierten Container
int allocatedContainers = 0;
int completedContainers = 0;

// Solange wir noch nicht die gewünschte Anzahl an Containern vom
// Hadoop-Cluster bekommen haben...
while (allocatedContainers < containersRequested) {
  AllocateResponse response = null;

  // ... fragen wir, ob es Neuigkeiten vom RM gibt.
  try {
    response = rmClient.allocate(0);
  } catch (Exception e) {
    log.log(Level.WARNING, "Fehler beim Abfragen des Status.");
  }

  // Für alle Container, die wir nun zurückbekommen haben, zählen wir
  // den Zähler für die allokierten Container um 1 hoch.
  for (Container container : response.getAllocatedContainers()) {
    ++allocatedContainers;

    // Container wird durchs Erstellen einer ContainerLaunchContexts gestartet
    ContainerLaunchContext ctx = Records.newRecord(ContainerLaunchContext.class);

    // Hier wird der Command spezifiziert, der die eigentliche Anwendung darstellt
    // "1>" bedeutet, dass stdout hierhin ausgegeben wird, "2>" leitet stderr um.
    // Von uns festgelegte Parameter sind: 1. Container-Nummer,
    // 2. Container-Anzahl, 3. Maximale Primzahl
    String command = "java -jar primecalculator.jar " + allocatedContainers +
      " " + containersRequested + " " + maxPrime + " " +
      "1>/usr/local/hadoop/container_" + allocatedContainers + "_out " +
      "2>/usr/local/hadoop/container_" + allocatedContainers + "_err";

    // Weise dem ContainerLaunchContext den Befehl zu
    ctx.setCommands(Collections.singletonList(command));

    // Unser 08_PrimeCalculator.jar wird als lokale Ressource auf den
    // Nodes bereitgestellt
    ctx.setLocalResources(Collections.singletonMap("primecalculator.jar",
      packageResource));

    log.log(Level.INFO, "Starte Container #" + allocatedContainers
      + " mit Command '" + ctx.getCommands().toString()+"' ... ");

    try {
      // Wir starten den neu erhaltenen Container und sorgen
      // dafür, dass er unseren Befehl ausführt.
      nmClient.startContainer(container, ctx);
    } catch (Exception e) {
      log.log(Level.SEVERE, "Fehler beim Starten des Containers.");
      e.printStackTrace();
```

```
      }
    }

    // Wurde einer der Container abgearbeitet? Dann zähle den Zähler der
    // fertigen Container um 1 nach oben
    for (ContainerStatus status : response.getCompletedContainersStatuses()) {
      ++completedContainers;
      log.log(Level.INFO, "Container " + status.getContainerId()
        + " mit Status " + status.getState() + " fertiggestellt.");
    }

    // Pausiere den Thread um 100 Millisekunden, bis erneut nach
    // Containern gebeten wird.
    try {
      Thread.sleep(100);
    } catch (InterruptedException e) {
      log.log(Level.SEVERE, "Fehler beim Warten auf die Bereitstellung "+
        "der Container.");
      e.printStackTrace();
    }
  }
}
```

Wir erstellen zwei Zählvariablen, um zu überwachen, wie viele Container wir vom *ResourceManager* erhalten und wie viele davon ihre Arbeit verrichtet haben. Dann starten wir eine While-Schleife, die erst abbricht, wenn die Anzahl der erhaltenen Container der Anzahl der von uns gewünschten Container entspricht. In jedem Durchlauf fragen wir zu Beginn den aktuellen Status unserer Verarbeitung via *allocate* ab. Die Methode erinnert den *ResourceManager* weiterhin daran, dass er noch Container zu besorgen hat, falls wir weitere angefragt haben, die noch als Request auf seiner Liste stehen. Teilt er uns mit, dass er neue Container für uns bereitstellen kann, dann verarbeiten wir diese in der folgenden For-Schleife und erzeugen darin einen *ContainerLaunchContext*, wie wir ihn aus der *Client*-Klasse kennen. Dort spezifizieren wir nun den Befehl, der endlich unsere Anwendungslogik ausführt, die wir im JAR *08_PrimeCalculator.jar* verpackt haben. Warum rufen wir hier aber das JAR *primecalculator.jar* auf? Sie erinnern sich daran, dass Hadoop die *LocalResource* in Form eines *Symlinks* bereitstellt? Diesen Link taufen wir gleich bei der Erstellung der Ressource *primecalculator.jar*. Er wird dann in dem Verzeichnis abgelegt, in dem wir die YARN-Anwendung ausführen. Wir referenzieren also den Symlink statt die Originaldatei, die Hadoop an einem uns unbekannten Ort ablegt[14].

Weiterhin wird im Command die Containeranzahl übergeben, die wir verwenden, sowie die höchste Primzahl, die ermittelt werden soll. Ebenso sagen wir der Anwendung, dass sie für jeden Container ein eigenes Log-File erstellen möchte, eines für *stdout* und eines für *stderr*. Den Command weisen wir nun dem Kontext zu und erstellen und verknüpfen die erzeugte *LocalResource*. Ist der *ContainerLaunchContext* mit Informationen gefüttert, so starten wir den Container mit den darin enthaltenen Daten über den *Node-Manager-Client* und die Funktion *startContainer*.

Jetzt, da wir die allokierten Container unserer Anfrage an den *ResourceManager* verarbeitet haben, können wir überprüfen, wie viele von ihnen ihre Arbeit schon verrichtet haben.

---

[14] Gut, so unbekannt ist der Ort nicht. Später werden wir sehen, dass wir überprüfen können, auf welchen Pfad der Symlink zeigt.

**Listing 3.104** Überprüfen des Fortschritts der Containeranforderung

```
// Wurde einer der Container abgearbeitet? Dann zähle den Zähler der
// fertigen Container um 1 nach oben
for (ContainerStatus status : response.getCompletedContainersStatuses()) {
  ++completedContainers;
  log.log(Level.INFO, "Container " + status.getContainerId()
    + " mit Status " + status.getState()
    + " fertiggestellt.");
}

// Pausiere den Thread um 100 Millisekunden, bis erneut nach
// Containern gebeten wird.
try {
  Thread.sleep(100);
} catch (InterruptedException e) {
  log.log(Level.SEVERE, "Fehler beim Warten auf die Bereitstellung der Container.");
  e.printStackTrace();
}
```

Welche davon bereits fertig sind, kann über *getCompletedContainersStatuses* abgefragt werden. Wir zählen die entsprechende Variable hoch und geben eine Meldung aus, die die Fertigstellung eines neuen Containers verkündet.

Anschließend schicken wir in der While-Schleife den Thread für 100 Millisekunden schlafen und führen erst dann die nächste Iteration durch. Wie bereits erwähnt, wird die Schleife unterbrochen, wenn so viele Container vom *ResourceManager* bereitgestellt wurden, wie wir im *Client* spezifiziert haben.

Damit ist die Arbeit jedoch noch nicht getan. Eine weitere Schleife überprüft nun, ob die erhaltenen Container ihre Arbeit vollendet haben.

**Listing 3.105** Überprüfen des Arbeitsfortschritts der angeforderten Container

```
// Warte, bis die reservierten Container mit der Arbeit fertig sind.
while (completedContainers < containersRequested) {

  AllocateResponse response = null;
  try {
    response = rmClient.allocate(completedContainers / containersRequested);
  } catch (Exception e) {
    log.log(Level.SEVERE, "Fehler beim Abholen der AllocateResponse.");
    e.printStackTrace();
  }
  for (ContainerStatus status : response.getCompletedContainersStatuses()) {
    ++completedContainers;
    log.log(Level.INFO, "Container " + completedContainers
      + " hat seine Arbeit mit Status '" + status + "' beendet.");
  }

  try {
    Thread.sleep(100);
  } catch (InterruptedException e) {
    log.log(Level.SEVERE, "Fehler beim Warten auf Fertigstellung der Anwendung.");
    e.printStackTrace();
  }
}
```

Abermals holen wir uns vom *ResourceManager* den Status der Container. Nun geben wir aber beim Aufruf einen Fortschritt im ersten Parameter mit an, indem wir die Anzahl der fertigen Container durch die Anzahl der angeforderten Container teilen. Es wird dabei keine Prozentzahl erwartet, sondern lediglich ein Fortschrittsindikator. Über die bereits verwendete Funktion *getCompletedContainersStatuses* holen wir die fertigen Container und geben deren Status in den Logs bekannt. Wie auch schon im vorigen Listing warten wir 100 Millisekunden, bis wir den Schleifendurchlauf wiederholen. Ist auch dieses *While* durchlaufen, so deregistrieren wir zum Schluss unseren *ApplicationMaster* im *ResourceManager*.

**Listing 3.106** Deregistrierung des ApplicationMasters im ResourceManager

```
// Deregistrierung des ApplicationMasters vom ResourceManager
try {
    rmClient.unregisterApplicationMaster(FinalApplicationStatus.SUCCEEDED, "", "");
} catch (Exception e) {
    log.log(Level.SEVERE, "Fehler beim Deregistrieren des ApplicationMasters.");
    e.printStackTrace();
}
```

Wir sind nun mit der Entwicklung fertig und können die Anwendung erzeugen. Führen Sie dazu einen Maven-Build mit den Goals *clean compile package* aus und Sie erhalten ein fertiges JAR. Benennen Sie dieses in *07_YarnPrimeMaster.jar* um und kopieren Sie es in das Dateisystem der VM.

**Ausführen der YARN-Anwendung**

Führen Sie die Anwendung aus, indem Sie die drei Befehle auf dem Terminal absetzen, die wir schon in 3.14.2 kennengelernt haben.

**Listing 3.107** Starten der YARN-Anwendung

```
hdfs dfs -mkdir /hdfs/yarn1

hdfs dfs -copyFromLocal 08_PrimeCalculator.jar /hdfs/yarn1/

bin/hadoop jar 07_YarnPrimeMaster.jar de.jofre.primemaster.Client
/hdfs/yarn1/07_YarnPrimeMaster.jar 3000 2
```

Haben Sie alles richtig gemacht, sollte die Anwendung mit der Ausgabe *Anwendung application_123456789_0001 mit Status 'FINISHED' fertig ausgeführt um 18:00:00 (01.01.2014)* beendet werden. Das Web-Interface sollte eine ähnliche Erfolgsmeldung zeigen.

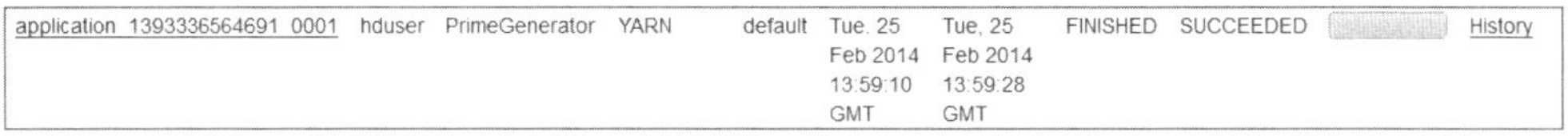

| application_1393336564691_0001 | hduser | PrimeGenerator | YARN | default | Tue, 25 Feb 2014 13:59:10 GMT | Tue, 25 Feb 2014 13:59:28 GMT | FINISHED | SUCCEEDED | | History |

**Bild 3.47** Erfolgsmeldung der YARN-Anwendung im Web-Interface

Nun aber zum spannenden Teil! Wurden unsere Primzahlen erfolgreich ermittelt? Das können wir einfach abfragen, indem wir den Inhalt des Ordners */hdfs/yarn1/output* abfragen und eine der darin enthaltenen Dateien anschauen.

**Listing 3.108** Auflisten und Anzeigen der ermittelten Primzahlen

```
hdfs dfs -ls /hdfs/yarn1/output
hdfs dfs -tail /hdfs/yarn1/output/container3.txt
```

Wir schauen uns exemplarisch die Ausgabe des dritten Containers an. Da wir die Primzahlen von 0 – 3000 berechnen wollten, wurde ihm also der Zahlenraum 2001 – 3000 zugetragen. Die Ausgabe, die wir erwarten, finden wir auch in der Datei *container3.txt* wieder.

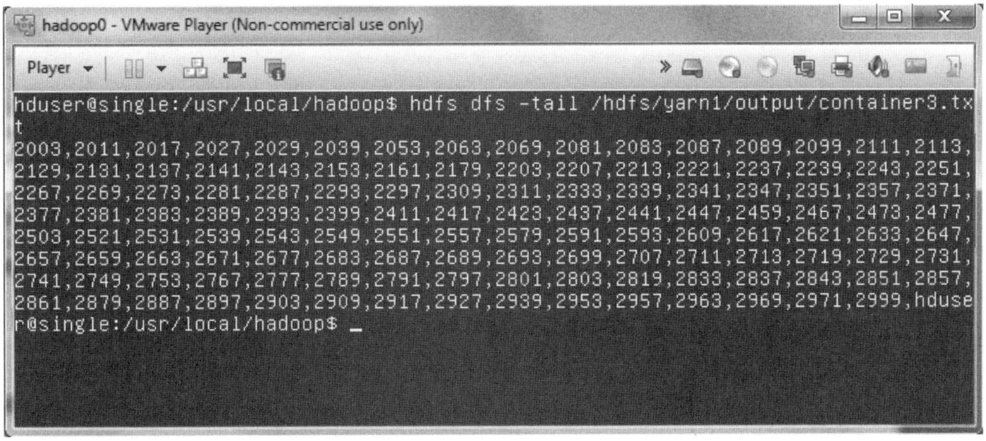

**Bild 3.48** Berechnete Primzahlen von Container 3

Mal davon abgesehen, dass der Arbeitsaufwand mit größeren Zahlen ansteigt, haben wir hier gesehen, dass wir einfache Aufgaben komfortabel auf mehreren Rechnern parallel ausführen können.

### Temporäre Dateien einer YARN-Anwendung betrachten

Wir erinnern uns daran, dass wir in Abschnitt 3.4 die Eigenschaft *yarn.nodemanager.delete.debug-delay-sec* auf *600* gesetzt haben, wodurch definiert wurde, dass Hadoop die temporären Dateien einer ausgeführten Anwendung für 600 Sekunden behalten soll, sodass wir sie für Debug-Zwecke analysieren können. Diese temporären Dateien wollen wir uns nun anschauen. Dazu navigieren Sie bitte in das Verzeichnis */usr/local/hadoop/tmp/nm-local-dir/*. Hier liegen zwei für uns interessante Ordner, nämlich *filecache* und *usercache*. Wie bereits vorweg erklärt, bestimmt die Eigenschaft *LocalResourceVisibility* einer Ressource, wo bestimmte Teile unserer Anwendung abgelegt werden. Navigieren wir in den Ordner *usercache/hduser/appcache/application_xyz*. Der Benutzername ist der von uns gewählte Hadoop-User und die Anwendungsbezeichnung am Ende des Pfades wird so gesetzt, dass die zuletzt ausgeführte Anwendung die höchste Zahl am Ende des Ordnernamens besitzt. Betreten Sie in diesem Ordner das Verzeichnis *filecache*, finden Sie dort zwei weitere Ordner vor. Diese sollten *10* und *11* heißen und jeweils unsere beiden JARs beinhalten, also *07_YarnPrimeMaster.jar* und *08_PrimeCalculator.jar*.

```
hduser@single:/usr/local/hadoop/tmp/nm-local-dir/usercache/hduser/appcache/appli
cation_1394534881578_0005$ cd filecache
hduser@single:/usr/local/hadoop/tmp/nm-local-dir/usercache/hduser/appcache/appli
cation_1394534881578_0005/filecache$ ls
10  11
hduser@single:/usr/local/hadoop/tmp/nm-local-dir/usercache/hduser/appcache/appli
cation_1394534881578_0005/filecache$ cd 10
hduser@single:/usr/local/hadoop/tmp/nm-local-dir/usercache/hduser/appcache/appli
cation_1394534881578_0005/filecache/10$ ls
07_YarnPrimeMaster.jar
hduser@single:/usr/local/hadoop/tmp/nm-local-dir/usercache/hduser/appcache/appli
cation_1394534881578_0005/filecache/10$ cd ..
hduser@single:/usr/local/hadoop/tmp/nm-local-dir/usercache/hduser/appcache/appli
cation_1394534881578_0005/filecache$ cd 11
hduser@single:/usr/local/hadoop/tmp/nm-local-dir/usercache/hduser/appcache/appli
cation_1394534881578_0005/filecache/11$ ls
08_PrimeCalculator.jar
```

**Bild 3.49** Temporäre Daten unserer YARN-Anwendung

Wenn Sie nun im Hauptverzeichnis der Anwendung in den Ordner des ersten Containers gehen, dann werden Sie dort einen *Symlink* mit Namen *primegen.jar* auf das JAR *07_Yarn-PrimeMaster.jar* finden. Die Datei, auf die der Symlink zeigt, bekommen Sie, indem Sie ein einfaches ls -ltr im entsprechenden Verzeichnis ausführen. Dadurch werden Ihnen alle Dateien im Ordner samt der für uns relevanten Eigenschaften angezeigt. Im Ordner von einem der anderen Container (mit einer höheren ID am Ende des Namens) finden Sie entsprechend einen *Symlink* namens *primecalculator.jar*, der auf *08_PrimeCalculator.jar* zeigt. Beachten Sie, dass Sie diese Dateien an den zuvor genannten anderen Stellen finden, falls Sie die Sichtbarkeit der Ressourcen ändern. Ebenso sollten Sie beachten, dass Sie die Dateien lediglich zehn Minuten betrachten können, bis Hadoop sie löscht.

Herzlichen Glückwunsch, Sie haben nun Ihre erste YARN-Anwendung geschrieben und gesehen, wie viel Freiheit sie uns als Entwicklern lässt. Wir konnten eine beliebige Anwendung nehmen, diese über den Cluster verteilen und ausführen lassen. Die Ergebnisse führen wir über das HDFS ganz einfach zusammen. Auf der anderen Seite haben wir auch die Nachteile im Vergleich zu Map-Reduce kennengelernt. Wir müssen unseren Containern die Arbeitspakete selber zurechtschneiden und zuweisen. Weiterhin sind wir für die Anforderung der Ressourcen selber verantwortlich und sehen uns bei der Entwicklung einem geringen, aber präsenten Mehraufwand ausgesetzt. Natürlich ist das Programmiermodell etwas intuitiver als Map-Reduce, allerdings ist die Anwendung auch um einiges umfangreicher. Dafür ist jedoch relativ viel Code aus der YARN-Anwendung wiederverwertbar, da sich prinzipiell nur der Aufruf der Anwendungslogik von Fall zu Fall unterscheidet. Die Ressourcenanforderungen und die Parameterübergabe (falls man nicht sowieso eine Konfigurationsdatei verwendet) sind auch recht schnell angepasst. Ebenso haben wir gesehen, dass wir in YARN prinzipiell beliebige Datentypen eingeben und einen vom Framework unabhängigen Ausgabedatentyp verwenden können. Wir schreiben ja schließlich auf bekanntem Wege eine beliebige Struktur in die Ausgabe und müssen uns nicht mehr mit Key-Value-Paaren rumschlagen.

Trotz all dieser Vorteile wird YARN noch als eine recht junge Technologie angesehen. Hive und Co. funktionieren bereits gut mit Map-Reduce und der Druck, ein neues Programmiermodell einzuführen, ist nicht vorhanden. Wenn sich in der nächsten Zeit die ersten guten Use-Cases bieten, um YARN-Anwendungen einzusetzen, dann wird sicherlich auch mehr Bewegung in die Community kommen, YARN etwas populärer und von mehreren Seiten aus dokumentiert und erwähnt werden.

## 3.15 Vor- und Nachteile der verteilten Verarbeitung

Nun, da wir praktisch ein wenig mit Hadoop gearbeitet haben, können wir einige Vor- und Nachteile der verteilten Verarbeitung formulieren.

**Vorteile**

- *Automatisches Parallelisieren und Verteilung:* Gleiche Map-Reduce-Jobs und YARN-Anwendung, die später auch z.B. die Grundlage für Hive bieten, können parallel auf mehreren Maschinen ausgeführt werden. Durch das HDFS ist es einfach, die Ergebnisse der Verarbeitung zusammenzutragen.
- *Fehlertoleranz:* Ausfälle werden über periodische Pings an allen eingesetzten Maschinen festgestellt. Im Fehlerfall werden ganze Jobs oder einzelne Schritte erneut ausgeführt. Dadurch, dass Daten mitunter redundant vorliegen, kann die Verarbeitung bei Ausfall eines Knotens an anderer Stelle wiederholt bzw. fortgesetzt werden.
- *I/O-Ablaufplanung:* Durch die notwendige Datenlokalität können Daten effizient auf die lokalen Systeme geschrieben und von ihnen gelesen werden. Durch das Parallelisieren können Redundanzen beim Ausführen der Jobs bewusst geschaffen werden. Damit kann der Master das Ergebnis der schnelleren Maschine zurate ziehen.
- *Monitoring und Überwachung:* Hadoop bietet gute bis sehr gute Möglichkeiten, den Lebenszyklus und den Status von Jobs und Anwendungen zu überwachen und auszuwerten.

**Nachteile**

- *Umdenken bei der Implementierung:* Die herkömmliche Denkweise bei der Implementierung einer Datenverarbeitungslogik findet hier eher wenig Anwendung. Statt mit SQL-Queries oder zeilenweisem Verarbeiten von Textdateien zu arbeiten, müssen für jeden Map-Reduce-Job Mapper und Reducer implementiert werden, die die Auswertung der Daten in zwei oder mehr Schritten vornehmen. YARN-Anwendungen hingegen verlangen, dass sich der Entwickler selbst um das Anfordern der nötigen Ressourcen auf dem Cluster kümmert.
- *Hardwareanforderungen:* Um wirklich große Daten effizient auszuwerten, müssen viele, mitunter sehr viele Knoten im Cluster bereitstehen, denn Hadoop bringt erst mal keinen Performancegewinn, sondern ist lediglich in der Lage, Arbeit effizient auf viele einzelne Arbeiterknoten zu verteilen.
- *Debugging:* Fehler in verteilten Anwendungen zu finden, egal ob sie in Form eines Map-Reduce-Jobs oder einer YARN-Anwendung geschrieben wurden, erfordert eine gewisse Einarbeitungszeit und ein wenig mehr Umsicht. Wo bei einer klassischen Java- oder JavaEE-Anwendung die Logs in einer einfachen Konsolenausgabe in der IDE betrachtet werden können, sind die Logs auf Hadoop meist an mehrere Stellen verteilt (Logs der Anwendungslogik, des Jobs, Logs von Hadoop selbst …), und es muss zuallererst ein Verständnis der Architektur erlangt werden, um zu wissen, wo man nach den entsprechenden Meldungen zu suchen hat.

Aus fachlicher Sicht sind die Anforderungen an die Spezialisten zu nennen, die ein derartiges System betreiben. Ebenso muss die Akzeptanz innerhalb einer Einrichtung oder eines Unternehmens vorhanden sein sowie eine Innovationsbereitschaft, die sicherlich nicht immer und überall gegeben ist. Des Weiteren sind aktuelle Projekte wie z. B. Hive noch in der Entwicklung und keinesfalls ausgereift, was eine Akzeptanz in verschiedenen Unternehmen sicherlich ebenfalls erschwert und bestenfalls erst einmal zum Experimentieren und zum vorsichtigen Herantasten an die neuen Frameworks einlädt.

## 3.16 Die Hadoop Java-API

Einen Teil der Java-API von Hadoop haben wir bereits kennengelernt, als wir den ersten Map-Reduce-Job und eine YARN-Anwendung geschrieben sowie eine Anwendung entwickelt haben, die einen Job aus einer Java-Anwendung heraus startet. Doch die API bietet noch eine Vielzahl weiterer Funktionen, die wir uns in diesem Abschnitt anschauen wollen. Ziel ist es zu erkennen, was neben den Basisfunktionen, die wir z. B. von den Klassen *YarnClient* oder *FileSystem* kennengelernt haben, noch mit diesen möglich ist. Damit ich Ihnen und mir die trockenen Erklärungen spare, möchte ich die Funktionen im Folgenden in Form einer Anwendung zeigen, die diese drei Funktionen bietet:

- Ein HDFS durchsuchen und Dateien hoch- und runterladen
- Den Cluster-Status erfragen
- Laufende Anwendungen auflisten

Ich werde nicht alle Codezeilen aufführen, die wir für die Anwendung benötigen, das würde das Buch zu umfangreich werden lassen. Dafür werde ich jedoch die wichtigsten Stellen erklären und stelle Ihnen den Rest zum Selbststudium auf der DVD zur Verfügung. Bei der Implementierung habe ich mich bemüht, den Quelltext wie gehabt so gut es geht zu kommentieren. Starten Sie bitte zuerst Eclipse und erstellen Sie über **File → New → Dynamic Web Project** ein neues Projekt mit Namen *09_HadoopManager*. Klicken Sie anschließend rechts auf das Projekt im *Projekt Explorer*, wählen Sie dann **Configure → Convert to Maven Project** und klicken Sie im folgenden Dialog auf **Finish**. In der sich öffnenden *pom.xml* müssen Sie nun die Hadoop-Bibliotheken als *Dependency* hinzufügen, wie wir es schon in Abschnitt 3.11 getan haben.

**Tabelle 3.11** Abhängigkeiten des Hadoop-Clients

| Eigenschaft | Wert |
| --- | --- |
| Group Id | org.apache.hadoop |
| Artifact Id | hadoop-client |
| Version | 2.2.0 |
| Scope | Compile |

Schließlich benötigen wir die Abhängigkeiten für die Komponente *FileUpload* aus den *Apache Commons*-Bibliotheken, um es im HDFS-Browser zu ermöglichen, dass Dateien aus dem lokalen Dateisystem ins HDFS geladen werden können.

**Tabelle 3.12** Abhängigkeiten für die FileUpload-Komponente

| Eigenschaft | Wert |
|---|---|
| Group Id | commons-fileupload |
| Artifact Id | commons-fileupload |
| Version | 1.3.1 |
| Scope | Compile |

Speichern Sie die *pom.xml* und schließen Sie den dazugehörigen Reiter.

Weiterhin ist es notwendig, dass wir die bereits bekannte Properties-Datei *hadoop.properties* im Ordner *WebContent/WEB-INF/classes* anlegen und dort den Inhalt von Listing 3.109 eintragen. Falls der Ordner *classes* noch nicht existiert, erzeugen Sie diesen bitte.

**Listing 3.109** Eigenschaften der hadoop.properties

```
#Single-Node-Cluster
hdfs_address=hdfs://single:9000
hadoop_user=hduser
scheduler_address=single:8030
resourcemgr_address=single:8032
task_tracker_address=single:8031
```

Entsprechend einer anderen Konfiguration müssen Sie natürlich den Hostnamen bzw. die Ports oder den Benutzernamen anpassen. Nun deaktivieren Sie bitte entsprechend der Vorgehensweise aus 3.11 die *Project-Facets* für JSF und JAX-RS und erstellen Sie dann im Ordner *src* ein Paket mit dem Namen *de.jofre.hadoopcontroller*. Wir haben somit ein Grundgerüst in Form einer Web-Anwendung geschaffen, in das wir unsere einzelnen Komponenten einpflegen können.

### 3.16.1 Ein einfacher HDFS-Explorer

Beginnen wollen wir, indem wir eine einfache Seite entwerfen, auf der wir uns durch das HDFS unseres Hadoop-Clusters bewegen können. Zusätzlich möchte ich Ihnen zeigen, wie Sie diese einfachen Funktionen implementieren:

- Herunterladen von Dateien
- Hochladen von Dateien
- Anlegen von Ordnern
- Löschen von Ordnern und Dateien

Für all diese Anforderungen stellt uns die Java-API schon fertige Funktionen zur Verfügung.

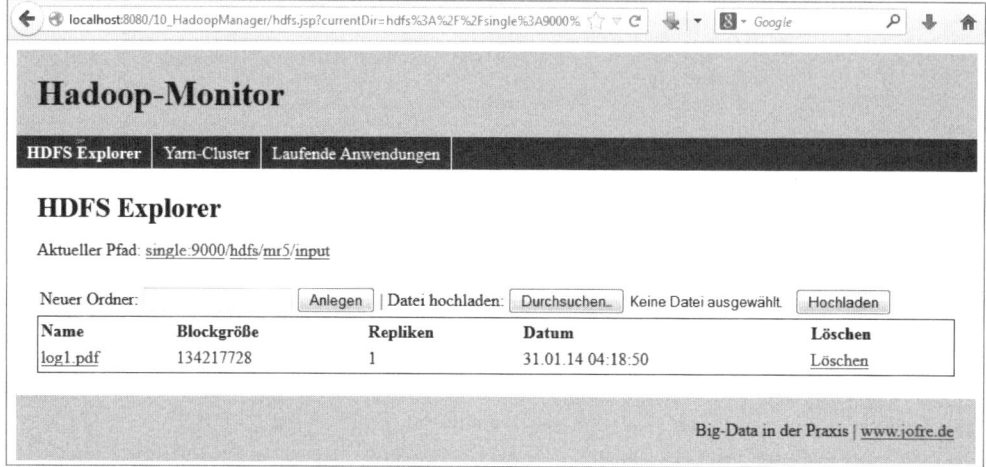

**Bild 3.50** Der fertige HDFS-Explorer

### Logik des Explorers

Erzeugen Sie eine Klasse namens *HDFS* im eben angelegten *Package de.jofre.hadoopcontroller*. Diese soll alle Methoden beinhalten, die der Kontrolle des Dateisystems dienlich sind. Zu Beginn benötigen wir einige private Variablen.

**Listing 3.110** Private Variablen zur Dateisystemkontrolle in HDFS.java

```
private final static Logger log = Logger.getLogger(HDFS.class.getName());
private FileSystem fs = null;
private File dlFolder = null; // Temporärer Ordner für Downloads
private File ulFolder = null; // Temporärer Ordner für Uploads
```

Der Logger sollte klar sein, damit geben wir Meldungen in unsere Logdateien abhängig vom Log-Level aus. Die Variable *fs* der Klasse *org.apache.hadoop.fs.FileSystem* stellt den Kern der Zugriffskomponente auf das HDFS dar. *dlFolder* der Klasse *java.io.File* referenziert einen Ordner, in dem wir die Dateien, die wir später aus dem HDFS herunterladen werden, zwischenspeichern. *ulFolder* dient als temporärer Ordner für Uploads.

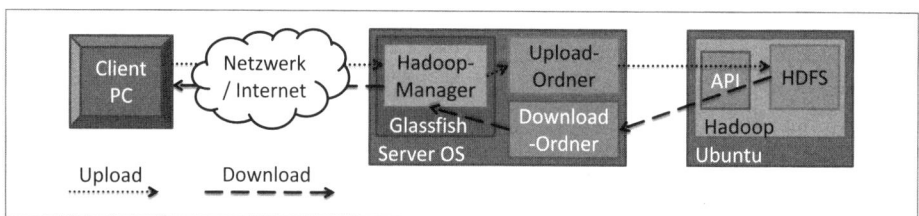

**Bild 3.51** Weg der Dateien durch das System beim Up- bzw. Download

Nun folgt die Initialisierung der Klasse.

**Listing 3.111** Initialisieren des FileSystem-Zugriffs

```java
// z.B.hdfs://master:9000, hduser
public void init(String url, String username) {

  // Setze den Hadoop-User
  System.setProperty("HADOOP_USER_NAME", username);

  // Erstelle Verweis auf die Win32-Libs von Hadoop
  WinUtilsSolver.solveWinUtilError();

  // Erstelle temporären Ordner zum Herunterladen von Dateien aus dem HDFS.
  dlFolder = new File("E:\\dlTemp");
  if (!dlFolder.exists()) {
    log.log(Level.INFO, "Lege temporären Downloadordner '"
      + dlFolder.getAbsolutePath() + "' an...");
    dlFolder.mkdirs();
  }

  // Erstelle temporären Ordner zum Hochladen von Dateien in das HDFS.
  ulFolder = new File("E:\\ulTemp");
  if (!ulFolder.exists()) {
    log.log(Level.INFO, "Lege temporären Uploadordner '"
      + ulFolder.getAbsolutePath() + "' an...");
    ulFolder.mkdirs();
  }

  // Erstelle Konfiguration
  Configuration c = new Configuration();
  c.set("fs.defaultFS", url);

  // Initialisiere FileSystem
  try {
    fs = FileSystem.get(c);
  } catch (IOException e) {
    log.log(Level.SEVERE, "Fehler beim Initialisieren des Zugriffs "+
      "auf das FileSystem.");
    e.printStackTrace();
  }
}
```

Das Setzen der Systemeigenschaft *HADOOP_USER_NAME* sowie der Aufruf der Funktion *solveWinUtilError* wurde bereits in Abschnitt 3.11 erklärt. Neu ist hier, dass wir zwei Ordner erzeugen, die uns beim Herunterladen bzw. beim Hochladen von Dateien ins HDFS unterstützen. Da wir von einer Web-Anwendung aus agieren, müssen wir es unseren Benutzern ermöglichen, Dateien von ihrem lokalen System auf unseren Server und von dort aus ins HDFS zu transferieren. Die Ordner *E:\dlTemp* und *E:\ulTemp* dienen als temporäre Ordner auf dem Server, in die der User die Dateien von der Web-Anwendung aus hochlädt. Wir überprüfen jeweils, ob der Ordner bereits existiert. Wenn das nicht der Fall ist, dann erzeugen wir ihn samt allen nötigen, nicht existierenden Überverzeichnissen. Zum Schluss erstellen wir eine Instanz des Typs *Configuration* und setzen dort die Eigenschaft *fs.defaultFS*, um zu bestimmen, wo das HDFS zu finden ist, das wir aus der Web-Anwendung heraus ansprechen wollen. Warum müssen wir dieses Mal die Eigenschaft selber festlegen? Nun, wir führen unsere Web-Anwendung ja auf einem anderen System aus als unseren Hadoop-Master. Also sind die Konfigurationsdateien nicht bekannt.

Es folgt sogleich eine Funktion zum Erstellen neuer Ordner auf dem HDFS. Im Prinzip reicht dazu der Aufruf von fs.mkdirs(Pfad), jedoch müssen wir zusätzlich dafür sorgen, dass die Datei die passenden Zugriffsberechtigungen erhält. Das tun wir über fs.setOwner(Pfad, User, Gruppe). Probieren Sie ruhig einmal aus, was passiert, wenn Sie den Befehl wegließen, das Verzeichnis bzw. die Datei bekäme dann als Besitzer Ihren aktuellen Windows-Benutzer eingetragen.

**Listing 3.112** Erstellen neuer Ordner auf dem HDFS

```
public boolean createNewFolder(String fullQualifiedName) {

  log.log(Level.INFO, "Lege neuen Ordner '" + fullQualifiedName + "' an...");
  boolean result = false;

  if (fs != null) {
    try {
      Path newFolderPath = new Path(fullQualifiedName);
      // Wenn der Ordner noch nicht existiert...
      if (!fs.exists(newFolderPath)) {

        // Dann erstelle ihn
        result = fs.mkdirs(newFolderPath);

        // Und setzen den Besitzer der Datei auf den hduser und dessen
        // Gruppe auf supergroup. Achtung, ist der Benutzername beim Initialisieren
        // des HDFS-Objekts nicht richtig gesetzt, dann schlägt diese Aktion fehl.
        fs.setOwner(newFolderPath, "hduser", "supergroup");
      }
    } catch (Exception e) {
      log.log(Level.SEVERE, "Fehler beim Anlegen des Verzeichnisses '"
        + fullQualifiedName + "'.");
      e.printStackTrace();
      return result;
    }
  }
  return result;
}
```

Die nächste Funktion, die ich Ihnen vorstellen möchte, listet alle Dateien und Ordner in einem Verzeichnis auf.

**Listing 3.113** Auflisten von Dateien und Verzeichnissen

```
public List<FileStatus> getEntriesFromDir(String dir) {

  log.log(Level.INFO, "Liste Dateien und Ordner in '" + dir + "' auf...");

  // Liste zum Speichern der FileStatus-Objekte. Diese beinhalten neben
  // Dateinamen noch die Anzahl der Repliken, den Besitzer etc.
  List<FileStatus> results = new ArrayList<FileStatus>();
  FileStatus[] status = null;

  try {
    // Abrufen der Dateien
    status = fs.listStatus(new Path(dir));
  } catch (Exception e) {
```

```
      log.log(Level.SEVERE, "Fehler beim Auflisten der Dateien und Ordner.");
      e.printStackTrace();
      return null;
    }

    // Kopieren der Dateiinformationen in die Liste
    if (status != null) {
      for (int i = 0; i < status.length; i++) {
        results.add(status[i]);
      }
    }
    return results;
  }
```

Auch den Typ *org.apache.hadoop.fs.FileStatus* kennen wir bereits, er wurde benutzt, um Ressourcen für die YARN-Anwendung zu paketieren, und enthält bekanntermaßen Informationen über:

- Dateipfad
- Letzten Zugriffszeitpunkt
- Benutzer, der die Datei besitzt
- Anzahl der Repliken
- ...

Der Funktion `fs.listStatus(Pfad)` übergeben wir einen Pfad auf dem HDFS und sie liefert uns einen Array von *FileStatus*-Objekten zurück. Diese übertragen wir im Anschluss in unsere Liste und geben diese per Return zurück.

Die vorletzte Methode, die ich erklären möchte, ist *downloadFile*.

**Listing 3.114** Herunterladen einer Datei aus dem HDFS

```
public String downloadFile(String file) {
  log.log(Level.INFO, "Lade Datei '" + file + "' herunter...");

  if (fs != null) {

    // Dekodieren des Dateipfades
    String filePath = file;
    try {
      filePath = URLDecoder.decode(file, "UTF-8");
    } catch (UnsupportedEncodingException e1) {
      log.log(Level.WARNING, "Fehler beim Dekodieren des Dateipfades.");
      e1.printStackTrace();
    }

    try {
      // Erstelle Pfad-Objekte für Ziel- und Quellverzeichnis
      File fileToBeDownloaded = new File(filePath);
      Path source = new Path(filePath);
      Path target = new Path(dlFolder.getAbsolutePath()
          + System.getProperty("file.separator") + fileToBeDownloaded.getName());
      log.log(Level.INFO, "Quelle: '" + source.toString()
          + "' Target: '" + target.toString() + "'.");

      // Lade die Datei herunter
```

```
            fs.copyToLocalFile(source, target);
            return target.toString();
        } catch (Exception e) {
            log.log(Level.SEVERE, "Fehler beim Herunterladen der Datei '"
                + filePath + "'.");
            e.printStackTrace();
        }
    }
    return null;
}
```

Hier nehmen wir abermals einen absoluten Pfad zu einer Datei in Form eines Strings entgegen. Da wir diesen Pfad als sichtbaren Parameter in der URL des Seitenaufrufs der JSP übergeben, enkodieren wir ihn darin entsprechend dem HTML-Schema, sodass unzulässige Zeichen im übergebenen Pfad vermieden werden. Wie genau das geht, sehen Sie später. Die entsprechende Dekodierung wenden wir hier in der Methode an, um den ursprünglichen Dateipfad samt Sonderzeichen zu erhalten. Das geschieht durch das `URLDecoder.decode(file, "UTF-8")`.

Folgend erstellen wir das Objekt *fileToBeDownloaded* vom Typ *java.io.File*, um daraus den Dateinamen unserer Zieldatei zu erhalten. Die beiden Objekte vom Typ *org.apache.hadoop.fs.Path* mit Namen *source* und *target* benötigen wir für den Aufruf von `fs.copyToLocaleFile(source, target)`. Hier findet der eigentliche Kopiervorgang statt. Die Datei wird dann aus dem HDFS in das bei der Initialisierung erstellte Verzeichnis *dlFolder* auf den Server heruntergeladen. Zurück geben wir einen String, der den Pfad enthält, an dem die herunterzuladende Datei auf dem Dateisystems des Servers liegt. Wie wir die Datei dann an den Benutzer unseres Web-Interface übergeben, sehen wir später im noch dafür zu programmierenden Download-Servlet.

Abschließend wollen wir sehen, wie der Upload einer Datei vom Client-PC in das entfernte HDFS vonstatten geht. Der Aufbau ist dem der vorigen Funktion nicht ganz unähnlich.

**Listing 3.115** Upload einer Datei über die Web-Anwendung in das HDFS

```
public boolean uploadFile(String source, String target) {

    log.log(Level.INFO, "Lade Datei hoch von '"+ source +"' nach '"+target+"'...");

    boolean result = false;
    try {
        Path targetPath = new Path(target);

        // Lade die Datei hoch...
        fs.copyFromLocalFile(new Path(source), targetPath);

        // ... und ändere den Besitzer
        fs.setOwner(targetPath, "hduser", "supergroup");
        result = true;
    } catch (Exception e) {
        log.log(Level.SEVERE, "Fehler beim Hochladen von '"+source+"'.");
        e.printStackTrace();
    }
    return result;
}
```

Wir nehmen hier den Pfad einer Datei auf dem Dateisystem des Servers entgegen und nutzen die Funktion `fs.copyFromLocalFile(Quelle, Ziel)`, um diese an einen gewünschten Ort im HDFS zu kopieren. Auch hier erwarten wir, dass die hochzuladende Datei bereits auf dem Server vorliegt. Wie sie dahin gelangt, zeige ich beim Erstellen des Upload-Servlets.

### Das Web-Interface

Die restlichen Methoden, die Sie in der fertigen Anwendung auf der DVD finden, sind selbsterklärend. Lassen Sie uns jetzt einen Blick auf die entsprechende JSP-Datei werfen, die unseren einfachen Web-Explorer anzeigt. Diese nennen Sie bitte *hdfs.jsp* und erstellen Sie sie im Ordner *WebContent*.

> **HINWEIS:** Ich verwende ein einfaches **Cascading Style Sheet (CSS)**, um die Seite etwas ansehnlicher zu gestalten. Wenn Sie also in den *div-Tags* gewisse *Id-Attribute* finden, die ich nicht erkläre, dann sind diese für den Style der Seite nötig.

Navigation und Importe überspringe ich hier und beginne direkt bei der Initialisierung unserer eigenen HDFS-Klasse und mit dem Auslesen des aktuellen Ordners aus den Seitenparametern, der sich in *currentDir* verbirgt. Dieser gibt an, in welchem Verzeichnis wir uns derzeit befinden.

**Listing 3.116** Auslesen der aktuellen Verzeichnisparameter aus dem HTTP-Request

```
// Verbindung zum HDFS initiieren
HDFS hdfsc = new HDFS();
hdfsc.init(HadoopProperties.get("hdfs_address"),
  HadoopProperties.get("hadoop_user"));

// Auslesen des aktuellen Verzeichnisses, in dem wir uns im HDFS befinden.
String currentDir = (String)request.getParameter("currentDir");
if ((currentDir == null) || (currentDir.trim().equals(""))) {
  currentDir = HadoopProperties.get("hdfs_address") + '/';
} else {
  currentDir = URLDecoder.decode(currentDir, "UTF-8");
}
```

Wir erstellen eine Instanz der Klasse HDFS und initialisieren diese mit dem Benutzernamen und der Adresse des HDFS, wie wir sie in unserer Properties-Datei hinterlegt haben. Über den Aufruf von `request.getParameter("currentDir")` holen wir uns den Inhalt des Parameters mit dem Namen *currentDir* aus dem HTTP-Request. Ist dieser nicht gesetzt (was beim ersten Aufruf der Seite der Fall ist) oder leer, dann setzen wir das Verzeichnis auf die Adresse des HDFS, gefolgt von einem Schrägstrich, sodass das Verzeichnis *hdfs://single:9000/* wäre. Ist *currentDir* jedoch als Parameter gesetzt, so dekodieren wir die Zeichenkette, sodass die Zeichen, die nicht in der URL auftauchen dürfen, wieder sichtbar werden.

**HINWEIS:** Die Request-Parameter, die wir hier verwenden, werden an die URL des Seitenaufrufs gehängt, sodass diese beim Anzeigen des Root-Verzeichnisses so aussähe:

*http://localhost:8080/09_HadoopManager/hdfs.jsp?currentDir=hdfs%3A%2F %2Fsingle%3A9000%2*

Sie sehen, dass im Parameter *currentDir* beim **Enkodieren** alle Doppelpunkte und Schrägstriche entfernt wurden. Das verhindert, dass der Server einen Request falsch interpretiert, schließlich werden Schrägstriche in URLs in der Regel verwendet, um Ordner abzugrenzen, und Doppelpunkte, um darauf hinzuweisen, dass das folgende Element der URL ein Port ist. Beim **Dekodieren** werden dann alle Sonderzeichen zurückgewandelt, sodass z. B. aus dem *%3A* wieder ein Doppelpunkt und aus *%2F* ein Schrägstrich wird. Um einer URL mehrere Parameter hinzuzufügen, müssen diese mit einem *&* getrennt werden. Über request.getParameter("ParameterName") können wir dann ganz einfach abfragen, welchen Wert der Parameter hat. Ist der Parameter in der URL nicht vorhanden, wird *null* zurückgeliefert.

Der nächste Request-Parameter, der verarbeitet wird, lautet *newFolder* und gibt an, ob ein neues Verzeichnis erstellt werden soll.

**Listing 3.117** Anlegen eines neuen Verzeichnisses im HDFS

```
// Soll ein neuer Ordner angelegt werden?
String newDir = (String)request.getParameter("newFolder");
if (newDir != null) {
  boolean creationResult = hdfsc.createNewFolder(currentDir + "/" + newDir);
  if (creationResult) {
    out.println("Neuer Ordner '"+ currentDir + "/" + newDir +"' angelegt.<br><br>");
  } else {
    out.println("<font color=\"#FF0000\">Erstellung des Ordners '"+
      currentDir + "/" + newDir + "' fehlgeschlagen.</font><br><br>");
  }
}
```

Hier nehmen wir einen Ordnernamen aus den Parametern des Requests entgegen und nutzen die zuvor implementierte Methode *hdfsc.createNewFolder*, um den Ordner zu erstellen. Konnte das Verzeichnis angelegt werden, so geben wir auf unserer Seite eine Erfolgsmeldung aus. Im gegenteiligen Fall teilen wir dem Benutzer mit, dass der Ordner nicht erzeugt werden konnte. Ich hebe Meldungen über ein nicht gewünschtes Verhalten gerne farblich hervor. In diesem Falle stellen wir den Text rot dar.

Es folgt die Verarbeitung eines weiteren Parameters, *delete*, um eine Datei oder einen Ordner zu löschen. Das geschieht über die Funktion *hdfsc.deleteFileOrFolder*, die Sie gerne im fertigen Beispiel auf der DVD betrachten können.

### Erzeugen von Breadcrumbs und das Menü

Sind die Parameter verarbeitet, möchte ich Ihnen zeigen, wie wir Pfade im HDFS als sogenannte *Breadcrumbs* anzeigen. Dabei werden einzelne Ordner in einer Hierarchie durch einzelne Links zugänglich gemacht.

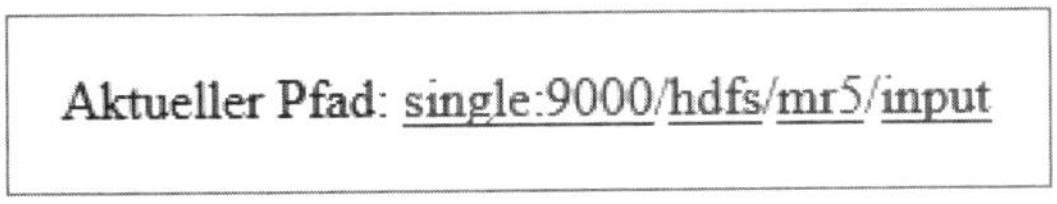

> Aktueller Pfad: single:9000/hdfs/mr5/input

**Bild 3.52** Anzeigen des aktuellen Ordners im HDFS als Breadcrumb

Durch dieses in der oberen Abbildung gezeigte Verfahren können wir ähnlich einem Explorer in Windows durch die verschiedenen Pfade navigieren, die unter unserem aktuellen Ordner liegen. Dabei nutzen wir die Methode `Helper.hdfsPathToLinks(Pfad)` wie im Listing unten gezeigt.

**Listing 3.118** Menü der Seite zum Manipulieren von Dateien im HDFS

```
// Anzeigen des aktuellen Verzeichnisses in Form von einer in Links unterteilten
// URL
String currentDirEncoded = URLEncoder.encode(currentDir, "UTF-8");
out.println("Aktueller Pfad: "+Helper.hdfsPathToLinks(currentDir)+"<br><br>");
```

Die Methode *hdfsPathToLinks* tut nichts anderes, als den Pfad in Form eines Strings zu durchwandern und nach jedem Schrägstrich ein Link-Element zu erstellen. Alle Links werden dann zusammengeschrieben und von der Methode in Form einer Zeichenkette zurückgeliefert. Google nutzt etwa diese Darstellungsart, um Suchergebnisse zugänglicher und transparenter zu machen.

Nach dem *Breadcrumb* kommen wir zum Menü, das wir in Bild 3.50 sehen. Dieses hat zwei Funktionen:

- Anlegen neuer Ordner
- Hochladen von Dateien

Umgesetzt ist das Ganze in Form von zwei HTML-Forms. Die erste besteht aus einem versteckten Textfeld, in dem wir das aktuelle Verzeichnis in den nächsten HTTP-Request mitnehmen, und aus einem Eingabefeld, in dem der Benutzer den Namen des neuen Verzeichnisses eingeben kann. Über einen Klick auf den Button mit der Beschriftung *Anlegen* wird abermals die Seite *hdfs.jsp* aufgerufen, nur dass nun die beiden Parameter *currentDir* und *newFolder* mitgeschickt werden. Wie zuvor gezeigt, reagiert die Seite dann beim Neuladen auf den Parameter *newFolder* und legt das entsprechende Verzeichnis an.

### Upload von Dateien vom Client ins HDFS

Die zweite Form zum Hochladen neuer Dateien ist etwas komplexer. Hier rufen wir ein Upload-Servlet auf (zu finden im fertigen Projekt im Package *de.jofre.servlets*) und übergeben dort den Parameter *targetDir*, in dem sich der Pfad des Verzeichnisses befindet, in dem wir uns zurzeit befinden. In einem Dateiauswahldialog kann der Benutzer eine Datei von seinem lokalen System auswählen und es dann über einen Klick auf *Hochladen* zum Server übertragen. Wir überprüfen jedoch zuvor via JavaScript, ob überhaupt eine Datei ausgewählt wurde. Die entsprechende Funktion heißt *showNoFile*, wird am Anfang der JSP definiert und im *onSubmit*-Ereignis des *Submit-Buttons* aufgerufen. Schauen wir uns nun an, wie das Upload-Servlet arbeitet.

**Listing 3.119** Das Upload-Servlet lädt Dateien vom Web-User ins HDFS.

```java
public class HDFSUploadServlet extends HttpServlet {

  private static final String DATA_DIRECTORY = "E:\\ulTemp";
  private static final int MAX_REQUEST_SIZE = 1024 * 1024 * 10; // 10 MB

  protected void doPost(HttpServletRequest request, HttpServletResponse response)
    throws ServletException, IOException {

    // Überprüfe, ob eine Datei hochgeladen werden soll
    boolean isMultipart = ServletFileUpload.isMultipartContent(request);
    if (!isMultipart) return;

    // Hole das Zielverzeichnis aus dem Request
    String targetDir = (String)request.getParameter("targetDir");

    // Initialisiere die Entgegennahme der Datei
    DiskFileItemFactory factory = new DiskFileItemFactory();
    factory.setRepository(new File(System.getProperty("java.io.tmpdir")));
    ServletFileUpload upload = new ServletFileUpload(factory);
    upload.setSizeMax(MAX_REQUEST_SIZE);

    try {
      // Verarbeite den Request
      List<FileItem> items = upload.parseRequest(request);
      Iterator<FileItem> iter = items.iterator();
      while (iter.hasNext()) {
        FileItem item = (FileItem) iter.next();

        if (!item.isFormField()) {
          String fileName = new File(item.getName()).getName();
          String filePath = DATA_DIRECTORY + File.separator + fileName;
          File uploadedFile = new File(filePath);

          // Speichere die Datei im angegebenen, lokalen Verzeichnis
          item.write(uploadedFile);

          // Lege Dateien im HDFS ab
          HDFS hdfsc = new HDFS();
          hdfsc.init(HadoopProperties.get("hdfs_address"),
            HadoopProperties.get("hadoop_user"));
          hdfsc.uploadFile(filePath, targetDir);
        }
      }

      // Ist die Datei hochgeladen, leite zu hdfs.jsp weiter
        getServletContext().getRequestDispatcher("/hdfs.jsp?currentDir="+
        targetDir).
        forward(request, response);

    } catch (FileUploadException ex) {
      throw new ServletException(ex);
    } catch (Exception ex) {
      throw new ServletException(ex);
    }
  }
}
```

Wie andere Servlets auch erweitert unser Servlet die Klasse *HttpServlet*. Darin überschreiben wir die Methode *doPost* und handeln darin eingehende Post-Requests, wie wir sie aus unserer Form absetzen. Zu Beginn erzeugen wir zwei statische Variablen. Die erste, *DATA_DIRECTORY*, spezifiziert das Verzeichnis, in das Uploads temporär auf dem Server abgelegt werden sollen. Die zweite, *MAX_REQUEST_SIZE*, benennt die Maximalgröße eines kompletten Requests, dabei wird die Größe in Byte angegeben, wir erlauben hier also maximal 10 Megabyte. Dabei handelt es sich um eine beliebige Begrenzung, erweitern oder beschränken Sie die Größe je nach Wunsch und Anforderung.

Nun machen wir zum ersten Mal von einer Klasse aus unserer zweiten Abhängigkeit in der *pom.xml* Gebrauch, den *commons-fileupload*. Wir überprüfen nämlich mit `ServletFileUpload.isMultipartContent(Request)`, ob der Request ein Multipart-Request ist. Dieser wird üblicherweise genutzt, wenn Dateien oder Daten generell über HTTP-Requests verschickt werden sollen. Ist es ein solcher Request, fahren wir fort, das Verzeichnis aus den Request-Parametern zu extrahieren, in das die Datei temporär hochgeladen werden soll, um dann weiter in das HDFS geleitet zu werden. Nun erzeugen wir eine *DiskFileItemFactory*, die sich um das Handling des Speichers für das Hochladen der Datei kümmert, sowie ein *ServletFileUpload*-Objekt, das für den Upload selbst zuständig ist. Über `upload.parseRequest(request)` erhalten wir alle Dateien, die im Request für einen Upload vorgesehen sind. Nun gehen wir die Liste der Dateien Stück für Stück durch und schreiben deren Inhalt in eine Datei auf dem Server. Anschließend stellen wir eine Verbindung zum HDFS her und laden die Datei via `hdfsc.uploadFile(QuellDatei, ZielDatei)` in das HDFS.

Natürlich könnte man hier das Erzeugen des HDFS-Objekts aus der Schleife auslagern, aber da wir beim Upload nur eine Datei pro Vorgang hochladen können, wird das Objekt sowieso nur einmal erzeugt. Über den *RequestDispatcher* leiten wir den Benutzer zum Schluss wieder auf unsere *hdfs.jsp* um. Dabei wird die Ordnerstruktur des aktuellen Ordners erneut ausgelesen und die hochgeladene Datei direkt angezeigt.

**Auflisten von Dateien und Ordnern aus einem Verzeichnis**

Schauen wir uns nun den Rest der *hdfs.jsp* an. Dort legen wir eine Tabelle an, wie sie in Bild 3.50 zu sehen ist. Diese listet alle Dateien und Ordner im HDFS auf und gibt Auskunft über folgende Merkmale und Optionen:

- Blockgröße
- Anzahl der Repliken im HDFS
- Änderungsdatum
- Option, die Datei/das Verzeichnis zu löschen
- Option, eine Datei herunterzuladen

Der Code, der die Tabelle erzeugt, sieht wie folgt aus.

**Listing 3.120** Auflisten von Dateien und Ordnern

```
// Liste alle Dateien und Ordner auf
List<FileStatus> entries = hdfsc.getEntriesFromDir(currentDir);

if (entries == null) {
out.println("<font color=\"#FF0000\">Fehler beim Auslesen des Pfades '"
  +currentDir+"'.</font><br>");
```

```java
    } else {
      for(int i=0; i<entries.size(); i++) {

        Date lastAccess = new Date(entries.get(i).getAccessTime());
        File currentFile = new File(entries.get(i).getPath().toString());

        // Ist es ein Ordner? Dann betritt ihn beim Anklicken.
        if (entries.get(i).isDirectory()) {
          String link = URLEncoder.encode(entries.get(i).getPath().toString(), "UTF-8");
          out.println("<tr>");
          out.print("<td><a href=\"hdfs.jsp?currentDir="+link+"\">"+
            currentFile.getName()+"</a></td>");
          out.print("<td>"+entries.get(i).getBlockSize()+"</td>");
          out.print("<td>"+entries.get(i).getReplication()+"</td>");
          out.print("<td>"+dfmt.format(lastAccess)+"</td>");
          out.print("<td><a href=\"hdfs.jsp?delete=" +
            URLEncoder.encode(entries.get(i).getPath().toString(), "UTF-8") +
            "&currentDir="+currentDir+"\" onclick=\"return " +
            "confirm('"+currentFile.getName()+" wirklich löschen?')\""+
            "\">Löschen</a></td>");
          out.print("</tr>");
        }

        // Ist es eine Datei? Lade sie durch einen Klick herunter
        if (entries.get(i).isFile()) {
          out.println("<tr>");
          out.print("<td><a href=\"download?dl=" +
            URLEncoder.encode(entries.get(i).getPath().toString(), "UTF-8") +
            "\" target=\"_blank\">"+currentFile.getName()+"</a></td>");
          out.print("<td>"+entries.get(i).getBlockSize()+"</td>");
          out.print("<td>"+entries.get(i).getReplication()+"</td>");
          out.print("<td>"+dfmt.format(lastAccess)+"</td>");
          out.print("<td><a href=\"hdfs.jsp?delete=" +
            URLEncoder.encode(entries.get(i).getPath().toString(), "UTF-8") +
            "&currentDir="+currentDir+"\" onclick=\"return " +
            "confirm('"+currentFile.getName()+" wirklich löschen?')\" " +
            "\">Löschen</a></td>");
          out.print("</tr>");
        }
      }
    }
    out.println("</table>");
  }
```

Die Funktion hdfsc.getEntriesFromDir(Pfad) wird genutzt, um Dateien und Ordner eines Verzeichnisses in eine Liste aus *org.apache.hadoop.fs.FileStatus* aufzulisten. Über diese Einträge iteriert eine For-Schleife. Darin wird der letzte Zugriffszeitpunkt auf die Datei ausgelesen sowie deren absoluter Pfad. Darauf folgt eine Unterscheidung, ob das zu behandelnde Objekt eine Datei oder ein Ordner ist. Ist es ein Ordner, wird als erstes Element der Tabelle ein Link geschrieben, der in diesen Ordner hineinführt. Ist es eine Datei, wird diese über das *Download-Servlet* zum Herunterladen angeboten. Die folgenden vier Einträge (Blockgröße, Repliken, letzter Zugriff und Löschen des Objekts) bleiben gleich. Das Löschen lassen wir uns via JavaScript vom Benutzer mittels der Funktion *confirm* ein zweites Mal bestätigen. Ein *FileStatus* beinhaltet noch weitere Informationen über eine Datei, etwa den Besitzer oder die Zugriffsrechte. Fügen Sie diese nach Belieben noch in den Explorer ein.

Die Implementierung des *Download-Servlets* ist recht einfach und bleibt damit Ihrem Selbststudium überlassen. Sie finden das Servlet im selben Package wie das *Upload-Servlet*. Darin werden Sie sehen, dass wir die Datei, wie in Bild 3.51 gezeigt, zuerst aus dem HDFS auf den Server in unser temporäres Verzeichnis herunterladen und dann über die HTTP-Response an den Benutzer zurückspielen.

Es wurde hier also gezeigt, wie in wenigen Zeilen ein einfacher HDFS-Explorer implementiert werden kann. Dieses Beispiel beweist, dass einerseits die Hadoop-API durchdacht und voll funktionsfähig ist und zweitens eine Fülle an Methoden bietet, die Ihnen als Entwicklern das Leben erleichtert. Viele kommerzielle Produkte, die auf Hadoop aufbauen, bringen einen solchen Web-Explorer übrigens mit, z. B. BigInsights von IBM. *Redgate* hingegen implementierte sogar eine Windows-Anwendung[15] für diesen Zweck.

### 3.16.2 Cluster-Monitor

Im zweiten Teil dieses Abschnitts soll nun die Anwendung um eine Sicht erweitert werden, die es uns ermöglicht, den Status unseres Clusters einzusehen. Dabei soll eine Liste aller Knoten darin erstellt und für jeden individuellen Knoten sollen folgende Eigenschaften gelistet werden:

- Status des Knotens
- Anzahl der darauf laufenden Container
- Genutzte Ressourcen (RAM, CPUs)
- Verfügbare Ressourcen (RAM, CPUs)

Die folgende Grafik zeigt die fertige Sicht mit einem Cluster bestehend aus einem Knoten.

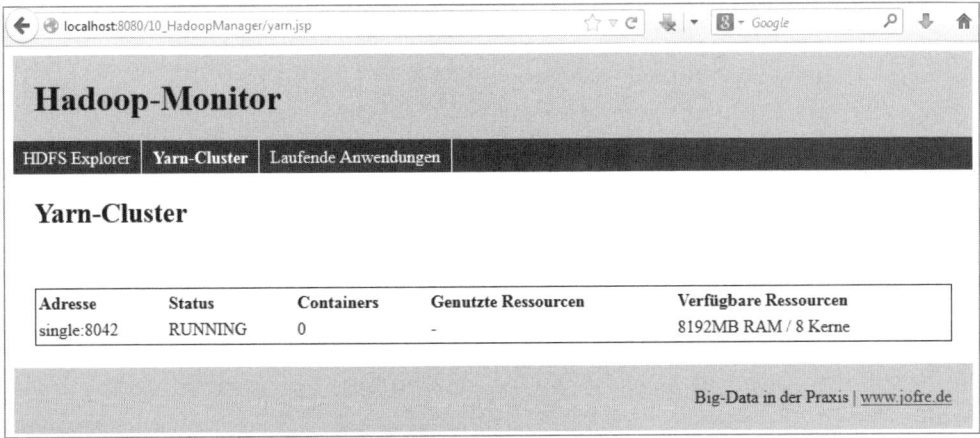

**Bild 3.53** Übersicht über alle Knoten im Cluster

---

[15] http://bigdata.red-gate.com/hdfs-explorer.html

Zugegeben, das Beispiel ist nicht besonders spektakulär, da wir in unserem *Single-Node-Cluster* eben auch nur einen Knoten sehen. Bei einem Cluster aus Knoten im zwei- oder dreistelligen Bereich ist die Ansicht sicherlich imposanter und außerordentlich hilfreich. So könnten etwa Knoten mit besonders hoher Auslastung oder besonders hoher Anzahl laufender Container gefunden werden oder welche, deren Status einen produktiven Einsatz verhindert (*UNHEALTHY, DECOMMISSIONED* oder *LOST*).

Um die Knoten auszulesen, erstellen wir eine einfache Funktion in der Klasse *de.jofre.hadoopcontroller.YarnCluster* namens *getNodes*. Darin nutzen wir den *org.apache.hadoop.yarn.client.api.YarnClient*, den wir schon in unserer YARN-Anwendung benutzt haben, um einen Client zu erzeugen.

**Listing 3.121** Initialisieren des YarnClients

```
public void init(String schedulerAddress, String resourceManagerAddress,
    String resourceTrackerAddress, String username) {
    log.log(Level.INFO, "Konfiguriere Verbindung zum YARN-Cluster...");

    // Setze den Hadoop-User
    System.setProperty("HADOOP_USER_NAME", username);

    // Erstelle Verweis auf die Win32-Libs von Hadoop
    WinUtilsSolver.solveWinUtilError();

    // Erstelle eine Konfiguration mit den nötigen Adressen.
    Configuration conf = new Configuration();
    conf.set("yarn.resourcemanager.scheduler.address", schedulerAddress);
    conf.set("yarn.resourcemanager.address", resourceManagerAddress);
    conf.set("yarn.resourcemanager.resource-tracker.address",
      resourceTrackerAddress);

    // Erstelle den YarnClient aus der Konfiguration
    yc = YarnClient.createYarnClient();
    yc.init(conf);
    yc.start();
}
```

Die Initialisierung ist recht einfach, wir füllen ein *Configuration*-Objekt mit den Einstellungen aus der *hadoop.properties* und initialisieren damit den *YarnClient*. Diesen nutzen wir dann in den folgenden Funktionen unserer Klasse, so auch in *getNodes*.

**Listing 3.122** Auflisten aller Knoten im Cluster

```
public List<NodeReport> getNodes() {
  if (yc == null) {
    log.log(Level.SEVERE, "YARN-client ist nicht verbunden!");
    return null;
  }
  List<NodeReport> nodes = null;
  try {
    // Abfragen aller Knoten
    nodes = yc.getNodeReports();
  } catch (Exception e) {
    log.log(Level.SEVERE, "Fehler beim Abfragen der Nodes.");
    e.printStackTrace();
```

```
    }
    return nodes;
}
```

Wir rufen lediglich die Funktion *yc.getNodeRepots* auf und schreiben alle Knoten in eine Liste, die wir als Ergebnis zurückliefern. Falls gewünscht, kann *getNodeReports* parametrisiert werden. Setzt man als Parameter etwa *NodeState.RUNNING* ein, so werden lediglich alle laufenden Knoten zurückgeliefert.

Die JSP habe ich hier *yarn.jsp* genannt. Sie beinhaltet im Wesentlichen den Aufruf der Methode *getNodes* und die Darstellung der zurückgegebenen Liste in Form einer Tabelle. Dabei werden von den zurückgelieferten Objekten vom Typ *org.apache.hadoop.yarn.api.records.NodeReport* die folgenden Funktionen bereitgestellt, um den Status eines Knoten zu deuten:

- *getHttpAddress* – Liefert die Adresse des Knoten zurück
- *getNodeState* – Liefert den Status des Knotens
- *getNumContainers* – Zeigt die Anzahl der allokierten Container
- *getUsed().getMemory* – Zeigt den genutzten Speicher
- *getUsed().getVirtualCores* – Zeigt die genutzten (virtuellen) Kerne
- *getCapability().getMemory* – Zeigt den verfügbaren Speicher
- *getCapability().getVirtualCores* – Zeigt die verfügbaren (virtuellen) Kerne

Dadurch ist es uns ein Leichtes, eine einfache Anwendung zu schreiben, um die Knoten unseres Clusters zu überwachen. Über einen Timer könnten Sie so eine zeitgesteuerte Komponente schreiben, die in bestimmten Intervallen den Status des Clusters überprüft und die Administratoren benachrichtigt, falls ein unerwünschtes Verhalten auftritt, z. B. falls Knoten in einen unbrauchbaren Zustand geraten oder falls die Auslastung bestimmter Knoten konstant maximal ist.

### 3.16.3 Überwachen der Anwendungen im Cluster

Als letztes Beispiel wollen wir uns anschauen, wie Anwendungen überwacht werden, die auf unserem Cluster ausgeführt werden oder wurden. Auch dafür bietet die API eine einfache, vorgefertigte Funktion, die wir in unserer Klasse *YarnCluster* kapseln.

**Listing 3.123** Auflisten aller laufenden Anwendungen

```
public List<ApplicationReport> getApplications() {
  if (yc == null) {
    log.log(Level.SEVERE, "YARN-client ist nicht verbunden!");
    return null;
  }
  List<ApplicationReport> results = new ArrayList<ApplicationReport>();
  try {
    // Abfragen aller Anwendungen
    results = yc.getApplications();
  } catch (YarnException e) {
    log.log(Level.SEVERE, "Fehler beim Abfragen der Anwendungen.");
```

```
      e.printStackTrace();
    } catch (IOException e) {
      log.log(Level.SEVERE, "Fehler beim Abfragen der Anwendungen.");
      e.printStackTrace();
    }
    return results;
  }
```

Hier genügt ein Aufruf von `yc.getApplications`, um eine Liste von *org.apache.hadoop.yarn.api.records.ApplicationReports* zu erhalten, die die Informationen über die Anwendungen auf dem Cluster beinhaltet, etwa:

- *getName* – Name der Anwendung
- *getApplicationType* – MapReduce oder YARN
- *getHost* – Host, auf dem der ApplicationMaster läuft
- *getUser* – Welcher User hat die Anwendung ausgeführt?
- *getProgress* – Fortschritt der Ausführung (von 0.0f bis 1.0f)
- *getStartTime* – Startzeitpunkt der Anwendung
- *getFinishTime* – Zeitpunkt der Fertigstellung der Anwendung

Eingebettet in eine entsprechende JSP namens *apps.jsp* sieht die Ausgabe aus wie in Bild 3.54.

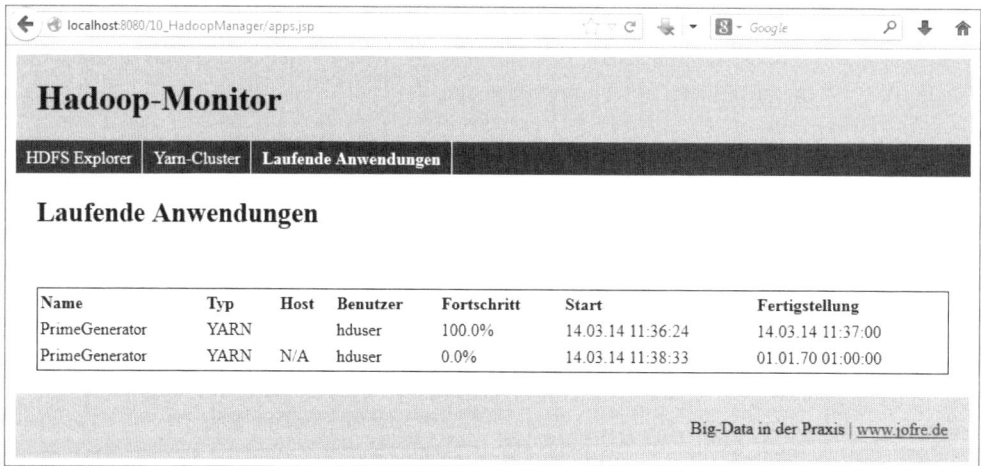

**Bild 3.54** Übersicht über alle Anwendungen im Cluster

Mit diesem Beispiel schließen wir nun den praktischen Teil der Arbeit mit Hadoop ab. Ich hoffe, ich konnte Sie ein wenig von der Einfachheit der Entwicklung mit der API überzeugen und Ihnen ein wenig Lust machen, die gezeigten Beispiele zu erweitern und auszubauen.

# 3.17 Gegenüberstellung zur traditionellen Verarbeitung

In diesem Abschnitt soll, nachdem wir nun die technischen Aspekte der Big-Data-Verarbeitung kennengelernt haben, der Unterschied zur traditionellen Datenverarbeitung dargestellt werden. Der Datenfluss von der Datenquelle, sei es nun ein Onlinedienst wie Twitter, ein Datei- oder ein Datenbanksystem, bis hin zur Präsentation ist in einer Drei-Schichten-Architektur recht leicht darzustellen und zu verstehen. Die Daten werden von der Logik aus der Quelle in ein Datenmodell eingelesen, von einem Controller transformiert, sodass sie für den Betrachter aus der gewünschten Perspektive betrachtet und präsentiert werden können.

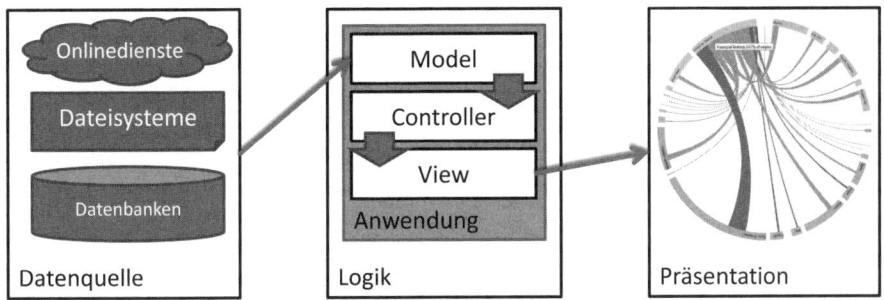

**Bild 3.55** Ablauf der Datenverarbeitung in einer klassischen Anwendung

Tatsächlich sieht der Prozess bei einem Big-Data-Projekt nicht sehr viel anders aus, bis auf den Unterschied, dass die Logik zweigeteilt ist. Auf der einen Seite steht die herkömmliche Applikation und auf der anderen die verteilt laufende Anwendung auf verschiedenen Hadoop-Instanzen. Diese beiden Teile müssen miteinander kommunizieren und Daten austauschen können. Die Map-Reduce-Jobs und YARN-Anwendungen sind hier ganz klar als sekundäre Komponente zu sehen, da sie weder in der Lage sind, Eingaben vom Endbenutzer entgegenzunehmen, noch deren Zweck darin besteht, Ausgaben in ansprechender Form zurückzuliefern. Diese Aufgabe übernimmt beispielsweise eine Web- oder Desktop-Anwendung, die dann auf Anfrage Jobs startet und auswertet. In Bild 3.56 auf der nächsten Seite ist die Auslagerung der Datenverarbeitung an die Hadoop-Instanzen zu sehen. Die Anwendung schickt dabei Anfragen an diese und erwartet entsprechend aufbereitete Daten zurück. Dafür beziehen die Jobs ihre Rohdaten aus Datenbanken, Dateisystemen oder anderen Quellen. Der gestrichelte Pfeil, der von der Anwendung auf die Datenquellen zeigt, betont, dass eine Anwendung natürlich ebenso direkt auf die Datenquellen zugreifen kann, falls nötig.

Durch die Abbildung möchte ich vor allem zeigen, dass Hadoop nicht als eigenständige Software existieren kann, es sind weiterhin Komponenten für die Datenintegration, -extraktion, -aufbereitung und für die Datenpräsentation vonnöten.

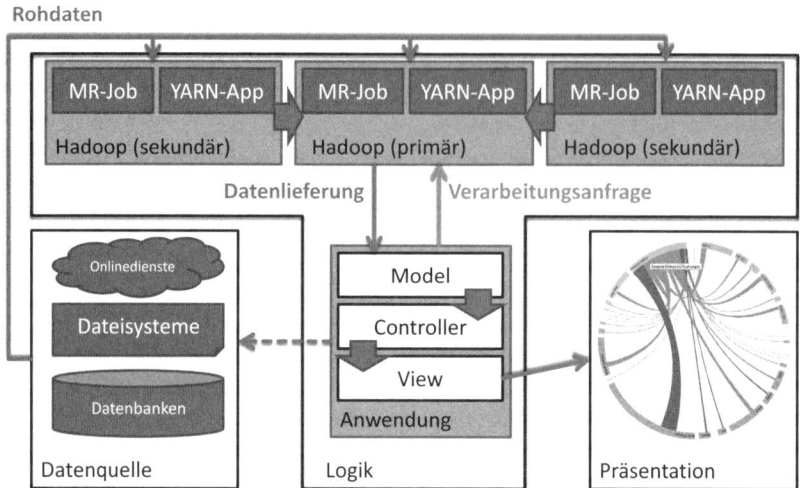

**Bild 3.56** Ablauf der Datenverarbeitung in einer Big-Data-Anwendung

## 3.18 Big-Data aufbereiten

Wir haben in den vorigen Kapiteln gesehen, dass weder YARN noch Map-Reduce Allzweckwaffen sind, die man auf seine Daten loslässt und die dann automatisch die Informationen ausgeben, die man gerade benötigt hat. Es bedarf also einiger selbst zu implementierenden Algorithmen zur Datenaufbereitung und -verarbeitung. Oft sind diese Algorithmen nach dem ersten Entwurf nicht perfekt, sondern müssen in vielen kleinen iterativen Schritten angepasst werden. Wie sich die Evaluierung des Reifegrades und die damit verbundene Anpassung gestalten, möchte ich Ihnen im folgenden Abschnitt näherbringen.

### 3.18.1 Optimieren der Algorithmen zur Datenauswertung

Festzustellende Mängel in Algorithmen sind meistens keine Fehler im Programmcode oder technische Fehler, sondern Fehler in der Konzeption. Das hat zur Folge, dass die Algorithmen angepasst werden müssen, sodass sie das Ergebnis liefern, das ein geschulter Sachkundiger nach einiger Überlegung ebenso erzielen würde. Nur so schafft man ein nötiges Vertrauensverhältnis zwischen der Software, die wir ITler entwickeln, und den Analysten, die diese später nutzen und sich darauf verlassen. Kennen Sie den Fall, dass Sie ein Programm installieren, aber nicht sicher wissen, ob es in jedem Fall das tut, was Sie von ihm erwarten? Meistens löscht man dieses sogleich und sieht sich nach einer Alternative um. Welche Wege kann man nun gehen, um die Funktionalität eines Programms zu verbessern?

### Trainieren der Algorithmen anhand von Trainingsdaten

Bei unstrukturierten Daten, wie etwa Klartexten, reicht häufig die Erstellung einer lauffähigen Anwendung nicht aus, sie muss zusätzlich getestet und trainiert werden. Wollen wir etwa Dokumente auf Rechtschreibfehler untersuchen und all diejenigen aussortieren, die zu viele Fehler enthalten, so müssten wir etwa einen Schwellenwert finden, bei dem wir einen Text definitiv als ungenügend klassifizieren. Testdaten helfen, diese Fragen zu beantworten. So würde man beispielsweise 50 Texte mit 0 bis n Fehlern zurate ziehen und überprüfen, bei welchem Fehlerquotienten ein Text als unleserlich erscheint. Nun wird der Quotient in den Algorithmus aufgenommen und auf Realdaten angewandt. Bestehen einige Texte, obwohl sie hätten aussortiert werden müssen, muss die Toleranzschwelle angepasst werden. Diesen Vorgang nennt man Trainieren eines Algorithmus.

Eine Beschreibung dieses Vorgangs finden Sie in jedem Buch über Data-Mining. Wir wollen nun diskutieren, wo die Besonderheiten bei Big-Data liegen. Ein klassischer Fehler ist es, einen Algorithmus zu sehr zu trainieren, indem man zu viele Testdatensätze verwendet. Das hat zur Folge, dass der Algorithmus perfekt auf die Testdaten abgestimmt ist, mit neuen Daten jedoch Probleme haben könnte. Würden wir etwa nach einem Training mit akademischen Texten Texte im Netzjargon (*Leetspeak*) auf Fehler überprüfen, würde unser Algorithmus sicherlich jedes Dokument durchfallen lassen, da er Begriffe wie *L33T*, *OM9* oder *I < 3 u* nicht kennt. Statt also dazu zu tendieren, viele Trainingsdaten zu verwenden, die uns als Big-Data-Spezialisten sicherlich vorliegen, sollte vielmehr darauf geachtet werden, möglichst alle Facetten der späteren Eingangsdaten abzudecken und den Algorithmus noch einmal nachzubessern.

In Kapitel 8 werden wir *Apache OpenNLP* einsetzen, um eine Klassifizierung von Texten und Daten sowie eine Sentiment-Analysis durchzuführen, um Stimmungen in Texten zu finden. In beiden Fällen wird gezeigt, wie das Training der entsprechenden Algorithmen geschieht, sodass Sie sich den gerade beschriebenen Vorgang auch noch einmal im praktischen Einsatz ansehen können.

### Fehlererkennung und Fehlertoleranz

Ein Vorteil von Big-Data ist, dass Daten so zahlreich vorhanden sind, dass es im Regelfall nicht schlimm ist, wenn ein einzelner Datensatz nicht bearbeitet wird. Würden wir also nun die Fehlerquotienten in den eben analysierten Dokumenten ihrem Herkunftsort zuordnen, so läge ein Vorgehen nahe, diese Daten visuell auf einer Landkarte, z. B. einer *Choroplethenkarte* (siehe Abschnitt 7.1), abzubilden. Eine Abweichung in der Ausprägung der dargestellten Kennzahl (also des Fehlerquotienten) wäre bei vielen Tausend Datensätzen kaum wahrnehmbar. Die Auswertung großer Datenmengen hat hier also eine eindeutig positive Auswirkung auf die Darstellung von Kennzahlen, da sie Fehler (in geringer Anzahl) verschleiern kann.

Gravierender ist es, wenn Daten falsch zugeordnet und abgebildet werden. Würde das Programm beispielsweise Bankangestellte in Deutschland geschlüsselt auf Bundesländer visualisieren und würde es die Kennzahlen von *Frankfurt am Main* und *Frankfurt an der Oder* fälschlicherweise zusammenzählen, dann würde durch diese missglückte Zuordnung das Gesamtbild der Auswertung stark verfälscht werden. Hier hilft uns ein großer Datenumfang auch nicht weiter, da die Zahl der falschen Zuordnung proportional mit der Zahl der Datensätze zunimmt.

## 3.18.2 Ausdünnung und Gruppierung

Grade dann, wenn Daten nicht textuell, sondern visuell dargestellt werden sollen, lohnt es sich, diese im Vorfeld auszudünnen und ggf. zu gruppieren. Der Grund dafür ist einfach: Wenn wir später in Kapitel 7 eine Visualisierungskomponente für Big-Data entwerfen werden, dann müssen wir damit rechnen, dass diese sehr viele Datensätze zeichnen muss. Handeln wir diesen Vorgang serverseitig ab, müssen wir auf unserer Seite für starke Hardware sorgen. Das kostet allerdings Geld und Geld wird gerade für experimentelle Bereiche wie etwa die Big-Data-Bewegung ungern ausgegeben. Wenn wir Diagramme clientseitig rendern, dann müssen wir davon ausgehen, dass die Nutzer unserer Anwendung über schnelle Rechner verfügen. Bedenkt man nun, dass immer häufig Tablets und Smartphones verwendet werden (oft auch im Management, dort, wo man bunte Bildchen in Reporting-Tools bevorzugt), so ist es leicht zu folgern, dass wir das Rendering der Grafiken so effizient wie möglich gestalten müssen. Wie? Na ja, durch Ausdünnung und Gruppierung.

Nehmen wir einmal an, wir wären ein deutschlandweit agierendes Unternehmen, das auf eine Stellenausschreibung mehrere Bewerberschreiben erhält, die nun maschinell analysiert werden sollen. Die Personalabteilung fragt dann aus Interesse bei den Analysten nach, ob diese nicht rausfinden könnten, aus welchen Bundesländern die meisten fehlerhaften Bewerbungen kommen. Die sagen nicht nur Ja, sondern versprechen sogar, eine entsprechende Visualisierung zu liefern.

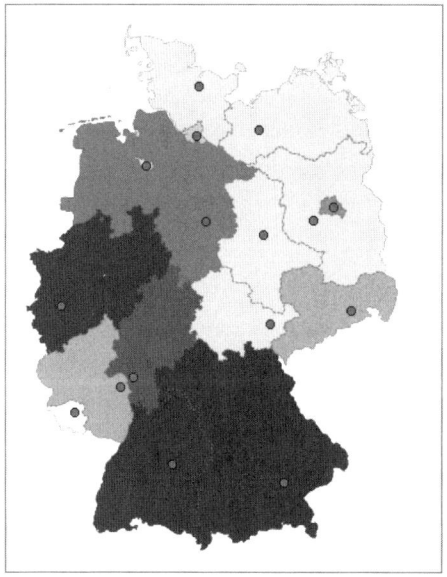

**Bild 3.57**
Eine Landkarte stellt die Herkunftsstadt von Bewerberschreiben dar.

In Bild 3.57 werden nun die Städte, aus denen uns Bewerbungen zur Analyse erreichen, durch einen runden Marker gekennzeichnet. Die Bundesländer werden, wie in einer Choroplethenkarte üblich, über die Sättigung eines Farbtons entsprechend dem Fehlerquotienten gekennzeichnet. Dunkle Felder entsprechen einer hohen Fehleranzahl, helle Felder einer niedrigen. Der Datensatz, der der Visualisierung zugrunde liegt, sieht stark gekürzt wie folgt aus.

**Tabelle 3.13** Datensatz zur Visualisierung der Fehlerquotienten pro Bundesland

| Autor | Herkunftsort | Redundant |
|---|---|---|
| Jonas Freiknecht | Karlsruhe | |
| Daniel Wilhelm | München | |
| Aram Bremer | München | X |
| Berthold Ruderer | Mainz | |
| Carlos Dodek | Saarbrücken | |
| Dorit Meißner | Mainz | X |
| Emil Berger | Wiesbaden | |
| Frank Neubauer | Mainz | X |
| Ludwig Bering | Kiel | |
| … | … | … |

Wir sortieren also lediglich doppelte Einträge für eine Stadt aus, die bereits in unseren Daten gefunden wurde. Somit vermeiden wir, dass wir die Marker auf der Landkarte doppelt zeichnen. Vielleicht klingt das jetzt etwas übervorsichtig, bedenken Sie jedoch, was wir dadurch bei 100 000 Einträgen an Ressourcen sparen können. Nicht nur der Aspekt des Renderings sollte dabei bedacht werden. Wenn wir Diagramme per JavaScript im Browser des Nutzers rendern lassen, dann müssen wir auch weniger Daten von unseren Servern dorthin transportieren, was wiederum zu einer Traffic-Reduktion unserer Infrastruktur führt.

Möchten wir nun noch darstellen, wie viele Texte uns aus welcher Stadt erreichen, dann können wir die Daten zusätzlich gruppieren und einen Counter an das Diagramm-Framework übertragen. Dieser Counter kann dann beispielsweise wie in Bild 3.58 zu sehen die Größe des Markers bestimmen.

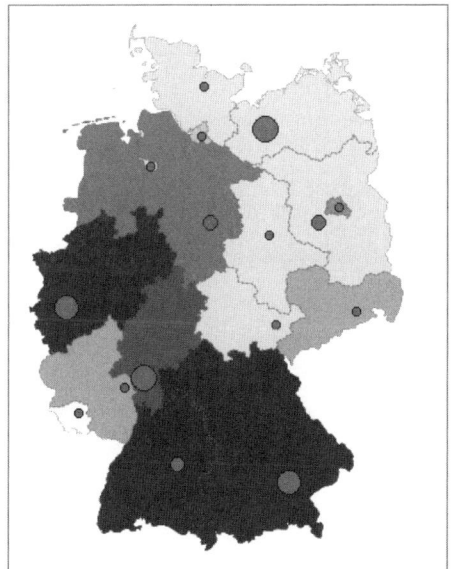

**Bild 3.58**
Gruppierung und Aufsummierung gleicher Herkunftsorte

Somit ist nicht nur der Fehlerquotient der Texte erkennbar, sondern auch, aus welchen Städten wie viele Texte eingegangen sind. Ein Training des Visualisierungsalgorithmus, wie es oben beschrieben wird, würde hier zu der Erkenntnis führen, dass die Marker eine gewisse Größe nicht überschreiten dürften, da sie sonst ganze Teile der Karte überdecken würden.

Ich hoffe, ich konnte Ihnen durch die Beispiele in diesem Abschnitt deutlich machen, dass eine gewissenhafte und intelligente Datenaufbereitung im Big-Data-Bereich noch eine sehr viel größere Rolle spielt, als sie es bisher schon tut. Daten im ursprünglichen Umfang zwischen verschiedenen Systemen hin und her zu schicken, erfordert entweder eine solide IT-Landschaft oder einige Überlegungen, wie man Daten nach der eigentlichen Auswertung klug zusammenfassen kann. Das Testen und Erproben der Programme kann im Vorfeld dabei helfen, Stolpersteine aus dem Weg zu räumen.

## ■ 3.19 Ausblick auf Apache Spark

Im Jahre 2014 gehört Map-Reduce schon fast zum alten Eisen. Auch wenn noch viele Technologien darauf aufbauen, so sind es doch neue, schnellere und flexiblere Anwendungen und Frameworks, die uns derzeit beschäftigen. Neben YARN sind vor allem noch *Apache Spark* und *Storm* zu erwähnen. Lassen Sie uns Ersteres etwas genauer betrachten.

*Spark* ist eine Engine zur Datenverarbeitung, die ihren Fokus auf In-Memory-Datenhaltung gelegt hat. Statt zwischen verschiedenen Verarbeitungsschritten in einem Job die Daten im HDFS zu persistieren, legt *Spark* diese im RAM ab und bringt damit einen zehn- bis vierzigfachen Geschwindigkeitsgewinn gegenüber Map-Reduce. Parallel verfügt *Spark* weiterhin über die Fähigkeit, mit dem HDFS zu interagieren, ist also voll kompatibel zu Hadoops Speicher-API. *Spark* setzt auf die vorwiegend funktionale Programmiersprache *Scala*, welche für einen Entwickler, der aus der objektorientierten Welt kommt, etwas gewöhnungsbedürftig ist. Zwar bietet *Spark* auch eine API in Java und Python an, jedoch wird der Programmcode durch die Verwendung rein objektorientierter Programmiersprachen wieder etwas verkomplizeirt. Lassen Sie uns eine Datenverarbeitung in *Spark* mal in Form von *Scala* und von Java betrachten.

**Listing 3.124** Vergleich der Spark-API am Beispiel eines Word-Counts in Scala ...

```
val file = spark.textFile("hdfs://input/input.txt")
val counts = file.flatMap(line => line.split(" "))
  .map(word => (word, 1))
  .reduceByKey(_ + _)
counts.saveAsTextFile("hdfs://output/output.txt")
```

**Listing 3.125** ... mit einer Implementierung in Java

```
JavaRDD<String> file = spark.textFile("hdfs://input/input.txt");
JavaRDD<String> words = file.flatMap(new FlatMapFunction<String, String>() {
  public Iterable<String> call(String s) {
    return Arrays.asList(s.split(" "));
```

```
    }
});

JavaPairRDD<String, Integer> pairs = words.map(new PairFunction<String, String,
    Integer>() {
      public Tuple2<String, Integer> call(String s) {
        return new Tuple2<String, Integer>(s, 1); }
});

JavaPairRDD<String, Integer> counts = pairs.reduceByKey(new Function2<Integer,
    Integer>() {
      public Integer call(Integer a, Integer b) { return a + b; }
});

counts.saveAsTextFile("hdfs://output/output.txt");
```

Der Java-Code ist ungleich komplexer und um einiges schwerer zu lesen, wobei sich der Sinn des Scala-Codes beinahe sofort offenbart und Funktionsnamen und Parameter viel sprechender sind. Wenn nun jedoch mit Java 8 die *Lamda-Expressions* Einzug halten, dann wird Spark mit Sicherheit zu einem Framework, das durch den Geschwindigkeitsgewinn und die einfache API zu einer gewinnbringenden Ergänzung zum aktuellen Ecosystem Hadoops wird.

**Listing 3.126** Word-Count-Beispiel mit Java 8 und Lamda-Expressions
```
JavaRDD<String> lines = sc.textFile("hdfs://input/input.txt");
JavaRDD<String> words =
  lines.flatMap(line -> Arrays.asList(line.split(" ")));
JavaPairRDD<String, Integer> counts =
  words.mapToPair(w -> new Tuple2<String, Integer>(w, 1))
    .reduceByKey((x, y) -> x + y);
counts.saveAsTextFile("hdfs://output/output.txt");
```

Die Klasse *JavaRDD*, die hier häufig zum Einsatz kommt, kapselt sogenannte *Resilient Distributed Datasets* (RDD), die eines der Kernelemente von *Spark* darstellen. RDDs helfen, verteilte Berechnungen auf Basis von Daten, die im flüchtigen Speicher liegen, auszuführen und dabei besonders fehlertolerant zu sein. Diese Fehlertoleranz gewährleistet das RDD-Modell dadurch, dass es lediglich grobgranulare Transformationen (im Gegensatz zu feingliedrigen Updates auf kleinen Datensätzen) auf einem großen Datensatz zulässt, die sich im Fehlerfall leicht wiederholen lassen. Diese Transformationen können etwa ein *map*, ein *reduce*, ein *filter*, ein *join* usw. sein.

Listing 3.126 zeigt, dass der Umfang des Java-Codes durch den Einsatz von Lambdas und RDDs stark reduziert und die Lesbarkeit im Gegenzug erhöht wird. Die Darstellung des Codes eines Map-Reduce-Jobs, der die gleiche Aufgabe erledigt, erspare ich Ihnen hier aus Platzgründen. Er wäre jedoch mit Sicherheit mindestens fünfmal so komplex.

 **PRAXISTIPP:** Schauen Sie sich auch mal das Projekt **Shark** der Berkeley University an, das verspricht, die Geschwindigkeit von Hive über eine eigene Query-Engine in Zusammenarbeit mit Spark zu erhöhen. Dabei können Sie die Hive-Abfragen, wie sie in Abschnitt 6.4 vorgestellt werden, unverändert über Shark ausführen.

## 3.20 Markt der Big-Data-Lösungen

Wie auch in anderen Sektoren gibt es Unternehmen, die die Entwicklung von Lösungen, Technologien und Methoden vorantreiben, und andere, die dem Trend folgen, ihn optimieren und auf den produktiven Einsatz vorbereiten. So auch im Sektor der Big-Data-Lösungen, in dem Hadoop-Distributionen wie Hortonworks, BigInsights und Cloudera häufig genannt werden. Betrachtet man diese Alternativen zu Hadoop, sieht man, dass der Markt recht stark umkämpft ist. Bild 3.59 zeigt einen Ausschnitt einiger Map-Reduce-Implementierungen, die häufig aufgrund von Sprachunterschieden entwickelt wurden. So basiert *Disco* auf Python, Misco ist für mobile Endgeräte ausgelegt und BashReduce arbeitet, wie der Name vermuten lässt, mit Bash-Skripten.

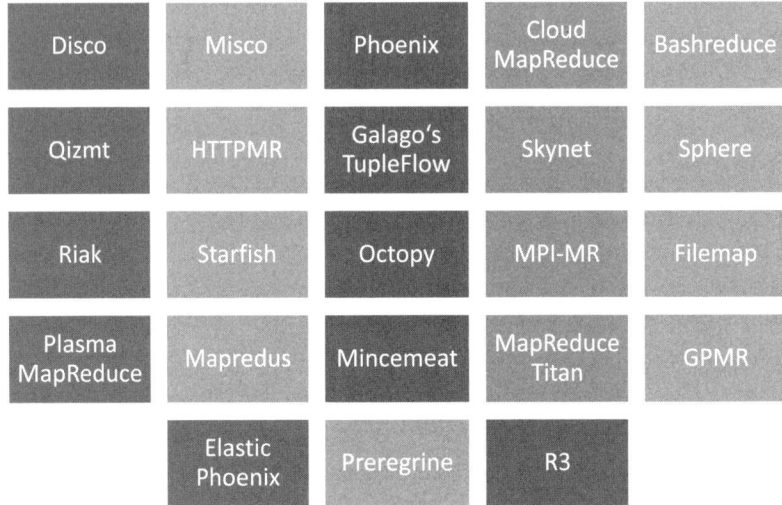

**Bild 3.59** Übersicht über bekannte Map-Reduce-Frameworks

Da wir uns jedoch mit dem Marktführer Hadoop beschäftigen, soll hier etwas näher auf dessen Entstehung eingegangen werden oder, genauer gesagt, auf die verschiedenen Firmen, die Beiträge zu Hadoops Code-Base leisten. Bild 3.60 zeigt eine Übersicht über alle Patches, die für Hadoop im Jahr 2011 entwickelt wurden. Dabei wird farblich zwischen dem Hadoop-Kern und den dazugehörigen Werkzeugen (HBase, Hive …) unterschieden.

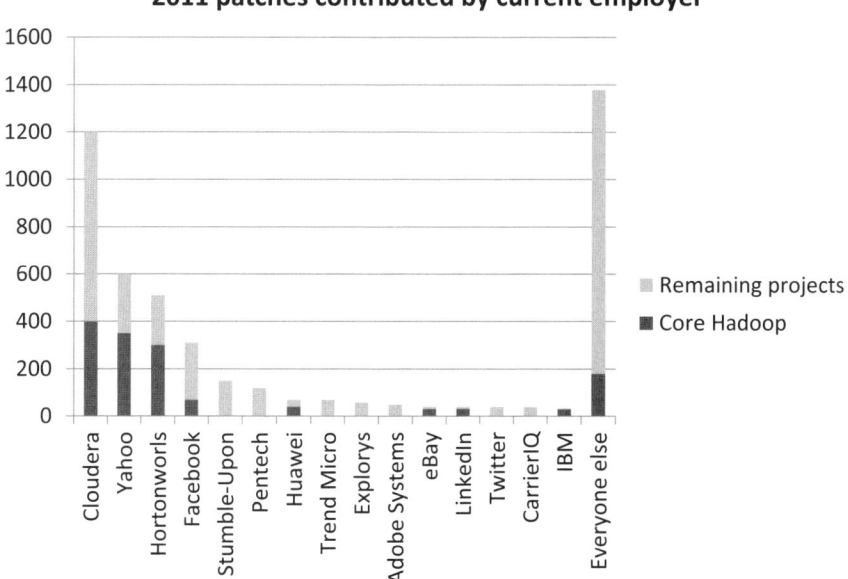

**Bild 3.60** Übersicht über Beiträge zu Hadoop im Vergleich

Es ist zu sehen, dass Cloudera, Yahoo, Hortonworks und Facebook zu einem großen Teil zur Entwicklung von Hadoop beitragen. NoSQL hingegen wird besonders von *MongoDB Inc.* (früher *10gen*), *Amazon, CouchBase, DataStax* und *Neo Technologies* unterstützt. Aus diesen Firmen stammen unter anderem *MongoDB, Cassandra* und *Neo4j*, die wir später kennenlernen werden, wenn es um NoSQL-Datenbanken geht. Der dritte Sektor, Big-Data-Analytics, wird besonders durch die Hauptakteure wie *IBM, Datameer, Hadept, Karmasphere, Platfora* und *Splunk* vorangetrieben. Bild 3.60 zeigt neben den Kontributoren ebenfalls sehr genau, dass besonders jüngere Unternehmen auf Big-Data setzen. Marktführer wie *Oracle, Microsoft* oder *SAP* fehlen (noch) in der Statistik von 2011. Interessant ist weiterhin die Abwesenheit von Beiträgen von Amazon, das den Marktführer unter den Big-Data-Service-Providern (*Elastic MapReduce*) darstellt.

# 4 Das Hadoop-Ecosystem

Nun haben wir bereits Hadoop recht gut kennengelernt und gesehen, zu was es in der Lage ist, wenn wir seine Handhabung beherrschen. Die drei großen Komponenten, aus denen es besteht – HDFS, Map-Reduce und YARN –, bieten einerseits einen sehr guten Ansatz zur Speicherung und zur Verarbeitung großer Datenmengen. Andererseits sehen wir uns als ITler Anforderungen ausgesetzt, die die bloßen Fähigkeiten Hadoops übersteigen. Wir wollen die Daten nicht nur verarbeiten, sondern auch analysieren, sie filtern und aus verschiedenen Perspektiven betrachten und letztendlich neue Informationen aus ihnen gewinnen. Dazu ist es unerlässlich, dass wir Hadoop weitere Komponenten beiseitestellen, die häufig als *Hadoop-Ecosystem* oder *Hadoop Family* bezeichnet werden. Eine entsprechende Übersicht darüber sehen Sie in Bild 4.1.

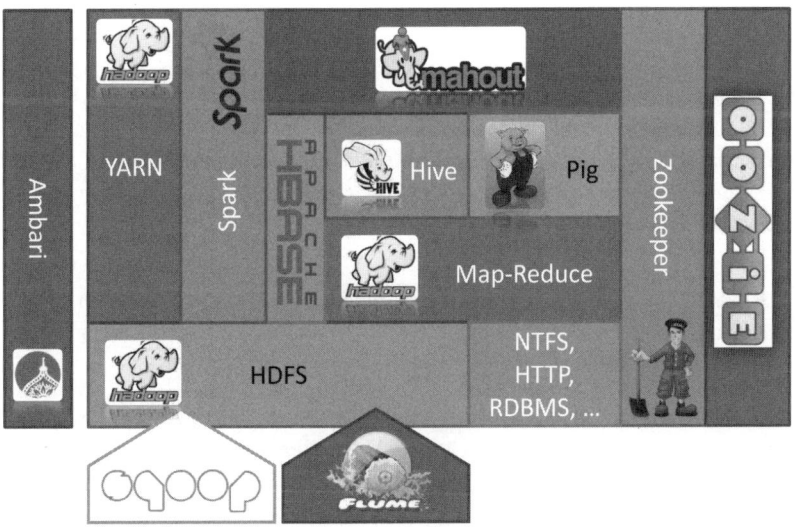

**Bild 4.1** Das Hadoop-Ecosystem

Alle diese Programme und Bibliotheken wurden und werden momentan unter der Schirmherrschaft der *Apache Foundation* entwickelt und sind frei verfügbar. Sie sollen nun im Einzelnen kurz vorgestellt werden, um den Zusammenhang und deren Daseinsberechtigung in *Hadoops Ecosystem* aufzuzeigen. Das HDFS, Map-Reduce und YARN haben wir bereits hinreichend kennengelernt, sodass wir sie hier getrost überspringen können. *Hive*, *HBase* und *Pig* werden in den folgenden Abschnitten nur kurz angerissen, da sie später noch wesentlich ausführlicher vorgestellt werden. Sie werden in den Beschreibungen sehen, dass sich die Funktionalitäten einiger Anwendungen überschneiden. Das ist dem Umstand geschuldet, dass die Koordination von quelloffenen Projekten, die von vielen verschiedenen Personen aus vielen Unternehmen entwickelt werden, nicht immer ganz einfach ist bzw. jede Gruppe ihr Projekt als die Ideallösung für Fall XYZ sieht. Letztendlich kristallisiert sich jedoch in den meisten Fällen eine Software heraus, die für einen spezifischen Use-Case eingesetzt wird, sodass die Wahl eines geeigneten Programms nicht schwerfallen sollte. Ist das nicht der Fall, dann orientieren Sie sich einfach am Overhead, den eines der beiden konkurrierenden Projekte mitbringt, und wählen Sie das mit dem geringsten Installations- und Maintenance-Aufwand.

**HINWEIS:** Zum Beispiel ist Zookeeper lediglich darauf ausgelegt, einen Cluster zu orchestrieren, Ambari tut dasselbe, nur bringt es noch Monitoring- und Installationskomponenten mit, was nicht in jedem Fall benötigt wird.

Eine zweite Option ist, sich von Referenzarchitekturen für ihre Big-Data-Projekte inspirieren zu lassen, die viele Unternehmen im Internet vorstellen.

## 4.1 Ambari

*Apache Ambari* ist eines der jüngeren Projekte der *Apache Foundation* und wurde bereits in Abschnitt 3.10 angesprochen. Es dient dazu, einen Hadoop-Cluster zu konfigurieren, zu überwachen und zu verwalten. *Ambari* löst inoffiziell das Projekt *Apache Chukwa* ab, das sich dem Monitoring eines Clusters gewidmet, aber seit Januar 2012 keine weiteren wesentlichen Updates mehr erfahren hat.

**HINWEIS:** Häufig wird auch im Zusammenhang mit der Konfiguration eines Hadoop-Clusters das Werkzeug *Rex* genannt und im Zusammenhang mit der Überwachung das sehr verbreitete *Nagios*.

Zu den Kernkompetenzen von Ambari gehören etwa die Funktionen:
- (GUI-basierte) Installation eines Hadoop-Clusters
- Starten, Stoppen, Zuweisen ... eines Master-Knotens
- Hinzufügen und Entfernen von sekundären Knoten
- Monitoring des Clusters (z. B. Auslastung, laufende Anwendungen ...)
- Verfügbarkeit weiterer Komponenten (Oozie, Zookeeper, Hive ...)
- Hinweise bei kritischen Fehlern während der Ausführung von Jobs oder bei kritischen Systemzuständen

## 4.2 Sqoop

*Sqoop* dient dem Datenaustausch zwischen Hadoop und relationalen Datenbanksystemen und ist aus dem Umstand heraus entstanden, dass Unternehmen bereits über große Datenbestände auf SQL-Servern verfügen und diese nun für die Verarbeitung via Hadoop im HDFS bereitstellen möchten. Ebenso bedient *Sqoop* die Anforderung, Daten aus Hadoop zurück in die relationalen Datenbanken zu tragen, was den Vorteil hat, dass bestehende Reporting-Werkzeuge auf die aufbereiteten Daten zugreifen und diese visualisieren oder anderweitig weiterverarbeiten können. *Sqoop* kann nicht nur mit dem HDFS interagieren, sondern verfügt auch über Schnittstellen auf höhere Abstraktionsschichten zu *Hive* und *HBase*. Datentransfervorgänge können via Scheduler geplant zu bestimmten Tageszeiten (auch wiederholt) ausgeführt werden. Technisch gesehen ist *Sqoop* eine einfache Anwendung, die über die Kommandozeile ausgeführt wird. Konfiguriert wird ein Datentransfer über die gewöhnliche Parametrisierung des Aufrufs. *Sqoop* generiert dann einen *Map-Only-Job*, der den Transfer vornimmt. Dieser kann durch die Verwendung von Map-Reduce parallelisiert und performanter ausgeführt werden, als es ein simpler Datentransfer aus einem RDBMS kann. *Sqoop* kann über Plug-ins erweitert werden, sodass auch Datenquellen/-senken angesprochen werden können, die nicht im ursprünglichen Katalog vorgesehen sind. Wir werden Sqoop in Kapitel 5 und 6 noch kennenlernen und einsetzen. In Kapitel 10 finden Sie des Weiteren eine Anleitung zur Verwendung von Sqoop 2.

## 4.3 Flume

*Sqoop* ist also da, um statische Daten zur Analyse bereitzustellen. *Flume* hingegen ist auf sich bewegende Daten fokussiert, die unter anderem in einer der folgenden Formen auftreten:
- Anwendungs-Logs
- Tweets
- Daten aus sozialen Netzwerken
- Sensordaten
- Transaktionsdaten

Diese und andere Datentypen werden über Agenten aus den Datenquellen gelesen und in eine beliebige Art von Datensenke eingespielt – im Regelfall ins HDFS. Ein Agent besteht aus mindestens drei Komponenten.
- *Source* – Nimmt Daten in Form von Events entgegen
- *Channel* – Dient als Queue für die Events
- *Sink* – Schreibt Events an eine vorher definierte Stelle

Der Begriff *Event* deutet darauf hin, dass *Flume* nicht daten-, sondern eventgetrieben ist und sich somit in einer weiteren Hinsicht von *Sqoop* unterscheidet. Technisch kann ein solcher Event z. B. eine neu erscheinende Zeile in einem Log sein, ein *HTTP-GET* oder ein Web-Service-Aufruf. *Flume* bietet weiterhin Transaktionssicherheit, sodass sichergestellt werden kann, dass kein Event verloren geht, es sei denn, es wird dem Channel explizit erlaubt, Transaktionen bei einer vollen Warteschlage fallen zu lassen. Ebenso wie *Sqoop* ist auch *Flume* in seiner eigentlichen Form eine Anwendung, die über die Kommandozeile aufgerufen wird. Bei dem Aufruf wird eine Konfigurationsdatei angegeben, die den *Agent* (samt *Source*, *Channel* und *Sink*) spezifiziert, der gestartet werden soll.

## ■ 4.4 HBase

*Apache HBase* ist eine quelloffene, spaltenorientierte NoSQL-Datenbank, deren Architektur und Aufbau sich an Googles *BigTable* orientiert. Das Besondere an HBase ist, dass ein Datensatz (eine Zeile, wenn man so will) beliebig viele Spalten haben kann, auch mehr oder weniger als der vorige oder folgende Datensatz. Dieser Aufbau hilft natürlich ungemein beim schnellen Persistieren von Daten, da diese zuvor nicht normalisiert werden müssen, sondern einfach mit all ihren Eigenschaften in beliebig titulierbare Spalten geschrieben werden können. HBase kann einerseits in einem verteilten Modus ausgeführt werden, in dem sie auf Hadoop aufsetzt und das HDFS nutzt, um ihre Daten darin zu speichern, oder aber sie wird im *Stand-alone-Modus* gestartet und speichert ihre Daten im herkömmlichen Dateisystem. Der Vorteil beim verteilten Speichern von Daten liegt wie auch im HDFS darin, besonders große Datenmengen unterbringen zu können (Millionen bzw. Milliarden von Datensätzen) und auf Wunsch zu skalieren, sprich weitere Knoten im Cluster hinzuschalten zu können, wenn Performance oder Speicherkapazitäten knapp werden.

## ■ 4.5 Hive

*Apache Hive* wird als Data-Warehousing-Schicht aufbauend auf Hadoop gesehen, die es ermöglicht, den unstrukturierten Daten im HDFS eine Struktur zu geben. Der Hauptvorteil der 2007 von Facebook vorgestellten Software liegt darin, dass über eine SQL-ähnliche Sprache, genannt *HiveQL*, Abfragen auf diese abstrakte Struktur ausgeführt werden können. Entgegen vieler Annahmen ist *Hive* keine Datenbank. Auch wenn es eine solche nutzt, um seine Metainformationen über Tabellen und Schemata zu speichern, greift es doch auf die Daten im HDFS zu und verarbeitet diese. Diese Verarbeitung findet in Form von Map-Reduce-Jobs statt, die *Hive* individuell für jede Query konstruiert und ausführt. Das führt zu einer hohen Latenz für einzelne Abfragen, woraus sich ableiten lässt, dass *Hive* besonders für große, unveränderliche Daten geeignet ist.

# 4.6 Pig

*Apache Pig* besteht aus einer High-Level-Sprache (*Pig Latin*) für die Analyse von großen Datenmengen sowie der für die Ausführung benötigten Laufzeitkomponenten. Ebenso wie Hive wird eine Abfrage in *Pig Latin* in Map-Reduce-Jobs übersetzt und auf Hadoop ausgeführt. Auf den ersten Blick erscheinen *Pig* und *Hive* vielen recht ähnlich, doch wird *Pig* vorrangig für komplexe, aus mehreren Schritten bestehende ETL-Prozesse empfohlen. *Hive* hingegen wird eingesetzt, wenn es um einfache Abfragen auf die Daten geht, die am besten durch über SQL adressiert werden könnten.

# 4.7 Zookeeper

In Hadoop arbeiten wir mit einer verteilten Umgebung mit verteiltem Speicher und verteilten Anwendungen. *Zookeeper*, als sogenannter *Distributed Coordination Service*, erlaubt es uns, unsere verteilten Anwendungen zu orchestrieren und über eine wohlstrukturierte API zusammenarbeiten zu lassen, sodass wir uns mit der Funktionalität auseinandersetzen können und uns nicht vorrangig um die Koordination der Anwendungen kümmern müssen. Es ist z. B. in der Lage, einer Anwendung Ressourcen zur rechten Zeit bereitzustellen, sodass für eine weitere Anwendung im selben Prozess keine Deadlocks entstehen. Ebenso ist es beispielsweise möglich, Applikationen den Status anderer Applikationen mitzuteilen oder einen Status abzufragen, um entweder mit deren Ausführung zu warten oder fortzufahren. *Zookeeper* arbeitet ebenfalls in einem Cluster und muss auf allen teilnehmenden Knoten installiert sein.

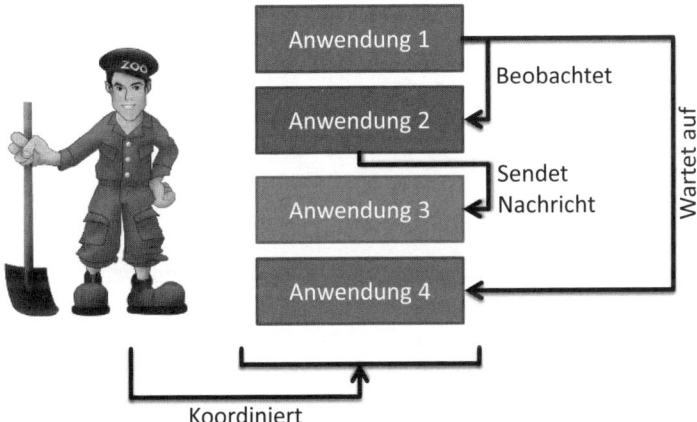

**Bild 4.2**  Zookeeper koordiniert die Kommunikation zwischen Anwendungen.

Da HBase *Zookeeper* integriert, werden wir in Kapitel 5 noch teilweise damit in Kontakt kommen.

**Oozie**

*Oozie* ist ein weiteres *Apache*-Projekt, das es Ihnen als Entwicklern erlaubt, Aktionen auf Hadoop in einem durch einen Graphen dargestellten Workflow zusammenzustellen und ausführen zu lassen. Diese Workflows können dann manuell, zeitgesteuert oder durch Auftreten von Events (z. B. Eingang von Dateien) gestartet werden. *HPDL* (*Hadoop Process Definition Language*) stellt dabei eine XML-basierte Sprache dar, in der Workflows gestaltet werden. Die Workflows bestehen aus *Kontrollknoten* und *Aktionsknoten*. Kontrollknoten können etwa sein *Start*, *End*, *Fork*, um Workflows zu verzweigen, oder *Join*, um diese wieder zusammenzuführen. Aktionsknoten können etwa sein *MapReduce*, *Pig*, *FileSystem* und *Java*, um Java-Prozesse zu triggern. Ein Aktionsknoten resultiert entweder in einer *OK-Message* oder in einer *Error-Message*. Ein Kontrollknoten namens *Decision* kann entscheiden, wie im Workflow im jeweiligen Fall vorgegangen wird. Wer aus der *BPMN-Welt* kommt, wird sich bei der Verwendung von *Oozie* sofort heimisch fühlen.

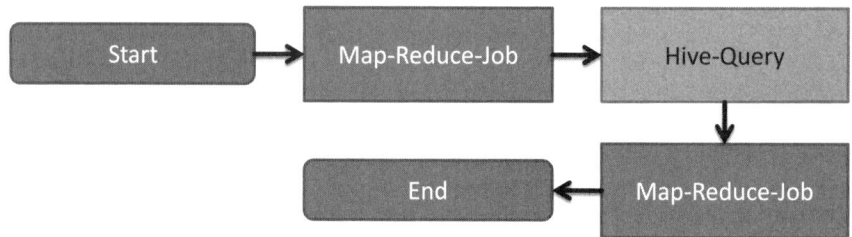

**Bild 4.3** Beispielhafter Workflow, koordiniert durch Oozie

Nach dem Start des *Oozie-Workflows* wird direkt ein Map-Reduce-Job gefolgt von einer Hive-Query ausgeführt. Dieser Query schließt sich nahtlos ein weiterer Map-Reduce-Job an, nach dessen Beendigung auch der Workflow durchlaufen wurde. Erinnern Sie sich noch, wie wir in Abschnitt 3.12 zwei Map-Reduce-Jobs programmatisch hintereinandergeschaltet haben? In Oozie wäre dieser Vorgang mit wenigen Definitionen in einer XML-Datei zu erledigen gewesen.

# 4.8 Mahout

*Mahout* ist ein Machine-Learning-Framework, wie es einige von Ihnen sicher aus der Data-Mining-Vorlesung an der Uni kennen. Allerdings hat *Mahout* einen noch nie da gewesenen Vorteil, es kann verteilt im Cluster ausgeführt werden – nämlich auf Hadoop – und ist somit bestens dafür geeignet, große Datenmengen zu verarbeiten. Es bildet dabei alle klassischen Data-Mining-Funktionen wie *Clustering*, *Classification* und *Recommendation* ab, welche auf Basis von Map-Reduce-Jobs funktionieren. Typische Anwendungsfälle für solche Algorithmen sind etwa die Empfehlung von Artikeln im Online-Handel oder eine Sentiment-Analysis in sozialen Netzwerken, um zu erkennen, wie ein Benutzer einem Thema gegenüber eingestellt ist.

## 4.9 Spark

Das Projekt *Spark*, das bereits in Abschnitt 3.19 angesprochen wurde, ist eine Datenverarbeitungsplattform, die vor allem auf große Datenmengen ausgelegt ist und sich die In-Memory-Technologie zunutze macht, indem sie die zu verarbeitenden Daten in den verschiedenen Verarbeitungsschritten nur im flüchtigen Speicher ablegt und diese nicht nach jeder Transformation in das HDFS schreibt. Dadurch erreicht *Spark* gegenüber Map-Reduce natürlich eine höhere Geschwindigkeit bei der Aufbereitung der Daten. Die Spark-API basiert auf Scala und ist somit besonders für funktionale Programmierung konzipiert.

## 4.10 Data Analytics und das Reporting

Mit diesen Tools decken Sie aber noch nicht den ganzen Bedarf an Software, den Sie im Unternehmen einsetzen müssen, um Ihre Fachabteilungen zu befähigen, Ihre Daten zu analysieren. Auf Bild 4.1 müssen Sie sich nun noch eine weitere Schicht vorstellen, die Werkzeuge für die Datenanalyse und das Berichtswesen bereitstellt, sodass Daten entsprechend grafisch und tabellarisch aufbereitet und die Sichten darauf manipuliert werden können. Diese Notwendigkeit schränkt Ihre Benutzer keinesfalls in ihren Möglichkeiten ein, vielmehr haben Sie die Chance, ihnen ein gewohntes Interface zur Verfügung zu stellen, das sie bereits aus früheren Tagen kennen. Viele Werkzeuge, etwa *IBM Cognos*, *SAP Business Objects* oder *Microsoft BI*, lassen sich z. B. über *Hive*, *Impala* oder *BigSQL* schon größtenteils an Hadoop anbinden. Lediglich an der Geschwindigkeit hapert es mitunter noch ein wenig, was jedoch bei der rasanten Geschwindigkeit in der Entwicklung der IT nur noch eine Frage der Zeit sein sollte.

# 5 NoSQL und HBase

Herkömmliche Datenbanken, die auf Basis von SQL operieren, sind nur schwerlich und mit einigen Abstrichen mit großen, polystrukturierten Datenmengen verwendbar. Erstens muss diese Vielgestalt aufgegeben werden, was ein intensives Preprocessing der Daten erfordert und somit Zeit und Rechenleistung kostet. Zweitens müssen Daten verkleinert oder archiviert oder Datenbanken hochskaliert werden, was zu einem Informationsverlust oder zu Mehrkosten führt. Die vier Nachteile – Zeit, Rechenaufwand, Informationsverlust und Mehrkosten – trugen dazu bei, dass sich eine NoSQL-Bewegung formierte, die das Speichern und das performante Verarbeiten von großen, unstrukturierten Datenmengen ermöglichen sollte. Das NoSQL steht hier keinesfalls für *Kein SQL*, sondern für *Not only SQL* und besitzt des Weiteren häufig die Eigenschaften *Schemafreiheit* und *horizontale Skalierbarkeit*, sodass eine beliebige Menge vieler unterschiedlich formatierter Daten aufgenommen werden kann.

Inhalt dieses Kapitels ist eine theoretische Einführung in die Entstehung des Begriffes *NoSQL* sowie eine Beschreibung der verschiedenen Typen in Hinsicht auf deren Aufbau und Einordnung in das CAP-Theorem. Anschließend wollen wir uns in der Praxis der Datenbank *HBase* widmen und eine entsprechende Instanz aufsetzen, um zu sehen, wie Big-Data in einer NoSQL-Datenbank gehalten werden kann und man Abfragen darauf ausführt.

## ■ 5.1 Historische Entstehung

Wieder einmal leistete Google auf diesem Gebiet Pionierarbeit mit der Beschreibung der sogenannten *BigTable* (Chang et al., 2006), die als logische Konsequenz 2006, also zwei Jahre nach dem Map-Reduce-Paper, zu dieser verteilten Verarbeitungslogik vorgestellt wurde. Abermals waren *Jeffrey Dean* und *Sanjay Ghemawat* an der Ausarbeitung beteiligt. Allerdings ist Googles *BigTable* darauf ausgelegt, (weitestgehend) strukturierte Daten zu speichern, nämlich Schlüssel-Wert-Zeitstempel-Triple, die über eine Zeilen-Spalten-Kombination indiziert werden. Der Vorteil der beschriebenen Implementierung ist auch hier die Verteilbarkeit. Daten sollten also auf *Commodity-Hardware* verteilt gespeichert werden können, wobei die Anforderung an das System besteht, über mehrere Tausend Server (horizontal) skaliert werden zu können, um somit die Möglichkeit zu bieten, viele Petabyte an Daten aufzunehmen. 2006, als das Paper erschien, war *BigTable* bereits bei Google im produktiven

Einsatz. Es wurde also ein Datenbanksystem geschaffen, das dediziert für die Verwendung mit Map-Reduce vorgesehen war.

Der Begriff *NoSQL* wurde schließlich von *Johann Oskarsson* im Jahr 2009 auf einem Treffen geprägt (Evans, 2009), das sich mit verteilten, strukturierten Datenspeichern beschäftigte. Oskarsson sah eine Namensfindung als notwendig an, da in den vorigen Jahren mehrere Datenbanktechnologien entstanden, die sich von der Relationalität mehr oder weniger lossagten. Nun ist aber Googles *BigTable* eine NoSQL-Datenbank, kann aber dennoch nur strukturierte Daten speichern.

## 5.2 Das CAP-Theorem

Die Vermutung liegt also nahe, dass es mehrere Typen von NoSQL-Datenbanken gibt, was auch tatsächlich der Fall ist. Um einen Überblick über die verschiedenen Datenbanktypen zu erhalten, ist es hilfreich, sich am *CAP-Theorem* (oder Brewer's Theorem) zu orientieren(Gilbert et al.). Dieses besagt, dass es bei verteilten Datenbanksystemen nicht möglich ist, folgende drei Eigenschaften vollständig zu vereinen:

- *Konsistenz (Consistency):* Die jeweiligen Datenbankserver verfügen jederzeit über denselben Datenbestand.
- *Verfügbarkeit (Availability):* Die Knoten und die darauf befindlichen Daten sind jederzeit erreich- und abrufbar.
- *Partitionstoleranz (Partition Tolerance):* Das Gesamtsystem funktioniert auch noch bei Ausfall einiger Serverinstanzen.

Da meistens zwei der drei Eigenschaften in einer Datenbank-Software wiederzufinden sind, bietet sich eine Darstellung wie in Bild 5.1 zu sehen an. Dabei kennzeichnen die Kanten des Dreiecks die jeweiligen Datenbanktypen wie oben rechts in der Legende dargestellt.

Die Kennzeichnung durch die verschiedenen Symbole gibt hier Auskunft darüber, um was für einen Typ es sich bei der jeweiligen Datenbank handelt. So ist etwa *HBase* eine spaltenorientierte Datenbank und *CouchDB* eine dokumentenorientierte. Ein Sonderfall ist *Cassandra*, das als Hybrid aus Key-Value-Store und spaltenorientierter Datenbank gesehen wird. Ebenso fällt *SAP-Hana* ein wenig aus der Reihe. Das Produkt der SAP ist eigentlich eine Appliance, also eine vorbespielte Hardware, die unter anderem über eine Datenbank-Engine verfügt, die sich in die Kategorie der spaltenorientierten Datenbanken einordnen lässt.

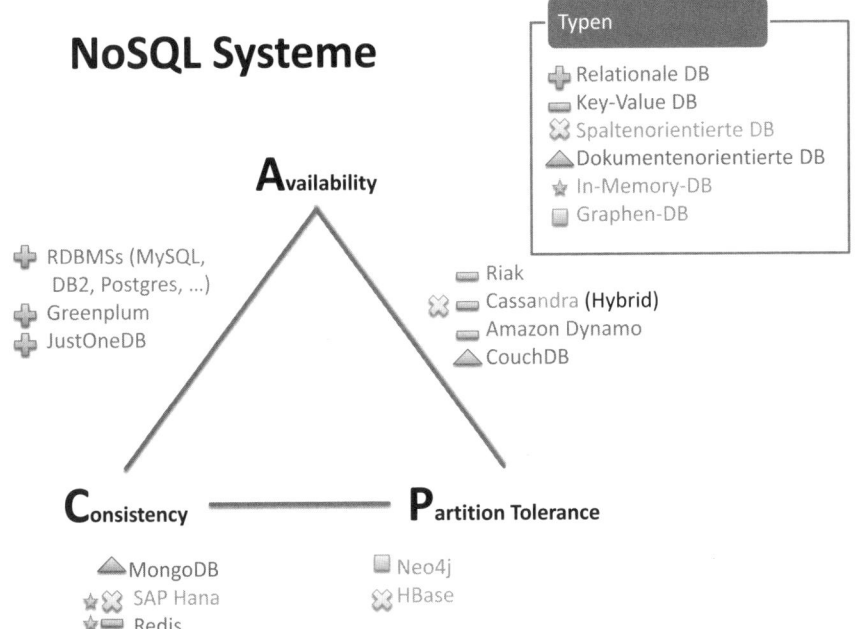

**Bild 5.1** Datenbanksysteme anhand des CAP-Theorems

# 5.3 Typen von Datenbanken

Die verschiedenen Typen sollen nun kurz vorgestellt werden, um ein Bewusstsein für deren Unterschiede zu schaffen und so bei der Auswahl einer geeigneten Datenbank für den jeweiligen Anwendungsfall zu unterstützen.

- *Relationale Datenbank:*
  Eine relationale Datenbank bezeichnet in der praktischen Betrachtung eine Sammlung von zweidimensionalen Tabellen, in der jede Zeile einen solchen Datensatz darstellt. Jeder Datensatz ist durch einen festen Index eindeutig identifizierbar und kann über diesen referenziert werden. Durch diese Indizes werden konsistente und eindeutige Relationen zwischen Datensätzen hergestellt. Jeder Datensatz hat eine feste Anzahl von Spalten, die jeweils einen festen Datentyp aufweist. Beide werden in der Tabelle definiert.
- *Key-Value-Datenbank:*
  Eine Key-Value-Datenbank (oder ein *Key-Value-Store*) ist vergleichbar mit einer *Hash-Table*, wie man sie aus verschiedenen Programmiersprachen, z.B. Java, kennt. Ein Schlüssel, der Hash, identifiziert dabei einen bestimmten Datensatz. Ein bekannter Vertreter dieser Gattung ist Googles *BigTable*.
- *Spaltenorientierte Datenbank:*
  Ein spaltenorientiertes Datenbanksystem steht im Kontrast zu dem gewohnten zeilenweisen Speichern. Der Vorteil eines derartigen Vorgehens liegt etwa im performanten Bilden

von Aggregaten über viele Zeilen hinweg oder im Aktualisieren desselben Attributes vieler Zeilen. Ein bekannter Vertreter ist die In-Memory-Lösung *Hana* von SAP oder *Apache HBase*. Der Vorteil der Spaltenorientierung ist, dass unser RDBMS beim zeilenweisen Lesen auf viele Daten einer Reihe zugreift, die wir nicht benötigen. Stattdessen werden häufiger die Werte einer Spalte abgefragt, z. B. alle Namen von Benutzern oder alle Geburtstage von Angestellten. Genau diesen Umstand macht sich eine spaltenorientierte Datenbank zunutze und reduziert so die I/O-Last. Ebenso können Spalten einfacher komprimiert werden, da sie sich in Struktur und Inhalt ähneln.

- *Dokumentenorientierte Datenbank*:
  *Document-Stores* lösen sich mit am stärksten von der relationalen Welt und speichern, wie der Name vermuten lässt, Daten aus Dokumenten (XML, JSON, Office-Dateien, Plain-Text …) in ihrer ursprünglichen Struktur. Diese Daten werden ähnlich den Key-Value-Datenbanken über ein Schlüsselattribut indiziert. In den entsprechenden Daten können Informationen redundant, in verschiedenen Versionen und unsortiert vorliegen. Auch ein Speichern von Binärdaten (z. B. PDF) ist denkbar. Bekannte *Document-Stores* sind *MongoDB* und *CouchDB*.

- *In-Memory-Datenbanken:*
  Eigentlich kein eigener Vertreter eines Datenbankmodells, aber dennoch erwähnenswert, da, entgegen der bekannten Vorgehensweise, Daten auf der Festplatte (*On-Disk*) abzulegen, die Datensätze im flüchtigen Arbeitsspeicher gehalten werden. Damit erhöht sich die Zugriffsgeschwindigkeit signifikant. Kosten für Arbeitsspeicher sind jedoch höher und die Ausfallsicherheit geringer als die von Plattenspeicher, da Daten im Arbeitsspeicher nicht persistiert werden. Ein Versuch, die Vorteile von *In-Memory-Stores* und herkömmlichen Datenbanken zu speichern, resultierte in dem System der hybriden In-Memory-Datenbanken. Als Beispiel für diese lässt sich abermals SAP Hana anführen. Allerdings gilt es zu sagen, dass In-Memory-Datenbanken nicht mit der Big-Data-Bewegung entstanden sind, sondern schon seit Längerem als zu konfigurierende Alternative auch z. B. für *Apache Derby* oder MySQL existieren. Die Big-Data-Bewegung rückt In-Memory-Datenbanken jedoch ins Rampenlicht, da sie explizit eine hochperformante Datenhaltung und -verarbeitung fordert und *In-Memory-Stores* genau das liefern können. Interessanterweise stellen einige Artikel In-Memory-Datenbanken als Alternative zu Hadoop dar (Abolhassan, 2013, S. 11). Ausschlaggebend ist jedoch, den Wert dieser beiden Technologien im Zusammenspiel zu erkennen, so wie es etwa *Apache Spark* tut.

- *Graphen-Datenbanken*:
  Die besten Beispiele zur Verwendung einer Graphen-Datenbank sind soziale Netzwerke, in denen über sogenannte Soziogramme Beziehungen einzelner Mitglieder zueinander gespeichert werden können. Dabei werden Beziehungen typisiert (z. B. befreundet mit, Bruder von …) und Entitäten, z. B. eine Person, mit Eigenschaften (*Properties*) versehen. Einige dieser Datenbanken, z. B. das in Java implementierte *Neo4j*, bringen bereits eigene Algorithmen mit (z. B. *Depth-first search* oder *Breadth-first search*), um Graphen zu durchschreiten. Der Vorteil einer Graphen-Datenbank liegt einmal in der visuellen Modellierungsmöglichkeit sowie im Performancegewinn, der allerdings nur eintritt, wenn das Szenario eine Datenabbildung in Form von Graphen zulässt. Klassische Kundendaten eines Online-Shops beinhalten beispielsweise wenige Beziehungen untereinander und sind in einer Graphen-Datenbank nicht gut aufgehoben. Hingegen ist die Verwendung in

einem CRM-System durchaus denkbar, denn das Abbilden von multidimensionalen, gewerteten Beziehungen ist hier häufig nützlich.

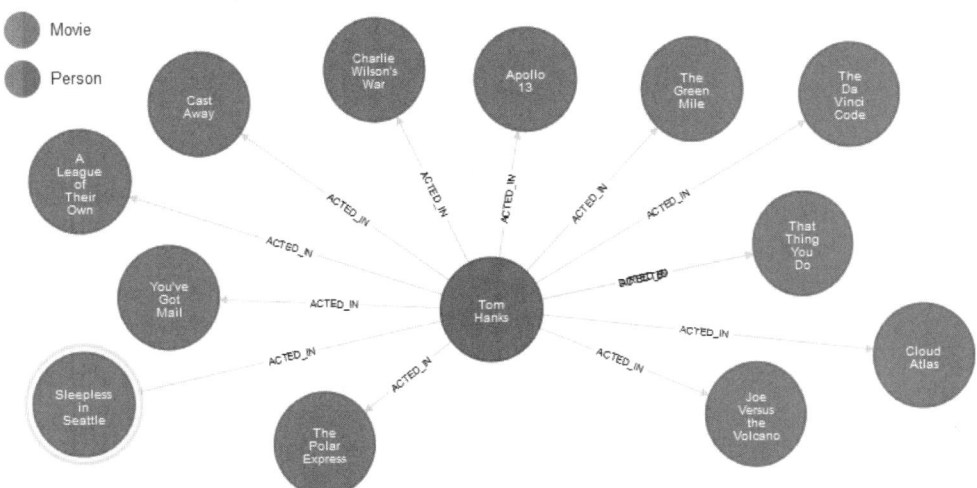

**Bild 5.2** Neo4j bietet ein eigenes Web-Tool, um die Graphen-Datenbanken zu visualisieren.

Nun wurden einige neuartige Datenbankmodelle vorgestellt, die für den Einsatz in Big-Data-Architekturen infrage kommen. Wie Bild 5.1 andeutet, entsprechen nicht die Modelle einer Kante des CAP-Dreiecks. Vielmehr müssen die individuellen Datenbanksysteme einer Kante zugeordnet werden. Durch diese Zuordnung lassen sich dann die eindeutigen Eigenheiten der verschiedenen Datenbanktypen erkennen, die hier noch einmal kurz zusammengefasst werden sollen. In-Memory-Datenbanken sind darauf ausgelegt, Daten schnell zu lesen und zu analysieren. Dokumentenbasierte Datenbanken speichern unstrukturierte, nicht vorbehandelte Dateninhalte zügig ab. Graphen-Datenbanken bieten eine neue Art der Modellierung von Beziehungen und Key-Value-Datenbanken unterstützen etwa den Map-Reduce-Algorithmus optimal, da sie dazu befähigt sind, dessen Resultate als Schlüssel-Wert-Paar direkt zu speichern. Eine Empfehlung zur Nutzung anhand der Größe der Datenmenge ist schwer zu geben und sicher sehr unzuverlässig. Eine Graphen-Datenbank eignet sich sicherlich schon bei geringen Datenmengen; dort spielt eher die Datenstruktur eine Rolle. Apache hingegen empfiehlt, erst bei mehreren Hundert Millionen oder Milliarden Datensätzen an den Einsatz von *HBase* zu denken. Gilt es, die Speicherkapazität und/oder die Performance weiter zu erhöhen, kann die Datenbank durch ein *Scale-up* (Aufwerten der Hardware) oder ein *Scale-out* (Hinzufügen eines neuen Datenbanksystems zu einem Cluster) erweitert werden.

## 5.4 Umstieg von SQL und Dateisystemen auf NoSQL oder HDFS

Viele IT-Abteilungen sehen sich hier mit der Herausforderung konfrontiert, dass bisher ein Gros der Daten in relationalen Datenbanken abgelegt wurde und diese Datenbanken nun wachsen und wachsen. Durch die Notwendigkeit, Datensätze in einer relationalen Datenbank zu indizieren, wird ein solches System ab einer gewissen Größe ineffizient, sodass *Inserts* unangenehm lange dauern oder *Selects* nicht mehr in Echtzeit beantwortet werden können. Zwar käme eine Löschung oder eine Ausdünnung der Daten infrage, doch sind viele Unternehmen und Einrichtungen dazu verpflichtet, Daten über einen bestimmten Zeitraum in vollem Umfang zu speichern. Daten müssen jedoch nicht immer in Datenbanken vorliegen. So gibt es beispielsweise Log-Dateien, die sich im Dateisystem befinden und ebenso zur Speicherung und Verarbeitung in ein verteiltes System überführt werden könnten. Eines meiner erstes Big-Data-Projekt handelte tatsächlich von Log-File-Analysen, durch die ein Unternehmen erfahren wollte, welche Services in ihrer IT-Infrastruktur besonders häufig genutzt und welche überhaupt nicht mehr benötigt wurden und abgeschafft werden konnten, um Kosten für Ausführung, Hosting und Wartung zu sparen. Die Frage, die vor der Analyse gestellt wurde, ist, ob es kostengünstiger wäre, eine Monitoring-Komponente für die Services zu entwickeln (oder zuzukaufen) und einzuführen, oder ob man diese Analyse auf Basis von Hadoop über die Log-Dateien durchführen sollte. Zum Glück entschied sich das Unternehmen für Letzteres (ich bin mir sicher, dass dabei die Experimentierfreude eher im Vordergrund stand als das tatsächliche Ziel, die Service-Landschaft auszudünnen) und startete einen Versuch mit den Log-Daten von zwei Monaten im Umfang von rund 150 Gigabyte. Nun benötigen wir bei der Verarbeitung von Log-Dateien keine absolute Sicherheit, dass wir wirklich alle Daten verarbeiten, da es ja letztendlich auch um Durchschnittswerte geht, die wir am Ende des Tages betrachten. So haben wir also einfach alle Log-Dateien bereinigt und in das HDFS übertragen, um sie von dort aus weiterverarbeiten zu können. Die Frage, die sich nun stellt, ist, wie man vorgehen kann, wenn tatsächlich die Anforderung besteht, dass alle Daten eines Unternehmens in einen verteilten Speicher übernommen werden sollen und es zu keinerlei Datenverlust kommen darf und was es überhaupt für Methoden gibt, um den Schritt aus der relationalen Wert in die NoSQL-Welt zu gehen.

### 5.4.1 Methoden der Datenmigration

Es gibt heutzutage zahlreiche Wege und Werkzeuge, um Daten aus einem RDBMS (*Relational Database Management System*) oder aus einem Dateisystem auf ein neues Speichermedium (NoSQL, HDFS, Memory …) zu migrieren. Der Vorteil, den Sie besonders bei relationalen Datenbanken häufig haben, ist, dass die Daten bereits strukturiert vorliegen und Sie diese Struktur beibehalten können, um Ihre Daten später leichter verarbeiten zu können. Daten aus CSV- oder JSON-Dateien liegen oft in Klartext vor und können im Optimalfall durch ein Metadatenmodell beschrieben werden, sodass auch hier eine Struktur vorliegt, die Daten darin weiter verarbeiten zu können. Viele fortgeschrittene Werkzeuge, etwa *IBM BigSheets*, bieten Analyseprogramme, die Strukturen selbstständig erkennen und die Metadaten erzeugen. Dabei wird analysiert, ob Daten in einem bestimmten Format (JSON, CSV, XML) vorliegen und ob die Werte in den Feldern Datumswerte, *Strings*, *Floats* oder *Integers* sind. Auch gibt es Adapter, die häufig vorkommende Dateiarten erkennen und einlesen können. Solche Arten wären z. B. Logs vom *Apache-Webserver*. Wir gehen jedoch davon aus, dass wir nicht über derartige Tools verfügen, und nutzen die Werkzeuge, die uns kostenlos zur Verfügung stehen. Das bereits angesprochene *Apache Sqoop* soll uns später im Abschnitt über *HBase* bei dem Prozess begleiten.

Lassen Sie uns nun einen Blick auf die theoretischen Ansätze werfen, die wir nutzen können, um unseren Datenspeicher von traditionellen Lösungen auf HDFS oder NoSQL umzustellen.

### Redundant speichern

Neue Daten werden weiterhin im *RDBMS* gespeichert und zusätzlich auch im neuen Speichermedium abgelegt. So können bisherige Werkzeuge weiter genutzt werden und die neu hinzukommenden Daten fließen zudem gleichermaßen in das verteilte System ein. Ein Nachteil ist hier, dass zwei Systeme angeschafft, betrieben, gewartet und ggf. abgeglichen werden müssen.

### Speichertechnik zu Zeitpunkt t umstellen

Sofern man auf historische Daten weitestgehend verzichten kann, bietet es sich an, ab einem bestimmten Zeitpunkt das Speicherziel der neu eintreffenden Daten umzuschalten. Wenn es etwa darum geht, Echtzeitdaten zu verarbeiten (*Tweets* oder *Nachrichten-Feeds*), dann verlieren ältere Daten nach einiger Zeit an Brisanz und an Wert, sodass deren Verlust nicht geschäftskritisch ist.

### Klare Trennung von normalisierbaren und unstrukturierten Daten

Eine vierte Möglichkeit ist, strikt zwischen normalisierbaren und unstrukturierten Daten zu unterscheiden. So werden etwa Textdokumente, Präsentationen, Grafiken etc. im verteilten Datenspeicher abgelegt und alle normalisierbaren Daten in einer relationalen Datenbank, sodass jeder Datentyp dem für ihn am besten passenden Verarbeitungssystem zugeordnet wird.

Wie sooft liegt die beste Vorgehensweise sicherlich irgendwo zwischen diesen vier Möglichkeiten. Hat sich das bisherige System bewährt und ist das Datenwachstum überschaubar, lohnt es sich wahrscheinlich, die Systeme für die Verarbeitung großer Datenmengen als neuen, getrennten Teil einer IT-Infrastruktur einzuführen. Steigt die Datenmenge jedoch rapide an oder ist der Aufwand, Daten zu normalisieren, so hoch, dass zu viel Arbeit (personell oder technisch) in die Aufbereitung gesteckt werden muss, so lohnt sich mit Sicherheit ein zügiger Umstieg. Die Lösung ist also mal wieder individuell vom Problem abhängig. Es gilt, sich im Vorfeld Gedanken darüber zu machen, wie mit historischen Daten verfahren, wie viel Aufwand in die Datenaufbereitung investiert werden soll und wie viele Ressourcen bereitstehen, um der neuen strukturellen Änderung im IT-Umfeld begegnen zu können.

Wem diese Erklärung zu theoretisch und zu abstrakt erschien, dem sei gesagt, dass wir im kommenden Abschnitt noch konkret auf die Prinzipien des Umstiegs eines RDBMS auf *HBase* als spaltenbasierte NoSQL-Datenbank eingehen, um unserem Credo *BigData in der Praxis* treu zu bleiben.

## ■ 5.5 HBase

*HBase* ist eine NoSQL-Datenbank der *Apache Foundation*, entstanden auf Basis des *BigTable-Papers* von Google, und wurde mit dem ersten Commit von Doug Cutting am 3. April 2007 veröffentlicht. Der Name *HBase* ist eine Kombination aus *Hadoop* und Data*base*, was bereits auf eine enge Verzahnung mit Hadoop schließen lässt. Tatsächlich baut HBase technisch gesehen auf Hadoop und Zookeeper auf. Zookeeper übernimmt dabei die Rolle des Koordinators im HBase-Cluster. Da HBase eine NoSQL-Datenbank ist, folgt sie weder Konventionen noch Terminologien des SQL-Standards und lebt sozusagen in ihrer eigenen Welt. Lassen Sie uns zunächst das Datenmodell von HBase etwas genauer betrachten.

### 5.5.1 Das Datenmodell von HBase

Das Datenmodell unterscheidet sich zwar von den üblichen relationalen Datenbanken wie wir sie kennen, jedoch ist es dennoch nicht sehr schwer zu verstehen. Auch in HBase werden die Daten in Tabellen gespeichert, die aus Zeilen und Spalten bestehen. Jede einzelne Spalte gehört zu einer *Column-Family*. In Bild 5.3 sehen wir zwei verschiedene *Column-Families*, einmal *ID* und einmal *Property*. Damit modellieren wir eine Datenstruktur, in der wir die Möglichkeit haben, Spalten thematisch zu gruppieren. So gehören etwa die Spalten *Email*, *Name* und *id* zur *Column-Family ID*. Die Spalten *Age*, *Job*, *Hobby* und *Skill* gehören zur *Column-Family Property*. *Column-Families* können wir beliebig benennen und ebenso beliebig Spalten zuordnen. Jetzt wird auch klar, warum HBase als spaltenorientierte Datenbank bezeichnet wird, es richtet sich eben im Datenmodell alles nach den Spalten einer Zeile, sie sind das zentrale Element, das angibt, welche Art von Datensatz wir gerade betrachten. Einen Punkt haben wir jedoch noch nicht näher beleuchtet. Hat *row1* denn nun gar keine Spalte *Name*? Tatsächlich lautet die Antwort: Nein. Wir können ihr aber ohne Weiteres eine solche hinzufügen und diese mit einem Wert versehen, somit würden *Email* und *Name* parallel in der *Column-Family ID* existieren. Die ersten zwei Spalten fallen etwas aus dem Rahmen, *Row key* ist das Schlüsselelement der Zeile und üblicherweise ein *String*. *Timestamp* ist der entsprechende Zeitstempel der Zeile und vom Datentyp *Long*.

| Row key | Timestamp | Column Family **ID** | Column Family **Property** |
|---|---|---|---|
| row1 | 123333356 | **ID**:Email „*chef@jofre.de*" | **Property**:Age „*28*" |
| row2 | 123333457 | **ID**:Name „*Rene K.*" | **Property**:Job „*Consultant*" |
| row3 | 123333458 | **ID**:id „*1010101010*" | **Property**:Hobby „*Games*" |
| row4 | 123333459 | **ID**:id „*1212121212*" | **Property**:Skill „*BigData*" |
| row5 | 123333460 | **ID**:Name „*Thomas M.*" | **Property**:Age „*29*" |
| row6 | 123333461 | **ID**:Email „*peter@pan.de*" | **Property**:Hobby „*Flying*" |

**Bild 5.3** Beispielhafte Tabelle gemäß dem HBase-Datenmodell

*Cassandra* als weitere spaltenbasierte NoSQL-Datenbank verwendet ebenfalls das Schema der *Column-Family* und erweitert es sogar noch um eine *Super Column-Family*, die mehrere *Column-Families* beinhalten kann und diese entsprechend eines *Keys* in der *Super Column-Family* referenziert. Weiter darauf eingehen möchte ich hier jedoch nicht, es reicht zu wissen, dass noch weitere NoSQL-Datenbanken derartig aufgebaut sind.

### Besonderheiten des HBase-Schemas und der Row-Keys

Die schematische Gestaltung verläuft bei HBase etwas anders als bei gewöhnlichen relationalen Datenbanksystemen. So sind Spalten und deren Werte als verkettete Liste abgebildet und werden nicht sequenziell geschrieben. Das basiert darauf, dass HBase ja nie wissen kann, wie viele Spalten eine Zeile irgendwann haben wird, ob es nun 2 oder 100 sind. Dabei werden die Elemente der Liste, also die Spalten, in *Column-Families* gruppiert. Die Sortierung der Elemente einer Zeile erfolgt zuerst nach dem Namen der *Column-Family*, dann nach dem Namen der Spalten.

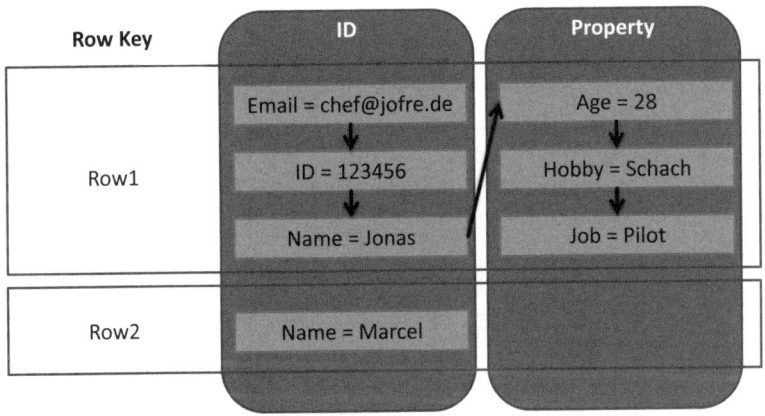

**Bild 5.4** Schema einer HBase-Tabelle

Diese Abbildung der Tabellen im Speicher hat den Vorteil, dass leere Spalten keinen Speicherplatz verbrauchen. Zeilen werden ebenfalls als verkettete Liste abgelegt und nach dem Zeilenschlüssel sortiert. Hier gilt die Besonderheit, dass diese Sortierung alphabetisch geschieht, nicht numerisch, wie es aus RDBMS bekannt ist. Das hat den Vorteil, dass wir Zeilenschlüssel so belegen können, wie wir es möchten, z.B. durch einen eindeutigen Namen einer Person, einer eindeutigen Position im Unternehmen oder einem eindeutigen Datum. Ein großer Nachteil, den wir dadurch allerdings haben, ist der, dass Zeilenschlüssel nicht automatisch inkrementiert werden können und es an uns Entwicklern liegt, einen eineindeutigen Schlüssel zu entwerfen. Ebenso sorgt die alphabetische Sortierung dafür, dass Zahlen nicht ordnungsgemäß sortiert werden. Nehmen wir einmal an, wir haben die Schlüssel 1, 46, 234, 5. HBase würde die Zeilen so sortieren: 1, 234, 46, 5. Nun könnte man den Zahlen natürlich Nullen voranstellen, sodass 00000001, 00000005, 00000046, 0000234 wieder eine verständlichere Reihenfolge liefern würden, jedoch hat dieses Vorgehen das sogenannte *Hot Spotting* zur Folge, das dafür sorgt, dass alle Zeilen einer Region zugeordnet werden (siehe folgender Abschnitt 5.5.2). Diese Region kann dann durch Lese- oder Schreibvorgänge leicht zu einem Nadelöhr werden, wenn sie zu stark belastet wird.

Führen wir einen Ladevorgang aus einem bestehenden RDBMS aus, so wie wir es in Abschnitt 5.5.6.2 mithilfe von *Sqoop* tun werden, dann besitzen wir bereits einige Zeilenschlüssel, die wir verwenden können. Übrigens sind Row-Keys unveränderbar, sind sie erst einmal geschrieben. Das Setzen der Schlüssel sollte also gut überlegt sein. Welche Möglichkeiten haben wir aber noch, um einen eindeutigen Schlüssel zu erzeugen?

- *MD5-Checksums* – Generieren Sie mithilfe eines Hash-Algorithmus eine Prüfsumme aus einem charakteristischen Wert der Spalte, z. B. aus der Adresse eines Kunden.
- *Randomization* – Generieren Sie große Zufallszahlen, die eine Kollision mit bestehenden Schlüsseln unwahrscheinlich machen.
- *Counter-Tabelle* – Erzeugen Sie eine Tabelle, die für verschiedene Domains Zählvariablen beinhaltet, sodass Sie z. B. alle Verträge von *Kunde A* mit dem entsprechenden Counter für *Kunde A* versehen. Verwenden Sie dazu weiterhin den Kundennamen als Präfix für den Zeilenschlüssel, damit dieser nicht mit den Zählern für andere Domains kollidiert.
- *Timestamps* – Verwenden Sie Timestamps als Präfix für einen weiteren, möglichst eindeutigen Bezeichner wie z. B. eine Kundenadresse.
- *Kombinationen* – Kombinieren Sie die oben genannten Möglichkeiten miteinander, um einen für Ihren Fall passenden Schlüssel zu erhalten.

Lars George spricht davon, dass für Schreiboperationen zufällige Schlüssel am performantesten sind, hingegen für sequenzielle Lesevorgänge sind es fortlaufende Schlüssel (George, 2011). Ich werde in den folgenden Beispielen fortlaufende Schlüssel mit einem Präfix (*row*) verwenden, was sicher nicht die Optimallösung, aber dafür recht anschaulich und leicht verständlich ist.

### 5.5.2 Aufbau von HBase

Ein HBase-Cluster besteht wie auch Hadoop aus einem Master- und mehreren Unterknoten, die hier als *Region-Server* bezeichnet werden. *Region-Server* können mehrere *Regions* beinhalten. Eine *Region* beinhaltet wiederum eine gewisse Anzahl an Zeilen und kann bei Bedarf (nämlich im Falle der Überschreitung einer gewissen konfigurierbaren Größe[1]) in mehrere *Regions* aufgeteilt werden. *Regions* bilden die Basis für die Fähigkeit von HBase, zu skalieren und eine performante Lastverteilung zu gewährleisten. Zu Beginn wird eine Tabelle mit nur einer *Region* erstellt, jedoch kann sie je nach Konfiguration bald aus vielen *Regions* auf mehreren verschiedenen *Region-Servern* abgelegt sein. Die Trennung der Daten der Tabelle erfolgt durch den sogenannten *Middle-Key*, den Schlüssel in der Mitte der zugrunde liegenden Region.

---

[1] hbase.hregion.max.filesize (Default: 10 GB)

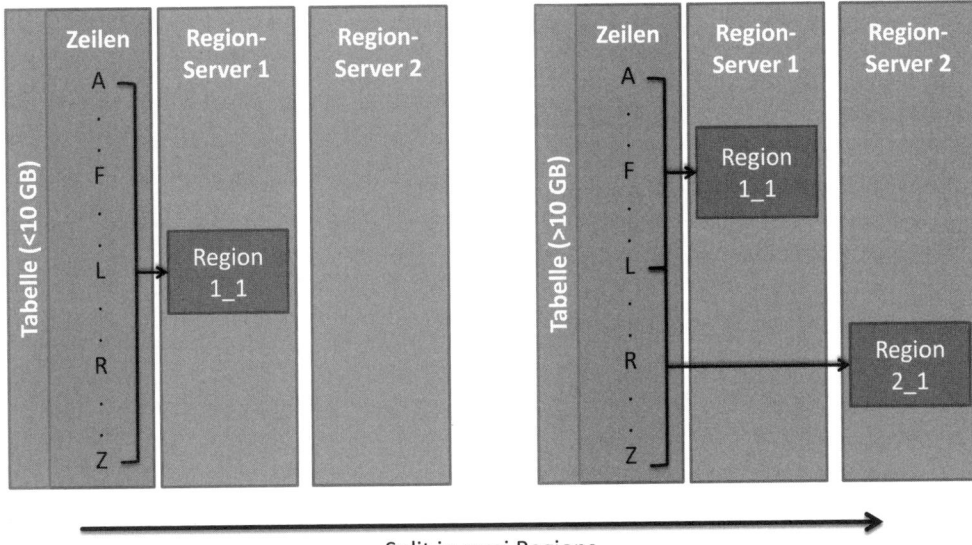

**Bild 5.5** Tabelle wird bei Größenüberschreitung in zwei Regions unterteilt

Die oben zu sehende Grafik zeigt den Vorgang der Unterteilung einer Tabelle in zwei *Regions*. Daraus lässt sich schließen, dass wir, um mehr Daten aufnehmen zu können, einfach mehrere *Region-Server* hinzuschalten müssen; wo wir wieder beim Thema der komfortablen Skalierung wären. Die Daten werden dann über den Cluster verteilt und im HDFS abgelegt. Der Vorgang der Aufteilung in mehrere *Regions* nennt sich *Autosharding*. Lars George nennt in seinem Buch *HBase – The Definitive Guide* eine Zahl von 10 bis 1000 *Regions* pro *Region-Server* für sinnvoll bei einer Größe von ein bis zwei Gigabyte pro Region. Ab Version 0.94.x ist der Default-Wert einer Region laut Dokumentation schon mit 10 Gigabyte veranschlagt. Wenn man bedenkt, dass die Größe zu Beginn der Entwicklung von HBase bei 128 Megabyte lag, dann erkennt man, wie rasant sich die verfügbaren Ressourcen in der IT vergrößern. Nun aber genug der Theorie! Lassen Sie uns beginnen, eine einfache HBase-Installation aufzusetzen.

### 5.5.3 Installation als Stand-alone

HBase kann einmal als Stand-alone-Installation genutzt werden, in der es lediglich das gewöhnliche Dateisystem nutzt, oder aber es wird auf dem HDFS installiert, sodass es dessen Vorteile der Verteilung nutzt. Wir wollen es zuerst ohne das HDFS installieren und es anschließend um die Fähigkeit, auf dem HDFS zu laufen, erweitern. Laden wir zu Beginn HBase herunter und entpacken es. Nutzen Sie für die folgenden Beispiele eine VM, auf der Sie bereits Hadoop aufgesetzt haben.

**Listing 5.1** Herunterladen und entpacken von HBase 0.98.3

```
su - user1
cd /usr/local
sudo wget
http://mirror.synyx.de/apache/hbase/hbase-0.98.3/hbase-0.98.3-hadoop2-bin.tar.gz
tar xzf hbase-0.98.3-hadoop2-bin.tar.gz
sudo mv hbase-0.98.3-hadoop2 hbase
sudo chown -R hduser:hadoop hbase
```

Hier verfahren wir genau wie beim Herunterladen von Hadoop, wir holen uns das aktuelle *Stable-Release 0.98.3-hadoop2*, entpacken es, benennen den entpackten Ordner um in *hbase* (der Lesbarkeit halber) und bestimmen, dass der *hduser* aus der Gruppe *hadoop* den Ordner besitzen soll. Das *hadoop2* am Ende des Release-Namens deutet darauf hin, dass HBase für Hadoop 2.x kompiliert wurde und die entsprechenden Bibliotheken des Hadoop-Release im HBase-Package vorhanden sind.

Nun müssen wir HBase noch konfigurieren, um ihm mitzuteilen, wo es selbst und wo *Zookeeper* seine Daten ablegen sollen. Dazu editieren wir die Datei *conf/hbase-site.xml*, die genauso aufgebaut ist wie die XML-Dateien, die wir schon von Hadoop kennen. Tragen Sie bitte in die *Configuration-Tags* die folgend gezeigten Eigenschaften ein (als *hduser*).

**Listing 5.2** Editieren der hbase-site.xml zur Konfiguration von HBase

```
<property>
   <name>hbase.rootdir</name>
   <value>file:///usr/local/hbase/data</value>
</property>
<property>
   <name>hbase.zookeeper.property.dataDir</name>
   <value>file:///usr/local/hbase/zookeeper</value>
</property>
```

Konsequenterweise müssen wir die beiden Verzeichnisse auch noch erstellen und sie dem *hduser* zuordnen.

**Listing 5.3** Erzeugen der Verzeichnisse für die Datenhaltung in HBase

```
mkdir /usr/local/hbase/data
mkdir /usr/local/hbase/zookeeper
chown hduser:hadoop /usr/local/hbase/data
chown hduser:hadoop /usr/local/hbase/zookeeper
```

Zu guter Letzt müssen wir in der *hbase-env.sh* angeben, wo sich das JDK befindet, das wir schon für Hadoop installiert haben. Dazu editieren wir die Datei *hbase/conf/hbase-env.sh*, suchen darin nach der auskommentierten Zeile, die mit *#export JAVA_HOME* beginnt, und ändern sie wie folgt.

**Listing 5.4** Anpassen der hbase-env.sh

```
export JAVA_HOME=/usr/lib/jvm/jdk
```

Wenn Sie die Datei gespeichert haben, können wir HBase auch schon starten.

**PRAXISTIPP:** Hadoop muss in einer Stand-alone-Installation nicht zwingend laufen, da in diesem Betriebsmodus die Dateien nur im Dateisystem unseres Betriebssystems liegen und nicht im HDFS. Wenn HBase später im Distributed-Mode eingerichtet wird, dann werden wir die Daten im HDFS ablegen und benötigen entsprechend auch eine gestartete Hadoop-Instanz.

**Listing 5.5** Starten von HBase

```
su - hduser
cd /usr/local/hbase/bin
./start-hbase.sh
```

Sie sollten lediglich eine Ausgabe in der Konsole sehen, die besagt, dass der Master gestartet wird und das Logging initialisiert wurde. Da wir ggf. HBase und seine Unterprogramme wie die Shell nicht immer aus dem Bin-Verzeichnis starten möchten, machen wir den Pfad in der *.bashrc* des Benutzers bekannt. Öffnen Sie diese Datei über ein nano .bashrc im Home-Verzeichnis von *hduser*. Dort fügen Sie bitte unter der Definition der Hadoop-Variablen, also ganz am Ende, folgende Zeile ein.

**Listing 5.6** Bekanntgabe des HBase-Bin-Verzeichnisses

```
#HBase
export PATH=$PATH:/usr/local/hbase/bin
```

Damit hängen wir wie üblich das Verzeichnis */usr/local/hbase/bin* an die PATH-Variable an und Ubuntu weiß beim nächsten Login des Benutzers über alle verfügbaren Dateien in dem Ordner Bescheid.

### (Teilweise optional) Ändern des Hostnamens des Servers

Sollten Sie den Hostnamen Ihres Systems geändert haben (in der */etc/hostname*), dann sollten Sie konsequenterweise auch den Hostnamen in der Datei *hbase/conf/regionservers* ändern, in der per Default *localhost* eingetragen ist. Sollte der Hostname Ihres Systems jedoch *localhost* sein, dann müssen Sie hier nichts unternehmen. Zu der Datei *regionservers* kommen wir später noch einmal in aller Ausführlichkeit.

### 5.5.4 Arbeiten mit der HBase Shell

Wie viele andere Datenbanksysteme verfügt auch HBase über eine Shell, mithilfe derer Sie ein paar einfache Kommandos auf der Datenbank absetzen können, etwa zum Anlegen von Tabellen oder zum Einfügen von Datensätzen. Starten Sie die Shell über folgenden Befehl.

**Listing 5.7** Starten der Shell aus dem HBase-Verzeichnis

```
./bin/hbase shell
```

Nun wollen wir ein paar Befehle absetzen, um eine Tabelle anzulegen und zwei *Column-Families* zu erstellen. Als Vorlage soll uns die Tabelle aus Bild 5.3 dienen, die wir *Persons* nennen wollen. Der Befehl *create* erwartet zuerst einen Tabellennamen und dann eine beliebige Anzahl an *Column-Families*.

**Listing 5.8** Erzeugen einer Tabelle samt zwei Column-Families

```
> create 'people', 'id', 'property'
```

Fügen wir nun ein paar Daten hinzu. Dazu nutzen wir den Befehl *put*, der als Parameter Tabelle, Zeilen-ID, Zelle (*Column-Family : Column*) und Wert erwartet.

**Listing 5.9** Einfügen einiger Datensätze

```
> put 'people', 'row1', 'id:email', 'chef@jofre.de'
> put 'people', 'row1', 'property:age', '28'
> put 'people', 'row2', 'id:name', 'Rene K.'
> put 'people', 'row2', 'property:job', 'Consultant'
```

Damit erstellen wir einen Datensatz mit der ID *row1*, der die Eigenschaften *email* und *age* enthält, jeweils in einer der beiden *Column-Families*. Des Weiteren erstellen wir eine zweite Zeile mit der ID *row2* und den Werten *name* und *job*. Fragen wir nun den ersten Datensatz einmal mit *get* ab.

**Listing 5.10** Abfragen eines Datensatzes

```
> get 'people', 'row1'
```

Wir fordern hier alle Spalten aus der Zeile, die durch *row1* identifiziert wird, aus der Tabelle *people* an. Das Ergebnis sollte etwa wie in der unten zu sehenden Abbildung aussehen.

```
hbase(main):007:0> get 'people', 'row1'
COLUMN                    CELL
 id:email                 timestamp=1395865039017, value=chef@jofre.de
 property:age             timestamp=1395865077942, value=28
2 row(s) in 0.0250 seconds

hbase(main):008:0>
```

**Bild 5.6** Abfragen allen Spalten aus einer Zeile mit der ID row1

Um uns den gesamten Inhalt einer Tabelle anzeigen zu lassen, nutzen wir den Befehl *scan*.

**Listing 5.11** Anzeigen des gesamten Tabelleninhalts

```
> scan 'people'
```

Sie sollten nun eine Ausgabe ähnlich der folgenden Abbildung sehen, die für jede Zeile alle Zelleninhalte darstellt.

```
hbase(main):017:0> scan 'people'
ROW                       COLUMN+CELL
 row1                     column=id:email, timestamp=1395865039017, value=chef@jofre.de
 row1                     column=property:age, timestamp=1395865077942, value=28
 row2                     column=id:name, timestamp=1395866588713, value=Rene K.
 row2                     column=property:job, timestamp=1395866621852, value=Consultant
2 row(s) in 0.0240 seconds

hbase(main):018:0>
```

**Bild 5.7** Ausgabe des Tabelleninhalts

Mit dem Befehl *count* können Sie sich die Anzahl an Zeilen in einer Tabelle angeben lassen. Folgender Befehl wird also das Resultat 2 liefern.

**Listing 5.12** Ausgeben der Anzahl an Zeilen

```
> count 'people'
```

Um eine Zelle einer Zeile zu löschen, benutzen Sie den Befehl *delete*.

**Listing 5.13** Löschen einer Zelle in einer Zeile

```
> delete 'people', 'row1', 'cf:name'
```

Alle Zellen einer Zeile löschen Sie mit *deleteall*. Dabei übergeben Sie lediglich Tabelle und Zeilen-ID.

**Listing 5.14** Löschen aller Zellen einer Zeile

```
> deleteall 'people', 'row1'
```

Sollten Sie eine ganze Zeile löschen wollen, so verwenden Sie den Befehl *drop*. Allerdings müssen Sie die Tabelle zuvor zwingend mit *disable* deaktivieren.

**Listing 5.15** Deaktivieren und löschen einer Tabelle

```
> disable 'people'
> drop 'people'
```

Sollten Sie eine Tabelle nach dem Deaktivieren wieder reaktivieren wollen, so führen Sie den Befehl *enable* gefolgt vom Tabellennamen aus. Bevor Sie die Shell mit *exit* schließen, versuchen Sie noch den letzten Befehl *list* auszuführen, der alle Tabellen in HBase auflistet.

## 5.5.5 Verteilte Installation auf dem HDFS

Nun haben wir gesehen, wie HBase als Stand-alone-Installation ohne Nutzung des HDFS eingerichtet wird. Wechseln wir nun in den Bereich für Fortgeschrittene und erlauben wir HBase, unseren Hadoop-Cluster zu benutzen. Hier haben wir zwei Optionen, genau wie bei Hadoop. Einmal können wir HBase im *Distributed-Mode* ausführen, bei dem wir die Datenbank auf einem Cluster betreiben, oder wir führen es im *Pseudo-Distributed-Mode* aus, was im Prinzip das Gleiche ist, nur dass der Cluster lediglich aus einem Knoten besteht.

### (Teilweise optional) Anheben des Limits für gleichzeitig genutzte Dateien

Da HBase mitunter mit sehr vielen Dateien (> 1000) gleichzeitig arbeitet, sollten wir auf Ubuntu das Limit der gleichzeitig genutzten Dateien anheben. Per Default sollte das erlaubte Maximum auf 1024 stehen. Sie können das herausfinden, indem Sie den Befehl ulimit -n in der Ubuntu-Konsole ausführen. Die Dokumentation von HBase rät jedoch zu einem Wert irgendwo oberhalb von 10 000. Um diese Limitierungen permanent zu ändern, müssen wir zuerst die Datei */etc/security/limits.conf* anpassen. Fügen Sie bitte die Zeilen aus dem folgenden Listing am Ende der Datei ein.

**Listing 5.16** Setzen der Limits für Prozesse und offene Dateien

```
# Hadoop und HBase - Erhöhen der Maximalanzahl offener Dateien und Prozesse
hduser - nofile 32768
hduser - nproc 32000
```

Wir setzen damit für den Benutzer *hduser* alle Limits (*soft* und *hard*, durch die Angabe des Bindestriches) für die maximale Anzahl an gleichzeitig geöffneten Dateien (*nofile*) auf *32768* und die maximale Anzahl an gleichzeitig laufenden Prozessen (*nproc*) auf *32000*. Hard-Limits werden durch einen Super-User festgelegt und vom Kernel kontrolliert, sie können auf keinen Fall überschritten werden. Soft-Limits dürfen von den Benutzern verändert werden, solange sie das Hard-Limit nicht überschreiten. Statt des Bindestriches könnten wir genauso *soft* oder *hard* in die *limits.conf* eintragen.

Zusätzlich müssen wir dafür sorgen, dass die Limits auch nach jedem Neustart automatisch gesetzt werden. Das tun wir, indem wir das Modul *pam_limits.so* aktivieren, was dadurch erreicht wird, dass wir der Datei */etc/pam.d/common-session* am Ende die folgende Zeile hinzufügen.

**Listing 5.17** Aktivieren des Moduls pam_limits.so

```
session required pam_limits.so
```

Starten Sie Ubuntu anschließend via *reboot* neu oder loggen Sie sich aus und wieder ein und verifizieren Sie mit *ulimit -n*, ob unsere Änderungen permanent übernommen wurden.

### (Teilweise optional) Ersetzen der Hadoop-JARs in HBase durch diejenigen von Hadoop

Da HBase auf Hadoop aufsetzt, benötigt es Zugriff auf einige von dessen Komponenten. Um im Stand-alone-Modus laufen zu können, bringt es diese Komponenten in Form der Hadoop-JARs mit. Wichtig ist, dass wir die Versionen der JARs abgleichen. Sprich, wenn die aus dem Ordner *hbase/lib* nicht mit denen aus *hadoop/share/hadoop/\** übereinstimmen, dann müssen wir die JARs von Hadoop in das Verzeichnis *hbase/lib* kopieren. Den Abgleich können Sie anhand der Versionsnummern durchführen. Da HBase 0.98.3 die Hadoop-JARs von Version 2.2.0 verwendet, können wir uns das Kopieren sparen.

Dateien, die wir bei einer Versionsungleichheit austauschen müssten, sind hier aufgeführt (das *x.x.x* steht für die jeweilige Version):

- hadoop-annotations-x.x.x.jar
- hadoop-auth-x.x.x.jar
- hadoop-client-x.x.x.jar
- hadoop-common-x.x.x.jar
- hadoop-hdfs-x.x.x.jar
- hadoop-hdfs-x.x.x-tests.jar
- hadoop-mapreduce-client-app-x.x.x.jar
- hadoop-mapreduce-client-common-x.x.x.jar
- hadoop-mapreduce-client-core-x.x.x.jar

- hadoop-mapreduce-client-core.x.x.x.jar
- hadoop-mapreduce-client-jobclient-x.x.x.jar
- hadoop-mapreduce-client-jobclient-x.x.x-tests.jar
- hadoop-mapreduce-client-shuffle-x.x.x.jar
- hadoop-yarn-api-x.x.x.jar
- hadoop-yarn-client-x.x.x.jar
- hadoop-yarn-common-x.x.x.jar
- hadoop-yarn-server-common-x.x.x.jar
- hadoop-yarn-server-nodemanager-x.x.x.jar

Leider liegen diese im Hadoop-Verzeichnis nicht alle in einem Ordner, sondern sind in Unterordnern unter *hadoop/share/hadoop/* zu finden. Hier bleibt Ihnen nichts anderes übrig, als ein wenig Tipparbeit zu leisten.

### Setzen des Distributed-Mode in der hbase-site.xml

Ein letzter Schritt hält uns nun noch davon ab, HBase im verteilten Modus auszuführen. In diesem müssen wir die *hbase/conf/hbase-site.xml* editieren. Fügen Sie in dieser Datei den folgenden Tag ein und editieren Sie den vorhandenen Eintrag zu *hbase.rootdir*.

**Listing 5.18** Aktivieren des Distributed-Mode in der hbase-site.xml

```xml
<property>
  <name>hbase.cluster.distributed</name>
  <value>true</value>
</property>
<property>
  <name>hbase.rootdir</name>
  <value>hdfs://single:9000/hbase</value>
</property>
```

Die erste Eigenschaft ist eigentlich selbsterklärend, sie aktiviert den verteilten Modus. In der zweiten Eigenschaft, *hbase.rootdir*, sagen wir, dass HBase seine Daten im HDFS und nicht mehr nur auf der lokalen Platte ablegen soll.

Starten Sie nun HBase wie gewohnt über `hbase/bin/start-hbase.sh`.

### Verifizieren der Installation

Der einfachste Weg, um die Installation zu überprüfen, ist, das Web-Interface von HBase aufzurufen. Dieses erreichen Sie über die URL *http://single:60010/master-status*. *single* kennzeichnet wie gehabt den Hostnamen, den wir für Ubuntu festgelegt haben. In dem Web-Interface (siehe Bild 5.8 auf der nächsten Seite) finden wir eine Zusammenfassung der wichtigsten Informationen über die Installation.

| Software Attributes | | |
|---|---|---|
| Attribute Name | Value | Description |
| HBase Version | 0.96.1.1-hadoop2, rUnknown | HBase version and revision |
| HBase Compiled | Tue Dec 17 12:22:12 PST 2013, jon | When HBase version was compiled and by whom |
| Hadoop Version | 2.2.0, r1529768 | Hadoop version and revision |
| Hadoop Compiled | 2013-10-07T06:28Z, hortonmu | When Hadoop version was compiled and by whom |
| Zookeeper Quorum | localhost:2181 | Addresses of all registered ZK servers. For more, see zk dump. |
| HBase Root Directory | hdfs://single:9000/hbase | Location of HBase home directory |

**Bild 5.8** Ansicht des HBase-Web-Interface

Zu sehen sind nebenher auch noch die angelegten Tabellen oder die verschiedenen *Region-Server*. Gleich wollen wir noch einen Blick auf die Arbeitsschritte werfen, die notwendig sind, um HBase neue Knoten hinzuzufügen. Zuerst möchte ich Ihnen jedoch noch, wie gewöhnlich, ans Herz legen, bei Fehlern in die Log-Dateien unter *hbase/logs* zu schauen.

### Hinzufügen neuer Region-Server

Das Hinzufügen neuer *Region-Server* gestaltet sich wie auch bei Hadoop recht leicht. Öffnen Sie dazu die Datei *hbase/conf/regionservers* und fügen Sie dort die Hostnamen der Maschinen ein, auf denen Sie einen sekundären HBase-Knoten laufen lassen wollen. Machen Sie diese Hostnamen wie gehabt in der */etc/hosts* bekannt. Ein Neustart von HBase reicht dann bereits aus, um einen weiteren Knoten in den Cluster aufzunehmen.

**PRAXISTIPP:** Da wir nun langsam immer mehr Software parallel betreiben, kann es passieren, dass Ihre VM(s) etwas länger benötigt, um die bisher installierten Komponenten zu starten. Sollte sie einmal nicht mehr reagieren, geben Sie ihr auf jeden Fall ein wenig Zeit und beobachten Sie die Auslastung Ihres Speichers und der CPU im Task-Manager, bis Sie mit dem Starten der nächsten Anwendung fortfahren. Ich starte in der Regel Hadoop, warte etwas, starte dann HBase und warte wieder einen Moment, bis ich mit der Arbeit beginnen kann. Das kann natürlich von Rechner zu Rechner variieren. Wichtig ist jedoch, dass Sie Ihre Installation nicht für falsch konfiguriert oder *kaputt* halten, sondern wissen, dass der Startvorgang durchaus etwas Zeit in Anspruch nehmen kann.

### 5.5.6 Laden von Daten

In diesem Abschnitt wollen wir uns damit beschäftigen, wie die Daten, die uns in Form von Dateien oder in Form von Tabellen einer Datenbank vorliegen, in eine HBase-Tabelle geladen werden können. Dabei betrachten wir einmal den Ladevorgang via Shell und einmal den Ladevorgang über den Einsatz von *Apache Sqoop*.

### 5.5.6.1 HBase Bulk Loading über die Shell

Viele Benutzer, die gerade angefangen haben, mit HBase zu arbeiten, würden intuitiv versuchen, Daten über die Client-API in HBase-Tabellen zu importieren, sei es nun über die Shell, Java oder *Thrift*. Dieses Unterfangen resultiert jedoch bei großen Datenmengen in einem langwierigen Prozess, denn das Laden von Daten ist sehr rechenintensiv, sodass die Systeme häufig stark ausgelastet werden und andere Aufgaben zwangsweise vernachlässigen. Diese hohe Systemauslastung, ein zu aktiver *Garbage Collector* der Java-Laufzeitumgebung und lange Ladezeiten sind ein Indikator dafür, dass Sie den Ladevorgang über *HBase Bulk Loading* angehen sollten. Dabei werden *HFiles*, der hauseigene Datentyp von HBase, durch ein Tool erstellt und an dem üblichen Weg durch HBase vorbei direkt auf dem *Region-Servern* abgelegt.

> **HINWEIS:** *Apache Thrift* ist ein Cross-Plattform- und Cross-Language-Framework, das es erlaubt, den Code für Services (z. B. einen HBase-Client) aus einer einzigen Interface-Definition (eine Datei mit Endung *thrift*) für viele Sprachen zu generieren. Darunter befinden sich nicht nur Sprachen wie C(++), Java und PHP, sondern auch recht junge oder exotische Vertreter wie Go, Haskell oder Node.js. Somit haben wir die Möglichkeit, aus jeder der unterstützten Sprachen eine Verbindung zu HBase herzustellen und die Datenbank in vollem Umfang zu nutzen. ∎

Dazu müssen die einzuspielenden Daten in einer CSV-Datei vorliegen, bei denen der Separator frei gewählt werden kann, wir können diesen später parametrisieren. Im ersten Schritt wollen wir nun eine Tabelle erzeugen, in die wir einen Beispieldatensatz laden. Diese erzeugen Sie mithilfe der Anwendung *10_HBaseTestDataGenerator*. Ein fertiger Datensatz mit Namen *people.csv* liegt auch auf der DVD im Ordner *Kapitel 5* vor. Dieser hat folgende Struktur.

**Listing 5.19** Struktur der Testdaten für den HBase-Import

```
row0,Mike Zimmermann,Schuhmacher
row1,Katrin Winter,Fahrzeughändler
row2,René Hoffmann,Schauspieler
...
```

Die erste Spalte ist der Zeilenindex, dann benennen wir eine Person und geben in der letzten Spalte an, welchen Beruf diese ausübt. Sollten Sie die Tabelle noch nicht in Abschnitt 5.5.4 erzeugt haben, holen Sie das nun nach, indem Sie die Shell starten (`hbase shell`) und folgenden Befehl absetzen.

**Listing 5.20** Erzeugen der Tabelle in HBase

```
create 'people', 'id', 'property'
```

Da HBase für den *Load* die Daten auf dem HDFS erwartet und die für den Ladevorgang vorbereiteten Daten im HDFS auch wieder ablegt, müssen wir noch die entsprechenden Verzeichnisse erstellen und die Eingabedaten hochladen.

**Listing 5.21** Erzeugen der Verzeichnisse im HDFS und hochladen des Inputs

```
hdfs dfs -mkdir -p /import/input
hdfs dfs -copyFromLocal people.csv /import/input/
```

Die Eingabedatei liegt nun also unter */import/input/people.csv* im HDFS. Das Ausgabeverzeichnis darf wie üblich bei der Benutzung von Map-Reduce-Jobs noch nicht existieren. Es wird im nächsten Schritt automatisch von HBase angelegt. Nun erfolgt der Aufruf der Klasse *ImportTsv*, die über die Anwendung *hbase* aufgerufen wird. Diese erwartet einige Parameter wie etwa das Trennzeichen für die einzelnen Werte in den Zeilen, ein Ausgabeverzeichnis für die vorbereiteten Daten, eine Beschreibung der Tabelle und natürlich die Quelldatei, die ebenso wie das Ausgabeverzeichnis im HDFS liegen muss. Der erste Aufruf bereitet lediglich die Daten vor und wir bringen sie in das *HFile*-Format, damit sie danach über *LoadIncrementalHFiles* in HBase geladen werden können.

**Listing 5.22** Vorbereiten der Daten für den Einspielprozess

```
hbase org.apache.hadoop.hbase.mapreduce.ImportTsv
  -Dimporttsv.columns=HBASE_ROW_KEY,id:name,property:job
  -Dimporttsv.separator=,
  -Dimporttsv.bulk.output=/import/output
  people
  /import/input
```

Die Eigenschaft *importtsv.columns* erwartet den Namen der Spalte samt voranstehender *Column-Family*. Einen Sonderfall stellt hier die Spalte dar, die den Index enthält, sie kennzeichnen wir als *HBASE_ROW_KEY* und sagen Hbase somit, dass dieser Wert als Index behandelt werden muss. Der zweite Parameter, *importtsv.separator*, gibt das Komma als Trennzeichnen an, das unsere Spalten unterteilt. Der letzte Parameter, *importtsv.bulk.output*, bestimmt, wo die vorbereiteten Daten abgelegt werden.

**HINWEIS:** Bei dem voranstehenden *D* habe weder ich noch meine Lektorin gepfuscht. Indem wir einem Parameter ein *D* voranstellen, erkennt die Anwendung, dass ein Schlüssel-Wert-Paar folgt, das als Systemeigenschaft eingelesen wird. Dieses kann der Entwickler dann im Programm selber via `String value = System.getProperty("key", "defaultvalue");` auslesen.

Ist der Befehl erst einmal ausgeführt, ist leicht zu sehen, dass es sich dabei um einen Map-Reduce-Job handelt, da der Fortschritt des Mappers und des Reducers, wie wir es gewohnt sind, im Terminal angezeigt wird. In der Ausgabe des Jobs sehen Sie, ob das Vorbereiten der Daten erfolgreich war.

```
    ImportTsv
        Bad Lines=0
    Shuffle Errors
        BAD_ID=0
        CONNECTION=0
        IO_ERROR=0
        WRONG_LENGTH=0
        WRONG_MAP=0
        WRONG_REDUCE=0
    File Input Format Counters
        Bytes Read=669234
    File Output Format Counters
        Bytes Written=1988461
hduser@single:/usr/local/hbase$
```

**Bild 5.9** HBase meldet für den Aufruf von ImportTsv keine fehlerhaften Zeilen.

Es werden 0 Zeilen als unlesbar gekennzeichnet, was ein sehr gutes Zeichen ist. Ein Blick in den Ordner */import/output/* sollte zeigen, dass HBase darin die Verzeichnisse *id* und *property* gemäß den Namen unserer *Column-Families* angelegt hat. Die fertigen Dateien werden *StoreFiles* genannt und werden nun im folgenden Schritt in HBase importiert.

**Listing 5.23** Importieren der StoreFiles in HBase

```
hbase org.apache.hadoop.hbase.mapreduce.LoadIncrementalHFiles /import/output/ people
```

Die Klasse *LoadIncrementalHFiles* regelt also den Import der Dateien aus */import/output/* in die Tabelle *people*. Die Konsolenausgabe des Befehls gibt leider keinen Hinweis darauf, ob der Prozess erfolgreich war. Über die Shell können wir uns jedoch gut das Ergebnis angucken.

```
hbase(main):008:0> get 'people', 'row1'
COLUMN                   CELL
 id:name                 timestamp=1396622398319, value=Jonas Freiknecht
 property:job            timestamp=1396622415452, value=Schuster
2 row(s) in 0.0610 seconds

hbase(main):009:0>
```

**Bild 5.10** Abfrage der geladenen Daten

 **PRAXISTIPP:** Falls Sie Probleme mit der Darstellung von Sonderzeichen haben, dann versichern Sie sich, dass die Datei, die Sie importiert haben, UTF-8-kodiert war. Mit etwas besseren Texteditoren, wie z. B. *Notepad++*, kann man die Kodierung der Datei mit wenigen Klicks ändern.

Wir haben nun also gesehen, wie wir mit HBase Daten aus einer CSV-Datei für einen Import in HBase vorbereiten und diesen durchführen. Wie aber können wir Daten direkt aus einer relationalen Datenbank in HBase importieren?

#### 5.5.6.2 Datenextrakt aus einer Datenbank über Sqoop

Genau das wollen wir in diesem Abschnitt lernen. Dazu ist es notwendig, dass wir zuerst *Scoop* installieren und uns dann eine kleine MySQL-Datenbank aufsetzen, um daraus Daten in eine HBase-Tabelle zu transferieren. *Sqoop* wurde bereits im vorigen Kapitel vorgestellt und ist ein Dienst, der Daten aus relationalen Datenbanken in andere Datenspeicher transferiert. Da *Sqoop* nicht im Cluster betrieben wird, muss es auch nur auf einer Maschine installiert werden, nicht auf allen. Die Community rund um *Sqoop* entwickelt seit einiger Zeit eine neue Version, die sie *Sqoop2* nennt. Diese wird anders als die erste Version, die als simpler Befehlszeilen-Client ausgeführt wurde, als Server betrieben und kann somit auch via Web-Service angesprochen werden, was *Sqoop2* von vielen verschiedenen Orten aus bedienbar macht. Da *Sqoop2* allerdings keine Importe in HBase unterstützt, beschreibe ich hier das Vorgehen für *Sqoop1*. Im elften Kapitel dieses Buches finden Sie zusätzlich eine Anleitung, wie Sie Sqoop2 installieren, einrichten und bedienen für den Fall, dass nach Release dieses Buches das Feature für HBase-Importe nachgereicht wurde.

## Installation von Sqoop

Sqoop wird wie gehabt über *wget* heruntergeladen und entpackt.

**Listing 5.24** Installation von Sqoop

```
su - user1
cd /usr/local
sudo wget http://mirror.lwnetwork.org.uk/APACHE/sqoop/1.4.4/
sqoop-1.4.4.bin__hadoop-2.0.4-alpha.tar.gz
sudo tar xzf http://mirror.lwnetwork.org.uk/APACHE/sqoop/1.4.4/
sqoop-1.4.4.bin__hadoop-2.0.4-alpha.tar.gz
sudo mv sqoop-1.4.4.bin__hadoop-2.0.4-alpha.tar.gz sqoop
sudo chown -R hduser:hadoop sqoop
```

Wie üblich übergeben wir auch hier die Rechte über die Anwendung und deren Dateien an den Benutzer *hduser*. Hier ist zu sehen, dass *Sqoop 1.4.4* für Hadoop 2.x nur in der Alpha-Version zur Verfügung steht, jedoch alle Operationen, die wir damit durchführen, fehlerfrei beherrscht.

Die Konfiguration ist denkbar einfach. Wechseln Sie in den Ordner *conf* im Hauptverzeichnis von Sqoop und editieren Sie mit *nano* die Daten *sqoop-env-template.sh*. Ändern Sie dort die folgenden Einträge ab.

**Listing 5.25** Anpassen der sqoop-env-template.sh

```
export HADOOP_COMMON_HOME=/usr/local/hadoop
export HADOOP_MAPRED_HOME=/usr/local/hadoop/share/hadoop/mapreduce
export HBASE_HOME=/usr/local/hbase
```

Speichern Sie die Daten mit **Strg+O** und schließen Sie sie mit **Strg+X**. Dann benennen Sie die Datei um in *sqoop-env.sh*, denn nur dann wird sie auch von *Sqoop* verwendet.

**Listing 5.26** Umbenennen der sqoop-env-template.sh

```
mv sqoop-env-template.sh sqoop-env.sh
```

Wechseln Sie nun in das Verzeichnis *bin* im Hauptordner von *Sqoop* und führen Sie den Befehl *./configure-sqoop* aus. Dadurch werden die Eigenschaften aus der *sqoop-env.sh* gesetzt. Sie sollten lediglich eine Meldung bekommen, dass */usr/lib/hcatalog* nicht gefunden wird. Da wir *HCatalog*[2] jedoch auch nicht verwenden, ist das zu diesem Zeitpunkt vollkommen okay.

Um später mit MySQL arbeiten zu können, müssen wir noch den entsprechenden JDBC-Treiber herunterladen und *Sqoop* zur Verfügung stellen. Diesen bekommen Sie im Austausch gegen Ihre persönlichen Daten unter:

*https://dev.mysql.com/downloads/connector/j/*

Entscheiden Sie sich für den plattformunabhängigen Treiber, entpacken Sie das Archiv und legen Sie die darin enthaltene Datei *mysql-connector-java-5.1.30-bin.jar* im *lib*-Verzeichnis von Sqoop ab.

---

[2] HCatalog ist ein Programm, das es ermöglicht, zu Daten auf dem HDFS Metadaten zu speichern, um die Daten in relationaler Form betrachten zu können und durch diese abstrakte Ebene eine bekannte Sicht auf die in verschiedensten Strukturen abgespeicherten Daten zu geben.

Fügen Sie im letzten Schritt noch zwei Einträge in die *.bashrc* des Benutzers *hduser* ein. Das geschieht wie immer über nano $HOME/.bashrc.

**Listing 5.27** Bekanntgabe des Bin-Verzeichnisses von Sqoop

```
# Sqoop
export SQOOP_HOME=/usr/local/sqoop
export PATH=$PATH:$SQOOP_HOME/bin
```

Damit sorgen wir dafür, dass wir als *hduser* von jedem Ort aus über den Inhalt des *Bin*-Verzeichnisses Bescheid wissen. Loggen Sie sich im Anschluss aus und wieder ein (als *hduser*), damit die Pfadangaben systemweit übernommen werden.

Um nun aber überhaupt eine Datenquelle zu haben, aus der wir Daten importieren können, müssen wir nun einen MySQL-Server aufsetzen.

### Einrichten eines MySQL-Servers auf Ubuntu

Die Installation des MySQL-Servers ist ein bisschen luxuriöser als diejenigen, die wir bisher durchgeführt haben. Wir können hier ganz einfach auf die Paketverwaltung von Ubuntu (*APT*) zurückgreifen.

**Listing 5.28** Installieren eines MySQL-Servers unter Ubuntu

```
su - user1
sudo apt-get update
sudo apt-get install mysql-server
```

Während der Installation werden Sie nach einem Root-Passwort für den MySQL-Server gefragt, ich verwende hier wie gehabt (wir arbeiten ja im Moment lediglich auf einer Entwicklermaschine) den Benutzernamen als Passwort, also *root*. Bestätigen Sie das Passwort im zweiten Schritt und der Installer beendet sich.

**PRAXISTIPP:** Falls Sie Ihren MySQL-Server lieber auf einem Windows-System aufsetzen möchten, dann empfehle ich gerne *XAMPP*, eine Testumgebung für PHP, die neben einem MySQL-Server auch eine sehr komfortable Web-Administrationsoberfläche bietet, mit der Sie Datenbanken anlegen, füllen und inspizieren können.

Überprüfen Sie, ob der Server läuft, indem Sie die aktiven Netzwerkverbindungen abfragen und dabei via *grep* die entsprechenden Ergebnisse nach dem Stichwort *mysql* durchsuchen.

**Listing 5.29** Überprüfen des MySQL-Serverprozesses

```
sudo netstat -tap | grep mysql
```

Als Ergebnis sollten Sie einen Eintrag zurückgeliefert bekommen, der auf die entsprechende Prozess-ID des MySQL-Servers verweist. Die APT-Installationsroutine richtet MySQL direkt als Service ein, sodass Sie ihn nach Belieben über die folgenden Befehle starten, stoppen und neu starten können.

**Listing 5.30** Starten, stoppen und neu starten des MySQL-Servers

```
sudo service mysql stop
sudo service mysql start
sudo service mysql restart
```

Um den MySQL-Server gemäß unserer Bedürfnisse zu konfigurieren, müssen Sie die Datei /etc/mysql/my.cnf anpassen. Darin ist unter anderem zu lesen, dass der Server über Port 3306 kommuniziert und über welche IP-Adressen auf ihn zugegriffen werden darf. Das legt die Eigenschaft *bind-setting* fest, die per Default auf *127.0.0.1* stehen sollte, sodass lediglich Verbindungen von der ausführenden Maschine selbst auf den Server zugelassen sind. Öffnen Sie nun die /etc/mysql/my.cnf und setzen Sie *bind-setting* auf *0.0.0.0*. Dadurch erlauben wir den Zugriff von allen IPs auf den MySQL-Server. Es reicht jedoch noch nicht, eine generelle Zugriffserlaubnis von entfernten Rechnern auf den Server zu erlauben. Ferner müssen wir die Benutzer autorisieren, einen Zugriff remote auszuführen. Lassen Sie uns dazu einen extra Benutzer einrichten. Das tun wir über die MySQL-Konsole, die wir in Ubuntu über das Terminal starten. Bestätigen Sie die Frage nach dem Passwort mit dem Passwort *root* bzw. dem, das Sie während der Installation des MySQL-Servers angegeben haben.

**Listing 5.31** Starten der MySQL-Konsole

```
mysql -h single -u root -p
```

> **HINWEIS:** Die Angabe des Hosts über den Parameter *-h* ist nicht immer notwendig, ich schreibe ihn hier jedoch mit auf, falls Sie auf den Fehler stoßen, dass es dem Benutzer *root* nicht erlaubt ist, sich zu *localhost* zu verbinden.

Legen Sie danach einen neuen Benutzer mit Namen *mysqluser* an, dem auch gleich die gewünschten Rechte zuteil werden.

**Listing 5.32** Anlegen eines neuen MySQL-Benutzers

```
use mysql;
create user 'mysqluser'@'%';
update user set host='%' where user='mysqluser';
update db set host='%' where user='mysqluser';
set password for 'mysqluser'@'%' = password('mysqluser');
grant all privileges on *.* to 'mysqluser'@'%' with grant option;
```

Nun legt MySQL bei der Installation noch zwei anonyme Benutzer an (für den Host *localhost* und in unserem Fall auch für den Host *single*). Da MySQL beim Verbindungsaufbau nach der zuerst gefundenen Benutzerkennung schaut, die dem Pattern entspricht, nach dem einen Autorisierung durchgeführt werden könnte, müssen wir den anonymen Benutzer (ein solcher hat einen leeren Benutzernamen) löschen, da er sonst mit unserem *mysqluser* interferiert[3]. Dazu führen wir noch zwei weitere Befehle in der MySQL-Konsole aus.

---

[3] *http://dev.mysql.com/doc/refman//5.5/en/connection-access.html*

**Listing 5.33** Löschen des anonymen Benutzers für den Host single

```
delete from mysql.user where User='' and Host='single';
flush privileges;
```

*flush priviliges* bewirkt, dass die Tabellen der Benutzer- und Rechteverwaltung erneut geladen werden. Überprüfen Sie nach dem Löschvorgang die Benutzertabellen.

**Listing 5.34** Anzeigen aller Benutzer samt Hosts

```
select host,user from mysql.user;
```

Das Ergebnis sollte wie in der folgenden Abbildung aussehen.

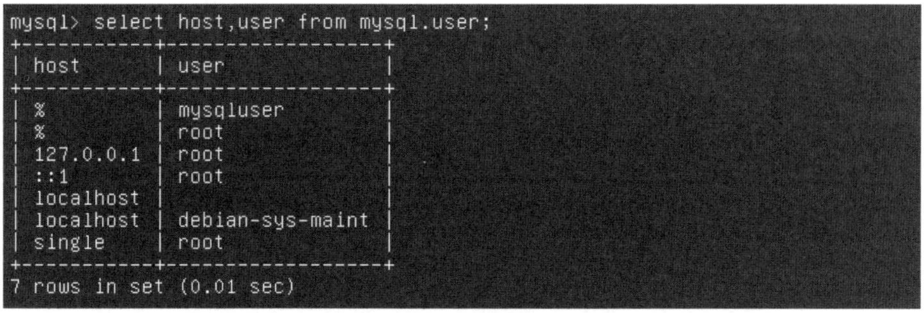

```
mysql> select host,user from mysql.user;
+-----------+------------------+
| host      | user             |
+-----------+------------------+
| %         | mysqluser        |
| %         | root             |
| 127.0.0.1 | root             |
| ::1       | root             |
| localhost |                  |
| localhost | debian-sys-maint |
| single    | root             |
+-----------+------------------+
7 rows in set (0.01 sec)
```

**Bild 5.11** Benutzer samt Hostzuordnung auf dem MySQL-Server

Wichtig ist, dass Sie hier keinen Eintrag mit dem Host *single* und einem leeren Benutzernamen sehen. Starten Sie den Service mit `sudo service mysql restart` zur Sicherheit neu, damit auch alle Änderungen übernommen werden.

**Einspielen von Testdaten in die MySQL-Datenbank**

Um nun Testdaten in die Datenbank (die wir noch anlegen müssen) zu bekommen, haben Sie im Prinzip drei Möglichkeiten.

- Verwenden des LOAD-Befehls in der MySQL-Kommandozeile
- Verwenden eines MySQL-Clients wie z. B. *HeidiSQL*
- Verwenden einer eigenen Anwendung zum Generieren und Einspielen von Testdaten

Das Buch soll nicht umsonst den Terminus *Praxis* im Titel tragen. Wir werden also eine Java-Anwendung verwenden, die die Testdaten generiert und gleichzeitig in eine MySQL-Datenbank einspielt. Diese Anwendung heißt *11_MySQLTestDataGenerator* und liegt einsatzbereit auf der DVD. Die Daten, die wir generieren möchten, entsprechen dem Schema, das wir schon beim *HBase Bulk Loading* verwendet haben, also *ID, Name, Job* in einer Tabelle *people*. Zudem benötigen wir hier noch einen Datenbanknamen, ich habe dafür schlicht und einfach *company* ausgewählt.

Öffnen Sie die Anwendung in Eclipse und öffnen Sie die Klasse *de.jofre.mysqlexport.Main*. Darin finden Sie die ganze Logik samt den notwendigen Einstellungen, die verwendet werden, um eine Datenbankverbindung aus der Anwendung heraus herzustellen. Passen Sie unter Umständen folgende Variablen an.

**Tabelle 5.1** Variablen zur Verbindungsherstellung zum MySQL-Server

| Variable | Beschreibung |
|---|---|
| DB_HOST | Host oder IP zum Datenbankserver |
| DB_PORT | Port des Datenbankservers, nachzuschlagen in der /etc/mysql/my.cnf |
| DB_DATABASE | Name der Datenbank, zu der wir uns verbinden wollen |
| DB_TABLE | Name der Tabelle, die das Programm bei Nichtexistieren anlegt |
| DB_USER | Der Benutzer, über den die Datenbankverbindung hergestellt wird |
| DB_PASSWORD | Passwort des Datenbankbenutzers |

Der Aufbau der Anwendung ist sehr einfach gehalten. Sie nimmt drei Parameter entgegen, die Sie für die Datenmanipulation oder die Datenansicht verwenden können.

**Tabelle 5.2** Parameter der Anwendung zum Generieren von Testdaten

| Parameter | Beschreibung |
|---|---|
| -generate [1-n] | Generiert eine Anzahl Testdaten in der Tabelle *people*, die Sie über den Parameter bestimmen, der hinter dem *-generate* steht (ohne die eckigen Klammern). Geben Sie die Zahl nicht an, werden per Default 2000 Datensätze erzeugt. |
| -clear | Leert die Tabelle *people* |
| -read | Liest alle Daten aus der Tabelle *people* und gibt sie über die Konsole aus |

Lassen Sie uns nun einmal 20 000 Personen für unsere Tabelle generieren! Selektieren Sie das Projekt *11_MySQLTestDataGenerator* im Projektfenster und erstellen Sie eine neue *Run Configuration* über den Menüpunkt **Run**. Wählen Sie links *Java Application*, klicken Sie mit der rechten Maustaste darauf und wählen Sie **New**. Verifizieren Sie im neuen Fenster rechts, dass Projekt *11_MySQLTestDataGenerator* ausgewählt ist, und geben Sie im Feld *Main class* die Klasse *de.jofre.mysqlexport.Main* an. Im Tab *(x)=Arguments* fügen Sie dann unter *Program arguments* den Eintrag *-generate 20000* ein. Klicken Sie auf **Apply** und **Run**. Das Programm benötigt nun einige Sekunden und sollte dann bei erfolgreichem Durchlauf verkünden, dass die Verbindung hergestellt, die Datensätze erzeugt und die Anwendung beendet wurde. Wenn Sie verifizieren möchten, ob die Daten in der Datenbank angekommen sind, öffnen Sie die erstellte *Run Configuration* und ändern Sie das *-generate 20000* in ein *-read* ab und starten Sie erneut per **Run**. In der Ausgabe in der View *Console* sollten Sie nun die fiktiven Datensätze sehen.

### Importieren der Daten mit Sqoop

Zurück in der VM wechseln wir ins Verzeichnis *bin* von Sqoop und führen den folgenden Befehl aus, um die Daten von MySQL in HBase zu importieren.

**Listing 5.35** Datentransfer von MySQL nach HBase

```
./sqoop import --connect jdbc:mysql://single:3306/company --table people --username
mysqluser --password mysqluser --hbase-table people_import --column-family peoplecf
--hbase-create-table
```

Lassen Sie uns alle Parameter nach und nach betrachten.

**Tabelle 5.3** Parameter eines Sqoop-DB-Imports

| Parameter | Beschreibung |
|---|---|
| import | *Sqoop* erwartet als ersten Parameter hinter dem Aufruf der Anwendung den Namen des Werkzeugs, das verwendet werden soll. Das kann z. B. *import*, *export* oder *list-tables* sein, um Daten aus einer Datenbank zu importieren, aus dem HDFS zu exportieren oder um Tabellen in einer Datenbank aufzulisten. Alle verfügbaren Tools bekommen Sie angezeigt, wenn Sie *Sqoop* mit dem Parameter *help* starten. |
| --connect [JDBC_String] | Der Parameter *connect* erwartet einen String, der die Verbindung zur Datenbank spezifiziert. Wir geben darin z. B. unseren Server *single* sowie den Port *3306* und die Datenbank *company* an, zu der die Verbindung aufgebaut werden soll. |
| --table [TABELLE] | *table* erwartet den Namen einer Tabelle, aus der der Import vorgenommen werden soll. Wir übergeben hier die MySQL-Tabelle *people*, die wir zuvor angelegt haben. |
| --username [NAME] | Über diesen Parameter wird der MySQL-Benutzer spezifiziert, der Zugriff auf die gewünschte Datenbank hat. |
| --password [PASSWORT] | Übergibt das Passwort des Benutzers der MySQL-Datenbank. |
| --hbase-table [TABELLE] | Hier wird der Name der HBase-Tabelle übergeben, die Sqoop befüllen soll. |
| --column-family [COLUMN-FAMILY] | Name der Column-Family, der Attribute der Quelltabelle zugeordnet werden. Hier kann lediglich ein Wert angegeben werden (unten mehr zu diesem Umstand). |
| --hbase-create-table | Geben Sie diesen Parameter an, falls Sie die Zieltabelle zuvor noch nicht erstellt haben. Sollten Sie *--hbase-create-table* verwenden und die Tabelle existiert bereits, wird der Parameter ignoriert. |
| --hbase-row-key [SPALTE] | HBase versucht, den Primärschlüssel der MySQL-Tabelle automatisch zu ermitteln und ihn als Row-Key in HBase zu verwenden. Wenn Sie allerdings selber eine Spalte festlegen möchten, die als Row-Key gesetzt wird, dann können Sie das mit *--hbase-row-key* tun. |

 **PRAXISTIPP:** Zur direkten Eingabe eines Passworts in das Terminal wird generell abgeraten. Stattdessen sollte der Parameter *-P* verwendet werden, um eine Passwortabfrage nach Absetzen des Befehls aufzurufen. Ich verwende hier *--passwort* lediglich der Übersicht (und der Bequemlichkeit) halber, schließlich arbeiten wir nur auf einem Testsystem.

Sie haben vielleicht beim Betrachten der Parameter gemerkt, dass man lediglich eine *Column-Family* angeben kann. Was aber, wenn man seine Spalten aus der MySQL-Tabelle in mehrere *Column-Families* einordnen möchte? Hier empfiehlt es sich, den Import in mehreren Schritten vorzunehmen. Spezifizieren Sie also im ersten Schritt, dass lediglich das Attribut *Name* in die *Column-Family id* importiert wird, und in einem zweiten Aufruf von *Sqoop*, dass nur die Spalte *Job* in die *Column-Family property* geladen wird. Einzelne Spalten geben Sie für einen Import über den Parameter *–columns* an.

**Listing 5.36** Spezifizieren einzelner Spalten für den Import

```
./sqoop import --columns "name" --connect jdbc:mysql://single:3306/company ...
```

Nun aber zurück zu unserem gegenwärtigen Aufruf für den Import der gesamten Tabelle. *Sqoop* wird nun zuerst eine Verbindung zur Datenbank herstellen und die Metadaten abfragen, also Informationen über die Tabelle, Anzahl und Namen der Spalten sowie die verwendeten Datentypen und Indizes. Im Folgenden startet die Anwendung mehrere Map-Reduce-Jobs, die den Datentransfer vornehmen.

**PRAXISTIPP:** Je nach Rechenleistung Ihres PC kann das System, auf dem Sie Hadoop ausführen, schon sehr stark beansprucht werden. So kann es dazu kommen, dass Map-Reduce-Jobs in einen Timeout laufen, da sie schlichtweg zu lange brauchen, um ihre Arbeit zu verrichten. Diesen Timeout habe ich für den Sqoop-Import auf 1 800 000 Millisekunden gesetzt (Default-Wert ist 600 000). Das können Sie tun, indem Sie die *mapred-site.xml* in */usr/local/hadoop/etc/hadoop/* bearbeiten und eine Property mit Namen *mapreduce.task.timeout* und Wert 1 800 000 einsetzen. Ein anderes unschönes Vorkommnis ist die Meldung in Ubuntu, die besagt, dass bestimmte Tasks für mehr als 120 Sekunden blockiert wurden; dann können Sie diese Meldung ausschalten, indem Sie die Datei */proc/sys/kernel/hung_task_timeout_secs* bearbeiten (als Sudo-User, also z. B. als *user1*) und die darin stehende 120 auf eine 0 setzen. Somit schreibt Ubuntu Ihnen nicht die Konsole mit Ausgaben voll, die die Meldungen von Hadoop/HBase verdecken. Generell empfiehlt es sich jedoch, bei derartigen Meldungen darüber nachzudenken, ob Sie auf ein schnelleres System wechseln oder Ihrer VM mehr Ressourcen in Form von Prozessorkernen oder Arbeitsspeicher zuweisen sollten.

Schauen Sie sich das Ergebnis an, indem Sie die HBase-Shell über `./hbase shell` aus dem Ordner *bin* im HBase-Hauptverzeichnis starten und den Befehl `scan 'people_import'` absetzen. Ihnen sollten sich nun die Zeilen zeigen, die Sie zuvor in der MySQL-Datenbank erzeugt haben. Ebenso sollte *Sqoop* den Primärschlüssel erkennen und ihn als *Row-Key* verwenden. Das Ergebnis des Datentransfers ist in Bild 5.12 zu sehen.

```
hbase(main):002:0> scan 'people_import'
ROW                    COLUMN+CELL
 1                      column=peoplecf:job, timestamp=1397315963523, value=Sportler
 1                      column=peoplecf:name, timestamp=1397315963523, value=Christian Huber
 10                     column=peoplecf:job, timestamp=1397315967443, value=\xC3\x9Cbersetzer
 10                     column=peoplecf:name, timestamp=1397315967443, value=Ren\xC3\xA9 Meier
 2                      column=peoplecf:job, timestamp=1397315963523, value=Fahrzeugh\xC3\xA4ndler
 2                      column=peoplecf:name, timestamp=1397315963523, value=Maximilian Schmidt
 3                      column=peoplecf:job, timestamp=1397315963523, value=B\xC3\xA4nker
 3                      column=peoplecf:name, timestamp=1397315963523, value=Erik Kr\xC3\xA4mer
 4                      column=peoplecf:job, timestamp=1397315965366, value=Krankenpfleger
 4                      column=peoplecf:name, timestamp=1397315965366, value=Jonas K\xC3\xB6hler
 5                      column=peoplecf:job, timestamp=1397315965366, value=B\xC3\xA4nker
 5                      column=peoplecf:name, timestamp=1397315965366, value=Nicole Kr\xC3\xA4mer
 6                      column=peoplecf:job, timestamp=1397315966815, value=Student
 6                      column=peoplecf:name, timestamp=1397315966815, value=Marko Jung
 7                      column=peoplecf:job, timestamp=1397315966815, value=Krankenpfleger
 7                      column=peoplecf:name, timestamp=1397315966815, value=Sandra Jung
 8                      column=peoplecf:job, timestamp=1397315967443, value=Verk\xC3\xA4ufer
 8                      column=peoplecf:name, timestamp=1397315967443, value=Janina Bauer
 9                      column=peoplecf:job, timestamp=1397315967443, value=Lehrer
 9                      column=peoplecf:name, timestamp=1397315967443, value=Lisa Braun
10 row(s) in 0.0480 seconds

hbase(main):003:0>
```

**Bild 5.12** Import in HBase samt automatischer Tabellengenerierung

Alternativ zum Import nach HBase können die Daten auch als Textdatei in das HDFS gelegt werden.

**Listing 5.37** Datentransfer von MySQL nach HDFS

```
./sqoop import --connect jdbc:mysql://single:3306/company --table people
--target-dir /hdfs/sqoop --username mysqluser --password mysqluser
```

Der Parameter *–target-dir* gibt dabei an, wo die Daten aus der MySQL-Datenbank im HDFS abgelegt werden sollen. Das Verzeichnis darf zuvor nicht existieren, ansonsten erhalten Sie vom Importer eine Fehlermeldung. Bei Erfolg sieht ein Auflisten der Dateien im Ausgabeverzeichnis aus wie in der unteren Abbildung.

```
hduser@single:/usr/local/sqoop/bin$ hdfs dfs -ls /hdfs/sqoop/
Found 5 items
-rw-r--r--   1 hduser supergroup          0 2014-04-12 07:26 /hdfs/sqoop/_SUCCESS
-rw-r--r--   1 hduser supergroup         88 2014-04-12 07:26 /hdfs/sqoop/part-m-00000
-rw-r--r--   1 hduser supergroup         56 2014-04-12 07:26 /hdfs/sqoop/part-m-00001
-rw-r--r--   1 hduser supergroup         50 2014-04-12 07:26 /hdfs/sqoop/part-m-00002
-rw-r--r--   1 hduser supergroup         73 2014-04-12 07:26 /hdfs/sqoop/part-m-00003

hduser@single:/usr/local/sqoop/bin$ hdfs dfs -tail /hdfs/sqoop/part-m-00000
1,Christian Huber,Sportler
2,Maximilian Schmidt,Fahrzeughändler
3,Erik Krämer,Bänker
hduser@single:/usr/local/sqoop/bin$
```

**Bild 5.13** Auflisten und Anzeigen der Dateien eines Sqoop-Import ins HDFS

Der Befehl `hdfs dfs -tail /hdfs/sqoop/part-m-00000` zeigt das Ende der angegebenen Datei. Hier sehen wir, dass die erste Ausgabedatei nur drei Zeilen enthält, was darauf zurückzuführen ist, dass ich für den Test nur sehr wenige Einträge in der Datenbank gehalten habe.

**PRAXISTIPP:** Nun haben wir *Sqoop* die ganze Zeit aus einem Terminalfenster heraus bedient. Jedoch verfügt die Software auch über eine Java-API, mit der Sie aus einer eigenen Anwendung heraus einen Import oder Export starten können. Leider ist diese für *Sqoop 1.4.4* nicht sehr gut dokumentiert. Da sich jedoch im Vergleich zur aktuellen Version 1.99.3 nicht sehr viel geändert hat, möchte ich Sie auf die entsprechende Dokumentation der *Client-API* dieser späteren Version verweisen[4].

**Umgang mit Fremdschlüsseln in den Quelltabellen**

Wenn Sie nun vor der Herausforderung stehen, dass Sie Daten aus mehreren Tabellen, die über Fremdschlüssel miteinander verknüpft sind, in HBase (oder später in Hive) importieren wollen, dann haben Sie zwei Möglichkeiten.

1. Erstellen Sie in Ihrer Quelldatenbank eine View auf die Tabellen, die alle Spalten in dieser View vereint, und greifen Sie via *Sqoop* auf die View zu.
2. Erzeugen Sie einen eigenen Map-Reduce-Job, den *Sqoop* verwendet, und greifen Sie darin alle verlinkten Datensätze ab.

Da die zweite Option sehr komplex werden kann, tendiere ich, falls nicht anders erforderlich, zur ersten Variante, in der eine gesonderte View für den Import erzeugt wird, der die Denormalisierung der Daten vornimmt. Dieses Vorgehen ist mit relativ wenig Aufwand realisierbar und kann durch das Anpassen der View auch noch im Nachhinein beeinflusst werden.

### 5.5.7 HBase Java-API

In diesem Abschnitt wollen wir die Java-API von HBase kennenlernen, die uns dabei unterstützt, aus Java-Anwendungen heraus Tabellen und Daten zu betrachten und zu manipulieren. Ich möchte Ihnen die API abermals anhand eines praktischen Beispiels näherbringen, und zwar wollen wir wie schon im Kapitel über Hadoop ein Web-Frontend entwerfen, über das wir Tabellen auslesen und verändern können. Da ich nicht weiß, ob Sie bereits den Hadoop-Manager aus Abschnitt 3.16 entwickelt haben, starte ich das Projekt losgelöst davon und integriere es nicht in das bestehende *Dynamic Web Project* (*09_HadoopManager*). Hübsch wäre es natürlich, wenn Sie den HBase-Manager dort einbetten, sodass Sie über eine Anwendung verfügen, mit der Sie mehrere Komponenten Ihres Clusters verwalten können. Das überlasse ich jedoch völlig Ihren eigenen Vorstellungen. Bitte beachten Sie, dass ich nicht die ganze API von HBase erklären kann, ich habe mich deswegen auf die am häufigsten benötigten Funktionen beschränkt. Natürlich gibt es immer noch ein Thema, an dem man ein bisschen weiter in die Tiefe gehen könnte, allerdings möchte ich dann in dem Fall auf die Dokumentation verweisen, die das HBase-Projekt in Form eines Online-Buchs zur Verfügung stellt[5].

---

[4] http://sqoop.apache.org/docs/1.99.3/ClientAPI.html
[5] http://hbase.apache.org/book/client.html

Für dieses Projekt möchte ich mit Ihnen vier Sichten erstellen, die jeweils eine andere Funktionalität bieten.

- *Anzeigen* – Anzeigen von Daten in Tabellen. Alle Tabellen in der HBase-Installation sollen dabei über eine Drop-down-Box auswählbar sein.
- *Bearbeiten* – Tabellen sollen hier angelegt, (de)aktiviert, gelöscht und geleert werden können. Ebenso soll der Benutzer die Möglichkeit haben, alle *Column-Families* in den jeweiligen Tabellen zu betrachten und auf Wunsch weitere anlegen zu können.
- *Suchen* – Der Benutzer soll entweder nach einer Zeile mit einem bestimmten Zeilenschlüssel oder nach mehreren Zeilen mit einem bestimmten Wert in einer definierten Spalte suchen können.
- *Daten importieren* – Hier soll es möglich sein, Daten in Form von CSV-Texten in bestehende Tabellen zu importieren, so wie wir es zuvor über *ImportTsv* oder *Sqoop* getan haben.

Nun, da wir wissen, was zu tun ist, können wir loslegen und erzeugen ein neues *Dynamic Web Project* mit Namen *12_HBaseManager* oder erweitern alternativ den *09_HadoopManager* um die auf den nächsten Seiten vorgestellten Komponenten. Abermals möchte ich mich in diesem Abschnitt den wichtigsten Methoden im Detail widmen und Ihnen den Rest zum Selbststudium überlassen. Wenn das Projekt angelegt ist, gilt es, Maven zu aktivieren (**Rechtsklick auf das Projekt → Configure → Convert to Maven Project**) und die *Project-Facets* für *JSF* und *JAX-RS* abzuschalten (**Rechtsklick auf das Projekt → Properties → Project Facets**). Nun editieren Sie die *pom.xml*, die sich geöffnet haben sollte, und fügen Sie ihr in der XML-Ansicht unter dem schließenden Tag *</build>* folgende Dependencies hinzu.

**Listing 5.38** Abhängigkeiten für einen HBase-Client

```xml
<dependencies>
  <dependency>
    <groupId>jdk.tools</groupId>
    <artifactId>jdk.tools</artifactId>
    <version>1.7.0_45</version>
    <scope>system</scope>

    <!-- Nicht alle Systeme akzeptieren Umgebungsvariablen ($) -->
    <!-- <systemPath>${JAVA_HOME}/lib/tools.jar</systemPath> -->
    <systemPath>C:\java\jdk1.7.0_45/lib/tools.jar</systemPath>
  </dependency>
  <dependency>
    <groupId>org.apache.hbase</groupId>
    <artifactId>hbase-common</artifactId>
    <version>0.98.3-hadoop2</version>
  </dependency>
  <dependency>
    <groupId>org.apache.hbase</groupId>
    <artifactId>hbase-client</artifactId>
    <version>0.98.3-hadoop2</version>
  </dependency>
</dependencies>
```

Sie sehen, dass wir abermals auf die *jdk.tools* verweisen, passen Sie also den unschönen absoluten Pfad Ihrer JDK-Installation an, falls nötig. Die anderen beiden Artefakte dienen der Bedienung von und der Kommunikation mit HBase.

Die Bedienung von HBase habe ich im fertigen Projekt in nur einer Klasse implementiert. Diese erzeugen wir im Package *de.jofre.hbasemanager* und nennen sie *HBaseManager*. Zu Beginn definieren wir eine Variable vom Typ *Configuration*, die wir über die Methode *create* von *HBaseConfiguration* erzeugen. *HBaseConfiguration* liest zusätzlich zu den Hadoop-Ressourcen die HBase-spezifischen Konfigurationen aus *hbase-default.xml* und *hbase-site.xml* aus, sodass diese in der Anwendung zur Verfügung stehen.

**PRAXISTIPP:** Wenn Sie Klassen verwenden, die Sie über Maven-Repositories beziehen, dann können Sie leicht Einblick in deren Quellcode erhalten, indem Sie den Mauszeiger auf eine Funktion setzen und F3 drücken. Eclipse lädt dann die entsprechenden Texte herunter und zeigt Ihnen, wie die Methode, die Sie selektiert haben, implementiert wurde. Häufig geben Kommentare in Methoden ergänzende Auskünfte zu den öffentlichen Dokumentationen.

Neben der Konfiguration erzeugen wir weiterhin eine Instanz der Klasse *HBaseAdmin*, eine Art Administratorobjekt für HBase, das wir als Basis für alle Zugriffe auf die Datenbank verwenden. Dieses initialisieren wir, indem wir die *HBaseConfiguration* übergeben, die wir um die zusätzliche Eigenschaft *hbase.zookeeper.quorum* erweitern. Diese Eigenschaft erhält den Wert *single*, also den Host unseres einzigen Servers, auf dem mit der Einrichtung HBase ebenfalls Zookeeper installiert wurde. In einer Cluster-Umgebung sollten Sie hier alle Server – durch Kommata getrennt – angeben, auf denen Sie Zookeeper ausführen.

**HINWEIS:** *Zookeeper* kann zu Test- und Evaluierungszwecken mit nur einer verfügbaren Instanz betrieben werden. In Produktion, so empfiehlt die Dokumentation, sollen jedoch mehrere Repliken einer Instanz in einer Gruppe, einem sogenannten Quorum, ausgeführt werden. Bei einer Replik handelt es sich um eine identische Kopie einer anderen Installation samt gleichen Konfigurationsdateien. Die Betriebsarten werden Stand-alone- und Replicated-Mode genannt. Dadurch, dass wir in der Eigenschaft *hbase.zookeeper.quorum* mehrere Hosts angeben, weiß HBase, welche Server in dem Quorum zur Verfügung stehen und auf welchen es die entsprechende Verwaltungsinstanz der Gruppe suchen muss.

Des Weiteren definiere ich am Anfang der Klasse eine statische, finale Variable namens *FETCH_SIZE*. Diese legt fest, wie viele Zeilen wir aus einer Tabelle maximal abfragen wollen. Initial habe ich hier den Wert 100 gewählt, passen Sie ihn auf Wunsch ruhig an.

Schauen wir uns nun die ersten, einfachen Methoden an, um ein Gefühl dafür zu bekommen, wie mit der Klasse *HBaseAdmin* gearbeitet wird.

**Listing 5.39** Auflisten aller Tabellen in HBase

```
public List<String> getTables() {
  TableName[] names = new TableName[0];
  try {
```

```
    names = admin.listTableNames();
  } catch (IOException e) {
    log.log(Level.SEVERE, "Fehler beim Abrufen aller Tabellennamen.");
    e.printStackTrace();
  }
  List<String> tables = new ArrayList<String>();
  for (int i = 0; i < names.length; i++) {
    tables.add(names[i].getNameAsString());
  }
  return tables;
}
```

*getTables* liest also alle Tabellennamen aus, die in unserer HBase-Installation vorhanden sind. Dazu nutzen wir die Funktion *admin.listTables*, die einen Array vom Typ *TableName* zurückgibt. Dieser Typ verfügt wiederum über eine Methode namens *getNameAsString*, die den Klartextnamen der Tabellen liefert, den wir dann in eine Liste aus Strings kopieren und über *return* zurückgeben.

Die nächste Methode, die wir uns anschauen wollen, dient dem Deaktivieren einer Tabelle.

**Listing 5.40** Deaktivieren einer Tabelle

```
public void disableTable(String _table) {
  try {
    admin.disableTable(_table);
  } catch (IOException e) {
    log.log(Level.SEVERE, "Fehler beim Deaktivieren der Tabelle.");
    e.printStackTrace();
  }
}
```

Auch hier verbirgt sich die Funktionalität hinter der simplen Methode *admin.disableTable(Tabellenname)*. Wir erinnern uns, dass das Deaktivieren nötig ist, bevor eine Tabelle gelöscht werden soll. Ebenso ist es notwendig, wenn Veränderungen vorgenommen werden müssen, wie etwa das Hinzufügen einer neuen *Column-Family*. Entsprechend wird eine Tabelle über *admin.enableTable(Tabellenname)* reaktiviert.

**Listing 5.41** Löschen einer Tabelle

```
public void deleteTable(String _table) {
  try {
    admin.deleteTable(_table);
  } catch (IOException e) {
    log.log(Level.SEVERE, "Fehler beim Löschen der Tabelle.");
    e.printStackTrace();
  }
}
```

Auch das Löschen erfolgt über *HBaseAdmin* und nutzt die Methode *deleteTable(Tabellenname)*. Vor dem Löschen sollte überprüft werden, ob die Tabelle auch deaktiviert wurde. Das kann über folgende Methode geschehen.

**Listing 5.42** Überprüfen, ob eine Tabelle aktiviert ist

```java
public boolean isTableEnabled(String _table) {
  try {
    return !admin.isTableDisabled(_table);
  } catch (IOException e) {
    log.log(Level.SEVERE, "Fehler beim Abfragen des Tabellenstatus.");
    e.printStackTrace();
  }
  return false;
}
```

Auch hier beruht die Logik auf nur einer Zeile, nämlich in *admin.isTableDisabled-(Tabellenname)*. Nun sind wir am Ende der Einzeiler angelangt und die Methoden, die nun folgen, werden etwas komplexer. Schauen wir uns zuerst an, wie man eine Tabelle leert.

**Listing 5.43** Leeren einer Tabelle

```java
public void emptyTable(String _table) {
  try {
    HTableDescriptor td = admin.getTableDescriptor(Bytes.toBytes(_table));
    admin.disableTable(_table);
    admin.deleteTable(_table);
    admin.createTable(td);
  } catch (Exception e) {
    log.log(Level.SEVERE, "Fehler beim Leeren der Tabelle.");
    e.printStackTrace();
  }
}
```

Die erwartete Schleife, die alle Elemente Stück für Stück löscht, oder ein simpler Befehl namens *empty* ist hier nicht zu finden. Tatsächlich ist die Methode, die offiziell für das Leeren einer Tabelle vorgesehen ist, die, dass die Tabellenstruktur in einem Objekt vom Typ *HTableDescriptor* zwischengespeichert, die Tabelle gelöscht und dann aus der Tabellenbeschreibung neu erzeugt wird. Das ist auch genau das, was wir tun, wir fragen über *admin.getTableDescriptor* die Struktur von *_table* ab und merken sie uns. Dann wird deaktiviert, gelöscht und neu erstellt. Hier stoßen wir das erste Mal auf ein unschönes Muss, das uns im späteren Verlauf dieses Abschnitts noch öfter begegnen wird. Wir müssen in fast allen Fällen Tabellen-, Spalten- und *Column-Family*-Namen von Strings in Byte-Arrays umwandeln. Dazu bietet HBase zum Glück die statische Funktion *Bytes.toBytes(String)*, die auch Umlaute berücksichtigt.

Da wir gerade schon den *HTableDescriptor* in Aktion gesehen haben, machen wir gleich mit der nächsten beschreibenden Klasse weiter, dem *HColumnDescriptor*. Diesen wollen wir nutzen, um die *Column-Families* einer Tabelle auszulesen.

**Listing 5.44** Auslesen der Column-Families einer Tabelle

```java
public List<String> getColumnFamilies(String _table) {
  HTableDescriptor td;
  List<String> cfs = new ArrayList<String>();
  try {
    td = admin.getTableDescriptor(Bytes.toBytes(_table));
    HColumnDescriptor[] descr = td.getColumnFamilies();
    for(int i=0; i<descr.length; i++) {
      cfs.add(descr[i].getNameAsString());
```

```
      }
    } catch (Exception e) {
      log.log(Level.SEVERE, "Fehler beim Leeren der Tabelle.");
      e.printStackTrace();
    }
    return cfs;
  }
```

Über *admin.getTableDescriptor* holen wir uns also wie eben eine Beschreibung der Tabelle *_table*. Folgend extrahieren wir aus der Tabellenbeschreibung über *getColumnFamilies* die *Column-Families* und speichern diese in einem Array. Da die Namen in Form einer Liste aus Strings zurückgegeben werden sollen, holen wir diese aus jedem einzelnen *HColumn-Descriptor* über die Methode *getNameAsString*.

Wie aber fügt man eine neue *Column-Family* hinzu?

**Listing 5.45** Erzeugen einer Column-Family

```
public boolean addColumnFamily(String _table, String _newCf) {
  HTableDescriptor td = null;
  try {
    td = admin.getTableDescriptor(Bytes.toBytes(_table));
    HColumnDescriptor[] cfs = td.getColumnFamilies();
    for(int i=0; i<cfs.length; i++) {
      if (cfs[i].getNameAsString().equalsIgnoreCase(_newCf)) {
        log.log(Level.INFO, "Column-Family " + _newCf + " existiert bereits!");
        return false;
      }
    }
    admin.disableTable(_table);
    HColumnDescriptor hcd = new HColumnDescriptor(Bytes.toBytes(_newCf));
    admin.addColumn(Bytes.toBytes(_table), hcd);
    admin.enableTable(_table);
    return true;
  } catch (Exception e) {
    log.log(Level.SEVERE, "Fehler beim Hinzufügen der Column-Family " +
      _newCf + ".");
    e.printStackTrace();
  }
  return false;
}
```

Wir überprüfen hier ordnungsgemäß, ob der übergebene Name bereits für eine andere *Column-Family* verwendet wurde. Falls ja, geben wir eine entsprechende Nachricht aus und melden über ein *false* zurück, dass das Anlegen fehlgeschlagen ist. Falls eine solche nicht existiert, dann deaktivieren wir die Tabelle, initialisieren eine Instanz der Klasse *HColumn-Descriptor* mit dem Namen der gewünschten *Column-Family* und fügen diese der Tabelle via *admin.addColumn(HColumnDescriptor)* hinzu. Abschließend reaktivieren wir die Tabelle und sind damit fertig.

Ganz ähnlich verfahren wir beim Anlegen einer neuen Tabelle.

**Listing 5.46** Erzeugen einer neuen Tabelle

```
public void addTable(String _newTable) {
  if (tableExists(_newTable)) {
    log.log(Level.WARNING, "Tabelle " + _newTable +
      " existiert bereits - beende.");
    return;
  }

  TableName tn = TableName.valueOf(Bytes.toBytes(_newTable));
  HTableDescriptor td = new HTableDescriptor(tn);
  try {
    admin.createTable(td);
  } catch (IOException e) {
    log.log(Level.SEVERE, "Fehler beim Hinzufügen der Tabelle " +
      _newTable + ".");
    e.printStackTrace();
  }
}
```

Abermals findet zu Anfang eine Überprüfung statt, ob eine Tabelle mit gleichem Namen schon besteht. Ist das nicht der Fall, dann wird zuerst eine Instanz der Klasse *TableName* erzeugt. Diese Klasse besitzt keinen gewöhnlichen Constructor, sondern wird über *valueOf* initialisiert. Dabei übergeben wir abermals den Tabellennamen als Byte-Array. Es wird nun ein *HTableDescriptor*, parametrisiert durch *TableName*, angelegt. Damit kann dann letztendlich über *admin.createTable(HTableDescriptor)* die Tabelle erzeugt werden, die gleich darauf einsatzbereit ist, sodass eine vorherige Aktivierung nicht nötig ist.

Nun wurden alle Operationen besprochen, die sich mit der Manipulation unserer Datenstruktur beschäftigen. Lassen Sie uns jetzt einen Blick auf die Funktionen werfen, die die Daten selbst abfragen, erzeugen und manipulieren.

**Listing 5.47** Abrufen einer Zeile gemäß eines Zeilenschlüssels

```
public List<Cell> getRow(String _table, String _rowKey) {
  List<Cell> result = null;
  Result r = null;
  try {
    HTable table = new HTable(conf, _table);
    Get get = new Get(Bytes.toBytes(_rowKey));
    r = table.get(get);
    result = r.listCells();
    table.close();
  } catch (IOException e) {
    log.log(Level.SEVERE, "Fehler beim Auslesen einer Zeile.");
    e.printStackTrace();
  }
  return result;
}
```

Vielleicht kurz etwas zur Objektstruktur von Zeilen, Spalten und Zellen in Java. Eine Zelle wird vom Objekt *Cell* verwaltet. Dieses enthält neben der Spalte (*Qualifier*) einen Wert (*Value*), eine Column-Family (*Family*) und einen Zeilenschlüssel (*Row*). Wenn wir also einen ganzen Datensatz in Form einer Zeile abfragen, bekommen wir logischerweise eine Liste von *Cell*-Objekten zurückgegeben. Wie aber gelangen wir dorthin? Nun, zu Beginn erzeugen wir eine Instanz der Klasse *HTable*. Diese erwartet das Objekt *HBaseConfiguration* als ersten Parameter und den Namen der Tabelle als zweiten. Hier ist wiederum ein String erlaubt und es wird nicht gezwungenermaßen ein Byte-Array erwartet. Wurde das Objekt konstruiert, erzeugen wir eine Instanz der Klasse *Get*, die wir über den Constructor mit dem Zeilenschlüssel versorgen. Das *Get* symbolisiert die Abfrage einer bestimmten Zeile. Wie wir mehrere Zeilen abfragen, sehen wir gleich noch. *table.get(get)* führt die Query aus und liefert eine Antwort in Form eines *Results*, das wiederum eine Methode *listCells* besitzt. *listCells* gibt abschließend eine Liste von *Cell*-Objekten zurück. Wichtig ist, dass wir am Ende ein *table.close* ausführen. Eclipse weist Sie in der Regel darauf hin, das zu tun, falls Sie es mal vergessen sollten, da Sie dadurch nicht benötigten Speicher nicht wieder freigeben[6].

**Listing 5.48** Abfragen mehrerer Zeilen aus einer Tabelle

```
public List<List<Cell>> getRows(String _table, String _startKey, int _lines) {
  List<List<Cell>> rows = new ArrayList<List<Cell>>();
  HTable table = null;
  try {
    table = new HTable(conf, _table);
    Scan s = new Scan();
    s.setFilter(new PageFilter(_lines));
    if (_startKey != null) {
      s.setStartRow(Bytes.toBytes(_startKey));
    }
    ResultScanner rs = table.getScanner(s);
    for (Result r2 = rs.next(); r2 != null; r2 = rs.next()) {
      rows.add(r2.listCells());
    }
    rs.close();
    table.close();
  } catch (IOException e) {
    log.log(Level.SEVERE, "Fehler beim Auslesen mehrerer Zeilen.");
    e.printStackTrace();
  }
  return rows;
}
```

Auch hier geschieht der Zugriff über eine *HTable*, jedoch wird die Abfrage über ein Objekt der Klasse *Scan* durchgeführt, die im Vergleich zu *Get* in der Lage ist, mehrere Zeilen zurückzuliefern. Wir bieten in unserer Methode die Möglichkeit, die Abfrage auf eine bestimmte Anzahl von Zeilen zu begrenzen. Für diesen Zweck habe ich die Konstante *FETCH_SIZE* eingeführt, die ich im späteren Verlauf der Implementierung an *getRows* übergebe. Über einen *PageFilter* können wir nun die maximale Anzahl der abzufragenden Zeilen begrenzen. Der Filter wird dann über die Methode *setFilter* der Klasse *Scan* gesetzt.

Des Weiteren ermöglichen wir dem Benutzer unserer Methoden, einen Schlüssel (*_startKey*) festzulegen, von dem aus die Zeilen gelesen werden sollen. Wenn wir keinen Schlüssel festlegen, wird der *Scan* ab der ersten Zeile der Tabelle *_table* durchgeführt. Den Startschlüssel setzen wir über *setStartRow* und übergeben dort wiederum einen Byte-Array mit dem genauen Bezeichner des Zeilenschlüssels, also z. B. *Row1*. *table.getScanner(Scan)* startet dann schließlich die Abfrage. Das Ergebnis ist ein *ResultScanner*, über dessen Inhalt wir iterieren können. In jeder Iteration liefert der *ResultScanner* ein *Result* zurück, wie es schon

---

[6] Ähnlich dem Schließen einer Connection beim Zugriff auf einer SQL-Datenbank via JDBC.

aus der vorigen Methode *getRow* bekannt ist. Das *Result* beinhaltet auch hier eine Liste von Zellen. Diese Liste von Zellen fügen wir an eine weitere Liste von Listen von Zellen an, was erfordert, dass der Rückgabetyp eine *List<List<Cell>>* ist. Nach Abschluss des Lesevorgangs schließen wir *ResultScanner* und *HTable* und sind damit fertig.

**PRAXISTIPP:** Was tut man denn, wenn man *Rückwärts aus einer Tabelle scannen* möchte? Ein klassischer Use-Case dafür, wie wir ihn auch nachher in den JSPs sehen werden, ist, dass wir den User seitenweise (*Paging*) durch die vorhandenen Datenbankeinträge navigieren lassen wollen; wenn wir eine Seite zurückgehen, dann müssen wir ja zwingend rückwärts lesen, sodass die Startzeile der aktuellen Abfrage die letzte Zeile der neuen Abfrage darstellt. Die gute Nachricht ist, dass ab HBase 0.98.0 ein Scan rückwärts ausgeführt werden kann, indem man ihm dies über *setReversed(true)* mitteilt. Die schlechte Nachricht ist, dass das eben erst ab Version 0.98.0 geht und man in älteren Versionen, so man diese denn bereits installiert hat, nicht darauf zurückgreifen kann. Die offizielle Lösung, die in den Mailing-Listen kursiert, ist die, dass man eine zweite Tabelle anlegen soll, in der exakt dieselben Daten liegen, aber der Index rückwärts aufgebaut ist.

Was muss jedoch geschehen, damit man Zeilen aus einer Tabelle abfragen kann? Richtig, es müssen erst einige Daten eingefügt werden.

**Listing 5.49** Hinzufügen von Datensätzen

```
public void add(String _table, String _rowKey, String _cf,
  String _column, String _value) {
  try {
    HTable table = new HTable(conf, _table);
    Put put = new Put(Bytes.toBytes(_rowKey));
    put.add(Bytes.toBytes(_cf), Bytes.toBytes(_column), Bytes.toBytes(_value));
    table.put(put);
    table.close();
  } catch (IOException e) {
    log.log(Level.SEVERE, "Fehler beim Zugriff auf die Tabelle.");
    e.printStackTrace();
  }
}
```

Statt mit einem *Get* arbeiten wir hier mit einem *Put*, mit dem Daten in eine Tabelle eingespielt werden. Dem Constructor des *Put* wird der Zeilenschlüssel übergeben und mit *put. add* können wir der Instanz weitere Spalten hinzufügen. Dabei erwartet die Methode eine *Column-Family*, eine Spalte und einen Wert. Über *table.put(put)* führen wir dann das Äquivalent zu einem SQL-Insert aus und schließen zum Schluss die Tabelle, wie es die API von uns verlangt. Einem *Put* können übrigens auch mehrere Spalten hinzugefügt werden, es ist also nicht auf eine einzelne Spalte beschränkt. Wichtig ist jedoch, dass die *Column-Family* im Vorfeld angelegt wurde, diese Aufgabe übernimmt *Put* nämlich nicht von sich aus.

Eine etwas komplexere Methode, die nicht zum Standardfunktionsumfang von HBase gehört, aber dennoch nützlich ist, erlaubt es uns, mehrere Datensätze auf einmal zu importieren. Diese gilt es im Anschluss selbst zu erstellen. Eine strukturelle Anforderung an die zu importierenden Daten ist, dass die Werte eines Datensatzes durch ein Komma getrennt sein müssen und die Zeilen durch den systemüblichen Zeilentrenner, der in Java u.a. über `System.getProperty("line.separator")` abgerufen werden kann. Damit die Methode weiß, welche Spaltennamen sie für den Import verwenden soll, müssen Sie dem zu importierenden Datensatz in der ersten Zeile die Spaltennamen (auch durch Kommata getrennt) hinzufügen. Ein Beispieldatensatz sähe also so aus.

**Listing 5.50** Beispieltext für den Import in HBase

```
ID, Name, Alter, Beruf
1,Jonas,28,Informatiker
2,Sarah,27,Physician Assistant
3,Rene,26,Pilot
4,Marcel,28,Polizist
```

Was fehlt nun noch, um die Daten in HBase anzulegen? Genau, eine *Column-Family*. Diese müssen wir der Methode manuell übergeben. Wie schon beim Import über *Sqoop* empfiehlt es sich also, den Import in mehreren Iterationen durchzuführen, wobei bei jedem Durchlauf immer nur die Spalten importiert werden, die unter einer einzigen *Column-Family* zusammengefasst werden können. Schauen wir uns nun die Methode selber an.

**Listing 5.51** Hinzufügen mehrerer Datensätze

```java
public void importData(String _table, String _cf, String _data) {
  String[] lines = _data.split(System.getProperty("line.separator"));

  if (lines.length == 0) return;

  try {
    HTable table = new HTable(conf, _table);
    String[] columnNames = lines[0].split(",");
    for(int i=1; i<lines.length; i++) {
      String[] values = lines[i].split(",");
      if (values.length > 0) {
        Put p = new Put(Bytes.toBytes(values[0]));
        for(int j=1; j<values.length; j++) {
          p.add(Bytes.toBytes(_cf), Bytes.toBytes(columnNames[j]),
            Bytes.toBytes(values[j]));
        }
        table.put(p);
      }
    }
    table.close();
  } catch (IOException e) {
    log.log(Level.SEVERE, "Fehler beim Importieren der Daten.");
    e.printStackTrace();
  }
}
```

Zu erkennen ist, dass ein String entgegengenommen wird, der einen Text ähnlich dem in Listing 5.50 enthält. Dieser wird dann über die Methode *split* in einen String-Array unterteilt. Bei diesem Vorgehen erfolgt die Aufteilung am jeweiligen Zeilenende der Eingabedaten. Ist dieser Array leer, werden logischerweise keine Zeilen zum Importieren gefunden und die Methode wird beendet. Ist das nicht der Fall, holen wir uns über eine *HTable* Zugriff auf die gewünschte Tabelle und lesen direkt im nächsten Schritt die erste Zeile aus unseren zu importierenden Daten aus, die, wie bereits erwähnt, die Spaltenbezeichnungen enthalten soll. Im Anschluss iterieren wir über alle weiteren Zeilen, trennen an allen Kommata auf und erhalten somit einen String-Array mit den Werten der einzelnen Zellen. Für jede Zeile konstruieren wir ein *Put*, das mit *Column-Family*, Spaltenname und Wert bestückt und am Ende einer jeden Zeile über *table.put(Put)* in die Tabelle geladen wird. Wie üblich schließen wir nach Hinzufügen der letzten Zeile die Tabelle. Haben wir nun einige Datensätze angelegt, wollen wir auch gleich sehen, wie man diese wieder entfernt.

**Listing 5.52** Löschen einer einzelnen Zeile

```
public void deleteRow(String _table, String _rowKey) {
  try {
    HTable table = new HTable(conf, _table);
    Delete d = new Delete(Bytes.toBytes(_rowKey));
    table.delete(d);
    table.close();
  } catch (IOException e) {
    log.log(Level.SEVERE, "Fehler beim Löschen des Datensatzes mit Schlüssel "+
      _rowKey+" aus Tabelle "+_table+".");
    e.printStackTrace();
  }
}
```

Das Löschen von ganzen Zeilen geschieht über die Klasse *Delete*, die mit dem Zeilenschlüssel initialisiert wird. *table.delete(d)* führt dann den Löschvorgang durch. Wenn Sie lediglich einzelne Spalten löschen möchten, dann können Sie das tun, indem Sie im Objekt *Delete* die zu löschende Zeile über *deleteColumn(ColumnFamily, Column)* bestimmen und das *Delete* wie gehabt über *table.delete(d)* ausführen.

Zum Schluss bleibt noch ein Thema übrig, die Suche nach bestimmten Zelleninhalten.

**Listing 5.53** Durchsuchen von Spalten nach bestimmten Werten

```
public List<List<Cell>> search(String _table, String _cf,
  String _column, String _value) {
  List<List<Cell>> rows = new ArrayList<List<Cell>>();
  try {
    HTable table = new HTable(conf, _table);
    Scan s = null;

    if ((_cf != null) && (_column != null) && (_value != null)) {
      s = new Scan();
      SingleColumnValueFilter f = new SingleColumnValueFilter(
        Bytes.toBytes(_cf),
        Bytes.toBytes(_column),
        CompareOp.EQUAL,
        Bytes.toBytes(_value));
      f.setFilterIfMissing(true);
      s.setFilter(f);
      ResultScanner rs = table.getScanner(s);
      for (Result r2 = rs.next(); r2 != null; r2 = rs.next()) {
        rows.add(r2.listCells());
      }
      rs.close();
      table.close();
    }
  } catch (IOException e) {
```

```
    log.log(Level.SEVERE, "Fehler beim Zugriff auf die Tabelle.");
    e.printStackTrace();
  }
  return rows;
}
```

Da eine Suche mehrere Zeilen zurückliefern können soll, muss der Rückgabewert unserer Methode wieder eine Liste von Listen von Zellen sein. Als Parameter erwartet die Suche eine Tabelle, eine *Column-Family*, eine Spalte und einen Wert. Schnell erkennt man, dass auch die Suche über den Typ *Scan* geschieht, nur dass wir diesmal keinen *PageFilter*, sondern einen *SingleColumnValueFilter* verwenden. Dieser überprüft alle Spalten einer Zeile auf das genaue Vorkommen des Wertes in der gewünschten Kombination aus *Column-Family* und Spalte. Für den Vergleich wird ein Vergleichsoperator benutzt, hier *CompareOp.EQUAL*, der den Suchwert und den Zellenwert auf Gleichheit überprüft. Andere Operatoren sind etwa *GREATER*, *LESS* oder *NOT_EQUAL*. Dieser Filter wird dem *Scan* hinzugefügt und der Rest verläuft wie bei *getRows* über einen *ResultScanner*, dessen Zeilen nach und nach der zurückzugebenden Liste *rows* hinzugefügt werden. Die Eigenschaft, die über *setFilterIfMissing* auf *true* gesetzt wird, besagt, dass die gesamte Zeile nicht in die Ergebnismenge aufgenommen wird, wenn die durchsuchte Spalte nicht gefunden werden konnte. Da wir explizit nach einem Wert in einer bestimmten Spalte suchen, möchten wir, dass Zeilen, die nicht über diese Spalte verfügen, aus der Ergebnismenge ausgeschlossen werden.

### Filter in HBase

Nun haben wir zwei Filter kennengelernt, den *PageFilter*, der eine Ergebnismenge auf eine bestimmte Zahl von Zeilen beschränkt, und den *SingleColumnValueFilter*, der die Ergebnismenge auf einen bestimmten Wert in einer bestimmten Spalte eingrenzt. Wie Sie sich sicher denken können, werden nicht die Werte herausgefiltert, die auf die Bedingungen in den Filterklassen zutreffen, sondern gegenteilig in das Ergebnis aufgenommen. Die zwei Filter, die wir nun gesehen haben, sind jedoch noch längst nicht alle, über die HBase verfügt. Führen Sie doch mal in der HBase-Shell dieses Kommando aus.

**Listing 5.54** Auflisten aller verfügbaren Filter

```
show_filters
```

Das Ergebnis sollte folgende Einträge liefern.

- *ColumnPrefixFilter* – Nur die Zeilen werden gewählt, die über eine Spalte verfügen, die mit einem bestimmten Präfix beginnt.
- *TimestampFilter* – Nur die Zeilen werden gewählt, deren Timestamp in einer Liste von übergebenen Timestamps vorkommt.
- *PageFilter* – Liefert nur eine bestimmte Anzahl von Zeilen zurück.
- *MultipleColumnPrefixFilter* – Wie der *ColumnPrefixFilter*, bloß dass mehrere Präfixe in einem Array übergeben werden und auf Übereinstimmung mit Spaltennamen überprüft werden können.
- *FamilyFilter* – Nur Zeilen mit *Column-Families*, die über einen Vergleichsoperator (*EQUAL*, *GREATER* …) mit einem übergebenen Wert abgeglichen werden können, werden in die Ergebnismenge aufgenommen. Hier empfiehlt es sich zu überprüfen, ob der Name der

*Column-Family*, nach dem gesucht werden soll, schon bekannt ist. Falls ja, ist es sinnvoller, den Scan über `addFamily(FamilyName)` auf eine *Column-Family* zu begrenzen, statt einen Filter zu verwenden.

- *ColumnPaginationFilter* – Dieser Filter ist ähnlich dem *PageFilter*, gibt aber eine bestimmte Anzahl Spalten zurück. Der Parameter des Constructors *int offset* bestimmt, ab welcher Spalte die Spalten gelesen werden sollen, und der Parameter *int limit* gibt an, wie viele Spalten ab dort gelesen werden sollen.

- *SingleColumnValueFilter* – Vergleicht Werte in Spalten über einen Vergleichsoperator. Verwenden Sie `Filter.setFilterIfMissing(true)`, falls Sie Zeilen ausschließen möchten, die nicht über die gesuchte Spalte verfügen.

- *RowFilter* – Filtert die Zeilenschlüssel anhand eines Vergleichsoperators. Falls Sie eine genaue Bandbreite an Schlüsseln suchen, die Sie schon im Vorfeld kennen, dann setzen Sie `startRow(Start)` und `stopRow(Stop)` im Scan-Objekt.

- *QualifierFilter* – Filtert eine Ergebnismenge nach Spaltennamen und vergleicht diese mithilfe eines Vergleichsoperators.

- *ColumnRangeFilter* – Nur die Zeilen werden zurückgegeben, die über eine Spalte verfügen, deren Name zwischen *minColumn* und *maxColumn* liegt. Wenn *minColumn* im Filter z. B. auf *a* und *maxColumn* auf *c* steht, dann werden etwa die Zeilen mit Spalten mit Namen *aa, b, ba* aufgenommen. Mit *maxColumnInclusive* und *minColumnInclusive* können Sie spezifizieren, ob Zeilen mit Spalten mit genau dem Namen, der in *minColumn* und *maxColumn* angegeben ist, auch mit ausgegeben werden.

- *ValueFilter* – Gibt die Zeilen aus, in deren Spalten irgendwo ein Wert vorkommt, der über einen Vergleichsoperator mit dem Wert übereinstimmt, der dem Filter übergeben wurde. Dieser Filter ist dem *SingleColumnValueFilter* sehr ähnlich, nur dass er sich nicht auf *eine* Spalte beschränkt.

- *PrefixFilter* – Liefert alle Zeilen zurück, deren Schlüssel ganz oder teilweise mit dem übergebenen Präfix übereinstimmen.

- *SingleColumnValueExcludeFilter* – Dieser Filter ist das Gegenstück zum *SingleColumnValueFilter*, da er alle Zeilen aus der Ergebnismenge entfernt, die auf die gesuchte Kombination aus *Column-Family*, Spalte und Wert zutreffen.

- *ColumnCountGetFilter* – Gibt die ersten Zeilen einer Tabelle zurück. Die Anzahl der Zeilen kann dabei über einen Parameter bestimmt werden.

- *InclusiveStopFilter* – Ein Filter, der einen *Scan* ähnlich `Scan.setStopRow(Stop)` begrenzt, bloß dass dieser die letzte Zeile mit in die Ergebnismenge aufnimmt.

- *DependentColumnFilter* – Dieser Filter referenziert beim Filtern eine andere Spalte, die mit einem Timestamp versehen ist. Nun werden aus der Ursprungstabelle nur die Spalten übernommen, deren Einträge mit dem Timestamp aus der Referenztabelle über einen Vergleichsoperator abgeglichen werden können.

- *FirstKeyOnlyFilter* – Liest nur die erste Spalte und deren Wert aus einer Zeile einer Tabelle. Dieser Filter kann gut für Operationen verwendet werden, in denen Zeilen gezählt werden müssen, da er wirklich nur die nötigsten Daten (eben nur die erste Spalte) ausliest und damit gleichzeitig überprüft, ob eine Zeile vorhanden ist.

- *KeyOnlyFilter* – Gibt nur die Spaltennamen einer Zeile zurück, die Werte darin bleiben leer.

Nach Belieben können Sie auch eigene Filter implementieren, die die abstrakte Klasse *FilterBase* erweitern. Diese betrachten dann genau eine Zeile und entscheiden, ob diese ihren Kriterien entspricht, um von einem *ResultScanner* aufgenommen zu werden. Die Klasse *CompareFilter* erweitert *FilterBase* um die Methode *compare*, die es ermöglicht, einen Vergleichsoperator im Filter zu verwenden. Diese Operatoren haben wir bereits einige Male gesehen, hier sollen sie nun noch einmal vollständig aufgezählt werden.

**Tabelle 5.4** Vergleichsoperatoren für Filter basierend auf CompareFilter

| Operator | Beschreibung |
|---|---|
| LESS | Der zu überprüfende Wert ist geringer als der von uns angegebene Vergleichswert. |
| LESS_OR_EQUAL | Der zu überprüfende Wert ist geringer oder gleich dem angegebenen Vergleichswert. |
| EQUAL | Der zu überprüfende Wert stimmt mit dem angegebenen Vergleichswert überein. |
| NOT_EQUAL | Der zu überprüfende Wert stimmt mit dem angegebenen Vergleichswert nicht überein. |
| GREATER_OR_EQUAL | Der zu überprüfende Wert ist größer oder gleich dem angegebenen Vergleichswert. |
| GREATER | Der zu überprüfende Wert ist größer dem angegebenen Vergleichswert. |
| NO_OP | Kein einziger Wert wird in die Ergebnismenge übernommen. |

Des Weiteren muss bei Filtern, die auf dem *CompareFilter* basieren, ein sogenannter *Comparator* angegeben werden, also eine Klasse, die auf *WritableByteArrayComparable* aufbaut und unter anderem die Klasse *Comparable* implementiert, wobei die Methode *compareTo* überschrieben werden muss. Diese standardisierte Vergleichsmethode wurde nun herangezogen, um folgende Vergleiche für *HBase* zu realisieren.

**Tabelle 5.5** Comparators in HBase

| Comparator | Beschreibung |
|---|---|
| BinaryComparator | Vergleicht lexigrafisch über *Bytes.compareTo()*. |
| BinaryPrefixComparator | Vergleicht lexigrafisch die Zeichen des übergebenen Byte-Arrays, alle folgenden Zeichen werden ignoriert. |
| NullComparator | Vergleicht, ob der angegebene Wert *null* ist. |
| BitComparator | Strengt einen bitweisen Vergleich des übergebenen Werts mit dem Zielwert an. Dabei wird ein wählbarer Bit-Operator aus *BitComparator.BitwiseOp* verwendet (*AND*, *OR*, *XOR*). |
| RegexStringComparator | Diesem Comparator wird eine *Regular-Expression* übergeben, über die der übergebene String mit dem Zielstring verglichen wird. |
| SubstringComparator | Überprüft, ob der übergebene String als Substring im Zielstring vorhanden ist. |

Nun haben Sie einige Werkzeuge an die Hand bekommen, mit denen Sie Daten aus Ihren Tabellen filtern können, sodass Sie die Ergebnisse erhalten, die Sie zu wünschen. Generell lohnt es sich immer, erst zu schauen, ob man einen *Scan* so parametrisieren kann, dass man keine Filter benötigt, da diese im Regelfall langsamer sind. Eine wichtige Angelegenheit haben wir jedoch noch nicht besprochen. Was ist denn, wenn wir mit einem einzelnen Filter nicht hinkommen? Auch darauf hast HBase eine Antwort parat, die *FilterList*, die es ermöglicht, mehrere Filter in einem *Scan* zu kombinieren.

**Listing 5.55** Konstruktion einer FilterList

```
FilterList filterList = new FilterList(FilterList.Operator.MUST_PASS_ALL);
SingleColumnValueFilter fName = new SingleColumnValueFilter(cf, columnName,
   CompareOp.EQUAL, Bytes.toBytes("Jonas"));
filterList.add(fName);

SingleColumnValueFilter fJob = new SingleColumnValueFilter(cs,columnJob,
   CompareOp.EQUAL, Bytes.toBytes("Astronaut"));
filterList.add(fJob);
scan.setFilter(filterList);
```

Statt *MUST_PASS_ALL* können Sie alternativ auch *MUST_PASS_ONE* verwenden, um zu bestimmen, dass lediglich ein Filter aus der *FilterList* ein passendes Ergebnis liefern muss. So können wir uns beliebig komplexe Filter zusammenbauen und einen Scan mit der fertigen *FilterList* versehen.

### Entwerfen der JSPs für den HBase-Manager

Zuerst wollen wir uns um das einfache Anzeigen von Tabellen kümmern. Dazu habe ich eine JSP mit Namen *index.jsp* eingeführt, die eine Combobox zur Auswahl der Tabelle bietet, eine HTML-Tabelle mit allen Datensätzen in der Tabelle und eine Form am unteren Bildrand, die es uns erlaubt, eine neue Zeile einzufügen.

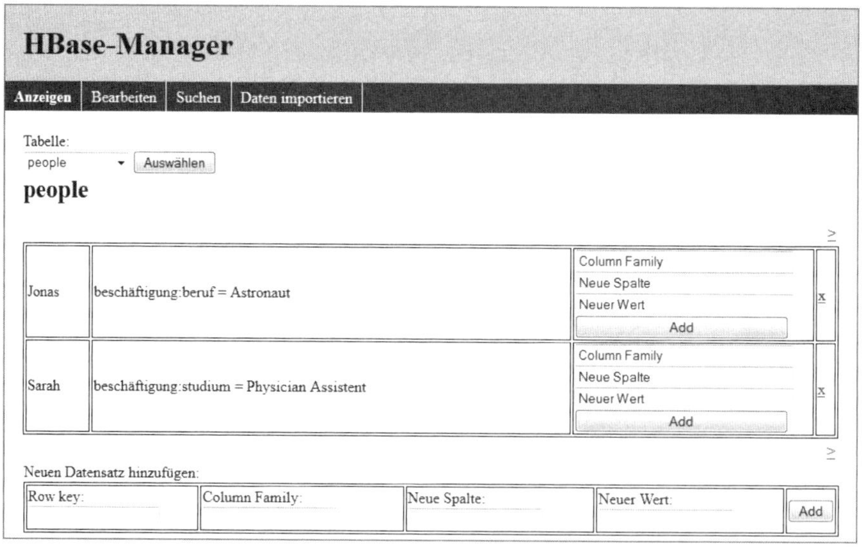

**Bild 5.14** Anzeigen und hinzufügen von Zeilen und Spalten in einer Tabelle

Des Weiteren verfügt jede Zeile, die einen Datensatz repräsentiert, über eine Sonderspalte, die es erlaubt, neue Spalten einzufügen. Dazu müssen *Column-Family*, Spaltenname und Wert ausgefüllt werden, bevor der *Add-Button* die neue Spalte akzeptiert. Wichtig ist hier, ebenso wie beim Hinzufügen einer gesamten neuen Zeile über die Form ganz unten, dass die *Column-Family* vorher existiert.

Über das *x* am rechten Rand der Tabelle kann die jeweilige Zeile komplett gelöscht werden. Der Quelltext hierfür ist ziemlich gradlinig. Beginnen wir damit, die Seitenparameter für Tabellenauswahl, Löschen einer Zeile und Anlegen einer neuen Spalte oder einer neuen Zeile auszuwerten. Wir erinnern uns, dass wir in JSPs HTML-Code und Java-Code mischen können. Java-Code führen wir durch ein <% ein und kehren über ein %> zu HTML zurück.

**Listing 5.56** Auswerten der Seitenparameter

```
HBaseManager manager = new HBaseManager("single");
List<String> tables = manager.getTables();

// Ist eine Tabelle selektiert?
String currentTable = (String)request.getParameter("table");
if (currentTable == null) {
  if (tables.size() > 0) {
    // Nein? Dann nimm die erste Verfügbare
    currentTable = tables.get(0);
  }
}

// Beginnen wir die Zeilen ab einem bestimmten Key zu lesen?
String startRow = (String)request.getParameter("startRow");

// Soll eine Zeile gelöscht werden?
String delete = (String)request.getParameter("delete");
if ((currentTable != null) && (delete != null)) {
  manager.deleteRow(currentTable, delete);
  // Direkter Refresh nach der Aktion
  response.sendRedirect("index.jsp?table="+currentTable);
}
```

Den Abschnitt zum Hinzufügen von neuen Spalten und Zeilen habe ich hier weggelassen, da beide recht umfangreich sind und auch keine besonderen programmatischen Kniffe beinhalten. Zu Beginn erzeugen wir uns eine Instanz der Klasse *HBaseManager*, die alle unsere zuvor implementierten Methoden bereithält. Dieser geben wir das *Zookeeper-Quorum* mit, hier *single*. In der folgenden Zeile holen wir uns eine Liste aller Tabellennamen, die der *HBaseManager* hilft zu ermitteln. Dann überprüfen wir nach und nach die Parameter, die die JSP mit sich bringt (*table*, *delete*, *startRow* …), und verarbeiten diese entsprechend. *table* gibt etwa die aktuelle Tabelle an, die der Benutzer in der Combobox ausgewählt hat. Ist der Parameter nicht vorhanden, so wird die erste Tabelle ausgewählt, die der *HBaseManager* in der Liste der abgefragten Tabellen findet. Zudem prüfen wir, ob ein bestimmter *Key* angegeben ist, von dem aus die Daten in der Tabelle angezeigt werden sollen. Wir erinnern uns, dass wir bei einem Scan über *setStartRow* einen Zeilenschlüssel angeben konnten, von dessen Position an die Zeilen ausgelesen werden. Ist dieser Parameter nicht gesetzt, beginnen wir, bei der ersten Zeile zu lesen. Der Parameter *delete* bestimmt, ob beim Laden der Seite eine Zeile gelöscht werden soll. Wird dieser gefunden, wird die Löschung sofort durchgeführt und die Seite über ein direktes Weiterleiten erneuert.

**Listing 5.57** Combobox zur Tabellenauswahl

```
out.println("Tabelle: <form name=\"pickTableForm\" action=\"index.jsp\">" +
  "<select name=\"table\" method=\"get\">");
for(int i=0; i<tables.size(); i++) {
  if ((currentTable != null) && (currentTable.equalsIgnoreCase(tables.get(i)))) {
    out.println("<option name=\"" + tables.get(i)+"\" value=\""+
      tables.get(i)+"\" selected>"+tables.get(i)+"</option>");
  } else {
    out.println("<option name=\"" + tables.get(i)+"\" value=\""+
      tables.get(i)+"\">"+tables.get(i)+"</option>");
  }
}
out.println("</select>");
out.println("<input type=\"submit\" value=\"Auswählen\"/>");
out.println("</form>");
```

Mit diesem Codesegment zeichnen wir die Combobox, die uns die Auswahl einer Tabelle ermöglichen soll. Über den *JSPWriter out* und dessen Methode *println* können wir bekanntlich Zeilen aus Java-Code ausgeben, der später beim Aufruf der Seite als HTML-Code dargestellt wird. Somit bauen wir uns eine *Form* samt *Select-Element* und *Submit-Button* zusammen. Entspricht einer der Tabellennamen dem Parameter, den wir zuvor aus dem Request ausgelesen haben, dann selektieren wir ihn direkt in der Combobox.

**Listing 5.58** Abrufen aller Zeilen und ermitteln des Keys der letzten Zeile

```
List<List<Cell>> rows = manager.getRows(currentTable, startRow,
  manager.getFetchSize());

// ID der letzten Zeile wird gelesen, um dorthin navigieren zu können
String lastRow = "";
if ((rows != null) && (rows.size() > 0) && (rows.get(rows.size()-1).size() > 0)) {
  lastRow = Bytes.toString(rows.get(rows.size()-1).get(0).getRow());
}
```

Abermals machen wir Gebrauch vom *HBaseManager* und rufen alle Zeilen aus *currentTable* ab. Alle Zeilen? Nein, erstens beginnen wir erst ab einer bestimmten Zeile zu lesen, nämlich ab der mit dem Zeilenschlüssel *startRow*, falls dieser gesetzt ist. Und zweitens lesen wir nur so viele Zeilen, wie wir im *HBaseManager* in *FETCH_SIZE* definiert haben (im Beispiel auf der DVD also 100 an der Zahl). Dann lesen wir den Schlüssel der letzten Zeile in den abgerufenen Zeilen aus. Diesen merken wir uns zum Navigieren, da diese letzte Zeile beim Vorwärtsblättern die erste Zeile der neuen Seite sein soll.

Kommen wir nun zum *Paging*, also zu der Möglichkeit, zwischen den nächsten und den vorigen 100 Datensätzen hin und her zu blättern. Da in der HBase-Version, in der ich begonnen habe, diese Demo zu entwickeln, die Option *setReversed* noch nicht vorhanden war, habe ich lediglich das Vorwärtsblättern implementiert. Pfeile für das Zurückblättern auf die letzte Seite wurden also in der folgenden HTML-Form nicht eingefügt. Sehen Sie das bitte nicht als Nachteil, sondern als kleine Hausaufgabe für zwischendurch. Nun aber zum eigentlichen Quelltext.

**Listing 5.59** Navigationspfeile für das seitenweise Durchsuchen der Zeilen

```
if (startRow == null) {
  out.println("<table style=\"width:100%;\"><tr>"+
    <td style=\"text-align: left;\"></td><td style=\"text-align: right;\">"+
    "<a href=\"index.jsp?table="+currentTable+"&startRow="+lastRow+"\">>"+
    "</a></td></tr></table>");
} else {
  out.println("<table style=\"width:100%;\"><tr>"+
    "<td style=\"text-align: left;\"><a href=\"index.jsp?table="+
    currentTable+"\"><<</a></td><td style=\"text-align: right;\">"+
    "<a href=\"index.jsp?table="+currentTable+"&startRow=" +
    lastRow + "\">></a></td></tr></table>");
}
```

Ist keine Startzeile definiert, fangen wir also beim ersten Datensatz mit der Auflistung an. Da wir hier nicht zurückgehen können, müssen wir auch keinen Pfeil für das Zurückspringen zur ersten Zeile ausgeben. Ein Link in Form eines > gibt an, dass wir eine Seite nach vorne blättern können. Ist hingegen eine Startzeile gesetzt, wird der Code im *Else-Zweig* ausgeführt und ein << gezeichnet, das es dem Benutzer ermöglicht, zurück zur allerersten Zeile zu springen oder sich alternativ über ein > eine Seite vor zu bewegen.

Nun zeichnen wir eine Tabelle mit den eigentlichen Daten. Die *Style-Attribute* habe ich der Übersicht halber leicht gekürzt, ebenso die Form zum Anlegen einer neuen Spalte.

**Listing 5.60** Ausgeben der Daten in einer Tabelle

```
out.println("<table style=\" width: 100%; \">");
for(int i=0; i<rows.size(); i++) {
  String id = "";
  out.println("<tr>");

  // Lese alle Zellen aus
  for(int j=0; j<rows.get(i).size(); j++) {

    // Gebe vor der ersten Spalte den Row-Key aus
    if (j==0) {
      out.println("<td>" + Bytes.toString(rows.get(i).get(j).getRow())+"</td>");
      id = Bytes.toString(rows.get(i).get(j).getRow());
    }

    // ... dann jede Zelle samt CF
    out.println("<td>" + Bytes.toString(rows.get(i).get(j).getFamily()) + ":" +
      Bytes.toString(rows.get(i).get(j).getQualifier()) +
      " = " + Bytes.toString(rows.get(i).get(j).getValue()) + "</td>");
  }

  // Fülle die letzten Spalten auf
  for(int j=rows.get(i).size(); j<max; j++) {
    out.println("<td></td>");
  }

  // Delete-Button
  out.println("<td><a href=\"index.jsp?table=" + currentTable + "&delete=" +
    id +"\">x</a></td>");
  out.println("</tr>");
}
out.println("</table>");
```

In der ersten Schleife iterieren wir über alle Zeilen und in einer zweiten Schleife über alle Spalten der aktuellen Zeile. Betrachten wir die erste Spalte ($j==0$), dann ermitteln wir den Zeilenschlüssel über *Cell.getRow* und schreiben ihn in die erste Spalte der HTML-Tabelle. Der Zeilenschlüssel wird also nicht als Spalte in einer Tabelle in HBase geführt, sondern bekommt eine Extrabehandlung (wie schon beim Import mit *Sqoop*). Weiterhin speichern wir den Schlüssel in der Variablen *id*, da wir ihn später abermals benötigen, wenn es darum geht, die gesamte Zeile zu löschen. Dann geben wir nach und nach alle Spalten in der Form `Column-Family : Spalte = Wert` aus. Vor dem Zeichnen der Tabelle habe ich ermittelt, wie viele Spalten maximal in einer Zeile vorkommen. Da HTML nicht sehr flexibel ist, was Tabellen mit unterschiedlicher Spaltenanzahl angeht, müssen wir also immer eine gleiche Zahl an Spalten in allen Zeilen zeichnen. Durch die Ermittlung des Maximalwerts können wir leicht die noch fehlenden Zellen durch leere Zellen ergänzen. In eine letzte Spalte schreiben wir das *x*, das es uns erlaubt, die Zeile zu löschen. Es verlinkt auf die aktuelle Seite *index.jsp* und übergibt den Tabellennamen samt dem Zeilenschlüssel der zu löschenden Zeile.

Unter der Wertetabelle füge ich erneut die Navigationspfeile ein und zeichne eine Form, um eine neue Zeile anzulegen. Falls Sie schon einen Blick in den Quelltext geworfen haben, ist Ihnen vielleicht aufgefallen, dass ich noch zwei kleine JavaScript-Funktionen eingebaut habe, die ein Absenden der Form zum Anlegen einer neuen Spalte oder einer neuen Zeile nur zulassen, wenn auch alle Felder ordnungsgemäß ausgefüllt sind.

Kommen wir nun zur Ansicht, in der wir Tabellen sehen, editieren und erzeugen können.

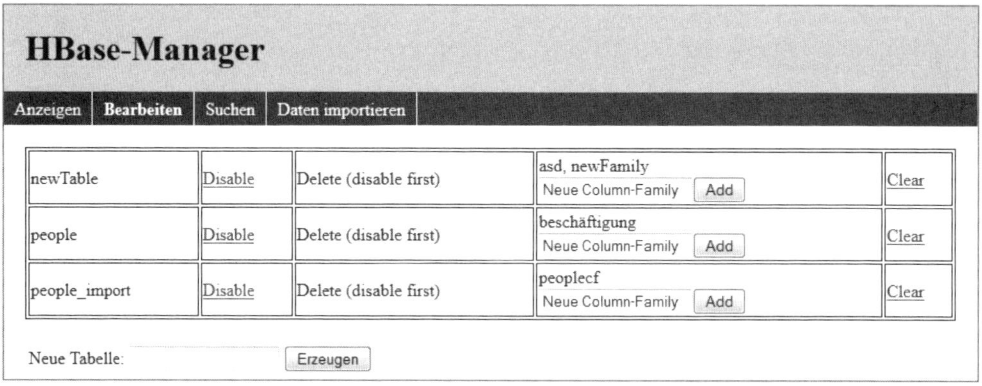

**Bild 5.15** Sicht zum Betrachten, Editieren und Anlegen von Tabellen

In deren linker Spalte dieser HTML-Tabelle sind alle Tabellen aus HBase aufgelistet. In der zweiten Spalte können die Tabellen de- bzw. aktiviert und in der dritten Spalte gelöscht werden. Die vierte Zeile zeigt alle *Column-Families* der Tabelle und bietet die Möglichkeit, neue hinzuzufügen. Zum Schluss kann der Benutzer über *Clear* die Tabelle leeren. Unter der Tabelle sind ein Eingabefeld und ein Button, die es erlauben, neue Tabellen anzulegen. Wirft man nun einen Blick auf die Funktionen, die wir im *HBaseManager* erstellt haben, dann ist schnell zu sehen, dass es sich bei der Logik hinter dieser Ansicht um genau die Funktionen handelt, die wir zum Verwalten von Tabellen im Vorfeld in mühevoller Kleinarbeit entwickelt haben. Werfen wir einen kurzen Blick auf die Parameter des HTTP-Requests, die wir in der JSP verarbeiten.

**Listing 5.61** Parameterverarbeitung in der Edit-Ansicht

```
String table = (String)request.getParameter("table");
String edit = (String)request.getParameter("edit");
String newcf = (String)request.getParameter("newcf");
String newtable = (String)request.getParameter("newtable");

if ((edit != null) && (table != null)) {
  if (manager.tableExists(table)) {
    if (edit.equalsIgnoreCase("disable")) {
      manager.disableTable(table);
    } else if (edit.equalsIgnoreCase("enable")) {
      manager.enableTable(table);
    } else if (edit.equalsIgnoreCase("delete")) {
      manager.deleteTable(table);
    } else if (edit.equalsIgnoreCase("clear")) {
      manager.emptyTable(table);
    }
    response.sendRedirect("edit.jsp");
  } else {
    out.println("Die zu verändernde Tabelle '"+table+"' existiert nicht.");
  }
}

if ((newcf != null) && (table != null)) {
  manager.addColumnFamily(table, newcf);
  response.sendRedirect("edit.jsp");
}

if ((newtable != null)) {
  manager.addTable(newtable);
  response.sendRedirect("edit.jsp");
}
```

Zu Beginn sind die tabellenverändernden Methoden zum (De)aktivieren, Löschen und Leeren von Tabellen zu sehen. Alle vier Aktionen werden im Falle eines Vorhandenseins der Parameter durchgeführt und die Seite sofort aktualisiert, sodass die Manipulation für den Benutzer sichtbar ist. Innerhalb der folgenden zwei Bedingungen legt die Logik auf Wunsch neue Tabellen oder eine neue *Column-Family* an. Wenn Sie die Anwendung auf einem eigenen Server deployen, werden Sie merken, dass die Aktionen meist in nur wenigen Millisekunden ausgeführt werden.

**Listing 5.62** Ausgeben aller Tabellen in einer HTML-Tabelle

```
out.println("<table style=\"width: 100%;\">");
for(int i=0; i<tables.size(); i++) {
  out.println("<tr>");
  out.println("<td style=\"border: 1px solid black;\">" + tables.get(i) +"</td>");

  // Tabelle aktiviert?
  if (manager.isTableEnabled(tables.get(i))) {
    out.println("<td style=\"border: 1px solid black;\">"+
      "<a href=\"edit.jsp?table="+tables.get(i)+"&edit=disable\">Disable</a></td>");
    out.println("<td style=\"border: 1px solid black;\">"+
      "Delete (disable first)</td>");
  } else {
```

```
        out.println("<td><a href=\"edit.jsp?table="+tables.get(i)+
          "&edit=enable\">Enable</a></td>");
        out.println("<td><a href=\"edit.jsp?table="+tables.get(i)+
          "&edit=delete\">Delete</a></td>");
      }

      // Liste ColumnFamilies auf
      List<String> cfs = manager.getColumnFamilies(tables.get(i));
      StringBuilder sb = new StringBuilder();
      for(int j=0; j<cfs.size(); j++) {
        sb.append(cfs.get(j));
        if (j<cfs.size()-1) {
          sb.append(", ");
        }
      }

      out.println("<td>"+sb.toString()+" "+"<form action=\"edit.jsp\">"+
        "<input type=\"text\" name=\"newcf\" value=\"Neue Column-Family\" />"+
        "<input type=\"hidden\" name=\"table\" value=\""+tables.get(i)+"\" />"+
        "<input type=\"submit\" value=\"Add\" /></form></td>");

      out.println("<td><a href=\"edit.jsp?table="+tables.get(i)+
        "&edit=clear\">Clear</a></td>");
      out.println("</tr>");
    }
    out.println("</table>");
```

In einer Schleife gehen wir in Listing 5.62 alle Tabellennamen durch, die unser *HBase-Manager* gefunden hat. Ist die jeweilige Tabelle aktiviert, bieten wir dem Benutzer die Option, sie zu deaktivieren. Ist sie hingegen nicht aktiviert, darf sie aktiviert oder gelöscht werden. Gleich darauf werden in derselben Schleife für jede Tabelle die Column-Families erfragt und durch Kommata getrennt in einem *StringBuilder* abgelegt. Ein *StringBuilder* ist eine Java-Klasse, die das Konstruieren von Strings erleichtert und performanter gestaltet, wenn im Vorfeld nicht klar ist, wie oft eine neue Zeichenkette an den Ausgangsstring angehängt wird. Um die Zeichenkette zu erhalten, die der *StringBuilder* birgt, ruft man dann einfach dessen Methode *toString* auf, so wie es in der folgenden Zelle praktiziert wird. Dort geben wir zuerst die *Column-Families* in Form des *StringBuilders* aus und erzeugen rechts davon eine Form, die es uns erlaubt, eine neue *Column-Family* anzulegen. Die letzte Zelle einer Zeile beinhaltet einen Link mit der Funktion, die entsprechende Tabelle zu leeren.

**Listing 5.63** Anlegen einer neuen Tabelle

```
out.println("<form action=\"edit.jsp\"><table><tr>"+
  "<td>Neue Tabelle: <input type=\"text\" name=\"newtable\" /></td>" +
  "<td><input type=\"submit\" value=\"Erzeugen\" /></td>"+
  "</tr></table></form>");
```

Das Anlegen einer neuen Tabelle geschieht ebenfalls über eine Form, die den Parameter *newtable* setzt, den wir dann entsprechend wie in Listing 5.61 verarbeiten.

Werfen wir einen Blick auf die nächste Seite, die Suche.

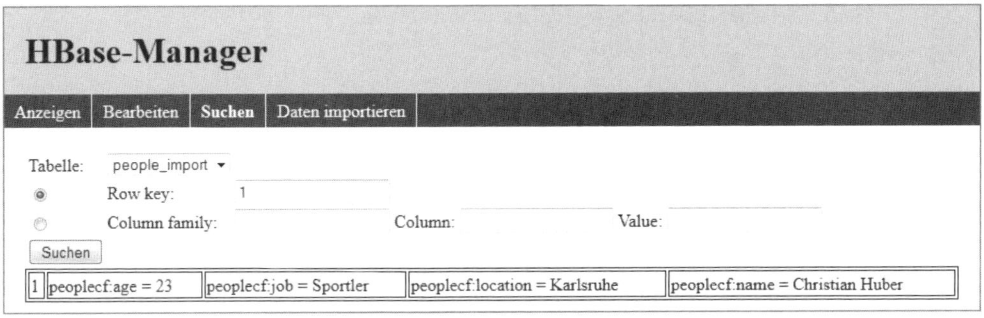

## 5.5 HBase

**Bild 5.16** Die Suche nach dem Zeilenschlüssel 1 ergab einen Treffer.

In dieser Ansicht kann der Benutzer eine Tabelle wählen, in der er suchen möchte, und darauf bestimmen, ob er konkret nach einem Zeilenschlüssel oder nach einer Kombination aus *Column-Family*, Spalte und Wert suchen möchte. Die jeweilig präferierte Option selektiert er über den Radio-Button vor der jeweiligen Eingabemaske und schickt die Anfrage über einen Klick auf *Suchen* ab.

Der Aufbau dieser Seite weist eine große Ähnlichkeit mit der ersten auf, die alle Werte einer Tabelle anzeigt. Tatsächlich betrachten wir hier ja lediglich eine Untermenge der Zeilen, die wir zuvor durch Zeilenschlüssel oder bestimmte Werte in bestimmten Spalten charakterisieren.

Für eine Suche sind folgende Parameter vonnöten.

**Listing 5.64** Parameter der Suche

```
String table = (String)request.getParameter("table");
String rowkey = (String)request.getParameter("rowkey");
String columnfamily = (String)request.getParameter("columnfamily");
String column = (String)request.getParameter("column");
String value = (String)request.getParameter("value");
String checked = (String)request.getParameter("checked");
```

Beginnen wir mit einer Tabelle, in der wir suchen, folgt sogleich das Auslesen eines Zeilenschlüssels oder einer *Column-Family*, einer Spalte und eines Werts. Der Parameter *checked* gibt an, ob wir nach einem Schlüssel oder nach einem Wert suchen wollen. Er wird durch die zwei Radio-Buttons gesetzt, die vor den Suchmasken stehen. Ist der String *checked* ungleich *null*, wurde also einer der Radio-Buttons angewählt, und es muss überprüft werden, ob *rowkey* oder *columnfamily* selektiert wurde. Die entsprechende Auswahl beeinflusst die Art und Weise der Suche, wie in Listing 5.65 zu sehen.

**Listing 5.65** Verarbeiten der Suchanfrage

```
if (checked != null) {
  List<List<Cell>> rows = null;
  if (checked.equalsIgnoreCase("rowkey")) {
    // Einfacher zu handhaben
    rows = new ArrayList<List<Cell>>();
    List<Cell> r = manager.getRow(table, rowkey);
    if (r != null) rows.add(r);
  } else if (checked.equalsIgnoreCase("columnfamily")) {
```

```
    rows = manager.search(table, columnfamily, column, value);
  }
  ...
}
```

Trägt *checked* den Wert *rowkey*, suchen wir nach einem Schlüssel. Das Resultat dieser Suche ist logischerweise eine einzige Zeile. Da eine Suche nach Werten jedoch mehrere Zeilen beinhalten kann und ich nicht die Ergebnisse beider Sucharten auf verschiedenen Wegen auswerten will, packe ich die einzelne Zeile der Bequemlichkeit halber in eine Liste aus Listen aus Zellen, ebenso wie es bei der Suche nach Werten getan wird. Trägt *checked* den Wert *columnfamily*, suchen wir nach einem Wert und übergeben *Column-Family*, Spalte und Wert aus den HTTP-Parametern. Haben wir unser Ergebnis in Form einer *List<List<Cell>>* konstruiert, dann verfahren wir wie in der *index.jsp* und geben die Werte in einer HTML-Tabelle aus. Da die Prozedur des Zeichnens dieser Tabelle jedoch nur *Copy & Paste* wäre, lasse ich es weg.

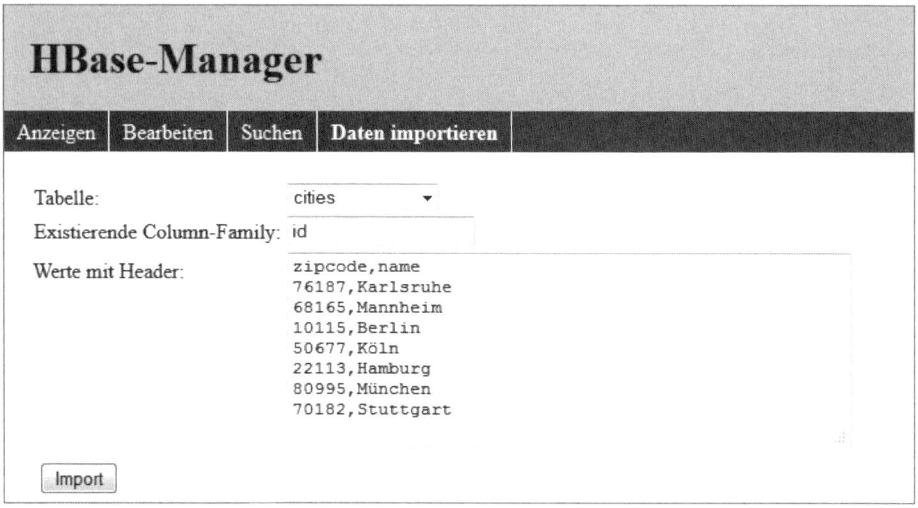

**Bild 5.17** Importieren von Daten in HBase

Die letzte Seite, die wir für unsere Anwendung entwerfen, dient dem Datenimport. Was *Sqoop* im großen Stil betreibt, tun wir hier im Kleinen, und auch wenn die Datenmengen im Vergleich zum Umfang von Big-Data einen Vergleich von einer Mücke mit einem Elefanten definitiv rechtfertigen würden, zeigt das Beispiel dennoch, wie wir einfach CSV-Dateien in HBase importieren können. Ich habe dazu eine Tabelle *cities* angelegt und im Vorfeld eine *Column-Family-id* eingerichtet. Nun füge ich den Datensatz hinzu, wie er oben unter *Werte mit Header* zu finden ist. Ich gebe die Header an, sodass HBase weiß, wie es die Spalten nennen soll, und spezifiziere weiterhin die Postleitzahl der Städte samt deren Namen. Ein Klick auf Import nimmt die Daten als String entgegen und liest sie in HBase ein. Wie aber geht das vonstatten?

**Listing 5.66** Verarbeitung der Parameter für den Datenimport

```
String table = (String)request.getParameter("table");
String newvalues = (String)request.getParameter("newvalues");
String columnfamily = (String)request.getParameter("columnfamily");
if ((table != null) && (newvalues != null) && (columnfamily != null)) {
  manager.importData(table, columnfamily, newvalues);
  response.sendRedirect("import.jsp");
}
```

Die Parameter *table*, *newvalues* und *columnfamily* sollten klar sein, sie referenzieren die Zieltabelle sowie die *Column-Family*, in die die Daten importiert werden sollen. Wenn ein HTTP-Request ankommt, in dem alle drei Parameter gesetzt sind, dann wird unsere Methode *manager.importData* aufgerufen, zerlegt den Eingabestring in seine Bestandteile (erst Zeilen, dann Zellen) und importiert diese nach und nach über ein *Put* in die Tabelle. Abermals wird die Ansicht über eine Weiterleitung (*Redirect*) auf dieselbe Seite aktualisiert. Die entsprechende Form in der JSP sieht so aus.

**Listing 5.67** Eingabeform für den Datenimport

```
out.println("<form name=\"importForm\" action=\"import.jsp\" "+
  "method=\"post\"><table><tr>");
out.println("<td>Tabelle:</td><td><select name=\"table\">");
for(int i=0; i<tables.size(); i++) {
  if ((table != null) && (table.equalsIgnoreCase(tables.get(i)))) {
    out.println("<option name=\"" + tables.get(i)+"\" value=\""+
      tables.get(i)+"\" selected>"+tables.get(i)+"</option>");
  } else {
    out.println("<option name=\"" + tables.get(i)+"\" value=\""+
      tables.get(i)+ "\">"+tables.get(i)+"</option>");
  }
}
out.println("</select></td></tr>");

out.println("<tr><td>Existierende Column-Family:</td><td>"+
  "<input type=\"text\" name=\"columnfamily\" /></td></tr>");
out.println("<tr><td>Werte mit Header:</td><td><textarea "+
  "name=\"newvalues\" cols=\"50\" rows=\"20\"></textarea></td></tr>");
out.println("<tr><td><input type=\"submit\" value=\"Import\" "+
  " /></td><td></td></tr>");
out.println("</table></form>");
```

Auch dieser Teil ist sehr einfach gehalten, bis auf die Besonderheit, dass das Textfeld als *textarea* erzeugt wird. Je nach Belieben können Sie Ihren Benutzern mehr oder weniger als 50 Spalten und 20 Zeilen zur Verfügung stellen.

Damit ist die Entwicklung eines kleinen HBase-Clients abgeschlossen. Sicher gibt es noch einige Verbesserungsmöglichkeiten, wie etwa eine Vorauswahl von *Column-Families* bei der Auswahl einer Tabelle oder einer Auswahlbox für die verschiedenen Filter, die wir kennengelernt haben, um die Suche zu verfeinern. Jedoch sollte die Anwendung im Großen und Ganzen für den Einstieg genügen und Sie vielleicht motivieren, sie ein bisschen weiter zu stricken. Natürlich ist ein solches Interface nichts, was man einem Kunden zur Verfügung stellt, dazu fehlt eine weitere Abstraktionsebene hin zu einem tatsächlichen Use-Case. Darum soll es hier jedoch auch gar nicht gehen. Wenn ich Sie so weit gebracht habe, dass

Sie jetzt überlegen, wie Sie HBase für sich nutzbar machen und die Anwendung für Ihre Firma anpassen, dann bin ich schon voll und ganz zufrieden.

### 5.5.8 Der Umstieg von einem RDBMS auf HBase

In 5.4.1 haben wir bereits einige theoretische Methoden kennengelernt, wie man seine Datenhaltung teilweise oder komplett auf eine NoSQL-Datenbank umstellen kann. Hier möchte ich nun etwas konkreter werden und einige technische Tipps geben, um den Umstieg von einem relationalen Datenbankmanagementsystem auf HBase durchzuführen.

**Keine Scheu vor Denormalisierung**

Normalisierung ist uns seit jeher ein Begriff und wir wurden so erzogen, dass nur ein normalisiertes Datenmodell ein gutes Datenmodell ist. Diesen Ansatz können Sie nun getrost vergessen, da Normalisierung nun mal vorranging SQL-Abfragen beschleunigt und strukturierten Datenspeichern zugutekommt. Da wir aber in HBase nicht mehr mit SQL arbeiten (was dazu führt, dass Funktionen wie etwa *Joins* gar nicht mehr möglich sind), müssen wir nicht mehr dafür sorgen, dass unsere Daten in der dritten Normalform vorliegen (und somit Normalform 1 bis 3 erfüllen). Gerade durch die Möglichkeit, unterschiedliche Spalten in Zeilen zu verwenden, können wir hier ganz anders arbeiten als in einem RDBMS. Ein Beispiel folgt jetzt.

**Tabelle 5.6** Tabellarische Übersicht über Mitarbeiter mehrerer Firmen

| PERSON_ID | Firma | Alter | Faehigkeiten |
|---|---|---|---|
| 1 | Company 1 | 23 | Programmierung, Projektmanagement, Chinesisch |
| 2 | Company 2 | 40 | IT-Architektur |
| 3 | Company 3 | 58 | Datenbanken |

Jeder Datenbankenspezialist sieht hier sofort, dass im ersten Element die erste Normalform verletzt wird, da das Attribut *Faehigkeiten* mehrere Werte enthält und wir somit die Tabelle nicht nach der Spalte sortieren oder nach einer bestimmten Fähigkeit suchen könnten. Eine Lösung wäre nun, einen Sekundärschlüssel *FAEHIGKEIT_ID* einzuführen, diesen der Spalte *Faehigkeit* voranzustellen und einen zusammengesetzten Primärschlüssel aus *PERSON_ID* und *FAEHIGKEIT_ID* zu bilden. Das Ganze sähe dann etwa so aus.

**Tabelle 5.7** Normalisierte Tabelle der Mitarbeiter

| PERSON_ID | Firma | Alter | FAEHIGKEIT_ID | Faehigkeit |
|---|---|---|---|---|
| 1 | Company 1 | 23 | 1 | Programmieren |
| 1 | Company 1 | 23 | 2 | Projektmanagement |
| 1 | Company 1 | 23 | 3 | Chinesisch |
| 2 | Company 2 | 40 | 1 | IT-Architektur |
| 3 | Company 3 | 58 | 1 | Datenbanken |

So würden wir in einer relationalen Datenbank agieren, wie aber würde die Tabelle in HBase oder einer anderen spaltenorientierten Datenbank aussehen? Die Lösung ist gar nicht so schwer zu finden.

**Tabelle 5.8** Tabelle der Mitarbeiter in HBase

|  | CF_Firma | CF_Alter | CF_Faehigkeit | | |
|---|---|---|---|---|---|
| PERSON_ID | Firma | Alter | Faehigkeit 1 | Faehigkeit 2 | Faehigkeit 3 |
| 1 | Company 1 | 23 | Programmieren | Projektmanagement | Chinesisch |
| 2 | Company 2 | 40 | IT-Architektur | | |
| 3 | Company 3 | 58 | Datenbanken | | |

Wir legen also einfach für jede Fähigkeit des Mitarbeiters eine weitere Spalte an und gruppieren diese in der *Column-Family CF_Faehigkeit*. Ebenso erzeugen wir nach Belieben eine solche Gruppierung für weitere Felder, wie etwa für die hier gezeigten Beispiele *Firma* und *Alter*. Die in Tabelle 5.8 abgebildeten Spalten *Faehigkeit 2* und *Faehigkeit 3* sind für *Person 1* und *Person 2* überhaupt nicht existent, es wird also kein Speicherplatz für leere Zeichenketten an sie verschwendet.

**HINWEIS:** Die Betrachtungsweise einer HBase-Tabelle als *handelsübliche* Tabelle, in der die Elemente über Felder und deren numerische Werte indiziert werden, wird nicht empfohlen. Vielmehr wird dazu geraten, eine HBase-Tabelle als assoziatives Datenfeld zu sehen, in dem nicht numerische Schlüssel (häufig Zeichenketten) verwendet werden. Eventuell kennen Sie dieses Konstrukt aus der Programmierung, in Java würden assoziative Datenfelder für die ersten zwei Datensätze aus Tabelle 5.8 so aussehen.

**Listing 5.68** Assoziative Datenfelder in Java

```
Map<String, String> person1 = new HashMap<String, String>();
person1.put("Firma", "Company 1");
person1.put("Alter", "23");
person1.put("Faehigkeit 1", "Programmieren");
person1.put("Faehigkeit 2", "Projekt-Management");
person1.put("Faehigkeit 3", "Chinesisch");
Map<String, String> person2 = new HashMap<String, String>();
person2.put("Firma", "Company 2");
person2.put("Alter", "40");
person2.put("Faehigkeit 1", "IT-Architektur");
```

Wie Sie sehen, wird auch hier kein unnötiger Speicherplatz für *Faehigkeit 2* und *Faehigkeit 3* von *person2* reserviert.

**Speichern Sie redundant**

Was ebenso unter dem Punkt Denormalisierung aufgeführt werden könnte, möchte ich hier in einem eigenen Unterkapitel behandeln: Speichern Sie Ihre Daten redundant! Das heißt, dass Sie gerne auf Kosten von Speicherplatz die Eigenschaft eines Datensatzes in mehreren Tabellen ablegen sollen, denn anders als über SQL *Joins* auszuführen, lesen Sie in HBase performanter komplexere Datensätze mit mehreren Eigenschaften. Abermals soll uns ein Beispiel helfen, das eben Beschriebene zu verstehen.

**Tabelle 5.9** Tabelle von Autofahrern in HBase

| Fahrer_ID | Name | Auto | Hersteller | Support_URL |
|---|---|---|---|---|
| 1 | Jonas F. | Kadett | Opel | www.opel.de |
| 2 | Marcel B. | Golf | VW | www.vw.de |
| 3 | Simon W. | 5er | BMW | www.bmw.de |

Hier sehen wir eine Tabelle, die in einer relationalen Datenbank sicherlich über mehrere Tabellen abgebildet werden würde. So würden wir eine weitere Tabelle – *Autos* – einführen, die alle Typen von Autos enthält, und in der oben stehenden Tabelle auf die *AUTO_ID* verweisen. Des Weiteren würden wir in der *Autos-Tabelle* via einer *Hersteller_ID* auf eine weitere Tabelle *Hersteller* verweisen, die dann den *Namen* des Herstellers sowie die entsprechende *Support-URL* enthält, über die der Besitzer Informationen zu seinem Auto einholen kann. Diese zwei weiteren Tabellen erstellen wir in einem RDBMS, um Redundanzen zu vermeiden und z. B. somit leichter Änderungen an einem Autotyp oder einem Hersteller durchzuführen. Schließlich müssen wir sie ja dazu nur an einer Stelle verändern und nicht wie in Tabelle 5.9 in jeder Zeile, in der die Daten auftauchen. Tatsächlich wäre es aber in HBase ratsam, eine Tabelle wie oben gezeigt anzulegen und die Fahrzeug- und Herstellerdaten für jeden Fahrer zu speichern. Das aus dem einfachen Grund, da uns Speicherplatz weniger wichtig ist und wir einfach schneller auf eine Zeile zugreifen und diese auslesen, als uns die Informationen über einen Fahrer aus mehreren Tabellen zusammenzusuchen.

# 6 Data-Warehousing mit Hive

Im Kapitel zuvor haben wir die NoSQL-Datenbank HBase kennengelernt, mit der wir effizient beliebige Daten an beliebigen Orten zu ebenso beliebigen Zeiten lesen, schreiben und verändern können (*Random Read/Write*). Das ist schon ein riesiger Vorteil gegenüber Hadoop, das es uns doch nur erlaubt, Dateien batchgesteuert und wenig interaktiv auf dem HDFS verteilt abzulegen, und uns Entwicklern die ganze Verarbeitung und Auswertung überlässt. Hive geht nun noch einen Schritt weiter und gibt uns eine SQL-ähnliche Abfragesprache, genannt *HiveQL*, an die Hand, mit der wir Queries in einer uns bekannten Manier auf den Daten im HDFS in Echtzeit ausführen können. Wir bewegen uns also weg von *Puts*, *Gets*, *Scans* und *Filtern* und kehren im Prinzip zurück zu *Selects*, *Where*-Klauseln, *Create-Statements* etc. Das hat natürlich den Vorteil, dass Sie in Ihrem Unternehmen die Schulungskosten für das Personal gering halten, das sowieso schon SQL spricht, und dass Sie bestehende Systeme, die sich via SQL Daten aus Ihren Datenbanken holen, mit einigen Abstrichen an Ihren neuen Datenspeicher anbinden können.

Hive wird aufgrund seiner Fähigkeit, den unstrukturierten Daten im HDFS eine Struktur zu geben und diese abzufragen, als Data-Warehousing-Schicht über Hadoop bezeichnet. Dennoch ist es wichtig, dass Sie Hive nicht als relationale Datenbank sehen und es als solche einsetzen. Die Latenzzeit, die Hive mit sich bringt, wenn es einfache Abfragen durchführt, ist nämlich hoch, selbst für kleinere, simplere Abfragen. Ebenso wenig ist Hive für Updates einzelner Zeilen geeignet. Behalten Sie immer das *big* im Hinterkopf, Hive ist für große, sich selten oder gar nicht verändernde Daten geschaffen und kann dort seine Stärken ausspielen. Wenn Sie nun eine Abfrage über *HiveQL* absetzen, dann wird diese Abfrage in Map-Reduce-Jobs übersetzt und auf Hadoop ausgeführt. Hive erspart uns also die Programmierung und Orchestrierung von eigenen Abfragen auf Daten im HDFS. Nun aber genug der Vorreden, fangen wir wie üblich mit der Installation an.

# 6.1 Installation von Hive

Es gilt, das aktuelle Stable-Release von der offiziellen Seite des Apache-Projekts herunterzuladen.

**HINWEIS:** An Versionsnummer 0.13.1 ist zu erkennen, dass die Projektverantwortlichen Hive noch für alles andere als ausgereift und *feature-complete* halten. Tatsächlich liegt das zu einem Großteil an der Performance. Verschiedene Initiativen versuchen diese stetig zu erhöhen, um Echtzeitabfragen in Hive zu ermöglichen, so etwa die *Stinger-Initiative*, die u. a. von Hortonworks ins Leben gerufen und von insgesamt 145 Mitarbeitern aus 44 Unternehmen in Release 0.13 umgesetzt wurde. Darin wurde HiveQL einerseits um weitere Klauseln erweitert, um es SQL mehr und mehr anzupassen. Andererseits wurden die Ausführungspläne optimiert, sodass z. B. unnötige Tasks in der Zusammenstellung der nötigen Map-Reduce-Jobs wegfallen. Laut Community sind alle Pläne von Stinger umgesetzt worden, dennoch bleibt die Versionsnummer niedrig. Cloudera fährt übrigens mit dem Projekt *Impala* einen eigenen Ansatz, um das Data-Warehousing in Hadoop zu beschleunigen und in Echtzeit nutzbar zu machen. Dazu aber später mehr.

Vergewissern Sie sich, dass Sie einen Superuser zum Herunterladen und Auspacken des Archivs verwenden, sodass Sie die benötigten Berechtigungen einfordern können, die Sie zum Anlegen des Verzeichnisses brauchen.

**Listing 6.1** Herunterladen und entpacken von Hive

```
su - user1
cd /usr/local
sudo wget
http://mirror.lwnetwork.org.uk/APACHE/hive/stable/apache-hive-0.13.1-bin.tar.gz
tar xzf apache-hive-0.13.1-bin.tar.gz
sudo mv apache-hive-0.13.1-bin hive
sudo chown -R hduser:hadoop hive
```

Ist das Verzeichnis erstellt, legen wir eine Variable an, die auf das Hive-Verzeichnis zeigt. Des Weiteren erzeugen wir die Variable *HCAT_HOME*, die anzeigt, wo *HCatalog* zu finden ist, die Komponente, die von Hive für Tabellen- und Speicherverwaltung genutzt wird.

**HINWEIS:** Der Verweis auf *HCAT_HOME* ist für Hive nicht nötig, wohl aber für den Datenimport via *Sqoop* nach Hive, den wir später noch sehen werden.

Editieren Sie dazu die *.bashrc* aus dem Verzeichnis des Benutzers *hduser* und fügen Sie die folgenden Zeilen an.

**Listing 6.2** Bekanntgabe des Hive-Verzeichnisses

```
# Hive
export HIVE_HOME=/usr/local/hive
export HCAT_HOME=$HIVE_HOME/hcatalog
export PATH=$HIVE_HOME/bin:$PATH
```

Zudem benötigen wir zwei Verzeichnisse im HDFS. Das Verzeichnis *tmp* sollte bereits existieren, wenn nicht, erzeugen Sie es samt dem anderen. Sorgen Sie dafür, dass Hadoop gestartet ist, und führen Sie dann die folgenden Befehle aus.

**Listing 6.3** Anlegen der Verzeichnisse für Hive im HDFS

```
hdfs dfs -mkdir /tmp
hdfs dfs -mkdir -p /user/hive/warehouse
hdfs dfs -chmod g+w /tmp
hdfs dfs -chmod g+w /user/hive/warehouse
```

Mit dem Befehl *chmod* ändern wir die Zugriffsrechte auf die Ordner, sodass die gesamte Gruppe der Datei Schreibrechte darauf bekommt. Ohne diese Ordner samt den angegebenen Rechten sind wir nicht in der Lage, Tabellen in Hive anzulegen.

Um Hive zu konfigurieren, können Sie die im Verzeichnis *hive/conf* liegenden Dateien editieren. Hive wird diese von sich aus nicht zurate ziehen, dafür ist erst ein Umbenennen der *hive-default.xml.template* in *hive-site.xml* nötig.

**Listing 6.4** Anlegen einer hive-site.xml

```
cp hive-default.xml.template hive-site.xml
```

Dass alle Konfigurationsparameter in der *hive-default.xml.template* bereits vornotiert sind, ist sowohl Fluch als auch Segen. Einerseits erhält der Benutzer dadurch einen Überblick über alle unterstützten Konfigurationsparameter und muss diese bei Bedarf nur noch aktivieren, andererseits wird er im gleichen Zug von deren riesiger Anzahl erschlagen. Für die ersten Schritte sind für uns erst mal keine Anpassungen der *hive-site.xml* nötig. Einzig das Verzeichnis, in dem Hadoop zu finden ist, muss im System bekannt sein, doch dafür haben wir ja schon recht früh gesorgt, indem wir die Verzeichnisse in der *.bashrc* an die Variable *PATH* angehängt haben.

 **PRAXISTIPP:** Da Hive als Client auf Basis von Hadoop agiert, müssen wir es nur auf einem Server installieren. Hadoop übernimmt dann die Verteilung der Abfragen und wir sparen uns dadurch eine komplexe Installation auf all unseren Knoten im Cluster.

## 6.2 Architektur von Hive

Anhand eines Schaubildes soll zum besseren Verständnis des kommenden Inhalts die Architektur von Apache Hive dargestellt werden. Wie bereits erwähnt, funktioniert Hive im Zusammenspiel mit Hadoop, da es einerseits das HDFS nutzt, um seine Daten dort abzulegen, und andererseits Queries in Map-Reduce-Jobs übersetzt und auf Hadoop ausführt.

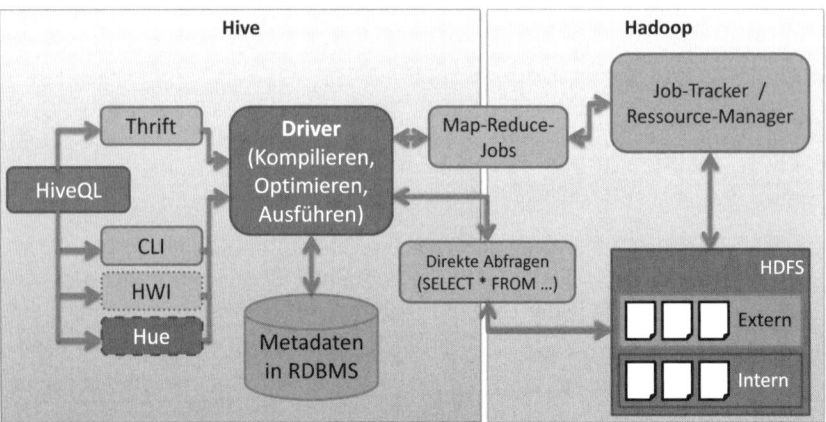

**Bild 6.1** Architektur von Hive im Zusammenspiel mit Hadoop

Links sehen Sie in Bild 6.1 den *Driver* als die Kernkomponente von Hive, der Queries verschiedener Schnittstellen entgegennimmt und über den gesamten Lebenszyklus vom Kompilieren über das Optimieren bis hin zur Ausführung hin begleitet. Der *Compiler* wird nach Erhalt einer Query vom Driver aufgerufen und übersetzt diese in einen gerichteten, azyklischen Graphen (*Directed Acyclic Graph, DAG*), der in der Regel aus mehreren Map-Reduce-Jobs besteht. Anschließend übermittelt der *Driver* diese Map-Reduce-Jobs zur Ausführung an die *Execution Engine*, die derzeit aus dem *Job-Tracker* (Hadoop 0.x bis 1.x) bzw. aus dem *Ressource-Manager* (Hadoop 2.x) besteht. Manche einfache Anfragen, wie etwa ein SELECT * FROM tabellexy;, werden ohne einen Map-Reduce-Job direkt auf dem HDFS ausgeführt, da es dort lediglich darum geht, ungefilterte Daten aus einer strukturierten Datei zu lesen (mehr dazu später). Zudem verwendet Hive eine relationale Datenbank, um Metadaten darin zu speichern – den sogenannten *Metastore*. Unter anderem befinden sich dort Informationen über Datenbanken/Schemata, über Tabellen samt Spalten, Datentypen, Besitzer und Speicher sowie Informationen über verschiedene Partitionen.

 **HINWEIS:** Der *Metastore* wird, falls nicht anders konfiguriert, in einer Derby-Datenbank angelegt. Auf Wunsch kann er jedoch auch in einer anderen relationalen Datenbank angelegt werden, etwa MySQL oder DB2. Da dieser Prozess jedoch nur in wenigen Fällen notwendig und etwas komplexer ist, möchte ich hier nur auf das Hive-Wiki verweisen, das die nötigen Schritte dazu auflistet[1].

---

[1] https://cwiki.apache.org/confluence/display/Hive/AdminManual+MetastoreAdmin

Die Interfaces, über die die Benutzer Hive ansprechen können, bestehen aus einem *Thrift-Client*, wie er auch in HBase existiert, aus einem Command Line Interface (*CLI*), das wir uns gleich anschauen, und dem *Hive-Web-Interface* (*HWI*). Letzteres wurde nicht in Hive 0.13.1 integriert, die entsprechende Web-Anwendung in Form einer WAR-Datei fehlt im Release. Alternativ kann jedoch *Hue*, eine schicke Web-Anwendung von Cloudera, verwendet werden, um Hive über einen Browser zu bedienen. Ebenso sind Verbindungen zu Hive über Driver wie JDBC (*Java Database Connectivity*) vom Typ 4 über die Klasse *org.apache.hadoop.hive.jdbc.HiveDriver* oder ODBC (*Open Database Connectivity*) möglich, die das Starten eines *Hive-Servers* voraussetzen. Dazu kommen wir jedoch noch später, wenn wir uns die Java-API anschauen.

Um nun erste Abfragen in Hive kennenzulernen, wollen wir uns das CLI ansehen.

## ■ 6.3 Das Command Line Interface (CLI)

Das CLI wird über die Anwendung *hive* aus dem Bin-Verzeichnis von Hive aufgerufen. Achtung, die Anwendung startet noch keinen Server, um entfernt auf die Daten zugreifen zu können, sondern stellt lediglich eine Konsolenanwendung dar, über die Sie unter anderem lokal Queries in *HiveQL* absetzen können. Das Werkzeug *hive* nimmt einige Parameter entgegen, von denen die wichtigsten in der folgenden Tabelle erklärt werden sollen.

**Tabelle 6.1** Parameter der Anwendung hive

| Parameter | Beschreibung |
| --- | --- |
| --service hiveserver | Startet einen Server, um von Remote auf Hive zugreifen zu können. Dieser Vorgang ist notwendig, um etwa über Thrift, ODBC oder JDBC Abfragen abzusetzen. |
| --service hiveserver2 | Startet die neue Version des Hive-Servers, die ein verbessertes, wenn auch nicht perfektes Rechtesystem verwendet und gleichzeitige Zugriffe auf Hive erlaubt. |
| -e „Query" | Setzen Sie eine Query ab, z.B. `USE company; SELECT * FROM people;`. Die Ausgabe erfolgt in der Konsole, ohne dass Sie das *CLI* starten müssen. |
| -f „Datei" | Führt mehrere *HiveQL*-Befehle aus, die in der angegebenen Datei festgelegt sind. |
| --database [Datenbank] | Verwenden der angegebenen Datenbank. |
| -H | Ausgabe der Hilfe zu *hive*. |
| -h [Hostname] | Verbinden zu einem Hive-Server auf dem angegebenen Host. |
| -p [Port] | Port eines entfernten Hive-Servers. |

**HINWEIS:** Statt des einfachen Hive-Servers, wie im ersten Eintrag von Tabelle 6.1 gezeigt, haben Sie die Möglichkeit, den neueren *HiveServer2* zu nutzen (hive --service hiveserver2), der die Shell-Anwendung *Beeline* unterstützt, die eine Verbindung zum lokalen oder entfernten HiveServer via JDBC aufbaut. Sie starten Beeline über *hive/bin/beeline*.

Warum gibt es denn nun zwei verschiedene Versionen eines Servers? Nun, der Server als Prozess, der Client-Anfragen entgegennimmt und verarbeitet, hatte maßgeblich zwei gravierende Nachteile. Erstens erlaubte er keine gleichzeitigen Zugriffe mehrerer Benutzer auf Hive und zweitens fehlte es an einem Konzept, um Benutzer gegen den Server zu authentifizieren und deren Rechte über ein Autorisierungsmechanismus entsprechend geltend zu machen. Überprüfen Sie gerne mal und versuchen, den *HiveServer* zu starten (hive --service hiveserver), via JDBC eine Verbindung ohne Benutzernamen und Passwort herzustellen (siehe Listing 6.91) und eine Tabelle anzulegen. Sie werden sehen, dass Sie niemand davon abhält. Ab Hive 0.11 wurde nun der *HiveServer2* in Hive integriert, der mehrere Security-Mechanismen implementierte (siehe Abschnitt 6.5) und nebenläufige Zugriffe verschiedener User in Sessions paketierte. Schön ist, dass sich für Sie als Anwender beim Wechsel vom *HiveServer* auf den *HiveServer2* kaum etwas ändert. Später, wenn wir aus einer externen Anwendung eine Verbindung zu Hive herstellen, werde ich noch genauer auf diese Unterschiede eingehen.

Starten Sie nun das *CLI* über den Befehl *hive*, um in den sogenannten *Interactive Shell Mode* zu gelangen. Hier muss jeder Befehl über ein Semikolon abgeschlossen werden. Die Befehle, die Ihnen im interaktiven Modus zur Verfügung stehen, sind in Tabelle 6.2 beschrieben.

**Tabelle 6.2** Befehle in der Hive-Kommandozeile

| Befehl | Beschreibung |
| --- | --- |
| quit oder exit | Beendet die Anwendung. |
| set [Schlüssel]=[Wert] | Setzt die Variable [Schlüssel] auf den Wert [Wert]. Damit können Sie Hive-Eigenschaften, wie sie in der hive-site.xml definiert sind, zur Laufzeit ändern. |
| set | Gibt alle Variablen aus, die vom Benutzer oder von Hive gegenüber den Default-Variablen überschrieben wurden. |
| set -v | Gibt alle Hadoop- und Hive-Variablen aus. |
| [Query] | Führt eine HiveQL-Query aus. |

Mit dem letzten Befehl wollen wir uns nun auf den nächsten Seiten intensiver beschäftigen, indem wir *HiveQL* näher kennenlernen und erfahren, wie wir Hive damit die Geheimnisse unserer Daten entlocken.

## 6.4 HiveQL als Abfragesprache

*HiveQL* ist SQL sehr ähnlich und für einfache Operationen leicht zu lernen. In diesem Abschnitt wollen wir anhand von Beispiel-Queries lernen, mit der Sprache umzugehen. Da *HiveQL* nicht auf eine relationale Datenbank zurückgreift, ist auch nur eine Untermenge der Befehle verwendbar, die man aus SQL kennt, darunter das *SELECT* und (teilweise) das *INSERT*. Befehle wie *UPDATE*, *DELETE* und *MERGE* existieren in *HiveQL* nicht.

### 6.4.1 Anlegen von Datenbanken

Beginnen wir damit, eine Datenbank anzulegen. Datenbanken sind in Hive nicht zwingend erforderlich, helfen uns aber, die Tabellen, die wir führen, thematisch zu trennen. Rufen Sie dazu das CLI über *hive* aus dem *bin*-Verzeichnis von Hive auf und setzen Sie folgenden Befehl ab.

**Listing 6.5** Erzeugen einer Datenbank
```
CREATE DATABASE IF NOT EXISTS company;
USE company;
```

Damit erzeugen wir eine Datenbank, falls eine gleichnamige noch nicht existiert, und wählen diese mit dem Befehl *USE* zur aktuellen Benutzung aus. Erstellen und selektieren Sie keine Datenbank, wird die Datenbank *default* benutzt. Statt des Schlüsselworts *DATABASE* können Sie auch *SCHEMA* benutzten, beide Begriffe bedeuten dasselbe.

**PRAXISTIPP:** Befehle im CLI sind übrigens *nicht case-sensitive*. Ebenso wenig sind es Datenbank-, Tabellen- oder Spaltennamen in Hive. Ich werde dennoch alle *CLI*-Befehle großschreiben, sodass Sie leichter zwischen Schlüsselwörtern von *HiveQL* und Bezeichnern unterscheiden können.

Sie können außerdem bei der Erzeugung von Tabellen oder Datenbanken einen Kommentar zu dem Objekt hinzufügen, indem Sie das Schlüsselwort *COMMENT* einfügen, gefolgt von einem String in Hochkommata.

Vergewissern Sie sich nun mit dem folgenden Befehl, ob die Datenbank erfolgreich angelegt wurde.

**Listing 6.6** Auflisten aller Datenbanken einer Hive-Instanz
```
SHOW DATABASES;
```

Die Ausgabe sollte die Datenbanken *company* und *default* aufweisen. Nun wollen wir eine Tabelle anlegen. Eine Tabelle kann Felder mit verschiedensten Datentypen besitzen, dabei wird zwischen primitiven und komplexen Typen unterschieden.

## 6.4.2 Primitive Datentypen

Die primitiven Datentypen finden Sie in der folgenden Liste.

- *BIGINT, INT, SMALLINT, TINYINT* – Die verschiedenen Integertypen sind dazu da, um verschieden große Zahlenräume abzubilden. So fasst ein *TINYINT* die Zahlen −128 bis 127, ein *SMALLINT* die Zahlen −32 768 bis 32 767, ein *INT* die Zahlen −2 147 483 648 bis 2 147 483 647 und ein *BIGINT* die Zahlen −9 223 372 036 854 775 808 bis 9 223 372 036 854 775 807.
- *BOOLEAN* – Nimmt entweder den Wert FALSE oder TRUE an.
- *FLOAT* – Eine 4 Byte große Zahl mit einer Nachkommastelle.
- *DOUBLE* – Eine 8 Byte große Zahl mit zwei Nachkommastellen.
- *DECIMAL* – Eine Zahl mit bis zu 38 Nachkommastellen.
- *STRING* – Kann in doppelten oder einfachen Hochkommata notiert werden.
- *TIMESTAMP* – Standard-Unix-Timestamp, der entweder als Integer in Sekunden, als Float in Sekunden oder als JDBC-Timestamp in der Form YYYY-MM-DD HH:MM:SS mit neun optionalen Präzisionsstellen übergeben werden kann.
- *BINARY* – Werte werden aus Nullen und Einsen notiert.
- *STRING* – Eine Zeichenkette beliebiger Länge. Kann in doppelten oder einfachen Hochkommata notiert werden.
- *VARCHAR* – Ein VARCHAR wird mit einer bestimmten Länge erzeugt.
- *CHAR* – Wird wie VARCHAR mit einer festen Länge erzeugt, bloß dass alle nicht genutzten Zeichen mit Leerzeichen aufgefüllt werden.
- *DATE* – Beschreibt eine Kombination aus Jahr, Monat und Tag in der Form *YYYY-MM-DD*.

## 6.4.3 Komplexe Datentypen

Die komplexen Datentypen wurden ab Hive 0.7.0 um UNIONTYPE erweitert.

- *ARRAY* – z. B. gibt *Wetter[0]* bei dem Array `Wetter['Regen','Sonne','Nebel']` den Wert *'Regen'* zurück.
- *MAP* – Werte werden als Key-Value-Paare vorgehalten. Ein Wert kann über `SPALTENNAME['ELEMENT']` abgefragt werden.
- *STRUCT* – z. B. wird bei einer Spalte Kind mit `STRUCT (name STRING; alter INT)` mit *Kind.name* auf den Namen zugegriffen.
- *UNIONTYPE* – Funktioniert wie ein klassisches Union in C. Es verbindet mehrere Felder verschiedenen Datentyps zu einem einzelnen Feld, das auf Basis verschiedener Datentypen adressiert werden kann. So kann die Spalte `alter UNIONTYPE<INT, DOUBLE, STRING>` die Werte 20, 20.0 oder 'Zwanzig' annehmen.

Bei der Erstellung einer ersten Tabelle greifen wir zunächst nur auf die simplen Typen zurück.

## 6.4.4 Anlegen von Tabellen

Es wird nun eine Tabelle erzeugt, die dem Schema der Beispieldaten entspricht, die wir schon in HBase importiert haben.

**Listing 6.7** Erzeugen einer Tabelle

```
CREATE TABLE people (peopleid INT, name STRING, job STRING);
```

Hive sollte den Befehl mit einem *OK* quittieren und die Zeit anzeigen, die die Ausführung benötigt hat. Was hier geschieht, ist leicht zu verstehen, Hive erstellt eine Tabelle, sofern eine gleichnamige noch nicht existiert, andernfalls wird ein Hinweis in Form einer *Exception* ausgegeben. Um eine vorige Überprüfung der Existenz zu erwirken, setzen Sie ein IF NOT EXISTS zwischen das Schlüsselwort *TABLE* und den Namen der Tabelle. Auch hier können Sie die Existenz der Tabelle nach Absetzen des Befehls überprüfen.

**Listing 6.8** Auflisten aller Tabellen in einer Datenbank

```
SHOW TABLES;
```

Sofern Sie keine weiteren Tabellen angelegt haben, sollte auch hier nur unsere Tabelle *people* ausgegeben werden. Hive gibt hier übrigens nur die Tabellen in der aktuell selektierten Datenbank aus, nicht aus allen Datenbanken.

Hive legt die Daten einer Tabelle übrigens in Dateien im HDFS ab. Wie sollte es auch anders sein, verarbeitet es Queries doch (meistens) über Map-Reduce-Jobs. Die Struktur, in denen Hive die Daten der Tabellen anlegt, können wir übrigens frei bestimmen, fügen Sie dazu an das Ende der Tabellendefinition (vor dem Semikolon) eine Zeilenformatbeschreibung hinzu, wie es in Listing 6.9 zu sehen ist.

**Listing 6.9** Beschreibung des Zeilenformats einer Tabelle für die Abbildung der Daten in einer Datei

```
CREATE TABLE people(peopleid INT, name STRING, job STRING) ROW FORMAT DELIMITED
FIELDS TERMINATED BY '\t' LINES TERMINATED BY '\n';
```

Damit teilen wir Hive mit, dass bitte alle Felder einer Spalte durch Tabs getrennt und alle Zeilen durch ein *Newline* getrennt werden sollen. Alternativ könnte man sich auch Kommata, Leerzeichen oder Pipes als Feldtrenner vorstellen. Der Umstand, dass wir das Trennzeichen selbst bestimmen können, kommt uns nun zugute, da wir im folgenden Abschnitt Daten in eine Hive-Tabelle importieren möchten. Denn dann erwartet Hive von dem Format der zu importierenden Datei, dass diese gleich dem Format der Tabelle ist, also dass die Trennzeichen übereinstimmen.

Eine weitere Möglichkeit, eine Tabelle anzulegen, ist, eine bestehende zu klonen.

**Listing 6.10** Klonen einer existierenden Tabelle mit LIKE

```
CREATE TABLE people2 LIKE people;
```

Dabei wird ein exaktes Abbild der Tabelle *people* erstellt, jedoch ohne deren Daten.

## 6.4.5 Partitionierung von Tabellen

Partitionierte Tabellen (*partitioned tables*) sind Tabellen, in denen Daten anhand einer oder mehrerer Partitionierungsspalten getrennt gespeichert werden, um so die Abfrageperformance zu erhöhen. Wird etwa für die Tabelle *person* eine Partitionierungsspalte *ismanager* eingeführt, die die Werte *1* oder *0* annehmen kann, dann werden im Dateisystem tatsächlich zwei Dateien für die Tabelle angelegt. Eine, die die Datensätze für Manager, und eine, die die Datensätze für Angestellte ohne Personalverantwortung beinhaltet. Für jeden Wert, den ein Eintrag in der Partitionierungsspalte annimmt, wird *immer* ein Ordner angelegt! Es kann sich also auch um viele Hundert separate Dateien handeln. Ein Beispiel soll das Partitionieren verdeutlichen.

**Listing 6.11** Anlegen einer einfachen Tabelle
```
CREATE TABLE universities (id INT, country STRING, name STRING, age INT);
```

Hier erzeugen wir eine simple Tabelle, die eine beliebige Anzahl von Universitäten vorhalten kann. Angenommen, die Tabelle würde alle Universitäten der Welt umfassen, würde sie doch sehr groß werden. Die Idee ist nun, eine Spalte herauszusuchen, gemäß der wir die Universitäten logisch trennen können. In diesem Fall wäre die Spalte *country* sicher eine gute Wahl. Um eine Partitionierung zu erreichen, muss die Tabelle neu angelegt werden. Dabei darf die Partitionierungsspalte keinen Namen tragen, der schon für eine Zeile in der Tabelle vergeben wurde.

**Listing 6.12** Anlegen einer partitionierten Tabelle
```
CREATE TABLE universities (int ID, name STRING, age INT) PARTITIONED BY (country STRING);
```

Beim Importieren von Daten, wie wir es uns im späteren Verlauf dieses Abschnitts anschauen werden, muss explizit angegeben werden, in welche Partition ein Datensatz importiert werden soll, falls eine Tabelle partitioniert wurde. Schauen Sie sich dazu Listing 6.18 an. Wie die Daten einer Partition im HDFS abgelegt werden, wird ebenfalls später beschrieben, wenn es um die Datenstruktur von Hive geht, genauso wie das Verhalten von SELECTs auf partitionierte Tabellen in Listing 6.25.

## 6.4.6 Externe und interne Tabellen

Tabellen können sowohl als interne als auch als externe Tabellen erzeugt werden. Per Default werden sie intern angelegt, was bedeutet, dass Metadaten als auch die Daten selbst Hive gehören und beide beim Löschen einer Tabelle entfernt werden. Legt man nun eine Tabelle extern an, dann gehören lediglich die Metadaten Hive und die Daten, die in der Tabelle geführt werden, können an einem beliebigen Ort im HDFS abgelegt worden sein. Beim Löschen einer Tabelle werden diese dann verschont. Wenn Sie nun eine Tabelle als extern anlegen möchten, dann müssen Sie den Ort, an dem sich die der Tabelle zugrunde liegenden Daten befinden, über das Schlüsselwort *LOCATION* angeben.

**Listing 6.13** Anlegen einer externen Tabelle

```
CREATE EXTERNAL TABLE people(peopleid INT, name STRING, job STRING) ROW FORMAT
DELIMITED FIELDS TERMINATED BY '\t' LINES TERMINATED BY '\n' LOCATION
'/user/hduser/people2data/';
```

Der Pfad, den wir in *LOCATION* übergeben, muss auf dem HDFS liegen und ein Verzeichnis referenzieren, keine einzelne Datei. Andernfalls bekommen Sie eine Fehlermeldung ausgegeben. Um also wie im Abschnitt zuvor die Tabelle ähnlich *people* zu erzeugen, müssen Sie die Eingabedaten (z. B. *hive_test_data.txt*, die in Abschnitt 6.4.8 erzeugt wird) in das Verzeichnis */user/hduser/people2data/* auf dem HDFS kopieren. Außerdem sollte das Verzeichnis nur für die Daten der Tabelle benutzt werden und keine weiteren Ordner oder Dateien enthalten. Andernfalls bekommen Sie zur Laufzeit eine Fehlermeldung ausgegeben, nicht jedoch beim Import!

Die Verwendung von Tabellen mit externen Daten ist z. B. dann sinnvoll, wenn die Daten von mehreren Quellen aus verändert oder gelesen werden sollen. Analysieren Sie etwa einen Datensatz mit Hive und greifen aber aus einer anderen Anwendung, z. B. via YARN, auf dieselben Daten zu, dann verhindern Sie durch die Verwendung des Schlüsselwortes *EXTERNAL*, dass die Daten beim Löschen einer Tabelle vom HDFS entfernt werden und die YARN-Anwendung dort keine Daten mehr vorfindet.

### 6.4.7 Löschen und leeren von Tabellen

Löschen Sie also zunächst die Tabelle und legen Sie sie dann entsprechend Listing 6.9 neu an. Das Löschen geschieht wie im folgenden Listing gezeigt.

**Listing 6.14** Löschen einer Tabelle

```
DROP TABLE people;
```

Dabei werden die Daten sowie die Metadaten der Tabelle gelöscht. Wenn es sich bei der Tabelle um eine externe Tabelle (siehe Abschnitt 6.4.6) handelt, dann werden die Dateien, in denen die Daten liegen, nicht gelöscht.

> **HINWEIS:** Wenn Sie eine Linux-Version verwenden, die einen Trash-Ordner vorhält, um gelöschte Dateien für eine etwaige Wiederherstellung aufzubewahren, dann werden die Daten aus den Tabellen bei einem DROP TABLE dorthin verschoben. Die Metadaten werden tatsächlich unwiderruflich gelöscht. Der Ubuntu-Server, den ich bisher in diesem Buch verwende, verfügt nicht über einen solchen Trash-Ordner. Verwenden Sie jedoch einen Ubuntu-Client, dann finden Sie diesen im Home-Verzeichnis Ihres Benutzers unter */.local/share/Trash/*.

Wenn Sie eine Tabelle leeren möchten, statt sie ganz zu löschen, dann verwenden Sie den Befehl *TRUNCATE*.

**Listing 6.15** Leeren einer Tabelle

```
TRUNCATE TABLE people;
```

### 6.4.8 Importieren von Daten

Um nun einige Daten zu haben, mit denen wir arbeiten können, verwenden wir den Befehl *LOAD* und importieren so eine gewisse Zahl generierter Datensätze, bestehend aus Personen samt ID, Name und Beruf. Öffnen Sie bitte dazu das Projekt *13_HiveTestDataGenerator* in Eclipse, führen Sie die Anwendung aus und kopieren Sie die Datei *hive_test_data.txt* im Projekt (Projekt selektieren und mit **F5** aktualisieren, falls sie nicht sichtbar ist) mit *WinSCP* in das Hauptverzeichnis von Hive. Zum Importieren der Daten verwenden wir wie bereits erwähnt den Befehl *LOAD*.

**Listing 6.16** Importieren von Daten aus einer Textdatei

```
LOAD DATA LOCAL INPATH '../hive_test_data.txt' OVERWRITE INTO TABLE people;
```

Der Import von 20 000 Beispieldatensätzen sollte sehr schnell gehen. Sie haben in Hive übrigens (noch) nicht die Möglichkeit, einzelne Datensätze mit einem IMPORT, wie es in SQL möglich ist, einzufügen. Stattdessen bleiben Ihnen generell nur die zwei folgenden Wege, um Daten in Tabellen abzulegen.

- Importieren von Daten aus Dateien wie in Listing 6.16 gezeigt.
- Importieren von Daten aus anderen Tabellen, wie im folgenden Listing zu sehen.

**Listing 6.17** Importieren von Daten aus einer anderen Tabelle

```
INSERT INTO TABLE people SELECT managerid as peopleid, name as name, "Manager" as job from managers;
```

Hier habe ich temporär eine zweite Tabelle *managers* erzeugt mit dem Feld *managerid* vom Typ *INT* und *name* vom Typ *String*. Dort hinein habe ich über ein *LOAD* zwei Zeilen geladen. Was jetzt über das *INSERT* passiert, ist Folgendes:

1. Es wird die Tabelle *people* als Ziel für die zu importierenden Daten ausgewählt.
2. Via *SELECT* werden Felder aus der Quelltabelle *managers* selektiert und auf die Felder der Zieltabelle abgebildet. So landen alle Werte aus *managers.managerid* in *people.peopleid* und alle aus *managers.name* in *people.name*. Da *managers* über keine Spalte für Berufe verfügt (klar, denn die Tabellenbeschreibung sagt ja schon alles über das Tätigkeitsfeld der darin gehaltenen Personen), tragen wir den String *Manager* in das Feld *people.job* ein.
3. Über das *FROM* bestimmen wir die Quelltabelle *managers*, aus der die Daten zu lesen sind.

Für diesen Import wird ein Map-Reduce-Job generiert und ausgeführt, was Sie immer leicht an den Prozentzahlen in der Ausgabe mit einem vorangestellten *map* bzw. *reduce* erkennen können.

Ein Sonderfall sind partitionierte Tabellen. Hier müssen wir, wie zuvor erwähnt, angeben, in welche Partition die Daten importiert werden sollen.

**Listing 6.18** Importieren von Daten in eine partitionierte Tabelle

```
INSERT INTO TABLE universities PARTITION(country="DE") SELECT ...
```

## 6.4.9 Zählen von Zeilen via count

Überprüfen Sie nun die Anzahl der in der Tabelle vorhandenen Zeilen mit dem Aufruf von *COUNT()*. *COUNT()* gehört zu den Aggregatfunktionen (siehe Abschnitt 6.4.20), die wir später noch kennenlernen werden. Da es aber für einige der folgenden Abschnitte nötig ist, diese Funktion zu kennen, habe ich sie hier vorgezogen.

**Listing 6.19** Zählen der Datensätze in einer Tabelle
```
SELECT COUNT(*) FROM people;
```

Da wir beim *LOAD* ein *OVERWRITE* verwenden, sollte die Anzahl der Zeilen in der Tabelle mit der Anzahl der Zeilen der Textdatei übereinstimmen, denn *OVERWRITE* sorgt dafür, dass alle existierenden Daten in der Tabelle gelöscht werden. Führen Sie *COUNT* aus, dann sehen Sie, dass auch hier ein Map-Reduce-Job für die Query konzipiert und ausgeführt wird.

```
Job 0: Map: 1  Reduce: 1   Cumulative CPU: 1.84 sec
HDFS Read: 610151 HDFS Write: 6 SUCCESS
Total MapReduce CPU Time Spent: 1 seconds 840 msec
OK
20000
Time taken: 15.132 seconds, Fetched: 1 row(s)
hive>
```

**Bild 6.2** Ausgabe einer Count-Query

Wie Sie sehen, ist die Laufzeit bei nur 20 000 Datensätzen mit 15 Sekunden auf einer Vierkern-VM mit 6 GB RAM schon sehr hoch. Wenn Sie jedoch die Zahl der Datensätze auf 20 000 000 anheben, steigt die Dauer der Query lediglich auf 26 Sekunden an, anstatt mit der Zahl der Datensätze um den Faktor 1000 zu wachsen.

## 6.4.10 Das SELECT-Statement

Zuvor habe ich erwähnt, dass Hive nicht für alle Abfragen Map-Reduce-Jobs konzipiert. Ein Beispiel dafür ist ein *SELECT* auf alle Spalten einer Tabelle. Setzen wir ein solches ab und begrenzen die Zahl der zurückzugebenden Zeilen auf 15.

**Listing 6.20** Limitierte Abfrage aller Spalten aus einer Tabelle
```
SELECT * FROM people LIMIT 5;
```

Die Ausgabe erfolgt in wenigen Hundertstelsekunden und zeigt die ersten fünf Zeilen der Tabelle *people*.

```
hive> select * from people limit 5;
OK
0       Barbara Schmitt         Regisseur
1       Jessika Hartmann        Pirat
2       Sven Keller             Informatiker
3       Sven Vogel              Regisseur
4       Barbara Böhm            Bänker
Time taken: 0.036 seconds, Fetched: 5 row(s)
hive>
```

**Bild 6.3** Ergebnis eines limitierten Selects in Hive

Wer SQL kennt, der weiß, dass das Sternchen als Wildcard eingesetzt wird und sämtliche Spalten aus der Tabelle auswählt. Möchten wir nur eine oder mehrere Spalten abfragen, dann schreiben wir stattdessen deren Namen durch Kommata getrennt in die Query. Das *LIMIT* anzugeben ist übrigens keine Pflicht, aber durchaus sinnvoll, bei mehreren Tausend Datensätzen benötigt das Anzeigen auf dem Terminal schon einige Zeit. Sie können den Befehl natürlich jederzeit mit **STRG+C** unterbrechen, damit beenden Sie jedoch auch das CLI.

Ein *SELECT* kann über das Schlüsselwort *AS* einem Identifier zugewiesen werden. Das macht bei simplen Abfragen sicher noch nicht so viel Sinn, wenn es aber später dazu kommt, dass Sie komplexere Queries formulieren, kann es sehr hilfreich sein, lange oder unverständliche Abfragen in kürzere, passende Bezeichnungen umzubenennen. Auch bei Subqueries, die wir nachher kennenlernen werden, spielt die Benennung eines *SELECT* eine zentrale Rolle.

**Listing 6.21** Benennen eines SELECT über AS

```
SELECT name FROM people AS names;
```

Das *SELECT* aus Listing 6.21 kann nun auch über den Bezeichner *names* referenziert werden. Später werden wir auf dieses Konstrukt zurückkommen.

 **HINWEIS:** Um zu erfahren, wie Hive ein SELECT in Form eines Graphen aus einzelnen Prozessen konstruiert, können Sie ihm das Schlüsselwort EXPLAIN voranstellen, woraufhin Ihnen die Anwendung erklärt, wie die Datenselektion vonstatten geht.

Ein häufig genutztes Feature von SQL und *HiveQL* ist, dass Sie *SELECT* auf den bestimmten Wert eine Spalte begrenzen können. Möchten Sie zum Beispiel alle Studenten im Unternehmen finden, dann grenzen Sie die Ergebnisse über ein *WHERE* ein.

**Listing 6.22** Eingrenzen von SELECT über WHERE

```
SELECT * FROM people WHERE job='Student' LIMIT 10;
```

Abermals beschränken wir das *SELECT* auf zehn Datensätze und erhalten ein Resultat ähnlich dem in Bild 6.4 gezeigten.

```
Total MapReduce CPU Time Spent: 3 seconds 670 msec
OK
27      Gabriele Keller         Student
69      Jessica Schmitt         Student
87      Marcel Schneider        Student
118     Tobias Schröder         Student
170     Silke Vogel             Student
228     Nicole Müller           Student
362     Marina Schulze          Student
385     Annett Schulze          Student
476     Nicole Schulze          Student
483     Thomas Winter           Student
Time taken: 15.942 seconds, Fetched: 10 row(s)
hive>
```

**Bild 6.4** Ausgabe der ersten zehn Studenten

Sie können mehrere Bedingungen in der WHERE-Klausel mit einem AND verbinden.

**Listing 6.23** Verknüpfen mehrerer Bedingungen
```
SELECT * FROM people WHERE job='Student' AND peopleid<200;
```

Damit erhalten Sie alle Datensätze der Studenten, die auch eine *peopleid* kleiner als *200* haben. Verwenden Sie statt *AND* den Operator *OR*, muss nur eine der verknüpften Bedingungen erfüllt werden, damit der Datensatz in die Ergebnismenge aufgenommen wird. Neben den logischen Operatoren *AND* und *OR* existieren noch weitere.

**Tabelle 6.3** Logische Operatoren in HiveQL

| Logischer Operator | Beschreibung |
|---|---|
| a AND b | TRUE, wenn a und b wahr sind. Andernfalls FALSE. |
| a OR b | TRUE, falls entweder a oder b wahr ist. Wenn keine Bedingung wahr ist, dann FALSE. |
| NOT a | TRUE, wenn a FALSE ist. Sonst FALSE. Alternativ kann !a verwendet werden. |
| a IN (Wert1, Wert2 …) | TRUE, wenn a einen der Werte in der Liste angenommen hat. Ab Hive 0.13.0 dürfen in der Liste auch Subqueries (z. B. ein SELECT auf einen weiteren Wertebereich) verwendet werden. |
| a NOT IN (Wert1, Wert2 …) | TRUE, wenn a keinem der Werte entspricht. |
| EXISTS (Subquery) | TRUE, falls die Subquery mindestens eine Zeile zurückliefert. |

Neben den logischen Operatoren existieren weiterhin relationale Operatoren wie = oder <, die wir zuvor bereits benutzt haben, um unsere Bedingungen zu formulieren. Auch hier existieren natürlich noch weitere.

**Tabelle 6.4** Relationale Operatoren

| Relationaler Operator | Beschreibung |
|---|---|
| a = b | TRUE, falls a gleich b ist. Andernfalls FALSE. |
| a <=> b | Wie =, nur dass wahr zurückgegeben wird, wenn a und b NULL sind. Ist a oder b NULL, wird FALSE zurückgegeben. |
| a <> b | TRUE, falls a ungleich b ist. NULL, wenn a oder b NULL ist. Alternativ kann auch != verwendet werden. |
| a < b | TRUE, falls a kleiner als b ist. FALSE, falls b kleiner oder gleich a ist. Ist a oder b NULL, wird ein NULL zurückgegeben. |
| a <= b | TRUE, falls a kleiner oder gleich b ist. FALSE, falls b kleiner a ist. NULL, falls einer der beiden Werte NULL ist. |
| a > b | TRUE, falls b kleiner a ist. FALSE, falls a kleiner oder gleich b ist. Ist b oder a NULL, wird ein NULL zurückgegeben. |
| a >= b | TRUE, falls b kleiner oder gleich a ist. FALSE, falls a kleiner b ist. NULL, falls a oder b NULL ist. |
| a [NOT] BETWEEN b AND c | NULL, falls a, b oder c NULL ist. TRUE, falls a größer oder gleich b und kleiner oder gleich c ist. Andernfalls FALSE. |

Diese relationalen Operatoren können auf alle primitiven Typen angewendet werden. Weiterhin existiert die Abfrage a IS [NOT] NULL, die mit allen Typen, auch mit den komplexen (*Array*, *Map*, *Struct* und *Union*), funktioniert. Sie liefert *TRUE* zurück, falls a *NULL* ist bzw. bei einbezogenem *NOT* nicht *NULL* ist.

Für Strings existieren weiterhin die Operatoren a [NOT] LIKE b und a RLIKE b. Ersteres gibt ein *NULL* zurück, falls a oder b *NULL* ist. Sind beide Werte ungleich *NULL*, werden sie Zeichen für Zeichen verglichen. Dabei stellt der Unterstrich ein beliebiges Zeichen dar und ein Sternchen eine beliebige Anzahl beliebiger Zeichen. Folgende Tabelle soll a LIKE b an einem Beispiel verdeutlichen.

**Tabelle 6.5** Beispiel für a LIKE b

| a | b | Ergebnis |
|---|---|---|
| hadoop | had | FALSE |
| hadoop | hadoop | TRUE |
| hadoop | had _ _ _ | TRUE |
| hadoop | ha* | TRUE |

Der relationale Operator a RLIKE b ist ungleich komplexer, kann er doch *Java Regular Expressions* verarbeiten, die dann in *b* angegeben werden. Da das Thema sehr komplex ist, soll es hier nicht vertieft werden. Ein Vergleich auf den Begriff hadoop könnte jedoch wie folgt abgebildet werden: 'hadoop' RLIKE 'h.[a-z]*p'. Dabei steht das *h* explizit für den Buchstaben *h*, der Punkt für ein beliebiges Zeichen, das *[a-z]\** für ein oder mehrere beliebig oft vorkommende Zeichen aus der Zeichenmenge von *a* bis *z* und das *p* wieder für den expliziten Buchstaben *p*. Mit *Regular Expressions* kann man sicherlich ein ganzes Buch füllen und demnach auch beliebig komplexe Vergleiche für Strings konzipieren.

Außerdem existieren noch arithmetische Operatoren wie +, -, *, / und % (Modulo), die ich hier sicherlich nicht mehr erklären muss. Zur selben Gruppe Operatoren gehören auch die bitweisen Operatoren & (bitweises *AND*), | (bitweises *OR*), ^ (bitweises *XOR*) und ~ (bitweises *NOT*). Auch diese sollen hier nur der Vollständigkeit halber genannt werden, da sie häufig nur in sehr speziellen Situationen eingesetzt werden. Alle arithmetischen Operatoren sind nur auf Nummernwerte wie *INT*, *FLOAT* etc. anzuwenden.

### 6.4.11 Beschränken von SELECT über DISTINCT

Mit dem Schlüsselwort *DISTINCT* können Sie verhindern, dass in einer Abfrage Einträge zweimal auftauchen. Erzeugen wir ein *SELECT*, das alle Angestellten auflistet, deren Name *Anja Koch* ist. Nun würden wir wahrscheinlich mehrere Personen mit diesem Namen zurückgegeben bekommen. Wenn wir aber nur wissen wollen, ob überhaupt eine *Anja Koch* im Unternehmen angestellt ist, dann fügen wir ein *DISTINCT* hinter dem *SELECT* ein und bekommen nur einen Datensatz geliefert. Vorsicht, bei Verwendung von *DISTINCT* darf die Wildcard für die Spaltenauswahl nicht verwendet werden. Wir müssen also explizit die Spalten angeben, die wir in der Ergebnismenge sehen wollen.

**Listing 6.24** Verwendung von DISTINCT

```
SELECT DISTINCT name FROM people WHERE name='Anja Koch';
```

Als Ergebnis werden Sie nun nur einen Mitarbeiter angezeigt bekommen. Nähmen Sie jetzt in das *SELECT* noch die Spalte *job* auf, dann würden wieder mehrere Anjas gelistet werden, da die Kombination aus *name* und *job* nun nicht mehr eindeutig ist. Jedoch werden Sie dann keine zwei Anjas vorfinden, die den gleichen Beruf ausüben. Dafür sorgt wieder das *DISTINCT*.

### 6.4.12 SELECT auf partitionierte Tabellen

Ein *SELECT* kann auf eine partitionierten Tabellen ebenso ausgeführt werden wie auf einer nicht partitionierten. Jedoch besteht die Möglichkeit, das *SELECT* auf eine Partition zu beschränken (*Partition Pruning*), indem die Partitionsspalte in einer *WHERE*-Klausel definiert wird. So kann etwa auf der zuvor vorgestellten Beispieltabelle *universities* ein *SELECT* ausgeführt werden, das nur die Universitäten verarbeitet, die in der Partition *country=DE* gehalten werden.

**Listing 6.25** SELECT wird über WHERE auf eine Partition beschränkt.

```
SELECT * FROM universities WHERE country="DE";
```

Hier ist auch gut zu erkennen, dass Abfragen durch das Partitionieren beschleunigt werden können, denn schließlich werden nun statt aller Datensätzen nur die ausgelesen, die sich im Ordner */user/hive/warehouse/company.db/universities/country=DE/* befinden (im Falle einer internen Tabelle).

### 6.4.13 SELECT sortieren mit SORT BY und ORDER BY

Die Ausgaben eines *SELECT* lassen sich mit den Befehlen *SORT BY* und *ORDER BY* sortieren. Dabei muss die Spalte, nach der sortiert werden soll, in der durch das *SELECT* spezifizierten Liste von Spalten vorkommen.

**Listing 6.26** Ausgabe der Leute mit den fünf höchsten IDs

```
SELECT * FROM people ORDER BY pid DESC LIMIT 5;
```

Die Spalte, die dem *ORDER BY* folgt, bestimmt, wonach sortiert wird. Optional kann ein *ASC* für eine aufsteigende (*ascending*) oder ein *DESC* (*descending*) für eine absteigende Sortierung angegeben werden. Das Ergebnis liefert in diesem Fall die fünf Datensätze mit der höchsten ID (Bild 6.5 auf der nächsten Seite).

```
20000002        Matthias Kannenberg        Manager
20000001        Daniel Schäfer             Manager
19999999        Antje Krüger               Sportler
19999998        Philipp Frank              Polizist
19999997        Dirk Krause                Sportler
Time taken: 72.585 seconds, Fetched: 5 row(s)
hive>
```

**Bild 6.5** Ausgabe der fünf Leute mit der höchsten ID

Alternativ können Sie auch mehrere Spalten durch Kommata getrennt hinter dem *ORDER BY* angeben (gefolgt von einem optionalen *ASC* oder *DESC*), die Sortierung erfolgt dann in Reihenfolge der Liste.

**Listing 6.27** Sortieren nach mehreren Kriterien

```
SELECT * FROM people ORDER BY name ASC, job ASC LIMIT 5;
```

Hier sortieren wir in erster Linie nach *name*. Wenn mehrere Einträge zu *name* vorkommen, was bei 20 000 000 Datensätzen sicherlich der Fall ist, dann wird im zweiten Durchgang nach *job* sortiert. In beiden Fällen wird die Sortierung aufsteigend durchgeführt, es wird also mit *a* begonnen.

```
OK
16148770        Alexander Albrecht         Arzt
16539569        Alexander Albrecht         Arzt
16146639        Alexander Albrecht         Arzt
16734021        Alexander Albrecht         Krankenpfleger
17432207        Alexander Albrecht         Student
Time taken: 109.508 seconds, Fetched: 5 row(s)
hive>
```

**Bild 6.6** ORDER BY mit zwei Kriterien

Die Sortierung mittels *SORT BY* funktioniert exakt genauso wie die mit *ORDER BY*, bloß dass eben *SORT BY* statt *ORDER BY* verwendet wird. Wo aber liegt jetzt der Unterschied zwischen den beiden? Nun, *ORDER BY* sortiert die finale Ausgabe, wie wir gerade gesehen haben, allerdings verwendet es nur einen Reducer und ist daher eher langsam und die Verwendung von *LIMIT* ist empfehlenswert. *SORT BY* hingegen verwendet mehrere Reducer, falls die Query das verlangt. Dabei wird jedoch nur für eine richtige Sortierung in den Reducern gesorgt, die mitunter überlappende Datensätze zugewiesen bekommen können. Wenn also mehr als ein Reducer verwendet wird, kann es vorkommen, dass das Endergebnis nur teilweise richtig sortiert ist, da gleiche Daten von verschiedenen Reducern sortiert und später zusammengeführt werden. Die Anzahl der verwendeten Reducer können Sie überprüfen, indem Sie eine Query im CLI absetzen. In der Log-Ausgabe sehen Sie einen Eintrag namens *number of reducers*, der auf die gesuchte Anzahl hinweist.

Neben *SORT BY* und *ORDER BY* existieren noch das *DISTRIBUTE BY* und das *CLUSTER BY*. Letzteres versichert, dass jeder Reducer eine nicht überlappende Menge von Daten bekommt und diese im Reducer sortiert werden. Das Ergebnis ist eine fehlerfrei sortierte Ausgabe. Vergleichbar ist das *CLUSTER BY* mit einem verknüpften *DISTRIBUTE BY* und einem *SORT BY*. Beim *DISTRIBUTE BY* wird versichert, dass jeder Reducer eine nicht überlappende Menge von Daten bekommt, diese aber nicht sortiert.

## 6.4.14 Partitionieren von Daten durch Bucketing

Das *CLUSTER BY* wird jedoch noch häufig in einem anderen Zusammenhang verwendet, und zwar wenn es um das *Bucketing* geht. Ein *Bucket* bezeichnet im Deutschen etwas wie einen Eimer; einen Eimer, auf den eine beliebige Datenmenge gemäß eines bestimmten Kriteriums des Datensatzes aufgeteilt wird. Dieses Kriterium tritt wiederum in Form einer Spalte auf, die bestimmt, in welchen Dateneimer der jeweilige Datensatz verfrachtet wird. Anders als beim *PARTITION BY* wird also eine Tabelle nicht nach verschiedenen Werten einer Spalte aufgeteilt, sondern gemäß einer Hash-Funktion, die auf den Wert der Spalte angewendet wird, die wir beim Aufruf des *CLUSTER BY* angegeben haben.

**Listing 6.28** Bucketing anhand eines Beispiels

```
CREATE TABLE people_bucketing(pid INT, name STRING, job STRING)
CLUSTERED BY(pid) INTO 100 BUCKETS;
```

Wir clustern also die Tabelle *people_bucketing* in 100 Buckets. Um nun einen Performance-Vorteil durch das Bucketing zu erhalten, müssen wir Hive dazu bewegen, für jeden Bucket einen Reducer zu verwenden, um die Daten schneller zu verarbeiten. Dazu setzen wir die Eigenschaft *hive.enforce.bucketing* auf *true*. Das hat den Effekt, dass Hive automatisch anhand der Tabellendefinition die Anzahl der gewünschten Reducer verwendet. Die Eigenschaft setzen Sie mithilfe von *SET*.

**Listing 6.29** Setzen einer Hive-Variablen über das CLI

```
SET hive.enforce.bucketing = true;
```

 **PRAXISTIPP:** Vergewissern Sie sich auf jeden Fall beim Ändern von Eigenschaften, dass Sie den Namen der Eigenschaft richtig geschrieben haben. Das CLI wird Sie nicht auf etwaige Schreibfehler hinweisen, falls es mit dem Befehl nichts anfangen kann.

Nun müssen wir die Tabelle noch mit den entsprechenden Daten bestücken.

**Listing 6.30** Einfügen von Daten per Select in eine Tabelle mit aktiviertem Bucketing

```
INSERT OVERWRITE TABLE people_bucketing SELECT pid,name,job FROM people;
```

Damit sind Sie auch schon fertig und die Daten sollten entsprechend einer internen Hash-Funktion auf die Buckets verteilt worden sein. Diese Hash-Funktion arbeitet in den meisten Fällen nach einem Prinzip, das dem menschlichen Verständnis nicht zugänglich ist. Die einzige Ausnahme bilden Integers, die die Hash-Funktion auch als solche wieder ausgibt. In erster Linie ist es jedoch am wichtigsten zu wissen, dass durch diesen Hash eine Gleichverteilung aller Datensätze auf die Buckets gewährleistet wird.

### 6.4.15 Gruppieren von Daten mittels GROUP BY

*GROUP BY* wird, wie der Name schon vermuten lässt, dazu benutzt, um Ergebnismengen zu gruppieren. Wir wollen anhand einer Beispielabfrage sehen, wie wir damit die verschiedenen Berufsgruppen in unserem Unternehmen zählen können.

**Listing 6.31** Zählen von Berufsgruppen via GROUP BY

```
SELECT job, count(DISTINCT pid) FROM people GROUP BY job;
```

Das Resultat ist eine Liste von Berufen mit einem Zähler dahinter. Ein Test mit 20 000 000 Datensätzen ergibt eine Gesamtausführungsdauer von etwa einhundert Sekunden, was im Vergleich zu einem simplen *SELECT* auf *job* und *pid* ohne weitere Spezifikationen schon etwas mehr ist. Statt des `count(DISTINCT pid)` können Sie übrigens auch ein `count(1)` verwenden, was den gleichen Effekt hat und die Abfrage noch einmal stark beschleunigt (auf zwanzig Sekunden).

```
Informatiker     605785          Security         605857
Kellner          606494          Sportler         604999
Koch             607582          Student          606036
Krankenpfleger   603484          Verkäufer        605276
Lehrer           608439          Wissenschaftler  604490
Manager          2               Übersetzer       605832
Musiker          605749          Arzt             606663
Müller           605382          Bestatter        605040
Pastor           606610          Bänker           607108
Pirat            606510          Bürgermeister    605508
Politiker        606585          Consultant       606032
Polizist         607164          Fahrlehrer       604275
Professor        607663          Fahrzeughändler  607208
Regisseur        605570          Finanzberater    606278
Schauspieler     604664          Fleischer        604730
Schneider        607716          Geologe          605069
Schuhmacher      607273          Gärtner          606929
Time taken: 103.275 seconds, Fetched: 34 row(s)
hive>
```

**Bild 6.7** GROUP BY von Berufen

Bild 6.7 zeigt einen Zusammenschnitt des Ergebnisses der Gruppierung nach Berufen.

Wenn Sie *GROUP BY* in einem *SELECT* verwenden, dann dürfen Sie lediglich Spalten selektieren, die auch im *GROUP BY* aufgeführt werden. Folgendes wäre also verboten.

**Listing 6.32** Fehlerhaftes GROUP BY aufgrund eines nicht erlaubten SELECTS auf name

```
SELECT job, name, COUNT(DISTINCT pid) FROM people GROUP BY job;
```

Der Compiler wird Sie direkt nach Absetzen dieses Befehls auf den Verstoß hinweisen. Aggregatfunktionen wie das *COUNT* dürfen Sie im *SELECT* jedoch in beliebiger Menge auswählen.

## 6.4.16 Subqueries – verschachtelte Abfragen

Eine Subquery ist eine Abfrage, die in eine andere Abfrage eingebettet ist. Anders als SQL unterstützt *HiveQL* lediglich Subqueries in *FROM*-Klauseln (und nicht in einem *WHERE*).

**Listing 6.33** Eine Subquery im FROM eines SELECT

```
SELECT description FROM (SELECT concat(name," arbeitet als ",job) AS description
FROM people) AS allpeopledescr LIMIT 20;
```

Hier erfragen wir das Objekt *description* der Subquery im *FROM*. Diese Subquery gibt einen zusammengesetzten String zurück (die Funktion *concat* wird im Abschnitt über *String-Funktionen* beschrieben), der aus dem Namen einer Person, der festen Zeichenkette *arbeitet als* und dem Beruf der Person zusammengesetzt wird. Wir müssen diese Subquery zwingend benennen, andernfalls können wir sie außen nicht referenzieren. Ebenso muss das äußere *SELECT* benannt werden. Ich nenne es hier *allpeopledescr*. Sie sollten nun ein Ergebnis sehen, das Zeichenketten beinhaltet wie:

```
Karin Schneider arbeitet als Koch
Daniel Hartstern arbeitet als Regisseur
Sandra Sandhusen arbeitet als Lehrerin
```

So richtig Sinn machen Subqueries erst, wenn Sie das Ergebnis darin durch ein *WHERE* einschränken oder mehrere Tabellen mit *JOIN*s zusammenführen.

## 6.4.17 Ergebnismengen vereinigen mit UNION ALL

*UNION*s werden verwendet, um die Ergebnismengen mehrerer *SELECT*s miteinander zu verknüpfen. In Version 0.13.1 unterstützt Hive lediglich den *UNION ALL*, der Ergebnisse aneinanderhängt, ohne auf Duplikate zu prüfen. In SQL, nicht aber in *HiveQL*, existiert zudem der *UNION*-Operator, der nur einzigartige Datensätze in das Ergebnis aufnimmt (ähnlich einem *DISTINCT*). Die Spaltennamen und die Anzahl der Spalten müssen in allen verknüpften Tabellen übereinstimmen. Für das folgende Beispiel nehmen wir an, wir hätten zwei verschiedene Tabellen.

**Tabelle 6.6** Tabelle mit Büchern

| ID | Title | Author | Year |
| --- | --- | --- | --- |
| 1 | Faust. Eine Tragödie. | Johann Wolfgang von Goethe | 1808 |
| 2 | Hamlet | William Shakespeare | 1603 |
| 3 | Robinson Crusoe | Daniel Defoe | 1719 |

Tabelle 6.6 listet einige Klassiker der internationalen Literatur auf, samt Titel, Autor und Jahr. Tabelle 6.7 führt eine ähnliche Liste mit Filmen und deren Titel, Drehbuchautor und Erscheinungsjahr.

**Tabelle 6.7** Tabelle mit Filmen

| ID | Titel | Author | Year |
|---|---|---|---|
| 1 | Doktor Schiwago | Robert Bolt | 1965 |
| 2 | Nosferatu – eine Symphonie des Grauens | Friedrich Wilhelm Murnau | 1922 |
| 3 | Die Blechtrommel | Volker Schlöndorff | 1979 |

Über ein *UNION ALL* wollen wir nun diese zwei Tabellen in einer Ergebnismenge zusammenführen. Die Voraussetzungen der gleichen Struktur ist hier gegeben.

**Listing 6.34** SELECTs vereinen mit UNION ALL

```
SELECT * FROM books UNION ALL SELECT * FROM movies;
```

In diesem Falle würden nun alle Bücher und alle Filme zusammen in einer Liste zurückgeliefert werden. Es ist ebenso möglich, *UNION ALL* mehrere Male zu verwenden, also vor dem Semikolon ein weiteres UNION ALL SELECT ... einzufügen. Natürlich können hier *SELECTs* wie üblich über ein *WHERE* eingeschränkt werden.

### 6.4.18 Mathematische Funktionen

Wie in anderen Datenbanksystemen stehen Ihnen auch in Hive mathematischen Funktionen zur Verfügung, die Sie nutzen können, um Spalteninhalte zu verändern oder Vergleiche anzustellen. So können Sie etwa mit der Funktion *ROUND()* und *RAND()* eine zufällige Auswahl von Mitarbeitern bestimmten Alters auswählen.

**Listing 6.35** Auswahl von Mitarbeitern eines zufälligen Alters

```
SELECT * FROM people WHERE age=ROUND(rand() * 100);
```

Mit *RAND()* wird eine Zufallszahl zwischen *0* und *1* generiert, mit *ROUND()* wird diese auf einen Ganzzahlwert gerundet. Weitere Funktionen, die Sie verwenden können, sind in Tabelle 6.8 dargestellt. Ich liste hier nur die in meinen Augen wichtigen auf, alle anderen können ebenso in der Online-Dokumentation[2] nachgeschlagen werden.

**Tabelle 6.8** Mathematische Funktionen in Hive

| Rückgabetyp | Bezeichner | Beschreibung |
|---|---|---|
| DOUBLE | ROUND(DOUBLE a, [INT b]) | Liefert den gerundeten Wert von a zurück. Wird b angegeben, so wird auf b Stellen gerundet. |
| BIGINT | FLOOR(DOUBLE a) | Gibt die größte Zahl als *BIGINT* zurück, die kleiner oder gleich a ist. |
| BIGINT | CEIL(DOUBLE a) | Gibt die kleinste Zahl als *BIGINT* zurück, die größer oder gleich a ist. |

---

[2] *https://cwiki.apache.org/confluence/display/Hive/LanguageManual+UDF*

| Rückgabetyp | Bezeichner | Beschreibung |
|---|---|---|
| DOUBLE | RAND() | Gibt eine Zufallszahl zwischen 0 und 1 zurück. Diese Funktion kann u. a. dafür genutzt werden, um zufällige IDs für Datensätze zu generieren. |
| DOUBLE | POW(DOUBLE a, DOUBLE b) | Gibt $a^b$ zurück. |
| DOUBLE | SQRT(DOUBLE a) | Gibt die Wurzel von a zurück. |
| DOUBLE | SIN(DOUBLE a), COS(DOUBLE a), TAN(DOUBLE a) | Gibt den Sinus/Kosinus/Tangens von a zurück. a wird im Bogenmaß erwartet. |
| DOUBLE | ASIN(DOUBLE a), ACOS(DOUBLE a), ATAN(DOUBLE a) | Gibt den Arkussinus/Arkuskosinus/ Arkustangens von a zurück, falls $-1<=a<=1$ ist, ansonsten wird NULL zurückgeliefert. |
| DOUBLE | DEGREES(DOUBLE a) | Konvertiert den Wert von a vom Bogenmaß in Grad. |
| DOUBLE | RADIANS(DOUBLE a) | Konvertiert den Wert von a von Grad ins Bogenmaß. |
| DOUBLE | POSITIVE(INT a), NEGATIVE(INT a) | Gibt a als positiven bzw. als negativen Wert zurück. |
| DOUBLE | SIGN(DOUBLE a) | Gibt das Vorzeichen in Form von 1.0 oder -1.0 zurück. |
| DOUBLE | E()/PI() | Liefert den Wert von *e*/*Pi* zurück. |

Um eine komplette Übersicht zu erhalten, können Sie ebenso den Befehl SHOW FUNCTIONS; im CLI absetzen. Eine genauere Beschreibung erhalten Sie dann mit DESCRIBE FUNCTION [Funktionsname];.

```
hive> describe function round;
OK
round(x[, d]) - round x to d decimal places
Time taken: 0.063 seconds, Fetched: 1 row(s)
hive>
```

**Bild 6.8** Beschreibung der Funktion round

*DESCRIBE FUNCTION* funktioniert nicht nur mit mathematischen Funktionen, sondern auch mit String- oder Aggregatfunktionen.

### 6.4.19 String-Funktionen

Ebenso existieren zahlreiche String-Funktionen, von denen wir uns auch die wichtigsten anschauen wollen.

**Tabelle 6.9** String-Funktionen in Hive

| Rückgabewert | Bezeichner | Beschreibung |
| --- | --- | --- |
| INT | ASCII(STRING s) | Gibt den ASCII-Code des ersten Zeichens von s zurück. |
| STRING | CONCAT(STRING a, STRING b ...) | Hängt a und b aneinander, kann noch beliebig viele weitere Parameter annehmen. |
| INT | INSTR(STRING s, STRING substr) | Gibt die Position zurück, an der der Substring *substr* in s vorkommt. Index beginnt mit 1. 0 wird zurückgegeben, wenn *substr* in s nicht vorkommt. |
| INT | LENGTH(STRING s) | Gibt die Länge von s zurück. |
| STRING | LOWER(STRING s), UPPER(STRING s) | Gibt s komplett klein-/großgeschrieben zurück. |
| STRING | TRIM(STRING s) | Schneidet Leerzeichen am Anfang und am Ende von s ab. |

Auch hier finden Sie weitere Vertreter in der offiziellen Dokumentation.

### 6.4.20 Aggregatfunktionen

Aggregatfunktionen sind Funktionen, die Aggregate über eine Gruppe von Datensätzen bilden, z. B. über eine Spalte, das Ergebnis eines *SELECT* oder das eines *GROUP BY*. Ein klassischer Vertreter ist etwa die Funktion *COUNT()*, die wir bereits zum Zählen von Berufsgruppen im Abschnitt über das *GROUP BY* kennengelernt haben.

**Tabelle 6.10** Aggregatfunktionen

| Rückgabewert | Bezeichner | Beschreibung |
| --- | --- | --- |
| BIGINT | COUNT(*) | Gibt die absolute Anzahl der enthaltenen Datensätze zurück inklusive derer, die *NULL*-Werte enthalten. |
| BIGINT | COUNT (a) | Gibt die Anzahl der Datensätze zurück, in denen der Ausdruck a (z. B. eine Spalte) nicht *NULL* ist. |
| BIGINT | COUNT (DISTINCT a) | Gibt die Anzahl der Datensätze zurück, in denen der Ausdruck a einzigartig und nicht *NULL* ist. |
| DOUBLE | AVG([DISTINCT] spalte) | Gibt den Durchschnittswert der Daten in der Spalte zurück. |
| DOUBLE | MIN(spalte), MAX(spalte) | Gibt das Minimum/das Maximum aus der Spalte zurück. |
| DOUBLE | SUM([DISTINCT] spalte) | Bildet die Summe über ein(e) (einzigartiges Element in einer) Spalte. |

Des Weiteren stehen Ihnen Funktionen aus der Statistik zur Verfügung, wie z. B. für Varianz, Kovarianz und zur Erstellung von Histogrammen. Auch hier möchte ich wieder auf die offizielle Dokumentation verweisen.

### 6.4.21 User-Defined Functions

Neben den verfügbaren Funktionen haben Sie auch die Möglichkeit, eigene Erweiterungen zu schreiben, die Sie dann in Ihren Abfragen verwenden können. Diese Klassen werden als *User-Defined Functions*, kurz *UDF*, bezeichnet. Wir wollen uns kurz das Vorgehen dazu anschauen und drei Funktionen programmatisch entwerfen. Jede Funktion wird gesondert in einer Klasse gekapselt.

- Ein *Auto-Increment*, um eine fortlaufende ID zu erstellen (kann neben der ID-Generierung auch als *row_number* verwendet werden).
- Eine Funktion, die die Sprache von Spalteninhalten erkennt.
- Eine komplexe Funktion, die überprüft, ob ein String in einer Liste aus Strings enthalten ist.

Legen Sie dazu bitte ein neues Projekt in Eclipse an und nennen Sie dieses *15_HiveUDFs*. Wie immer benötigen wir Maven und schalten es ein. Editieren Sie wie üblich die *pom.xml* und fügen die Sie gezeigten Abhängigkeiten hinzu.

**Listing 6.36** Anhängigkeiten für die drei UDFs

```
<dependency>
  <groupId>jdk.tools</groupId>
  <artifactId>jdk.tools</artifactId>
  <version>1.7.0_45</version>
  <scope>system</scope>
  <systemPath>C:\java\jdk1.7.0_45\lib\tools.jar</systemPath>
</dependency>
<dependency>
  <groupId>org.apache.hive</groupId>
  <artifactId>hive-exec</artifactId>
  <version>0.13.1</version>
</dependency>
<dependency>
  <groupId>org.apache.hadoop</groupId>
  <artifactId>hadoop-common</artifactId>
  <version>2.2.0</version>
</dependency>
<dependency>
  <groupId>com.cybozu.labs</groupId>
  <artifactId>langdetect</artifactId>
  <version>1.1-20120112</version>
</dependency>
```

Die Dependency *hive-exec* beinhaltet die Klasse *org.apache.hadoop.hive.ql.exec.UDF* und *org.apache.hadoop.hive.ql.udf.generic.GenericUDF*, die wir (entweder die eine oder die andere) in den Klassen der *UDFs* erweitern müssen. Die Abhängigkeit *hadoop-common* benötigen wir, da wir auf den Hadoop-Datentyp *LongWritable* zugreifen werden. Die letzte Abhängigkeit, *langdetect*, verwenden wir für die Spracherkennung in der oben erwähnten *UDF*.

Schließlich müssen wir abermals das *maven-assembly-plugin* angeben, da wir später Klassen in unser JAR aufnehmen, die selber in JARs verborgen liegen. Dazu ist es nötig, dass Sie unter dem Tag *plugins* folgendes Plug-in in die *pom.xml* einfügen.

**Listing 6.37** Das Maven-Assembly-Plug-in

```
<plugin>
  <artifactId>maven-assembly-plugin</artifactId>
  <configuration>
    <descriptorRefs>
      <descriptorRef>jar-with-dependencies</descriptorRef>
    </descriptorRefs>
  </configuration>
</plugin>
```

Da wir hier keine Hauptklasse benötigen, können wir das Tag *archive* und alle Tags darunter weglassen. Den *Descriptor* lassen wir der Vollständigkeit halber jedoch bestehen.

**Auto-Increment**

Beginnen wir mit dem einfachsten Beispiel, dem *Auto-Increment*. Diese *UDF* nimmt keinen Parameter entgegen, sondern gibt lediglich Zeile für Zeile einen Counter zurück, der in jeder Zeile um 1 erhöht wird. Eine *UDF* wird in jeder Query erneut initialisiert, sodass der Counter beim nächsten Statement wieder auf 0 gesetzt wird. Erzeugen Sie bitte eine Klasse *AutoIncrement* im Package *de.jofre.hive.udf* und lassen Sie diese die Klasse *UDF* erweitern.

> **HINWEIS:** Der Name der Klasse spielt keine wirkliche Rolle für den Namen der späteren Funktion. Diesen können wir beim Registrieren selbiger beliebig vergeben.

**Listing 6.38** Auto-Increment als UDF

```java
import org.apache.hadoop.hive.ql.exec.UDF;
import org.apache.hadoop.hive.ql.udf.UDFType;
import org.apache.hadoop.io.LongWritable;

@UDFType(stateful = true)
public class AutoIncrement extends UDF {
  private LongWritable id = new LongWritable();

  public AutoIncrement() {
    // UDF wird bei jedem neuen Statement zurückgesetzt.
    id.set(0);
  }

  public LongWritable evaluate() {
    // Bei jedem Aufruf wird der Counter erhöht...
    id.set(id.get() + 1);
    // und zurückgegeben.
    return id;
  }
}
```

Die Variable *id* speichert den Zählstand der Zeilen. Wird die *UDF* initialisiert, wird diese automatisch auf 0 gesetzt. Die Methode *evaluate* wird dann für jede Zeile aufgerufen. Sie werden feststellen, dass von Ihnen nicht verlangt wird, *evaluate* zu überschreiben. Das ist der Fall, da die Methode mehr als einen Rückgabetypen besitzen kann, so z. B. auch *Text* oder *IntWritable* und Eclipse nicht erkennen kann, ob eine dieser vielen *evaluate*-Methoden bereits überschrieben wurde. Ebenso kann sie auch mehrere Parameter entgegennehmen, wie wir später sehen werden. Wichtig ist also, dass Sie *eine* Methode *evaluate* implementieren, die Ausgabetypen und Parameter bestimmen Sie selber. Wir geben hier ein *LongWritable* zurück, da der Inkrementor je nach Anzahl der Datensätze ziemlich groß werden kann. Bei jedem Aufruf von *evaluate* wird also *id* um 1 erhöht und zurückgegeben. Die Annotation *@UDFType(stateful = true)* über der Klasse sorgt dafür, dass der Zustand der UDF nach einem Aufruf bewahrt wird. Nur so gehen wir sicher, dass der Zähler nicht in jeder Zeile wieder zurückgesetzt wird.

Wählen Sie nach Erzeugen der Klasse auf dem Projekt **Run As → Maven build…** und legen Sie die Goals *clean compile assembly:single* fest. Klicken Sie anschließend auf **Apply** und **Run**. Das im Ordner *target* erzeugte JAR legen Sie nun bitte im Verzeichnis *lib* von Hive ab. Von dort aus fügen wir das JAR dem *Class-Path* hinzu. Darauf müssen wir eine Funktion auf Basis der Klasse erstellen, die wir soeben geschrieben haben, was im CLI wie in Listing 6.39 gezeigt, geschieht.

**Listing 6.39** Registrieren einer temporären Funktion

```
ADD JAR /usr/local/hive/lib/15_HiveUDFs-0.0.1-SNAPSHOT-jar-with-dependencies.jar;
CREATE TEMPORARY FUNCTION auto_inc as 'de.jofre.hive.udf.AutoIncrement';
```

Der Befehl wird mit einem *OK* quittiert, wenn die Klasse gefunden wurde. Ist diese nicht bekannt, wird ein *FAILED* in der Konsole ausgegeben. Nun können wir unsere Funktion bereits verwenden. Schauen wir uns zwei gängige Use-Cases an, in denen ein Auto-Increment unterstützen kann.

**Listing 6.40** Anlegen und Befüllen einer Tabelle

```
CREATE TABLE numbered_people(id INT, name STRING);
INSERT OVERWRITE TABLE numbered_people SELECT auto_inc(),name FROM people LIMIT 50;
```

Zugegeben, das Beispiel ist nicht sehr kreativ, zeigt aber dennoch die Funktionsweise unserer Funktion *auto_inc* sehr gut. Ein *SELECT* auf die Tabelle sollte ein Ergebnis ähnlich wie folgt zeigen.

```
8       Mathias Lehmann
7       Erik Weber
6       Benjamin Becker
5       Paul Lehmann
4       Sebastian Albrecht
3       Sandra Hahn
2       Patrick Winter
1       Marie Fuchs
Time taken: 0.082 seconds, Fetched: 100 row(s)
hive>
```

**Bild 6.9** Nummerierung von Zeilen mit auto_inc

**HINWEIS:** Wenn Sie die Annotation @UDFType(stateful = true) über der Klasse *AutoIncrement* weglassen, werden Sie sehen, dass der Zustand der UDF zurückgesetzt und in jeder Zeile eine 1 ausgegeben wird.

Zudem kann die Funktion Verwendung beim Einschränken von *SELECTs* auf eine bestimmte Anzahl Zeilen finden.

**Listing 6.41** Auswählen der Zeilen 20 bis 40 einer Tabelle

```
SELECT * FROM (SELECT *,auto_inc() AS row FROM people) allPeople WHERE row > 19 AND
row < 41 LIMIT 20;
```

Was können wir damit tun, was uns bei HBase verwehrt blieb? Genau, *Paging*, also das Abrufen einer Untermenge von Daten, die durch eine obere und untere Grenze eines Reihenzählers eingeschränkt wird. Wir werden später noch einmal auf dieses Thema zurückkommen und dann auch unsere *UDF* einsetzen.

### Sprachenerkennung mit LanguageDetect

Kommen wir zum zweiten Beispiel, in dem ich zeigen möchte, wie wir eine *UDF* erstellen können, die einen Parameter entgegennimmt. Dieser Parameter ist im Idealfall ein Wort, dessen Herkunft wir bestimmen wollen. Als Rückgabe liefert die *UDF* dann das Kürzel einer Sprache, der das Wort entstammt.

Für dieses Projekt benötigen wir weiterhin einige Sprachprofile. Laden Sie also bitte die Bibliothek *language-detection* von der folgenden Seite herunter.

> https://code.google.com/p/language-detection/

Unter *Downloads* finden Sie ein aktuelles Release in Form eines Zip-Archivs. Wenn Sie dieses entpacken, finden Sie darin einen Ordner *profiles*, den Sie bitte mithilfe von WinSCP im Ordner *lib* von Hive ablegen, dorthin, wo wir auch eben das JAR der ersten *UDF* kopiert haben. Benennen Sie den Ordner um in *langprofiles*, damit Sie später noch wissen, um was für einen Ordner es sich hier handelt. Mehr benötigen wir nicht, Sie können also die weiteren heruntergeladenen Dateien wieder löschen. In dem Ordner *profiles* liegen nun einige Dateien, die die Bibliothek benötigt, um die wahrscheinlichste Sprache zu identifizieren, in der der übergebene String geschrieben wurde. Nun können wir mit der Entwicklung der Logik beginnen. Legen Sie bitte im bestehenden Projekt eine neue Klasse mit Namen *LanguageDetect* an und lassen Sie diese abermals die Klasse *UDF* erweitern.

**Listing 6.42** Erkennen von Sprachen

```
public class LanguageDetect extends UDF {
  private final static Logger log = Logger.getLogger(LanguageDetect.class
    .getName());

  public LanguageDetect() {
    log.log(Level.INFO, "Initialisiere Sprachbefehle...");
    try {
      DetectorFactory.loadProfile("/usr/local/hive/lib/profiles");
    } catch (LangDetectException e) {
      log.log(Level.SEVERE, "Fehler beim Initialisieren der Sprachprofile.");
```

```
      e.printStackTrace();
    }
    log.log(Level.INFO, "Es können nun " + DetectorFactory.getLangList().size()+
    " Sprache erkannt werden.");
  }

  public Text evaluate(Text input) {
    log.log(Level.INFO, "Versuche '" + input.toString()+"' zu erkennen...");
    Detector detector;
    try {
      detector = DetectorFactory.create();
      if (detector != null) {
        detector.append(input.toString());
      }

      String lang = detector.detect();
      log.log(Level.INFO, "Sprache '" + lang + "' erkannt.");
      return new Text(lang);
    } catch (LangDetectException e) {
      log.log(Level.SEVERE, "Fehler beim Erzeugen des Sprachdetektors.");
      e.printStackTrace();
    }
    return new Text("");
  }
}
```

Im Constructor laden wir also die Sprachenprofile über die statische Methode *loadProfile* aus dem Ordner *profiles*. Ist der Vorgang erfolgreich, gibt der Logger eine Meldung aus, die besagt, dass 53 Sprachen geladen werden konnten. Die Methode *evaluate* sieht nun etwas anders aus als beim *Auto-Increment* und nimmt einen Parameter als *Text* entgegen und liefert auch wieder einen *Text* zurück. Darin erzeugen wir einen *Detector*, geben diesem über *append* den Text des Parameters mit und analysieren diesen über die Methode *detect*. Diese gibt einen String zurück, der das Sprachkürzel enthält, also z. B. *en* oder *de*. Dieser String wird dann in Form eines Text-Objekts zurückgegeben.

Abermals lassen wir Maven das JAR erzeugen, indem wir die *Build-Configuration* ausführen, die wir im vorigen Abschnitt erstellt haben, und legen das JAR abermals in das Verzeichnis *lib* von Hive. Überschreiben Sie es ruhig, die *Auto-Increment-Methode* sollte ja nicht verloren gegangen sein. Wieder im *CLI* von Hive registrieren wir kurz unsere Funktion. Das JAR müssen Sie jedes Mal, wenn Sie dieses verändern, neu hinzufügen!

**Listing 6.43** Registrieren der Language-Detect-UDF

```
ADD JAR /usr/local/hive/lib/15_HiveUDFs-0.0.1-SNAPSHOT-jar-with-dependencies.jar;
CREATE TEMPORARY FUNCTION lang_detect as 'de.jofre.hive.udf.LanguageDetect';
```

Versuchen Sie nun, ob die Funktion in der Lage ist, die Namen unserer Mitarbeiter aus der Tabelle *people* einer Sprache zuzuordnen.

**Listing 6.44** Testen der Sprachenerkennung

```
SELECT pid,name,lang_detect(name) FROM people LIMIT 20;
```

Auch hier sollten Sie ein Ergebnis ähnlich Bild 6.10 auf der nächsten Seite sehen.

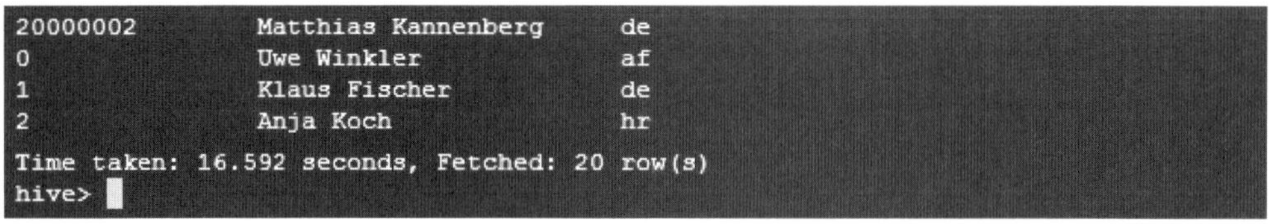

```
20000002        Matthias Kannenberg        de
0               Uwe Winkler                af
1               Klaus Fischer              de
2               Anja Koch                  hr
Time taken: 16.592 seconds, Fetched: 20 row(s)
hive>
```

**Bild 6.10** Zuordnung der Namen zu einer Sprache

Die Namen *Matthias Kannenberg* und *Klaus Fischer* werden also der deutschen Sprache zugeordnet. Hinter dem Namen *Uwe Winkler* vermutet die Bibliothek eher einen afrikanischen Ursprung und hinter *Anja Koch* einen kroatischen. Natürlich wird die Bibliothek etwas treffsicherer, wenn man tatsächliche Begriffe oder ganze Sätze eingibt. Allerdings geht es mir in diesem Abschnitt auch vielmehr darum, Ihnen zu zeigen, wie Sie eigene UDFs entwickeln, die sich parametrisieren lassen. Die Sprachenerkennung dient hier lediglich als ersetzbares, wenn auch amüsantes und vielleicht sogar nützliches Beispiel.

### Analysieren von Listen mit GenericUDF

Kommen wir zur Königsdisziplin, in der wir eine etwas aufwendigere *UDF* programmieren, die erkennen können soll, ob ein String in einer Liste aus Strings enthalten ist. Wir benötigen hierfür keine weiteren Bibliotheken und können gleich mit der Erstellung einer neuen Klasse namens *ListContainsString* beginnen. Diese soll nun die Klasse *org.apache.hadoop.hive.ql.udf.generic.GenericUDF* erweitern. Wenn wir ein entsprechendes extends GenericUDF an den Klassen-Header anhängen, wird Eclipse uns auch sogleich darauf hinweisen, dass wir einige Methoden überschreiben müssen. Diese wollen wir uns nun anschauen.

**Listing 6.45** Klassenrumpf und initialisieren der UDF

```java
public class ListContainsString extends GenericUDF {

  private final static Logger log = Logger.getLogger(ListContainsString.class
    .getName());

  private ListObjectInspector stringList;
  private StringObjectInspector stringItem;

  @Override
  public ObjectInspector initialize(ObjectInspector[] arg0)
    throws UDFArgumentException {

    // Wurden genau 2 Parameter übergeben?
    if (arg0.length != 2) {
      throw new UDFArgumentException("listContainsString nimmt genau "+
        "zwei Argumente entgegen (List und String).");
    }

    ObjectInspector listType = arg0[0];
    ObjectInspector stringType = arg0[1];

    // Sind die übergebenen Parameter vom richtigen Typ?
    if (!(listType instanceof ListObjectInspector)
       || !(stringType instanceof StringObjectInspector)) {
      throw new UDFArgumentException("Übergebene Datentypen sind falsch!");
```

```
    }

    // Initialisiere Liste und String
    stringList = (ListObjectInspector) listType;
    stringItem = (StringObjectInspector) stringType;

    // Gehe sicher, dass die Liste auch Strings enthält
    if (!(stringList.getListElementObjectInspector() instanceof
      StringObjectInspector)) {
        throw new UDFArgumentException("Liste muss Strings enthalten, tut " +
          "sie aber nicht!");
    }

    // Da der Rückgabetyp der Funktion ein Boolean ist, geben wir hier den
    // BooleanObjectInspector zurück.
    return PrimitiveObjectInspectorFactory.javaBooleanObjectInspector;
  }

  ...
}
```

Zuerst erzeugen wir zwei lokale Variablen *stringList* vom Typ *ListObjectInspector* und *stringItem* vom Typ *StringObjectInspector*. In ersterer wird der String in Form eines *org.apache.hadoop.io.Text* gespeichert, der der Funktion übergeben wird und für den geprüft werden soll, ob er in der zweiten Variablen *stringList* vorkommt. In der Methode *initialize* wird nun ein Parameter in Form eines Arrays vom Typ *ObjectInspector* übergeben, also dem Interface, das *StringObjectInspector* und *ListObjectInspector* implementieren. Dieses überprüfen wir zunächst auf die Länge zwei, da wir immer genau eine Liste aus Strings und einen String erwarten. Dann überprüfen wir, ob die beiden Parameter vom Typ *ListObjectInspector* und *StringObjectInspector* sind. Ist das der Fall, casten wir die Argumente auf unsere zwei Objekte *stringList* und *stringItem* und gehen sicher, dass in der Liste auch Zeichenketten enthalten sind. Wenn alle Voraussetzungen gegeben sind, sehen wir den Initialisierungsprozess als erfolgreich an und geben zum Schluss den Datentyp zurück, den letztendlich unsere Funktion in Hive zurückgeben soll, nämlich einen Boolean. Dieser sagt dann aus, ob der String in der Liste enthalten ist oder eben nicht. Schlägt einer der Überprüfungen der Parameter fehl, so werfen wir eine entsprechende *UDFArgumentException*.

 **PRAXISTIPP:** Wenn Sie Ihr Logging spezifizieren wollen, indem Sie z. B. das Logging-Level verfeinern, dann können Sie das tun, indem Sie das CLI wie folgt starten: hive -hiveconf hive.root.logger=INFO,console. Das Default-Logging-Level ist ab Hive 0.13.0 *INFO*, in den Versionen zuvor ist es *WARN*. Mit dem Zusatz *console* sorgen wir dafür, dass die Logs ebenfalls in der Konsole ausgegeben werden.

Schauen wir uns nun die letzten zwei Methoden unserer Klasse an.

**Listing 6.46** Evaluate und getDisplayString

```
@Override
public Object evaluate(DeferredObject[] arg0) throws HiveException {
```

```java
    // Hole die Liste von Strings und den String aus dem Aufruf
    List<Text> list = (List<Text>) stringList.getList(arg0[0].get());

    String str = stringItem.getPrimitiveJavaObject(arg0[1].get());

    // Dürfen beide nicht null sein
    if (list == null || str == null) {
      throw new UDFArgumentException(
        "Liste oder String konnte nicht gelesen werden.");
    }

    // Überprüfe, ob String in der Liste enthalten ist
    for (int i = 0; i < list.size(); i++) {

      // Cast Text-Objekt zu String
      String value = list.get(i).toString();

      if (value != null) {
        if (str.equals(value)) {
          return new Boolean(true);
        }
      }
    }

    // String wurde in allen Elementen nicht gefunden -> false
    return new Boolean(false);
  }

  @Override
  public String getDisplayString(String[] arg0) {
    return "listContainsString()";
  }
```

Die Funktion *evaluate* tut dasselbe wie in den einfachen *UDFs*. Sie nimmt die Parameter als *DeferredObject* entgegen, die wir auf eine Textliste und auf einen String abbilden. Folgend gehen wir alle Zeichenketten in der Liste durch und überprüfen sie auf Übereinstimmung mit dem gesuchten String. Wird eine solche festgestellt, dann wird *true* zurückgegeben, andernfalls *false*.

Die Methode *getDisplayString* liefert in unserem Fall lediglich den Methodennamen zurück. Dieser wird dargestellt, wenn wir uns ein *SELECT* mithilfe von *EXPLAIN* erklären lassen. Bei Bedarf können Sie der *UDF* noch eine ausführlichere Beschreibung hinzufügen.

Lassen Sie uns nun unsere letzte *UDF* testen. Führen Sie den Maven-Build aus und kopieren Sie das JAR wie gehabt in das *Lib-Verzeichnis* von Hive. Starten Sie das CLI, fügen Sie das JAR hinzu, registrieren Sie die Funktion und starten Sie einen Testaufruf auf Basis der Tabelle *people*.

**Listing 6.47** Testen der Listen-Analyse-UDF

```
USE company;
ADD JAR /usr/local/hive/lib/15_HiveUDFs-0.0.1-SNAPSHOT-jar-with-dependencies.jar;
CREATE TEMPORARY FUNCTION str_in_list as 'de.jofre.hive.udf.ListContainsString';
SELECT pid,name FROM people WHERE str_in_list(array('Ines Friedrich','Daniel Huber'),name);
```

Natürlich ist die Funktion ähnlich dem Aufruf `SELECT pid,name FROM people WHERE name = 'Ines Friedrich' OR name = 'Daniel Huber';`. Dennoch zeigt sie sehr schön, wie unsere erweiterte UDF verwendet werden kann.

Es wurde also gezeigt, wie wir Hive relativ einfach um eigene Funktionen erweitern können. Im Internet kursieren mehrere Sammlungen von *UDFs*, die Sie einfach in Ihr Projekt aufnehmen können. Eine Suche nach *hive udf collection* sollte Sie auf einige interessante Projekte auf *Github* und Co. hinweisen. Bei Gelegenheit können Sie natürlich auch selber noch einige UDFs schreiben, denkbar wären etwa Funktionen wie:

- Ermitteln eines Ortes zu einer IP-Adresse
- Analysieren von Rechtschreibfehlern in Tabellen
- Zuordnen einer Stadt oder eines Dorfes zu einem Längen-/Breitengrad
- Exportieren von Daten aus Hive in eine Datei oder eine Datenbank
- Aufrufen von Web-Services direkt aus Hive-Queries
- Absetzen von Queries in einer UDF gegen Hive
- ...

Da wir mit Java arbeiten, sind uns quasi keine Grenzen gesetzt und es lassen sich nahezu alle Use-Cases umsetzen, die Sie sich vorstellen können.

### 6.4.22 HAVING

Lassen Sie uns die Aggregatfunktionen, die wir soeben kennengelernt haben, nun einmal anwenden. Hierfür bietet sich die Erklärung der *HAVING*-Klausel an. *HAVING* wurde damals in SQL eingeführt, da Aggregatfunktionen in einer *WHERE*-Klausel nicht verwendet werden können. *HAVING* wird immer in Folge eines *GROUP BY* verwendet. Sollten Sie einmal gegen diese Richtlinie verstoßen, wird Sie Hive beim Parsen Ihres Statements darauf hinweisen. Aggregatfunktionen können Sie natürlich auch ohne ein *GROUP BY* verwenden. Wir wollen nun das Beispiel vom *GROUP BY* wieder aufgreifen, jedoch die Ausgabe auf die Berufe beschränken, die weniger als zehn Angestellte ausüben.

**Listing 6.48** Zählen selten vorkommender Berufe mit HAVING
```
SELECT job, count(1) FROM people GROUP BY job HAVING count(job) < 10;
```

Die Ausgabe sollte nun lediglich die Berufsgruppe *Manager* beinhalten, falls Sie diese Listing 6.17 hinzugefügt haben, die mit zwei Einträgen in das Raster fallen.

### 6.4.23 Datenstruktur im HDFS

Da wir ja von Natur aus neugierig sind, wollen wir uns jetzt anschauen, wie Hive die Daten intern handhabt. Schauen wir uns dazu einmal das Verzeichnis */user/hive/warehouse/* im HDFS an.

**Listing 6.49** Auflisten der Dateien in /user/hive/warehouse

```
hdfs dfs -ls /user/hive/warehouse/
```

Als Ergebnis sollten Sie dort einen Ordner namens *company.db* vorfinden, der die Datenbank repräsentiert, die wir ganz zu Beginn erzeugt haben. Schauen wir wiederum in diesen Ordner, finden wir den Unterordner *people* vor, der die Tabelle *people* darstellt. Darin liegt nun tatsächlich unsere importierte Datei *hive_test_data.txt* in genau der Form, in der wir sie in Eclipse erzeugt haben! Die Daten werden also beim Importieren nicht großartig verändert, sondern nur an die entsprechende Stelle in das HDFS kopiert. Wenn Sie den Import aus der Tabelle *managers* durchgespielt haben, sollten Sie noch eine zweite Datei im Ordner *people* finden, die ähnlich *000000_0_copy_1* heißt. Dort hinein kopiert Hive die via *INSERT* angehängten Zeilen aus den Fremdtabellen. Wenn Sie nun ein *SELECT* auf die Tabelle *people* absetzen, werden alle Dateien aus dem Verzeichnis *people* zurate gezogen. Interessant ist auch, dass die Zeilen nicht an die Hauptdatei *hive_test_data.txt* angehängt werden.

Wenn Sie eine partitionierte Tabelle betrachten, dann werden Sie sehen, dass der Ordner der Tabelle, z.B. der von *universities*, mehrere Unterordner mit Namen wie *country=DE*, *country=GB* oder *country=US* beinhaltet. Darin hält Hive die Daten jeder einzelnen Partition vor, also die Universitäten jedes Landes.

Ähnlich verhält es sich beim *Bucketing*. Betrachten Sie die Tabelle *people_bucketing* im Dateisystem, die wir in 6.4.14 erstellt haben, dann werden Sie sehen, dass der Ordner *people_bucketing* mehrere Unterordner enthält, die von *000001_0* bis *000099_0* durchnummeriert sind. Die Daten sind also in einhundert Unterordner aufgeteilt, ebenso viele, wie wir beim Erstellen der Tabelle über INTO 100 BUCKETS festgelegt haben.

### 6.4.24 Verändern von Tabellen

Über das Schlüsselwort *ALTER* können Sie beliebige Tabellen in Hive verändern. Dazu ist es nicht wie in HBase notwendig, die Tabelle zuerst zu deaktivieren. Der einfachste Vorgang ist sicher eine Umbenennung.

**Listing 6.50** Umbenennen einer Tabelle

```
ALTER TABLE people RENAME people2;
```

Dabei wird der Ordner der Tabelle im HDFS ab Version 0.6 ebenfalls umbenannt, früher wurde lediglich der Name der Tabelle in den Metadaten geändert.

Ebenso wie Tabellennamen können wir Eigenschaften von Tabellen ändern, etwa die Eigenschaft *COMMENT*, um der Tabelle eine Beschreibung zu geben.

**Listing 6.51** Ändern von Tabelleneigenschaften

```
ALTER TABLE people SET TBLPROPERTIES ('COMMENT' = 'Personen im Unternehmen');
```

Sie können dabei auch eigene, beliebige Eigenschaften festlegen, diese werden in den Metadaten wie auch *COMMENT* im Array *parameters* gespeichert. Fügen wir also der Vollständigkeit halber noch eine Eigenschaft ein, die den Ersteller der Tabelle beinhaltet. Ich habe diese

CREATED_BY genannt und ihr meine Initialen JF zugewiesen. Die Eigenschaften einer Tabelle können Sie sich anzeigen lassen, indem Sie sich die erweiterte Tabellenbeschreibung ausgeben lassen.

**Listing 6.52** Tabellenbeschreibung einfordern

```
DESCRIBE EXTENDED people;
```

Das Resultat sollte aussehen wie in der unten stehenden Abbildung.

```
hive> describe extended people;
OK
peopleid                int
name                    string
job                     string
Detailed Table Information    Table(tableName:people, dbName:company, owner:hd
user, createTime:1398254129, lastAccessTime:0, retention:0, sd:StorageDescriptor
(cols:[FieldSchema(name:peopleid, type:int, comment:null), FieldSchema(name:name
, type:string, comment:null), FieldSchema(name:job, type:string, comment:null)],
 location:hdfs://single:9000/user/hive/warehouse/company.db/people, inputFormat:
org.apache.hadoop.mapred.TextInputFormat, outputFormat:org.apache.hadoop.hive.ql
.io.HiveIgnoreKeyTextOutputFormat, compressed:false, numBuckets:-1, serdeInfo:Se
rDeInfo(name:null, serializationLib:org.apache.hadoop.hive.serde2.lazy.LazySimpl
eSerDe, parameters:{serialization.format=      , field.delim=
}), bucketCols:[], sortCols:[], parameters:{}, skewedInfo:SkewedInfo(skewedColNa
mes:[], skewedColValues:[], skewedColValueLocationMaps:{}), storedAsSubDirectori
es:false), partitionKeys:[], parameters:{CREATED_BY=JF, numFiles=3, last_modifie
d_by=hduser, last_modified_time=1398602788, COMMENT=Personen im Unternehmen, COL
UMN_STATS_ACCURATE=false, transient_lastDdlTime=1398602788, numRows=-1, totalSiz
e=669838838, rawDataSize=-1}, viewOriginalText:null, viewExpandedText:null, tabl
eType:MANAGED_TABLE)
Time taken: 0.361 seconds, Fetched: 6 row(s)
hive>
```

**Bild 6.11** Tabellenbeschreibung samt Eigenschaften

Dort sind wie erwartet die selbst definierten Eigenschaften sowie der Kommentar im Array *parameters* zu finden. Kommen wir nun dazu, wie wir Spalten in einer Tabelle anpassen. Dabei lassen sich folgende Eigenschaften editieren:

- Spaltenname
- Datentyp
- Position der Spalte in der Liste aller Spalten

Schauen wir uns an, wie wir die *peopleid* unserer Tabelle in *pid* umbenennen und den Datentyp in *BIGINT* ändern.

**Listing 6.53** Editieren von Spaltenname und Datentyp

```
ALTER TABLE people CHANGE peopleid pid BIGINT;
```

Die Syntax erwartet einen Tabellennamen vor dem *CHANGE* und den Ursprungsnamen nach dem *CHANGE*, gefolgt vom neuen Spaltennamen und dem Datentyp. Ebenfalls können wir die Reihenfolge der Spalten in der Tabelle ändern. Folgender Befehl setzt die Spalte *pid* nun ans Ende der Tabelle, hinter die Spalte *job*.

**Listing 6.54** Ändern der Spaltenreihenfolge

```
ALTER TABLE people CHANGE pid pid BIGINT AFTER job;
```

Das Schlüsselwort *AFTER* bestimmt die Position der Spalte und erwartet eine Referenzspalte, in diesem Fall *job*. Um die Spalte an den Anfang aller Spalten zu setzen, verwenden Sie statt *AFTER* den Begriff *FIRST*. Eine Referenzspalte zu benennen ist in diesem Fall obsolet. Bei derartigen Veränderungen werden lediglich die Metadaten der Tabelle verändert, nicht die tatsächlichen Daten darunter.

Neben dem Ändern von Spalten können wir ebenfalls bestehende Spalten ersetzen oder neue hinzufügen. Unter dem Namen *age* soll nun eine neue Spalte vom Typ *INT* hinzugefügt werden.

**Listing 6.55** Hinzufügen einer neuen Spalte zu einer Tabelle

```
ALTER TABLE people ADD COLUMNS (age INT);
```

Sie können ebenso mehrere Spalten auf einmal hinzufügen, indem Sie Sets aus Tabellennamen und Datentypen durch Kommata getrennt aneinanderhängen. So würde der Inhalt der Klammer wie folgt aussehen, wenn wir zwei weitere Spalten einfügen wollten: `age INT, salary FLOAT, location STRING`.

Das Ersetzen von Spalten funktioniert über den Befehl *REPLACE*. Hier ist Vorsicht geboten, denn *REPLACE* entfernt sämtliche Spalten aus der Tabellendefinition und ersetzt diese durch die neuen, hinter dem *REPLACE* spezifizierten. Wenn Sie also eine Spaltendefinition in der Liste vergessen, dann geht diese verloren.

**Listing 6.56** Ersetzen der Spalte age durch hours_per_week

```
ALTER TABLE people REPLACE COLUMNS (name STRING, job STRING, pid BIGINT,
hours_per_week TINYINT);
```

Wenn Sie nun mal ein `SELECT pid FROM people;` ausführen, dann werden Sie sehen, dass Sie nur noch *NULL* als Wert zurückgeliefert bekommen. Denn wie schon oben erwähnt, verändern wir nur die Metadaten der Tabellen, die Daten selber bleiben aber in ihrer ursprünglichen Form und Sie müssen sie im Fall einer permanenten Strukturänderung manuell anpassen. Deswegen schieben wir nun die Spalten an ihre Ursprungsposition zurück und löschen diejenigen, für die wir keine Daten vorhalten.

**Listing 6.57** Zurücksetzen der Spalten an ihre Ursprungsposition und löschen der übrigen

```
ALTER TABLE people REPLACE COLUMNS (pid BIGINT, name STRING, job STRING);
```

Sie sehen, dass das übliche Vorgehen, eine Spalte in einer Tabelle in Hive zu löschen, das Auslassen selbiger in einem *REPLACE* ist. Durch das Ausführen von Listing 6.57 wird also die Spalte *hours_per_week* entfernt. Wenn Sie nun ein `SELECT pid,name,job FROM people LIMIT 5;` ausführen, sollten alle Daten wieder in der vorgesehenen Spalte sein.

## 6.4.25 Erstellen von Views

Eine View beschreibt eine Sicht auf eine Tabelle, es liegen jedoch keine physikalischen Daten darunter, wie es in einer Tabelle der Fall ist. Beim Erstellen einer View müssen Sie nicht nur darauf achten, dass eine View mit einem gleichen Namen schon existiert, sondern auch, dass eine Tabelle mit diesem Namen noch nicht angelegt wurde. Erzeugen wir nun also eine View auf alle Studenten aus der Tabelle *people*.

**Listing 6.58** Erzeugen einer View auf alle Studenten im Unternehmen

```
CREATE VIEW students(studentid, name) COMMENT "Alle Studenten aus der Tabelle
people" AS SELECT pid, name FROM people WHERE job="Student";
```

Die Datentypen der Spalten der View werden automatisch aus dem *SELECT* übernommen, d. h., wir müssen für *studentid* kein *INT* angeben und für *name* kein *STRING*. Nun können Sie wie gewohnt über ein `SELECT * FROM students;` alle Studenten abfragen, genau so, wie wenn Sie auf eine Tabelle zugreifen würden. Bedenken Sie, dass das Schema bei Erstellung der View fix ist. Wenn Sie also Veränderungen an der darunter liegenden Tabelle machen, dann werden diese nicht in die View übernommen.

## 6.4.26 Löschen einer View

Eine View kann genauso wie eine Tabelle über den Befehl *DROP* gelöscht werden.

**Listing 6.59** Löschen der View students

```
DROP VIEW IF EXISTS students;
```

Achten Sie darauf, keine Views zu löschen, die Sie in anderen Views referenzieren.

## 6.4.27 Verändern einer View

Ebenso wie bei Tabellen können Sie die Eigenschaften einer View über *SET TBLPROPERTIES* setzen, darunter etwa *COMMENT* oder eigene, beliebige Parameter.

**Listing 6.60** Setzen von Eigenschaften einer View

```
ALTER VIEW students SET TBLPROPERTIES("Comment" = "Studentenview");
```

Neben den Eigenschaften können Sie auch das *SELECT*, das unter der View liegt, verändern.

**Listing 6.61** Aktualisieren des SELECT einer View

```
ALTER VIEW students AS SELECT pid, name FROM people WHERE job="Student" OR
job="Dualer Student";
```

Die View muss hierzu zwingend existieren.

## 6.4.28 Tabellen zusammenführen mit JOINs

Über *JOINs* besteht die Möglichkeit, mehrere Tabellen miteinander zu verknüpfen. Eine zu verknüpfende Tabelle wird dabei über eine *JOIN*-Klausel referenziert. Zu einer solchen Klausel gehört – manchmal optional, manchmal obligatorisch – ein *ON*, das die Verknüpfungsbedingungen spezifiziert. Auch wenn das Beispiel vielleicht etwas lahmt[3], wollen wir nun alle Personen aus der Tabelle *persons* und der Tabelle *students* anhand derer ID zusammenführen. Dazu benutzen wir einen *INNER JOIN*, der in der Regel auch einfach nur als *JOIN* bezeichnet wird.

**Listing 6.62** Ein JOIN auf people und students

```
SELECT students.studentid, people.name FROM people JOIN students ON
(students.studentid = people.pid) LIMIT 20;
```

Wie Sie sehen, können Sie im *SELECT* beide Tabellen bzw. Views referenzieren und auf deren Spalten zugreifen. Wir selektieren für die Ausgabe die Spalte *studentid* der View *students* sowie die Spalte *name* der Tabelle *people*. Die Datensätze aus der Tabelle *people* sollen nun mit denen der View *students* zusammengeführt werden. Durch das *ON* geben wir an, dass immer die Datensätze zusammengeführt werden sollen, wo *studentid* und *pid* übereinstimmen. Wenn Sie hinter dem *SELECT* eine Wildcard (Sternchen) angeben, dann werden aus beiden Tabellen/Views alle Spalten ausgegeben.

> **PRAXISTIPP:** Bei *JOINs* wird häufig von links und rechts gesprochen. Diese Ortsangaben sind tatsächlich bildlich zu sehen, bezeichnet links doch den linken Teil eines Joins und rechts den rechten.
>
> | Links | JOIN | Rechts |
> |---|---|---|
> | SELECT * FROM people | JOIN | students on students.studentid = people.pid); |
>
> Sind mehrere *JOINs* ineinander verschachtelt, so wird immer nur der äußerste Teil rechts als der rechte Teil bezeichnet, alles andere ist als linker Teil zu sehen.

Je nach Belieben können auch mehrere Tabellen zusammengeführt werden, indem mehrere *JOINs* verwendet werden.

**Listing 6.63** Verwendung mehrerer JOINs in einem Statement

```
SELECT people.pid, managers.name FROM people JOIN students ON (students.studentid =
people.pid) JOIN managers ON (managers.managerid = people.pid);
```

Hier würden Sie alle Personen erhalten, die sowohl Manager als auch Studenten als auch Angestellte sind. Ungewöhnlich, aber man weiß ja nie.

---

[3] Schließlich ist students nur eine VIEW auf die Tabelle people, wir finden dort also nicht wirklich andere Daten vor als in people.

Des Weiteren existieren noch *LEFT*, *RIGHT* und *FULL OUTER JOIN* als Varianten des *(INNER) JOIN*, wie wir ihn eben kennengelernt haben.

- Beim *LEFT OUTER JOIN* werden im Fall der Query in Listing 6.62 alle Datensätze aus *people* ausgegeben. Wenn ein Student in *students* existiert, dessen *studentid* mit *pid* übereinstimmt, ist die Ausgabe *students.studentid, people.name*. Wenn kein Student mit einer übereinstimmenden ID gefunden wird, ist die Ausgabe *students.studentid, NULL*.
- Der *RIGHT OUTER JOIN* wertet in jedem Fall alle Zeilen von *students* aus, und nur wenn *pid* und *studentid* übereinstimmen, wird *students.studentid, people.name* ausgegeben, ansonsten *students.studentid, NULL*.
- Beim *FULL OUTER JOIN* werden alle Datensätze aus *people* und *students* behalten. Wenn dabei in allen Datensätzen keine Übereinstimmung für *people.pid* und *students.studentid* gefunden wird, werden entweder *students.studentid* oder *people.name* als NULL ausgegeben.

Ein weiteres Konzept ist der *LEFT SEMI JOIN*. Hier werden nur die Werte aus der ersten Tabelle/View übernommen, die eine spaltenweise Übereinstimmung mit der zweiten Tabelle/View aufweisen. Damit ersetzt es eine Abfrage wie in Listing 6.64.

**Listing 6.64** Eine Alternative zum LEFT SEMI JOIN

```
SELECT people.pid, people.name FROM people WHERE people.pid IN (SELECT
students.studenid FROM students);
```

*IN* stellt hier einen logischen Operator dar, der über eine Subquery eine Datenmenge für den Vergleich innerhalb des *WHERE* zur Verfügung stellt. Die entsprechende Schreibweise dieser Abfrage mittels *LEFT SEMI JOIN* ist folgende.

**Listing 6.65** Verwendung des LEFT SEMI JOIN

```
SELECT people.pid, people.name FROM people LEFT SEMI JOIN students ON (people.pid =
students.studentid);
```

Hierbei darf die *JOIN*-Tabelle nicht in *WHERE*- oder *SELECT*-Klauseln verwendet werden, sondern nur in der Join-Bedingung (ON-Klausel). Im *LEFT, RIGHT, FULL OUTER JOIN* sowie im *LEFT SEMI JOIN* ist die Join-Bedingung Pflicht, im einfachen *JOIN* hingegen nicht.

Zu guter Letzt existiert seit Hive 0.10 der *CROSS JOIN*, mit dem das kartesische Produkt aus zwei Tabellen erzeugt werden kann. Das heißt so viel wie, Hive gibt die erste Zeile der ersten Tabelle mit allen Zeilen der zweiten Tabelle zusammen aus; dann die zweite Zeile der ersten Tabelle mit allen Zeilen der zweiten usw.

| pid | name | job |
|---|---|---|
| 1 | Jonas | Arzt |
| 2 | Thomas | Bauer |
| 3 | Rene | Pilot |

X

| studentid | name |
|---|---|
| 1 | Fabian |
| 2 | Johannes |
| 3 | Chris |

=

| pid | name | job | studentid | name |
|---|---|---|---|---|
| 1 | Jonas | Arzt | 1 | Fabian |
| 1 | Jonas | Arzt | 2 | Johannes |
| 1 | Jonas | Arzt | 3 | Chris |
| 2 | Thomas | Bauer | 1 | Fabian |
| 2 | Thomas | Bauer | 2 | Johannes |
| ... | ... | ... | ... | ... |

**Bild 6.12** CROSS JOIN aus den Tabellen people und students

Die Formulierung des Statements ist denkbar einfach. Auch hier ist die Join-Bedingung optional.

**Listing 6.66** CROSS JOIN bildet das kartesische Produkt.

```
SELECT * FROM people CROSS JOIN students;
```

In anderen Worten könnte man das Statement wie Listing 6.67 formulieren.

**Listing 6.67** CROSS JOIN in Form eines SELECT

```
SELECT * FROM people,students;
```

Mit sechs möglichen *JOINs* haben Sie ein starkes Werkzeug an der Hand, um Tabellen miteinander zu verbinden.

## ■ 6.5 Hive Security

Die bisherigen Zugriffe auf Hive geschahen völlig losgelöst von einem Benutzerkonzept. Wir konnten also nach Gutdünken das CLI starten, Tabellen anlegen und manipulieren. Nun wollen wir zum Schluss dieses Abschnitts noch einen Blick auf das Rechtesystem von Hive werfen. Dieses verwaltet die Zugriffsberechtigung von Benutzern auf die Metadaten der verschiedenen Datenbanken und Tabellen. Wieso nicht auf die Daten selber? Nun, diese liegen ja im HDFS und unterliegen damit der Kontrolle von Hadoop. Aus diesem Grund weist auch die Dokumentation Hives ausdrücklich darauf hin, dass das Security-Konzept der Software noch nicht ausgereift ist und es vielmehr gutmütige Benutzer davor bewahrt, ungewollt schlechte Dinge zu tun, als dass es bösartige Benutzer davon abhält, mutwillig bösartige Dinge zu tun.

Um die Autorisierungskomponente von Hive zu aktivieren, müssen Sie zwei Eigenschaften in der *hive-site.xml* im Ordner *hive/conf* ändern. Falls Sie keine *hive-site.xml* in 6.1 angelegt haben, stelle ich Ihnen in Listing 6.68 den kompletten Inhalt der *hive-site.xml* zur Verfügung. Im Grunde genommen geht es jedoch nur um die zwei Property-Tags.

**Listing 6.68** Aktivieren der Autorisierung in Hive

```
<?xml version="1.0"?>
<?xml-stylesheet type="text/xsl" href="configuration.xsl"?>
<configuration>
  <property>
    <name>hive.security.authorization.enabled</name>
    <value>true</value>
  </property>

  <property>
    <name>hive.security.authorization.createtable.owner.grants</name>
    <value>ALL</value>
  </property>
</configuration>
```

Indem wir die erste Eigenschaft auf *true* setzen, schalten wir die Autorisierungskomponente ein. Die zweite erlaubt es, dem Erzeuger einer Tabelle alle Operationen auf dieser Tabelle auszuführen. Sie gehört also nicht maßgeblich zum Security-Konzept, macht aber durchaus Sinn, wenn wir wie bisher mit nur einem Benutzer arbeiten wollen.

Das Security-Konzept besteht wie in vielen Data-Warehouses aus vier Komponenten.

- *Privilegien (oder Rechte)* erlauben einem Benutzer, einer Gruppe oder einer Rolle, bestimmte Operationen in Hive auszuführen. Alle Rechte werden in Tabelle 6.11 im Detail aufgelistet.
- *Gruppen* umfassen eine bestimmte Zahl an Benutzern. Einer Gruppe können eine oder mehrere Rollen zugeordnet sein und sie kann somit 0 bis alle Privilegien besitzen, um Datenoperationen in Hive vorzunehmen.
- *Benutzer* sind einer Gruppe zugeordnet und haben individuelle Rollen bzw. nutzen die Rollen der Gruppe, der sie angehören.
- Einer *Rolle* können mehrere Privilegien zugeordnet sein. Sie trägt in der Regel einen fachlichen Bezeichner wie z. B. *Administrator* und kann im späteren Verlauf einem Benutzer, einer Gruppe oder einer anderen Rolle zugeordnet werden. Wenn Sie eine Rolle *a* einer anderen Rolle *b* zuordnen, dann achten Sie darauf, dass *b* nicht auch *a* zugeordnet ist.

Tabelle 6.11 listet nun alle Privilegien auf, die in Hive vergeben werden können.

**Tabelle 6.11** Privilegien in Hive

| Privileg | Beschreibung |
| --- | --- |
| ALL | Vergibt alle weiterhin genannten Privilegien. |
| ALTER | Erlaubt es einem Benutzer, die Metadaten eines Objekts zu modifizieren. |
| UPDATE | Erlaubt es einem Benutzer, die physikalischen Daten einer Tabelle zu modifizieren. |

**Tabelle 6.11** Privilegien in Hive *(Fortsetzung)*

| Privileg | Beschreibung |
|---|---|
| CREATE | Ein Benutzer darf Datenbanken, Tabellen und Partitionen erstellen. |
| DROP | Tabellen und Datenbanken dürfen gelöscht werden. |
| LOCK | Tabellen dürfen bei nebenläufigen Zugriffen gesperrt bzw. entsperrt werden. |
| SELECT | Erlaubt es Benutzern, auf Daten zuzugreifen. |
| SHOW_DATABASES | Benutzer dürfen verfügbare Datenbanken anzeigen lassen. |

Indem wir die Eigenschaft *hive.security.authorization.createtable.owner.grants* auf *ALL* gesetzt haben, haben wir bereits ein Privileg via Konfiguration vergeben. Lernen wir nun, wie wir Privilegien in einer Rolle kapseln und diese Gruppen und Benutzers zuweisen.

**HINWEIS:** Neben den oben gezeigten Privilegien existiert noch das Privileg *INDEX*, das es erlaubt, Indizes für Tabellen zu erstellen. Da das Privileg zwar existiert und vergeben werden kann, aber nicht implementiert ist und in diesem Buch auch nicht behandelt wurde, habe ich es nicht in Tabelle 6.11 aufgeführt.

Nun wollen wir eine Rolle anlegen und diese einem Benutzer zuordnen, um uns später via JDBC über den *HiveServer2* als Client zu Hive zu verbinden. Das *CLI* bietet lediglich eine Funktion, um Rollen anzulegen und zu löschen, diese mit Privilegien zu versehen oder diese wieder zu entziehen und Rollen oder direkt Privilegien einem Benutzer oder eine Gruppe zuzuordnen oder wegzunehmen. Es bietet hingegen keine Funktionen, um Gruppen oder Benutzer explizit anzulegen! Wenn Sie ein Privileg oder eine Rolle an einen nicht existierenden Benutzer oder an eine Gruppe vergeben, dann wird dieser/diese automatisch angelegt. Falls Sie darauf einem Benutzer oder einer Gruppe alle Rechte entziehen, wird dieser/diese auch wieder gelöscht.

Beginnen wir nun mit dem Erstellen einer Rolle. Starten Sie dazu bitte wieder die Hive-Konsole *hive*.

**Listing 6.69** Anlegen einer Administratorenrolle in Hive

```
CREATE ROLE hive_admin;
```

Damit legen wir nun eine einfache Rolle namens *hive_admin* an. Um eine Rolle wieder zu löschen, verwenden Sie wie auch bei Tabellen DROP.

**Listing 6.70** Löschen einer Rolle

```
DROP ROLE hive_admin;
```

Wie aber berechtigen wir nun eine Rolle, bestimmte Operationen in unserem DWH auszuführen?

**Listing 6.71** Zuweisen von Privilegien an eine Rolle

```
GRANT ALL TO ROLE hive_admin;
```

So geben wir der Rolle *hive_admin* alle Privilegien aus dem in Tabelle 6.11 aufgeführten Katalog. Wenn Sie nur eine Untermenge an Rechten vergeben möchten, dann können Sie *ALL* durch eine Liste von Privilegien ersetzen, die durch Kommata getrennt sind, z. B. *CREATE, SELECT*. Um zu überprüfen, ob die Rolle erfolgreich angelegt und die Rechte entsprechend vergeben wurden, können Sie die Abfrage SHOW GRANT nutzen.

**Listing 6.72** Auflisten aller Rollen, Benutzer und Gruppen samt Privilegien

```
SHOW GRANT ON ALL;
```

Sie bekommen eine Tabelle zurückgegeben, die wie folgt aufgebaut ist.

```
hive> SHOW GRANT ON ALL;
OK
                              admin          ROLE    All     true    1398196555000   admin
                              hive_admin     ROLE    All     false   1399376069000   hduser
company                       hive_admin     ROLE    Update  false   1399371058000   hduser
company people                hive_admin     ROLE    Update  false   1399371084000   hduser
Time taken: 0.049 seconds, Fetched: 4 row(s)
hive>
```

**Bild 6.13** SHOW GRANT ON ALL zeigt die globalen Rollen, Benutzer und Gruppen.

Die markierten Kästchen oben links im ersten und zweiten Eintrag in Bild 6.13 habe ich hinzugefügt, um auf die nicht gefüllten Felder *Datenbank* und *Tabelle* hinzuweisen. Die gesamten Spalten der Ausgabe sind:

- Die *Datenbank*, für die die Rechte festgelegt wurden. Falls nicht spezifiziert, gilt das Recht global auf allen Datenbanken.
- Die *Tabelle*, auf die die Rechte angewandt werden. Falls keine Tabelle und eine Datenbank angegeben ist, gilt das Recht auf allen Tabellen der eingetragenen Datenbank.
- *Rollen-, Benutzer- oder Gruppenname* (werden zusammengefasst als Prinzipale bezeichnet).
- *Typ des Prinzipals*, also *ROLE*, *GROUP* oder *USER*.
- *Privileg des Prinzipals*. Für jedes Privileg wird eine separate Zeile in der Tabelle ausgegeben.
- Das *Recht, selber Privilegien zu vergeben*, wird für den Prinzipal durch einen booleschen Wert dargestellt.
- *Timestamp*, der den Zeitpunkt der Erstellung oder der Modifikation des Eintrags festhält.
- *Benutzer*, der den Eintrag erstellt hat (*Grantor*).

Die Tabelle listet lediglich die Privilegien jedes Prinzipals auf, nicht aber die Rollen, die einem Benutzer zugeordnet sind. Wie das geht, sehen Sie in Listing 6.77.

 **HINWEIS:** Sie sehen, dass als *Grantor* in der Regel der Benutzer *hduser* eingetragen ist. Das liegt daran, dass der aktive Benutzer in Ubuntu eingetragen wird, der das *CLI* im interaktiven Modus aufruft und Rollen, Benutzer oder Gruppen anlegt.

Wie aber können wir nun Rechte nur für bestimmte Tabellen oder Datenbanken vergeben? Auch hier verwenden wir den Befehl *GRANT* inklusive der Spezifikation des Zielobjekts.

**Listing 6.73** Beschränken eines GRANT auf die Datenbank company

```
GRANT UPDATE ON DATABASE company TO ROLE hive_admin;
```

Ein erneutes SHOW GRANT; sollte nun einen Eintrag zeigen, in dem vorweg die Datenbank *company* aufgeführt wird. Ein *GRANT* auf eine Tabelle funktioniert analog zum Vorgehen bei einer Datenbank.

**Listing 6.74** Beschränken eines GRANT auf die Tabelle people

```
GRANT SELECT ON TABLE people TO ROLE hive_admin;
```

Sie müssen hierfür die Datenbank *company* via USE company; auswählen, ansonsten wird die Tabelle *people* nicht gefunden.

Um nun einer Rolle ein Privileg wieder zu nehmen, verwenden Sie statt des Ausdrucks GRANT ... TO den Befehl REVOKE ... FROM.

**Listing 6.75** Rechte entfernen mit REVOKE ... FROM

```
REVOKE SELECT ON TABLE people FROM ROLE hive_admin;
```

Wenn Sie der Rolle *hive_admin* das Recht *SELECT* global nehmen möchten, dann lassen Sie das ON TABLE people weg.

Kommen wir nun dazu, einem Benutzer eine Rolle zuzuweisen. Wie schon erwähnt, entsteht ein Benutzer erst, wenn ihm eine Rolle oder ein Privileg zugeordnet wurde.

**Listing 6.76** Zuweisen einer Rolle zu einem Benutzer

```
GRANT ROLE hive_admin TO USER hive_user;
```

 **PRAXISTIPP:** Wenn Sie einem Benutzer ein Privileg oder eine Rolle zuweisen, die dieser schon besitzt, dann wird Sie Hive mit einer Fehlermeldung darauf hinweisen.

Um alle Rollen eines Benutzers abzufragen, verwenden Sie folgenden Befehl.

**Listing 6.77** Auflisten der Rollen eines Benutzers

```
SHOW ROLE GRANT USER hive_user;
```

Wenn Sie andererseits nur alle Rollen angezeigt bekommen wollen, verwenden Sie SHOW ROLES. Jetzt würde wahrscheinlich jeder erwarten, dass ein ähnlicher Befehl auch für Benutzer und Gruppen existiert, tut er aber in der aktuellen Version nicht. Wenn Sie also eine Übersicht über all Ihre Benutzer behalten wollen, dann haben Sie genau zwei Möglichkeiten:

- Geben Sie einem Benutzer explizit erst ein einzelnes Privileg und weisen Sie ihm dann eine Rolle zu. Somit erscheint der Benutzer beim Aufruf von SHOW GRANT ON ALL;. Wenn Sie ihm lediglich eine Rolle zuweisen, tut er das nicht.

- Notieren Sie sich die Benutzer und freuen Sie sich auf das nächste Release, in dem diese Notwendigkeit hoffentlich hinfällig wird.

Wie aber gibt man einem Benutzer explizit ein Privileg, ohne es vorher in einer Rolle zu verpacken?

**Listing 6.78** Vergeben von Privilegien an Benutzer

```
GRANT SHOW_DATABASE TO USER hive_user;
```

Ich verwalte meine Benutzer tatsächlich so, dass ich ihnen erst ein Recht und dann die benötigten Rollen gebe, sodass ich sie nicht vergesse. Das sollte jedoch nur eine temporäre Lösung darstellen. Ein weiterer Punkt, den es zu besprechen gilt, ist der, wie einem Benutzer gestattet wird, einen anderen Benutzer dazu zu befähigen, selber Rechte zu verteilen. Dazu hängen Sie einfach den Befehl `WITH GRANT OPTION` an ein *GRANT* wie in Listing 6.78. Einem Benutzer kann, ebenso wie einer Rolle, ein Privileg via *REVOKE* wieder entzogen werden.

**Listing 6.79** Entziehen eines Privilegs

```
REVOKE SHOW_DATABASE FROM USER hive_user;
```

Die Dokumentation von Hive listet weiterhin die Möglichkeit, `REVOKE ALL PRIVILEGES FROM hive_user;` und `REVOKE GRANT OPTION FROM hive_user;` zu verwenden, jedoch funktionieren diese Befehle in Hive 0.13.1 nicht mehr.

Eine Lösung, um der schwachen Security-Komponente entgegenzuwirken, ist, das Rollenkonzept beizubehalten und Benutzer zu erstellen, die durch eine zugewiesene Rolle bestimmte Operationen ausführen dürfen. Da wir für Benutzer ebenso keine Passwörter bereitstellen können, müssen wir den Part der Autorisierung und der Authentifizierung gezwungenermaßen trennen.

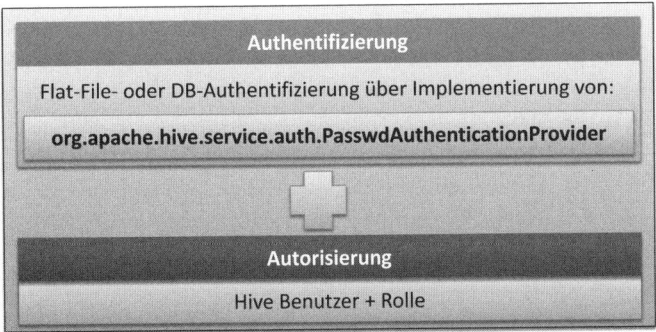

**Bild 6.14** Trennung von Autorisierung und Authentifizierung

Bild 6.14 zeigt eine Darstellung, in der diese Trennung verdeutlicht wird. Es wird gleich gezeigt, wie ein eigener *Authentication-Provider* geschrieben wird, der einen Benutzer identifiziert und eine Verbindung via JDBC auf Hive zulässt. Das Benutzerkonzept von Hive wird dann überprüfen, ob der Benutzer eine bestimmte Aktion durchführen darf oder ob es ihm untersagt wird.

Bevor wir nun mit der Entwicklung beginnen, möchte ich noch auf das Projekt *Apache Sentry*[4] hinweisen, das maßgeblich von Cloudera initiiert wurde und genutzt werden soll, um ein einheitliches Benutzerkonzept für ausgewählte Teile des Hadoop-Ecosystems zur Verfügung zu stellen. *Sentry* adressiert etwa *Apache Hive*, *Impala* und *Hadoop*. Wir erinnern uns, dass Hive lediglich in der Lage ist, seine Metadaten zu schützen, wohingegen die physikalischen Daten im HDFS brachliegen und von jedermann, der darauf Zugriff hat, eingesehen werden können. In diesem Sinne ist *Sentry* eine gute und sinnvolle Idee. Bisher ist das Projekt jedoch noch im Incubation-Status.

### 6.5.1 Implementieren eines Authentication-Providers

Nun wollen wir uns daranmachen, einen eigenen Authentication-Provider zu schreiben, der eine einfache CSV-Datei ausliest, in der jede Zeile für eine Kombination aus Benutzername und Passwort besteht. Um ein Mindestmaß an Sicherheit zu gewährleisten, speichern wir Passwörter als MD5-Summe.

**Listing 6.80** Aussehen der exemplarischen Benutzerdaten

```
jonas    9c5ddd54107734f7d18335a5245c286b
peter    51dc30ddc473d43a6011e9ebba6ca770
hduser   632ef5afe0ed8a36a1dd04d06dcdb0bc
```

Benutzername und Passwort trenne ich über ein Tab. Um die Datei initial anzulegen, berechne ich die MD5-Summe zum Passwort über einen der zahlreichen Generatoren, die im Internet existieren. Sie können gerne die drei Einträge aus Listing 6.80 verwenden. Jedes Passwort entspricht hier exakt dem Benutzernamen.

 **PRAXISTIPP:** Falls Sie sich auf Fehlersuche bei der Implementierung begeben müssen, dann finden Sie die Log-Dateien von Hive per Default unter */tmp/hduser/hive.log*, wobei *hduser* den Namen des Benutzers kennzeichnet, der Hive ausführt, er kann also variieren. Ebenso hilfreich ist die Ausgabe des *HiveServers*, die direkt in die Konsole geschrieben wird. Dort landen unter anderem auch die Log-Ausgaben, die wir gleich in den Authentication-Provider einbauen werden.

Diese Datei speichere ich im Klartext unter */usr/local/hive/users.auth*. Diese Datei ist nicht elementarer Bestandteil von Hive, sondern wird von uns extra für den Zweck der Authentifizierung angelegt. Natürlich ist die Lösung nicht optimal, da ein Bösewicht nun einfach die MD5-Summen zwischen den Benutzern austauschen oder verändern könnte. Weitere Sicherheitsmechanismen zu implementieren, überlasse ich jedoch Ihnen, sie sollen nicht Inhalt dieses Buches sein.

Um nun einen eigenen *Authentication-Provider* zu entwickeln, öffnen Sie bitte Eclipse und legen Sie ein neues Java-Projekt mit Namen *14_HiveAuthenticator* an. Wie üblich finden Sie das fertige Projekt auch auf der DVD. Konvertieren Sie das Projekt in ein Maven-Projekt

---
[4] *https://incubator.apache.org/projects/sentry.html*

über ein **Rechtsklick auf das Projekt** → **Configure** → **Convert to Maven Project** und fügen Sie die folgende Abhängigkeit in die *pom.xml* ein.

**Listing 6.81** Abhängigkeit zur Entwicklung eines Authentication-Providers

```
<dependency>
  <groupId>org.apache.hive</groupId>
  <artifactId>hive-service</artifactId>
  <version>0.13.1</version>
</dependency>
```

Erzeugen Sie im nächsten Schritt das Package *de.jofre.hive.flatfileauth* und darin eine Klasse *FlatFileAuthenticator*. Lassen Sie die Klasse das Interface *PasswdAuthenticationProvider* implementieren und klicken Sie auf die kleine Glühbirne im Editorfenster und wählen Sie **Add unimplemented methods**, um die Methode *Authenticate* erstellen zu lassen. Diese bestimmt, ob eine Benutzer-Passwort-Kombination zugelassen oder abgelehnt wird. Wirft die Methode eine *AuthenticationException*, bedeutet das, dass die Authentifizierung fehlgeschlagen ist. Läuft sie erfolgreich durch, gilt der Vorgang als erfolgreich.

**Listing 6.82** Klassenrumpf von FlatFileAuthenticator

```
public class FlatFileAuthenticator implements PasswdAuthenticationProvider {

  // Store beinhaltet Kombination aus Benutzername und Passwort
  private Hashtable<String, String> store = null;

  // Pfad zur Datei, die die Benutzerdaten beinhaltet
  private static final String AUTH_FILE = "/usr/local/hive/users.auth";

  private final static Logger log = Logger
      .getLogger(FlatFileAuthenticator.class.getName());

  @Override
  public void Authenticate(String user, String password)
      throws AuthenticationException {
    ...
  }
}
```

Wie Sie in Listing 6.82 sehen, lege ich weiterhin eine *Hashtable* an, die all die Kombinationen aus Benutzernamen und gehashten Passwörtern beinhaltet, die wir für Hive angelegt haben. Ebenso erstelle ich eine statische Variable *AUTH_FILE*, die den Pfad zu der Datei vorhält, aus der die Benutzerdaten in die *Hashtable* gelesen werden. Um diesen Lesevorgang umzusetzen, erzeugen wir in der eben erstellten Klasse die Funktion *readAuthFile*.

**Listing 6.83** Auslesen der Hive-Benutzerdaten aus users.auth

```
// Lesen der Benutzerdaten aus der angegebenen Datei
private Hashtable<String, String> readAuthFile() {
  Hashtable<String, String> ht = new Hashtable<String, String>();
  BufferedReader br = null;
  String line = "";

  try {
```

```
    // Lese jede Zeile der Benutzerdatendatei
    br = new BufferedReader(new FileReader(AUTH_FILE));
    while ((line = br.readLine()) != null) {
      // Benutzername und Passwort müssen durch Tab getrennt werden
      String[] entry = line.split("\t");

      // Füge Eintrag der Hash-Table hinzu (0=Benutzername, 1=Passwort)
      ht.put(entry[0], entry[1]);
    }

  } catch (FileNotFoundException e) {
    log.log(Level.WARNING, "Datei mit Benutzerdaten nicht gefunden in "
      + AUTH_FILE);
    e.printStackTrace();
  } catch (IOException e) {
    log.log(Level.WARNING, "Benutzerdaten konnten nicht gelesen werden aus "
      + AUTH_FILE);
    e.printStackTrace();
  } finally {
    if (br != null) {
      try {
        br.close();
      } catch (IOException e) {
        log.log(Level.WARNING, "Fehler beim Schließen der Datei.");
        e.printStackTrace();
      }
    }
  }
  return ht;
}
```

Hier wird die Benutzerdatei Zeile für Zeile gelesen und jede Zeile in zwei Strings am Fundort eines Tabs aufgebrochen. Der ersten Wert wird in die *Hashtable* als Benutzername eingetragen, der zweite als Passwort-Hash. Die Rückgabe der Funktion erfolgt als *Hashtable<String,String>*. Bitte beachten Sie, dass Sie diese Methode bewusst verändern können, indem Sie die Quelle der Benutzerdaten z. B. auf eine Datenbank umleiten und Name und Passwort daraus beziehen. Ebenso ist es denkbar, dass Sie über *JAAS (Java Authentication and Authorization Service)* ein *LoginModule* schreiben, um die Benutzerdaten gegen ein Benutzer-Repository von Windows oder Unix abzugleichen[5]. Oder Sie können sogar ein One-Time-Passwort-Token verwenden, um sich an Ihrem DWH anzumelden; durch die Möglichkeit, einen eigenen *Authenticator* zu schreiben, stehen Ihnen im Prinzip alle Türen offen.

Der Aufruf von *readAuthFile* findet dann im Constructor der Klasse *FlatFileAuthenticator* statt.

**Listing 6.84** Konstruktor von FlatFileAuthenticator

```
public FlatFileAuthenticator() {
  File file = new File(AUTH_FILE);
  if (file.exists()) {
    log.log(Level.INFO, "Benutzerdaten aus " + AUTH_FILE
        + "gelesen und verwendet.");
```

---

[5] http://www.dpunkt.de/java/Programmieren_mit_Java/Sicherheit/14.html

```
      store = readAuthFile();
  }
}
```

Hier überprüfen wir, ob die Benutzerdatei überhaupt existiert, und falls ja, lesen wir diese über *readAuthFile* in die lokale Variable *store*.

Kommen wir nun zur eigentlichen Magie der Klasse, zu der Methode *Authenticate*.

**Listing 6.85** Authentifizieren der Benutzer in Authenticate

```
@Override
public void Authenticate(String user, String password)
    throws AuthenticationException {

  byte[] pwToCheck;
  try {

    // Konvertiere das zu überprüfende Passwort in einen Byte-Array.
    pwToCheck = password.getBytes("UTF-8");
    MessageDigest md = MessageDigest.getInstance("MD5");
    byte[] pwAsMD5 = md.digest(pwToCheck);

    // Konnten die Benutzerdaten gelesen werden?
    if (store != null) {
      String pw = store.get(user);

      // Existiert ein Passwort zu dem übergebenen Benutzer?
      if (pw != null) {

        // Konvertiere das gelesene Passwort (als String) in einen Byte-Array
        byte[] pwAsByte = hexStringToByteArray(pw);

        // Vergleiche beide MD5-Summen
        if (Arrays.equals(pwAsByte, pwAsMD5)) {

          // Summen sind gleich!
          log.log(Level.INFO, "Benutzer " + user + " erfolgreich authentifiziert.");
          return;
        }
      }
    }
  } catch (Exception e) {
    log.log(Level.SEVERE, "MD5-Encodierung konnte nicht durchgeführt werden.");
    e.printStackTrace();
  }

  // Bisher nicht per Return aus der Methode gesprungen? Dann werfe Exception,
  // die die Authentifizierung fehlschlagen lässt.
  throw new AuthenticationException("Benutzer " + user + " konnte nicht "+
    "authentifiziert werden.");
}
```

Die Funktionsweise von *Authenticate* ist eigentlich denkbar einfach. Die Methode nimmt zuallererst einen Benutzernamen und ein Passwort entgegen. Aus dem entgegengenommenen Passwort berechnet sie zuerst über *java.security.MessageDigest* eine MD5-Summe und speichert diese in dem Byte-Array *pwAsMD5*. Anschließend überprüft sie, ob die Benutzerdaten aus der Datei */usr/local/hive/users.auth* gelesen werden konnten. Wenn ja, fragen wir den MD5-Hash zu dem übergebenen Benutzer ab. Ist der Benutzer vorhanden, wird das gehashte Passwort in dem String *pw* gespeichert. Nun müssen wir aus dem Hash, der im Hexadezimalformat geschrieben wurde, einen Byte-Array machen, um diesen mit dem Hash des übergebenen Passworts *pwAsMD5* vergleichen zu können. Dazu nutze ich die Funktion *hexStringToByteArray*, die eine einfache Umrechnung der Zahlensysteme vornimmt und im fertigen Projekt auf der DVD eingesehen werden kann. *java.util.Arrays.equals* wird gleich darauf eingesetzt, um die zwei Byte-Arrays zu vergleichen. Stimmen diese überein, sind damit auch das gespeicherte und das übergebene Passwort für den entsprechenden Benutzer identisch und die Authentifizierung war erfolgreich. Per *return* springen wir dann aus der Methode. Wir das *return* nicht aufgerufen, landen wir gezwungenermaßen irgendwann bei der *javax.security.sasl.AuthenticationException*, wodurch die Authentifizierung als fehlgeschlagen verbucht wird.

Um das Projekt nun als JAR zu paketieren, rechtsklicken Sie das Projekt in Eclipse, wählen Sie **Run As** → **Maven Build...** und geben Sie als *Goals* die Ziele *clean compile package* an. Speichern Sie die Konfiguration und führen Sie sie über *Run* aus. Die Datei *14_HiveAuthenticator-0.0.1-SNAPSHOT.jar*, die im Ordner Target erstellt wurde, kopieren Sie bitte anschließend in das Verzeichnis *lib* Ihrer Hive-Installation. So gehen wir sicher, dass Hive die Klasse, die wir gerade geschrieben haben, auch findet.

Nun müssen wir Hive mitteilen, dass für den *HiveServer2* (funktioniert nicht beim *HiveServer* (Version 1)!) ein eigener *Authenticator* verwendet werden soll. Dazu ist es notwendig, dass Sie die *hive-site.xml* im Verzeichnis *hive/conf* editieren und folgende zwei Properties hinzufügen.

**Listing 6.86** Aktivieren des eigenen Authenticators für den HiveServer2

```xml
<!-- Custom Authenticator -->
<property>
  <name>hive.server2.authentication</name>
  <value>CUSTOM</value>
</property>

<property>
  <name>hive.server2.custom.authentication.class</name>
  <value>de.jofre.hive.flatfileauth.FlatFileAuthenticator</value>
</property>
```

Zuerst müssen wir also die Eigenschaft *hive.server2.authenticator* auf *CUSTOM* schalten und dann *hive.server2.custom.authentication.class* auf die Klasse unseres Projekts setzen, die wir zuvor erstellt haben. Damit sind wir soweit fertig und können unseren *Authenticator* im folgenden Abschnitt 6.6 testen. Zuvor jedoch noch einige Worte zu weiteren Authentifizierungsmethoden, die uns im *HiveServer2* zur Verfügung stehen.

### 6.5.2 Authentication-Provider für HiveServer2

Der Default-Wert von *hive.server2.authenticator* ist *NONE*, das heißt, es findet keinerlei Verifizierung der Identität statt, falls sich ein Benutzer am *HiveServer2* anmeldet. Es wird jedoch dennoch geprüft, ob der Benutzername, der sich an Hive anmeldet, etwaige Rollen oder

Privilegien zugeordnet bekommen hat. Neben *NONE* und *CUSTOM* haben Sie jedoch noch drei weitere Möglichkeiten, eine Anmeldung vorzunehmen:

- *KERBEROS* als *Kerberos* als Authentifizierungsdienst.
  - Setzen Sie für Kerberos weiterhin die Eigenschaft *hive.server2.authentication.kerberos. principal* auf den *Kerberos-Prinzipal*, also z. B. auf *hive/single@bigdatainderpraxis.de*. Das Schlüsselwort *hive* muss bestehen bleiben. *single* darf hingegen auf einen beliebigen Host geändert werden. Wenn Sie den Hostnamen des Servers verwenden wollen, auf dem Sie sich gerade befinden, dann verwenden Sie *_HOST*. *bigdatainderpraxis.de* ist der *Realm*, also der Gültigkeitsbereich des Prinzipals.
  - Ebenso müssen Sie den Pfad zur *Keytab*-Datei von *Kerberos* angeben, die die Kombinationen aus Prinzipalen und verschlüsselten Passwörtern für den Zugang auf den entsprechenden Gültigkeitsbereich beinhaltet. Den Pfad zu dieser Datei geben Sie in der Eigenschaft *hive.server2.authentication.kerberos.keytab* an.
- *LDAP* (*Lightweight Directory Access Protocol*), um sich über das *Lightweight Directory Access Protocol* an einen Verzeichnisdienst zu wenden, um Benutzername und Passwort verifizieren zu lassen.
  - Um *LDAP* verwenden zu können, müssen Sie die URL des LDAP-Services (z. B. *ldap:// ldap.jofre.de*) an die Eigenschaft *hive.server2.authentication.ldap.url* und die LDAP-BaseDB (z. B. *ou=people,dc=jofre,dc=de*) an die Eigenschaft *hive.server2.authentication. ldap.baseDN* vergeben.
- *PAM* (*Pluggable Authentication Module*), um verschiedene Authentifizierungsmodule zu nutzen, etwa *sudo* oder *sshd*.

Da Anleitungen für *LDAP* und *Kerberos* sehr weit im Netz verbreitet und in großer Zahl zu finden sind, wollen wir uns zuletzt *PAM* widmen und schnell eine Konfiguration erstellen, mit der wir uns über unsere Ubuntu-Benutzer auf Hive anmelden können.

### 6.5.3 Verwenden von PAM zur Benutzerauthentifizierung

Zur Verwendung von PAM müssen wir zuerst die Bibliothek *JPam* nachinstallieren, die wir kostenlos über *Sourceforge* beziehen können.

**Listing 6.87** Installation von JPam

```
su - user1
cd /usr/local
sudo wget
http://downloads.sourceforge.net/project/jpam/jpam/jpam-1.1/JPam-Linux_amd64-1.1.tgz
sudo tar xzf JPam-Linux_amd64-1.1.tgz
```

Gehen Sie danach in das gerade entstandene Verzeichnis *JPam-1.1* und kopieren Sie die *libjpam.so* in das Verzeichnis *lib/native* von Hadoop (nicht Hive).

**Listing 6.88** Kopieren der libjpam.so

```
cd /usr/local/JPam-1.1
sudo cp libjpam.so /usr/local/hadoop/lib/native/
```

Dadurch ist die Bibliotheksdatei (auch *Shared-Object* genannt) automatisch im Java-Klassenpfad hinterlegt und wird auch von Hive gefunden. Nun müssen wir nur noch Hive so konfigurieren, dass es PAM statt unseres eben geschriebenen *Authenticators* verwendet. Ändern Sie die Properties der *hive-site.xml* bitte so ab, dass sie dem folgenden Listing entsprechen.

**Listing 6.89** Verwenden von PAM zur Authentifizierung

```
<property>
  <name>hive.server2.authentication</name>
  <value>PAM</value>
</property>

<!-- <property>
  <name>hive.server2.custom.authentication.class</name>
  <value>de.jofre.hive.flatfileauth.FlatFileAuthenticator</value>
</property> -->

<property>
  <name>hive.server2.authentication.pam.services</name>
  <value>sudo</value>
</property>
```

Die Eigenschaft *hive.server2.custom.authentication.class* habe ich nur auskommentiert und nicht gelöscht, da wir sie später noch einmal verwenden werden. Wir setzen *hive.server2.authentication* also auf den Wert *PAM* und geben unter *hive.server2.authentication.pam.services* den Service an, den wir zur Authentifizierung verwenden wollen. Dazu stehen alle Services zur Verfügung, für die wir eine Konfiguration unter */etc/pam.d/* finden. Wir verwenden hier schlicht und einfach den bekannten Service für die Superuser *sudo*. Damit wären wir schon fertig. Nach Belieben können Sie natürlich auch eigene Module schreiben, entsprechende Anleitungen finden Sie dazu zuhauf im Internet. Lassen Sie uns nun schauen, wie wir die beiden Authentifizierungswege via JDBC testen können.

## ■ 6.6 Hive und JDBC

Die Verwendung von JDBC ist recht einfach und wird häufig im Internet in Form von Tutorials und Dokumentationen erklärt. Dennoch gibt es einige Besonderheiten, die durch die Einschränkung der fehlenden Standard-SQL-Methoden in Hive entstehen. Diese wollen wir nun kennenlernen, indem wir, wie bei Hadoop und HBase auch, ein kleines Bedieninterface entwickeln, mit dem wir Hive aus einer Java-EE-Anwendung heraus steuern können. Die Features, die ich implementieren möchte, sind:

- Anzeigen von Datenbanken und Tabellen
- Anzeigen von Daten in einer Tabelle samt *Paging*-Funktionalität
- Absenden eigener Queries
- Verwenden einer Benutzerverwaltung für unseren *Authenticator*

Die Voraussetzungen, die Hive nicht von Haus aus erfüllt, sind einmal der *Hive-Authenticator*, den wir in 6.5.1 programmiert und konfiguriert haben, sowie die *Auto-Increment-UDF*, die wir verwenden, um die ersten n bis m Zeilen aus einem Result-Set abzufragen. Wenn Sie diese nicht selber geschrieben haben, holen Sie sich die fertigen JARs einfach von der DVD.

Erzeugen Sie bitte ein *Dynamic Web Project* in Eclipse und nennen Sie es *16_HiveManager*. Aktivieren Sie Maven und fügen Sie folgende Dependencies in die *pom.xml* ein.

**Listing 6.90** Abhängigkeiten des HiveManagers

```
<dependency>
  <groupId>jdk.tools</groupId>
  <artifactId>jdk.tools</artifactId>
  <version>1.7.0_45</version>
  <scope>system</scope>
  <systemPath>C:\java\jdk1.7.0_45/lib/tools.jar</systemPath>
</dependency>
<dependency>
  <groupId>org.apache.hive</groupId>
  <artifactId>hive-jdbc</artifactId>
  <version>0.13.1</version>
</dependency>
<dependency>
  <groupId>org.apache.hadoop</groupId>
  <artifactId>hadoop-common</artifactId>
  <version>2.2.0</version>
</dependency>

<!-- FTP-Client für User-Management von Hive -->
<dependency>
  <groupId>org.apache.commons</groupId>
  <artifactId>commons-vfs2</artifactId>
  <version>2.0</version>
</dependency>
```

Passen Sie wie gehabt den Pfad zur *tools.jar* an Ihren JDK-Installationspfad an. Wir benötigen hier einmal die Abhängigkeit zu *hive-jdbc* aus *org.apache.hive*, zu *hadoop-common* aus *org.apache.hadoop* und zu *commons-vfs2* aus *org.apache.commons*. Letzteres stellt uns die Bibliotheken zur Verfügung, um die Datei *users.auth* des Authenticators via SFTP (*SSH File Transfer Protocol*) auf unserem Ubuntu aus der Anwendung heraus zu lesen und zu editieren.

**HINWEIS:** Wir verwenden hier SSH, was mehr oder weniger eine gewisse Datensicherheit heuchelt. Dennoch werde ich in der Demo gleich einige Verbrechen begehen, die einem sicherheitsbewussten Menschen die Tränen in die Augen treiben werden, wie etwa das Verwenden von HTTP während der Übertragung von Passwörtern etc. Bitte sehen Sie mir nach, dass ich die nötigen Konfigurationen des Application-Servers hier nicht diskutiere, da das zu weit von unserem eigentlich Big-Data-Thema abdriften würde. Gerne können Sie aber Ihren Glassfish so einstellen, dass lediglich Kommunikation via HTTPS mit der Anwendung zugelassen wird. Eine entsprechende Anleitung samt Erklärung finden Sie auf den offiziellen Seiten von Oracle:

*http://docs.oracle.com/cd/E18930_01/html/821-2432/gkyba.html*

Mit den *common-vfs2* können Sie übrigens auch auf das HDFS zugreifen, zumindest wird das Dateisystem unter den unterstützten Formaten aufgeführt.

Speichern Sie die *pom.xml* und deaktivieren Sie in den *Project-Facets* die Einträge von *Java-Server Faces* und *JAX-RS*. Anschließend legen Sie bitte ein Package *de.jofre.hivemanager* an und erstellen darin drei Klassen:

- *HiveManager* – Verantwortet alle JDBC-Zugriffe auf Hive.
- *HiveUserManager* – Regelt die SFTP-Zugriffe für die Benutzerverwaltung.
- *StringListHelper* – Formatiert lediglich eine *List<String>* in einen kommaseparierten String (wird hier nicht diskutiert).

### Zugriff auf Hive via JDBC über den HiveManager

Beginnen wir mit den ersten Methoden in *HiveManager*.

**Listing 6.91** Gerüst und Verbindungsverwaltung der Klasse HiveManager

```java
private static String driverName = "org.apache.hive.jdbc.HiveDriver";
Connection con = null;
public static int PAGING_SIZE = 50;

// Verbinde zu Hive
public boolean connect(String host, String port, String user, String password) {

  try {
    Class.forName(driverName);
  } catch (ClassNotFoundException e1) {
    log.log(Level.SEVERE, "Fehler beim Herstellen der Verbindung - Treiberklasse "+
      "nicht gefunden!");
    e1.printStackTrace();
    return false;
  }

  try {
    con = DriverManager.getConnection("jdbc:hive2://" + host + ":"
      + port, user, password);
  } catch (SQLException e) {
    log.log(Level.SEVERE, "Fehler beim Herstellen der Verbindung!");
    e.printStackTrace();
    return false;
  }

  if (con != null) {
    // Registriere UDF, um Paging zu ermöglichen
    Statement stmt;
    try {
      stmt = con.createStatement();
      stmt.execute("ADD JAR /usr/local/hive/lib/15_HiveUDFs-0.0.1-SNAPSHOT-"+
        "jar-with-dependencies.jar");
      stmt.execute("CREATE TEMPORARY FUNCTION auto_inc as "+
        "'de.jofre.hive.udf.AutoIncrement'");
    } catch (SQLException e) {
      log.log(Level.SEVERE, "Fehler beim Registrieren der temporären UDFs.");
      e.printStackTrace();
    }
```

```
      return true;
    } else {
      return false;
    }
  }

  // Trenne die Verbindung zu Hive, falls eine besteht
  public void disconnect() {
    if (con != null) {
      try {
        con.close();
      } catch (SQLException e) {
        log.log(Level.SEVERE, "Fehler beim Schließen der Verbindung!");
        e.printStackTrace();
      }
    }
  }
```

Der String *driverName* beinhaltet den voll qualifizierten Klassennamen unseres Hive-Drivers für den *HiveServer2*. Wenn Sie zum alten *HiveServer* eine Verbindung aufbauen möchten, dann verwenden Sie die Klasse *org.apache.hadoop.hive.jdbc.HiveDriver*. Das Connection-Objekt *con* verwaltet unsere Verbindung zur Datenbank und die statische Integer-Variable *PAGING_SIZE* bestimmt, wie viele Datensätze auf einmal beim Anzeigen der Tabellen geladen werden sollen. Wir werden das *Paging* bei den eigenen Abfragen nicht verwenden, da wir diese dazu parsen und modifizieren müssten, was einen erheblichen Mehraufwand mit sich bringen würde. Betrachten wir nun zuerst die Methode *connect*. Diese nimmt einen Host, einen Port, einen Benutzernamen und ein Passwort entgegen. Im ersten Abschnitt der Methode erfragen wir, ob die Klasse unseres JDBC-Drivers existiert, und laden diese gegebenenfalls. Ist diese nicht verfügbar, dann springen wir hier schon aus der Methode *connect* hinaus und geben ein *false* zurück, um zu signalisieren, dass keine Verbindung zu Hive aufgebaut werden konnte. Im zweiten Abschnitt konstruieren wir uns einen JDBC-Connection-String und initialisieren *con* über *DriverManager.getConnection*. Ein solcher Connection-String hat ein Aussehen ähnlich:

*jdbc:hive2://host:port/datenbank*

Die Datenbank spezifizieren wir beim Verbindungsaufbau nicht, sondern wählen sie nachträglich aus. Außerdem übergeben wir beim Verbindungsaufbau einen Benutzernamen und ein Passwort, das unser selbst geschriebener *Authentication-Provider* anerkennen muss. Wenn die Verbindung nicht hergestellt werden kann, dann springen wir abermals aus der Methode.

Kann sie jedoch hergestellt werden, dann setzen wir eine erste Query ab, die die Funktion *auto_inc* registriert. Dazu müssen Sie sicherstellen, dass die UDF, die wir in 6.4.21 geschrieben haben, als *15_HiveUDFs-0.0.1-SNAPSHOT-jar-with-dependencies.jar* im Ordner */usr/local/hive/lib/* liegt. Wird auch dieses Statement erfolgreich abgesetzt, so sehen wir den Verbindungsprozess als erfolgreich an und liefern ein *true* zurück; andernfalls ein *false*. Die Methode *disconnect* hingegen schließt einfach die JDBC-Verbindung. Wir werden sie später am Ende jeder JSP aufrufen.

Es folgen zwei Methoden, mit denen wir uns alle Datenbanken und alle Tabellen einer Hive-Instanz ausgeben lassen können.

**Listing 6.92** Auflisten von Tabellen und Datenbanken

```
// Rufe Datenbanken ab
public List<String> getDatabases() {
  log.log(Level.INFO, "Erfrage Datenbanken...");
  List<String> databases = new ArrayList<String>();
  try {
    Statement stmt = con.createStatement();
    String sql = "show databases";
    ResultSet res = stmt.executeQuery(sql);
    while (res.next()) {
      databases.add(res.getString(1));
      log.log(Level.INFO, "\t" + res.getString(1));
    }
  } catch (SQLException e) {
    log.log(Level.SEVERE, "Fehler beim Abfragen der Datenbanken!");
    e.printStackTrace();
  }
  return databases;
}

// Rufe alle Tabellen einer Datenbank ab
public List<String> getTables(String database) {
  log.log(Level.INFO, "Erfrage Tabellen aus " + database + "...");
  List<String> tables = new ArrayList<String>();
  try {
    switchDatabase(database); // Wechsle Datenbank
    Statement stmt = con.createStatement();
    String sql = "show tables";
    ResultSet res = stmt.executeQuery(sql);
    while (res.next()) {
      tables.add(res.getString(1));
      log.log(Level.INFO, "\t" + res.getString(1));
    }
  } catch (SQLException e) {
    log.log(Level.SEVERE, "Fehler beim Abfragen der Tabellen aus Datenbank "
      + database + ".");
    e.printStackTrace();
  }
  return tables;
}
```

Die beiden Methoden ähneln sich sehr. In *getDatabases* wird ein Statement-Objekt *stmt* über *con.createStatement* abgerufen, dem die Query `show databases` in Form eines Strings übergeben wird. Achten Sie darauf, dass wir Queries hier nicht mit einem Semikolon abschließen, tun Sie es doch, liefert der Treiber Ihnen eine Fehlermeldung zurück. Das Statement wird über `stmt.executeQuery(sql)` ausgeführt und dessen Ergebnis in einem *ResultSet* gespeichert. Solange nun das *ResultSet* über weitere Einträge verfügt, was über *getNext* geprüft wird, rufen wir den nächsten Datensatz ab. *getNext* sagt jedoch nicht nur aus, ob noch ein weiteres Datum existiert, sondern sorgt auch dafür, dass der interne Zeiger des *ResultSets* auch gleich auf den nächsten Datensatz zeigt. Über *get-Methoden*, die verschiedene Datentypen bedienen, lassen sich nun die Daten aus dem *ResultSet* extrahieren. Wir wissen, dass in der ersten Spalte von `show databases` der Datenbankname steht, und rufen diesen entsprechend als Zeichenkette über *getString* ab. Der Parameter von *getString*, die *1*, bestimmt, dass ein String aus der ersten Spalte des *ResultSets* gelesen werden soll, der Spaltenzähler beginnt also bei *1*, nicht bei *0*. Jeden ausgegebenen Datensatz speichern wir sogleich in einer Liste von Strings und geben diese auch als Ergebnis der Methode zurück.

Die Methode *getTables* verfährt ähnlich, ändert jedoch zuvor die zu betrachtende Datenbank über die Methode *switchDatabase* und verwendet den Befehl `show tables` statt `show databases`. Auch hier geben wir eine Liste von Strings zurück.

Kommen wir nun zur Datenbankauswahl.

**Listing 6.93** Wechseln einer Datenbank

```
// Wechsle Datenbank / Schema
public void switchDatabase(String database) {
  try {
    // con.setCatalog(database); // Nicht implementiert!

    // Von "use DATABSE" via JDBC wird in der Regel abgeraten
    Statement stmt = con.createStatement();
    stmt.execute("use " + database);
  } catch (SQLException e) {
    log.log(Level.SEVERE, "Fehler beim Selektieren der Datenbank "
      + database + ".");
    e.printStackTrace();
  }
}
```

Hier arbeiten wir gezwungenermaßen etwas unschön und verwenden statt der gängigen Methode `con.setCatalog(Datenbankname)` ein Statement mit dem Befehl `use Datenbankname`. Zwar ist das in der Hive-CLI total in Ordnung, jedoch wird in JDBC von dem Befehl abgeraten, da er *stateful* ist (also seinen Zustand bewahrt) und somit auch für folgende Queries gilt. Da das Statement keine Rückgabedaten liefert, müssen wir auch kein *ResultSet* verarbeiten.

Es folgt eine Methode zum Aufzählen von Datensätzen in einer Tabelle namens *getCount*.

**Listing 6.94** Zählen von Datensätzen in einer Tabelle

```
// Zähle Einträge in einer Tabelle
public int getCount(String table) {
  int result = -1;
  try {
    Statement stmt = con.createStatement();
    String sql = "SELECT COUNT(*) FROM " + table;
    ResultSet res = stmt.executeQuery(sql);
    if (res.next()) {
      result = res.getInt(1);
    }
  } catch (SQLException e) {
    log.log(Level.SEVERE, "Fehler beim Abfragen der Einträge aus " + table + ".");
    e.printStackTrace();
  }
  return result;
}
```

Auch hier wird ein Statement generiert, nämlich `SELECT COUNT(*) FROM TABELLE`. Achten Sie darauf, dass wir der Abfrage von *res.next* ein *if* voranstellen und kein *while*. Das tun wir aus dem Grund, da wir nur einen einzigen Eintrag in dem *ResultSet* erwarten, und zwar den, der die Anzahl der Zeilen beinhaltet. Des Weiteren wissen wir, dass der Zähler als Ganzzahl dargestellt wird, weswegen wir ihn mit *res.getInt* abfragen.

Die nächsten drei Methoden *executeQuery*, *getRoles* und *getRolesOfUser* wiederholen eigentlich nur bereits Besprochenes. Erstere erlaubt es uns, beliebige Queries auszuführen. Da wir hier nicht wissen, in welcher Form die Daten zurückkommen, geben wir das gesamte *ResultSet* zurück. Wir werden später bei der Konstruktion der JSP sehen, wie wir aus einem *ResultSet* die Metadaten (Spaltennamen, Datentypen einer Spalte …) der Rückgabewerte auslesen und entsprechend verarbeiten. Die zwei Funktionen, die Auskunft über die Rollen in Hive geben sollen, weisen ebenfalls keine Besonderheiten auf. Wir werden alles Wissenswerte darüber erfahren, wenn wir sie gleich aktiv verwenden.

**Benutzerverwaltung via Flat-File und eigenem Authentication-Provider**

Kommen wir zur Implementierung der Klasse *HiveUserManager*.

**Listing 6.95** Globale Variablen und Constructor von HiveUserManager

```java
// Pfad zur Datei, die die Benutzerdaten beinhaltet
private static final String AUTH_FILE = "/usr/local/hive/users.auth";
private HashMap<String, String> users = null;

public HiveUserManager() {
  users = readUsers();
}
```

Die statische Variable *AUTH_FILE* beinhaltet den Pfad zu der Datei, die unsere Benutzerdaten beinhaltet. Diese Daten werden im Constructor mithilfe der Methode *readUsers* ausgelesen und in einer *HashMap* gespeichert. Diese beinhaltet neben den Namen auch noch das Passwort als MD5-Summe. Passen Sie den Pfad von *AUTH_FILE* gegebenenfalls an, wenn Sie die Datei an einem anderen Ort auf Ihrem System gespeichert haben. Bedenken Sie, dass hier der Pfad auf dem System gemeint ist, auf dem auch Hive eingerichtet wurde, und nicht auf Ihrer lokalen Entwicklermaschine. Kommen wir nun zum Auslesen der Benutzerdaten.

**Listing 6.96** Lesen der Benutzerdaten via SFTP

```java
private HashMap<String, String> readUsers() {
  HashMap<String, String> users = new HashMap<String, String>();
  BufferedReader br = null;

  try {
    // SFTP-Verbindung herstellen
    FileSystemOptions fsOptions = new FileSystemOptions();
    SftpFileSystemConfigBuilder.getInstance().setStrictHostKeyChecking(
        fsOptions, "no");
    SftpFileSystemConfigBuilder.getInstance().setUserDirIsRoot(fsOptions, false);
    FileSystemManager fsManager = VFS.getManager();

    String uri = "sftp://hduser:hduser@single" + AUTH_FILE;
    FileObject fo = fsManager.resolveFile(uri, fsOptions);
    String line = "";
    // Benutzername und Passwort müssen durch Tab getrennt werden
    String csvSplitBy = "\t";
```

```
    if (fo.exists()) {
      FileContent fc = fo.getContent();
      InputStream is = fc.getInputStream();
      if (is != null) {
        // Lese jede Zeile der Benutzerdatendatei
        br = new BufferedReader(new InputStreamReader(is));
        while ((line = br.readLine()) != null) {
          String[] entry = line.split(csvSplitBy);
          // ... und füge diese der Hash-Table hinzu
          // (0=Benutzername, 1=Passwort)
          users.put(entry[0], entry[1]);
        }
      } else {
        return null;
      }
    } else {
      log.log(Level.WARNING, "Benutzerdatei existiert nicht.");
      return null;
    }
  } catch (Exception e) {
    log.log(Level.SEVERE, "Fehler beim Auslesen der Benutzerdatei.");
    e.printStackTrace();
    return null;
  }
  return users;
}
```

Wir benutzen die Komponenten der *Apache Commons* zum Herstellen einer Verbindung zum Dateisystem von Ubuntu. Über die *FileSystemOptions* bestimmen wir, dass wir uns zu dem Host *single* verbinden dürfen, auch wenn er nicht als *Known Host* bekannt ist, und dass das Root-Verzeichnis des Zugriffs nicht im Benutzerverzeichnis des eingeloggten Benutzers liegt, sondern das tatsächliche Root-Verzeichnis ist. Über den *FileSystemManager,* den wir uns via *VFS.getManager* initialisieren lassen, können wir mithilfe eines Connection-Strings auf das entfernte Dateisystem zugreifen. Ein solcher String sieht etwa so aus:

*sftp://hduser:hduser@single/usr/local/hive/users.auth*

Das erste *hduser* kennzeichnet den Benutzernamen, das zweite das Passwort und der Begriff *single* den Host. Der angeschlossene Pfad kennzeichnet den Ort, an dem sich die Benutzerdatei befindet.

> **HINWEIS:** Sie sehen, dass ich Benutzernamen, Kennwort, Host und Port nicht mehr in eine Properties-Datei auslagere, wie ich es bei den Implementierungen mit HBase und Hadoop getan habe, sondern fest im Quelltext angebe. Das tue ich lediglich, um den Code kurz und verständlich zu halten. Gerne können Sie eine solche Datei wieder einführen, falls Sie mit Ihrer Anwendung verschiedene Systeme ansprechen wollen (z. B. Test, Abnahme, Produktion). Da das Vorgehen jedoch bereits gezeigt wurde, habe ich hier darauf verzichtet.

Über das *FileObject* holen wir uns über einige Umwege Zugriff auf den Dateiinhalt und lesen diesen über einen *BufferedReader* Zeile für Zeile aus. Dabei trennen wir jede Zeile nach Tabs und nehmen den ersten Teil als Benutzernamen und den zweiten als Passwort-Hash. Beide tragen wir dann in der *HashMap* ein und schließen die Datei wieder. Damit wäre der Lesevorgang auch schon abgeschlossen. Kommen wir nun zum Schreiben der Benutzerdatei.

**Listing 6.97** Persistieren der Benutzer

```
public boolean writeUsers() {
  FileObject fo = null;
  BufferedWriter bw = null;

  if (users == null) {
    log.log(Level.WARNING, "Keine Benutzer zum Schreiben vorhanden.");
    return false;
  }

  try {
    FileSystemOptions fsOptions = new FileSystemOptions();
    SftpFileSystemConfigBuilder.getInstance().setStrictHostKeyChecking(
      fsOptions, "no");
    SftpFileSystemConfigBuilder.getInstance().setUserDirIsRoot(
      fsOptions, false);
    FileSystemManager fsManager = VFS.getManager();
    String uri = "sftp://hduser:hduser@single" + AUTH_FILE;
    fo = fsManager.resolveFile(uri, fsOptions);

    if (fo != null) {
      OutputStream os = fo.getContent().getOutputStream();
      log.log(Level.INFO, "Persistiere Benutzer...");
      bw = new BufferedWriter(new OutputStreamWriter(os));
      Iterator<Entry<String,String>> it = users.entrySet().iterator();
      while (it.hasNext()) {
        Entry<String,String> entry = (Entry<String,String>) it.next();
        bw.write(entry.getKey() + "\t" + entry.getValue());
        bw.newLine();
        it.remove();
      }
      bw.flush();
    }
  } catch (Exception e1) {
    log.log(Level.SEVERE, "Fehler beim Schreiben der Benutzerdatei.");
    e1.printStackTrace();
  } finally {
    if (bw != null) {
      try {
        bw.close();
      } catch (IOException e) {
        log.log(Level.SEVERE, "Fehler beim Schließen der Benutzerdatei.");
        e.printStackTrace();
        return false;
      }
    }
  }
  return true;
}
```

Die Methode ähnelt der des Lesevorgangs, bloß dass wir aus dem *FileObject* einen *OutputStream* abrufen, in den wir dann alle unsere Benutzer schreiben. Das Passwort wird dabei zuvor schon in eine MD5-Summe umgerechnet. Ein *Iterator* hilft uns dabei, alle Benutzer aus der *HashTable* zu lesen.

**PRAXISTIPP:** Sie mögen sich an dieser Stelle vielleicht fragen, warum ich etwas über die Kommunikation via SFTP mit einem entfernten Host schreibe. Eigentlich hat das Thema ja mit Big-Data relativ wenig zu tun, oder? Na ja, häufig liegen die zu bearbeitenden Datenmengen in Big-Data-Projekten noch nicht auf dem Host, geschweige denn im HDFS vor. Nicht selten wird es vorkommen, dass Sie Log- oder Sensordaten manuell in der Mittagspause von A nach B kopieren, bis letztendlich ein gewisser Automatismus entworfen ist, der die Aufgabe ohne Zutun übernimmt. Natürlich bietet die Hadoop-API uns an, die Daten direkt von Remote in das HDFS zu schieben, allerdings kann es sein, dass Sie diese Daten zuerst auf herkömmlichem Wege vorarbeiten müssen, bevor Sie sie in Hadoops verteiltem Dateisystem ablegen wollen. Ich möchte also hier so argumentieren, dass die Datenbereitstellung tatsächlich ein existenzieller Bestandteil der Big-Data-Verarbeitung ist und deswegen etwas ausführlicher gezeigt wird.

Das Hinzufügen und Entfernen von Benutzern ist wieder recht einfach.

**Listing 6.98** Hinzufügen und Entfernen von Benutzern aus dem Custom-Authentication-Provider

```
public boolean removeUser(String user) {
  if (users != null) {
    if (users.get(user) != null) {
      log.log(Level.INFO, "Lösche Benutzer " + user+ "...");
      users.remove(user);
      return writeUsers();
    }
  }
  return false;
}

public boolean addUser(String user, String password) {
  HashMap<String, String> users = getUsers();
  String pwAsHex = "";

  if (users.get(user) != null) {
    log.log(Level.WARNING, "Benutzer " + user + " existiert bereits.");
    return false;
  }

  try {
    pwAsHex = convertToMd5(password);
  } catch (UnsupportedEncodingException e) {
    log.log(Level.WARNING, "Konnte keine MD5-Summe berechnen.");
    e.printStackTrace();
    return false;
  }
  users.put(user, pwAsHex);
  return writeUsers();
}
```

Wir überprüfen in beiden Fällen, ob ein Benutzer mit dem entsprechenden Namen schon vorhanden ist. Im Falle des Löschvorgangs entfernen wir den Benutzer und persistieren die Benutzerliste anschließend direkt. Beim Hinzufügen fügen wir den Benutzer nur ein, wenn er noch nicht existiert. Dabei wird gleich die Prüfsumme des Passworts gebildet und in der *HashTable* abgelegt. Auch hier persistieren wir die Benutzerdaten zum Abschluss.

### Entwurf der JSPs für den Hive-Manager

Wir entwerfen nun vier Sichten, die jeweils eine Anforderung an unseren eigenen Hive-Manager abdecken.

- *index.jsp* – Listet Datenbanken und deren Tabellen auf. Tabellen sollen als Link dargestellt werden, sodass sie angeklickt werden können, um dem Benutzer die Daten darin anzuzeigen.
- *data.jsp* – Ein Klick auf eine Tabelle in der *index.jsp* leitet auf die *data.jsp* weiter, die die Daten abruft und anzeigt. Ein bloßes Aufrufen von *data.jsp* soll die Auswahl einer Tabelle fordern und per Default keine Daten anzeigen. Da die Tabellen von Natur aus sehr groß sein können, soll hier ein *Paging*-Mechanismus eingebaut werden.
- *query.jsp* – Ermöglicht es, eigene Queries abzusetzen und die Ergebniswerte auf der Seite zu betrachten. *Paging* wird hier nicht verwendet.
- *users.jsp* – Dient der Benutzerverwaltung für die Authentifizierung an Hive mithilfe des in Abschnitt 6.5.1 geschriebenen Authentication-Providers. Dabei sollen Funktionen angeboten werden, um Benutzer anzulegen und zu löschen. Einem Benutzer zugeordnete Rollen sollen ebenfalls aufgeführt werden.

Beginnen wir mit der *index.jsp*. Der Aufbau der JSP ist dem der früheren sehr ähnlich. Ich verwende das bekannte Style-Sheet, das wir auch schon im *HBase-Manager* und im *Hadoop-Monitor* verbaut haben, um ein einheitliches Look-and-feel zu erzeugen. Gerne können Sie natürlich auch Klassen und Views in den *Hadoop-Monitor* integrieren, um eine schöne Gesamtlösung für Ihren Big-Data-Cluster einzurichten.

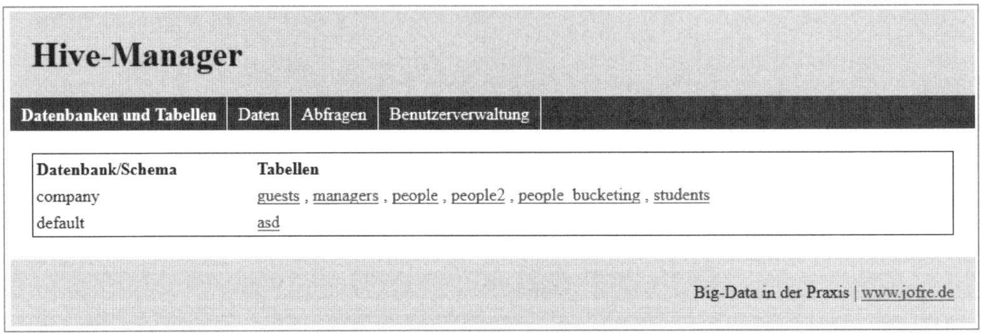

**Bild 6.15** Auflisten von Datenbanken und Tabellen im Hive-Manager

Wir führen wie üblich ein Menü im oberen Bereich ein und rufen die Logik im *div-Tag* mit der ID *content* auf.

**Listing 6.99** Auflisten aller Datenbanken samt Tabellen

```
<div id="content">
<%
  HiveManager hm = new HiveManager();
  boolean connected = hm.connect("single", "10000", "hduser", "hduser");
  if (connected) {
    List<String> databases = hm.getDatabases();
    out.println("<table style=\"width: 100%;\">");
    out.println("<tr><td><b>Datenbank/Schema</b></td>"+
      "<td><b>Tabellen</b></td></tr>");

    for(int i=0; i<databases.size(); i++) {
      out.println("<tr><td>" + databases.get(i) + "</td>");
      List<String> tables = hm.getTables(databases.get(i));
      out.println("<td>");

      for(int j=0; j<tables.size(); j++) {
        out.println("<ahref=\"data.jsp?db="+databases.get(i)+"&table="+
          tables.get(j)+"\">"+tables.get(j)+"</a>");
        if (j<tables.size()-1) {
          out.println(",");
        }
      }
      out.println("</td></tr>");
    }
    out.println("</table>");
  } else {
    out.println("Konnte keine Verbindung zu Hive herstellen!");
  }
  hm.disconnect();
%>
</div>
```

Wir stellen also über unsere Klasse *HiveManager* eine Verbindung zu Hive her. Kommt diese nicht zustande, geben wir eine entsprechende Meldung auf der Seite aus. Wie bereits erwähnt sind die Zugangsdaten fest im Code verdrahtet, statt sie wie bisher aus einer *Properties-Datei* auszulesen, was bei Bedarf natürlich gerne nachgeholt werden darf. Wurde die Verbindung erfolgreich hergestellt, werden zunächst alle Datenbanken mit der von uns entworfenen Methode *getDatabases* abgerufen und aus jeder dieser Datenbanken die entsprechenden Tabellen mittels *getTables*. Der Anschaulichkeit halber schreiben wir die Daten in eine HTML-Tabelle. Für jede Hive-Tabelle hinterlegen wir einen Link, der auf die *data.jsp* zeigt, in der wir dann die Datensätze der Tabelle betrachten können, so wie in Bild 6.16 auf der nächsten Seite gezeigt. Am Ende der JSP wird die Verbindung zur Datenbank geschlossen.

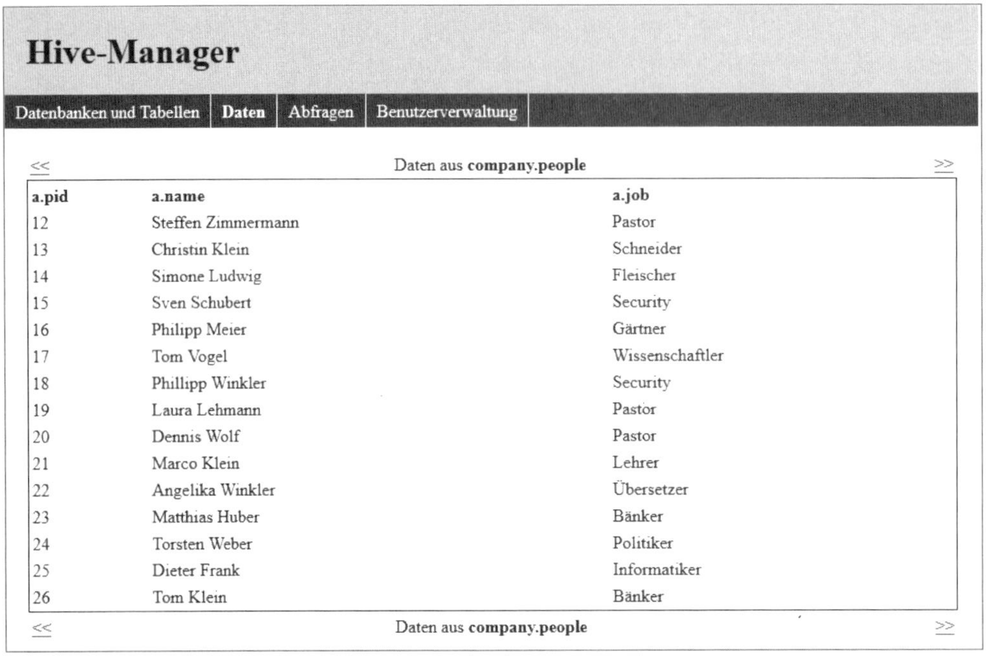

## Hive-Manager

| Datenbanken und Tabellen | **Daten** | Abfragen | Benutzerverwaltung | |

<<  Daten aus **company.people**  >>

| a.pid | a.name | a.job |
|---|---|---|
| 12 | Steffen Zimmermann | Pastor |
| 13 | Christin Klein | Schneider |
| 14 | Simone Ludwig | Fleischer |
| 15 | Sven Schubert | Security |
| 16 | Philipp Meier | Gärtner |
| 17 | Tom Vogel | Wissenschaftler |
| 18 | Phillipp Winkler | Security |
| 19 | Laura Lehmann | Pastor |
| 20 | Dennis Wolf | Pastor |
| 21 | Marco Klein | Lehrer |
| 22 | Angelika Winkler | Übersetzer |
| 23 | Matthias Huber | Bänker |
| 24 | Torsten Weber | Politiker |
| 25 | Dieter Frank | Informatiker |
| 26 | Tom Klein | Bänker |

<<  Daten aus **company.people**  >>

**Bild 6.16** Betrachtung der Daten der Tabelle people mit Paging-Funktion

Die *data.jsp* ist nun schon etwas umfangreicher, weswegen ich den Aufbau kurz Schritt für Schritt erklären möchte, um den Quelltext verständlicher zu machen.

1. Im ersten Schritt wird eine Verbindung zu Hive hergestellt.
2. Gleich darauf erfolgt die Abfrage, ob im HTTP-Request Parameter für die zu inspizierende Datenbank und eine der darin enthaltenen Tabellen gesetzt sind.
3. Falls ja, wechsle auf die angegebene Datenbank und erstelle ein Select-Statement, das die ersten n Datensätze aus den Tabellen abruft. Dieses Statement sieht in der Regel so aus:

```
SELECT * FROM (SELECT *,auto_inc() AS row_count FROM tabelle) A WHERE
A.row_count < paging_size LIMIT paging_size;
```

Dabei wird *tabelle* durch den tatsächlichen Tabellennamen ersetzt und *paging_size* durch eine Ganzzahl, die bestimmt, wie viele Datensätze aus der angegebenen Tabelle abgerufen werden sollen. Die Subquery betiteln wir übrigens mit dem Bezeichner *A*, sodass wir im Folgenden auf deren Daten zugreifen können.

Wird in den Request-Parametern zudem ein Parameter namens *from* angegeben, dann werden die Datensätze erst ab einer bestimmten Zeile gelesen, wobei die UDF *auto_inc* wie auch zuvor die Nummerierung festlegt. Das entsprechende Statement zum Einschränken des *SELECT* sieht wie folgt aus:

```
SELECT * FROM (SELECT *,auto_inc() AS row_count FROM tabelle) A WHERE
A.row_count > from AND A.row_count < from + paging_size LIMIT paging_size;
```

Hier grenzen wir den Bereich einfach durch ein *WHERE* samt zwei Bedingungen ein.

4. Anschließend erstellen wir die Pfeile in Form von HTML-Links, die es uns später ermöglichen sollen, zwischen den Seiten hin und her zu blättern. In diesen Links wird ganz einfach der Parameter *from* übergeben, der zum Vorblättern um *PAGING_SIZE* erhöht und zum Zurückblättern um *PAGING_SIZE* reduziert wird.

5. Es folgt die Ausgabe der Datensätze Zeile für Zeile. Da wir nicht wissen, welches Format die Daten in den einzelnen Spalten haben, fragen wir diese zuerst über die Metadaten des *ResultSets* ab und verwenden dann entsprechend die passende get-Methode (z. B. *getFloat, getInt, getString* …). Auch hier konstruieren wir eine HTML-Tabelle, um die Daten beschaulich darzustellen.

Beginnen wir mit der Betrachtung der einzelnen Methoden.

**Listing 6.100** Verarbeiten der Request-Parameter und Absetzen der Queries

```
// Wurden bereits eine Datenbank und eine Tabelle gewählt?
String db = (String) request.getParameter("db");
String table = (String) request.getParameter("table");

// Paging benötigt?
String from = (String) request.getParameter("from");

if (db != null && !db.trim().equals("") && table != null
    && !table.trim().equals("")) {

  hm.switchDatabase(db);

  ResultSet rs;
  if (from != null) {
    rs = hm.executeQuery("SELECT * FROM (SELECT *, auto_inc() as row_count FROM "
       + table + ") A WHERE A.row_count >= " + from + " AND A.row_count < "
       + (Integer.parseInt(from) + HiveManager.PAGING_SIZE) + " LIMIT "  +
       HiveManager.PAGING_SIZE);
  } else {
    rs = hm.executeQuery("SELECT * FROM (SELECT *, auto_inc() as row_count FROM "
       + table + ") A WHERE A.row_count < " + HiveManager.PAGING_SIZE + " LIMIT " +
       HiveManager.PAGING_SIZE);
  }

  ...
}
```

Es werden die HTTP-Parameter *db* und *table* entgegengenommen, um die Datenbank und deren untergeordnete Tabelle in Erfahrung zu bringen, deren Daten angezeigt werden sollen. Diese beiden obligatorischen Parameter werden von einem dritten begleitet, dem *from*. Dieser bestimmt, ob die Daten erst ab einem bestimmten Datensatz gelesen werden sollen. Da für die Datenselektion zwingend eine Tabelle angegeben sein muss, überprüfen wir die beiden notwendigen Parameter in der Hinsicht, dass sie im Request überhaupt vorhanden und nicht leer sind. Optional könnte man natürlich noch eine Überprüfung einbauen, die sicherstellt, dass die Tabelle bzw. die Datenbank auch wirklich existiert. Da der Weg auf die *data.jsp* jedoch in der Regel über die Auswahl einer der aufgelisteten Tabellen in der *index.jsp* führt, habe ich diese Überprüfung weggelassen. Sollte ein Benutzer die Request-Parameter manuell editieren, so wird ihm ein Fehler in der Query signalisiert. Wie oben bereits erklärt, wechseln wir nun zu der ausgewählten Datenbank und setzen die Abfrage ab, die abhängig von der Existenz des Parameters *from* konstruiert wird.

Die folgenden Methoden sind in Listing 6.100 einzufügen, an denen Sie drei Punkte sehen. Kommen wir nun zum Einbinden der Links für den *Paging*-Mechanismus.

**Listing 6.101** Einbinden der Paging-Funktion

```
// Paging-Buttons
out.println("<table style=\"width: 100%;\">");
if (from != null && !from.equals("0")) {
  int from_paging = Integer.parseInt(from)- HiveManager.PAGING_SIZE >= 0 ?
    Integer.parseInt(from) - HiveManager.PAGING_SIZE : 0;

  int to_paging = Integer.parseInt(from) + HiveManager.PAGING_SIZE;

  out.println("<tr><td style=\"text-align: left;\"><a href=\"data.jsp?db="
    + db + "&table=" + table + "&from=" + from_paging
    + "\"><<<</a></td><td style=\"text-align: center;\">Daten aus <b>"
    + db + "." + table + "</b></td><td style=\"text-align: right;\">"
    + "<a href=\"data.jsp?db=" + db + "&table=" + table + "&from="
    + to_paging + "\">>></a></td></tr>");

} else {
  out.println("<tr><td></td><td style=\"text-align: center;\">Daten aus <b>"
    + db + "." + table + "</b></td><td style=\"text-align: right;\">"
    + "<a href=\"data.jsp?db=" + db + "&table=" + table + "&from="
    + HiveManager.PAGING_SIZE + "\">>></a></td></tr>");
}
out.println("</table>");
```

Durch die vielen HTML-Tags wirkt Listing 6.101 sehr kryptisch, ist jedoch ganz einfach zu verstehen. Die Links werden in eine HTML-Tabelle eingebettet. Der Link mit den zwei Pfeilen nach links (<<) bewirkt ein Zurückblättern, jener mit zwei Pfeilen nach rechts (>>) blättert eine Seite vor. Technisch gesehen ist das Zurückblättern ein Abrufen der Datensätze von dem *from*-Parameter (z. B. 150) zu *from - PAGING_SIZE* (z. B. 150 – 50 = 100). Da das Zurückblättern nur Sinn macht, wenn wir Datensätze ab einem Reihenzähler > *0* beginnen, erlauben wir es gar nicht erst, wenn *from* nicht angegeben oder 0 ist. Wohin sollte man schon zurückblättern, wenn man ja ohnehin den Anfang der Datensätze betrachtet? Das Vorblättern aktualisiert die Seite ebenso wie das Zurückblättern, setzt aber *from* auf *from + PAGING_SIZE*. Wenn *from* nicht definiert ist, starten wir beim Vorblättern beim Datensatz mit Nummer *PAGING_SIZE*.

**HINWEIS:** Sie werden bemerken, dass diese Abfragen recht lang benötigen, länger als ein einfaches `SELECT * FROM tabelle LIMIT 50;`. Dieses Verhalten ist der Funktion *auto_inc* geschuldet, die erst einmal alle Datensätze in einer Tabelle nummeriert, bevor wir diese anhand des jeweiligen Auto-Increment-Wertes filtern können.

Beim Vorwärtsblättern habe ich auf eine Überprüfung, ob überhaupt noch weitere Datensätze vorhanden sind, verzichtet. Nutzen Sie die Funktion *getCount*, um dies zu implementieren. So können Sie das Vorwärtsblättern deaktivieren, wenn *from + PAGING_SIZE* größer als *getCount(tabelle)* ist.

Nun kommen wir zum Teil, in dem wir die tatsächlichen, abgerufenen Daten anzeigen. Wie bereits erwähnt möchte ich hier auch zeigen, wie wir zu jeder Spalte die Metadaten (Datentyp, Spaltenname …) ermitteln, um die Daten selbst individuell aufbereiten zu können. Dazu holen wir uns ein *ResultSetMetaData*-Objekt über das *ResultSet* und dessen Methode *getMetaData*. Aus diesem Objekt extrahieren wir nun die Spaltenanzahl über *getColumnCount* und iterieren auch gleich über alle Spalten, um eine HTML-Tabelle zu erstellen, die in der ersten Zeile die Spaltennamen als Überschrift zeigt. Diese Spaltennamen liefert uns wiederum *getColumnName*, dem wir als erstem und einzigem Parameter die Spalten-ID übergeben. Den Spaltennamen folgt nun Zeile für Zeile das *ResultSet*, dessen Methode *next* wir so lange aufrufen, bis diese irgendwann *null* liefert und somit keinen weiteren Datensatz enthält. In der dazugehörigen While-Schleife iterieren wir wiederum über jede Spalte des aktuellen Datensatzes und erfragen über die Metadaten, welchen Datentyps das Datum in der Spalte ist. Dabei kommt uns die Methode *getColumnType* zugute, die wie schon *getColumnName* die ID der Spalte erwartet, für die der Typ geprüft werden soll. Bei der Überprüfung kommen uns die Konstanten der Klasse *java.sql.Types* sehr gelegen, die wir einfach in einer Switch-Anweisung mit dem Datentyp der jeweiligen Spalte vergleichen können. Je nach Typ verwenden wir dann die entsprechende *get-Methode*. Weniger relevante Typen, wie z.B. Array und Bit, habe ich in Listing 6.102 aus Platzgründen weggelassen. Sie finden die komplette Methode wie immer auf der DVD.

**Listing 6.102** Ausgeben der Daten aus dem ResultSet

```
// Verarbeite Daten
ResultSetMetaData rsmd = rs.getMetaData();
out.println("<table style=\"border-width: 1px; width: 100%;\">");

// Spaltenkopf
int columnCount = rsmd.getColumnCount();
out.println("<tr>");

// Letzte Spalte ist der row_count -> Wird weggelassen, da nicht zu den
// Daten gehörend
for (int i = 1; i < columnCount; i++) {
  out.println("<td><b>" + rsmd.getColumnName(i) + "</b></td>");
}
out.println("</tr>");

// Daten in Tabelle ausgeben
while (rs.next()) {
  out.println("<tr>");
  // Letzte Spalte ist der row_count -> Wird weggelassen

  for (int i = 1; i < columnCount; i++) {
    switch (rsmd.getColumnType(i)) {
      case Types.INTEGER:
        out.println("<td>" + rs.getInt(i) + "</td>");
      break;
      case Types.VARCHAR:
      case Types.LONGNVARCHAR:
      case Types.CHAR:
        out.println("<td>" + rs.getString(i) + "</td>");
      break;
      case Types.DATE:
        out.println("<td>" + rs.getDate(i) + "</td>");
```

```
      break;
    case Types.REAL:
    case Types.FLOAT:
      out.println("<td>" + rs.getFloat(i) + "</td>");
      break;
    case Types.DOUBLE:
      out.println("<td>" + rs.getDouble(i) + "</td>");
      break;
    default:
      out.println("<td>" + rs.getString(i) + "</td>");
    }
  }
  out.println("</tr>");
}
out.println("</table>");
```

Der Darstellung der Daten folgt aus Gründen der Usability abermals die HTML-Tabelle mit der *Paging*-Funktionalität.

Die Betrachtung der *query.jsp* möchte ich Ihnen an dieser Stelle ersparen, da sie quasi ein 1:1-Abbild der *data.jsp* ist, bloß dass wir die Query in einer HTML-Form entgegennehmen, ausführen und wie auch zuvor tabellarisch darstellen. Viel interessanter ist es einmal zu sehen, wie wir in der *users.jsp* ein kleines Verwaltungsmodul für unseren eigenen *Authentication-Provider* zur Verfügung stellen können.

**Listing 6.103** Hinzufügen und Löschen von Benutzern

```
HiveUserManager hum = new HiveUserManager();
HiveManager hm = new HiveManager();
boolean connected = hm.connect("single", "10000", "hduser", "hduser");
if (connected) {
  // Parameter verarbeiten
  String userToDelete = (String)request.getParameter("delete");
  if (userToDelete != null) {
    boolean deleteResult = hum.removeUser(userToDelete);
    if (deleteResult) {
      response.sendRedirect("users.jsp");
    } else {
      out.println("Benutzer " + userToDelete + " konnte nicht gelöscht werden!");
    }
  }

  String newUser = (String)request.getParameter("newuser");
  String newPassword = (String)request.getParameter("newpassword");
  if (newUser != null && !newUser.trim().equals("") &&
      newPassword != null && !newPassword.trim().equals("")) {

    boolean addResult = hum.addUser(newUser, newPassword);
    if (addResult) {
      response.sendRedirect("users.jsp");
    } else {
      out.println("Benutzer " + newUser + " konnte nicht hinzugefügt werden!");
    }
  }

  ...
}
```

Listing 6.103 zeigt zu Beginn die Initialisierung eines *HiveUserManagers* sowie eines *HiveManagers*. Wir benötigen in dieser Ansicht beide, da wir einmal die Benutzerdaten von dem entfernten Host auslesen möchten und ebenso die Rollen bestimmen wollen, die den jeweiligen Benutzern zugeordnet sind. Das Auslesen der Rollen erfordert allerdings den Zugriff auf Hive, da, wie wir uns erinnern, die Authentifizierung durch ein Flat-File und die Autorisierung durch Hive selber geregelt wird. Konnte der *HiveManager* eine Verbindung zu Hive herstellen, überprüfen wir wie üblich die Request-Parameter. Existiert ein Parameter *delete*, so sorgen wir dafür, dass der angegebene Benutzer gelöscht wird. Findet die Seite hingegen ein *newuser* und ein *newpassword*, legen wir einen neuen Benutzer an. In beiden Fällen wird bei Erfolg ein Refresh der Seite durchgeführt und bei einem Fehlschlag eine entsprechende Meldung ausgegeben, z. B. falls beim Löschen ein Benutzer nicht existiert oder beim Anlegen eines neuen Benutzers ein solcher bereits in der Benutzerdatei zu finden ist.

Wenn die Parameter verarbeitet wurden, wird es Zeit, die Benutzer auszugeben. Über die Methode *getUsers* lesen wir alle Benutzernamen samt den gehashten Passwörtern aus der Benutzerdatei und speichern sie als Strings in einer *HashMap*. Über diese iterieren wir nun und fragen über den *HiveManager* zu jedem Benutzernamen mithilfe der Funktion *getRolesOfUser* die Rollen ab, die ihm zugeordnet wurden. All diese Daten landen, versehen mit einem Link zum Löschen jedes Benutzers, in einer HTML-Tabelle. Am Ende folgt eine Form, die es uns erlaubt, einen neuen Benutzer anzulegen.

**Listing 6.104** Benutzerliste und Form für neue Benutzer

```
// Benutzerliste
HashMap<String,String> users = hum.getUsers();
out.println("<table style=\"border-width: 1px; width: 100%;\">");
out.println("<tr><td><b>Benutzername</b></td>"
  + "<td><b>Passwort</b></td>"
  + "<td><b>Rollen</b></td>"
  + "<td><b>Aktion</b></td></tr>");

Iterator<Entry<String,String>> it = users.entrySet().iterator();
while (it.hasNext()) {
  Entry<String,String> entry = (Entry<String,String>) it.next();
  List<String> roles = hm.getRolesOfUser(entry.getKey());
  String rolesAsString = StringListHelper.joinStringList(roles);
  out.println("<tr><td>"+entry.getKey()+"</td><td>****</td> <td>"
    + rolesAsString+"</td><td><a href=\"users.jsp?delete="+entry.getKey()
    +"\">Löschen</a></td></tr>");
  it.remove();
}

// Neuen Benutzer hinzufügen
out.println("<form name=\"addUsersForm\" action=\"users.jsp\" method=\"post\">");
out.println("<table style=\"border-width: 1px; width: 100%;\">");
out.println("<tr><td>Neuer Benutzer: <input type=\"text\" name=\"newuser\" "
  + "/></td>");
out.println("<td>Passwort:<input type=\"password\" name=\"newpassword\" /></td>"
  + "<td><input type=\"submit\" value=\"Hinzufügen\" /></td></tr></table></form>");
```

Damit sind wir im Grund fertig mit einem sehr simplen Interface, um Hive über eine Web-Anwendung zu bedienen. Zwar ist die Implementierung nur sehr grobgranular, Feinheiten wie eine Autorisierung für die Anwendungen fehlen, ebenso wie etwa das Anzeigen von den

Views einer Tabelle oder weiteren Informationen über Tabellen, also ob sie extern oder intern sind und wo deren Daten im HDFS liegen. Jedoch sollte das für Sie kein Problem mehr sein!

## 6.7 Datenimport mit Sqoop

*Sqoop* kann nicht nur Daten von einem RDBMS in ein HDFS oder zu HBase kopieren, sondern auch Apache Hive ansprechen. Denkt man kurz darüber nach, ist dieser Use-Case vielleicht noch am einfachsten denkbar, da wir die Daten prinzipiell via JDBC lesen *und* schreiben könnten. Aber ganz so einfach ist es dann doch nicht, da es uns nicht möglich ist, Datensatz für Datensatz zu kopieren. Schließlich erlaubt Hive nur den Import von ganzen Dateien oder Daten per *SELECT* aus einer anderen Tabelle. Die gute Nachricht ist, dass *Sqoop* den Importprozess übernimmt und wir uns nicht darum kümmern müssen, was genau in den Zwischenschritten geschieht.

Wie Sie *Sqoop* aufsetzen, erfahren Sie in Abschnitt 5.5.6.2. Ebenso benötigen Sie die dort installierte MySQL-Datenbank, die wir als Quelle für die zu importierenden Daten nutzen. Der einzige Konfigurationsparameter, den wir für die Verwendung von Hive und Sqoop zusätzlich in die Datei *sqoop-env.sh* aufnehmen müssen, ist *HIVE_HOME* gefolgt vom Verzeichnis, in das Hive installiert wurde. Vergessen Sie nicht nach dem Hinzufügen `./configure-sqoop` auszuführen.

Der Befehl für den letztendlichen Import ist dann wieder denkbar einfach, ist *Sqoop* erst einmal aufgesetzt. Beachten Sie, dass Sie sich zum Absetzen des Befehls im Verzeichnis */usr/local/hive/bin* befinden müssen, damit *Sqoop* den *Meta-Store* von Hive findet.

**Listing 6.105** Datenimport nach Hive von Sqoop

```
./sqoop import --connect jdbc:mysql://single:3306/company --table people --username mysqluser --password mysqluser --hive-import --hive-table company.people_from_mysql
```

Da *Sqoop* das *CLI* verwendet, müssen Sie zum Absetzen des Befehls keinen der beiden *Hive-Server* starten.

> **HINWEIS:** Sollten Sie eine *IOException* ausgegeben bekommen, die besagt, dass das Verzeichnis *hdfs://single:9000/user/hduser/people* bereits existiert, dann haben Sie bestimmt schon den Import von HBase im letzten Kapitel durchgeführt. Löschen Sie dieses einfach mit dem Befehl `hdfs dfs -rm -r /user/hduser/people` und führen Sie den Import nach Hive erneut durch. Damit entfernen Sie keine Daten aus Hive, sondern lediglich die Datei, die dem Import zugrunde lag.

Eine möglicherweise auftretende Fehlermeldung wie */usr/lib/hcatalog does not exist! HCatalog jobs will fail* weist darauf hin, dass Sie die Systemvariable *HCAT_HOME* nicht gesetzt haben, wie es in der Installation von Hive erklärt wurde.

*Sqoop* exportiert nun die Daten zuerst aus der MySQL-Datenbank in das HDFS, legt dann mit einem Befehl eine Hive-Tabelle *people_from_mysql* in der Datenbank *company* an, wobei es dafür die Metadaten der Quelldatenbank verwendet, und importiert dann die Daten aus dem HDFS. Wenn der Vorgang erfolgreich abgeschlossen werden konnte, wird das temporäre Verzeichnis im HDFS (*/usr/hduser/[tabellenname]*) gelöscht. Wenn die Tabelle, die *Sqoop* in Hive anlegt, bereits existiert, dann können Sie mit dem Parameter *–hive-overwrite* dafür sorgen, dass diese überschrieben wird. Zusätzlich gibt Ihnen *Sqoop* beim Importvorgang noch einige Parameter an die Hand, um den Prozess so flexibel wie möglich zu machen. Diese sehen Sie in Tabelle 6.12.

**Tabelle 6.12** Sqoop-Parameter für den Hive-Import

| Parameter | Beschreibung |
|---|---|
| --hive-home [DIR] | Gibt das Verzeichnis von Hive an und überschreibt somit temporär für diesen Import die Systemvariable *HIVE_HOME*. |
| --create-hive-table | Erstellt die Hive-Tabelle. Wenn diese schon existiert, schlägt der Importvorgang fehl. |
| --hive-table [DB].[TABLE] | Legt die Zieltabelle in Hive fest. Der Tabelle kann, wie in Listing 6.105 zu sehen, eine Datenbank vorangestellt werden. |
| --hive-drop-import-delims | Löscht die für Hive definierten Default-Trennzeichen aus Strings beim Import wie \n, \r und \01, um fehlerhafte Datensätze zu vermeiden. |
| --hive-delims-replacement [STRING] | Ersetzt alle Default-Delimiter (\n, \r und \01) durch einen String, der dem Parameter folgt. Dabei werden allerdings alle Delimiter durch ein und denselben String ersetzt, was in der Praxis vielleicht etwas weniger praktikabel ist, und man sollte darüber nachdenken, die Daten vor dem Import in der Quelldatenbank zu bereinigen. |
| --hive-partition-key [KEY] | Soll eine Tabelle samt Partitioning angelegt werden, so können Sie über diesen Parameter einen Partitionierungsschlüssel definieren, in der Beispieltabelle *people* z. B. das Feld *job*. |
| --hive-partition-value [VALUE] | Analog zum Partition-Key wird hier der Wert bestimmt, der für die jeweilige Partition verwendet werden soll. Wenn der Schlüssel also z. B. *job* ist, wäre ein möglicher Wert *student*. |
| --map-column-hive [MAP] | Wenn Sie die Datentypen für die Spalten in Hive spezifizieren möchten (was sonst Sqoop automatisch übernimmt), dann können Sie dies über den hier vorgestellten Parameter tun. So wäre es denkbar, dass Sie die Quellspalten aus der MySQL-Tabelle vom Typ *INT (pid)*, *VARCHAR (name)* und *VARCHAR (job)* über den folgenden Parameter in Hive anderen Datentypen zuweisen: *--map-column-hive pid=BIGINT,name=STRING,job=VARCHAR*. |

## 6.8 Datenexport mit Sqoop

Für die Projekte, die Sie in Ihrem Unternehmen wahrscheinlich im Moment im Big-Data-Umfeld vermehrt vorfinden werden, spielt der Datenimport von der relationalen Welt nach Hadoop, Hive und Co. sicherlich eine größere Rolle als der umgekehrte Weg. Nichtsdestotrotz besteht durchaus auch die Möglichkeit, Daten aus Hive, Hadoop und HBase in ein RDBMS zu exportieren. Hier ist *Sqoop* leider nicht so flexibel, dass es die Datenstruktur automatisch ermittelt (Wie soll es das auch bei CSV-Dateien im HDFS?), sodass wir die Zieltabelle im RDBMS im Vorfeld erzeugen müssen, sodass sie auf die Struktur der Daten passt, die wir per *Sqoop* dorthin überspielen wollen. Für diesen Testfall erstelle ich also eine neue Tabelle *people_target* in unserer MySQL-Datenbank *company* mit den Spalten *pid* vom Typ *INT*, *name* vom Typ *VARCHAR(50)* und *job* vom Typ *VARCHAR(50)*. Erst dann können wir den Export durchführen.

**Listing 6.106** Datenexport von Hive nach MySQL

```
./sqoop export --connect jdbc:mysql://single:3306/company --username mysqluser
--password mysqluser --table people_target --export-dir
/user/hive/warehouse/company.db/people --input-fields-terminated-by '\t'
```

Die Parameter *--connect*, *--username* und *--password* sind wie gehabt dafür da, um die Verbindung zu der MySQL-Datenbank herzustellen. *--table* spezifiziert diesmal die Zieltabelle, die wir soeben angelegt haben. *--export-dir* gibt das Verzeichnis an, in dem die Daten zu finden sind, die in die MySQL-Tabelle exportiert werden sollen. Da wir beim Anlegen der Quelltabelle *people* in Hive einen anderen Spaltentrenner angegeben haben, nämlich das Tab, müssen wir dieses nun noch über *--input-fields-terminated-by* spezifizieren. Andernfalls wird ein Fehler beim Parsen der Datensätze ausgegeben. Wenn Sie nun die Tabelle *people_target* in einem MySQL-Client Ihrer Wahl (hier ist *HeidiSQL* zu sehen) betrachten, sollte der Export die Tabelle rasch gefüllt haben.

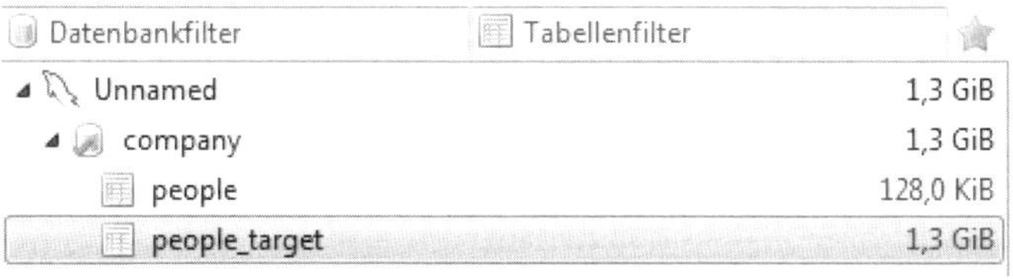

**Bild 6.17** Erfolgreicher Export von Hive nach MySQL

Neben Sqoop gibt es noch weitaus komplexere Werkzeuge, die statt eines einfachen Transfers ganze ETL-Prozesse abbilden können, etwa *Pentaho Data Integration*, *Talend Open Studio for Big-Data* oder *IBM InfoSphere DataStage*. Dort lassen sich etwa mehrere Datenquellen zu einem Ausgabe-Stream zusammenführen mit der Option, sehr viel mehr Datenbanksysteme anzusprechen, als es *Sqoop* zurzeit kann. Planen Sie Ihre Architektur also auch in dieser Hinsicht gut. Wenn Sie sich jedoch initial nur ein einfaches Überspielen von Daten via JDBC an Ihre Hadoop-Architektur vorgenommen haben, dann sind Sie mit *Sqoop* sicherlich erst einmal gut beraten.

## 6.9 Hive und Impala

Neben Hive kursiert ein anderes Open-Source-Werkzeug namens Impala, das von Cloudera vor einigen Jahren veröffentlicht wurde, nicht aber zu den Apache-Projekten zählt. Der Grund hierfür ist wahrscheinlich auch, dass es zum Großteil in C++ implementiert wurde und nicht in Java. Impala nutzt bei der Datenspeicherung den *Meta-Store* von Hive, um dessen Tabellenstruktur weiterverwenden zu können. Ebenso setzt es auf das HDFS auf, um Daten parallel auf den verschiedenen Knoten über die eigene SQL-ähnliche Sprache abfragen zu können. Der maßgebliche Unterschied ist hierbei, dass Impala nicht auf Map-Reduce aufbaut, sondern einen eigenen Verteilungsmechanismus nutzt, da laut Cloudera die Datenaufbereitung via Map-Reduce zu viele Altlasten mit sich bringt, die eine Echtzeitverarbeitung auf Big-Data nur schwer möglich machen.

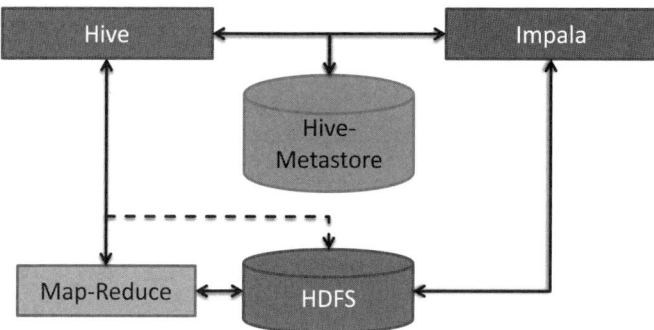

**Bild 6.18** Hive und Impala nutzen dieselben Metadaten.

Ob Impala Ihrem Unternehmen nun einen tatsächlichen Performancevorteil bringt, müssen Sie selbst herausfinden, denn die Geschwindigkeit und Stabilität der Query-Engine kann von Fall zu Fall stark variieren. Die University of California, Berkley, hat einen topaktuellen Vergleich mehrerer Big-Data-Query-Engines zusammengestellt, der eine sehr gute Übersicht über Performance und Fähigkeiten gibt[6]. Bezüglich des Feature-Sets von HiveQL und Impala gilt es ebenso auf einige Unterschiede hinzuweisen. Bei der Verwendung von Impala müssen Sie auf einen größeren Funktionsumfang verzichten, so z. B. auf:

- Die Datentypen Array, Map und Struct
- Eigene Dateiformate
- Mehrere DISTINCTs in einer Query
- Metadatenfunktionen wie DESCRIBE DATABASE, SHOW COLUMNS ...

Sie sind also noch ein bisschen mehr eingeschränkt als bei der Verwendung der HiveQL, haben jedoch bei den meisten Fällen eine kürzere Ausführungsdauer der Queries zu verzeichnen.

---

[6] *https://amplab.cs.berkeley.edu/benchmark/#*

# 6.10 Unterschied zu Pig

*Apache Pig* wurde bereits in Abschnitt 4.6 vorgestellt und macht auf den ersten Blick den Eindruck, Apache Hive in Hinsicht auf dessen Aufgabenbereich sehr ähnlich zu sein. Nun gibt es jedoch einige feine Unterschiede, die zwischen Pig und Hive auffallen und bei der Entscheidungsfindung bei einer Technologieauswahl dienlich sein können. Hive setzt, wie wir gelernt haben, auf HiveQL und bewegt sich damit nahe an SQL, um den Benutzern eine bekannte Umgebung zu bieten. Pig arbeitet mit *Pig Latin*, einer Sprache, die ein anderes Vokabular und einen auf den ersten Blick anderen Aufbau der Queries beinhaltet.

**Listing 6.109** Vergleich Pig Latin und SQL

```
// SQL
SELECT name,age FROM people WHERE age > 21;

// Pig Latin
people = LOAD 'people.txt' USING PigStorage(',') AS (name, age, job);
adults = FOREACH (FILTER people BY age > 21) GENERATE name, age;
```

In SQL greifen wir auf eine Tabelle *people* zu, die uns als Basis für Abfragen dient, und geben an, dass wir die Spalten *name* und *age* abfragen möchten, jedoch nur von den Personen, die älter als 21 Jahre sind. In *Pig Latin* erzeugen wir uns zuerst über *LOAD* einen Datensatz aus einer einfachen CSV-Datei mit Namen *people.txt*. Darin befinden sich drei Spalten *name*, *age* und *job*, die wir *Pig* bitten einzulesen. Jede Spalte ist dabei mit einem Komma getrennt. In der Anweisung *FOREACH* gehen wir nun jede Zeile in der Datei durch und überprüfen das Feld *age* auf einen Mindestwert von *22*. Die Rückgabe der Werte erfolgt über das Schlüsselwort *GENERATE* gefolgt von den gewünschten Feldern. Die Ergebnisse werden nun unter dem Schlüsselwort *adults* abgelegt. Hier offenbart sich die nächste Besonderheit von Pig. Pig-Skripte sind eine Ansammlung von mehreren aufeinanderfolgenden Befehlen, die jeweils eine oder mehrere bestehende Ergebnismengen weiterverarbeiten. Anders als bei SQL, wo in der Regel nur wenige, komplexe Queries abgesetzt werden, ist Pig darauf ausgelegt, viele einzelne Verarbeitungsschritte aneinanderzuhängen und auszuführen – ohne sich dabei in zu vielen Subqueries zu verlieren. Eine Ausgabe der Daten erfolgt übrigens erst auf Wunsch des Benutzers; in unserem Fall z. B. über ein dump `adults;`. Dadurch, dass Pig beliebige Textdateien als Eingabemenge akzeptiert, ist es prädestiniert für Ad-hoc-Queries, in denen ein Entwickler oder Data-Scientist relativ frei und ohne viel Vorbereitung existierende Daten analysieren kann.

Des Weiteren, und das ist eine sehr subjektive Ansicht, ist Pig etwas transparenter und dessen Schritte sind leichter nachvollziehbar, da man Pig-Skripte Zeile für Zeile ausführen und die jeweilige Ergebnismenge verifizieren kann. Ebenso hat man keine Metadatenebene zwischen den Daten und der Query an sich, wie sie in Hive vorgehalten wird. Ob jetzt eine der beiden Technologien besser ist oder nicht, ist wahrscheinlich vom speziellen Gebrauchsfall und Gusto des Benutzers abhängig. Viele Unternehmen, die Hadoop im Einsatz haben, verwenden Pig und Hive in Kombination.

# 6.11 Zusammenfassung

Ich glaube, es war gut zu sehen, dass Hive ein bisschen feingliedriger ist als HBase. Wir können gezielt in den Datenbeständen im HDFS suchen, müssen diese allerdings zuvor in eine Tabellenform pressen. Wenn das erst mal geschehen ist, ist es mit ein paar Abstrichen möglich, Hive via JDBC an gängige Reporting-Werkzeuge anzubinden, um die Daten darin in Diagrammen zu visualisieren oder tabellarisch dazustellen. Natürlich gilt es, darauf zu achten, dass man auf einige Funktionen, die sonst in SQL vorhanden sind, verzichten muss. Da im Reporting jedoch selten mit *INSERTs* oder *UPDATEs* gearbeitet wird – schließlich lesen wir die Daten im Endeffekt fast nur –, bietet Hive eine gute Ergänzung zur klassischen, relationalen Datenbank. Das Manko, dass Echtzeitabfragen noch nicht möglich sind, darf in meinen Augen noch eine Weile ignoriert werden. Schließlich arbeitet die Community weiterhin an dem Projekt, und ich bin mir fast sicher, dass mit einem der nächsten Releases ein Schritt in Richtung YARN oder Spark getan wird, der von der Architektur dann eher der Impalas ähnelt und noch ein weiteres Stück mehr auf Map-Reduce verzichtet. Das Thema *Data-Warehousing meets Big-Data* bleibt also weiterhin spannend und wird uns sicher noch die ein oder andere Überraschung in den nächsten Monaten bescheren.

# 7 Big-Data-Visualisierung

Bisher wurde gezeigt, wie mit Hadoop gearbeitet wird und wie man HBase und Hive on top betreibt, um Datenanalysen mit der HBase-API und HiveQL durchzuführen. Somit haben wir die wesentlichen Teile der Big-Data-Verarbeitung betrachtet, es fehlt jedoch noch die Präsentation der Ergebnisse. Schließlich kann man seinem Fachbereich nicht zumuten, mit *CSV-Dateien* zu arbeiten oder *Key-Value-Paare* zu betrachten. In diesem Kapitel soll es also darum gehen, die Daten auf eine innovative und doch verständliche Art und Weise zu visualisieren. Wieso innovativ? Nun, es müssen einige Wege gefunden werden, um große Datenmengen mit komplexeren Strukturen in Diagrammen unterzubringen, die nicht mehr Platz einnehmen als *gewöhnliche* Diagramme. In diesem Kapitel wollen wir also in Bezug auf die Datendarstellung geeignete Methoden finden und darüber nachdenken, wie man große Datenmengen komfortabel über Diagramme projizieren kann, ohne den Benutzer zu überfordern und ohne exponentiell viel Platz zu benötigen.

Dieses Kapitel soll eine Übersicht darüber geben, wie Daten visualisiert werden können, welche neuen Diagrammtypen es gibt, die sich speziell an Datentypen richten, wie sie im Big-Data-Kontext vorkommen und was es bei der Datenaufbereitung zu beachten gilt. Wie auch in den vorigen Kapiteln möchte ich eine kurze Einführung in die Theorie der Datenvisualisierung geben und aufzeigen, welchen Trends diese folgt und welche Vorteile sie gegenüber einer textuellen Darstellung bietet. Auf Basis dieser soll dann im Verlauf dieses Abschnitts ein Visualisierungsframework ausgewählt werden, das uns während der späteren Implementierung hilft, unsere Daten darzustellen.

## ■ 7.1 Theorie der Datenvisualisierung

Es wurde schon früh erkannt, dass das Visualisieren von Daten dabei hilft, Zusammenhänge zu erkennen und die Daten besser zu verstehen. So konstatiert Colin Ware:

> *"Indeed, we acquire more information through vision than through all of the other senses combined."*, (Ware, 2012)

Edwin Hutchins stützt diese These dadurch, dass er bemerkt, dass sich der Denkprozess nicht vollständig im Kopf eines Menschen abspielt (Hutchins, 1994). Nur einen geringen

Teil der intellektuellen Arbeit, die wir täglich leisten, führen wir mit geschlossenen Augen und Ohren durch. Vielmehr denkt der Mensch mit Visualisierungswerkzeugen wie Stift, Papier, Flipcharts und Whiteboards. Gerade in naturwissenschaftlichen Vorlesungen arbeiten Lehrende trotz hochtechnisierter Ausstattung der Hörsäle und Unterrichtsräume gerne noch mit Tafel und Kreide, um Gedankengänge zu skizzieren und auf Fragen Studierender möglichst verständlich zu antworten. Ein trivialeres Beispiel, warum Informationen besser aufgenommen werden, wenn sie in Bildern dargestellt sind, ist die Werbung im Supermarkt. Die einfache Information (in Textform oder über den Lautsprecher), dass frische Erdbeeren eingetroffen sind, animiert wahrscheinlich nur wenige Kunden zum Kauf. Ein passendes Bild mit einer Familie, die sich über einen frisch gebackenen Erdbeerkuchen freut, dafür umso mehr. Oft hat die Visualisierung von Informationen nicht nur die reine Kommunikation von Sachverhalten zur Folge, sie weckt auch Emotionen und teilt somit Auszudrückendes auf einer subjektiven Ebene mit. So rufen z. B. Karten bestimmter Gebiete Erinnerungen des Betrachters hervor und unterstützen das Gehirn bei der Festigung des Gesehenen (Yau, 2011). Ebenso ist das menschliche Gehirn darauf ausgelegt, Bilder zu speichern, keine Datensätze. Die Loci-Methode, die häufig von Gedächtnissportlern angewandt wird, arbeitet mit der imaginären Platzierung von Gegenständen in einer bekannten Umgebung und verknüpft dieses Platzieren mit einer Geschichte. Dieses Vorgehen wurde in letzter Zeit häufig von Designern aufgegriffen, die Infografiken erstellen, die sich aus mehreren Diagrammen zusammensetzen.

So auch Bild 7.1, das als Beispiel Auskunft über die Hochschulstatistik Deutschlands (2012) gibt. Betrachtet man exemplarisch den ersten Ausschnitt oben direkt unter der Unterschrift, so liest man, dass lediglich 19 % der Promovierten in der Forschung tätig sind. Diese Aussage wird nun von einer Anzahl Figuren untermauert, sodass der Betrachter die Größe dieser Zahl nicht nur in Worten, sondern auch als Bild wahrnimmt. Das *Shorter Oxford English Dictionary* bezeichneten den Begriff 1972 noch als das Konstruieren eines visuellen Bildes im Geiste (Little et al., 1972). Colin Ware modernisiert den Terminus, indem er ihn als grafische Repräsentation von Daten und Konzepten definiert (Ware, 2012). Infografiken sprechen besonders den Aspekt der komplexen Informationsstrukturen an, von dem wir häufig im Zusammenhang mit Big-Data hören. Sie werden als Ansatz genutzt, um verschiedenste Grafiken, die jedoch im selben Kontext erscheinen, in einer Abbildung zu vereinen. Wenn Sie, wie ich, Leser verschiedener Fachzeitschriften für Java-Entwickler sind, dann kennen Sie derartige Grafiken sicherlich, wenn es um Themen wie *BPMN*, *Git* oder *Agile* geht. Diese werden häufig in Form von Postern ausgeliefert und finden oft ihren festen Platz am Arbeitsplatz oder – zum Leidwesen der Partnerin oder des Partners – im Büro zu Hause; sie ersparen dort aber durch ihre bloße Präsenz sicher häufig die ein oder andere Informationsrecherche im Internet. Im Folgenden werden nun die Vorteile der Datenvisualisierung anhand eines einfachen Beispiels aufgezeigt.

# 7.1 Theorie der Datenvisualisierung

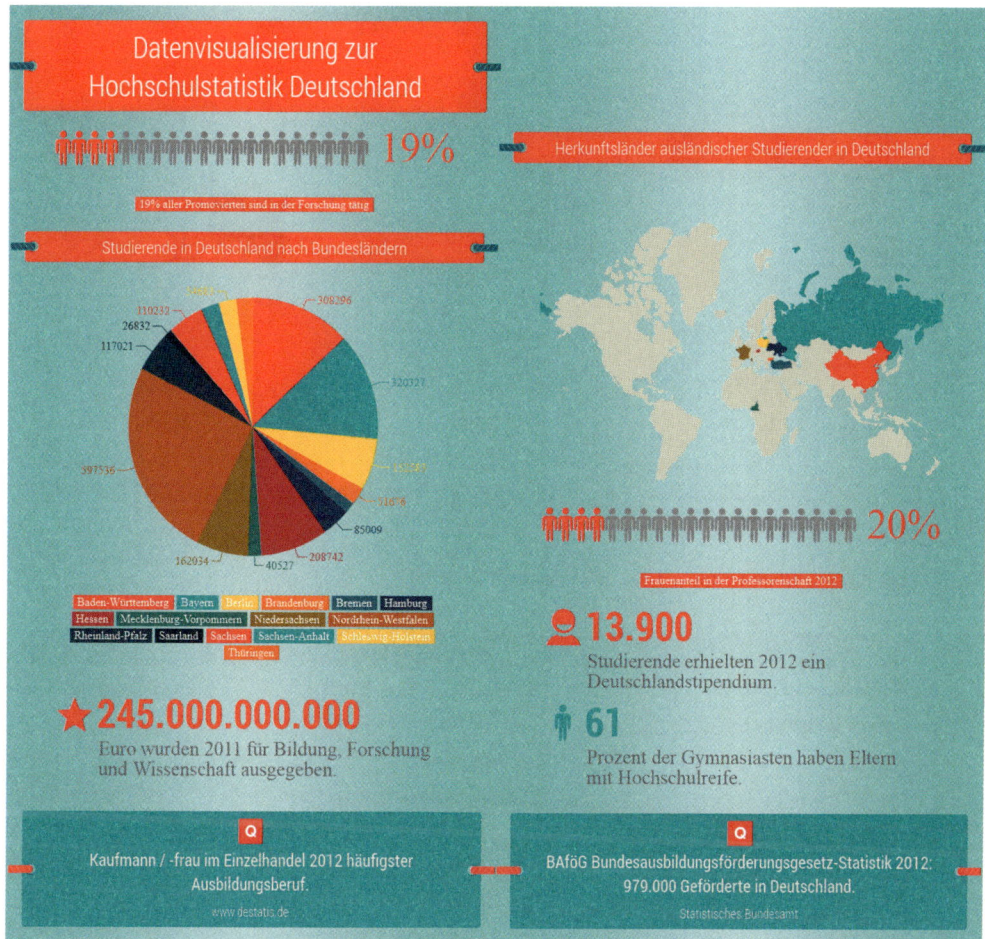

**Bild 7.1** Infografik zur Visualisierung von Hochschulstatistiken

Exemplarisch betrachten wir die *Choroplethenkarte* aus Bild 7.2 (auf der nächsten Seite), die die Zahl aller Studenten in jedem Bundesland Deutschlands zeigt. Von links nach rechts werden die Jahre 2011, 2012 und 2013 dargestellt. Eine *Choroplethenkarte* fokussiert sich auf die räumliche Verteilungsdichte einer beliebigen Kennzahl, die dann auf einer Landkarte abgebildet wird. In diesem Falle wäre die Kennzahl die Anzahl der eingeschriebenen Studenten pro Bundesland. Je dunkler der dargestellte Farbton ist, desto ausgeprägter ist die Kennzahl im jeweiligen Bundesland. Es ist leicht zu erkennen, dass die Anzahl an Studenten vor allem in Nordrhein-Westfalen, Baden-Württemberg und Bayern in den letzten Jahren zugenommen hat. Das Wachstum in Baden-Württemberg und Bayern ist außerdem sehr ähnlich. Im Vergleich sollen nun die Rohdaten betrachtet werden.

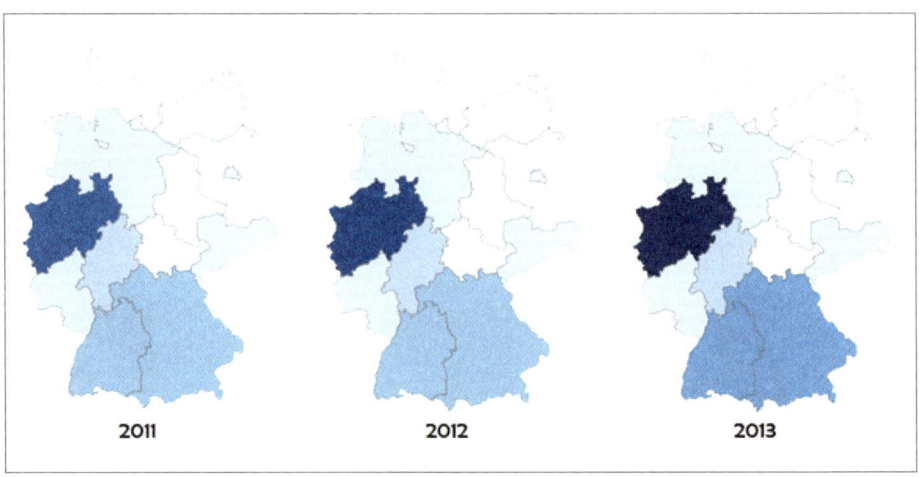

**Bild 7.2** Anzahl Studierender in allen Bundesländern Deutschlands von 2011 bis 2013

**Tabelle 7.1** Studierendenzahlen in Deutschland nach Bundesland von 2011 bis 2013 (Quelle: Statistisches Bundesamt)

| Bundesland | 2011 | 2012 | 2013 |
|---|---:|---:|---:|
| Nordrhein-Westfalen | 535 454 | 597 952 | 644 320 |
| Baden-Württemberg | 290 286 | 308 339 | 333 408 |
| Hessen | 196 545 | 208 887 | 215 520 |
| Niedersachsen | 149 899 | 161 417 | 170 164 |
| Thüringen | 53 587 | 53 668 | 53 234 |
| Hamburg | 80 115 | 85 243 | 91 546 |
| Schleswig-Holstein | 52 344 | 54 607 | 54 935 |
| Rheinland-Pfalz | 113 069 | 117 105 | 119 857 |
| Saarland | 25 343 | 26 864 | 28 415 |
| Sachsen-Anhalt | 54 078 | 55 761 | 55 251 |
| Mecklenburg-Vorpommern | 39 562 | 40 471 | 39 827 |
| Bayern | 287 432 | 320 318 | 332 766 |
| Sachsen | 109 761 | 111 635 | 112 191 |
| Bremen | 31 848 | 33 337 | 34 383 |
| Berlin | 147 030 | 153 694 | 160 145 |
| Brandenburg | 50 941 | 51 676 | 51 857 |

Welche der beiden Darstellungsarten würden Sie nun in einer Präsentation verwenden, in der Sie die Zahlen einem mehr oder wenigen interessierten Publikum näherbringen müssten? Die in Tabelle 7.1 aufgelisteten Werte enthalten dieselben Informationen wie das Diagramm in Bild 7.2 und sind sogar durch eine genaue Wertangabe noch präziser. Sie müssen allerdings über einen längeren Zeitraum intensiv betrachtet werden, um die darin enthaltenen Informationen zu erkennen. Einige wesentliche Vorteile für die grafische Datenrepräsentation lassen sich aus dem Vergleich *Tabelle ↔ Visualisierung* ableiten:

- Die Visualisierung erlaubt ein beinahe *sofortiges Verständnis* großer, numerischer (bzw. hierarchischer) Datenmengen.
- Visualisierungen helfen dabei, *Beziehungen zwischen Datensätzen herzustellen*, die im Vorfeld nicht explizit als solche gekennzeichnet wurden (gleiches Wachstum in Bayern und Baden-Württemberg).
- *Messfehler* können in einer Visualisierung häufig schneller als solche erkannt werden. So würde etwa ein plötzlicher Anstieg der Zahlen für Sachsen um den Faktor zehn in der Grafik auffallen.

Des Weiteren birgt eine Visualisierung einen ganz signifikanten, wenn auch von Betrachter zu Betrachter unterschiedlichen Vorteil: Er weckt Interesse und regt zu weiteren Recherchen an. So stellt man sich beim Ansehen der Karte ggf. eine der folgenden Fragen:

- Wie sah die Entwicklung vor 2011 aus?
- Wie wirken sich die doppelten Abiturjahrgänge auf die Zahlen aus?
- Wie sähe eine Karte aus, die nicht nur Bundesländer, sondern sogar Postleitzahlengebiete zeigt?

**HINWEIS:** Wussten Sie, dass es den Berufszweig des *Data-Visualizers* gibt? Die Anforderungen an diesen Berufszweig sind vielseitig und es bedarf nicht nur eines guten Werkzeugs, um deren Aufgaben nachzukommen. Neben analytischem Denken ist vor allem ein Gespür für das Künstlerische vonnöten, denn häufig werden Diagramme nicht mehr einfach nur als Diagramme dargestellt, sondern zu ausschweifenden, illustrierten Infografiken aufbereitet. Tam Harbert fasst die Qualitäten und Fähigkeiten eines Data-Visualizers treffend zusammen (Harbert, 2013):

- Mag es, Puzzle zu lösen und mit Daten zu spielen
- Kennt und versteht das Publikum und dessen Bedürfnisse
- Besitzt die Geduld, neue Visualisierungswerkzeuge und -methoden auszuprobieren
- Hat ein Interesse an Kunst und gutem Design
- Besitzt einen Abschluss in Mathematik, Ingenieurswesen, Statistik, Wirtschaft oder in Finanzwesen
- Hat die *Best-Practices* von einem Experten erlernt
- Kann seine linke und rechte Gehirnhälfte – mitunter gleichzeitig – einsetzen

Sicher gehört noch eine Prise IT-Verständnis dazu, was Habert nicht als eine der nötigen Schlüsselqualifikationen auflistet. Wir haben jedoch bereits gelernt, dass neben der reinen Darstellung auch die Aufbereitung der Daten eine große Rolle spielt und diese eine der Kernkompetenzen ist, die für die Visualisierung von Big-Data gefordert werden. Interessant ist hier übrigens der Vergleich der Rolle des Data-Visualizers mit der des Data-Scientists, wie sie zu Beginn von Kapitel 8 vorgestellt wird. Sie werden sehen, dass sich die beiden Tätigkeitsbereiche zu einem Großteil überschneiden.

## Visual Analytics

Aus diesen Disziplinen erwuchs über die Jahre das Aufgabenfeld der *Visual Analytics*, die als Analysemethode mehrere Disziplinen in sich vereint.

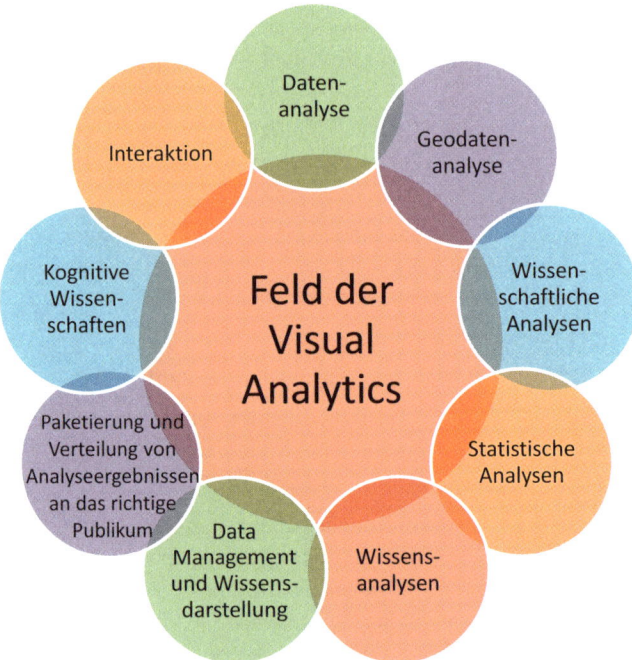

**Bild 7.3** Visual Analytics vereint viele verschiedene wissenschaftliche Themengebiete (Keim et al., 2008)

*Visual Analytics* besteht also nicht nur aus der bloßen Datenvisualisierung. Es ist vielmehr das Zusammenspiel von Visualisierung, menschlichen Faktoren (Datenverständnis, Interpretation, Sichtweisen) und der Datenanalyse selbst (Keim et al., 2008). Es ist also nicht nur nötig, seine Daten zu kennen und in der Lage zu sein, sie aufzubereiten, sondern sich auch in die Menschen hineinversetzen zu können, die die Daten selbst verstehen müssen, um diese so aussagekräftig wie möglich zu präsentieren. Diese Anforderung umfasst der Punkt in Bild 7.3 mit dem Titel *Paketierung und Verteilung von Analyseergebnissen an das richtige Publikum*. Das *Datenmanagement und die Wissensdarstellung* stechen ebenfalls aus der Aufzählung bloßer Analysebereiche heraus. Da wir diese Bereiche auch in Bezug auf große Datenmengen in diesem Buch behandeln, wird deutlich, dass auch die *Visual Analytics* vom Big-Data-Trend beeinflusst werden und eine gewisse Kenntnis der entsprechenden Technologien vorausgesetzt wird. Wenn Sie sich für die wissenschaftliche Seite der *Visual Analytics* interessieren, möchte ich Ihnen das Buch *Visual Business Analytics*[1] von *Jörn Kohlhammer* ans Herz legen. Es beschreibt die Theorie der Informationsgewinnung über Datenvisualisierung sehr gut und kann hervorragend als theoretische Ergänzung zu diesem praktischen Werk gelesen werden.

---

[1] *http://www.dpunkt.de/buecher/3760/visual-business-analytics.html*

Bevor nun auf die Besonderheiten der Big-Data-Visualisierung eingegangen wird, möchte ich Ihnen die gängigen Datenstrukturen zeigen, die einer Visualisierung zugrunde liegen. Diese werden bei der Diagrammempfehlung, die wir später zusammen implementieren, noch eine Rolle spielen.

## ■ 7.2 Diagrammauswahl gemäß Datenstruktur

Liegen die darzustellenden Daten einmal aufbereitet vor, besteht der nächste Schritt darin zu überlegen, um welche *Art* von Daten es sich handelt. Kurniawan nennt in diesem Zusammenhang fünf verschiedene Datenstrukturen (Kurniawan, 2009).

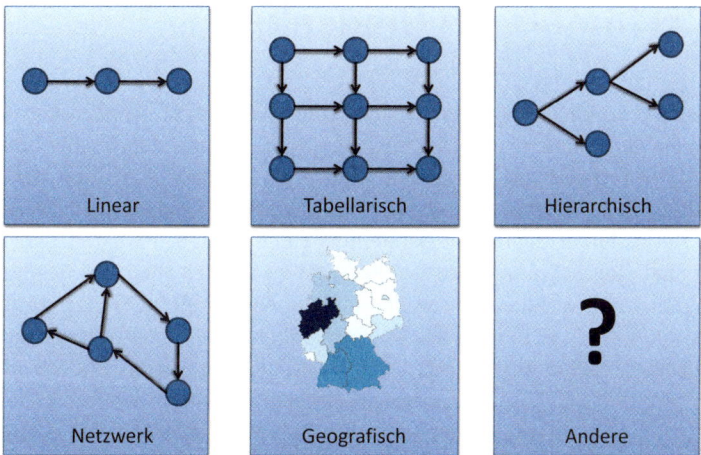

**Bild 7.4**  Verschiedene Datentypen fordern verschiedene Visualisierungsmethoden.

- *Lineare Daten* sind voneinander abhängig, aufeinander verweisend und haben jeweils einen Vorgänger und einen Nachfolger.
- *Tabellarische Daten* werden üblicherweise – o Wunder – in Tabellenform dargestellt und haben jeweils eine horizontale Beziehung über Attribute, verfügen häufig über ein Schlüsselelement und sind mitunter hierarchisch sortierbar. Diese Art der Darstellung fällt eher nicht ins Raster der Diagramme, sondern wird gesondert betrachtet. Tabellen haben wir in den Kapiteln 5 und 6 bereits verwendet, als es darum ging, Daten aus Hive und HBase anzuzeigen, sie sind also ein gängiges Mittel, um auch große Datenmengen darzustellen, wenn die Selektion eines Datenausschnitts intelligent durchgeführt wird.
- *Hierarchische Daten* verfügen über eine Eltern-Kind-Struktur. Sie haben demnach einen Vorgänger und beliebig viele Nachfolger. Es existiert in jeder dieser Baumstrukturen ein Wurzelelement.
- Eine *Netzstruktur* erlaubt beliebige Relationen zwischen den einzelnen Datensätzen in einem Netzwerk. Häufig werden diese Darstellungen verwendet, um geografische Daten oder Netzwerkbeziehungen darzustellen.

- *Geografische Daten* werden oft als Karte, wie z. B. in Bild 7.2 zu sehen, als *Choroplethenkarte* dargestellt, um bestimmte Ausprägungen eines Merkmals auf ein bestimmtes Areal abzubilden oder die Aufmerksamkeit des Betrachters durch Marker auf bestimmte Koordinaten, Städte, Flüsse oder Strecken zu lenken.

Kurniawan behält sich vor, dass es noch andere Datentypen gibt, die in keines dieser Schemata passen. Hier wäre beispielsweise der Datensatz anzuführen, der einer *Tag-Cloud*, dem Diagramm der *Web-2.0-Ära*, zugrunde liegt. Dabei handelt es sich um eine Liste nicht zueinander in Beziehung stehender Daten, die letztendlich in einer zusammengesetzten, ineinander verwinkelten Textabbildung zusammengeführt werden.

## 7.3 Visualisieren von Big-Data erfordert ein Umdenken

Was wir bisher bezüglich der Datenvisualisierung besprochen haben, ist nicht neu. Die Datentypen, die dargestellt werden, waren auch schon vor Auftreten der Big-Data-Thematik bekannt und die Tatsache, dass Diagramme unserem Verstand schneller zugänglich sind als bloße Daten, ist auch keine bahnbrechende Erkenntnis. Wo also liegen die Besonderheiten und die Herausforderung bei der Darstellung von Big-Data? Klar ist, dass der Datenumfang erst einmal eingeschränkt werden muss. Stellen Sie sich vor, dass Sie eine Millionen Städte auf einer Landkarte anzeigen wollen und zu jeder Stadt im Sichtfeld Informationen anbieten möchten, wie z. B. Einwohnerzahl, Gründungsjahr oder das Durchschnittseinkommen. Insbesondere sollen des Weiteren die Städte hervorgehoben werden, die über drei Millionen Einwohner aufweisen. Aus diesem einfachen Szenario ergeben sich im Grunde zwei grob formulierte Anforderungen an die Big-Data-Visualisierung. Diese lauten:

- *Wie können wir viele Daten auf einmal darstellen?*
- *Wie können wir in großen Datenmengen die Aufmerksamkeit auf einen Datensatz lenken?*

Bereits in Abschnitt 3.18.2 wurde erwähnt, dass das Ausdünnen der Daten eine elementare Rolle bei der Aufbereitung von Big-Data spielen kann. Dieser Schritt kommt bei der Datenvisualisierung besonders zum Tragen, bedenkt man, dass Diagramme häufig auf Client-Seite via JavaScript oder Flash gerendert werden und die Daten dazu von unserem Server auf den Rechner des Betrachters transportiert werden. Hier müssen wir aus Zeit und Performancegründen die Datenmenge auf ein akzeptables Minimum reduzieren, um die Ladezeiten kurz und die *Usability* der Anwendung hoch zu halten.

Eine zweite Herausforderung, die sich aus der ersten Frage ergibt, ist die des Platzes, der uns für die Darstellung der Daten zu Verfügung steht. Wie können wir diesen effizient nutzen, sodass der Betrachter trotz der erhöhten Anzahl der Datensätze trotzdem die Aussage des Diagramms erkennt, es thematisch einordnen kann und das Diagramm Interesse weckt und nicht schon im Vorfeld zu komplex wirkt? Und wie heben wir bestimmte Areale hervor, die für den Betrachter besonders interessant sein könnten? Lassen Sie uns die folgenden Abschnitte als möglichen Lösungsansatz für die angesprochenen Punkte betrachten.

## 7.3.1 Aufmerksamkeit lenken

Jenifer Tidwell (Tidwell, 2011) stellt die Behauptung auf, dass visuelle Werkzeuge bereits Informationen liefern, ohne dass der Betrachter ihnen überhaupt aktiv Beachtung schenkt. Ist diese Behauptung auch noch zu vertreten, wenn Big-Data dargestellt wird? Schließlich müssen hier ja viel mehr Daten auf demselben Platz untergebracht werden, und da liegt die Vermutung nahe, dass diese intuitive Informationsaufnahme vielleicht nicht mehr ganz so selbstverständlich erfolgt. Wie also lassen sich wichtige Informationen in Diagrammen auch bei großem Umfang weiterhin hervorheben, sodass diese auf einen Blick ersichtlich sind? Und wie wird vermieden, dass das Hindeuten auf diese Merkmale nicht abermals zu viel Platz auf der Abbildungsfläche in Anspruch nimmt? Zwar ließen sich leicht große Pfeile auf interessante Punkte eines Diagramms zeichnen und beschriften, jedoch ginge dadurch ein wesentlicher Teil der Grafik verloren, der zur Darstellung weiterer Datensätze genutzt werden könnte. Tidwell führt für diesen Fall folgende Möglichkeiten (Bild 7.5) an, um einzelne Bereiche hervorzuheben. Dabei verzichtet sie weitestgehend auf Beschriftungen oder weitere Elemente auf der Grafik, sondern modifiziert die jeweiligen dargestellten Daten nur leicht in Form, Position und Farbe.

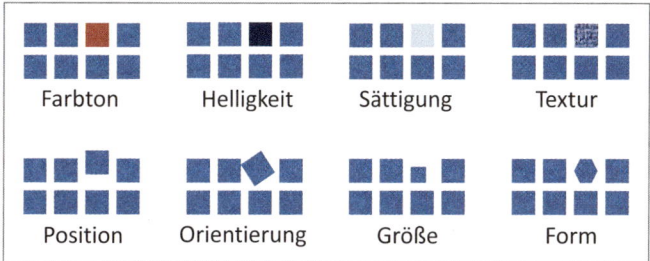

**Bild 7.5** Werkzeuge, um Aufmerksamkeit gezielt zu lenken, nach (Tidwell, 2011)

Zu Beginn werden drei Möglichkeiten angeführt, die die Farbe des hervorzuhebenden Datums ändern, genauer: Farbton, Helligkeit und Sättigung. Gewiss könnte man die drei zu einem einzelnen Punkt zusammenfassen, jedoch ergeben sie einzeln genommen verschiedene Möglichkeiten der Darstellung, die bei einer einfachen Änderung des RGB-Wertes (Rot-Grün-Blau) verwehrt blieben. Abermals soll die Choroplethenkarte aus Bild 7.2 als Beispiel dienen, auf der verschiedene Niveaus durch die Helligkeit der Farbe dargestellt werden. Anders als bei einer eigens erdachten Farbskala (z. B. einer *Heat-Map*, die Werte von Grün über Gelb nach Rot darstellt), kann so ein klarer Verlauf gezeigt werden, der beispielsweise von 0 bis 100 reicht und keine sichtbaren Schwellenwerte aufweist. Bei der als Beispiel angeführten *Heat-Map* ruft jeder Farbwechsel beim Betrachter eine sofortige Assoziation mit einer Zustandsänderung hervor. Die Farbe Grün wird sehr positiv wahrgenommen, Gelb gilt als kritisch und Rot als negativ. Eine Karte, die mit einer einzigen Farbe arbeitet und lediglich deren Helligkeit verändert, führt nicht zu derartigen Interpretationen.

Bezüglich des Farbschemas eines Diagramms gilt es, eine gewisse Konsistenz zu wahren und Farben zu wählen, die dem Betrachter gegenüber angenehm erscheinen. Solche Schemata lassen sich leicht über eigens dafür erstellte Web-Dienste[2] erstellen. Neben der Farb-

---
[2] http://colorschemedesigner.com/

gebung spielt ebenso die Texturierung eine Rolle, die durch ein Muster Datensätze hervorheben kann.

Die form- oder positionsändernden Merkmale wie Positionierung, Orientierung, Größe oder Form sind mit Vorsicht zu genießen, da diese voraussetzen, dass alle anderen Daten geordnet und gleich verteilt zueinander ausgerichtet sind und über ein einheitliches Erscheinungsbild verfügen. Weniger aussagekräftig wäre diese Darstellung etwa auf einer Landkarte, da die Grenzen dem Betrachter zwar geläufig sein können, die Umrisse aber so stark variieren, dass bei geringen Änderungen der Form eines bestimmten Areals nicht wahrgenommen werden kann, ob sich dieses nun verändert hat oder nicht.

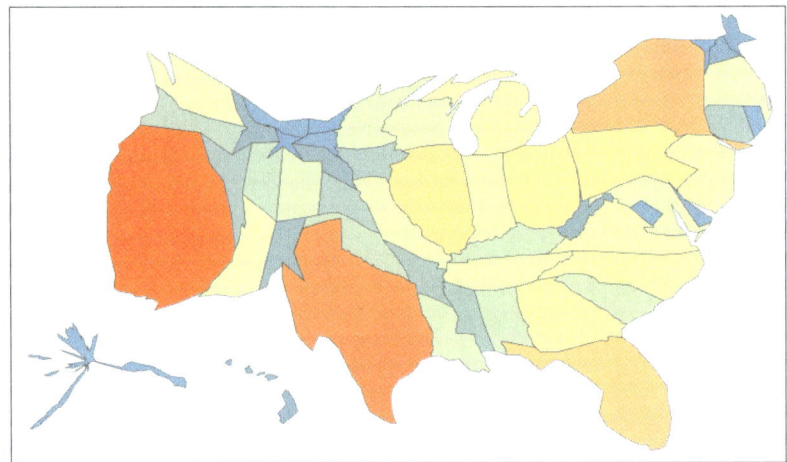

**Bild 7.6** Geburten werden über Formveränderungen auf einer Karte der USA dargestellt. (Allen)

So zeigt Bild 7.6 eine Karte, die die Geburtenrate in den USA visualisieren soll. Auch mit Kenntnissen der Topografie von Nordamerika ist es schwer, Aussagen darüber zu treffen, in welchen Staaten die Rate nun besonders hoch ist. Kalifornien, New York, Florida und Texas scheinen etwas ausgeprägter zu sein als die anderen, jedoch ist eine klare Aussage, ohne Beachtung der Farbhelligkeit, nicht zu treffen. Nichtsdestotrotz hat Shawn Allen mit dieser Karte eine fantastische Visualisierungsmethode geschaffen, die ihre ganze Aussagekraft erst entfaltet, wenn der Benutzer aktiv mit dem Diagramm interagiert. Dabei kann die Karte in einer Animation in ihren Normalzustand transformiert werden, wodurch die Ausprägung des Merkmals *Geburtenrate* erst sichtbar wird. Besonders eindrucksvoll ist weiterhin die Möglichkeit, zwischen verschiedenen Merkmalen zu wechseln (Bild 7.7), z. B. mit der Migrationsrate oder der Bevölkerungsdichte. Eine Karte visualisiert hier also durch Nutzung von interaktiver Veränderung von Form, Farbe und Größe sechzehn Merkmale auf engstem Raum. Das Stichwort Interaktivität soll nun direkt in den nächsten Abschnitt überleiten.

So etwa wird Alaska unten links in Bild 7.6 durch eine geringe Geburtenrate stark komprimiert. Ebenso ergeht es Montana und North Dakota im Norden. Die Karte, die Allen hier entworfen hat, zeigt ihre ganze Aussagekraft erst dadurch, dass der Benutzer verschiedene Kennzahlen aus einer Drop-down-Box auswählt und sich die Abbildung dann sofort entsprechend verformt und einfärbt.

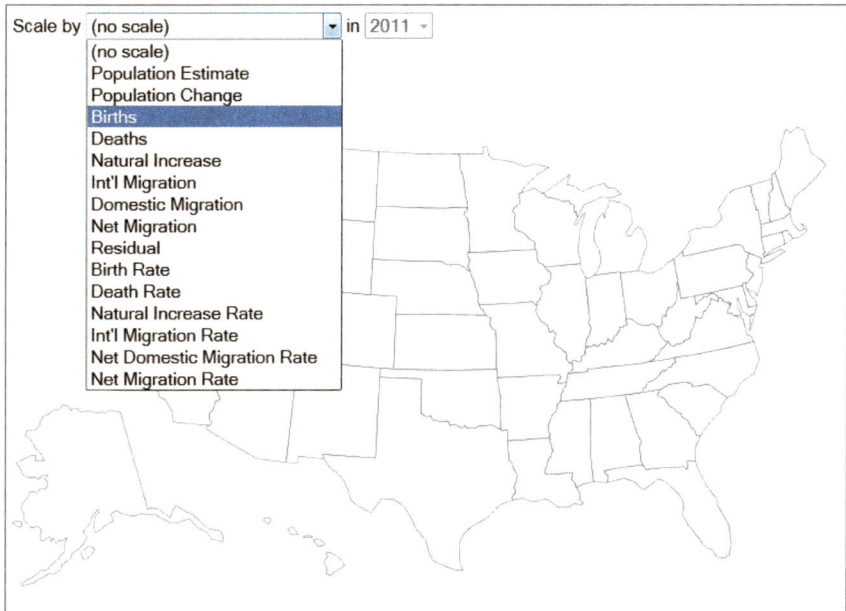

**Bild 7.7** Nordamerika ohne farbliche oder strukturelle Veränderung (Allen)

*"A good visualization is not just a static picture or a three-dimensional (3D) virtual environment that we can walk through and inspect like a museum full of statues. A good visualization is something that allows us to drill down and find more data about anything that seems important."* – Colin Ware (2012 S. 345)

Wenn nicht alle Kennzahlen auf eine Grafik passen und die Möglichkeit der Interaktion gegeben ist, dann kann dem Benutzer also gestattet werden, die Kennzahlen und somit die Grafik zu manipulieren. Dieses Feature bleibt Print- und anderen statischen Medien verwehrt, bringt jedoch im Bereich der digitalen Visualisierung viele Vorteile mit sich, wie z. B. die exemplarisch gezeigte Änderung des der Visualisierung zugrunde liegenden Datensatzes.

## 7.3.2 Kontextsensitive Diagramme

Die grafische Darstellung großer Datenmengen benötigt Platz. Die Betrachtung in *Microsoft Excel* oder *PowerPoint* erstellter Diagramme zeigt, dass ein beachtlicher Teil für Beschriftungen, Legenden und Indizes verwendet wird. Häufig lassen sich diese jedoch vermeiden, ohne die Aussagekraft eines Diagramms zu reduzieren. Besonders durch den Einsatz von kontextsensitiven Diagrammen, die durch ihr bloßes Aussehen bereits eine Thematik kommunizieren, kann ein signifikanter Teil der Beschriftungen eingespart werden. Diese These soll nun durch ein passendes Szenario untermauert werden.

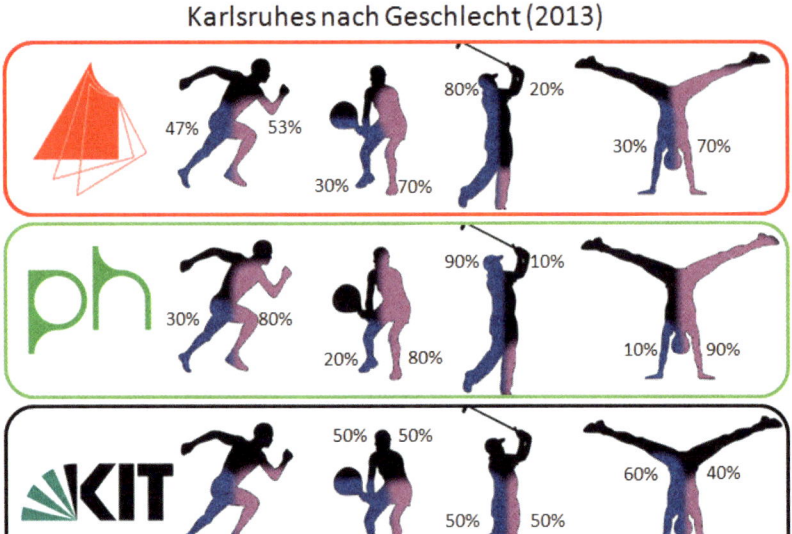

**Bild 7.8** Eine Infografik mit bewusst reduzierter Beschriftung zeigt das Sportangebot der Hochschulen in Karlsruhe.

Bild 7.8 zeigt eine auf erdachten Daten erstellte Statistik über die wahrgenommenen Sportangebote an den verschiedenen Hochschulen in Karlsruhe. Dabei wird auf die namentliche/textuelle Nennung der Sportarten verzichtet. Diese wird stattdessen in Form von eingefärbten Silhouetten dargestellt. Ebenso werden die Namen der Hochschulen nicht ausgeschrieben, sondern durch die entsprechenden Logos ersetzt. Die Platzersparnis, die durch den Einsatz der Grafiken erreicht wird, hält sich hier sicher in Grenzen, jedoch weiß der Betrachter sofort, dass die Daten im Diagramm thematisch dem Bereich Sport und Hochschulen zuzuordnen sind. Zu guter Letzt weckt eine grafische Repräsentation von Themen und Kontexten Aufmerksamkeit und sie rufen weiterhin persönliche Assoziationen mit den eigenen Erfahrungen und Gefühlen des Betrachters hervor. Hat dieser etwa an der Hochschule Karlsruhe studiert, so entwickelt er direkt einen Bezug zu den präsentierten Werten. Die farbliche Kennzeichnung der Geschlechter könnte klassisch in den Farben Blau und Pink geschehen, sodass es keiner weiteren Erklärung der Farbgebung bedarf. Die prozentualen Angaben über die einzelnen Sportarten sind nicht unbedingt notwendig, um die Aussage der Grafik zu erschließen. So ist zum Beispiel bei bloßer Betrachtung der Silhouetten sofort zu sehen, dass Tennis weitestgehend von Frauen und Golf überwiegend von Männern gespielt wird. Wenn der Platz es jedoch zulässt und bestimmte Ausprägungen eines Merkmals teilweise schwer zu unterscheiden sind (z. B. Golf am KIT mit 50 % zu 50 %), dann kann eine Beschriftung einen vorteilhaften Effekt haben.

### 7.3.3 3D-Diagramme

Seit dem Erscheinen von *HTML5* und *WebGL* (*Web Graphics Library*) ist es in aktuellen Browsern möglich, aufwendige 3D-Grafiken zu rendern. So entstand beispielsweise die Bibliothek *PhiloGL* unter der Schirmherrschaft der Firma *Sencha*, die sich zwar nicht ausschließlich auf Datenvisualisierung beschränkt, aber dennoch einige interessante Ansätze zeigt, welche Art von Daten sich unter Zuhilfenahme einer dritten Dimension darstellen lassen. Wie sooft ist auch *Google* ganz vorne mit dabei, wenn es um moderne Web-Technologien geht, und stellt mit der für den hauseigenen Browser *Chrome* aufgesetzten Plattform *Chrome Experiments*[3] einige interessante Ansätze dar, die zeigen, welche Daten wie in 3D im Browser dargestellt werden können. Eines dieser Beispiele wurde als Inspiration verwendet, um später im praktischen Teil geologische Daten auf einer Weltkarte zu visualisieren.

Der Vorteil einer 3D-Darstellung liegt auf der Hand: Dem Benutzer wird nicht nur eine weitere Dimension geboten, in der er Daten ablegen und betrachten kann, vielmehr ist er außerdem in der Lage, viel intuitiver durch die drei Dimensionen zu navigieren. Natürliche Vorwärts- und Rückwärtsbewegungen ersetzen dabei beispielsweise einen Drilldown, um tiefer in Daten hineinzuschauen. Und, nicht zu vergessen, 3D wirkt immer innovativ und fortschrittlich! Gehen Sie mal über die *CeBit*, bei genauerem Hinsehen werden Sie von dreidimensionalen Darstellungen förmlich erschlagen.

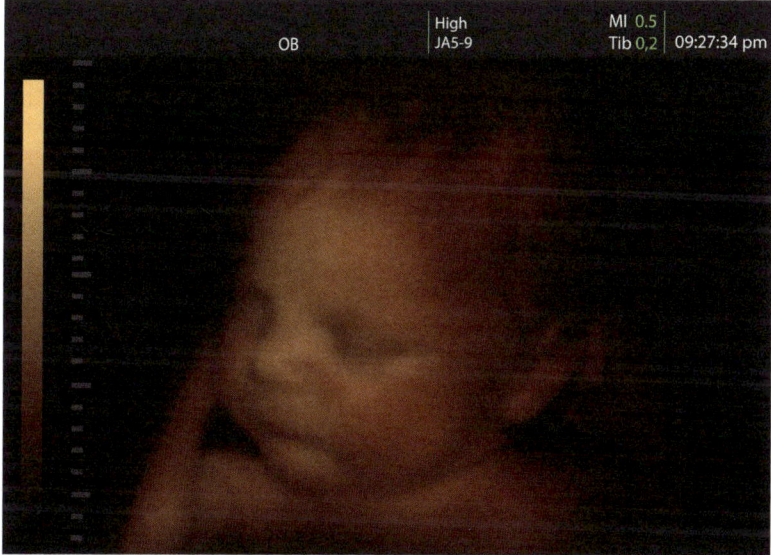

**Bild 7.9** 3D-Sonographie eines Säuglings (© Valentina R. – Fotolia.com)

Eine praktische Anwendung findet die 3D-Darstellung bereits im medizinischen Sektor in den klassischen bildgebenden Verfahren wie etwa der *CT* (Computertomographie) oder der *MRT* (Magnetresonanztomographie). Dabei wird häufig aus einem Satz zweidimensionaler Bilder ein dreidimensionales Volumen rekonstruiert, das dann als 3D-Modell aus dem

---

[3] http://www.chromeexperiments.com/

gewünschten Winkel betrachtet werden kann. Mitunter wird dem Verfahren der diagnostische Vorteil noch nicht zugesprochen, dient jedoch der Wissensvermittlung an Personen, denen die Daten nicht geläufig sind (Arzt ↔ Patient). So ist es z. B. für werdende Eltern viel interessanter, den Freunden und Verwandten eine Aufnahme ähnlich Bild 7.9 zu zeigen statt ein einfaches Ultraschallbild.

### 7.3.4 Ansätze, um Big-Data zu visualisieren

Aus den letzten drei Abschnitten ergeben sich nun einige Lösungsansätze, durch die wir auch große Datenmengen ansehnlich darstellen können. Diese sind neben den traditionellen Punkten, die Tidwell nennt, vor allem diese:

- *Interaktivität* – Erlauben Sie den Betrachtern, mit den Daten zu spielen, die Sichten zu verändern und verschiedene Kennzahlen und deren Beziehungen hervorzuheben. So gelingt es Ihnen nicht nur, mehrere Informationen zu kommunizieren, sondern Sie schaffen auch auf spielerischem Wege Motivation, das Diagramm weiter zu verändern und zu erforschen.
- *Dimensionen nutzen* – Es existiert ein Mythos, der besagt, dass ein Mensch lediglich 10 % der Leistung seines Gehirns benutzt. Auch wenn die Wissenschaft diese Aussage heutzutage widerlegt hat, hat sie doch in unserem Falle eine wahren Kern: Wir werden, zumindest beim Betrachten von Diagrammen, nicht besonders gefordert. Häufig offenbart sich uns der Sinn eines Balkendiagramms auf den ersten Blick, so betrachten wir etwa Umsätze eines bestimmten Zeitraums oder die Auslastung pro Mitarbeiter einer Abteilung und sehen sofort, welcher der umsatzstärkste Monat war oder welcher Mitarbeiter der *Mitarbeiter des Jahres* wird.
Seien Sie bei der Auswahl Ihrer Diagramme mutig und verzichten Sie auf Balken- und Tortendiagramme. Wählen Sie stattdessen eines der im folgenden Abschnitt vorgestellten Charts und fordern Sie Ihre Mitarbeiter dadurch heraus, die Daten auch aus einer anderen, möglicherweise viel sprechenderen Sicht zu verstehen. Dieses *Fordern* kann dadurch geschehen, dass Sie neben der einfachen Zweidimensionalität und einer Farbgebung auf Basis von Grün, Gelb und Rot etwas mutiger werden und Bewegungen, zeitliche Veränderungen oder Dreidimensionalität in Ihre Visualisierung aufnehmen (auch hierzu folgen in 7.4 einige Beispiele). Geben Sie den Betrachtern mehr Zeit, um die Diagramme zu verstehen, und fügen Sie, falls Sie die Diagramme nicht selbst erklären (etwa in einem Dashboard), ein Hilfsymbol hinzu, das die Verwendung des Diagramms erklärt. Sie werden sehen, dass Sie Ihr Publikum mit schicken, innovativen Diagrammen viel mehr begeistern als mit althergebrachten. Verzichten Sie jedoch auf den Einsatz von Geräuschen, es sei denn, das Hauptaugenmerk Ihrer Datenrepräsentation liegt auf dem auditiven Kanal. Erstens haben Sie nicht immer die Möglichkeit, Geräusche überall abzuspielen, zweitens ist das Gehör der Menschen nicht immer gleich gut ausgebildet, um einzelne Nuancen der Daten zu erkennen, und drittens wirken Töne häufig störend bzw. lenken den Betrachter ab.

**HINWEIS:** Allerdings gibt es auch Beispiele, in denen eine Audiospur durchaus unterstützen kann. So stellt Mark Edward Campos beispielsweise das Leben in New Yorks Straße in einem 24-Stundenzyklus dar und zeigt die Öffnungszeiten verschiedener Einrichtungen an, etwa einer Bar, eines Cafés oder eines Fitnessstudios[4]. Er nutzt Bewegungen, um die Tageszeit in Stunden darzustellen, und eine Karte von New York im Hintergrund, um den ungefähren Standort des aktuellen Schauplatzes anzugeben. Campos setzt hier einen Audiokanal ein, um das Ambiente des jeweiligen Ortes widerzugeben, so hört man etwa im Park Vogelgezwitscher oder im Café sich unterhaltende Personen.

- *Kontextsensitivität* – Kontextsensitivität wurde bereits angesprochen, soll hier aber noch mal explizit als Möglichkeit genannt werden, Big-Data verständlich zu visualisieren. Nutzen Sie in Ihrem Diagramm Grafiken, die darauf hindeuten, in welchen Themenbereichen sich die Daten bewegen, so können Sie etwa Logos von Automarken in einem Diagramm als Marker verwenden und Beziehungen durch Straßen darstellen. Somit wecken Sie Interesse und müssen Datensätze nicht explizit beschriften, wodurch Sie wiederum Platz sparen.

Behalten Sie diese drei Punkte einmal im Hinterkopf, wenn wir in den folgenden Abschnitten ein Visualisierungsframework auswählen, und überprüfen Sie diese Diagrammtypen auf das Vorhandensein von interaktiven Elementen, kontextsensitiven Darstellungen und die Verwendung verschiedener Dimensionen in Form von Bewegung, Zeit und Schichten. Sie werden sehen, dass diese häufig Verwendung finden.

**PRAXISTIPP:** Die Ansätze, zu denen ich hier rate, sind natürlich nicht universell gültig und in gewisser Hinsicht auch von Erfahrungen und Geschmäckern einzelner Personen oder Unternehmen abhängig. Nicht jedem gefallen bunte, sich bewegende Diagramme, manche wünschen sich etwas mehr Konservativität und Gewöhnlichkeit. Hier eine kleine Anekdote von einer Präsentation, die ich auf einem Workshop 2014 zum Thema *Big-Data-Visualisierung* gehalten habe. Mein Vorredner referierte sehr kompetent und kurzweilig über *Visual Business Analytics*, riet jedoch bei animierten, *glitzernden* und interaktiven Diagrammen zur Vorsicht. Ich zeigte hingegen direkt im Anschluss vor allem bunte, ausgefallene, komplexe und interaktive Diagramme. In der ersten Pause kamen die Zuschauer auf die Redner zu und unterhielten sich über das Gesehene. Ich kam schnell mit ein paar Studenten und jungen Entwicklern ins Gespräch, mein Vorredner hingegen mit Leuten aus der Forschung, von Banken und Professoren. Damit will ich sagen, dass es kein *Richtig* oder *Falsch* gibt, es kommt immer ganz darauf an, welches Publikum man gedenkt mit seinen Diagrammen anzusprechen.

---

[4] http://datavisualization.ch/showcases/sound-mapping-in-new-york-city/

## ■ 7.4 Neue Diagrammarten

Nun haben wir einige Ansätze kennengelernt, um große Datenmengen effizient zu visualisieren. Lassen Sie uns jetzt etwas praktischer werden und einige neuartige Diagramme betrachten, die die zuvor gekannten, innovativen Eigenschaften zur Big-Data-Visualisierung (Interaktivität, Kontextsensitivität, Mehrdimensionalität) aufweisen. Neben den klassischen Torten-, Linien- und Balkendiagrammen etablierten sich in letzter Zeit einige neue Diagrammtypen, die immer häufiger im Internet zum Einsatz kommen.

> „Die Zeit der Balken- und Kuchendiagramme ist nun für die todlangweiligen Management-Meetings noch nicht abgelaufen." (Baron, 2013 S. 80)

Seitdem sich *OpenStreetMap* 2004 und *Google* mit *Google-Maps* 2005 einen Namen machten, waren zunehmend Karten auf Basis dieses Kartenmaterials zu finden, die heutzutage zum Standardrepertoire eines Visualisierungswerkzeuges gehören. Eine weitere Komponente, die bereits ihren festen Platz darin gefunden hat, ist die *Tag-Cloud* (oder *Word-Cloud*), die einzelne Begriffe darstellt und diese rotiert, einfärbt, skaliert und auf möglichst engem Raum darstellt – wie auf dem Cover dieses Buches. Im Folgenden werden nun einige neue Diagramme vorgestellt, über die Sie vielleicht bereits im Internet gestolpert sind. So kennen z. B. Leser der Webseite der New York Times einige der Darstellungen, da gerade in den Web-Nachrichten häufig auf derartige Werkzeuge zurückgegriffen wird. Für die Praktiker unter Ihnen sei gesagt, dass wir die nun gezeigten Diagramme (und noch viele weitere) später tatsächlich in einer kleinen Reporting-Lösung einbauen wollen, um unsere Daten dadurch *aufzuhübschen*.

### Flare-Chart

Um nun einige neue Typen zu nennen, wäre etwa das *Flare-Chart* anzuführen. Dieses nimmt einzelne Begriffe entgegen und setzt diese zueinander in Relation. Durch einen *Mouse-Over-Event* werden ein einzelner Begriff und dessen Beziehungen hervorgehoben (siehe Bild 7.11). Alle anderen nicht beteiligten Begriffe bleiben im Hintergrund. Was auf den ersten Blick nicht auffällt, ist, dass dieses Diagramm eines der wenigen ist, die eine m-n-Relation darstellen können. Mit dieser Fähigkeit entsteht eine Vielzahl an möglichen Verwendungszwecken. Bezogen auf das bereits als Beispiel eingeführte Hochschulumfeld ließe sich etwa eine Professoren ↔ Studenten-Beziehung darstellen, in der Professoren und Studenten als Entitäten im Kreis um das Diagramm angezeigt werden. Dies wurde in Bild 7.10 exemplarisch umgesetzt. Wenn dann eine Person ausgewählt wird, werden im Falle eines Studenten alle an dessen Ausbildung beteiligten Professoren hervorgehoben. Im Falle eines Dozenten könnten alle betreuten Studierenden hervorgehoben werden. Zu betonen ist weiterhin die große Anzahl an Datensätzen, die in dem Diagramm untergebracht werden kann. Eine vorherige Sortierung der Personen nach dem Alphabet wäre denkbar, um das Suchen nach bestimmten Personen zu erleichtern.

Ein solches Diagramm kann natürlich eine strukturierte Tabelle nicht ersetzen, kann aber dennoch ergänzend eingesetzt werden, um Zusammenhänge schnell erkennen zu lassen.

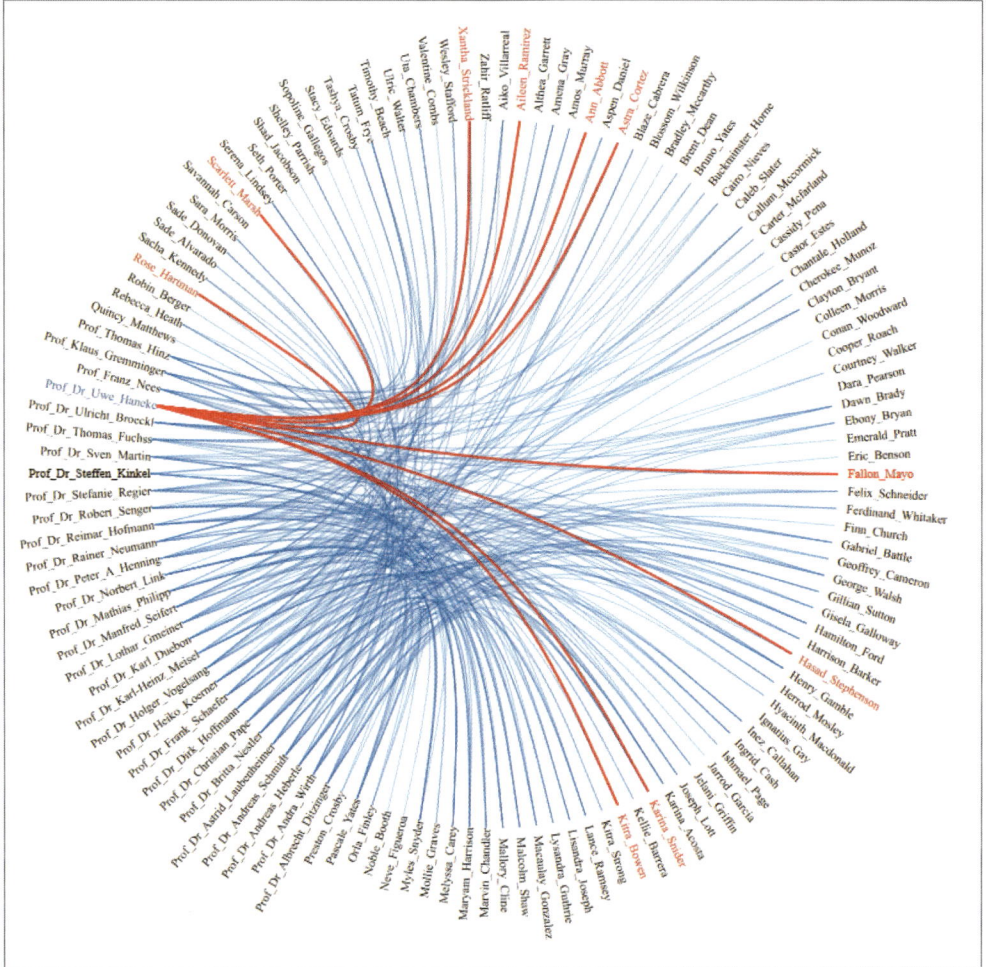

**Bild 7.10** Ein Flare-Chart visualisiert die Zusammenarbeit von Professoren und Studierenden.

## Tree-Map

Ein weiteres ansehnliches Diagramm ist die *Tree-Map*, die Daten anhand eines *Identifiers* gruppiert und entsprechend einer frei wählbaren Kennzahl skaliert. Auch mit diesem Diagrammtypen kann der Benutzer häufig interagieren, indem er eine Entität aus einer Gruppe anklickt. Diese Aktion hat zur Folge, dass die Gruppe hervorgehoben und alle anderen Gruppen ausgeblendet werden. Ein Beispiel zur Anwendung wäre die Raumbelegung in verschiedenen Gebäuden eines Instituts zu einer bestimmten Uhrzeit. So würden etwa die Kästchen links oben die Fakultät für Wirtschaftswissenschaften symbolisieren und jedes einzelne Kästchen einen der Räume, der mit der aktuellen Vorlesung beschriftet ist. Alle freien Räume wären nicht beschriftet.

Andere vorstellbare Szenarien wäre etwa eine unternehmensweite Darstellung von Abteilungen, von Produkten oder Teilnehmern eines Fußballturniers gruppiert nach Mannschaften.

**Bild 7.11** Eine Tree-Map visualisiert Datensätze (hier Institute) in Blöcken.

## Chord-Chart

Ebenso neu ist das *Chord-Chart*, das wiederum gewichtete Beziehungen zwischen verschiedenen Daten abbildet. Ebenfalls interaktiv, zeigt es alle eingehenden und ausgehenden Beziehungen des berührten Datensatzes an. Die entsprechend gezeichneten Pfade besitzen eine unterschiedliche Breite und bezeichnen damit die Ausprägung der Zusammenhangskomponente. Ausgehende Pfade werden mit derselben Farbe des mit der Maus berührten Datensatzes eingefärbt, eingehende Pfade in der Farbe des Ursprungsdatensatzes. Das Hauptaugenmerk des *Chord-Chart* liegt im Vergleich zum *Flare-Chart* nicht auf der möglichst großen Zahl der dargestellten Datensätze, sondern auf der möglichst aussagekräftigen Visualisierung der Beziehungen untereinander. Wo also das *Flare-Chart* Beziehungen nicht gewichten kann, kann es dafür mehr Datensätze darstellen.

## Calendar-Chart

Das *Calendar-Chart* ist, wie der Name schon sagt, spezialisiert auf die Darstellung von Datumswerten. Jeder Tag eines Jahres bekommt ein Kästchen zugewiesen. Dieses Kästchen wird entsprechend einer beliebigen Kennzahl eingefärbt. Ein Beispiel hierfür wären eingehende Bewerbungen in einem Unternehmen, um die Auslastung der IT-Systeme sowie der Angestellten zu überwachen und planen zu können. Wie in Bild 7.13 zu sehen, könnte man sich also im Jahr 2002 in den Monaten Juli bis Oktober eine recht hohe Bewerberdichte vorstellen, wobei in denselben Monaten ein Jahr später bedauerlicherweise kaum Bewerbungen eingingen. Beindruckend ist der Raum, den dieses Diagramm einnimmt, denn auf dem Drittel einer DIN-A4-Seite werden drei ganze Jahre abgebildet. Wie in Abschnitt 7.3.2 besprochen, wurde auch im *Calendar-Chart* weitestgehend auf Beschriftungen verzichtet. Ein *Mouse-Over-Event* zeigt jedoch für jedes einzelne Kästchen das genaue Datum sowie dessen Wert der farblich dargestellten Kennzahl.

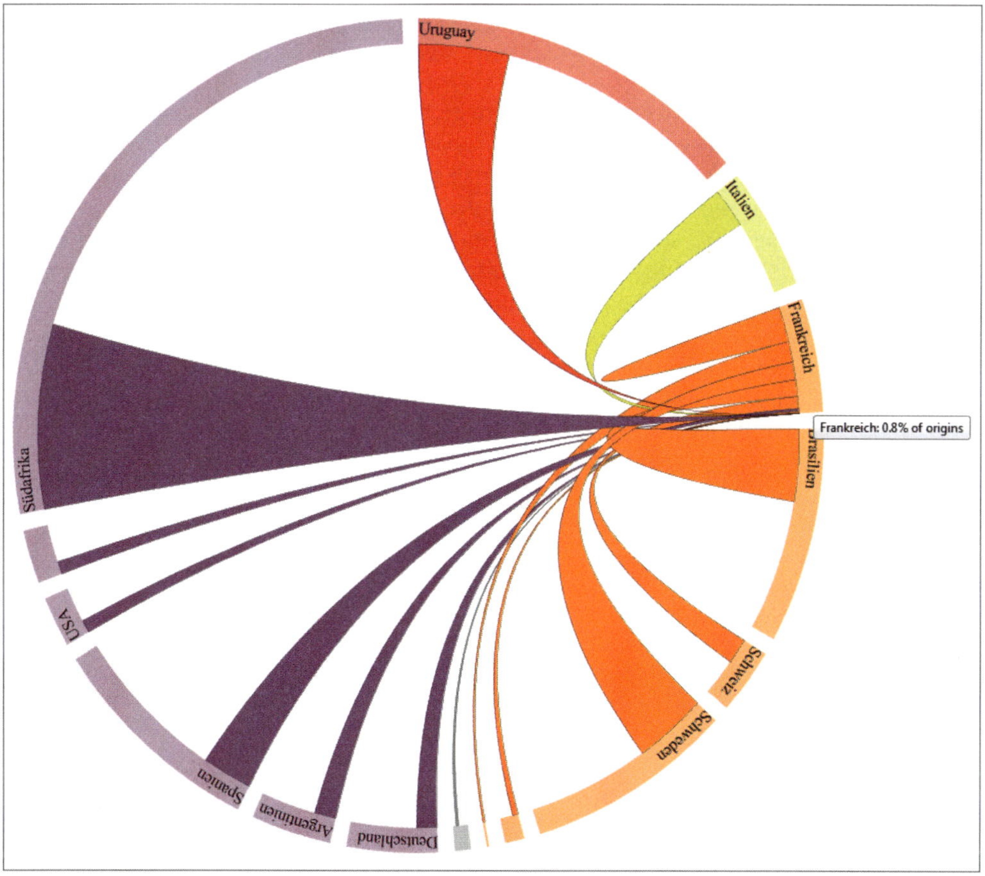

7.4 Neue Diagrammarten 339

**Bild 7.12** Chord-Chart zeigt geschossene Tore bei einer WM im jeweiligen Austragungsland von der jeweiligen Nationalmannschaft.

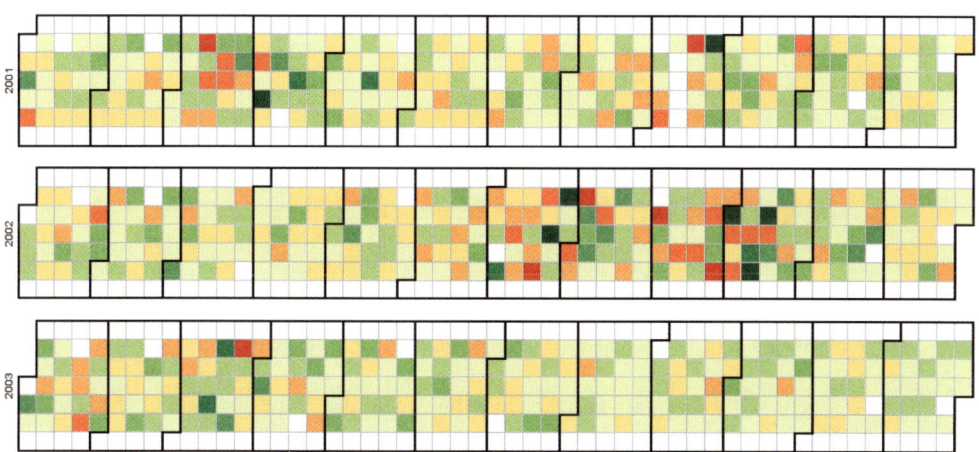

**Bild 7.13** Das Calendar-Chart stellt Zeitwerte auf engem Raum dar.

# 7.5 Werkzeuge zur Datenvisualisierung

Neben der Frage, auf welche Art und Weise große Datenmengen dargestellt werden, steht eine ebenso wichtige weitere Frage im Raum, nämlich welche Werkzeuge für die Visualisierung infrage kommen. Das Angebot ist hierbei groß, es reicht von klassischen Tabellenkalkulationsprogrammen wie *Microsoft Excel* oder *Google Docs* über *Drag-&-Drop-Werkzeuge*, in denen Diagramme über ein Baukastensystem mit Leben gefüllt werden, beispielsweise das *Cognos Report Studio* von *IBM* oder *Tableau Desktop* von *Tableau Software*. Der dritte Typ von Werkzeug sind die klassischen Frameworks, die eigene Programmierarbeit erfordern wie zum Beispiel das *R-Project, Processing, RAVE, Circos* oder *D3.js*. Da die *Apache Foundation* leider noch kein Projekt zur Datenvisualisierung anbietet, müssen wir uns also mit einem externen Framework helfen. Dieser Abschnitt soll durch einen kurzen Vergleich aktueller Werkzeuge und Bibliotheken dabei helfen, etwas Geeignetes zu finden, das wir auch im letzten Projekt dieses Buches für die Datenvisualisierung verwenden können.

**Klassische Werkzeuge**

Jeder Typ hat nun seine eigenen Vor- und Nachteile. Für gewöhnliche Diagramme mit einer soliden, statischen und bereinigten Datengrundlage (formatiert, normalisiert) eignen sich sicherlich Werkzeuge wie *Excel* sehr gut. Sie formatieren Datenreihen per Klick in Torten- und Balkendiagramme und bieten dem Benutzer die Möglichkeit, diese geringfügig anzupassen (Farbe, Größe). Nicht mehr und nicht weniger. Bild 7.14 zeigt alle von Excel angebotenen Diagramme. Es ist zu sehen, dass der Fokus auf Balken-, Linien- und Kuchendiagrammen liegt und abwechslungsreiche, neuartige Diagramme, trotz der scheinbar hohen Zahl an angebotenen Designs, kaum zu finden sind. Unter den angebotenen kann man auch nicht von sogenannten Eye-Catchern sprechen.

**Bild 7.14** Standarddiagramme, die Excel zur Visualisierung von Daten anbietet

Dennoch geht die Arbeit mit *Excel* recht schnell von der Hand und die Einfachheit der Anwendung sorgt im Allgemeinen für eine einfache und fehlerfreie Handhabung. Es ist also kein Informatik- oder Mathematikstudium erforderlich, um eine gewünschte Auswertung erarbeiten zu können.

## Neue Out-of-the-Box-Lösungen

Neben den klassischen Werkzeugen gibt es ebenfalls einige junge Unternehmen, die sich auf die Aufbereitung und Darstellung von Big-Data spezialisiert haben. Hier wäre zum Beispiel *Precog*[5] zu nennen. Das nach den gleichnamigen Lebewesen aus dem Film *Minority Report* benannte System kann zwar keine in der Zukunft geschehenden Verbrechen vorhersagen, jedoch spezialisiert sich das Unternehmen auf die Auswertung moderner Daten, unter anderem durch die Möglichkeit, NoSQL-Datenbanken als Quelle zu benutzen. Die Visualisierungswerkzeuge sind jedoch bei genauerer Betrachtung ähnlich denen aus Excel, denn die Software *ReportGrid*, die im Produktkatalog diese Aufgabe übernimmt, bietet lediglich elf verschiedene Diagrammtypen an.

Ebenso wie *Precog* fokussiert sich auch die Firma *Datameer*[6] mit ihrer Big-Data-Analyse-Software auf die Konnektivität und Vorverarbeitung von Daten. Hier werden fertig einsetzbare Anwendungen (*Apps*) angeboten, die auf verschiedene Fälle der Datenanalyse ausgerichtet sind, darunter etwa auf die Analyse eines Freundesnetzwerks in sozialen Netzwerken, Trendanalysen auf *Twitter* oder auf das Monitoring von Webseitenstatistiken. Jede dieser *Apps* lässt sich konfigurieren und mit eigenen Datenquellen koppeln. So kann etwa die Twitter-Trendanalyse mit dem firmeneigenen Twitter-Account verknüpft werden. Als Ausgabe erhält man ansehnlich aufbereitete Infografiken, die einem später im eigenen Web-Dateisystem zum Download bereitstehen. *Datameer* bietet neben den herkömmlichen Charts auch einige neue Typen an, wie etwa das *Chord-Diagramm*, gerichtete Graphen oder *Bubble-Charts*. Diese können in einer Weboberfläche mit Daten versehen und gezeichnet werden.

Ein weiterer anzusprechender Vertreter der Gattung Visualisierungswerkzeuge ist *infogr.am*, eine Webanwendung, die sich auf die in der Einleitung dieses Kapitels erwähnten Infografiken spezialisiert hat. Zwar erwartet *infogr.am* konkrete Daten für die rund dreißig zur Verfügung stehenden Diagrammtypen, jedoch wird die fehlende Datenaufbereitungsmöglichkeit durch die ansehnliche visuelle Inszenierung der Grafiken wettgemacht.

Diese drei Web-Anwendungen zeigen, dass es durchaus Bestrebungen gibt, Big-Data-Analytics-Werkzeuge zu implementieren, die ohne viel Aufwand einzurichten sind und schnell Ergebnisse liefern. Aus technischer Sicht zeigt sich wieder die Verlagerung dieser Aufgaben ins Web, da die drei Lösungen jeweils nur online zu bedienen sind.

## Frameworks

Sollen Diagramme nun dynamisch im Browser gerendert werden oder ist ein neuer, noch nicht implementierter Diagrammtyp gewünscht, so stoßen diese Out-of-the-Box-Lösungen schnell an ihre Grenzen. Hier bietet sich der Einsatz von Visualisierungsframeworks an, wobei die Auswahl eines solchen nicht immer einfach ist. Eine fantastische Hilfe bietet die Seite *http://selection.datavisualization.ch/*, die die großen, aktuellen Vertreter auflistet, erklärt und Beispiele dafür bereitstellt. Diese basieren fast vollständig auf JavaScript, was den Trend zur clientseitigen Darstellung im Web betont. Neben den etablierten Größen wie *Processing*, *Matlab* oder dem *R-Project* findet man dort auch einige neue Frameworks wie *D3.js*, *Circos* oder *InfoViz*.

---

[5] *http://www.precog.com/*
[6] *http://www.datameer.com/*

Die bekanntesten Programmiergerüste sollen hier kurz gegenübergestellt werden. Bewertungskriterien sind unter anderem das Angebot mehrerer Diagrammtypen (keine Fokussierung auf Karten, Netze oder Ähnliches), die kostenlose Nutzbarkeit und die Fähigkeit, Diagramme im Browser zu rendern. Zusätzlich soll das Framework nicht an Web-Services oder Ähnliches gebunden sein, sondern losgelöst und als eigenständige Bibliothek in die gewünschte Software integriert werden können. Die folgende Tabelle zeigt nun den angestrengten Vergleich. Betrachtet werden soll zu Beginn die Programmiersprache, gefolgt von der Darstellungsart. Darunter fallen etwa dynamisch vom Browser gerenderte SVGs (*Scalable Vector Graphics*), ein *HTML5 Canvas* oder auch serverseitig gerenderte Bitmaps. Die Spalte *Fertige Diagramme* gibt Auskunft darüber, wie viele Diagramme die jeweilige Bibliothek mitbringt oder wie viele exemplarische Diagramme auf der Website samt Quelltext zur Verfügung stehen. Der Punkt *Anspruch* soll die subjektiv wahrgenommene Ästhetik der Resultate bewerten. Dafür wurde eine Skala von eins bis zehn erdacht, wobei die Zehn der höchste erreichbare Wert ist.

**Tabelle 7.2** Vergleich der bekanntesten Visualisierungsframeworks

|   | Sprache | Darstellung als | Fertige Diagramme | Anspruch |
|---|---|---|---|---|
| Raphaël | JavaScript | SVG | 10 | 6 |
| D3.js | JavaScript | SVG | 130 | 9 |
| InfoViz | JavaScript | HTML Canvas | 15 | 8 |
| JPGraph | PHP | PNG … | 15 | 4 |
| Processing.js | JavaScript | HTML Canvas | 9 | 8 |
| GoogleCharts | JavaScript | SVG | 12 | 4 |

Schnell ist zu sehen, dass die vorwiegend verwendete Sprache *JavaScript* ist. Lediglich *JPGraph* sticht mit seiner PHP-Implementierung ein wenig aus der Menge heraus. Dargestellt werden die Diagramme fast ausschließlich als *SVG* oder auf einem *Canvas*. Beide Methoden lassen eine Interaktion des Betrachters mit dem Diagramm im Browser zu, nur *JPGraph* rendert seine Diagramme in statischen Bitmaps und erschwert eine Manipulation zur Laufzeit. Dafür lassen sich derart erstellte Grafiken leichter per E-Mail verschicken oder zum Herunterladen bereitstellen. Die Anzahl der Diagramme der Frameworks liegt im Durchschnitt bei 12. *D3.js* stellt mit einer beeindruckenden Zahl von 130 Beispieldiagrammen den klaren Gewinner der Kategorie dar. Dazu kommt, dass der Großteil dieser 130 Diagramme sehr ansprechend aussieht. Lediglich *InfoViz* und *Processing.js* bieten ähnlich ästhetische Ergebnisse.

**Häufigkeitsverteilung der verwendeten Werkzeuge**

Es bietet sich eine Übersicht über die am häufigsten benutzten Visualisierungswerkzeuge an. Eine Umfrage (Yau, 2010) der Seite *FlowingData.com* im Jahre 2010 ergab, dass die Mehrzahl (31 %) immer noch Excel für die Verarbeitung und Visualisierung von Daten verwendete.

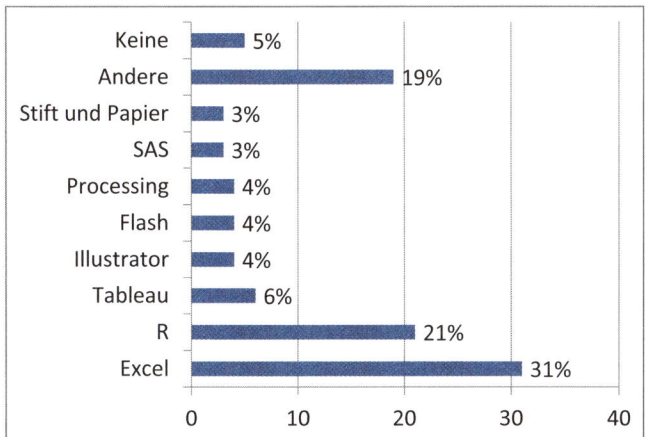

**Bild 7.15** Die am häufigsten verwendeten Visualisierungswerkzeuge (2010)

Dieser Umstand ist wenig überraschend, wenn man bedenkt, dass *Excel* zu den Programmen gehört, die von den meisten Menschen beherrscht und die am häufigsten geschult werden. Auf dem zweiten Platz findet sich *R* mit 21 %, wieder gefolgt von *Tableau* mit 6 %. Die restlichen Werkzeuge finden nur vereinzelt Verwendung. Einen recht hohen Anteil hat noch die Sparte *Andere*, was die Vermutung erlaubt, dass hier einige Eigenimplementierungen genutzt werden, worunter mit einer gewissen Sicherheit auch die in Tabelle 7.2 genannten Frameworks fallen.

### Auswahl von D3.js als Frameworks

Wie schon in Tabelle 7.2 zu sehen, bietet *D3.js* (*D3* steht für *Data Driven Documents*) den größten Diagrammumfang und bietet auch durch die Verwendung von JavaScript und SVGs die Möglichkeit, dynamische Diagramme zu erzeugen. Zudem wird durch die Verwendung von JavaScript gewährleistet, dass die Diagramme auf vielen Endgeräten (Smartphones, Tablets, PCs) betrachtet werden können und es, anders als bei Flash, keine weiteren Laufzeitumgebungen benötigt, um diese darzustellen. Hinter dem Framework steht eine starke Community, die immer neue Diagramme implementiert, massentauglich macht und den Benutzern zur Verfügung stellt. So fokussiert sich das Projekt *NVD3*[7] zum Beispiel darauf, die Diagramme, die einzelne Entwickler für ihre ganz eigenen Use-Cases implementiert haben, generisch aufzubereiten, sodass sie ganz einfach verwendet und eingebunden werden können. Ich selber habe die Bibliothek *VisualFaces*[8] auf *GitHub* veröffentlicht, um Diagramme aus dem *D3.js*-Fundus mit einem besonders hohen Wiederverwendungswert in Form von JSF-Komponenten (*Java Server Faces*) zur Verfügung zu stellen. Einziger Nachteil von *D3.js* ist, dass wir Diagramme nur mit Mühe im Batch als Bitmap rendern können, da der Code der SVGs häufig von JavaScript durchsetzt ist. Das erschwert es, Bilder als Anhang von E-Mails zu verschicken oder sie in Dokumente einzubetten, außer man macht im Vorfeld auf altmodische Art und Weise einen Screenshot davon und verwendet diesen.

---

[7] http://nvd3.org/
[8] https://github.com/padmalcom/VisualFaces

Wem das zu aufwendig ist, der kann ebenfalls auf einige komplexere Lösungswege zurückgreifen. Unterstützung bietet in diesem Fall z. B. *PhantomJS* als sogenanntes *headless WebKit*, das einen Browser simuliert und in der Lage ist, den darin dargestellten Content im Vorfeld zu rendern und dann zu exportieren. Auch *Nashorn*, das mit dem JDK 8 ausgeliefert wird, ist eine JavaScript-Engine für Java, die für den Zweck, SVGs im Vorfeld zu rendern, ohne das Diagramm explizit im Browser aufrufen zu müssen, verwendet werden könnte. Da wir uns im kommenden Abschnitt nur mit der Datenvisualisierung im Browser befassen wollen, soll uns dieser Teil nicht weiter beschäftigen. Abschließend gilt es noch zu erwähnen, dass ich, um 3D-Diagramme vorzustellen, auf den auf *WebGL* basierenden *WebGL Globe*[9] aus den *Chrome Experiments* zurückgreife. Leider hat es *WebGL* noch nicht als elementarer Bestandteil in *D3.js* geschafft, sodass dreidimensionale Diagramme noch nicht von Haus aus unterstützt werden. Die Hoffnung stirbt jedoch bekanntlich zuletzt.

## ■ 7.6 Entwicklung einer einfachen Visualisierungskomponente

Lassen Sie uns nun in einem weiteren Projekt sehen, wie wir *D3.js* in ein Java-Projekt einbetten. Da dieses Vorgehen im Prinzip nicht viel Neues birgt, außer dass die Verwendung von JavaScript in JSPs gezeigt wird, soll dieses Projekt lediglich als Grundlage dienen, um im folgenden Kapitel um einige *intelligente* Bausteine (*Recommendations*, *Textanalyse* …) ergänzt zu werden. Die folgende Abbildung zeigt einen Ausschnitt der Diagramme, die wir unseren Benutzern zur Datenvisualisierung anbieten wollen. Die Datentypen, die damit visualisiert werden können, sind unter anderem hierarchische und geografische Daten, Kalenderdaten, Klartext und gewöhnliche Schlüssel-Wert-Paare.

Von oben links nach unten rechts sind in Bild 7.16 folgende Diagrammarten zu sehen:
- *Bubble-Chart*
- *Calendar-Chart*
- *Collapsible-Treeview*
- *Choroplethenkarte*
- *Collapsible-Intended-Treeview*
- *Flare-Chart*
- *Sunburst-Chart*
- *Word-Cloud*
- *Zoomable-Treemap*
- *Chord-Chart*
- *Hierarchy-Bar*
- *Globe-Chart*

---

[9] http://www.chromeexperiments.com/globe

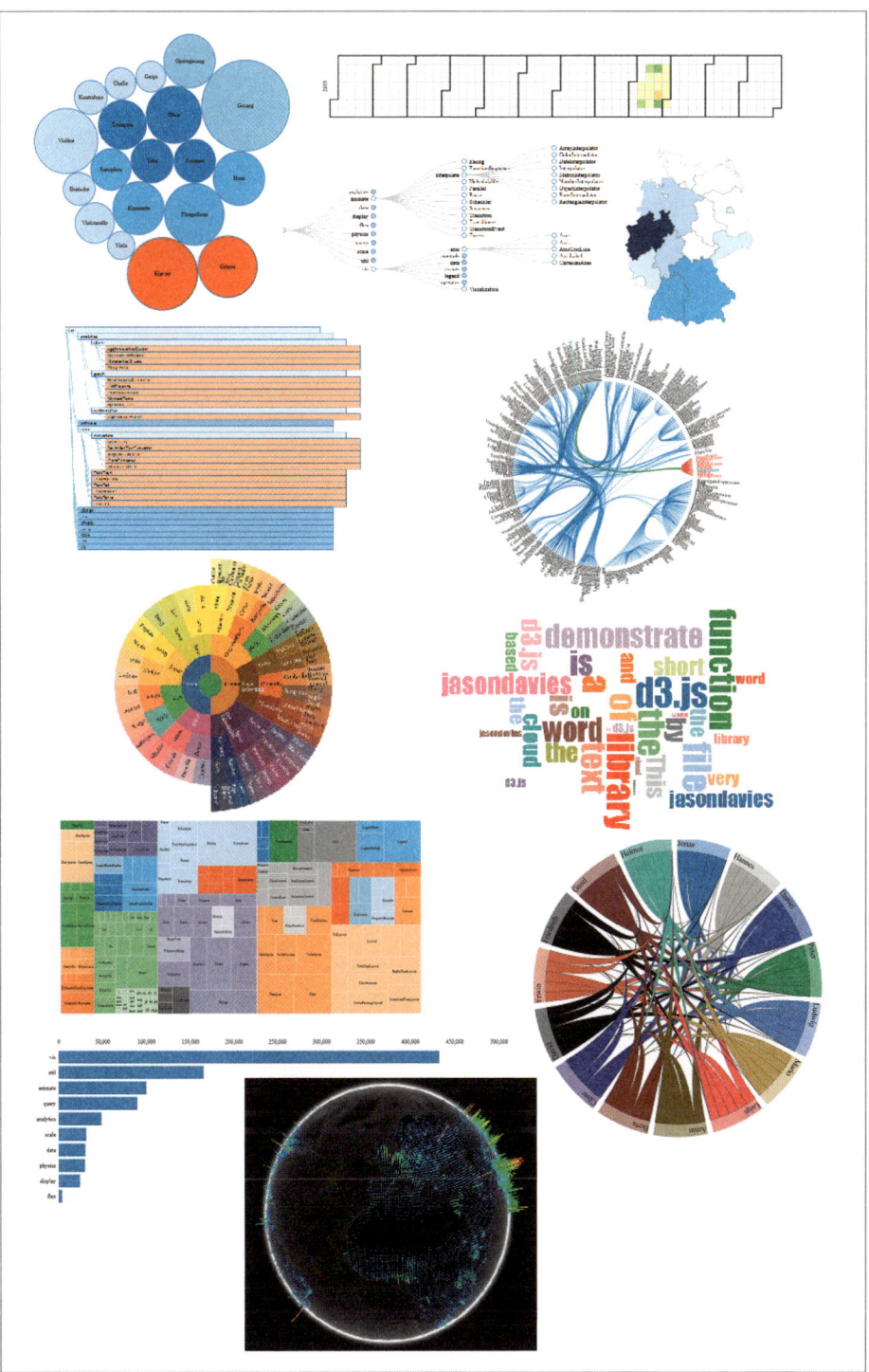

**Bild 7.16** Diagramme in der Datenvisualisierungslösung

Neben den Diagrammen wollen wir ebenso ein Set von Testdaten anlegen, das Sie als Entwickler verwenden können, um die Diagramme auf Funktionalität zu überprüfen oder eine schnelle Vorschau zu erstellen. Ebenso helfen die Daten zu zeigen, wie die Eingabedaten eines jeden Diagramms aussehen. Viele der Diagramme, die mit *D3.js* entworfen wurden, setzen auf *JSON* als Eingabeformat, verwenden somit eine feste Struktur und sind validierbar (z. B. über *JSONLint*[10]), sodass Sie Fehler in der Struktur der Datensätze schnell finden und beheben können. Sollten sich Fehler in den Daten selbst wiederfinden (z. B. erwartete Kindelemente, die jedoch nicht vorhanden sind), so können Sie die Debugging-Werkzeuge Ihres Browsers nutzen, um sich die JavaScript-Fehlermeldungen anzusehen. Häufig geben diese Aufschluss über den fehlerhaften Datensatz und sind so eine wertvolle Alternative zu Eclipse, wenn es um die Entwicklung von Web-Anwendungen geht.

Beginnen wir nun, indem wir ein neues Projekt in Eclipse mit dem Namen *17_BigDataVisualization* anlegen. Wir werden im ersten Schritt nur die Testdaten zur Speisung der Diagramme verwenden, weswegen wir auf Maven verzichten können – wir benötigen schließlich weder Zugriff auf Hive, HBase oder Hadoop.

### Anlegen und Bereitstellen der Testdaten

Legen wir zuerst ein Verzeichnis für die Testdaten an. Dazu erstellen wir ein Package mit dem Namen *diagramdummydata* direkt im Ordner *src*, wohin wir sogleich die Testdaten kopieren (diese finden Sie im fertigen Projekt auf der DVD). Dadurch, dass sie somit im *Classpath* liegen, gehen wir sicher, dass die Dateien zur Laufzeit mithilfe eines *InputStreamReader* eingelesen werden können. Natürlich ist der Gedanke legitim, die Eingabedaten in konstanten Strings zu speichern, jedoch übersteigt die Zeichenanzahl einiger Datensätze die zulässige Länge von finalen, statischen Strings. Wir halten die Testdaten also in einzelnen Dateien vor und lesen sie bei jedem Zugriff zur Laufzeit aus. Dabei unterstützt uns die Klasse *DiagrammDummyData*, die ich im Package *de.jofre.data* angelegt habe.

**Listing 7.1** Auslesen der Testdaten zur Laufzeit

```java
public class DiagramDummyData {

  private static String readFile(String file) {
    InputStream input = DiagramDummyData.class.getResourceAsStream(file);
    InputStreamReader is = new InputStreamReader(input);
    StringBuilder sb=new StringBuilder();
    BufferedReader br = new BufferedReader(is);
    String read;
    try {
      read = br.readLine();
      while(read != null) {
        sb.append(read);
        read =br.readLine();
      }
    } catch (IOException e) {
      log.log(Level.SEVERE, "Fehler beim Lesen der Dummy-Daten von '" +
         file + "'.");
      e.printStackTrace();
    }
```

---

[10] http://jsonlint.com/

```
    return sb.toString();
}

public static String BUBBLE_CHART() {
    return DiagramDummyData.readFile("/diagramdummydata/bubblechart.json");
}

    ...
}
```

Die Methode *readFile* liest, wie zu sehen ist, eine Datei Zeile für Zeile aus und findet in den verschiedenen Methoden Verwendung, die für das jeweilige Diagramm die Testdaten aus der entsprechenden Datei extrahieren (z. B. *BUBBLE_CHART*, *CALENDAR_CHART*). Die Testdatei für das *Bubble-Chart* heißt z. B. *bubblechart.json*, die für das *Calendar-Chart calendarchart.json* usw. Lediglich das *Chord-Chart* und die *Word-Cloud* stellen eine Ausnahme dar. Ersteres verwendet zwei Eingabedateien (*chordchart.json* und *chordmatrix.json*, wobei erstere die Datennamen und letztere die gewichteten Beziehungen zwischen den Daten beinhaltet). Die *Word-Cloud* verwendet im Gegensatz dazu nur eine einfache Textdatei (*wordcloud.txt*), die nicht in JSON vorliegt.

> **PRAXISTIPP:** Eclipse verfügt über einen *JavaScript-Validator*, der jedoch etwas strenger ist als die meisten Browser, sodass wir konstant Fehler in unserem Projekt angezeigt bekommen, die jedoch keine Fehler zur Laufzeit im Browser erzeugen. Um das zu vermeiden, sollten Sie den Validator für den folgenden Teil ausschalten. Das tun Sie über einen Rechtsklick auf Ihr Projekt und einen Klick auf **Properties**. Links in der Baumansicht wählen Sie dann **JavaScript → Include Path**. Im rechten Fenster klicken Sie anschließend auf das Projekt und darunter auf den Punkt **Exclude: (None)**. **Edit...** in der rechten Leiste öffnet ein neues Fenster. Unter *Exclusion Patterns* fügen Sie dann über **Add...** und **Browse...** den Pfad *js/* hinzu. Bestätigen Sie mit **OK** und **Finish**. ∎

Ich schreibe die Namen der Methoden zum Auslesen der jeweiligen Testdaten groß, da sie im Prinzip wie Konstanten agieren und immer denselben Text liefern. Natürlich ist die Verwendung von in der Anwendung verpackten Testdaten an allen Standards vorbeientwickelt. Sinnvoller wäre es, die Testdaten in Unit-Test zugänglich zu machen und die Funktionsweise der Diagramme darin zu verifizieren. Da wir diese jedoch auch explizit einsetzen, um die Diagramme in der Beispielanwendung mit Daten zu versorgen, sei mir dieses Vorgehen zumindest in diesem Fall gestattet.

### Anlegen der Diagrammklassen

Entsprechend der zuvor aufgeführten Liste lege ich nun für jedes Diagramm eine Klasse an, die standardmäßig über folgende Eigenschaften bzw. Methoden verfügt:

- *getWidth* und *setWidth* – Setzt und liest die Breite des Diagramms
- *getHeight* und *setHeight* – Setzt und liest die Höhe des Diagramms
- *getInput* und *setInput* – Setzt und liest die Eingabedaten, die später dargestellt werden
- *Constructor* – Erzeugt die Klasse und initialisiert die Eigenschaften *width* und *height*

- *getStyleSheet* – Stellt ein Tag <style> ... </style> in Textform zur Verfügung, das die CSS-Definitionen für das aktuelle Diagramm abruft. Falls ein Diagramm mehrfach auf einer Seite aufgerufen wird, muss *getStyleSheet* nur einmal eingebunden werden. Die Verwendung erfolgt, indem der zurückgegebene Text dieser Methode direkt in einer JSP ausgegeben wird. Wenn keine weiteren CSS-Definitionen vonnöten sind, liefert die Methode lediglich einen Kommentar zurück, der besagt, dass das Diagramm keine zusätzlichen Style-Definitionen verwendet.

- *getJavaScript* – Liefert den JavaScript-Code zurück, der für das Rendern der Diagramme verantwortlich ist und in der Regel in den *HTML-Body* eingebunden wird. Bevor *getJavaScript* aufgerufen wird, müssen Breite, Höhe und Eingabedatensatz festgelegt sein. Ein nachträgliches Ändern hat keinen Effekt mehr.

- *getAdditionalJavaScript* – Einige Diagramme, z. B. die *Word-Cloud*, verwenden zusätzliche JavaScript-Bibliotheken. Die Methode *getAdditionalJavaScript* referenziert diese (sie sind im Ordner */WebContent/js/* zu finden) und liefert ein Script-Tag zurück, das ebenfalls direkt in die JSP eingebunden wird
(z. B. <script src=\"js/d3.js.layout.clouds.js\" charset=\"utf-8\"></script>).
Werden keine weiteren JavaScript-Bibliotheken benötigt, wird wie bei *getStyleSheet* ein erklärender Kommentar zurückgegeben.

Einige Diagramme verfügen über weitere Methoden, so können im *Calendar-Chart* die Zellengröße und das Start- und Endjahr festgelegt werden. Diese Felder sind aber in der Regel selbsterklärend und sollen hier nicht weiter vorgestellt werden.

**HINWEIS:** Zusätzlich muss für jede JSP, die ein Diagramm zeigt, das auf *D3.js* basiert, die Hauptdatei von D3.js über <script src="js/d3.v3.min.js" charset="utf-8"></script> eingebunden werden. In diesem Falle würde *d3.v3.min.js* im Ordner */WebContent/js/* liegen müssen.

Es soll nun exemplarisch anhand der *Choroplethenkarte* gezeigt werden, wie eine Diagrammklasse aufgebaut ist. Ich möchte allerdings nicht jede Zeile JavaScript-Code erklären, das würde eine ziemlich langatmige Angelegenheit werden und außerdem gibt es viele Bücher über *D3.js*, deren Autoren das besser können als ich. Mir geht es schlicht und einfach darum, dass Sie den Weg von den einfachen Testdaten bis hin zur fertigen Visualisierung verstehen und nachvollziehen können. Den Code zu verstehen, ist am Ende nur noch Fleißarbeit. Zu Beginn der Klasse finden wir nun also die privaten Variablen samt Getter und Setter.

**Listing 7.2** Variablen der Choroplethenkarte

```
private int width;
private int height;
private String country;
private int min;
private int max;
private int mapScale;
private boolean labelSubunits;
private boolean labelCapitals;
private String input;
```

Neben den üblichen Eigenschaften *width*, *height* und *input*, wie sie soeben vorgestellt wurden, existiert hier also noch die Eigenschaft *country*, die das Land festlegt, das gezeichnet werden soll (im Moment liegen nur die Daten für Deutschland vor), *min* und *max* geben die minimale und maximale Ausprägung der Kennzahl an, die die Einfärbung der Bundesländer bestimmt, *mapScape* sagt aus, wie groß die Karte dargestellt werden soll, und *labelSubunits* und *labelCapitals* bestimmen, ob Bundesländer und/oder Hauptstädte beschriftet sein sollen.

**Listing 7.3** Constructor von Choropleth

```
public Choropleth() {
  this.width = 400;
  this.height = 400;
  this.country = "DE";
  this.labelCapitals = true;
  this.labelSubunits = false;
  this.mapScale = 1500;
  this.min = -1;
  this.max = -1;
}
```

Im Constructor werden alle Werte sinnvoll gesetzt, sodass der Entwickler schnell Referenzwerte zur Hand hat, die ihm einen Hinweis darauf geben, wie die einzelnen Eigenschaften belegt werden könnten.

**Listing 7.4** Zusätzliche JavaScript-Bibliotheken festlegen

```
public String getAdditionalJavaScript() {
  return "<script src=\"js/topojson.v0.min.js\" charset=\"utf-8\"></script>";
}
```

Die Methode *getAdditionalJavaScript* liefert in dem Fall den Verweis auf eine Bibliothek zurück, die in der Lage ist, Topologien in Form von Liniensegmenten zu enkodieren und zu zeichnen. Diese ist lediglich für die *Choroplethenkarte* nötig und muss daher nur bei deren Verwendung eingebunden werden.

**Listing 7.5** Einbinden des Style-Tags für die Choroplethenkarte (gekürzt)

```
public String getStyleSheet() {
  StringBuilder sb = new StringBuilder();
  sb.append("<style type=\"text/css\">\n");
  sb.append("\t.q0-9 { fill:rgb(247,251,255); }\n");
  sb.append("\t.q1-9 { fill:rgb(222,235,247); }\n");
  sb.append("\t.q8-9 { fill:rgb(8,48,107); }\n");
  sb.append("</style>\n\n");
  return sb.toString();
}
```

Anders als die zusätzlichen JavaScript-Bibliotheken habe ich die zusätzlichen CSS-Definitionen nicht in Form von Dateien referenziert, sondern gebe sie direkt in Textform aus. Listing 7.5 ist leicht gekürzt, es soll lediglich dazu dienen, dass Sie eine Idee davon bekommen, was die Methode üblicherweise tut.

**Listing 7.6** Vorbereiten des JavaScript-Codes zur Darstellung der Choroplethenkarte

```
public String getJavaScript() {
  StringBuilder sb = new StringBuilder();
  Random r = new Random(1234);
  String strImageTagID = "id" + String.valueOf(r.nextInt(100000));

  if (this.input == null || this.input.equals("")) {
    log.log(Level.WARNING, "Erzeuge eine Landkarte ohne Input.");
  }

  if (!this.country.equals("DE")) {
    log.log(Level.SEVERE, "Koordinaten für dieses Land werden nicht unterstützt!");
  }

  // Div-Element
  sb.append("<div id=\"" + strImageTagID + "\"></div>\n");

  ...
}
```

Den JavaScript-Code, den wir erzeugen, legen wir über seine Erstellung hinweg in einem *StringBuilder* ab. Dieser wird zu Anfang leer erzeugt und später nach und nach gefüllt. Im zweiten Schritt generieren wir mithilfe von *java.util.Random* eine Zufallszahl zwischen 0 und 100 000. Dieser Zahl stellen wir die Zeichenkette *id* voran und speichern dieses Konstrukt im String *strImageTagID*. Dieses geben wir gegen Ende von Listing 7.6 in einem *Div-Tag* aus und verwenden es als ID für dieses Tag. Die Idee dahinter ist, dass wir dieses *Div-Tag* später über *D3.js* referenzieren und es quasi als Anker verwenden, wo das Diagramm eingefügt wird. Da *D3.js* irgendein Element aus dem *DOM* (*Document Object Model*) benötigt, an das es seine Diagramme *anhängen* kann, benötigen wir also ein solches und erstellen dafür ein eigenes Tag, das wir nach Belieben verändern können. In den Demos von *D3.js* wird häufig das *Body-Tag* als Anker verwendet, wodurch wir jedoch nicht genau bestimmen können, an welcher Position das Diagramm im Objektbaum gezeichnet wird. Ich verwende eine Zufallszahl und keinen festen String als ID, da es ja sein kann, dass wir das gleiche Diagramm mehrmals auf einer Seite zeichnen wollen. Außerdem finden wir im oben gezeigten Listing 7.6 die Überprüfung der Werte von *input* und *country*. Wenn keine Inputdaten festgelegt sind, wird lediglich eine Fehlermeldung ausgegeben, ebenso wenn ein anderes Land außer Deutschland (*DE*) gewählt wurde, für das kein Kartenmaterial verfügbar ist.

Es folgt die Konstruktion des Diagramms in Form eines Script-Tags. Dort werden zuerst Breite und Höhe des Diagramms festgelegt, indem wir die Felder unserer Java-Klasse einfach im JavaScript ausgeben. Die Methode *d3.select* stellt den jeweiligen Anfangspunkt eines Diagramms in *D3.js* dar. Dort wird das Element ausgewählt, an das das Diagramm angehängt werden soll. Wir verwenden hier unsere eindeutige *strImageTagID*, die wir zuvor über die Klasse *Random* generiert haben. Somit gehen wir sicher, dass das Diagramm, das wir nun zeichnen, auch nur an das zuvor erstellte *Div-Tag* angehängt wird, das über dieselbe ID verfügt.

**Listing 7.7** Beginn des Diagramms und Festlegen von oberer und unterer Grenze der Eingabedaten

```
// Diagram-Script
sb.append("<script type=\"text/javascript\">\n");

sb.append("var width = " + this.getWidth() + ", height = "
  + this.getHeight() + ";\n");
sb.append("var path = d3.geo.path();\n");
sb.append("var svg = d3.select(\"#" + strImageTagID
  + "\").append(\"svg\").attr(\"width\", width).attr(\"height\", height);\n");
sb.append("var rateByName = d3.map();\n\n");

sb.append("var minValue = 0, maxValue = 0, counter = 0;\n\n");
sb.append("var jsonData = JSON.parse('" + this.getInput() + "');\n");
sb.append("for (var myKey in jsonData) {\n");
sb.append("if (jsonData.hasOwnProperty(myKey)) {\n");
sb.append("rateByName.set(jsonData[myKey].id, jsonData[myKey].rate);\n");
sb.append("if(counter == 0) { minValue = jsonData[myKey].rate; "+
  "maxValue = jsonData[myKey].rate; counter = 1; } else {\n");
sb.append("if(jsonData[myKey].rate < minValue) { "+
  "minValue = jsonData[myKey].rate; }\n");
sb.append("if(jsonData[myKey].rate > maxValue) {" +
  "maxValue = jsonData[myKey].rate; }\n\t\t\t}\n");
sb.append("}\n}\n\n");

if (this.getMin() != -1) {
  if (this.getMax() != -1) {
    sb.append("var quantize = d3.scale.quantize().domain([" + this.getMin() + ", "
      + this.getMax() + "]).range(d3.range(9).map(function(i) { return \"q\""
      + i + \"-9\"; }));\n\n");
  } else {
    sb.append("var quantize = d3.scale.quantize().domain([" + this.getMin()
      + ", maxValue]).range(d3.range(9).map(function(i) { return \"q\" + i
      + \"-9\"; }));\n\n");
  }
}

if ((this.getMin() == -1) && (this.getMax() == -1)) {
  sb.append("var quantize = d3.scale.quantize()."
    + "domain([minValue, maxValue]).range(d3.range(9).map(function(i) "
    + "{ return \"q\" + i + \"-9\"; }));\n\n");
}
```

In der Variablen *jsonData* legen wir nun die Daten ab, die wir in der Variablen *input* gespeichert haben. Wie wir diese mit den entsprechenden Testdaten füllen, sehen wir später noch. Die Struktur der eingegebenen Daten ist in Listing 7.8 zu sehen und recht leicht verständlich. Die Methode *JSON.parse* nimmt nun diese Daten entgegen und konvertiert sie in ein JSON-Objekt, sodass wir im JavaScript auf die einzelnen Felder des Arrays über die Bezeichner *id* und *rate* zugreifen können.

**Listing 7.8** Testdaten für die Chroroplethenkarte

```
[
  {"id":"NW", "rate":644320}, {"id":"BW", "rate":333408},
  {"id":"HE", "rate":215520}, {"id":"NI", "rate":170164},
  {"id":"TH", "rate":53234},  {"id":"HH", "rate":91546},
  {"id":"SH", "rate":54935},  {"id":"RP", "rate":119857},
  {"id":"SL", "rate":28415},  {"id":"ST", "rate":55251},
  {"id":"MV", "rate":39827},  {"id":"BY", "rate":332766},
  {"id":"SN", "rate":112191}, {"id":"HB", "rate":34383},
  {"id":"BE", "rate":160145}, {"id":"BB", "rate":51857}
]
```

Erinnern Sie sich, dass wir im *Constructor* der Diagrammklasse die Eigenschaften *min* und *max* auf *-1* gesetzt haben? Damit teilen wir unserer Anwendung mit, dass sie die untere und die obere Grenze des Feldes *rate* selbst berechnen soll, was nun im letzten Abschnitt geschieht. So gehen wir sicher, dass die Farbverteilung der Bundesländer auch wirklich aussagekräftig ist. Auf Wunsch können die beiden Grenzen natürlich auch selber gesetzt werden, um eine ganz eigene Charakteristik in der Farbverteilung zu erwirken.

**Listing 7.9** Zeichnen der Karte

```
if (country.equals("DE")) {
  sb.append("d3.json(\"maps/de.json\", showData);\n\n");
}

sb.append("function showData(error, country) {\n");
sb.append("var subunits = topojson.object(country, country.objects.subunits);\n");
sb.append("var projection = d3.geo.mercator().center([10.5, 51.35]).scale("
  + mapScale + ").translate([width / 2, height / 2]);\n");
sb.append("var path = d3.geo.path().projection(projection).pointRadius(0);\n");
sb.append("svg.append(\"path\").datum(subunits).attr(\"d\", path);\n");
sb.append("svg.selectAll(\".subunit\").data(topojson.object(country, "
  + "country.objects.subunits).geometries).enter().append(\"path\")\n");
sb.append(".attr(\"class\", function(d) {\n");
sb.append("return quantize( rateByName.get(d.properties.abr));\n\t})."
  + "attr(\"d\", path);\n");
sb.append("svg.append(\"path\").datum(topojson.mesh(country, "
  + "country.objects.subunits, function(a,b) { "
  + "if (a!==b){var ret = a;}return ret;}))\n");
sb.append(".attr(\"d\", path).attr(\"class\", \"subunit-boundary\");\n\n");

sb.append("svg.append(\"path\").datum(topojson.object(country, "
  + "country.objects.places)).attr(\"d\", path).attr(\"class\", \"place\");\n\n");

...

sb.append("}\n\n");
sb.append("</script>");
return sb.toString();

}
```

Ist der gewählte Ländercode *DE*, dann lädt das Programm die Kartendaten der Deutschlandkarte aus der Datei *maps/de.json* in unserer Web-Anwendung und ruft im Anschluss die Methode *showData* auf. Diese zeichnet und skaliert die Karte, setzt den Punkt, von dem aus wir darauf blicken, und färbt die Gebiete der Bundesländer entsprechend unserer Daten ein, wie wir sie zuvor in den Array *rateByName* eingelesen haben. Listing 7.9 habe ich gegen Ende etwas abgekürzt, indem ich das Hervorheben von Länder- und Städtenamen habe wegfallen lassen. Wie schon erwähnt, soll es in diesem Kapitel nur generell um den Prozess des Einbindens der Diagramme gehen. Sie finden den vollständigen Quelltext wie immer auf der DVD.

**Verwendung der Diagramme in JSPs**

Jede Diagrammklasse der Anwendung verfügt in der fertigen Implementierung über einen beschreibenden Kommentar am Anfang, der diese nicht nur kurz beschreibt, sondern auch das Format der Eingabedaten spezifiziert[11].

Um nun die *Choroplethenkarte* in einer JSP zu verwenden, müssen wir zu Beginn *D3.js* und die weiteren benötigten JavaScript-Bibliotheken der Klasse in den Header der JSP einbinden. Erstellen Sie nun also bitte eine JSP mit Namen *choropleth.jsp* im Ordner *WebContent*. Editieren Sie dann den *Head-Tag* wie im folgenden Listing zu sehen.

**Listing 7.10** Einbinden der benötigten Bibliotheken

```
<head>
<script src="js/d3.v3.min.js" charset="utf-8"></script>
<title>Big-Data-Visualisierung</title>
<%
  Choropleth choropleth = new Choropleth();
  choropleth.setWidth(800);
  out.println(choropleth.getAdditionalJavaScript());
  out.println(choropleth.getStyleSheet());
%>
</head>
```

Das erste Script-Tag bindet *D3.js* ein, anschließend erzeugen wir eine Instanz der Klasse *Choropleth* und setzen die gewünschte Breite des Diagramms auf 800 Pixel. Gleich darauf geben wir die zusätzlich benötigten JavaScript-Bibliotheken aus sowie die Style-Definitionen.

**PRAXISTIPP:** Im Body-Tag wird Ihnen in der Implementierung auf der DVD vielleicht der Tag `<%@include file="WEB-INF//menu.jsp"%>` auffallen. Um nicht in jeder der 14 JSPs das Menü einzubauen – und es ggf. bei jeder Änderung daran in allen Seiten anzupassen –, habe ich es in eine externe Datei ausgelagert, nämlich *menu.jsp*, und diese in jeder anderen JSP über *include file* referenziert.

Im Body-Tag kann dann der JavaScript-Code für das Diagramm selber eingefügt werden.

**Listing 7.11** Einbetten des Diagrammcodes

```
<body>
<%
  choropleth.setInput(DiagramDummyData.CHOROPLETH());
  out.println(choropleth.getJavaScript());
%>
</body>
```

---

[11] Die Word-Cloud verfügt zusätzlich noch über eine erweiterte Lizenz, da sie mit einem Copyright versehen ist.

Zuerst setzen wir die Daten, die visualisiert werden sollen auf die Testdaten, die wir zuvor im Package *diagramdummydata* angelegt haben. Dann geben wir den Code aus, den wir in der Methode *getJavaScript* konstruieren. Ruft man letztendlich die Seite auf, wird einem nicht nur eine ansehnliche Landkarte gezeigt, man sieht auch im Quelltext die Funktionsweise des Div-Tags, das wir mit einer zufälligen ID versehen.

**Listing 7.12** Binden des Diagramms an ein Div-Tag

```
<div id="id24628"></div>
<script type="text/javascript">
  var width = 800, height = 400;
  var path = d3.geo.path();
  var svg = d3.select("#id24628").append("svg").attr("width", width).
    attr("height", height);
  ...
</script>
```

Das SVG, das *D3.js* generiert, wird also an das *Div-Tag* mit der ID *id24628* angehängt, was durch die Methode d3.select("#id24628") festgelegt wird. Die nächste *Choroplethenkarte* würde eine neue zufällige ID generieren, sodass die neue Karte dann auch an ein anderes *Div-Tag* mit der neuen ID angehängt wird.

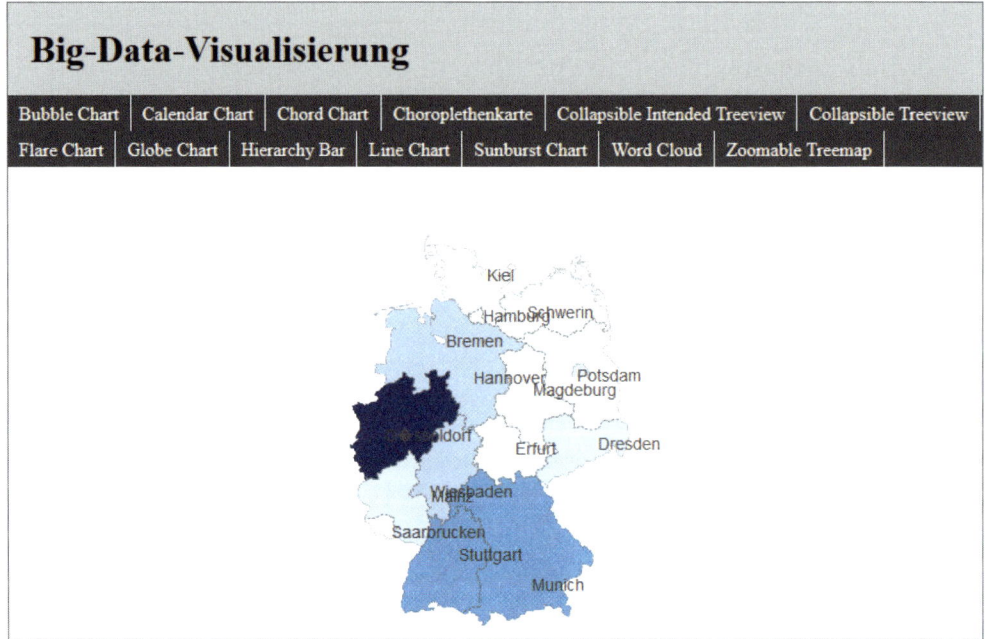

**Bild 7.17** Die fertige Visualisierungsanwendung

Statt nun mit Testdaten zu arbeiten, könnte man in der fertigen Anwendung verschiedene Arten von Datenbanken oder ein Data-Warehouse anbinden. Die größte Aufgabe besteht für uns Entwickler darin, die Daten in das entsprechende JSON-Format zu bringen, denn *D3.js* (und JavaScript generell) ist meines Empfindens nach sehr wählerisch, was die Formatierung von Daten angeht. Sie könnten dafür eine eigene Konvertierungsklasse schreiben, die

Ihnen die Daten so aufbereitet, dass sie vom JavaScript-Parser angenommen werden, oder aber Sie verwenden einen fertigen JSON-Konverter wie etwa *google-gson*[12], der Java-Objekte in JSON umwandelt und auf Wunsch die Konvertierung auch in die andere Richtung beherrscht. In Zusammenarbeit mit JPA (*Java Persistence API*) wird *google-gson* zu einem mächtigen Werkzeug, denn *JPA* ist in der Lage, SQL-Queries gegen beliebige relationale Datenbanken direkt in Java-Objekte umzuwandeln. So können Sie also z. B. ein *SELECT* auf eine beliebige Tabelle absetzen, das *ResultSet* in Form von Objekten abholen, es direkt in JSON konvertieren und damit Ihre Diagramme speisen.

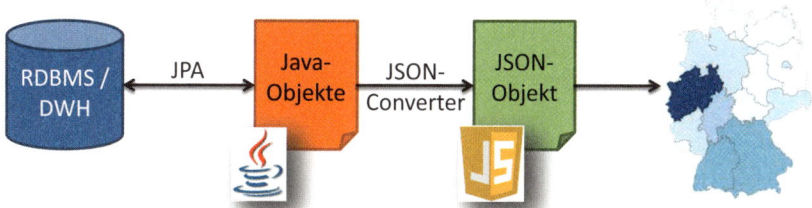

**Bild 7.18** Weg der Daten von einer Datenbank hin zum Diagramm

Somit haben Sie den kompletten Datenfluss mit fertigen Frameworks und Standards automatisiert. Natürlich ist wie immer noch etwas Anpassungsarbeit dabei, jedoch ist das letzten Endes nur noch Fleißarbeit.

---

[12] *https://code.google.com/p/google-gson/*

# 8 Auf dem Weg zu neuem Wissen – aufbereiten, anreichern und empfehlen

Wir haben nun gesehen, wie wir große Datenmengen visualisieren können, und sind damit auf dem richtigen Weg, um Lösungen zu implementieren, die unsere Kunden oder Kollegen zu den Informationen führen, die sich in ihrem großen Heuhaufen von Daten versteckt halten. Was uns jetzt noch fehlt, ist das, was man vielleicht als den Intelligenzfaktor einer BI-Architektur bezeichnen könnte. Die Daten, auf die wir Zugriff haben, sind und bleiben nun mal sie selbst und werden nicht automatisch wertvoller, indem sie in Hadoop eingespielt werden. Was können wir tun, um deren Wert zu erhöhen?

1. *Anreichern* – Wir greifen auf sogenannte Wissensdatenbanken zurück, die wir entweder einkaufen oder selbst anlegen, um Relationen zwischen diesem externen Wissen und unseren Daten herzustellen.
2. *Relationen herstellen* – Wir versuchen, die Daten, die uns zur Verfügung stehen, zueinander in Bezug zu setzen. Wo wir also gleichartige Daten finden (ein übereinstimmendes Datum, einen gleichen Kundennamen …), da verknüpfen wir diese.
3. *Visualisierungsempfehlungen aussprechen* – Wir haben zuvor gesehen, wie wir Daten ansehnlich und gewinnbringend visualisieren. Es besteht also zudem die Möglichkeit, Diagramme anhand der darin verwendeten Datentypen zu empfehlen, um den Benutzern eine Sicht auf die Daten nahezulegen, die sie sonst nicht intuitiv gewählt hätten.

Die Herausforderung liegt also in diesem Kapitel nicht mehr in der Datenaufbereitung und deren Persistierung in einem DWH oder einer Datenbank, sondern vielmehr bei der Konzeption eines Workflows, der es uns einfach macht, mit den Daten wortwörtlich zu spielen und andere Menschen dazu zu motivieren, dies zu tun, ohne dass sie merken, dass die Daten, die der Analyse zugrunde liegen, sehr umfangreich sind. Dennoch soll dieser Vorgang gewissermaßen geführt sein, sodass z. B. lediglich Diagramme angeboten werden, die dem Datenschema entsprechen oder nur in Wissensdatenbanken genutzt werden dürfen, wenn ein Datensatz tatsächlich in Relation zu diesem Wissen gesetzt werden kann.

Eine weitere Methode, die uns zusätzliche Informationen über Daten liefert, ist die Textanalyse. Gewonnenes Wissen kann dabei schon die Sprache sein, in der die Daten verfasst sind, oder die Anzahl von Schreibfehlern, die Auskunft darüber geben kann, ob es sich um einen seriösen und/oder wissenschaftlichen Text handelt oder um einen Tweet oder einen Post im Internet, der mit weniger Zeitaufwand und Sorgfalt geschrieben wurde. Ebenso könnte die Analyse von Rechtschreibfehlern bei der Vorauswahl von Lebensläufen und Bewerbungen helfen.

Weiterhin wollen wir uns anschauen, wie man Text mithilfe von *Apache OpenNLP* klassifizieren kann, um zum Beispiel zu erkennen, ob es sich bei dem Inhalt um einen Text über Filme, Musik oder Sport handelt. Zum Abschluss wird noch das Apache-Projekt *UIMA* vorgestellt, um Informationen anhand von Mustern (Name, Tätigkeiten ...) aus Texten zu gewinnen.

In diesem letzten Kapitel soll das Gelernte von Beginn an Schritt für Schritt in einer Web-Anwendung entwickelt werden. Erzeugen Sie bitte nun also ein letztes Mal ein *Dynamic Web Project* in Eclipse, nennen Sie es *18_BigDataAnalytics*, schalten Sie die Maven-Funktionalität hinzu und deaktivieren Sie die *Project Facets* für *JSF* und *REST*. Hatte ich schon erwähnt, dass die fertigen Projekte auch auf der beiliegenden DVD zu finden sind?

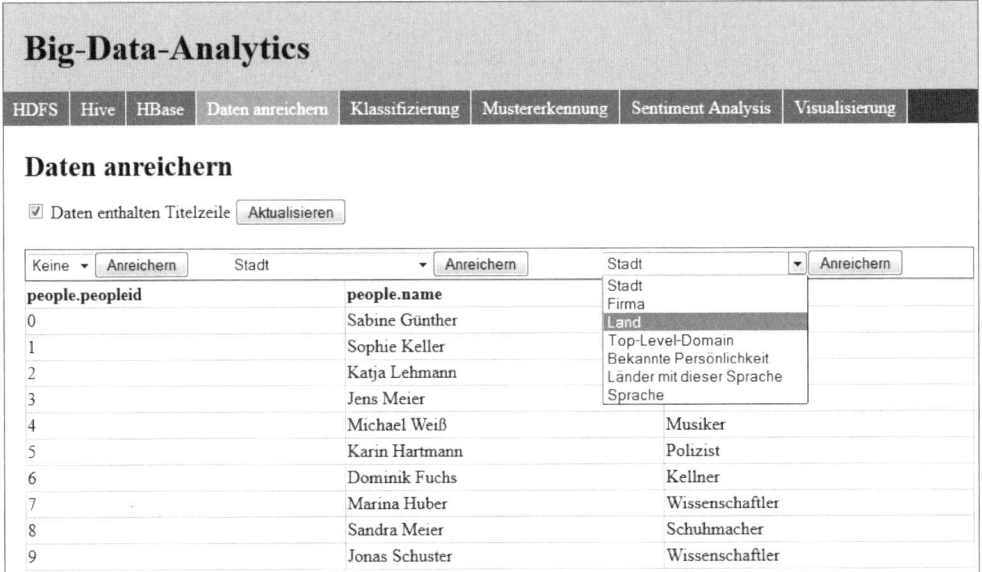

**Bild 8.1** Die fertige Anwendung und ihre Funktionen

Sie sehen in Bild 8.1 die Übersicht über die Analyseanwendung, die wir nun durchsprechen werden. Die Menüpunkte *HDFS*, *Hive* und *HBase* dienen dazu, Daten aus der jeweiligen Datenquelle zu laden. Da dieser Vorgang bereits in den vorigen Kapiteln besprochen wurde, möchte ich hier auf eine Wiederholung verzichten. Der Menüpunkt *Daten anreichern* stellt die Daten, wenn möglich, in tabellarischer Form dar, die wir im Schritt zuvor in unsere Anwendung geladen haben. Wir können hier Spalten um Informationen aus der Wissensdatenbank oder über weitere Algorithmen ergänzen, solange sich daraus eine Beziehung zu den Daten darin herstellen lässt. So wäre es z. B. möglich zu schauen, in welcher Sprache die Daten verfasst sind. Diese Sprache würde dann nach einem Klick auf *Anreichern* in einer neuen Spalte hinzugefügt werden. Haben wir die Daten angereichert, so können wir sie in den Menüpunkten *Klassifizierung*, *Mustererkennung*, *Sentiment Analysis* und *Visualisierung* auswerten.

 **HINWEIS:** Um die Anwendung benutzen zu können, müssen Sie, wie in Abschnitt 8.2.1 gezeigt, die Wissensdatenbank anlegen und die Datei */Web-Content/WEB-INF/hadoop/hadoop.properties* an Ihre Hadoop-, HBase-, Hive- und MySQL-Server-Installation anpassen. So können Sie den Erklärungen in den

> kommenden Abschnitten praktisch folgen. Falls Sie nur Daten aus dem HDFS abrufen möchten, können Sie auch auf Hive und HBase verzichten. Die MySQL-Datenbank benötigen Sie für die Datenanreicherung.

Um Ihnen einen besseren Überblick über das Projekt zu geben, zeige ich in Bild 8.2 dessen Struktur auf, wie sie im Project Explorer zu sehen ist. Darauf ist zu erkennen, dass wir viele Komponenten wiederverwenden, die wir schon zuvor konzipiert haben.

- *de.jofre.diagrams* enthält die Diagrammklassen aus dem vorigen Kapitel.
- *de.jofre.hadoopcontroller* beinhaltet die Klassen für den Zugriff auf das HDFS.
- *de.jofre.hbasemanager* lässt uns Daten aus HBase abrufen.
- *de.jofre.hivemanager* ermöglicht den Zugriff auf Hive.

Die restlichen Packages füllen wir nun nach und nach.

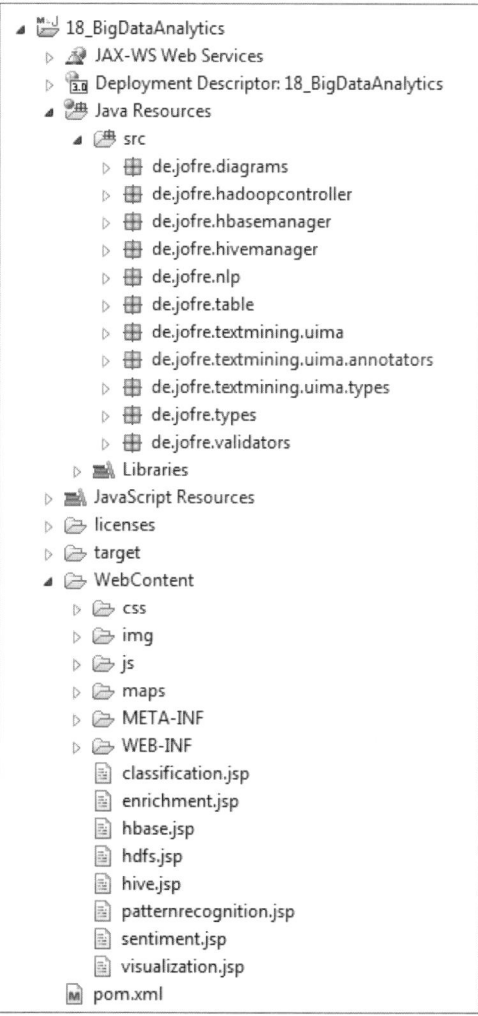

**Bild 8.2**
Übersicht über das finale Analytics-Projekt

**Die Aufgaben eines Data-Scientists**

Das Werkzeug, das wir nun entwickeln, arbeitet in Einklang mit einer ganz neuen Berufsgruppe, den Data-Scientists. Diese sind praktisch in Einklang mit der Entwicklung des Big-Data-Trends bekannt geworden und wirkten zu Anfang, dadurch dass niemand wusste, wie sich ihr Aufgabenfeld definierte, ebenso ein wenig mysteriös. Mittlerweile hat sich eine Definition deren Tätigkeit etabliert. Ein Data-Scientist ist, wie der Name schon sagt, in der Lage, verschiedenste Daten zu verstehen und zu analysieren. Er verfügt weiterhin über ein breites Wissen über die verschiedenen Datenarten, die in den diversen Industrien aufkommen, und kann diese gezielt referenzieren, wenn es darum geht, neue Informationen zu erschließen. Als Schnittstelle zwischen der klassischen IT und den Fachbereichen berät er beide Seiten gleichermaßen in Hinsicht auf deren Herausforderungen und Problemstellungen hinsichtlich der Datenanalyse im Unternehmen. Dabei sind vor allem Fähigkeiten im Bereich Informatik, Statistik, Mathematik, Datenmodellierung und Visualisierung gefragt.

Eine Kernfrage, die sich beim Betrachten des Berufsbilds des Data-Scientists stellt, ist die, ob es sinnvoll ist, die entsprechenden Experten von extern zu beziehen oder eigene Kräfte auszubilden, die das Tagesgeschäft im Unternehmen schon kennen und damit über das Wissen verfügen, welche Daten auf welchem Wege zugänglich sind und auf welche Fragestellung sie angewandt werden können. Externe müssen Bezugsquellen, rechtliche Aspekte und Ansprechpartner erst noch kennenlernen, verfügen im Gegenzug aber wahrscheinlich eher über die mathematisch analytische Kompetenz, die der Beruf voraussetzt. Nicht zu vergessen ist die Anforderung, sich mit bestehenden Analysewerkzeugen auszukennen. Wann zum Beispiel empfiehlt man eine Sprache wie *R*? Wann *SPSS*? Wann setzt man eine funktionale Programmiersprache für die Datenanalyse ein und wählt man den traditionellen Weg und lädt seine Daten einfach in das standardmäßig genutzte BI-Tool? Wenn technische Beratungshäuser anfangen, Data-Scientists auszubilden, dann werden fachliche Schulungen zwangsläufig wieder mehr im Mittelpunkt der Ausbildung stehen, denn wie will man z. B. einem Retail- oder Automobilunternehmen eine ganzheitliche Datenanalysedienstleistung anbieten, wenn man die Unternehmensstruktur nicht kennt? Natürlich könnte man Berater, die den Kunden bereits seit einiger Zeit kennen, dazu bewegen, sich als Data-Scientist anzubieten, jedoch fehlt da häufig der analytische Hintergrund, um in der neuen Rolle zu überzeugen. Tatsächlich denke ich, dass das Berufsfeld des Data-Scientists ein enormes Potenzial birgt, wenn es denn erst einmal in einem Unternehmen etabliert ist.

## 8.1 Eine Big-Data-Table als zentrale Datenstruktur

Da wir die Daten recht häufig zwischen den einzelnen Ansichten austauschen und transformieren müssen, bietet es sich an, eine zentrale Datenstruktur zu erstellen, die die übergebenen Daten versteht, verändern kann und in verschiedenen Schemata, z. B. für die Darstellungen in Diagrammen, wiedergibt. Diese Datenstruktur erstelle ich in Form der Klasse *BDTable* im Package *de.jofre.table*. Darin bilde ich eine Tabelle mithilfe von ineinander verschachtelten Listen (`List<List<String>> cells`) ab. Die Struktur einer solchen Tabelle ist in Bild 8.3 zu sehen.

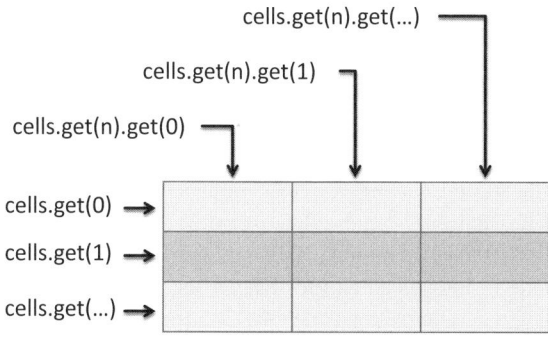

**Bild 8.3**
Einfache Tabellenstruktur für die Datenaufbereitung

Beim Erzeugen einer *BDTable* wird zusätzlich eine weitere Liste angelegt, die optional einen Spaltentitel vorhält. Diese Liste wird nun im Sinne der Objektorientierung um mehrere Funktionen ergänzt. Die wichtigsten darunter sind:

- `void readTableFromText(String text, String splitter, boolean headLine)` – Ein Text in CSV-Struktur wird in die Tabelle eingelesen. Der Parameter *splitter* bestimmt, wie die Felder getrennt werden, und *headLine* gibt an, ob die Tabelle eine Kopfzeile beinhaltet, die nicht mit in die Daten aufgenommen, wohl aber für den Spaltentitel verwendet wird. Ist *headLine* auf *false* gesetzt, so werden die Spaltentitel einfach durchnummeriert (*Spalte 1, Spalte 2 …*). *readTableFromText* wird im folgenden Projekt maßgeblich genutzt, um aus dem HDFS, Hive und HBase gelesene Daten in die *BDTable* einzulesen.
- `String toCSV(boolean headersIncluded)` – Gibt die Tabelle im Textformat aus und trennt die Felder mit einem Tab. Wenn *headersIncluded* auf *true* gesetzt wird, so werden die Spaltentitel mit ausgegeben. *toCSV* findet Verwendung, wenn der Tabelleninhalt zwischen JSPs und Analysemethoden hin und her gereicht wird.
- `String toHTMLTable()` – Gibt die *BDTable* in Form einer HTML-Tabelle aus. Dabei werden die Spaltentitel fett gedruckt. Diese Methode wird eingesetzt, wenn wir die Tabelle z. B. beim Anreichern der Daten unveränderlich darstellen möchten.
- `List<EnrichmentType> getEnrichmentOptions(String sample)` – Ermittelt auf Basis eines Testdatensatzes die Informationen, um die der Datensatz angereichert werden kann. Ist es z. B. ein Datum, kann geschaut werden, ob eine bekannte Persönlichkeit am selben Tage geboren wurde. Ist es hingegen eine Zeichenkette ohne Zahlen, so kann geschaut werden, ob es sich bei dem Datensatz um eine Stadt oder ein Land handelt. Die Anreicherungsoptionen werden in einer Liste vom Typ *EnrichmentType* zusammengefasst.
- `void enrichColumn(int column, EnrichmentType type, EnrichmentPlace place)` – Reichert die Tabelle auf Basis des Datentyps in Spalte *column* um den Typen *type* an. *place* gibt an, ob der neue Datentyp in Klammern am Ende des Datensatzes in der Spalte *column* angefügt oder ob er als neue Spalte eingetragen wird.
- `List<DiagramType> getPossibleDiagrams()` – Gibt eine Liste vom Typ *DiagramType* zurück, die besagt, welche Diagramme auf Basis der Spalten in der Tabelle gezeichnet werden können.

- `String getDiagramChoiceForm()` – Generiert JavaScript- und HTML-Elemente, die eine Form bilden, die die Auswahl für ein Diagramm samt den darzustellenden Spalten ermöglicht. Dabei werden nur die Diagrammtypen angeboten, die in der Lage sind, die Daten in der Tabelle darzustellen. Ebenso werden nur die Spalten als Eingabe für die Diagramme angeboten, die den jeweiligen benötigten Datentypen aufweisen.
- `String toBubbleChartData(int dataColumn, int counterColumn, boolean useCounterColumn)` – Generiert Eingabedaten für *Bubble-Chart*, *Collapsible-Intended-Treeview*, *Collapsible-Treeview*, *Hierarchy-Bar* und *Zoomable-Treemap* auf Basis der Daten in der Tabelle. Ist *useCounterColumn true*, dann wird die Spalte *counterColumn* als numerischer Eingabetyp verwendet. Ist *useCounterColumn false*, dann werden die Datensätze in *dataColumn* ausgezählt und die Anzahl als numerischer Wert verwendet. Neben dieser Methode existieren noch viele weitere, die die Tabelle in Eingabedaten für diverse Diagramme umwandeln.
- `boolean filterByColumns(int startX, int startY, int endX, int endY)` – Entfernt alle Daten, die vor der Spalte *startX* bzw. nach der Spalte *endX* liegen. Ebenso werden Zeilen vor *startY* und nach *endY* entfernt. Der Rückgabewert gibt an, ob der Filter erfolgreich angewandt werden konnte.

Die Klasse *BDTable* bietet uns eine hohe Flexibilität bei der Arbeit mit den Daten und erleichtert uns das Einlesen von strukturierten Daten aus den diversen Datenquellen. Unstrukturierte Daten werden zeilenweise eingelesen und ebenfalls in der *BDTable* dargestellt.

## ■ 8.2 Anreichern von Daten

Das Anreichern von Daten ist im Prinzip keine sehr anspruchsvolle Aufgabe, mehr eine Fleißarbeit, die einer gewissen vorherigen Planung bedarf. Zu Beginn sollten Sie sich fragen:

*Welche Daten stehen mir zum Anreichern zur Verfügung?*

Häufig sind im Unternehmen alle geschäftskritischen Daten in einer relationalen Datenbank abgelegt und können komfortabel über SQL in beliebig komplexen Queries abgefragt werden. Überlegen Sie nun jedoch einmal, welche Daten für Ihr Unternehmen noch von Wert sein könnten. Sind es z. B. Aktienkurse Ihrer Kunden, die Sie über Web-Services einsammeln können? Sind es Sensordaten, die nur in Echtzeit überwacht und bei unauffälligem Wert sofort wieder verworfen werden? Möchten Sie die Log-Dateien Ihrer Web-Server mit den entsprechenden Betriebssystem-Logs zusammenführen? Möglichkeiten gibt es viele, man muss sich allerdings die Zeit nehmen, darüber nachzudenken, welche Daten es wert sind, in den Anreicherungsvorgang aufgenommen zu werden. Haben Sie diese Daten erst einmal gefunden, dann führt Sie das unweigerlich zur zweiten Frage:

*Wie finde ich heraus, welche Daten ich um welche Daten anreichern kann?*

Auch darauf eine Antwort zu finden, kann Sie einiges an Kopfzerbrechen kosten. Der einfachste Weg ist sicherlich, ganz einfach Datentypen zu validieren, so wie wir es tun. Ist Datensatz *a* ein Datum, so kann ich leicht über verschiedene Datenbanken abfragen, was an diesem Tag noch geschehen ist. Waren die Verkäufe für Fußballtrikots besonders hoch, wurde Deutschland vielleicht gerade Weltmeister, woraus abzuleiten wäre, dass bei der nächsten WM für einen höheren Warenbestand zu sorgen ist. Ist der Datensatz hingegen eine Zeichenkette, kann überprüft werden, ob diese einen Name beinhaltet, wobei häufige Vor- und Nachnamen mit dem Datensatz abgeglichen werden könnten. Aus dem Namen kann dann wiederum das Geschlecht der Person ermittelt (bis auf wenige Ausnahmen natürlich) und das Kaufverhalten daran gemessen werden, ob ein Kunde nun männlich oder weiblich ist. Ist ein Datensatz nummerischer Natur, so ließe sich überprüfen, ob es sich dabei um Längen- und Breitengrad handelt. Das ist mit Sicherheit der Fall, wenn die Zahlen nie kleiner als –180 und nie größer als 180 sind und es zwei Reihen in dem Datensatz gibt, die diese Eigenschaften aufweisen. Über eine Datenbank kann dann ermittelt werden, nahe welcher Stadt die Koordinaten liegen.

Es ließen sich bestimmt noch einige schöne Beispiele dafür finden, wie man vom Datentyp auf dessen Inhalt schließen könnte, aber ich denke, das Prinzip ist klar. Wir werden nun im Folgenden eine kleine Wissensdatenbank anlegen, die verschiedene, offen zugängliche Daten beinhaltet.

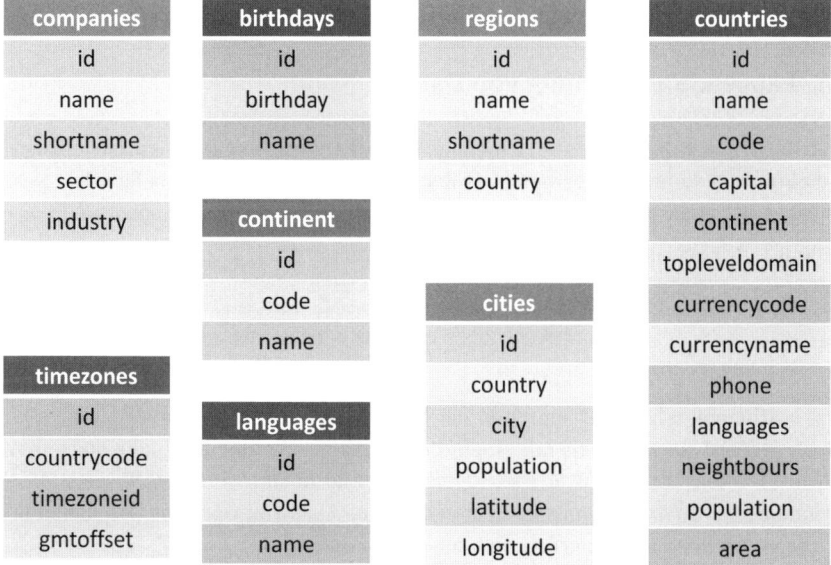

**Bild 8.4** Tabellen in der Wissensdatenbank

Bild 8.4 zeigt die Tabellen, die ich in der Datenbank angelegt habe. Lassen Sie uns nun diese Datenbank importieren, um sie in der Anwendung nutzen zu können.

## 8.2.1 Anlegen einer Wissensdatenbank

Im Ordner *Wissensdatenbank* unter *Kapitel 8* auf der DVD finden Sie eine Datei *enrichment-Data.sql*, die Sie mit einem MySQL-Client (z. B. *HeidiSQL*) öffnen können.

> **HINWEIS:** Wie schon in Bild 8.4 zu sehen ist, habe ich weitestgehend auf Relationen und Normalisierung verzichtet, um Ihnen die Möglichkeit zu geben, die Daten auch in Hive anzulegen und um die Queries nicht über mehrere Tabellen verteilen zu müssen und so die Performance hoch zu halten. Beim Anlegen der Daten in Hive müssten Sie lediglich für die Tabelle *regions* eine View erzeugen, die das Feld *country* auf den tatsächlichen Namen des Landes abbildet und somit den Fremdschlüssel ersetzt.

Führen Sie das SQL-Script aus und lassen Sie sich die entsprechende Datenbank erzeugen. Wir können nun etwa Länder- und Städtenamen ermitteln, bekannte Personen und deren Geburtstage abfragen und herausfinden, in welchem Sektor oder welcher Industrie eine bestimmte amerikanische Firma tätig ist. Das alles ist mithilfe öffentlich zugänglicher Daten möglich, die entsprechenden Quellen finden Sie im Ordner *Lizenzdateien* in der Datei *Wissensdatenbank.txt*.

## 8.2.2 Passende Zuordnung von Daten

Lassen Sie uns nun anhand eines Firmennamens sehen, wie eine Datenanreicherung vorgenommen werden kann. Ich verwende als Beispieldatensatz den aus Tabelle 8.1.

**Tabelle 8.1** Beispieldaten für die Datenanreicherung nach Firma

| people.peopleid | people.name | people.company |
|---|---|---|
| 0 | Jonas Freiknecht | International Business Machines Corporation |

Zuerst bestimmen wir den Datentyp in der betreffenden Spalte der Tabelle, indem wir die Methode *getEnrichmentOptions* mit einem Beispieldatensatz aus der Spalte starten. In diesem Falle würden wir also für *0, Jonas Freiknecht* und für *International Business Machines Corporation getEnrichmentOptions* aufrufen und eine Liste von Optionen angeboten bekommen, die uns bei der Anreicherung dienlich sein könnten.

> **HINWEIS:** Um diesen Datensatz in der fertigen Anwendung zu verwenden, kopieren Sie ihn samt Kopfzeile, wählen Sie den Menüpunkt *HDFS*, klicken Sie eine beliebige Datei an, sodass sich unten eine Textbox mit deren Inhalt öffnet, kopieren Sie die Testdaten hinein und klicken Sie auf **Als Daten übernehmen**.

Für die Zahl *0* werden wir keine Anreicherungsoptionen angezeigt bekommen, für den Namen *Jonas Freiknecht* hingegen wird die Anwendung vorschlagen zu überprüfen, ob es sich dabei um eine Stadt, ein Land, eine Firma, eine Domain, eine bekannte Persönlichkeit oder eine Sprache handelt. Des Weiteren bekommen wir angeboten, die Sprache zu ermitteln, in der der Name verfasst wurde. Dieselben Optionen werden uns als Anreicherungsmöglichkeiten für *International Business Machines Corporation* angeboten.

 **HINWEIS:** In der Anwendung müssen Sie, nachdem Sie die Daten, wie in der vorigen Box erklärt, übernommen haben, in die Ansicht *Daten anreichern* wechseln. Da wir eine Titelzeile in den eingefügten Daten verwendet haben, setzen Sie oben ein Häkchen bei *Daten enthalten Titelzeile* und klicken Sie auf **Aktualisieren**. Anschließend werden Ihnen die eben aufgezählten Optionen für die jeweilige Spalte angeboten. Sollten Sie die Titelzeile nicht angeben, so werden die Anreicherungsoptionen auf Basis der Spaltennamen ausgewählt, denn es werden für die Analyse der Datentypen immer die Daten aus der ersten Zeile verwendet.

Selektieren Sie in der Drop-down-Liste der dritten Spalte den Eintrag *Firma* und klicken Sie dann auf **Anreichern**. Eine neue Spalte mit den Informationen zu der Firma sollte nun erscheinen. In der Anwendung sähe dieser Prozess wie in folgendem Bild aus.

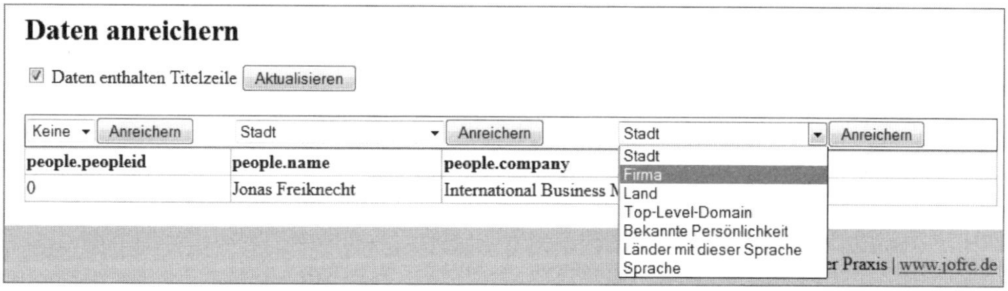

**Bild 8.5** Anreichern der Beispieldaten

Nun wird *getEnrichmentOptions* für den String *International Business Machines Corporation* unter anderem den Typ *Company* zurückgeben. Folgend rufen wir also *enrichColumn* auf, übergeben die Spalte *2* als ersten Parameter, wir wollen ja die Daten um weitere Firmeneigenschaften anreichern, als *EnrichmentType* übergeben wir *COMPANY* und als *EnrichmentPlace* den Wert *NEW_COLUMN*, um eine neue Spalte zu definieren.

Nun kommen wir zu den Validatoren, die sich im Package *de.jofre.validators* befinden. Diese verifizieren letztendlich, welche Daten in der angereicherten Spalte tatsächlich Firmen sind. Dazu führen sie für jede Spalte ein *SELECT* auf der Datenbank aus. Wenn ein Ergebnis zurückgeliefert wird, dann werden die Daten in unserer Anwendung ergänzt.

**Listing 8.1** Validator für Firmennamen

```
public static Company isCompany(String input) {
  Company c = null;
  try {
    Class.forName("com.mysql.jdbc.Driver");
    Connection con = DriverManager.getConnection("jdbc:mysql://"
      + HadoopProperties.get("mysql_address") + ":"
      + HadoopProperties.get("mysql_port") + "/"
```

```
        + HadoopProperties.get("mysql_db") + "?user="
        + HadoopProperties.get("mysql_user") + "&password="
        + HadoopProperties.get("mysql_password"));

    Statement stmt = con.createStatement();
    ResultSet resultSet = stmt.executeQuery("SELECT * FROM "+
      HadoopProperties.get("mysql_db")+".companies WHERE LOWER(name)=LOWER('"
      + input + "')");

    if (resultSet.next()) {
      c = new Company();
      c.setIndustry(resultSet.getString("industry"));
      c.setName(resultSet.getString("name"));
      c.setSector(resultSet.getString("sector"));
      c.setShortName(resultSet.getString("shortname"));
    }

    con.close();
  } catch (Exception e) {
    log.log(Level.SEVERE, "Fehler beim Herstellen der Verbindung zu MySQL.");
    e.printStackTrace();
  }
  return c;
}
```

Listing 8.1 macht nichts anderes, als zu überprüfen, ob eine Firma mit besagtem Namen existiert. Wenn ja, werden deren Industriesparte, Sektor, Name und dessen Abkürzung ausgelesen und in Form eines Objekts vom Typ *Company* zurückgegeben.

**HINWEIS:** Die Klassen Company, City, Country, Person und Region habe ich in dem Package *de.jofre.types* angelegt. Sie bieten keinerlei Funktion, außer das gewünschte Objekt zu kapseln.

In *enrichColumn* setze ich die Eigenschaften des Objekts zu einem String zusammen und füge ihn als neue Spalte in die Tabelle ein. Die *BDTable* können Sie nun entweder um weitere Daten anreichern oder aber als CSV oder HTML ausgeben.

### Daten anreichern

☑ Daten enthalten Titelzeile [ Aktualisieren ]

| Keine ▼ | Stadt ▼ | Stadt ▼ | Stadt ▼ |
|---|---|---|---|
| [ Anreichern ] | [ Anreichern ] | [ Anreichern ] | [ Anreichern ] |
| people.peopleid | people.name | people.company | **Firmendaten** |
| 0 | Jonas Freiknecht | International Business Machines Corporation | (Abkürzung: IBM, Sektor: Technology, Industrie: Computer Manufacturing ) |

**Bild 8.6** Der Datensatz wurde um weitere Firmendaten ergänzt.

Schauen Sie sich bei Interesse gerne einmal alle weiteren Validatoren an. Besonders hilfreich ist in meinen Augen der *DateValidator*, der verschiedenste Datumsformate erkennt und parsen kann. Ebenso wie der *LanguageValidator*, der Sprachen anhand der Bibliothek *Language-Detector* ermittelt, benötigt der *DateValidator* keine Datenbankanbindung.

**PRAXISTIPP:** Kurz bevor ich das Manuskript für dieses Buch eingereicht habe, wurde bekannt, dass ein kleines Startup namens *Mode* zwei Millionen Dollar erhalten hat, um ein *Github* für Daten und Analysemethoden aufzuziehen. Das zeigt, dass der Gedanke, Daten zur freien Verwendung bereitzustellen, eine verbreitete und zukunftsträchtige Idee ist, denn die Bestrebung, Daten außerhalb der eigenen IT zu finden, die fehlerfrei, aktuell und frei nutzbar sind, ist häufig mit sehr viel Frustration verbunden. Ich denke und hoffe, dass uns das Thema *Open-Data* in der Zukunft noch viel mehr beschäftigen wird, als es das heute tut, und vielleicht zu einem der großen Trends der nächsten Jahre wird. Stellen Sie sich vor, wir müssten für dieses Beispiel nicht extra eine kleine SQL-Datenbank erzeugen, sondern könnten auf eine öffentliche Quelle zurückgreifen, die beinahe jeden Datensatz einer Kategorie zuordnen kann. Wäre das nicht fantastisch?

### Anbieten der Anreicherungsoptionen in einer JSP

In der JSP *enrichment.jsp*, die das Anreichern von Daten letztendlich dem Benutzer überlässt, wird zu Beginn überprüft, ob bereits ein Anreichern angestoßen wurde. Wenn ja, wird der Prozess durchgeführt. In einem zweiten Schritt wird für jede Spalte in der *BDTable* eine Drop-down-Liste gezeichnet, die die entsprechenden Anreicherungsoptionen für diese auflistet. Ebenso bekommt jede Spalte einen Button, der die Seite *enrichment.jsp* erneut aufruft und ein Anreichern beauftragt.

**Listing 8.2** JSP zum Hinzufügen von Spalten auf Basis anderer Spalten

```
BDTable table = new BDTable();
boolean headersIncluded = true; // Beinhaltet inputText eine Titelzeile?
table.readTableFromText(inputText, "\t", headersIncluded);

// Sollen Daten angereichert werden?
if (table.getCells().size() > 0) {
  for(int i=0; i<table.getCells().get(0).size(); i++) {
    if(request.getParameter("column" + i) != null) {
      String enrichmentType = request.getParameter("column" + i);
      EnrichmentType et = EnrichmentType.getTypeByCaption(enrichmentType);
      table.enrichColumn(i, et, EnrichmentPlace.NEW_COLUMN);
    }
  }
}

// Drop-down-Listen für Datenanreicherung anbieten
if (table.getCells().size() > 0) {
  out.print("<table style=\"width: 100%; border-collapse: collapse;\"><tr>\n");
  int startRow = 0;
  for(int i=0; i<table.getCells().get(startRow).size(); i++) {

    List<EnrichmentType> types =
      table.getEnrichmentOptions(table.getCells().get(startRow).get(i));

    // Jede Spalte bekommt ihre eigene Form
    out.print("<td><form action=\"enrichment.jsp\" method=\"post\">"
      +"<select name=\"column" + i + "\">");
```

```
      for(int j=0; j<types.size(); j++) {
        out.print("<option>" + types.get(j).getCaption() + "</option>");
      }
      out.print("</select>");

      // Reiche Auskunft über das Vorhandensein einer Titelzeile weiter
      if (headersIncluded) {
        out.print("<input type=\"hidden\" name=\"headline\" />");
      }
      out.print("<input type=\"submit\" value=\"Anreichern\" />");

      out.print("</form></td>\n");
    }
    out.print("</tr></table>\n");
  } else {
    // Wenn keine Daten in der Tabelle vorhanden sind, kann der Prozess nicht
    // durchgeführt werden.
    out.println("<b>Keine Daten zum Anreichern in Eingabedaten gefunden!</b><br>");
  }
  out.println(table.toHTMLTable());
```

Nachdem die neue Spalte dann hinzugefügt wurde, wird am Ende die Tabelle in der JSP samt den neuen Daten ausgegeben. Nun wurde bereits gezeigt, wie Datentypen erkannt werden können, nämlich über verschiedene, einfach zu implementierende Validatoren. Diese sollen auch im nächsten Abschnitt eine große Rolle spielen, in dem ich zeigen möchte, wie man anhand der vorliegenden Daten eine Empfehlung aussprechen kann, wie diese visualisiert werden können.

## 8.3 Diagrammempfehlungen über Datentypanalyse

In Marketingfolien von unseren geschätzten Vertriebskollegen liest man häufig Sätze wie *Mit einer ausgefeilten Big-Data-Strategie kann man neues, bisher unentdecktes Wissen aus vorhandenen, großen Datenmengen extrahieren.* Glauben Sie das? Würde ich einmal selber in der Situation sein, dass mir jemand diese Thesen vorsetzt, würde ich ihn mit einem bösen Grinsen meinen Laptop hinhalten und sagen: *Zeigen Sie doch mal, wie Sie das machen.* Er wird es nicht können. Nicht nur, weil ihm der technische Background fehlt, sondern weil es eine große, technische Herausforderung darstellt, Antworten auf bisher unbekannte Fragen zu kennen[1]. Woher soll ein Computer schließlich sagen können, was für Ergebnisse wir für unsere Arbeit verwenden können, wenn wir ihm überhaupt gar keine Grundlage anbieten, mit der er rechnen kann? Das Problem ist ähnlich dem Lösen einer Gleichung der Form $x + y = z$. Der Computer soll ein sinnvolles Ergebnis für $z$ liefern, ohne $x$ und $y$ zu erkennen.

---

[1] Eine bildliche Darstellung wird im Film „I, Robot" gezeigt, in dem die künstliche Intelligenz eines ermordeten Wissenschaftlers mit Will Smith redet und ihm Hinweise auf seinen Mörder geben soll. Will Smith muss der KI jedoch zwingend die richtigen Fragen stellen, da sie nur auf ausgewählte Fragen eine Antwort weiß. Den Rest versteht sie nicht und verweist darauf, eine andere Fragestellung zu formulieren.

Eine Art von Information haben wir jedoch für die automatisierte Berechnung. Wir kennen einerseits die Datentypen, die wir verarbeiten (Datumswerte, positive und negative Zahlen, Beträge, Wörter, Längen- und Breitengrad …), und wir verfügen ggf. weiterhin über Beispieldaten, sodass wir etwa folgende Behauptungen aufstellen können:

1. ist ein Datum im Monat Januar des Jahres 2014, da es dem Format *tt/mm/yyyy* entspricht.
2. ist ein Geldbetrag, da es stets eine Zahl mit zwei Nachkommastellen gefolgt von einem Dollarzeichen ist.
3. (als die neu gewonnene Information) kann also z. B. als Diagramm dargestellt werden, das die verschiedenen Beträge aus *y* über den Zeitraum *x* darstellt.

Genau diese Daten haben wir uns im vorigen Abschnitt zunutze gemacht, um die Validatoren aufzurufen, die uns sagen, ob ein bestimmtes Sample einem Städtenamen, Personennamen etc. entspricht. Die Validatoren, die wir für die Visualisierung einsetzen, liefern einen etwas anderen Output. Sie müssen nämlich keine Informationen über real existierende Objekte bestätigen, sondern vielmehr die Datentypen bestimmen, in denen die Beispieldaten vorliegen. Es wird also in Erfahrung gebracht, ob es sich um Zahlen, Datumswerte, Zeichenketten etc. handelt.

Wenn die Werte aller Spalten einer Tabelle bestimmt sind, gilt es, in Erfahrung zu bringen, welche Diagramme mit den darin enthaltenen Datentypen arbeiten können. Hierfür wollen wir etwas entwerfen, was sich am leichtesten als *Recommendation-Engine* bezeichnen ließe.

> **HINWEIS:** *Recommendation-Engines* sind in der Informatik nicht neu, finden allerdings in Zusammenhang mit der Datenvisualisierung nur selten Anwendung. Sie werden als Filtersystem für Informationen gesehen, das eine Aussage über die wahrscheinliche Präferenz einer Entität (Produkt, Dienstleistung …) gibt, wie sie ein menschlicher Betrachter ebenfalls gewählt hätte. Amazon etwa gibt Empfehlungen für möglicherweise interessante Artikel für Kunden, deren Auswahl sich am Kaufverhalten des Kunden orientiert. Kauft dieser vorzugsweise Bücher über Web-Design, werden ihm beim nächsten Besuch des Shops weitere Bücher zu denselben oder verwandten Themen vorgeschlagen, um ihn zu einem Kauf zu bewegen.

Wir wollen eine einfache *Recommendation-Engine* erstellen, die einem Benutzer Diagramme für die ihm vorliegenden Daten empfiehlt. Dabei müssen wir nicht wie bei dem Beispiel mit dem Web-Shop auf historische Daten zurückgreifen, sondern können uns ganz konkret die aktuellen Daten anschauen, die uns zur Verfügung stehen. Diese Daten können etwa sein:

- *Datumswerte* – Werden über Zeitleisten und Kalender visualisiert.
- *Nummerische Werte* – Daten wie Messwerte, Geldbeträge etc. werden auf-/absteigend dargestellt.
- *Geodaten* (Längengrad, Breitengrad, Städte-/Ländernamen) – Werden auf einer Landkarte dargestellt. Aufprägungen weiterer Kennzahlen werden über *Heat-Maps* oder *Choroplethenkarten* angezeigt.
- *Relationale Daten* – Daten, die in einer starken Beziehung zueinander stehen, werden über Netzwerkdiagramme abgebildet.

- *Zeichenketten* – Alle Daten, die in irgendeiner Form ein Objekt beschreiben, z. B. der Name einer Person, eines Produkts oder einer Firma.
- …

Wir haben somit einen Ansatz erdacht, über den wir unseren Benutzern Empfehlungen aussprechen können, mit welchen Diagrammen sich ihre Daten darstellen lassen. Vergleichen Sie diese Kompetenz vielleicht mit einem Navigationssystem. Dieses kann uns noch nicht sagen, wo wir hinfahren möchten, es kann uns aber sagen, welche Straßen wir nehmen können, um in die richtige Richtung zu fahren, und dazu weist es uns darauf hin, welche Straßen nicht befahrbar sind. Lassen Sie uns nun einen Blick in die Implementierung der Diagrammempfehlungskomponenten werfen.

### 8.3.1 Diagrammempfehlungen in der BDTable

Die Funktionalität der Diagrammempfehlungen soll nach der Fertigstellung zu einer Bild 8.7 ähnlichen Ansicht führen. Diese besteht aus einer HTML-Form, die mehrere Drop-down-Listen beinhaltet, die ganz links eine Auswahl möglicher Diagramme anbietet und rechts davon eine Auswahl von für genau dieses Diagramm vorgesehenen Eingabedaten. So können etwa nur wie in Bild 8.7 gezeigt für das Bubble-Chart ein Bezeichner (hier *people.job*), der für die Beschriftung der Blasen sorgt, sowie ein nummerischer Wert (hier Anzahl der Berufe in *people.job*), der die Größe der Blasen bestimmt, ausgewählt werden.

Wählt der Benutzer nun ein anderes Chart, z. B. die *Word-Cloud*, so soll ihm lediglich *eine* Drop-down-Liste rechts neben der Diagrammauswahl angezeigt werden, da die *Word-Cloud* auch nur einen eindimensionalen Array aus Daten als Eingabe erwartet.

Die Diagrammempfehlungen werden maßgeblich in zwei Methoden gekapselt: *getPossibleDiagrams* und *getDiagramChoiceForm*. *getPossibleDiagrams* wurde bereits vorgestellt. Diese liefert eine Liste von möglichen Diagrammtypen zurück, die auf die Daten in der Tabelle anwendbar sind. Lassen Sie uns einen Blick auf einen Ausschnitt der Methode werfen.

**Listing 8.3** Ermitteln möglicher Diagrammtypen für eine Visualisierung

```java
public List<DiagramType> getPossibleDiagrams() {
  List<DiagramType> diagrams = new ArrayList<DiagramType>();

  // Die Tabelle muss mindestens über eine Zeile und eine Spalte verfügen
  if ((cells.size() > 0) && (cells.get(0).size() > 0)) {
    diagrams.add(DiagramType.BUBBLE_CHART);
    diagrams.add(DiagramType.COLLAPSIBLE_TREEVIEW);
    diagrams.add(DiagramType.WORD_CLOUD);
    diagrams.add(DiagramType.ZOOMABLE_TREEMAP);
    ... (Weitere Diagramme, die dieselben Eingabetypen verwenden wie BUBBLE_CHART)

    // Für alle weiteren Diagramme müssen mindestens zwei Spalten vorhanden sein
    if (cells.get(0).size() > 1) {
      for (int i = 0; i < cells.size(); i++) {
        for (int j = 0; j < cells.get(i).size(); j++) {

          // Beinhaltet eine Spalte ein Datumswert?
          if (DateValidator.isDate(cells.get(i).get(j)) != null) {
```

```
            // Existiert des Weiteren ein nummerischer Wert?
            for (int k = 0; k < cells.get(i).size(); k++) {
              if (NumberValidator.isDouble(cells.get(i).get(k)) ||
                NumberValidator.isInteger(cells.get(i).get(k))) {

                // ... dann ließe sich aus den Daten ein CALENDAR_CHART und
                // ein LINE_CHART entwerfen
                if (!diagrams.contains(DiagramType.CALENDAR_CHART)) {
                  diagrams.add(DiagramType.CALENDAR_CHART);
                }
                if (!diagrams.contains(DiagramType.LINE_CHART)) {
                  diagrams.add(DiagramType.LINE_CHART);
                }
              }
            }
          }
        }
        ... (Erkennung weiterer Diagramme)
      }
    }
  }
}
```

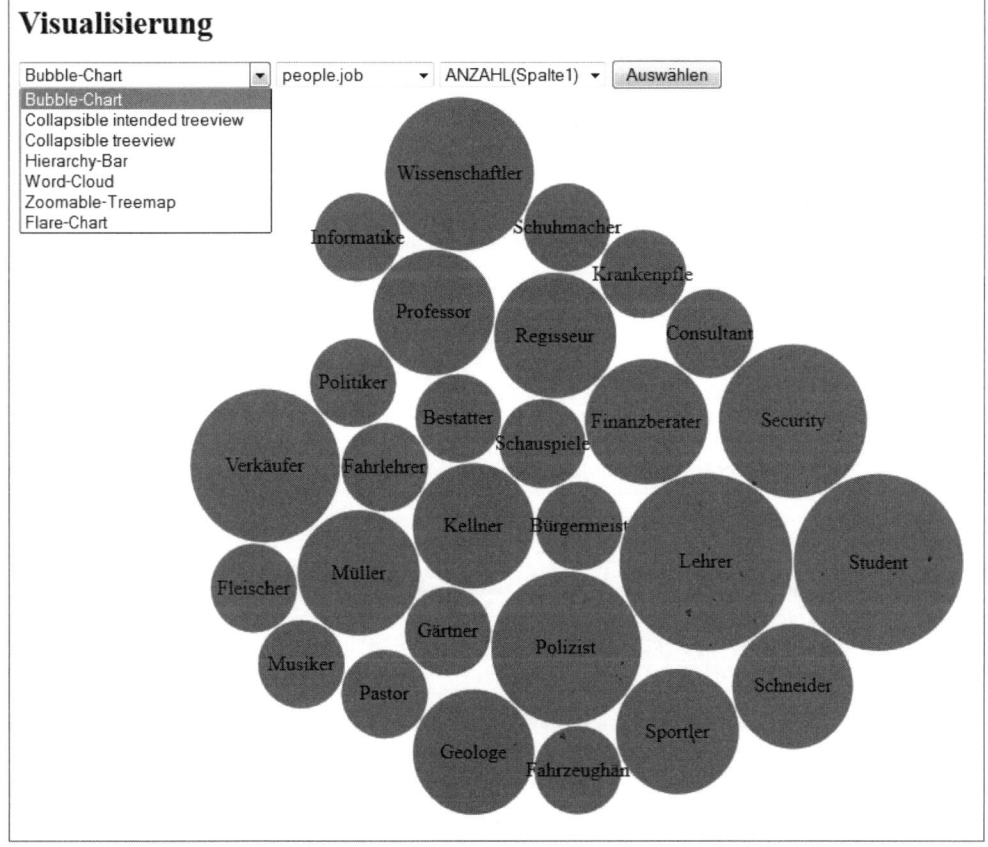

**Bild 8.7** Beispielhafte Visualisierung der Verteilung von Berufsgruppen

Das Prinzip ist also eigentlich recht einfach. Die Diagrammtypen, die im ersten Schritt betrachtet werden (*BUBBLE_CHART*, *COLLAPSIBLE_TREEVIEW* …), können empfohlen werden, wenn das Diagramm über eine einzige Spalte verfügt. Das *Bubble-Chart* kann dann die Daten in dieser Spalte zählen und visualisieren, wie oft ein bestimmter Eintrag in der Spalte vorkommt. Für die nächsten zwei Diagramme (*CALENDAR_CHART* und *LINE_CHART*) sind zusätzlich folgende Bedingungen zu erfüllen:

- Es müssen mindestens zwei Spalten in der Tabelle vorhanden sein.
- Eine Spalte muss ein Datum enthalten, das über den *DateValidator* bestätigt wird.
- Die andere Spalte muss einen nummerischen Wert enthalten, der entweder in Form eines *Double* oder eines *Integers* auftritt. Dass es sich bei den Daten um eine Zahl handelt, verifiziert der *NumberValidator*.

Der Erkennung der sechs möglichen Diagramme folgen einige weitere, die jedoch alle nach dem gleichen Prinzip arbeiten. Die Liste, die am Ende der Funktion zurückgegeben wird, findet sogleich in *getDiagramChoiceForm* Verwendung. Diese liefert HTML- und JavaScript-Code, um die in Bild 8.7 gezeigten Auswahlfelder zu rendern.

**Listing 8.4** Konstruieren der Diagrammauswahlform

```java
public String getDiagramChoiceForm() {
  StringBuilder sb = new StringBuilder();

  // Konstruiere JavaScript
  sb.append("<script type=\"text/javascript\">\n");
  sb.append("function changeChart(selection) {\n");
  sb.append("var selectionValue = selection.value;\n");
  sb.append("var select1 = document.getElementById(\"column1\");\n");
  sb.append("var select2 = document.getElementById(\"column2\");\n");
  sb.append("var select3 = document.getElementById(\"column3\");\n");
  sb.append("var select4 = document.getElementById(\"column4\");\n");
  sb.append("select1.options.length = 0;\n");
  sb.append("select1.style.display = 'inline';\n");
  sb.append("select2.options.length = 0;\n");
  sb.append("select2.style.display = 'inline';\n");
  sb.append("select3.options.length = 0;\n");
  sb.append("select3.style.display = 'inline';\n");
  sb.append("select4.options.length = 0;\n");
  sb.append("select4.style.display = 'inline';\n\n");

  List<DiagramType> diagrams = getPossibleDiagrams();
  for (int i = 0; i < diagrams.size(); i++) {
    switch (diagrams.get(i)) {
      case BUBBLE_CHART:
      case COLLAPSIBLE_INTENDED_TREEVIEW:
      case COLLAPSIBLE_TREEVIEW:
      case HIERARCHY_BAR:
      case ZOOMABLE_TREEMAP:
        sb.append("if (selectionValue == \"" + diagrams.get(i).getName()
          + "\") {\n");

        // Alle Optionen, die als ID verwendet werden können, hinzufügen
        for (int j = 0; j < this.columnTitles.size(); j++) {
          sb.append("select1.options[select1.options.length] = new Option(\""
            + columnTitles.get(j) + "\", \"" + j + "\");\n");
```

```
        }
        // Alle Optionen, die als Zähler verwendet werden können
        for (int j = 0; j < this.columnTitles.size(); j++) {
          if (NumberValidator.isDouble(cells.get(0).get(j)) ||
            NumberValidator.isInteger(cells.get(0).get(j))) {

            sb.append("select2.options[select2.options.length] = new Option(\""
              + columnTitles.get(j) + "\", \"" + j + "\");\n");
          }
        }
        sb.append("select2.options[select2.options.length] = new Option(\""
          + "ANZAHL(Spalte1)" + "\", \"" + "99" + "\");\n");
        sb.append("select3.style.display = 'none';\n");
        sb.append("select4.style.display = 'none';\n");
        sb.append("}\n\n");
      break;
      ... (Weitere Case-Anweisungen folgen)
    }
  }
  sb.append("}\n");
  sb.append("</script>\n");

  // Generiere HTML-Code
  sb.append("<form action=\"visualization.jsp\" method=\"get\">\n");
  sb.append("<select id=\"chartname\" name=\"chartname\" "
    + "onChange=\"changeChart(this)\">\n");
  for (int i = 0; i < diagrams.size(); i++) {
    sb.append("<option>" + diagrams.get(i).getName() + "</option>\n");
  }
  sb.append("</select>\n");
  sb.append("<select id=\"column1\" name=\"column1\"></select>\n");
  sb.append("<select id=\"column2\" name=\"column2\"></select>\n");
  sb.append("<select id=\"column3\" name=\"column3\"></select>\n");
  sb.append("<select id=\"column4\" name=\"column4\"></select>\n");
  sb.append("<input type=\"submit\" value=\"Auswählen\">");
  sb.append("</form>\n");

  // Rufe changeChart auf
  sb.append("<script type=\"text/javascript\">"
    + "changeChart(document.getElementById(\"chartname\"));</script>");
  return sb.toString();
}
```

In dieser Methode konstruiere ich zuerst eine JavaScript-Funktion namens *changeChart*, die den Namen des gewählten Diagramms aus einer Drop-down-Liste entgegennimmt. Wenn ein Diagramm ausgewählt wird, füllt die Funktion die Auswahllisten rechts von der Diagrammauswahl mit den möglichen Spalten aus der *BDTable*. Es stehen generell vier dieses Auswahllisten zur Verfügung. Wenn eine nicht benötigt wird, wird diese über document. getElementById("ListenName").style.display = 'none'; ausgeblendet.

Nach dem *Script-Tag* folgt die Komposition der HTML-Form. Diese erhält fünf Drop-down-Listen, die eine ID aufweisen, damit sie in *changeChart* eindeutig über *getElementById* angesprochen werden können, und einen Namen, der über *getParameter* in der JSP ausgelesen werden kann. Zuletzt rufe ich *changeChart* einmalig auf, damit die Drop-down-Listen für das erste Element in der Diagrammauswahlliste befüllt werden.

### Rendern der Diagramme mit den ausgewählten Daten in einer JSP

Nun, da die Diagramm- und Datenauswahl stattfinden kann, können wir dazu übergehen, die Diagramme in der Sicht *visualization.jsp* zu zeichnen. Um das Listing nicht unnötig komplex werden zu lassen, zeige ich hier lediglich den Zeichenprozess des *Bubble-Charts*. Die vollständige *visualization.jsp* kann im fertigen Projekt eingesehen werden. Beginnen wir mit dem Auslesen der Request-Parameter und der Initialisierung der Diagramme.

**Listing 8.5** Initialisieren der Diagrammobjekte

```
<head>
<script src="js/d3.v3.min.js" charset="utf-8"></script>
<link rel="shortcut icon" href="img/favicon.ico" type="image/x-icon" />
<link rel="stylesheet" href="css/style.css" type="text/css" />
<title>Big-Data-Analytics</title>
<%
  // Lese Parameter chartName, column1, column2, column3, column4
  String chartName = request.getParameter("chartname");
  int column1 = -1;
  if (request.getParameter("column1") != null) {
    column1 = Integer.parseInt(request.getParameter("column1"));
  }
  int column2 = -1;
  if (request.getParameter("column2") != null) {
    column2 = Integer.parseInt(request.getParameter("column2"));
  }
  int column3 = -1;
  if (request.getParameter("column3") != null) {
    column3 = Integer.parseInt(request.getParameter("column3"));
  }
  int column4 = -1;
  if (request.getParameter("column4") != null) {
    column4 = Integer.parseInt(request.getParameter("column4"));
  }

  // Erstelle Diagramminstanzen
  BubbleChart bc = null;
  ... (Hier wird für jedes Diagramm eine Variable angelegt)

  if (chartName != null) {
    if (chartName.equals(DiagramType.BUBBLE_CHART.getName())) {
      bc = new BubbleChart();
      bc.setWidth(900);
      bc.setHeight(650);
      out.println(bc.getAdditionalJavaScript());
      out.println(bc.getStyleSheet());
    }
    ... (Hier werden alle weiteren Diagramme instanziiert)
  }
%>
</head>
```

In der *Head-Sektion* der Seite überprüfen wir, welches Diagramm gezeichnet und welche Spalten für die Visualisierung genutzt werden. Es folgen die Instanziierung der Klasse des jeweiligen Diagramms (hier von *BubbleChart*) sowie das Setzen von Breite und Höhe über die entsprechenden *Setter-Methoden*. Anschließend werden alle zusätzlichen JavaScript-Dateien und alle Style-Definitionen eingebunden.

**Listing 8.6** Zeichnen der Diagramme

```
<body>
<%
  String inputText = request.getParameter("mytext");
  if (inputText != null) {
    BDTable table = new BDTable();
    table.readTableFromText(inputText, "\t", headline);

    // Anbieten der Diagramme
    out.println(table.getDiagramChoiceForm());

    String input = "";
    String output = "";
    if (chartName != null) {
      if (chartName.equals(DiagramType.BUBBLE_CHART.getName())) {
        if ((column1 > -1) && (column2 > -1)) {

          // Wird in diesem Parameter 99 übergeben, dann heißt das, dass das
          // Bubble-Chart keine eigene Spalte für einen zählbaren, nummerischen
          // Wert aufweist, sondern die Vorkommen von column1 auszählen und
          // darstellen soll.
          if (column2 == 99) {
            input = table.toBubbleChartData(column1, 0, false);
          } else {
            input = table.toBubbleChartData(column1, column2, true);
          }
          bc.setInput(input);
          output = bc.getJavaScript();
        }
      }
      ... (Weitere mögliche Diagramme bearbeiten)
      // Ausgabe des fertigen JavaScript-Codes
      out.println(output);
    }
  } else {
    out.println("Wählen Sie vor dem Anreichern Daten aus HDFS, Hive oder HBase");
  }
%>
</body>
```

In der Body-Sektion wird zuerst eine *BDTable* mit den übergebenen Eingabedaten erzeugt und dann die Diagrammauswahlform gezeichnet. Wenn nun im Request-Parameter *chartName* ein Diagrammname übergeben wurde, wird geprüft, ob Spalten spezifiziert wurden, aus denen die Eingabedaten verwendet werden sollen. Ist das der Fall, werden die Eingabedaten aus der *BDTable* in das entsprechende Format für das Diagramm konvertiert und im String *input* abgelegt. *input* wird sogleich als Eingabedatensatz im *Bubble-Chart* angegeben. Im folgenden Schritt bekommt der String *output* den fertigen JavaScript-Code aus der Methode *getJavaScript* der Klasse *BubbleChart* zugewiesen. Der Inhalt von *output* wird später auf der JSP dargestellt.

Eine Besonderheit in den Diagrammen, die dasselbe Eingabeformat wie das *Bubble-Chart* verwenden, ist folgende. Beinhaltet die zweite Spalte, die eigentlich einen nummerischen

Wert beinhalten soll, der die Größe der Blasen bestimmt, den Wert *99*, dann zählt die Methode *toBubbleChartData* die Häufigkeit der Vorkommen des Wertes in *column1*. So können Sie etwa wie in Bild 8.7 die Häufigkeitsverteilung der Berufe des Datensatzes zählen.

 **PRAXISTIPP:** Falls Sie die Anwendung mit all ihren Diagrammen testen möchten, dann können Sie die Testdaten von Kapitel 8 verwenden. Dort finden Sie die Dateien:

- *Bubble-Chart-Visualisierung.txt*
- *Calendar- und Linechart-Visualisierung.txt*
- *Choroplethenkarte-Visualisierung.txt*

Diese können Sie z. B. im HDFS ablegen und dann über den Menüpunkt *HDFS* als Testdatensatz laden.

## ■ 8.4 Textanalyse – Verarbeitung unstrukturierter Daten

Textanalyse oder Text-Mining ist noch eine relativ junge Wissenschaft in der Informatik, was sich dadurch bemerkbar macht, dass es über die Jahre immer mal wieder signifikante Fortschritte in der Forschung und im Geschäftswesen gibt. Ein schönes und gerne genommenes Beispiel ist die künstliche Intelligenz *IBM Watson*, die im Februar 2011 in der Quizsendung *Jeopardy* gegen zwei menschliche Mitspieler antrat und gewann. Das Programm musste dabei innerhalb von Millisekunden die Frage des Showmasters verstehen und die richtige Antwort, formuliert als Frage, zurückliefern.

Dieser Abschnitt soll Ihnen einen Einblick geben, wie Fließtext analysiert und nach Mustern durchsucht werden kann. Zwar wird im Zusammenhang mit Text in der Regel von unstrukturierten Daten gesprochen, sodass man eigentlich ja keine Muster finden dürfte, jedoch besitzt jede Sprache auch eine Grammatik, die die Verfasser in der Regel zu einem Großteil einhalten, womit uns wieder eine Struktur zur Verfügung stünde, die wir verwerten können. Eine Herausforderung, die an dieser Stelle zu erwähnen ist, ist die, dass viele Sprachen über eine *unterschiedliche* Grammatik verfügen. So gibt es etwa im Deutschen verschiedene Fälle und mehrere Artikel, wobei es im Englischen lediglich einen gibt. Im Französischen wird der deutsche Konjunktiv in *Conditionel* und *Subjonctiv* unterteilt und im Chinesischen kann man aus einer Aussage eine Frage formulieren, indem man an das Satzende ein *mă* anhängt. Daraus folgt, dass eine einmal für eine bestimmte Sprache entworfene Textanalyseanwendung für eine andere Sprache nur in den seltensten Fällen angewendet werden kann, da sich die Strukturen der Sprachen zu sehr unterscheiden.

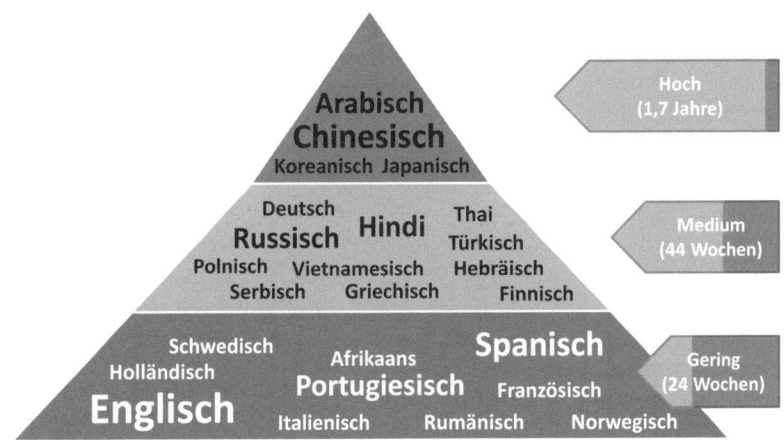

**Bild 8.8** Sprachen nach Lernanspruch und Häufigkeit (Voxy, 2011)

Bild 8.8 zeigt eine Übersicht über die bekanntesten Sprachen, die auf der Welt gesprochen werden. Diese sind in drei Stufen unterteilt, die anzeigen, wie hoch der Aufwand ist, die jeweilige Sprache zu lernen. Zudem gibt die Schriftgröße an, wie häufig Sprache xyz weltweit gesprochen wird. So ist z. B. Englisch, Spanisch, Chinesisch (Mandarin), Arabisch, Hindi, Russisch und Portugiesisch besonders häufig anzutreffen. Mit der Anforderung, die sich an uns als Menschen stellt, wenn wir der Sprache mächtig werden wollen, steigt auch gleichzeitig die Komplexität, ein Regelwerk zu entwickeln, um die Sprachen maschinell analysieren zu lassen. Ebenso zeigt die Größe der Schriftart an, wie viel Mehrwert die Entwicklung eines Analysewerkzeuges in der jeweiligen Sprache bietet. So ist zum Beispiel in einem global arbeitenden Unternehmen eine Text-Mining-Komponente für die englische Sprache sinnvoller zu entwickeln als eine, die nur französische Texte interpretieren kann.

In diesem Abschnitt wollen wir verschiedene Wege und Frameworks kennenlernen, mit denen wir diesen Herausforderungen im täglichen Umgang mit Texten begegnen können. Wir werden zu Beginn einen Blick darauf werfen, wie Sprachen überhaupt erkannt werden können und welche technischen Mittel dabei einzusetzen sind. Dann schauen wir uns das Thema *Natural Language Processing* (NLP) an, um zu sehen, wie wir eine *Sentiment-Analysis* durchführen oder die Korrektheit von Texten mittels maschineller Korrektur überprüfen können. Im Anschluss folgt ein Abschnitt über Mustererkennung in Fließtext mit dem Apache-Framework *UIMA*.

## 8.4.1 Erkennung von Sprachen

Die Erkennung von Sprachen haben wir bereits in Abschnitt 6.4.21 in einer UDF implementiert und dafür eine Bibliothek verwendet, die die Häufigkeit bestimmter Silben in einem Text ermittelt und anhand bestehender Sprachprofile die größte Übereinstimmung der Trefferquote auswertet. Dieselbe Logik habe ich hier in einem Validator verpackt, dem *Language-Validator*. Über die Methode *getLanguage* können wir also ermitteln, in welcher Sprache ein gewisser Text verfasst wurde. Im Regelfall weiß man, in welcher Sprache ein Datensatz gehalten ist, wenn man ihn denn selber abgespeichert hat. Nutzt man jedoch maschinell eingesammelte Daten aus dem Internet, so ist das Wissen über die Sprache der gefundenen Texte nicht immer vorhanden oder falsch angegeben (*Veracity*). Gerade wenn man bedenkt, dass man das Netz mit sogenannten *Web-Crawlern* durchsucht, die auf bestimmte Begriffe achten, so kann es zu einem erheblichen Mehraufwand führen, wenn Begriffe in mehreren Sprachen gleich sind. (So ist der Begriff *Orange* sowohl im Französischen, im Deutschen, in Afrikaans, in Malaysisch, in Dänisch und im Englischen vorhanden.) Der Mehraufwand besteht dann darin, alle Texte, die nicht in der gesuchten Sprache vorhanden sind, herauszufiltern. Eine Sprachenerkennung kann entweder auf Basis einer Silbenliste geschehen, so wie es die Bibliothek *Language-Detect* tut, die wir bereits verwendet haben. Eine andere Möglichkeit ist die Verwendung eines Wörterbuchs, wobei auf typische Begriffe oder Zeichen einer Sprache geachtet wird. Beide basieren auf der Auswertung der Häufigkeitsverteilung von Silben, Wörtern oder Zeichen.

Die Sprachenerkennung wurde bereits bei der Anreicherung der Daten in der *BDTable* angesprochen (siehe 8.2). Dort kann eine Spalte der Tabelle hinsichtlich der Sprache untersucht und die gefundene Sprache als neue Spalte hinzugefügt werden. Der Aufruf der entsprechenden Funktion *getLanguage* in der Klasse *LanguageValidator* ist trivial und soll hier nicht besprochen werden.

### 8.4.2 Natural Language Processing

*NLP* (nicht zu verwechseln mit *Neuro-Linguistic Programming*) ist eine Disziplin aus der Informatik, die sich mit der Verarbeitung natürlicher Sprache auseinandersetzt. Unter einer natürlichen Sprache kann man sich etwa Deutsch, Englisch usw. vorstellen, wohingegen etwa Java eine formale Sprache darstellt. Der Unterschied ist, dass eine formale Sprache künstlich entwickelt wurde, um bestimmte Probleme zu beschreiben, und in der Regel viel strengeren Regeln folgt als eine natürliche Sprache. So ist zum Beispiel die Gleichung *3 + 5 = 8* eindeutig und kann kaum verändert werden, ohne ihre Richtigkeit zu verlieren. Und selbst eine einfache Veränderungen, z. B. die Anwendung des Kommutativgesetzes, woraus aus der Gleichung etwa *5 + 3 = 8* wird, folgt eigens festgelegten Regeln und Gesetzen. Nehmen wir im Vergleich den Satz *Morgen wird es regnen*, so lassen sich hier zwei Besonderheiten feststellen. Vertauschen wir die Wörter in der Reihenfolge, bekommt der Satz einen anderen Sinn. So wird etwa *Wird es morgen regnen* zu einer Frage, wohingegen *Es wird morgen regnen* eine Vertauschung ist, die den Sinn des Satzes nicht beeinflusst und ebenso gültig und korrekt ist. Der zweite signifikante Unterschied ist, dass es in natürlichen Sprachen häufig einen Subtext gibt. So kann der Satz, je nachdem in welchem Kontext er steht, eine andere Bedeutung haben.

Weiterhin kann man durch die Aussprache eines Satzes, durch Betonung einzelner Elemente oder Wörter den Fokus auf eine bestimmte Bedeutung legen. Spricht man z. B. das *Morgen* besonders kraftvoll oder gedehnt aus, so wird der zeitliche Aspekt betont. Betont man das *wird*, so vermittelt der Sprecher seine Überzeugung, dass es morgen auch ganz bestimmt regnen wird. All das ist in funktionalen Sprachen nicht möglich, was diese aber auch für Maschinen viel einfacher verständlich macht. So gibt es *Parser* und *Lexer* für alle möglichen Sprachen, von Java über C++ bis hin zu Haskell. Einen solchen für natürliche Sprachen zu entwickeln, ist jedoch selbst noch in der heutigen Zeit eine große Herausforderung.

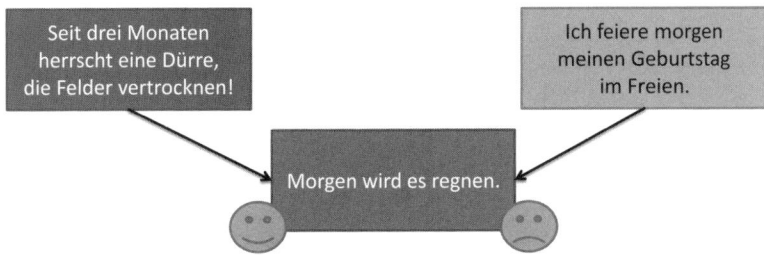

**Bild 8.9** Kontext in natürlichen Sprachen

Ziel des *NLP* ist es unter anderem, semantische Analysen oder Klassifizierungen durchführen zu können, die eine Aussage darüber treffen, wie ein Text aufgebaut ist, aus welchen Komponenten er besteht, in welcher Sprache er formuliert ist, wie sein Inhalt klassifiziert und dessen Stimmung gedeutet werden kann. Es existieren einige Bibliotheken, die sich diesen Aufgaben annehmen, die bekanntesten sind sicherlich *Alias-i's LingPipe* oder *Apache OpenNLP*. *LingPipe* verfügt über einen etwas größeren Funktionsumfang, etwa für die Erkennung von Stimmungen eines Textes (*Sentiment-Analysis*), die Bestimmung der vorherrschenden Sprache (*Language-Detection*) oder Feststellung von Mehrdeutigkeiten (*Word-Sense-Disambiguation*). Da *OpenNLP* jedoch für die Umsetzung unserer Use-Cases genügt, bleiben wir der Verwendung von Apache-Projekten treu und wählen es zur Verwendung für die Entwicklung im folgenden Abschnitt.

### 8.4.2.1 Klassifizierung

Bei der Textklassifizierung geht es darum, den Inhalt eines Textes einer Kategorie zuzuordnen, und zwar im bestmöglichen Fall so, wie es auch ein Mensch tun würde. Die Funktionalität hinter einer Klassifizierung basiert im Regelfall auf Trainingsdaten, die bestimmte Textpassagen bereitstellen, die zuvor von einem menschlichen Betrachter mit der passenden Kategorie versehen wurden. Aus diesen Trainingsdaten erzeugt die Software dann automatisiert ein entsprechendes Modell. Die Maschine versucht, die darin enthaltenen Begriffe und Satzbausteine mit einem neuen, unbekannten Text abzugleichen, und stellt im Anschluss eine Wahrscheinlichkeitstabelle auf, die die Kategorien bewertet. Die Kategorie mit der besten Bewertung wird als Empfehlung ausgegeben.

Bei dem Prozess sehen wir uns wie sooft mit einigen Herausforderungen konfrontiert. Erstens muss eine Trainingsdatenmenge erstellt werden, die einen entsprechenden Umfang aufweist, um ein brauchbares Ergebnis zu liefern. Je zahlreicher die Trainingsdaten sind, desto mehr Begrifflichkeiten kennt der Klassifikator und kann somit ein besseres Ergebnis liefern. Bei der Auswahl der Trainingsdaten gilt es, besonders auf eine große Datenvielfalt zu achten und Begriffe, die auf andere Kategorien hinweisen würden, zu vermeiden. Schränkt man die Varianz der Trainingsdaten zu sehr ein, trainiert den Klassifikator aber dennoch mit sehr vielen Trainingsdaten, so kann der Klassifikator übertrainiert werden, sodass dessen Fokus zu sehr auf dieser einen, sehr beschränkten Datenmenge liegt.

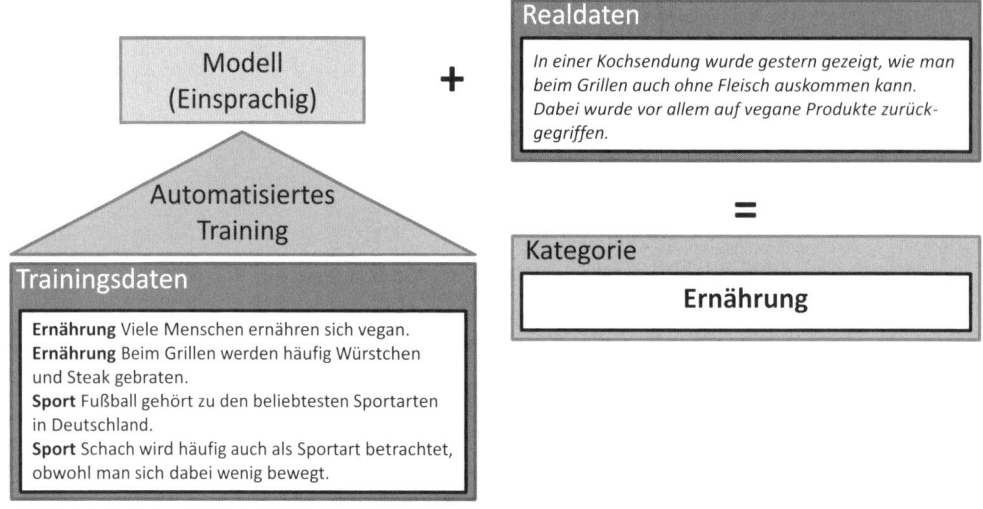

**Bild 8.10** Trainieren eines Klassifikators und Anwendung des daraus erzeugten Modells

Die zweite Herausforderung ist die Mehrsprachigkeit. Nehmen wir einmal an, wir wollten eine Analysesoftware entwickeln, die die Fähigkeit besitzt, Eingangsdaten, von denen wir nicht wissen, in welcher Sprache sie verfasst sind, zu klassifizieren. Wir könnten dazu eine Funktion vor den Klassifikator schalten, der die Sprache ermittelt. Der Klassifikator weiß nun also, dass der Text auf Französisch verfasst ist, verfügt jedoch nur über ein Datenmodell, das mit deutschsprachigen Trainingsdaten erstellt wurde. Wir müssen also für jede Sprache ein Set von Trainingsdaten vorhalten und ein spezifisches Modell für diese erzeugen.

Genug der Theorie, lassen Sie uns einen einfachen Klassifikator mit Apache *OpenNLP* konstruieren und einsetzen. Fügen Sie dem Projekt *18_BigDataAnalytics* zu Beginn die Abhängigkeiten für *OpenNLP* hinzu.

**Listing 8.7** Dependencies für OpenNLP

```
<dependency>
  <groupId>org.apache.opennlp</groupId>
  <artifactId>opennlp-tools</artifactId>
  <version>1.5.3</version>
</dependency>
```

Der Vorgang der Klassifizierung besteht nun wie bereits erklärt aus zwei Schritten: dem Trainieren eines Modells anhand von Trainingsdaten sowie dessen Anwendung auf die Realdaten. Wir beginnen mit dem Training.

Legen Sie zuerst im Verzeichnis *WebContent/WEB-INF/classes* ein Verzeichnis mit Namen *nlp* an. Darin legen wir die Daten an, die wir zur Laufzeit für die Klassifizierung in der Java-Anwendung laden müssen. Erstellen Sie darin eine Datei *training.train* und erzeugen Sie nun selbst deren Inhalt, indem Sie als erstes Wort einer Zeile eine Klasse eintragen (z. B. Sport, Musik, Politik ...) gefolgt von einem Satz oder Begriffen, die dieser Klasse zugeordnet werden sollen[2]. In Listing 8.8 finden Sie einige Beispiele.

---

[2] Achten Sie darauf, dass jeweils ein Datensatz nur eine Zeile belegt und sich nicht über mehrere erstreckt.

**Listing 8.8** Trainingsdaten des Klassifikators

```
Sport Deutschland gewann die Weltmeisterschaft 1954, 1974, 1990 und 2014.
Sport Fußball ist die beliebteste Sportart in Deutschland.
Sport Sport fördert die Gesundheit, die Beweglichkeit und die Koordination.
Sport Teamgeist wird in vielen Sportarten vorausgesetzt und ist somit auch fester
    Bestandteil von Fußball, Volleyball und Rugby.
Film Zwei der teuersten Filme waren Titanic und Avatar, an denen James Cameron
    maßgeblich beteiligt war.
Film Asiatische Länder (z.B. China) produzieren häufig Martial-Arts-Filme, die
    vor allem durch Bruce Lee und Jackie Chan bekannt wurden.
Film Disney produziert vor allem Kinderfilme, darunter König der Löwen oder Cars
    oder Aladdin, die noch heute allesamt zu den absoluten Favoriten vieler Kinder
    gehören.
Film Matrix gehört zu den beliebtesten Filmen, die je gedreht wurden und vor vielen
    Kinos zu langen Schlagen führten.
Film Wenn man einen Film mag, sollte man ihn im Kino sehen, denn nur mit vielen
    Zuschauern kommt die richtige Stimmung auf.
Film Kinder mögen am liebsten Zeichentrickfilme, die zum Leidwesen der Eltern am
    Wochenende früh morgens laufen. Als Kind bin ich dafür jeden Sonntagmorgen
    schon begeistert aufgewacht.
Musik Michael Jackson starb vor einigen Jahren und sorgte für Erschütterung
    bei vielen Musikern und Musikliebhabern auf der ganzen Welt.
Musik In der Musik bestimmen Noten die Melodie eines Stücks.
Musik Schon in jungen Jahren sollte eine musikalische Früherziehung stattfinden, um
    das Gehör der Kinder zu schulen und die Koordination zu fördern.
Musik Die Indie-Bewegung hat in den letzten Jahren stark zugenommen und brachte
    viele interessante Stücke hervor.
Musik im Radio wird Musik häufig von Moderatoren kommentiert, die Hintergrundwissen
    zu Komponisten, Bands und Erscheinungsjahr mitteilen.
```

Der erste Satz in der Datei ist also *Deutschland gewann die Weltmeisterschaft 1954, 1974, 1990 und 2014.* und wird der Kategorie *Sport* zugeordnet. Es folgen einige wenige weitere Definitionen für die Kategorien *Musik* und *Film*. Diese können Sie frei benennen und um beliebig viele Definitionen und Trainingssätze ergänzen. Achten Sie bitte darauf, dass ein Trainingsdatensatz, anders als in Listing 8.8, keinen Zeilenumbruch beinhalten darf. Tut er das doch, so wird die neue Zeile als neuer Datensatz gewertet.

**PRAXISTIPP:** Wenn Sie während des Trainings eine *NullPointerException* in der Methode *GISTrainer.trainModel* geworfen bekommen, dann ist das kein Fehler in Ihrem Code, sondern lediglich ein etwas unglücklicher Hinweis darauf, dass der Umfang Ihrer Trainingsdaten zu gering ist. Fügen Sie also ein paar weitere Sätze samt Kategorie hinzu, um diese Ausnahme zu vermeiden.

Erzeugen Sie nun bitte eine Klasse namens *Classifier* im Package *de.jofre.nlp*. Legen Sie darauf eine Methode *training* an und vervollständigen Sie sie entsprechend Listing 8.9. Darin werden die Trainingsdaten nun eingelesen und ein Modell daraus trainiert. Statt die Trainingsdaten in der Anwendung abzulegen, können Sie diese auch im Datensystem speichern, um sie im späteren Verlauf zu ergänzen, ohne Ihre Anwendung erneut deployen zu müssen. Ein weiterer, guter Grund, die Trainingsdaten auszulagern, ist der, dass diese irgendwann sehr groß werden und somit auch der Platzbedarf unserer Anwendung steigt. Ein Modell *model* vom Typ *DoccatModel* ist das Resultat, das wir von der Methode *training* erwarten. Dieses wird über DocumentCategorizerME.train("de", trainingStream) trainiert und stellt später die zentrale Komponente bei der Durchführung der Klassifizierung dar.

**Listing 8.9** Trainieren des Modells

```
private static DoccatModel training(String trainingData) {
  DoccatModel model = null;

  // Lese Trainingsdaten
  log.log(Level.INFO, "Trainiere Modell...");
  InputStream is = null;
  try {
    is = Classifier.class.getResourceAsStream(trainingData);
    ObjectStream<String> os = new PlainTextByLineStream(is, "UTF-8");
    ObjectStream<DocumentSample> trainingStream = new DocumentSampleStream(os);

    // Trainieren ein deutschsprachiges Modell damit
    model = DocumentCategorizerME.train("de", trainingStream);
  } catch (IOException e) {
    log.log(Level.SEVERE, "Konnte Trainingsdaten nicht einlesen.");
    e.printStackTrace();
  } finally {
    if (is != null) {
      try {
        is.close();
      } catch (IOException e) {
        log.log(Level.SEVERE, "Fehler beim Lesen der Trainingsdaten.");
        e.printStackTrace();
      }
    }
  }

  // Optional: Speichere Modell
  // saveModel(model, "C:\\de-doccat.bin");

  return model;
}
```

Den Aufruf der Methode *saveModel*, die Sie im fertigen Projekt auf der DVD in derselben Klasse finden, habe ich auskommentiert, da es für unseren Zweck nicht nötig ist, das Modell extern abzuspeichern. Falls Sie es aber dennoch tun möchten, zeigt die Methode, wie es geht. Ein Vorteil bei der Erzeugung eines externen Modells kann sein, dass Sie die Trefferquote mehrerer Modelle vergleichen und das beste Modell für den produktiven Einsatz wählen können. Ebenso nimmt die Zeit, die die Erzeugung des Modells in Anspruch nimmt, mit einer größeren Menge von Trainingsdaten zu, besonders wenn Sie mehrere Sprachen betrachten. Um diesen Prozess also nicht bei jedem Aufruf durchzuführen, kann es die bessere Variante sein, das Modell einmal extern zu speichern und zu laden und nicht jedes Mal neu zu erzeugen.

Kommen wir zum Klassifikator selbst, den wir in der Methode *classify* implementieren möchten. *classify* nimmt einen String entgegen, den sie einer unserer definierten Kategorien zuordnet, und gibt den Namen dieser Kategorie als Zeichenkette zurück.

**Listing 8.10** Durchführung der Klassifizierung

```
public static String classify(String _text) {
  DoccatModel model = null;

  // Optional: Laden eines Modells
  /*InputStream is = null;
  try {
    is = new FileInputStream("C:\\de-doccat.bin");
    model = new DoccatModel(is);
  } catch (Exception e) {
    log.log(Level.SEVERE, "Fehler beim Laden des Modells.");
    e.printStackTrace();
  }*/

  // Muss das Modell noch trainiert werden?
  if (model == null) {
    log.log(Level.INFO, "Trainiere Modell zum ersten Gebrauch.");
    model = training("/nlp/training.train");
  }

  // Wende das Modell auf die Realdaten an
  log.log(Level.INFO, "Klassifiziere Text...");
  DocumentCategorizerME categorizer = new DocumentCategorizerME(model);
  double[] outcomes = categorizer.categorize(_text);
  String category = categorizer.getBestCategory(outcomes);

  return category;
}
```

In Listing 8.10 zeige ich gleich zu Beginn, wie man ein zuvor gespeichertes Modell über einen *InputStream* liest. Da wir jedoch das Modell, so es denn nicht existiert, gleich beim Aufruf trainieren, ist das Laden eines externen Modells nicht nötig, weswegen ich die entsprechenden Zeilen auskommentiert habe. Im Anschluss wird geprüft, ob das Modell bereits initialisiert wurde. Wenn nicht, dann führen wir die Methode *training* aus, um es zu erzeugen. Dabei verweisen wir auf die Datei *training.train* im Ordner */WebContent/WEB-INF/classes/nlp/*. Wir wählen diesen Pfad als Ablageort, da dieser im *Classpath* liegt und somit über *getResourceAsStream* gelesen werden kann. Aus dem Modell erzeugen wir einen *DocumentCategorizerME*, der letztendlich über die Methode *categorize* auf Basis des Eingabetexts die Klassifizierung vornimmt. Das Resultat ist ein Array von Wahrscheinlichkeiten, wobei jeder Wert darin für eine Kategorie steht. Über *getBestCategory* kann die Kategorie mit der höchsten Wahrscheinlichkeit dann abgefragt werden. Verwenden Sie auf Wunsch ergänzend *getAllResults*, um sich jede Kategorie mit der entsprechenden Wahrscheinlichkeit in einem String-Format ausgeben zu lassen. Nachdem wir den Namen der Kategorie als Ergebnis zurückgegeben haben, sind wir mit unserem Klassifikator auch schon fertig.

Erstellen Sie anschließend eine JSP mit Namen *classification.jsp* im Ordner *WebContent* und fügen Sie in das *Body-Tag* den Code aus Listing 8.11 zum Aufruf des Klassifikators ein.

**Listing 8.11** Aufruf des Klassifikators aus einer JSP

```
String inputText = request.getParameter("mytext");
BDTable table = new BDTable();
if (inputText != null) {
  table.readTableFromText(inputText, "\t", headersIncluded);
```

```
    ... (Auswahl bestimmter Spalten und Zeilen der Tabelle)

    // Klassifiziere Tabellendaten
    String category = Classifier.classify(table.toCSV(headersIncluded));
    out.println("Die ermittelte Kategorie ist: <h2>" + category + "</h2>");
    out.println(table.toHTMLTable());
  } else {
    out.println("Wählen Sie vor der Klassifizierung Quelldaten aus HDFS, Hive "
      +"oder HBase.");
  }
```

Wir werten hier wie schon zuvor den Request-Parameter *mytext* aus, an den wir beim Verlassen jeder JSP den Inhalt der *BDTable* übergeben. Ist dieser gesetzt, spielen wir ihn in die statische Methode *Classifier.classify* ein und geben die gefundene Kategorie aus.

**Bild 8.11**  Klassifizierung von Texten mittels OpenNLP in einer Web-Anwendung

Zugegeben, mit dem Testdatenumfang gewinnt man keinen Blumentopf, dazu liegt der Klassifikator viel zu häufig falsch. Die Dokumentation empfiehlt pro Klasse mindestens 100 Trainingsdatensätze. Jedoch konnte ich Ihnen hoffentlich zeigen, wie Sie die Trainingsdaten sinnvoll erweitern und in die Auswertung einfließen lassen, sodass sich die Trefferquote von ganz alleine erhöht.

 **HINWEIS:** In Bild 8.11 ist eine Form zu sehen, die die Beschriftung *Auswahl der zu analysierenden Daten* trägt. Darin können Sie die Tabelle auf eine bestimmte Untermenge von Zeilen und Spalten zurechtschneiden und so nur einen Teil der Daten klassifizieren. Das Entfernen der Zeilen geschieht über die Methode *filterByColumns* der Klasse *BDTable*. Da das Vorgehen jedoch keinen Bezug zu unserem Thema hat, überlasse ich es Ihrem Selbststudium.

#### 8.4.2.2 Sentiment-Analysis

Eine *Sentiment-Analysis* erkennt die Stimmung eines Textes und gibt diese wieder. Dabei gibt es kein einheitliches, standardisiertes Vorgehen, es kann lediglich auf die Häufigkeitsverteilung einiger Stichwörter geachtet werden oder es werden ganze Satzkonstrukte analysiert. Wahlweise können auch Methoden aus dem *Maschine-Learning* angewandt werden, wie etwa ein Klassifikator.

**PRAXISTIPP:** Einige Web-Dienste, darunter auch Twitter, bieten über ihre API bereits Stimmungsanalysen an, sodass Sie nicht notwendigerweise eine Komponente dafür schreiben und bereitstellen müssen.

Ich habe diesem Projekt zwei Methoden hinzugefügt, um die Stimmung eines Textes zu ermitteln. Zum einen verwende ich zwei simple Wortlisten mit Begriffen, die ich als gutartig oder schlecht erachte. Der Algorithmus zählt diese Begriffe im Eingabetext aus und die jeweilige Stimmung mit mehreren Treffern wird als Resultat zurückgegeben. Sie finden die entsprechende Methode *sentimentByWordList* in der Klasse *de.jofre.nlp.Sentiment*. Diese greift auf zwei Arrays zurück, die wiederum in *SentimentWordList* zu finden sind.

**Listing 8.12** Sentiment-Analysis anhand eines Wörterbuchs

```
public static String sentimentByWordList(String _text) {
  int good = 0;
  int bad = 0;
  for(int i=0; i<SentimentWordList.badWords.length; i++) {
    if (_text.indexOf(SentimentWordList.badWords[i]) > -1) bad++;
  }
  for(int i=0; i<SentimentWordList.goodWords.length; i++) {
    if (_text.indexOf(SentimentWordList.goodWords[i]) > -1) good++;
  }
  if (bad>good) {
    return "Schlecht";
  } else {
    return "Gut";
  }
}
```

Wenn mehr negative Wörter im Text vorkommen (*abgeneigt, abwesend, aggressiv ...*), dann wird die Zeichenkette *Schlecht* zurückgegeben, wenn mehr gutartige Wörter (*bewundernswert, hochwertig, unbezahlbar ...*) im Text vorkommen, dann folgt dem *return* ein *Gut*. Bei einer gleichen Anzahl von negativen und positiven Begriffen wird ein positives Ergebnis geliefert, man soll ja schließlich an das Gute im Menschen glauben.

Für die andere Methode zur Stimmungsanalyse verwende ich *OpenNLP* und führe eine Klassifizierung auf Basis von Trainingsdaten durch, die in *WebContent/WEB-INF/classes/nlp* liegen und den Namen *sentimenttraining.train* tragen. Das Vorgehen bei der Klassifizierung entspricht dem in 8.4.2.1 und verwendet lediglich andere Trainingsdaten.

Der Aufruf erfolgt in der *sentiment.jsp* in der *Body-Section*. Die Daten stammen wie schon bei der Klassifizierung und der Diagrammempfehlung aus einer *BDTable*.

**Listing 8.13** Aufrufen der Sentiment-Analyse

```
String category1 =
   Sentiment.sentimentByClassification(table.toCSV(headersIncluded));
String category2 = Sentiment.sentimentByWordList(table.toCSV(headersIncluded));
out.println("Sentiment gemäß Klassifikator: <b>" + category1 + "</b><br>");
out.println("Sentiment gemäß Wortliste: <b>" + category2 + "</b><br>");
```

In Bild 8.12 ist zu sehen, dass der Klassifikator bei einer geringen Trainingsmenge wieder leicht falsch liegt. Die Stimmungsanalyse mittels einer einfachen Wortliste hingegen trifft in den meisten Versuchen überraschend gut.

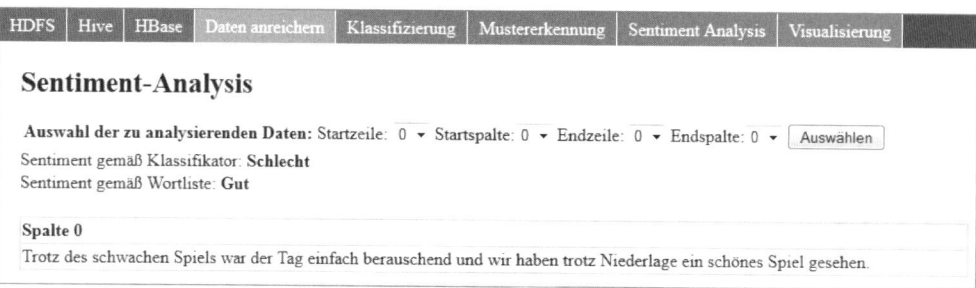

**Bild 8.12** Stimmungsanalyse auf Basis eines Klassifikators und einer Wortliste

Generell gilt es zu entscheiden, wie viel Zeit man in eine solche Analyse stecken möchte, denn im Endeffekt ist bei geschäftskritischen Entscheidungen der menschliche Verstand immer noch unerlässlich.

### 8.4.3 Mustererkennung mit Apache UIMA

Ein Projekt der *Apache Foundation*, das viel zu selten in der heutigen Presse erwähnt wird, ist *Apache UIMA*. Ursprünglich von IBM entwickelt, wurde es der Open-Source-Community zur Verfügung gestellt, die es auch heute noch aktiv weiterentwickelt. *UIMA* steht für *Unstructured Information Management Architecture* und stellt ein Framework bereit, um unstrukturierte Daten zu analysieren. Dabei handelt es sich in der Regel um Fließtext oder Listen, die eben nicht in einem Tabellenformat vorliegen und somit auch nicht mithilfe der üblichen Werkzeuge ohne Weiteres gelesen werden können. Gerade wenn man also *Apache Hadoop* so häufig erwähnt, sollte eigentlich der Begriff *UIMA* ab und zu mal genannt werden, denn Hadoop adressiert lediglich den Größenaspekt von Big-Data, nicht aber deren Unstrukturiertheit. *Apache UIMA* arbeitet mit sogenannten *Annotations*, die man am besten mit Metadaten beschreiben könnte, die ganz bestimmte Bereiche eines Textes markieren. So könnte man sich etwa eine Annotation zur Extraktion von E-Mails denken, die auf Pattern wie *Buchstabenfolge@Buchstabenfolge.Buchstabenfolge* reagiert, oder auch eine Annotation, die Längen- und Breitengrade aus Texten extrahieren kann. Wir wollen uns in diesem Abschnitt *Apache UIMA* etwas intensiver angucken, da es ein beeindruckendes Werkzeug darstellt und über YARN auch ohne weiteres als verteilt arbeitende Anwendung auf Basis von Hadoop eingesetzt werden kann.

Als Use-Case hält die Analyse von Lebensläufen in einem Unternehmen her. Stellen Sie sich einmal vor, dass Sie als neuer, innovativ denkender Mitarbeiter der Personalabteilung von einer Anwendung träumen, die aus den Tausenden von eingehenden Bewerbungen (die Sie natürlich auch über die Jahre speichern) die richtigen Kandidaten für neue Stellen in Ihrem Unternehmen heraussuchen kann. Da die Bewerbungen allerdings sehr zahlreich sind und die Kapazitäten Ihrer Abteilung begrenzt, suchen Sie nach einer Möglichkeit, viele elektronische Dokumente maschinell zu durchsuchen. Dabei wollen Sie aus den Anschreiben der Bewerber folgende Daten extrahieren:

- Name
- Alter
- Geschlecht
- E-Mail-Adresse
- Ausbildung

Die Ergebnisse dieser Analyse planen Sie, in einer CSV-Datei auszugeben, um sie in eine Datenbank einpflegen zu können. Ein Lebenslauf kann bzw. soll dabei eine Struktur ähnlich der folgenden aufweisen:

*Mein Name ist Alexander Meier, ich bin 29 Jahre alt und habe Informatik studiert. Sie erreichen mich unter der Telefonnummer 0123/45678 oder über meine E-Mail-Adresse alexmeier@jofre.de.*

Natürlich wollen wir unsere Analyseanwendung so konzipieren, dass sie eine gewisse Varianz akzeptiert und dennoch alle nötigen Felder erkennt.

### Installation des Apache UIMA-Eclipse-Plug-ins

Bevor wir beginnen, installieren wir das Eclipse-Plug-in für *Apache UIMA*. Dieses ist unter der folgenden Update-Site zu finden:

*http://www.apache.org/dist/uima/eclipse-update-site*

Über **Help → Install New Software...** gelangen Sie in den entsprechenden Dialog, geben bitte die oben genannte URL ein und drücken Sie **Enter**.

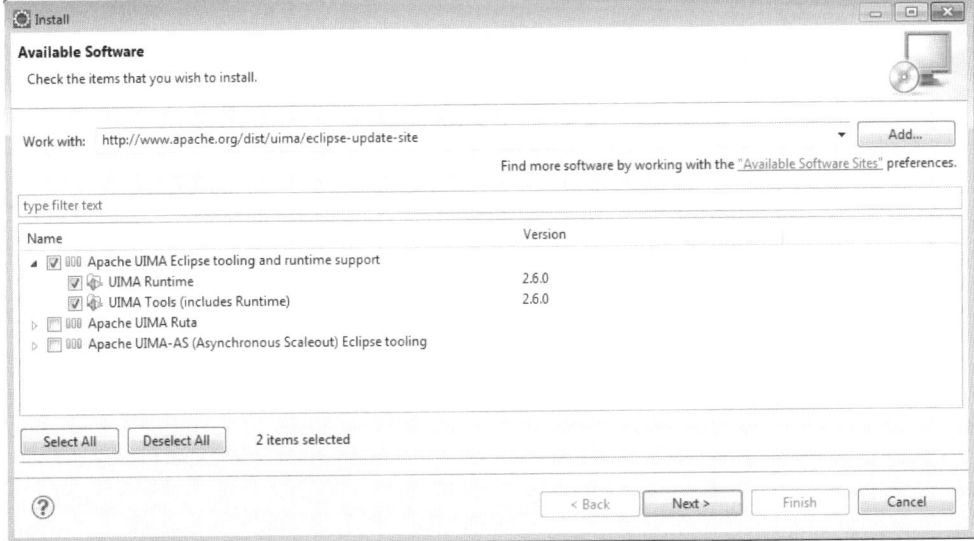

**Bild 8.13** Installation des Eclipse-Plug-ins für Apache UIMA

Wählen Sie aus der Liste die in Bild 8.13 gezeigten Komponenten aus und klicken Sie sich durch den folgenden Dialog, um die Installation abzuschließen. Starten Sie Eclipse wie gewünscht neu.

### Hinzufügen der Maven-Dependencies

Fügen Sie im aktuellen Projekt die unten gezeigten Abhängigkeiten zur *pom.xml* hinzu.

**Listing 8.14** Abhängigkeiten für Apache UIMA

```xml
<dependency>
    <groupId>org.apache.uima</groupId>
    <artifactId>uimaj-core</artifactId>
    <version>2.6.0</version>
</dependency>
```

Mehr als die Kernkomponente benötigen wir für unseren Fall nicht. Wechseln Sie zum Schluss in die Perspektive *Cas Editor*, die während der Installation des *UIMA-Eclipse-Plug-ins* hinzugefügt wurde. Es öffnen sich dadurch verschiedene Views, die wir später bei der Entwicklung unserer Analytics-Lösung benötigen.

### Entwickeln der Type System Definition

Im Projekt *18_BigDataAnalytics* legen wir einen eigenen Ordner für die Daten von *UIMA* an, um sie nicht mit den anderen Komponenten zu verwechseln. Erzeugen Sie dazu einen Ordner namens *uima* im Verzeichnis *WEB-INF/classes* und darin einen Unterordner *descriptors*.

 **PRAXISTIPP:** Wir werden gleich mehrere XML-Dateien erzeugen, die vom *XML-Validator* in Eclipse automatisch bereinigt und nach jedem Öffnen gespeichert werden. Der *XML-Validator* in Eclipse erkennt in den Dateien nun manchmal Änderungen, die keine sind. Da das andauernde Speichern, auf Deutsch gesagt, unglaublich nervig ist, schalte ich den Validator für das Projekt aus. Sie können das ebenfalls tun, indem Sie mit der rechten Maustaste auf das Projekt klicken und **Properties** wählen. Klicken Sie dann in der linken Ansicht auf *Validation* und entfernen Sie die Häkchen in der Spalte *Manual* und *Build* neben *XML Schema Validator* und *XML Validator*.

Alle Datentypen, die wir aus den Lebensläufen extrahieren möchten, müssen wir nun definieren. Diese Definition wird in einer sogenannten *Type System Definition* abgelegt, die in Form einer XML-Datei daherkommt. Indem Sie mit der rechten Maustaste auf den Ordner *descriptors* klicken und **New → Other… → UIMA → Type System Descriptor File** wählen, legen Sie ein solches an. Klicken Sie auf **Next**, belassen Sie den Namen bei *typeSystemDescriptor.xml* und wählen Sie dann **Finish**.

Sie landen nun im Tab *Overview*, in dem Sie eine Beschreibung für den *Descriptor* eingeben können. Wechseln Sie anschließend in den Tab *Type System* und geben Sie folgende fünf Typen an. Einen neuen Typen fügen Sie über den Button **Add Type** hinzu. Als *Super Type* wählen Sie bitte jedes Mal *uima.tcas.Annotation*.

- de.jofre.textmining.uima.types.Email
- de.jofre.textmining.uima.types.FullName
- de.jofre.textmining.uima.types.Age
- de.jofre.textmining.uima.types.Education

Zuletzt wählen Sie den Eintrag *FullName* und klicken Sie auf **Add…** Unter *Feature Name* legen Sie die Bezeichnung *Gender* fest und als *Range Type* die Klasse *uima.cas.String*. Mit dieser Konfiguration erreichen wir, dass wir das Geschlecht des Bewerbers als Feature des Namens mit festlegen können.

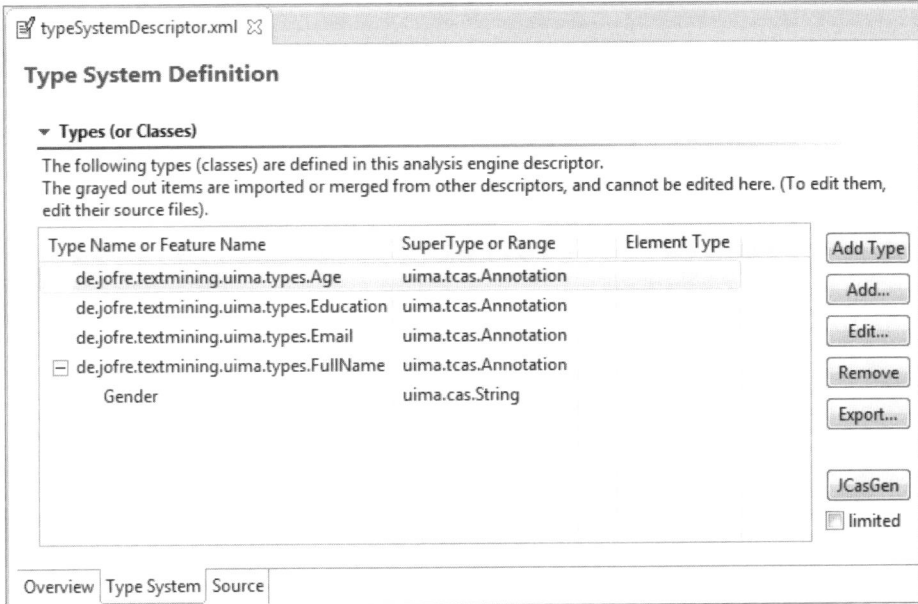

**Bild 8.14** Definition der zu ermittelnden Datenarten

Speichern Sie die Datei und klicken Sie anschließend auf *JCasGen*. Dadurch generiert uns das Eclipse-Plug-in die entsprechenden Java-Klassen für die einzelnen Typen. Sie können den *Descriptor* im Anschluss schließen. Wenn Sie in Ihr Projekt schauen, sollten Sie nun ein Package *de.jofre.textmining.uima.types* sehen, das die entsprechenden Klassen beinhaltet.

### Implementieren der Annotations

Nun müssen wir für jeden Typen zusätzlich eine Klasse anlegen, die bestimmt, wann genau wir während der Textanalyse einen Treffer melden. Beginnen wir mit dem einfachsten Fall, dem Alter. Bedenken wir, dass ein Bewerber in der Regel sehr grob zwischen zehn und 69 Jahren alt ist, lässt sich recht einfach über eine Regular-Expression bestimmen, wann eine Zahl im Text ein Alter darstellen könnte.

Erzeugen Sie nun bitte ein neues Package mit dem Namen *de.jofre.textmining.uima.annotators* und legen Sie darin eine Klasse *AgeAnnotator* an. Lassen Sie die Klasse *JCasAnnotator_ImplBase* erweitern und sorgen Sie dafür, dass Eclipse die fehlenden Importe über

**Strg+Shift+o** hinzufügt. Klicken Sie dann auf die kleine Glühbirne neben dem Klassenrumpf und wählen Sie dort *add unimplemented methods,* um die fehlenden Methodenrümpfe zu generieren. In diesem Fall ist das lediglich die Methode *process.* Außerhalb dieser Methode erstellen wir eine private Variable vom Typ *java.util.regex.Pattern*, die das Muster für die Altersangabe enthält. In der Methode *process* suchen wir anschließend nach genau diesem Muster.

**Listing 8.15** Implementieren der Annotation zum Auffinden vom Alter eines Bewerbers

```java
public class AgeAnnotator extends JCasAnnotator_ImplBase {
  private Pattern agePattern = Pattern.compile("[1-6][0-9] Jahre");

  @Override
  public void process(JCas arg0) throws AnalysisEngineProcessException {
    // Text des Dokuments abrufen
    String docText = arg0.getDocumentText();

    // Auf Muster überprüfen
    Matcher matcher = agePattern.matcher(docText);
    int pos = 0;
    while (matcher.find(pos)) {
      // Muster gefunden
      Age age = new Age(arg0);
      // Alter-Span auslesen
      age.setBegin(matcher.start());
      age.setEnd(matcher.end());

      // Füge Alter zum Index hinzu
      age.addToIndexes();

      // Weitersuchen ab pos
      pos = matcher.end();
    }
  }
}
```

Was hier passiert, ist recht einfach zu verstehen. Der Methode *process* wird über den Parameter vom Typ *JCas* der Inhalt des aktuell zu durchsuchenden Elements übergeben. Der *matcher* durchsucht nun das Dokument nach dem Muster *agePattern* und notiert sich bei einem Treffer den Fundort und fügt den Treffer einem Index hinzu. Im nächsten Durchlauf sucht er ab der Fundstelle (*pos*) weiter.

Erstellen Sie analog zu *AgeAnnotator* eine Klasse *EmailAnnotator.* Diese verwendet lediglich ein anderes Pattern und erzeugt beim Fund einer E-Mail-Adresse eine Instanz der Klasse *Email* statt *Age.*

**Listing 8.16** Annotator zum Auffinden von E-Mail-Adressen

```java
public class EmailAnnotator extends JCasAnnotator_ImplBase {

  private Pattern emailPattern = Pattern
    .compile("[_A-Za-z0-9-]+(\\.[_A-Za-z0-9-]+)*@[A-Za-z0-9-]+"
      + "(\\.[A-Za-z0-9-]+)*(\\.[A-Za-z]{2,})");

  @Override
  public void process(JCas arg0) throws AnalysisEngineProcessException {
```

```
  // Text des Dokuments abrufen
  String docText = arg0.getDocumentText();

  // Auf Muster überprüfen
  Matcher matcher = emailPattern.matcher(docText);
  int pos = 0;
  while (matcher.find(pos)) {
    // Muster gefunden
    Email mail = new Email(arg0);
    // Email-Span auslesen
    mail.setBegin(matcher.start());
    mail.setEnd(matcher.end());
    // Füge Mail zum Index hinzu
    mail.addToIndexes();
    pos = matcher.end();
    }
   }
  }
```

Die Implementierung der Klasse *NameAnnotator* verläuft nun ein bisschen anders. Zwar erweitert diese auch die Klasse *JCasAnnotator_ImplBase*, jedoch arbeitet sie nicht mehr mit Regular-Expressions, sondern mit vorgefertigten Listen. Sie erinnern sich vielleicht, dass wir im Projekt *11_MySQLTestDataGenerator* schon einmal Testdaten generiert haben, die auf einer Namensliste basierten. Auf die dafür erzeugte Klasse *NamesByGender* wollen wir auch hier wieder zurückgreifen. Kopieren Sie diese von der DVD in unser Projekt und komplettieren Sie den Quelltext der Klasse *NameAnnotator* wie folgt.

**Listing 8.17** Annotator zur Ermittlung von Namen und Geschlecht

```
public class NameAnnotator extends JCasAnnotator_ImplBase {

  @Override
  public void process(JCas arg0) throws AnalysisEngineProcessException {
    // Text des Dokuments abrufen
    String docText = arg0.getDocumentText();

    int firstNameStart = 0;
    int lastNameStart = 0;

    // Mädchennamen
    for(int i=0; i<NamesByGender.FEMALE_NAMES.length; i++) {
      firstNameStart = docText.indexOf(NamesByGender.FEMALE_NAMES[i]);
      if (firstNameStart > -1) {

        for(int j=0; j<NamesByGender.LAST_NAMES.length; j++) {
          lastNameStart = docText.indexOf(NamesByGender.LAST_NAMES[j]);

          if (lastNameStart == firstNameStart +
            NamesByGender.FEMALE_NAMES[j].length() + 1) {

            FullName name = new FullName(arg0);
            name.setBegin(firstNameStart);
            name.setEnd(firstNameStart + NamesByGender.FEMALE_NAMES[i].length() +
              NamesByGender.LAST_NAMES[j].length() + 1);
            name.setGender("FEMALE");
            name.addToIndexes();
```

```
            }
          }
        }
      }

      // Jungennamen
      for(int i=0; i<NamesByGender.MALE_NAMES.length; i++) {
        firstNameStart = docText.indexOf(NamesByGender.MALE_NAMES[i]);
        if (firstNameStart > -1) {

          for(int j=0; j<NamesByGender.LAST_NAMES.length; j++) {

            lastNameStart = docText.indexOf(NamesByGender.LAST_NAMES[j]);
            if (lastNameStart == firstNameStart +
              NamesByGender.MALE_NAMES[j].length() + 1) {

              FullName name = new FullName(arg0);
              name.setBegin(firstNameStart);
              name.setEnd(firstNameStart + NamesByGender.MALE_NAMES[i].length() +
                NamesByGender.LAST_NAMES[j].length() + 1);
              name.setGender("MALE");
              name.addToIndexes();
            }
          }
        }
      }
    }
```

*NameAnnotator* verzichtet auf die Verwendung von Regular-Expressions und gleicht stattdessen den Eingabetext mit einer Liste von Schlagwörtern ab. In diesem Fall sind es die Vornamen, die wir in der Klasse *NamesByGender* vorhalten. Dieser Abgleich wird einmal für weibliche und einmal für männliche Vornamen durchgeführt. In beiden Fällen wird, wenn denn ein Vorname gefunden wurde, geprüft, ob dieser Vorname vor einem Nachnamen steht. Die Nachnamen werden ebenfalls in einem Array in *NamesByGender* vorgehalten. Ist das der Fall, fügen wir Vor- und Nachname zum Index hinzu.

Die Klasse *EducationAnnotator* ist nun wieder etwas kürzer. Erstellen Sie diese letzte Datei wie die anderen auch im Package *de.jofre.textmining.uima.annotators* und fügen Sie den folgenden Inhalt ein.

**Listing 8.18** Auffinden von Berufen und Ausbildungen

```
public class EducationAnnotator extends JCasAnnotator_ImplBase {

  @Override
  public void process(JCas arg0) throws AnalysisEngineProcessException {
    // Text des Dokuments abrufen
    String docText = arg0.getDocumentText();

    int educationPos = 0;
    for (int i = 0; i < EducationByName.EDUCATION.length; i++) {

      educationPos = docText.toUpperCase().indexOf(
        EducationByName.EDUCATION[i].toUpperCase());

      if (educationPos > -1) {
```

```
            Education edu = new Education(arg0);
            edu.setBegin(educationPos);
            edu.setEnd(educationPos + EducationByName.EDUCATION[i].length());
            edu.addToIndexes();
         }
      }
   }
}
```

Auch hier verwenden wir eine Liste von Berufen, Studiengängen und Ausbildungen, die wir zuvor schon im Projekt *10_HBaseTestDataGenerator* gesehen haben und auch von dort in das aktuelle Projekt kopieren können. Ich lege diese Liste (in Form eines String-Arrays) in einer eigenen Klasse namens *EducationByName* ab. Der Text wird mit deren Hilfe auf Tätigkeitsfelder eines Bewerbers überprüft, und wenn einer der Begriffe übereinstimmt, wird das Ergebnis in den Index geschrieben.

 **PRAXISTIPP:** Bisher haben wir immer nur den ganzen Text des Dokuments über *getDocumentText* abgefragt und verarbeitet. Wir haben allerdings auch die Möglichkeit, die Ergebnisse von zuvor ausgeführten *Annotators* weiter zu verarbeiten. Diese stehen Ihnen im *AnnotationIndex* zur Verfügung.

**Listing 8.19** Ergebnisse anderer Annotators abfragen

```
FSIndex educationIndex = arg0.getAnnotationIndex(Education.type);
Iterator educationIter = educationIndex.iterator();
while (educationIter.hasNext()) {
   Education edu = (Education) educationIter.next();
   ...
}
```

Mit einem *Iterator* ist es also möglich, die Funde zu durchsuchen und weiterzuverarbeiten. Wichtig ist jedoch, dass der andere Annotator im Vorfeld ausgeführt wird. Wie wir die Reihenfolge der Ausführung mehrerer Annotators festlegen, sehen wir in den folgenden Abschnitten.

Damit haben wir alle unseren nötigen Klassen entwickelt und können nun dazu übergehen, die passenden *Analytics Engines* zu definieren.

### Konfigurieren der Analysis-Engines

Für jeden *Annotator* müssen wir nun eine sogenannte *Analysis-Engine* (*AE*) erstellen, die bestimmt, wie der *Annotator* verwendet wird und was er ausgeben soll. Über einen Rechtsklick auf das Projekt erzeugen wir also nun über **New → Other… → UIMA → Analysis Engine Descriptor File** eine solche *AE* für unsere vier Typen. Diese legen Sie bitte im Verzeichnis *descriptors* ab und nennen Sie wie folgt:

- *AgeAEDescriptor.xml*
- *EmailAEDescriptor.xml*
- *EducationAEDescriptor.xml*
- *NameAEDescriptor.xml*

Öffnen Sie nun die *AgeAEDescriptor.xml* mit dem *Component Descriptor Editor* (Doppelklick oder **Rechtsklick auf die Datei → Open With → Component Descriptor Editor**) und geben Sie als Java-Klasse im Tab *Overview* den Pfad und Namen des *AgeAnnotators* an.

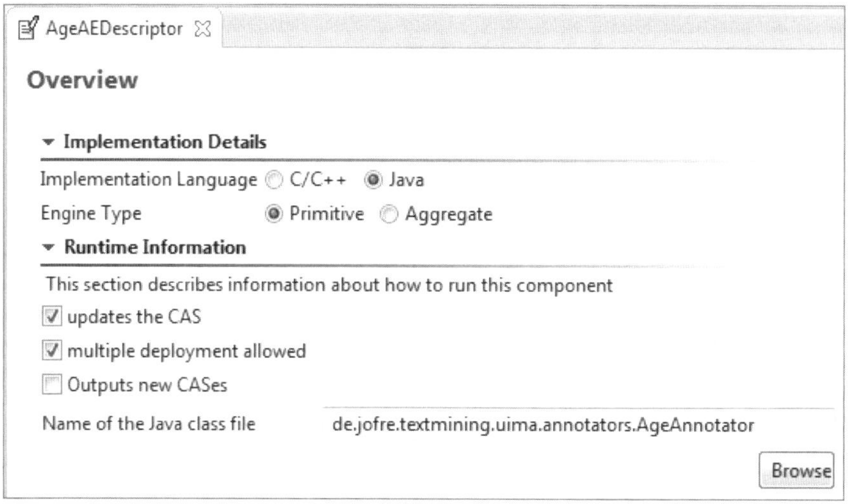

**Bild 8.15** Konfigurieren des AgeAnnotators

Diese Konfiguration sagt aus, dass die Implementierung in Java erfolgen soll und dass der Typ der Engine dafür vorgesehen ist, nur eine *Annotation* zu verarbeiten (*Primitive*). Später werden wir sehen, wie wir mehrere *Annotators* zu einem Aggregate zusammenbauen.

Im Tab *Type System* klicken Sie bitte auf **Add Type** und geben Sie unter *Type Name* die Klasse *de.jofre.textmining.uima.types.Age* an. Als *Super Type* lassen wir *uima.tcas.Annotation* stehen.

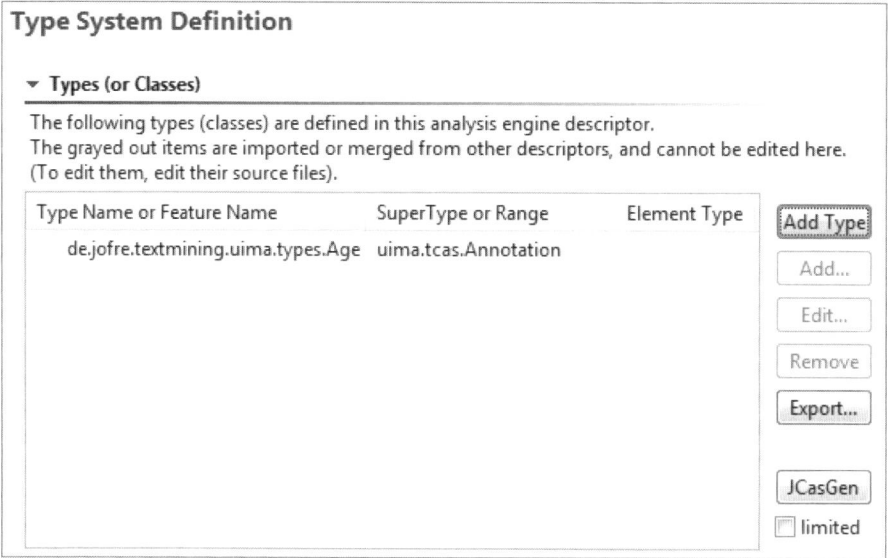

**Bild 8.16** Festlegen der verwendeten Typen in der Analysis-Engine

Im Tab *Capabilities* klicken wir abermals auf **Add Type** und klicken in der Zeile, die den Typ *Age* zeigt, auf das Kästchen von *Output*. Damit spezifizieren wir, dass der von der *AE* gefundene Wert ausgegeben wird, nachdem die Analyse gelaufen ist. Das hat den Hintergrund, dass gefundene Zeichenketten in einem Dokument eventuell noch über andere *Annotators* weiterverarbeitet werden können. So wäre es denkbar, dass z. B. aus der E-Mail-Adresse die Domain des E-Mail-Providers extrahiert werden soll. In diesem Falle würde man die gesamte E-Mail nicht über *Output* ausgeben, sondern diese als Input für eine weitere *Annotation* nutzen. Klicken Sie anschließend auf **OK** und das Fenster sollte nun wie in Bild 8.17 gezeigt aussehen.

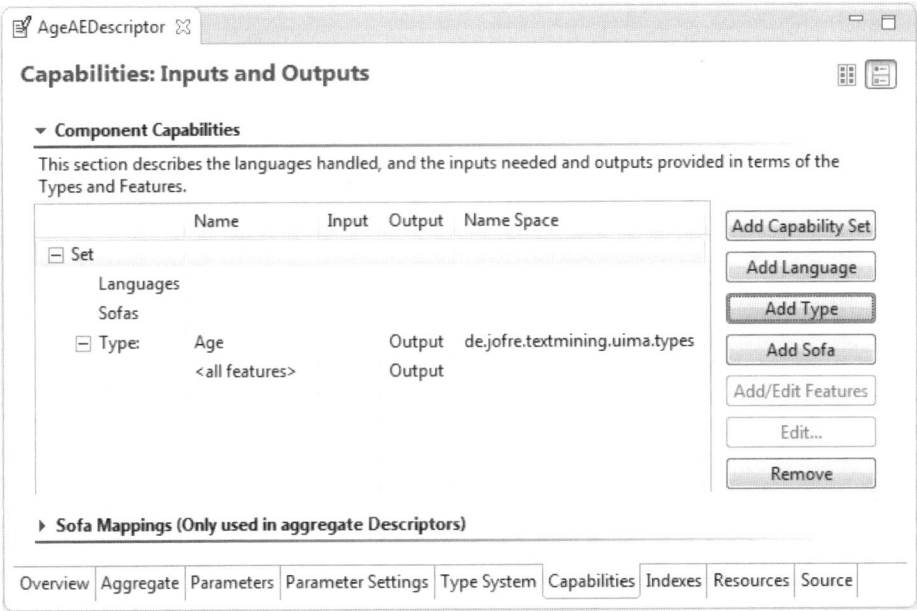

**Bild 8.17** Definition der Ein- und Ausgaben der Analysis-Engine

Speichern Sie die Datei mit **Strg+S** und schließen Sie sie. Führen Sie den gleichen Vorgang für den *EmailAEDescriptor* und den *EducationAEDescriptor* durch, wobei Sie jeweils den Typ *Age* durch *Email* bzw. *Education* in *Capabilities* ersetzen. Ebenso müssen Sie im *Type System* die Klassen *de.jofre.textmining.uima.types.Email* und *de.jofre.textmining.uima.types.Education* und im Tab *Overview* die Klassen *de.jofre.textmining.uima.annotators.EducationAnnotator* bzw. *de.jofre.textmining.uima.annotators.EmailAnnotator* angeben.

Da *NameAEDescriptor* ein weiteres Feature, nämlich das Geschlecht der Bewerber, beinhaltet (wir haben dieses ja im *NameAnnotator* anhand des Vornamens ermittelt), müssen wir hier ein ganz klein wenig anders vorgehen. Tragen Sie im Tab *Overview* wie gewohnt die Klasse *de.jofre.textmining.uima.annotators.NameAnnotator* ein. Unter Type System fügen Sie nun auch wie gewohnt den Typ *de.jofre.textmining.uima.types.FullName* mit dem *Super Type uima.tcas.Annotation* über **Add Type** hinzu. Dann aber selektieren Sie bitte diesen Eintrag und klicken Sie dann auf **Add**. Wir fügen dem Typ nun ein neues *Feature* hinzu. Der Name des Features ist *Gender* und der *Range Type* ist *uima.cas.String*.

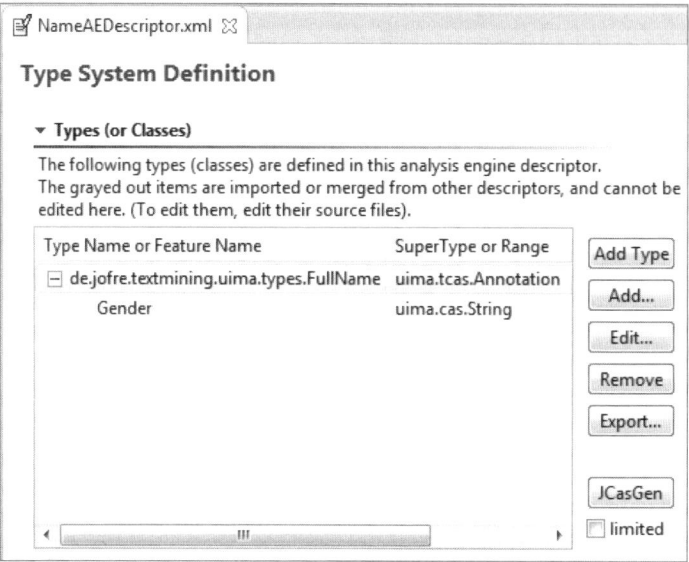

**Bild 8.18** Gender ergänzt den Namen als Feature.

Im Tab *Capabilities* wollen wir nun das Geschlecht und den Namen des Bewerbers ausgeben. Über **Add Type** fügen Sie bitte wieder einen *Output* für *FullName* hinzu. Darunter erscheint dann in der Tabelle ein String *<all features>*. Klicken Sie diesen doppelt an, um aus der sich öffnenden Liste den *Output* für das Feature *Gender* auszuwählen. Bestätigen Sie mit **OK**. Das Fenster sollte nun wie folgt aussehen.

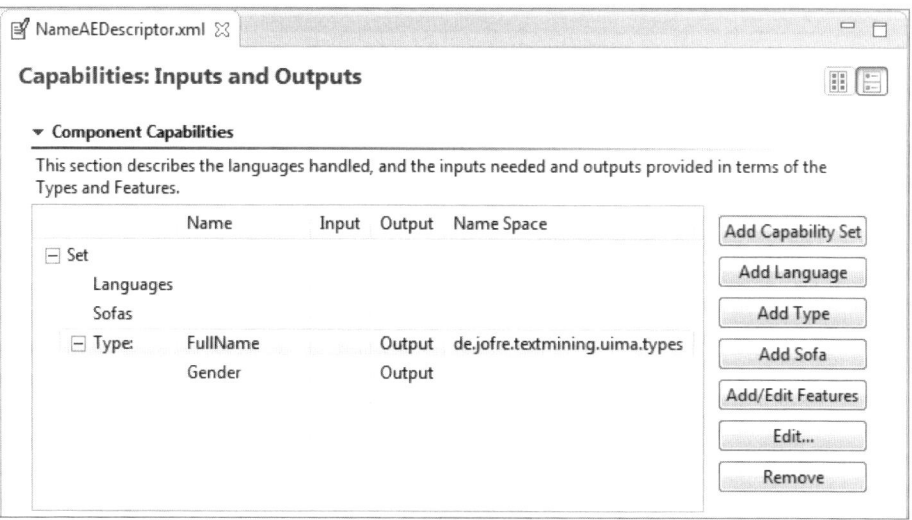

**Bild 8.19** Das Geschlecht des Bewerbers wird mit dessen Namen ausgegeben.

Speichern Sie die Datei und schließen Sie sie. Wir haben nun gesehen, wie man *Analysis-Engines* entwirft, nun müssen wir diese nur noch in einer einzigen AE zusammenfassen.

## Verketten mehrerer Analysis-Engines

Die Verknüpfung der AEs erfolgt über eine weitere AE. Erstellen Sie eine solche mit dem Namen *CVAEDescriptor* und öffnen Sie diese. Im Tab *Overview* selektieren wir nun unter *Engine Type* den Eintrag *Aggregate*. Das Feld *Name of the Java class file* sollte nun ausgegraut werden, da wir nun mehrere AEs zusammenführen, für die wir ja bereits die Klassen definiert haben.

Im Tab *Aggregate* müssen wir nun über den Button **Find AE** alle AEs suchen, die wir zuvor erstellt haben. Geben Sie dazu im Feld *Descriptor file name pattern* nacheinander die Namen der AEs ein (z. B. *EmailAEDescriptor*) und klicken Sie auf **Search**. Im sich öffnenden Fenster werden dann die gefundenen AEs aufgelistet, fügen Sie auf diesem Wege alle vier AEs hinzu.

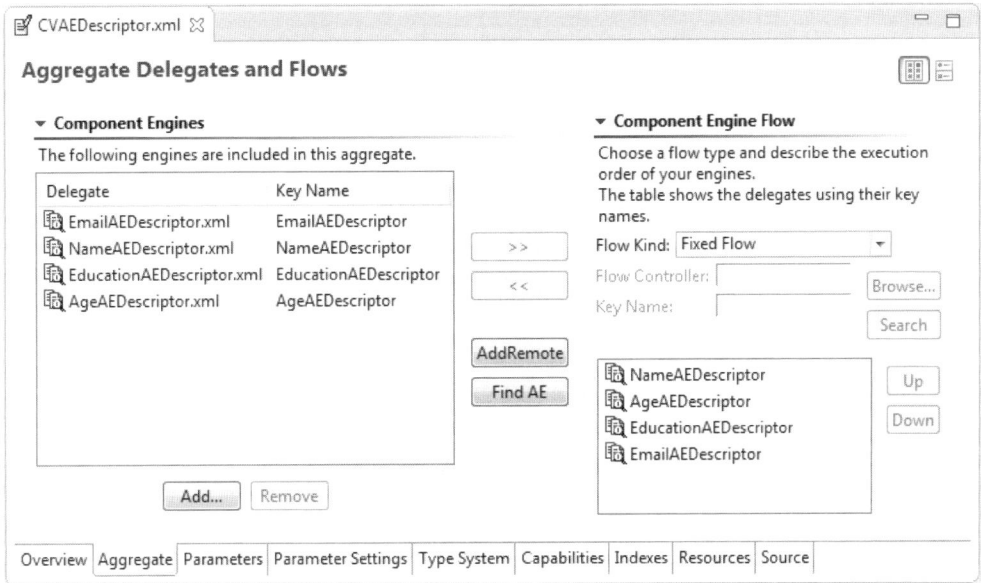

**Bild 8.20** Laden der zuvor erstellten AEs

Im rechten Teil von Bild 8.20 sehen Sie die Reihenfolge, in der die AEs ausgeführt werden. Diese spielt in unserem Fall keine Rolle, da die einzelnen Engines nicht voneinander abhängig sind. Wir belassen es also bei den Default-Einstellungen.

Anschließend definieren wir die Ausgaben im Tab *Capabilities*. Fügen Sie, wie schon in den einzelnen AEs geschehen, die verschiedenen Typen über **Add Type** hinzu, indem Sie auf das Kästchen *Output* klicken. Selektieren Sie dann beim Hinzufügen von *FullName* den Eintrag <all features> und wählen Sie das *Output-Kästchen* bei *Gender* aus.

Speichern Sie die Datei und schließen Sie sie. Es ist Zeit, die Analyse-Engine zu testen.

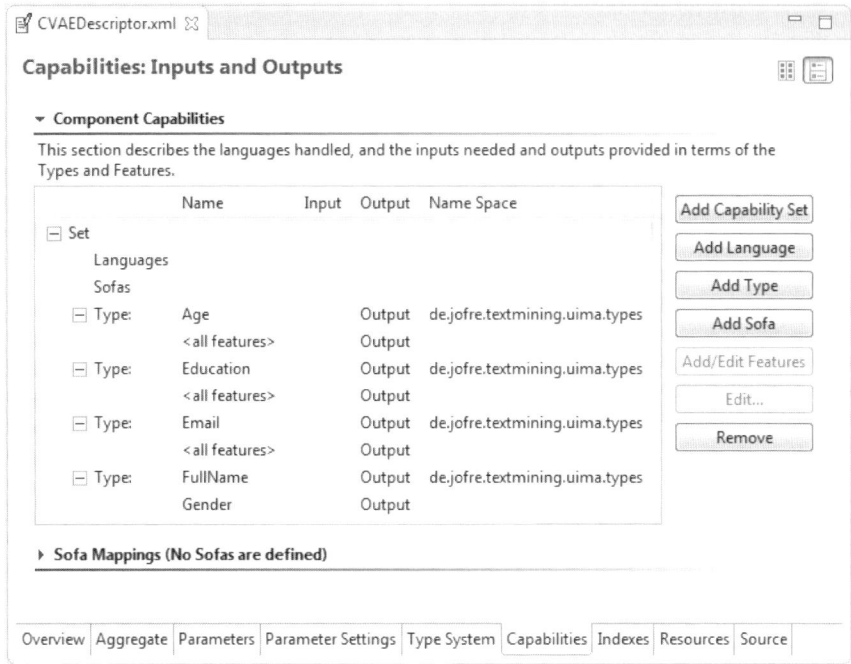

**Bild 8.21** Bestimmen der auszugebenden Funde der einzelnen Annotations

### Anlegen einer Testkonfiguration für die AE

Zum Überprüfen der Funktionalität der AE benötigen wir zunächst Testdaten. Erzeugen Sie dazu einen Ordner *input* im Verzeichnis *uima*. Kopieren Sie dann beispielsweise den Dreizeiler aus der Einleitung von Abschnitt 8.4.3 und fügen Sie ihn in eine neue Datei ein, die Sie im Ordner *input* anlegen und die Sie *test.txt* nennen. Natürlich können Sie auch gerne versuchen, ein echtes Anschreiben für die Analyse zu verwenden. Wichtig ist, dass sich der Text in einer einfachen Textdatei befindet. Öffnen Sie dann die Eigenschaften der Datei, indem Sie sie mit der rechten Maustaste anklicken und Properties aus dem Popup-Menü wählen. Ganz unten unter *Text file encoding* wählen Sie dann bitte Other und suchen aus der Drop-down-Liste den Eintrag *UTF-8* aus. Damit gehen wir sicher, dass auch Sonderzeichen richtig dargestellt und verarbeitet werden. Erstellen Sie des Weiteren einen Ordner *output*, in den die AE das Ergebnis der Analyse schreiben kann.

Danach müssen wir eine *Run Configuration* anlegen, die die Parameter für unseren Testlauf beinhaltet. Das tun wir, wie bereits häufiger für verschiedene Maven-Builds getan, über einen Klick auf Run → Run Configurations… im Menü von Eclipse.

 **HINWEIS:** Sollte sich Ihnen dieser Menüpunkt nicht zeigen und finden Sie unter *Run* nur den Punkt *External Tools*, dann öffnen Sie eine beliebige Java-Klasse in der Hauptansicht von Eclipse. Dann wird der Menüpunkt Run → Run Configurations… erscheinen. Da das Menü kontextsensitiv ist, werden einige Optionen in der Perspektive *Cas Editor* leider ausgeblendet.

Selektieren Sie im sich öffnenden Fenster links nun den Eintrag *UIMA Analysis Engine* und erstellen Sie in der oberen Menüleiste über einen Klick auf das kleine weiße Blatt mit dem Plus daran eine neue Konfiguration. Füllen Sie diese entsprechend aus.

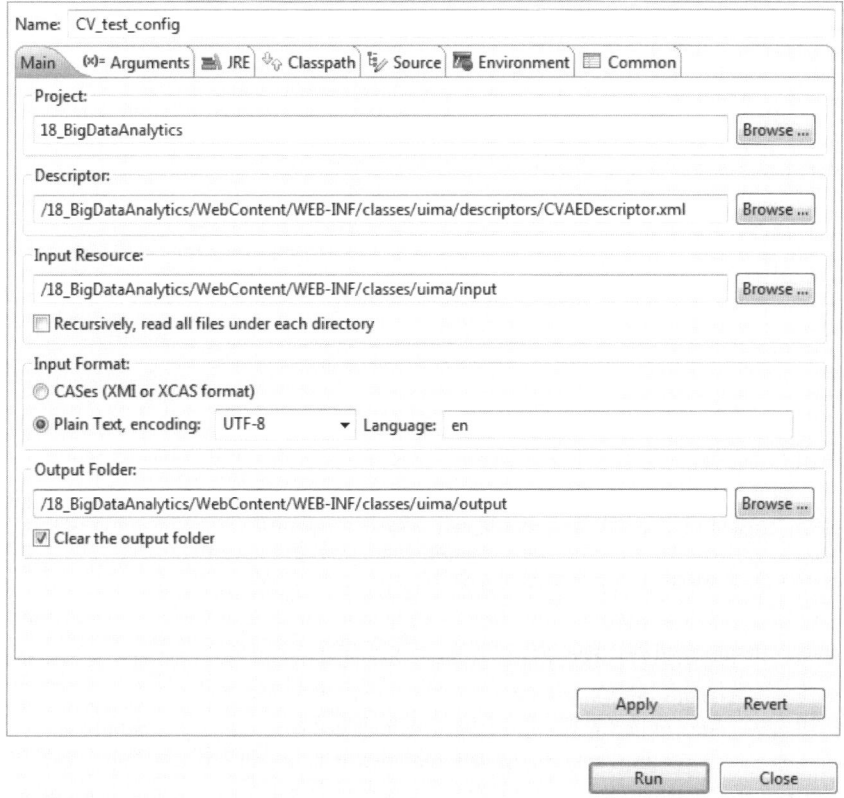

**Bild 8.22** Erstellen einer Testkonfiguration für die aggregierte AE

Benennen Sie die *Run Configuration* sinnvoll, wählen Sie das aktuelle Projekt aus und geben Sie den *Analysis-Engine-Descriptor* an, der die Aggregation der Basis-AEs beinhaltet. Unter *Input Resource* spezifizieren Sie dann bitte das eben erstellte Verzeichnis *input* und unter *Output Folder* den Ordner *output*. Ändern Sie dann noch das *Input Format* auf *Plain Text* und wählen Sie als *Encoding UTF-8*. Die Sprache können Sie optional ebenfalls festlegen, das hat hier jedoch im Moment keinen Effekt. Selektieren Sie zuletzt noch *Clear the output folder*, damit der Ausgabeordner vor jedem Durchlauf automatisch gelöscht wird. Klicken Sie anschließend auf **Apply** und dann auf **Run**.

 **HINWEIS:** Beim ersten Ausführen werden Sie darauf hingewiesen, dass das Framework kein *Type System* finden kann, das es normalerweise im Hauptverzeichnis der Anwendung mit dem Namen *TypeSystem.xml* erwartet. Klicken Sie auf **Choose Type System...** und wählen Sie die Datei *typeSystemDescriptor.xml* aus, die wir zuvor erzeugt haben.

Auf den ersten Blick scheint sich nichts getan zu haben, wenn Sie jedoch in den Ordner *output* schauen, sollte sich dort eine Datei mit Namen *test.xmi* befinden. Doppelklicken Sie diese, um die Ergebnisse Ihrer Analyse betrachten zu können. Sie sehen in der oberen View zunächst den bloßen Eingabetext. Wenn Sie allerdings in der View *Annotation Styles* die verschiedenen Annotations *Age*, *Education*, *Email* und *FullName* auswählen, dann werden die entsprechenden Abschnitte im Text in derselben Farbe hervorgehoben.

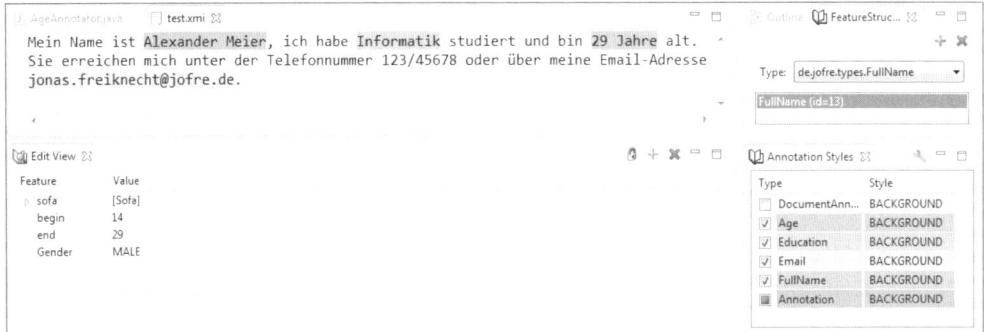

**Bild 8.23** Ergebnisse der maschinellen Analyse eines Lebenslaufs

Zu jeder Annotation können Sie sich in der View *FeatureStructure View* oben rechts noch weitere Details anzeigen lassen, z. B. von welchem zu welchem Zeichen sich ein Ergebnis erstreckt (*Span*) oder, im Falle von *FullName*, das Geschlecht des Bewerbers, das anhand dessen Vornamen ermittelt wurde. Die Analyselogik kann in den Java-Klassen, die auf *Annotator* enden, natürlich noch verfeinert und erweitert werden.

**Aufrufen einer AE aus einer Java-Anwendung heraus**

Möchte man jetzt den Analysevorgang automatisieren, so bleibt einem keine andere Wahl, als den Vorgang, den wir eben beim Testen der aggregierten AE durchgeführt haben, programmatisch abzubilden. Das hat den Vorteil, dass wir die Logik z. B. in einer YARN-Anwendung ablegen könnten, um den Analyseprozess auf einem Hadoop-Cluster verteilt auszuführen oder ihn über einen Scheduler eines *Application-Servers* zu einer bestimmten Zeit auszuführen. Wir müssten uns bei der Verarbeitung auf Hadoop lediglich um die Aufteilung der Lebensläufe auf den jeweiligen, ausführenden Knoten kümmern. Verlassen wir also die bunte Welt unseres Eclipse-Plug-ins und begeben wir uns zurück zu Klassen und Packages.

Erstellen Sie bitte zwei Klassen im Package *de.jofre.textmining.uima* und benennen Sie sie *Cv* und *CVAnalyzer*. *Cv* ist ein einfaches Objekt, das lediglich für alle Eigenschaften, die wir per Annotation ausgelesen haben, eine private Variable vorhält.

**Listing 8.20** Eigenschaften eines Lebenslaufes

```
private String name;
private String email;
private String education;
private int age;
private String gender;
```

Lassen Sie sich dazu Getter und Setter sowie einen Constructor mit allen den vorhandenen lokalen Variablen generieren. Weitere Methoden benötigt die Klasse *Cv* nicht.

Der Klasse *CVAnalyzer* spendieren wir eine statische, öffentliche Methode namens *analyzeCV*, die einen String entgegennimmt und ein Objekt vom Typ *Cv* zurückliefert.

**Listing 8.21** Erster Abschnitt der Methode analyzeCV

```
public static Cv analyzeCV(String _cvText) {

  Cv cv = null;

  // Lade Engine-Definition
  ResourceSpecifier specifier = null;
  try {
    URL url = CVAnalyzer.class.getResource("/uima/descriptors/CVAEDescriptor.xml");
    XMLInputSource in = new XMLInputSource(url);
    specifier = UIMAFramework.getXMLParser().parseResourceSpecifier(in);
  } catch (Exception e) {
    log.log(Level.SEVERE, "Fehler beim Lesen des UIMA-AE-Descriptors.");
    e.printStackTrace();
    return null;
  }

  // Initialisieren Analysis Engine
  AnalysisEngine ae = null;
  try {
    ae = UIMAFramework.produceAnalysisEngine(specifier);
  } catch (ResourceInitializationException e) {
    log.log(Level.SEVERE, "Fehler beim Initialisieren der AE.");
    e.printStackTrace();
    return null;
  }

  ...
}
```

Im ersten Teil laden wir die aggregierte Analysis-Engine aus der *CVAEDescriptor.xml*. Jetzt offenbart sich auch, warum ich die Daten im Verzeichnis *WEB-INF/classes* abgelegt habe. Wir lesen sie nämlich als Ressource ein und das geht eben nur bei Daten, die im *Classpath* liegen. Das Resultat des Lesevorgangs ist ein Objekt vom Typ *ResourceSpecifier*, aus dem wir im zweiten Try-Catch-Block eine *AnalysisEngine* erzeugen.

**Listing 8.22** Zweiter Abschnitt der Methode analyzeCV

```
// Führe Analyse aus
JCas jcas;
try {
  log.log(Level.INFO, "Beginne mit der Analyse des CVs.");
  jcas = ae.newJCas();

  // Analysiere den Text
  jcas.setDocumentText(_cvText);
  ae.process(jcas);

  // Frage alle Funde ab
  AnnotationIndex<Annotation> emails = jcas.getAnnotationIndex(Email.type);
```

```
        AnnotationIndex<Annotation> ages = jcas.getAnnotationIndex(Age.type);
        AnnotationIndex<Annotation> names = jcas.getAnnotationIndex(FullName.type);
        AnnotationIndex<Annotation> educations = jcas.getAnnotationIndex(Education.type);

        // Extrahiere jeweils ersten Fund
        Email email = null;
        FullName name = null;
        Education education = null;
        Age age = null;
        String emailString = "";
        String nameString = "";
        String genderString = "";
        String educationString = "";
        String ageString = "0";
        Iterator emailIterator = emails.iterator();
        if (emailIterator.hasNext()) {
          log.log(Level.INFO, "Es wurde eine Email im Dokument gefunden!");
          email = (Email)emailIterator.next();
          emailString = email.getCoveredText();
        }
        Iterator nameIterator = names.iterator();
        if (nameIterator.hasNext()) {
          log.log(Level.INFO, "Es wurde ein Name im Dokument gefunden!");
          name = (FullName)nameIterator.next();
          nameString = name.getCoveredText();
          genderString = name.getGender();
        }
        Iterator educationIterator = educations.iterator();
        if (educationIterator.hasNext()) {
          log.log(Level.INFO, "Es wurde eine Ausbildung im Dokument gefunden!");
          education = (Education)educationIterator.next();
          educationString = education.getCoveredText();
        }
        Iterator ageIterator = ages.iterator();
        if (ageIterator.hasNext()) {
          log.log(Level.INFO, "Es wurde ein Alter im Dokument gefunden!");
          age = (Age)ageIterator.next();
          // Entfernen der Zeichenkette " Jahre"
          ageString = age.getCoveredText().replace(" Jahre", "");
        }

        // Konstruiere CV-Instanz
        cv = new Cv(nameString, emailString, educationString,
          Integer.parseInt(ageString), genderString);

        // Räume auf
        jcas.reset();
        ae.destroy();
    } catch (Exception e) {
        log.log(Level.SEVERE, "Fehler beim Analysieren des CV.");
        e.printStackTrace();
    }

    return cv;
```

Zu Beginn erstellen wir eine *CAS* (*Common Analysis Structure*) vom Typ *JCas*. Eine *CAS* gilt als zentrale Datenstruktur bezüglich der Kommunikation der einzelnen Komponenten in *UIMA*, sie hält unsere einzelnen Annotations zusammen. Die Klasse heißt *JCas*, weil sie ganz einfach die Java-Implementierung einer *CAS* darstellt. Die *JCas* wird nun über die AE initialisiert und kennt somit all unsere Annotations. Danach weisen wir ihr über *setDocumentText* den Text zu, den wir von der AE analysiert haben möchten. Die Methode *ae.process(jcas)* stößt letztendlich die Analyse an.

Im Anschluss fragen wir aus der *JCas* den jeweiligen Index der Annotations ab, also *Email*, *Age*, *FullName* und *Education*. Dieser *AnnotationIndex* besitzt einen *Iterator*, über den wir die einzelnen Funde im übergebenen Dokument durchblättern können. Das tun wir im folgenden Schritt auch, nehmen jeweils den ersten Fund daher und speichern ihn in einer Variablen zwischen. Das Vorgehen, nur jeden *ersten* Fund zu speichern, ist in der Hinsicht valide, als dass ja in einem Lebenslauf sicher die ersten Vorkommen von Name, Alter usw. den Verfasser betreffen. Würde man andere Texte analysieren, z. B. eine Web-Site, die man nach E-Mail-Adressen durchsucht, so könnte man natürlich auch alle anderen Adressen zurückgeben.

Als Sonderfall ist das Alter zu betrachten, das wir in der Klasse *Cv* als Integer betrachten, in der Annotation allerdings in Form einer Zahl gefolgt von der Zeichenkette „*Jahre*" sehen. Ich schneide hier die besagte Zeichenkette einfach ab, indem ich sie mittels *replace* durch einen leeren String ersetze. Zum Schluss konstruieren wir dann ein Objekt vom Typ *Cv* und füllen es mit den ersten Funden. Bevor *Cv* als Ergebnis zurückgeliefert wird, räumen wir die AE weg und setzen die *JCas* zurück. Letzter Schritt ist nicht unbedingt nötig. Wenn Sie jedoch zwei Texte hintereinander mit ein und derselben *JCas* analysieren möchten, dann muss *reset* zwischen den Analysen aufgerufen werden.

Wie *analyzeCV* nun schließlich angewandt wird, ist in *patternrecognition.jsp* zu sehen.

**Listing 8.23** Aufruf der Methode zur Textanalyse eines Lebenslaufs

```
BDTable table = new BDTable();
if (inputText != null) {
  table.readTableFromText(inputText, "\t", headersIncluded);
  // Mustererkennung
  Cv cv = CVAnalyzer.analyzeCV(table.toCSV(headersIncluded));

  if (cv != null) {
    out.println("Erkannte Personendaten:<br>");

    out.println("<table style=\"width:100%;\"><tr>"
      + "<td><b>Name</b></td><td><b>Alter</b></td><td><b>Ausbildung</b></td>"
      + "<td><b>Geschlecht</b></td><td><b>Email</b></td></tr>");

    out.println("<tr><td>"+ cv.getName() + "</td><td>" + cv.getAge()+"</td><td>"
      + cv.getEducation() + "</td><td>" + cv.getGender() + "</td><td>"
      + cv.getEmail()+"</td></tr></table>");

    out.println("<br>");
  }
}
```

Wir erzeugen hier eine Instanz der Klasse *Cv* über die Methode *analyzeCV*. Dabei übergeben wir den Inhalt der *BDTable* im CSV-Format. Konnte ein *Cv*-Objekt erzeugt werden, dann stellen wir dieses im Anschluss tabellarisch dar. Dabei ist es egal, ob nur ein Name, nur ein Alter usw. oder ob alle Muster gefunden wurden.

**Bild 8.24** Analyse eines Lebenslaufs auf Basis von Apache UIMA in einer Web-Anwendung

Natürlich können Sie auch beliebig andere Texte von der Anwendung auswerten lassen, der Use-Case *Lebenslauf* dient hier natürlich nur als Beispiel.

### Weiterführende Informationen

Wir haben jetzt einen winzig kleinen Bruchteil von *UIMA* kennengelernt und man könnte sicher noch ein paar Hundert Seiten mit Konzepten und Anleitungen füllen, um den vollen Funktionsumfang des Frameworks zu erklären. Ich hoffe, dass Ihnen die letzten Seiten gezeigt haben, wie Sie den Einstieg in die Textanalyse mit *UIMA* meistern können, um von nun an – falls das Interesse oder die Notwendigkeit besteht – alleine weitermachen zu können. Der beste Ort, um zu beginnen, ist sicherlich die offizielle Online-Hilfe[3] auf den Seiten von *Apache*, die zu jeder Funktionalität eine ausführliche Erklärung bietet. Themen, die *UIMA* ebenfalls anspricht, sind unter anderem Mehrsprachigkeit, das Bereitstellen von AEs in Form von Web-Services, Verwenden von Wörterbüchern (*Dictionaries*) in Annotations oder sogar die Analyse von Audio- oder Videodaten. Auch wenn *UIMA* eher zu den unbekannteren Apache-Projekten gehört, birgt es doch ein enormes Potenzial in der heutigen Zeit, in der die Analyse von unstrukturierten Daten immer wichtiger wird, und sollte in meinen Augen viel häufiger im Zusammenhang mit Big-Data Erwähnung finden.

---

[3] *https://uima.apache.org/d/uimaj-2.6.0/index.html*

# 9 Zusammenfassung und Ausblick

Im letzten Kapitel wurde gezeigt, wie auf einfache Art und Weise ein kleines Dashboard *from Scratch* geschrieben werden kann, das die meisten Funktionen, die uns die Arbeit mit großen Datenmengen erleichtern, zur Verfügung stellt. Sicher könnte man es noch etwas flexibler gestalten und Queries in Hive oder HBase erlauben, statt nur die ersten Zeilen einer Tabelle abzufragen, oder aber man listet in einer JSP Anwendungen auf, aus der man diese in Form von Map-Reduce-Jobs, Oozie-Workflows, YARN- oder simple Java-Anwendungen starten kann.

Aus all diesen möglichen Erweiterungen ergibt sich eine konkrete Fragestellung, die uns in den nächsten Monaten und Jahren begleiten wird: Wir haben nun die Technologie, was aber ist mit der Usability? Noch können wir unseren Fachabteilungen nicht zumuten, mit Big-Data zu arbeiten, viel zu ungewohnt sind Umgebung und Funktionsweise. *Apache Ambari* macht zwar einen guten Schritt in die Richtung, indem es ein Web-Interface anbietet, mit dem sich Hadoop und dessen Begleitkomponenten über einen Cluster verteilt installieren, überwachen und verwalten lassen, jedoch ist dieses Werkzeug wieder nur uns Technikern dienlich.

Ich behaupte mal, dass die Anwendung, die uns fehlt, ein Excel für große Datenmengen ist. Unser Ziel ist doch, alle Menschen, die mit unseren Daten arbeiten, von der Komplexität der Verarbeitung und Speicherung abzuschirmen und sie in ihrem Tagesgeschäft zu befähigen, ihre Arbeit zu verrichten, ohne dass die bloße Datenmenge und -beschaffenheit dabei eine Rolle spielt. Mit der tabellarischen Darstellung im letzten praktischen Beispiel sind wir dabei schon einen Schritt in diese Richtung gegangen, wobei das *Look and Feel* und die Bedienung natürlich noch etwas zu wünschen lassen.

## Distribution oder eigene Installation?

Eine Frage, die ich bewusst etwas zurückgestellt habe, ist, ob es ratsamer ist, zu einer Distribution wie *BigInsights*, *Cloudera* oder *Hortonworks* zu greifen, oder ob man sich die Mühe machen soll und alle Komponenten, die im Cluster zur Verfügung stehen sollen, manuell installiert. Besteht die Anforderung, möglichst schnell einen Cluster aufzuziehen, um damit arbeiten zu können, würde ich in jedem Fall zu einer Distribution raten. Jede der größeren beinhaltet alle wichtigen Komponenten wie *Hive*, *Sqoop*, *Flume*, *HBase* etc. und lässt sich komfortabel über *Ambari* oder *Chukwa* einrichten, um zügig eine einsatzbereite Umgebung zu erhalten. Wenn Sie jedoch darauf aus sind, Hadoop und dessen Ecosystem im Detail zu verstehen, dann würde ich Ihnen raten, von Grund auf zu beginnen. Nur dadurch, dass Sie selber die einzelnen Konfigurationsdateien und *Scripts* angefasst haben, verstehen Sie auch, was darin geschieht und wie Sie etwaige Fehler beheben können, denn Fehler treten auch in den bekannten Distributionen auf, wenn sie nicht in vorgesehener Weise bedient werden.

Was die Auswahl einer Distribution angeht, ist es wichtig, darauf zu achten, was die Software an zusätzlichen Analyse- und Verwaltungsfunktionen mit sich bringt (siehe Kasten unten) und wie sich der Hersteller in die Open-Source-Community integriert. Im Moment kann man sagen, dass das weitestgehend alle Unternehmen tun, die sich mit Hadoop beschäftigen, doch es bleibt fraglich, ob das gang und gäbe bleibt, denn irgendwann beginnen Distributionen sich voneinander abzuheben und nach einem *Unique Selling Point* zu suchen, um der Konkurrenz einen Schritt voraus zu sein. *Mike Olson*, seines Zeichens *Chief Strategy Officer* bei *Cloudera*, hat den Zwist zwischen Open- und Closed-Source in einem Post auf *LinkedIn* sehr gut zusammengefasst:

> *"You can no longer win with a closed-source platform, and you can't build a successful stand-alone company purely on open source."* – Mike Olson (Olson, 2013)

Wir können also gespannt sein, was in der nächsten Zeit an Neuerungen auf uns zukommt und wie sich der Markt der Big-Data-Lösungen entwickelt. Es bleibt natürlich zu hoffen, dass die Apache Community um Hadoop weiterhin so aktiv und gut besetzt bleibt, wie sie es derzeit gerade ist.

**PRAXISTIPP:** Sollten Sie sich in der Situation befinden, dass Sie für Ihr Unternehmen eine Empfehlung geben müssen, wie Sie sich im Bereich Big-Data aufstellen, dann schauen Sie unbedingt nach, was die Distribution (sei es nun *Cloudera*, *Hortonworks*, *BigInsights*, *MapR*, *HDInsights*, *Open-Source-Hadoop* …) an weiteren Features um das Produkt herum anbietet. Die integrierten Fähigkeiten und Werkzeuge nehmen Ihnen ggf. im späteren Projektverlauf wesentliche Aufgaben ab, für die Sie viele Ressourcen in Training und Entwicklung stecken müssten. Features, die mit Sicherheit einmal wertvoll sein könnten, sind:

- Text-Analytics
- Visualisierung
- Kompatibilität mit dem gesamten Hadoop-Ecosystem
- Entwicklerwerkzeuge
- Monitoring-Komponenten
- Verarbeitung von Streams
- …

Häufig lohnt sich ein Vergleich, da die Unterschiede der angebotenen Produktpalette beachtlich sind. Somit sind Sie in der Lage, nicht nur große Datenmengen zu bearbeiten, sondern auch die Datengeschwindigkeit und die Polystrukturiertheit abzudecken.

## Danksagungen

Während meines Masterstudiums habe ich begonnen, mich mit Big-Data und Hadoop zu beschäftigen. Zuerst war es nur ein rein von Interesse getriebenes Hobby, das jedoch schnell an Substanz gewann, als ich anfing, Seminar- und Studienarbeiten darüber zu verfassen. Mein damaliger Dozent Herr Professor Uwe Haneke, der als Fachbeirat des BI-Spektrums tief in das Thema involviert ist und freundlicherweise das knackige Vorwort dieses Buchs verfasst hat, war dabei eine große Hilfe. Mit seinem Kollegen Matthias Mruzek-Vering standen die zwei immer in der Hochschule oder auf Konferenzen für eine inspirierende Fachsimpelei zu Verfügung. Danke dafür.

Ebenso möchte ich Christian Krakowski von der CAS Software AG danke sagen, der es mir damals ermöglicht hat, meine Abschlussarbeit unter seiner Obhut zu schreiben, die mir die Zeit einräumte, mich ausgiebig mit dem Thema Big-Data-Visualisierung auseinanderzusetzen. Ein ganz besonderer Dank geht auch an Sarah, die mich in der Zeit, in der der Abgabetermin dieses Buches immer näher rückte, rücksichts- und verständnisvoll 24 Stunden am Tag umsorgt hat, obwohl sie sich eigentlich mit etwas viel Schönerem, z. B. Sternumverschlüssen, beschäftigen könnte. Ich werde mich mit Fahrradreparaturen, Spinnen entfernen und Kochen revanchieren. Zu guter Letzt möchte ich mich noch bei Frau Schärl, Frau Weilhart und Herrn Gerhardy vom Hanser-Verlag bedanken, die mir mal wieder kompetent mit Rat und Tat beiseite standen und über ganz besondere Motivationsfähigkeiten verfügen, falls es beim Schreiben mal nicht vorangeht.

## Abschließende Worte

Ich hoffe, ich konnte Ihnen in diesem Buch einen Einblick in die Big-Data-Thematik geben, und habe es, viel wichtiger, geschafft, den praktischen Bezug zu den zu Beginn gegebenen Definitionen herzustellen. Zwar ist mein primäres Ziel beim Schreiben immer, Wissen zu vermitteln, dennoch wünsche ich mir auch, dass ich begeistern, motivieren und vielleicht auch ein bisschen unterhalten kann. Ein derart umfangreiches Thema wie Big-Data abzudecken ist nicht einfach, das ein oder andere Kapitel wird dann doch vernachlässigt oder fällt in Gänze weg. Ich hätte sehr gerne noch ein Kapitel zu *Oozie* und *Spark* geschrieben, ebenso hätte ich mir gewünscht, dass *Ambari* bis zur Abgabe meines Manuskripts ein Release für Ubuntu anbietet und ich auch die verteilte Installation über das Web-Frontend besprechen kann. Außerdem wäre *Hadoop-Security* noch ein Thema, dem ich gerne mehr Aufmerksamkeit gewidmet hätte. Leider ist meine Zeit knapp bemessen und man muss sich irgendwann entscheiden, das Geschriebene zu veröffentlichen, denn in keiner anderen Sparte der Informationstechnologie ist die Software derzeit so kurzlebig wie im Big-Data-Umfeld. Als ich das Buch nahezu fertig geschrieben und mit der Korrektur begonnen hatte, musste ich feststellen, dass die Versionen von Hadoop und HBase schon nicht mehr aktuell waren und ich die Kapitel erneut überarbeiten musste. Wenn irgendwann die Releases weniger werden und die Abstände zwischen den Versionsnummern abnehmen, dann bleibt vielleicht Zeit, das Buch um einige Kapitel zu erweitern.

Wenn Sie es bis zu dieser Zeile geschafft haben, dann würde ich mich sehr freuen, wenn Sie mir ein Feedback geben würden, wozu Sie gerne jederzeit über meinen Blog

*www.jofre.de*

Kontakt zu mir aufnehmen können. Natürlich ist Lob immer eine gern gesehene Kritik, Errata und Verbesserungsvorschläge jedoch auch, ebenso wie Erfahrungsberichte Ihrerseits und die ein oder andere Success-Story, die Sie vielleicht mithilfe dieses Buches erzielen konnten.

Mit diesen Worten entlasse ich Sie in die letzten zwei Anhänge, in denen ich einerseits Lösungsvorschläge für bekannte Fehler in Hadoop, Hive und Co. gebe und andererseits einige weitere Anleitungen unterbringe, die als optionale Ergänzung zu dem bisher Gelernten dienen sollen.

Karlsruhe, Oktober 2014

*Jonas Freiknecht*

# 10 Häufige Fehler

In diesem Kapitel sollen einige häufige Fehler gezeigt werden, auf die Sie während der Konfiguration von Hadoop oder der Entwicklung von auf Hadoop basierenden Anwendungen stoßen können.

### [Hadoop API] Cannot run program "E:\eclipseKepler\bin\winutils.exe"

Sie möchten eine Datei aus dem HDFS auf Ihr lokales System herunterladen, jedoch schlägt dieser Vorgang mit der Meldung fehl, dass das Programm *winutils.exe* nicht ausgeführt werden kann.

> **Lösung:** Sie haben Hadoop nicht für Windows kompiliert und nutzen aus der Klasse *Helper* die Funktion *solveWinUtilError*, um eine Dummy-Datei namens *winutils.exe* anzulegen. Für das Herunterladen von Dateien aus dem HDFS und das Abschicken von Jobs auf den Cluster ist eine funktionsfähige *winutils.exe* jedoch erforderlich, falls Sie mit Windows als Basis arbeiten. Kompilieren Sie bitte Hadoop für Windows und hinterlegen Sie die Binaries aus dem Ordner *hadoop-dist\target\hadoop-2.2.0\bin* an einem für Ihre Laufzeitumgebung zugänglichen Verzeichnis.

### [Hadoop API] Could not locate executable null\bin\winutils.exe in the Hadoop binaries

Sie greifen über die Klasse *FileSystem* auf das HDFS zu und erhalten diese Fehlermeldung, welche den Zugriff auf das HDFS erst einmal gar nicht einzuschränken scheint. Erst wenn Sie versuchen, Dateien zwischen dem HDFS und der lokalen Festplatte via API auszutauschen, funktionieren die gewünschten Funktionen nicht mehr.

> **Lösung:** Sie haben vergessen, die Systemeigenschaft *hadoop.home.dir* zu setzen. Setzen Sie diese auf einen Ordner, der die nötigen Windows-Binaries von Hadoop im Unterordner *bin* enthält, z.B. *hadoop.dll* und *winutils.exe*. Diese finden Sie vorkompiliert auf der DVD im Ordner *hadoop_windows_binaries*.

**Listing 10.1** Setzen der Eigenschaft hadoop.home.dir in Java

```
System.getProperties().put("hadoop.home.dir", "E:\\hadoop-2.2.0\\");
```

### [Hadoop API] org.apache.hadoop.security.AccessControlException: Permission denied

Sie versuchen, eine Operation auf dem HDFS auszuführen, für die Sie nicht die nötigen Rechte haben (z. B. Ändern des Besitzers oder der Gruppe einer Datei).

**Lösung:** Setzen Sie den Hadoop-User über die Systemeigenschaft *HADOOP_USER_NAME* in Java.

**Listing 10.2** Setzen des Hadoop-Users für die Java-API

```
System.setProperty("HADOOP_USER_NAME", "hduser");
```

Den Benutzernamen setzen Sie bitte entsprechend dem Benutzer, den Sie zum Starten des Hadoop-Clusters auf Ubuntu verwenden. In unserem Fall ist das der *hduser*.

### [Hadoop API] UnsatisfiedLinkError (NativeIO$Windows.access0) beim Ausführen eines Map-Reduce-Jobs

Sie möchten einen Job über die Hadoop-API an den Cluster übermitteln und stoßen dabei auf die oben genannte Fehlermeldung.

**Lösung:** Sie haben vergessen, den Pfad zu den Hadoop-Windows-Binaries in den Systemeigenschaften von Windows in der Variablen *Path* bekannt zu machen.

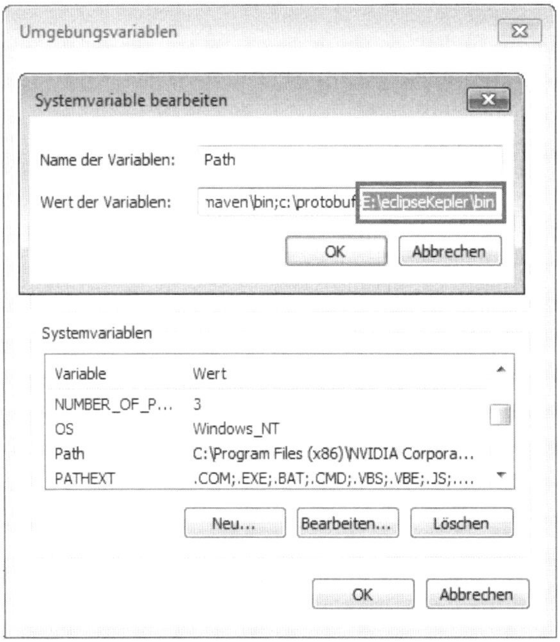

**Bild 10.1** Bekanntgeben des Pfades zu den Hadoop-Windows-Binaries

Manchmal kann es vorkommen, dass dieser Fehler auftritt, auch wenn Sie die Binaries entsprechend in der Systemvariablen angegeben haben und das Programm schon einmal funktioniert hat. Starten Sie dann Ihren Application Server neu und das Problem sollte behoben sein.

### [Hadoop API] Falscher Besitzer nach Anlegen von Dateien oder Ordnern auf dem HDFS

Sie erstellen eine neue Datei oder einen Ordner auf dem HDFS und sehen, dass der Windows-User als Besitzer dieses Objekts eingetragen ist und nicht der gewünschte Hadoop-User.

**Lösung:** Ändern Sie den Besitzer des Ordners über die Hadoop-API.

> **Listing 10.3** Ändern des Besitzers/der Gruppe eines Objekts im HDFS
>
> ```
> fs.setOwner(pfadZurDateiImHDFS, "hduser", "supergroup");
> ```

### [Hadoop] Links im Web-Interface verweisen auf localhost statt auf Server-Namen

Sie klicken im Web-Interface auf Links, um etwa die Log-Dateien eines Knotens abzufragen. Die URL beinhaltet jedoch statt der IP des Knotens oder des Hostnamens die Bezeichnung *localhost* und der Link führt somit ins Leere.

**Lösung:** Definieren Sie auf allen Knoten, auf deren Log-Dateien Sie zugreifen wollen, einen Hostnamen in */etc/hostname* und lösen Sie diesen in der Datei *hosts* auf dem aufrufenden System zu der IP des Knotens auf (siehe Abschnitt 3.10).

### [Hadoop] Sie können keine Operationen auf dem HDFS ausführen, da der Safe-Mode aktiviert ist

Sie möchten beispielsweise eine Datei ins HDFS kopieren oder einen Ordner daraus löschen, bekommen jedoch von Hadoop die Fehlermeldung, dass sich der Name-Node im Safe Mode befindet.

**Lösung:** Verlassen Sie den Safe Mode über den im Terminal auszuführenden Befehl `hdfs dfsadmin -safemode leave`.

### [Hadoop] Output directory XYZ already exists

Sie möchten einen Map-Reduce-Job ausführen und setzen das Ausgabeverzeichnis dafür entsprechend. Zur Laufzeit gibt Hadoop die Fehlermeldung aus, dass das Ausgabeverzeichnis bereits vorhanden ist.

**Lösung:** Löschen Sie das Ausgabeverzeichnis vor dem Ausführen des Map-Reduce-Jobs. Eine komfortable Lösung ist es, den Löschvorgang des Verzeichnisses in den Code zu integrieren, sodass dieses, sofern es denn existiert, direkt vor dem Starten des Jobs über die Hadoop-API gelöscht wird.

### [Hadoop] ... is deprecated

Hadoop hat die Syntax von Befehlen und Eigenschaften in den letzten Releases häufig geändert. Wenn Sie in der Log-Ausgabe eine Meldung finden, die darauf hinweist, dass eine Eigenschaft oder ein Befehl veraltet ist, dann überprüfen Sie auf einer der folgenden Seiten, wie der Befehl oder die Eigenschaft nun heißt:

- **Command-Line-Tools:** *https://hadoop.apache.org/docs/current2/hadoop-project-dist/hadoop-common/CommandsManual.html*

- **API:** *https://hadoop.apache.org/docs/r2.2.0/api/deprecated-list.html*
- **Properties:** *http://hadoop.apache.org/docs/current/hadoop-project-dist/hadoop-common/DeprecatedProperties.html*

### [Hadoop] Datanode denied communication with namenode

Hadoop stellt ein Kommunikationsproblem zwischen Data-Node und Name-Node fest. Dieses basiert häufig auf falschen Hostnamen, die entweder in den XML-Dateien der Hadoop-Konfiguration oder in den Dateien *master* oder *slaves* im Unterverzeichnis *etc/hadoop* von Hadoop zu finden sind. Überprüfen Sie, ob Sie z. B. den Hostnamen *localhost* durch einen anderen Bezeichner ersetzt haben und vergaßen, diesen an einer der drei genannten Stellen zu ändern.

### [Hadoop] BlockMissingException: Could not obtain block: ...

Bei Zugriff auf Dateien im HDFS kann es zu dieser Fehlermeldung kommen. Dabei wird versucht, eine Datei zu lesen, die aber nicht lesbar ist. Häufig liegt das daran, dass kein *Data-Node* verfügbar ist, der diese Datei vorhält. Überprüfen Sie also, ob der *Data-Node* gestartet ist, und falls nicht, starten Sie ihn manuell.

### [Hadoop] OpenJDK 64Bit Server VM warning: ...

Diese Log-Meldung taucht auf, wenn Sie Hadoop mit einer 64-Bit-JVM starten, so wie wir es in der Installationsanleitung auch tun. Nun sind die Hadoop-Binaries für 32-Bit-Systeme kompiliert und es kommt folglich zu dieser Warnung. Im Prinzip haben Sie hier zwei Optionen:

1. Kompilieren Sie Hadoop manuell für 64-Bit-Systeme, entsprechende Anleitungen finden Sie zuhauf im Internet. Einige kürzere Hinweise zum Erstellen der *Native Libraries* bietet auch die offizielle Dokumentation von Apache[1].
2. Sie können die Warnung in der Ausgabe unterdrücken, indem Sie in der *hadoop-env.sh* im Verzeichnis *conf* von Hadoop den Wert von *HADOOP_OPTS* um den Eintrag -XX:-PrintWarnings ergänzen.

**Listing 10.4** Deaktivieren der JVM-Warnungen in hadoop-env.sh

```
export HADOOP_OPTS="$HADOOP_OPTS -XX:-PrintWarnings
-Djava.net.preferIPv4Stack=true"
```

Des Weiteren müssen Sie die Einträge *YARN_RESOURCEMANAGER_OPTS* und *YARN_NODEMANAGER_OPTS* in der *yarn-env.sh* reaktivieren, also die Kommentarzeichen entfernen, und ebenfalls mit *-XX:-PrintWarnings* versehen.

**Listing 10.5** Deaktivieren der JVM-Warnungen für Resource-Manager und Node-Manager in der yarn-env.sh

```
export YARN_RESOURCEMANAGER_OPTS="-XX:-PrintWarnings"
export YARN_NODEMANAGER_OPTS="-XX:-PrintWarnings"
```

---

[1] *http://hadoop.apache.org/docs/r2.2.0/hadoop-project-dist/hadoop-common/NativeLibraries.html*

Mit Variante 2 unterdrücken Sie die Warnung zwar nur, da Hadoop jedoch auch mit den verfügbaren Bibliotheken funktioniert, ist dieses Vorgehen vertretbar.

### [HBase] ImportTsv erzeugt keinen Output, obwohl der Map-Reduce-Job SUCCESSFUL meldet

Ein guter Indikator für einen fehlgeschlagenen Aufruf von *ImportTsv* zum Vorbereiten von Dateien für den *Buk-Load* ist die Ausgabe in der Konsole nach dem Aufruf des Befehls. Sie zeigt eine Summe der *Bad Lines*, also Zeilen im importierten CSV, die nicht gelesen werden konnten. Diese Lesefehler basieren häufig auf falschen Zeilenangaben im Parameter *import-tsv.columns*. Überprüfen Sie penibel, ob die Spaltennamen, die Sie angeben, mit den Spalten des CSV übereinstimmen, und bedenken Sie, dass Sie den Zeilenschlüssel immer als *HBASE_ROW_KEY* angeben sollten und nicht unter seinem tatsächlichen Namen. Sollten Sie Ihre Daten nicht bereinigen wollen oder können, können Sie eine weitere Eigenschaft beim Aufruf von *ImportTsv* verwenden, nämlich *importtsv.skip.bad.lines*. Wenn Sie diese auf *true* setzen, werden fehlerhafte Zeilen übergangen und nicht mit in die vorbereiteten Dateien aufgenommen.

### [Sqoop] Connection Refused Exception beim Import von Daten

Ein häufiger Fehler, der auftritt, wenn eine Verbindung zu Hadoop hergestellt werden soll, wird dadurch ausgelöst, dass Hadoop nicht gestartet ist. Vergewissern Sie sich über den Befehl *jps*, dass die üblichen Verdächtigen DataNode, NodeManager, NameNode, ResourceManager, JobHistoryServer und SecondaryNameNode gelistet werden.

Vergewissern Sie sich weiterhin, dass Sie in der */etc/hosts*, */etc/hostname* und der */usr/local/hadoop/etc/hadoop/slaves* die Hostnamen richtig angegeben haben.

Gehen Sie weiterhin sicher, dass in der *core-site.xml* unter *fs.defaultFS* der richtige Hostname bzw. die richtige IP eingetragen ist.

### [Sqoop] Beim Anlegen einer Connection kann keine Verbindung zur Datenbank hergestellt werden

Hier kann es gut sein, dass Sie einen anonymen Benutzer in der MySQL-Datenbank halten, der statt Ihres angegebenen Benutzers verwendet wird. Zu erkennen ist das daran, dass Sqoop Ihnen mitteilt, dass die Verbindung über *''@'single'* fehlschlägt, anstatt zu sagen, dass die Verbindung *'mysqluser'@'single'* nicht funktioniert. Löschen Sie den anonymen Benutzer wie im Abschnitt über die Einrichtung des MySQL-Servers gezeigt.

### [Hive] Nach einem LOAD liefert ein SELECT nur Null-Werte zurück

Ein Fehler, der häufig auftritt, wenn vergessen wurde, bei einem CREATE der Tabelle einen Zeilen- oder Feldtrenner anzugeben, der dem Format der Eingabedatei entspricht. Andernfalls interpretiert Hive die Eingabedatei falsch und kann die Felder nicht auf die Spalten der Tabelle abbilden. Erzeugen Sie also eine Tabelle auf diese Art und Weise.

**Listing 10.6** Tabelle mit Spalten- und Zeilentrennern erzeugen

```
CREATE TABLE people(peopleid INT, name STRING, job STRING) ROW FORMAT DELIMITED
FIELDS TERMINATED BY '\t' LINES TERMINATED BY '\n';
```

### [Hive] HWI Web-Interface zeigt auf das Hive-Hauptverzeichnis

Wenn Sie das Hive Web-Interface über die URL *http://SERVER:9999/hwi* aufrufen, nachdem Sie es über den Terminalbefehl `hive --service hwi` gestartet haben, dann wird Ihnen lediglich im Browser das Hauptverzeichnis von Hive angezeigt. Dieser Fehler tritt auf, da in Hive 0.13.0 die entsprechende Web-Anwendung in Form einer WAR-Datei nicht mitgeliefert wird. Verwenden Sie alternativ HUE.

### [Hive] Der Aufruf von setCalog wechselt die Datenbank nicht

Leider ist *setCatalog* in Hive 0.13.0 noch nicht implementiert. Zwar wird von einem Aufruf von `Statement.execute("use Datenbank");` an den JDBC-Driver nicht empfohlen, jedoch resultiert dieser in einem Datenbankwechseln und kann somit verwendet werden.

# 11 Anhang

Im Anhang finden Sie nützliche Anleitungen für weitere Software-Komponenten und Prozesse, die im Buch zwar angesprochen, aber nicht weiter ausgeführt wurden.

## ■ 11.1 Installation und Verwendung von Sqoop2

Sqoop2 (die alle Versionen größer 1.99.x beinhaltet) wurde zu Beginn für dieses Buch vorgesehen, machte aber zu wenige Fortschritte und wurde aufgrund der fehlenden Fähigkeit, Daten in HBase zu importieren, verworfen. Da die Installation jedoch nicht trivial ist und zum Erscheinungsdatum dieses Buches das fehlende Feature eventuell nachgereicht wurde, möchte ich Ihnen eine entsprechende Anleitung nicht vorenthalten. Die gezeigte Installation ist kompatibel mit Hadoop 2.2, das wir bisher auch im Buch verwendet haben. Wir werden in diesem Fall neben der Installation sehen, wie Daten aus einer MySQL-Datenbank in das HDFS importiert werden. Der größte Unterschied zwischen Sqoop1 und Sqoop2 ist der, dass Sqoop2 einen Web-Server bereitstellt und Importe auch via Web-Service erlaubt, sodass Sie nicht immer direkt auf der Kommandozeile arbeiten müssen, so wie wir es in Kapitel 5 und 6 gesehen haben. Beginnen wir nun mit der Installation.

**Listing 11.1** Herunterladen und entpacken von Sqoop2

```
su - user1
cd /usr/local
sudo wget
http://mirror.lwnetwork.org.uk/APACHE/sqoop/1.99.3/sqoop-1.99.3-bin-hadoop200.tar.gz
sudo tar xzf sqoop-1.99.3-bin-hadoop200.tar.gz
sudo mv sqoop-1.99.3-bin-hadoop200.tar.gz sqoop2
sudo chown -R hduser:hadoop sqoop2
```

Damit haben wir das Package heruntergeladen und entpackt. Achten Sie darauf, dass es wie schon bei HBase eine Version für Hadoop 1.x und Hadoop 2.x gibt, wir verwenden wie gehabt die für Hadoop 2. Als Benutzer von Sqoop nehmen wir wie üblich unseren *hduser*, der auch schon als Benutzer für Hadoop und HBase verwendet wird.

Um Sqoop2 nun zu konfigurieren, beginnen wir damit, ihm mitzuteilen, wo unsere Hadoop-Bibliotheken liegen. Dazu editieren wir die *catalina.properties* unter *sqoop/server/conf* mit nano. Ändern Sie darin die Eigenschaft *common.loader* ab. Diese beinhaltet den Pfad zum Ordner */usr/lib/hadoop/\*.jar*. Diesen Eintrag sowie den Eintrag zu */usr/lib/hadoop/lib/\*.jar* können Sie getrost löschen, da wir dort keine JARs liegen haben. Hinzufügen müssen Sie allerdings folgende Einträge:

**Listing 11.2** Bibliothekspfade in der catalina.properties für common.loader

```
/usr/local/hadoop/share/hadoop/common/*.jar,/usr/local/hadoop/share/hadoop/common/
lib/*.jar,/usr/local/hadoop/share/hadoop/hdfs/*.jar,/usr/local/hadoop/share/hadoop/
mapreduce/*.jar,/usr/local/hadoop/share/hadoop/common/*.jar,/usr/local/hadoop/share/
hadoop/tools/lib/*.jar,/usr/local/hadoop/share/hadoop/yarn/*.jar
```

**Achtung:** Alle anderen Pfadangaben unter *common.loader* müssen bestehen bleiben!

Des Weiteren ist es notwendig, dass wir den Pfad zu unserer Hadoop-Installation angeben. Das wird in der *sqoop.properties* getan. Ändern Sie darin den Wert *org.apache.sqoop.submission.engine.mapreduce.configuration.directory* wie folgt ab.

**Listing 11.3** Angabe des Hadoop-Pfades in der sqoop.properties

```
org.apache.sqoop.submission.engine.mapreduce.configuration.directory=/usr/local/
hadoop/etc/hadoop
```

Statt also auf das Hauptverzeichnis zu verweisen, verweisen wir stattdessen auf den Ordner, in dem sich die Konfigurationsdateien befinden. Speichern und schließen Sie die Daten anschließend. Da wir später mit MySQL arbeiten möchten, müssen wir noch den entsprechenden JDBC-Treiber herunterladen und Sqoop zur Verfügung stellen. Diesen bekommen Sie im Austausch gegen Ihre persönlichen Daten unter:

*https://dev.mysql.com/downloads/connector/j/*

Entscheiden Sie sich für den plattformunabhängigen Treiber, entpacken Sie das Archiv und legen Sie die darin enthaltene Datei *mysql-connector-java-5.1.30-bin.jar* im *server/ lib*-Verzeichnis von Sqoop ab.

Fügen Sie im letzten Schritt noch zwei Einträge in die *.bashrc* des Benutzers *hduser* ein. Das geschieht wie immer über nano $HOME/.bashrc.

**Listing 11.4** Bekanntgabe des Bin-Verzeichnisses von Sqoop2

```
# Sqoop2
export SQOOP_HOME=/usr/local/sqoop2
export PATH=$PATH:$SQOOP_HOME/bin
```

Damit sorgen wir dafür, dass wir als *hduser* an jedem Ort über den Inhalt des *Bin-Verzeichnisses* Bescheid wissen. Loggen Sie sich im Anschluss aus und wieder ein (als *hduser*).

Nun können wir die Serverkomponente von Sqoop2 starten.

**Listing 11.5** Sqoop-Server starten

```
sqoop.sh server start
```

Sie können verifizieren, ob alles geklappt hat, indem Sie einen REST-Service aufrufen, den Sqoop (deployed in einem Tomcat Server) mitbringt.

*http://single:12000/sqoop/version*

Als Ergebnis sollte ein JSON-String zurückgegeben werden, der dem in Listing 11.6 ähnelt.

**Listing 11.6** Informationen über die Sqoop-Version

```
{
    "revision":"2404393160301df16a94716a3034e31b03e27b0b",
    "protocols":[
        "1"
    ],
    "date":"Fri Oct 18 14:15:53 EDT 2013",
    "user":"mengweid",
    "url":"git:\/\/unix12.andrew.cmu.edu\/afs\/andrew.cmu.edu\/usr20\/mengweid\
        /sqoop\/common",
    "version":"1.99.3"
}
```

Damit ist *Sqoop-Server 1.99.3* einsatzbereit; bevor wir uns an die Einrichtung eines Sqoop-Clients machen, müssen Sie den MySQL-Server installieren, wie es in Kapitel 5 erklärt wurde.

### Importieren der Daten in HBase

Kehren Sie anschließend in die VM zurück und starten Sie dort den Sqoop-Client, der in dem *Bin-Verzeichnis* von Sqoop zu finden ist (wir haben damit zuvor auch den Server gestartet).

**Listing 11.7** Starten des Sqoop-Clients

```
su - hduser
sqoop.sh client
```

Der interaktive Client wird gestartet. Der nächste Schritt sieht so aus, dass wir dem Client über die sich nun öffnende Konsole den Sqoop-Server mitteilen müssen, mit dem der Client arbeiten soll.

**Listing 11.8** Festlegen eines Sqoop-Servers über den Client

```
set server --host single --port 12000 --webapp sqoop
```

Dieser Schritt sollte mit einer Erfolgsmeldung quittiert werden. Vergewissern Sie sich, dass Hadoop läuft. Ebenso sollten Sie nicht vergessen haben, den JDBC-Treiber in das *Lib-Verzeichnis* von Sqoop zu kopieren, wir wollen nämlich jetzt eine Verbindung einrichten und benötigen daher das entsprechende JAR.

Zu Beginn müssen wir einen sogenannten Connector einrichten, der die Kommunikation mit den verschiedenen Datenbanktypen vereinfachen soll.

**HINWEIS:** Verwechseln Sie einen Connector nicht mit einem Driver. Das, was `show connector --all` anzeigt, sind nicht etwa die Treiber, die wir im Verzeichnis *lib* ablegen. Ein Driver ist im einfachsten Sinne ein JDBC-Treiber, also ein Set von Methoden, das den Zugriff auf verschiedene Datenbanken ermöglicht. So wie es der MySQL-Treiber tut, den wir zuvor heruntergeladen haben. Ein Connector hingegen ist eine Komponente, die es ermöglicht, die verschiedenen SQL-Dialekte zu vereinheitlichen und den Datentransfer in und aus SQL-Datenbanken zu optimieren.

Alle uns zur Verfügung stehenden Connectors können wir über einen einfachen Befehl in der Sqoop-Konsole abfragen.

**Listing 11.9** Anzeigen aller Connectors in Sqoop

```
show connector --all
```

Hier sollte lediglich ein Eintrag zu sehen sein, der auf einen Connector namens *generic-jdbc-connector* verweist, der die *ID* 1 hat. Diesen wollen wir nun verwenden, um die Verbindung anzulegen.

**Listing 11.10** Anlegen eines Connectors

```
create connection --cid 1
```

Sqoop führt Sie nun durch einen Dialog, in dem Sie einige Angaben zur Verbindung machen müssen. Ich verwende die in der unten stehenden Tabelle zu sehenden Eigenschaften.

**Tabelle 11.1** Angaben zur Datenbankverbindung

| Eigenschaft | Wert |
| --- | --- |
| Name | mysqlconnection |
| JDBC Driver Class | com.mysql.jdbc.Driver |
| JDBC Connection String | jdbc:mysql://single:3306/company |
| Username | mysqluser |
| Password | mysqluser |
| JDBC Connection Properties | [LEER] (mit Enter bestätigen) |
| Max connections | 0 (unbegrenzte Anzahl an Verbindungen) |

So weit, so gut, mit dieser Verbindung erzeugen wir nun unseren ersten Job!

**Listing 11.11** Anlegen eines Jobs zum Importieren von Daten aus MySQL

```
create job --xid 1 --type import
```

Auch hier folgt ein Dialog, der allerhand Informationen zum Importprozess erwartet.

**Tabelle 11.2** Angaben zum Import-Job

| Eigenschaft | Wert |
|---|---|
| Name | personimport |
| Schema name | company |
| Table name | people |
| Table SQL statement | [LEER] |
| Table column names | [LEER] |
| Partition column name | [LEER] |
| Nulls in partition column | [LEER] |
| Boundary query | [LEER] |
| Storage type | 0 (HDFS) |
| Ouput format | 0 (TEXT_FILE) |
| Compression format | 0 (NONE) |
| Output directory | /hdfs/sqoop2 |
| Extractors | [LEER] |
| Loaders | [LEER] |

Nun kann der Job gestartet werden.

**Listing 11.12** Starten des Jobs und Abfragen des Status

```
start job --jid 1
status job --jid 1
```

Wenn der Job durchgelaufen ist, dann sollten Sie eine Erfolgsmeldung bei Statusabfrage erhalten.

```
sqoop:000> status job --jid 1
Submission details
Job ID: 1
Server URL: http://single:12000/sqoop/
Created by: hduser
Creation date: 2014-04-12 09:01:33 PDT
Lastly updated by: hduser
External ID: job_1397317489179_0001
        http://single:8088/proxy/application_1397317489179_0001/
2014-04-12 09:01:59 PDT: SUCCEEDED
```

**Bild 11.1** Erfolgsmeldung bei Statusabfrage des gestarteten Imports

Alternativ können Sie auch auf das REST-Interface zurückgreifen, um Jobs zu erstellen, zu starten oder zu überwachen. Eine entsprechende Dokumentation finden Sie hier:

*http://sqoop.apache.org/docs/1.99.3/RESTAPI.html*

So können Sie etwa den Status des Jobs mit der ID 1 abfragen, indem Sie die folgende URL in Ihrem Browser aufrufen.

**Listing 11.13** Aufrufen der REST-API zum Abfragen eines Job-Status

```
http://single:12000/sqoop/v1/submission/history/1
```

Das Ergebnis des Aufrufes sieht in formatierter Ansicht so aus.

**Listing 11.14** Ausgabe des Statusberichts zu einem Job in JSON

```
{
    "all":[
        {
            "progress":-1.0,
            "last-update-date":1397318519566,
            "external-id":"job_1397317489179_0001",
            "last-udpate-user":"hduser",
            "status":"SUCCEEDED",
            "job":1,
            "creation-date":1397318493010,
            "external-link":"http:\/\/single:8088\/proxy\
            /application_1397317489179_0001\/",
            "creation-user":"hduser",
            "counters":{
                "org.apache.hadoop.mapreduce.JobCounter":{
                    "SLOTS_MILLIS_MAPS":71716,
                    "TOTAL_LAUNCHED_MAPS":9,
                    "SLOTS_MILLIS_REDUCES":0,
                    "OTHER_LOCAL_MAPS":9
                },
                "org.apache.hadoop.mapreduce.lib.output.FileOutputFormatCounter":{
                    "BYTES_WRITTEN":307
                },
                "org.apache.hadoop.mapreduce.lib.input.FileInputFormatCounter":{
                    "BYTES_READ":0
                },
                "org.apache.hadoop.mapreduce.TaskCounter":{
                    "MAP_INPUT_RECORDS":0,
                    "MERGED_MAP_OUTPUTS":0,
                    "PHYSICAL_MEMORY_BYTES":1407307776,
                    "SPILLED_RECORDS":0,
                    "COMMITTED_HEAP_BYTES":1197408256,
                    "CPU_MILLISECONDS":5390,
                    "FAILED_SHUFFLE":0,
                    "VIRTUAL_MEMORY_BYTES":10459279360,
                    "SPLIT_RAW_BYTES":1055,
                    "MAP_OUTPUT_RECORDS":10,
                    "GC_TIME_MILLIS":899
                },
                "org.apache.hadoop.mapreduce.FileSystemCounter":{
                    "FILE_WRITE_OPS":0,
                    "FILE_READ_OPS":0,
                    "FILE_LARGE_READ_OPS":0,
                    "FILE_BYTES_READ":0,
                    "HDFS_BYTES_READ":1055,
                    "FILE_BYTES_WRITTEN":800730,
                    "HDFS_LARGE_READ_OPS":0,
```

```
                "HDFS_WRITE_OPS":18,
                "HDFS_READ_OPS":36,
                "HDFS_BYTES_WRITTEN":307
            },
            "org.apache.sqoop.submission.counter.SqoopCounters":{
                "ROWS_READ":10
            }
        }
      }
   ]
}
```

Mit diesem Format können Sie dann wunderbar arbeiten und z. B. den Wert ROWS_READ auslesen, um zu erfahren, wie viele Zeilen der Job eingelesen hat. Das Schöne daran ist, dass Sie nicht auf einem lokalen System arbeiten müssen, sondern diesen Aufruf von allen Rechnern aus absetzen können, die den Sqoop2-Server erreichen.

> **HINWEIS:** Da REST nicht nur auf GET, sondern auch auf POST, DELETE und alle anderen Befehle des Vokabulars des HTTP reagiert, sollten Sie einen REST-Client verwenden, da Sie über einen herkömmlichen Seitenaufruf im Browser nur GET-Befehle senden können. Hier empfiehlt sich z. B. das Firefox-Plug-in *RESTClient*, das kostenlos heruntergeladen werden kann und über ein großes Set an Funktionen verfügt, um mit REST-APIs beliebiger Anwendungen zu arbeiten.

## ■ 11.2 Hadoop für Windows 7 kompilieren

Um von Windows aus eine Verbindung zu Hadoop herstellen zu können, müssen Sie das Framework für Windows kompilieren. In diesem Abschnitt soll gezeigt werden, wie dabei vorzugehen ist. Ich verwende dazu *Windows 7 Professional*.

### Installation aller benötigten Komponenten und Einrichten des Systems

Installieren Sie zu Beginn das *Microsoft Windows SDK für Windows 7*, das Sie unter folgendem Link finden:

*http://www.microsoft.com/en-in/download/details.aspx?id=8279*

> **PRAXISTIPP:** Ich nutze statt des *Windows SDK 7.1 Command Prompts* die *Eingabeaufforderung von Visual-Studio*, die ebenfalls die nötigen Bibliotheken referenziert, um Hadoop für Windows zu erzeugen. Sollten Sie Visual Studio also schon installiert haben, dann finden Sie das Programm im Startmenü unter *Microsoft Visual Studio [Jahr]* → *Visual Studio-Eingabeaufforderung [Jahr]*.

Falls Sie vor der Installation darauf hingewiesen werden, dass einige Komponenten nicht installiert werden können, da Ihnen das .NET Framework Version 4 fehlt, installieren Sie dieses bitte zuvor. Sie finden es hier:

*http://www.microsoft.com/de-de/download/details.aspx?id=30653*

Belassen Sie alle Optionen des SDK-Installers bei den Default-Werten und warten Sie den Download und das anschließende Setup ab.

Nach der Installation des *Windows SDKs* laden Sie bitte *Cygwin* von der Seite *https://www.cygwin.com/* herunter. Cygwin ist eine Komponentensammlung, die uns einerseits einige für Linux typische Werkzeuge bereitstellt und andererseits die klassischen Linux-Befehle über eine API auf Windows zugänglich macht. Achten Sie bei der Installation darauf, dass Sie das Paket für die richtige Architektur verwenden (*X64* oder *X86*). Als Installationspfad wähle ich *C:\cygwin64\*. Suchen Sie sich einen beliebigen Mirror aus, von dem Sie die Installationsdateien beziehen, und installieren Sie alle ausgewählten Packages.

Im dritten Schritt gilt es, Maven zu installieren, was so viel bedeutet, dass Sie es entpacken und in ein beliebiges Verzeichnis legen. Ich wähle hierfür *C:\maven\*. Herunterzuladen ist Maven von *http://maven.apache.org/download.cgi*.

Anschließend muss Protobuf heruntergeladen und eingerichtet werden. Sie können die aktuelle Version von der folgenden Seite beziehen:

*https://code.google.com/p/protobuf/downloads/detail?name=protoc-2.5.0-win32.zip*

Entpacken Sie die Dateien in dem Archiv nach *C:\protobuf\*.

Als letzte und wichtigste Komponente benötigen wir natürlich noch ein Source-Package von Hadoop, das hier zu finden ist:

*http://www.apache.org/dist/hadoop/core/hadoop-2.2.0/hadoop-2.2.0-src.tar.gz*

Entpacken Sie dieses nach *C:\hadoop\*.

Damit haben wir alle Programme zusammen, die wir für den *Compile* benötigen. Bevor wir jedoch starten können, müssen einige Systemvariablen unter Windows gesetzt werden. Wechseln Sie dazu in die Systemsteuerung und klicken Sie auf **System**. Dort wiederum links auf **Erweiterte Systemeinstellungen** und im sich öffnenden Fenster auf **Umgebungsvariablen…** In der oberen Liste unter Benutzervariablen müssen Sie nun drei neue Variablen anlegen.

**Tabelle 11.3** Benutzervariablen für Maven und Java

| Variable | Wert |
| --- | --- |
| JAVA_HOME | C:\Java\jdk1.7.0_45 |
| M2_HOME | C:\maven |
| Platform | x64 oder Win32 |

Falls Sie Ihr JDK an einem anderen Ort installiert haben oder eine andere Version verwenden, müssen Sie die Eigenschaft natürlich anpassen.

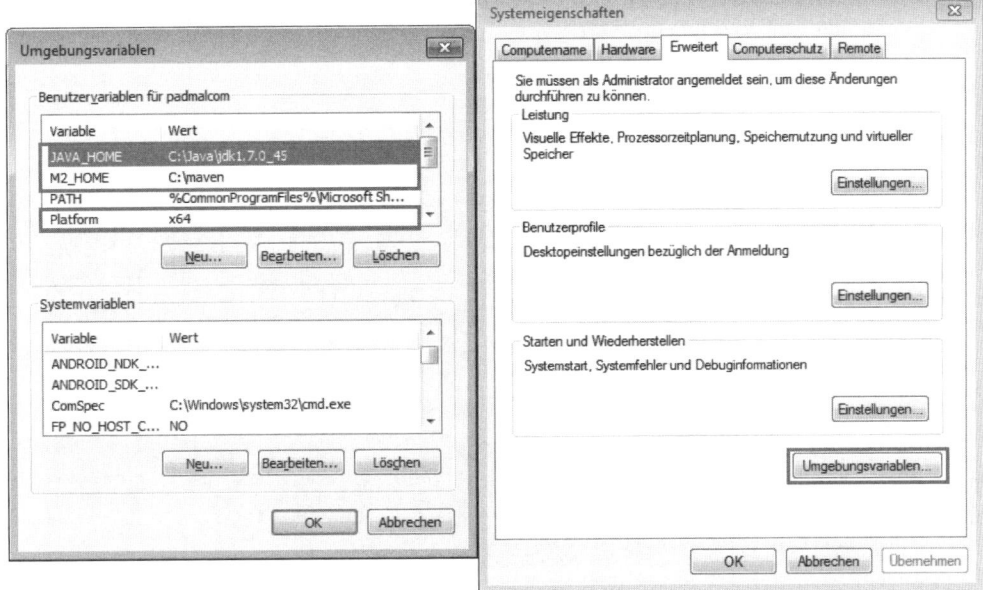

**Bild 11.2** Setzen der Benutzervariablen für Java und Maven

Suchen Sie anschließend in der Tabelle der Systemvariablen die Variable *Path* heraus und klicken Sie auf **Bearbeiten…** Fügen Sie die Pfade *C:\cygwin64\bin*, *C:\maven\bin* und *c:\ protobuf* hinzu und trennen Sie die jeweiligen Einträge wie üblich mit einem Semikolon. Bestätigen Sie die Eingabe mit **OK** und schließen Sie die verbleibenden Fenster. Starten Sie Windows zum Abschluss neu.

### Hadoop kompilieren

Starten Sie nun aus dem Startmenü die Anwendung *Microsoft Windows SDK v7.1* →*Windows SDK 7.1 Command Prompt* als Administrator. Das erreichen Sie, indem Sie die Anwendung im Startmenü mit der rechten Maustaste anklicken und *Als Administrator ausführen* wählen. Wechseln Sie in der Konsole in das Verzeichnis *C:\hadoop* und führen Sie den Befehl mvn package -Pdist,native-win -DskipTests -Dtar aus.

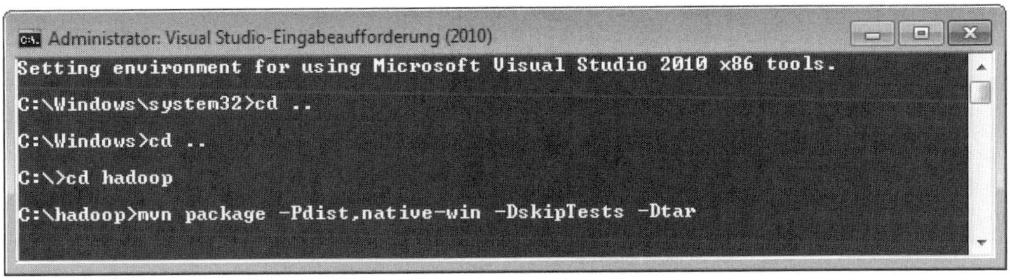

**Bild 11.3** Ausführen des Maven-Builds von Hadoop unter Windows

Der Vorgang kann einige Minuten in Anspruch nehmen und wird mit einer Erfolgsmeldung wie in Bild 11.4 zu sehen quittiert.

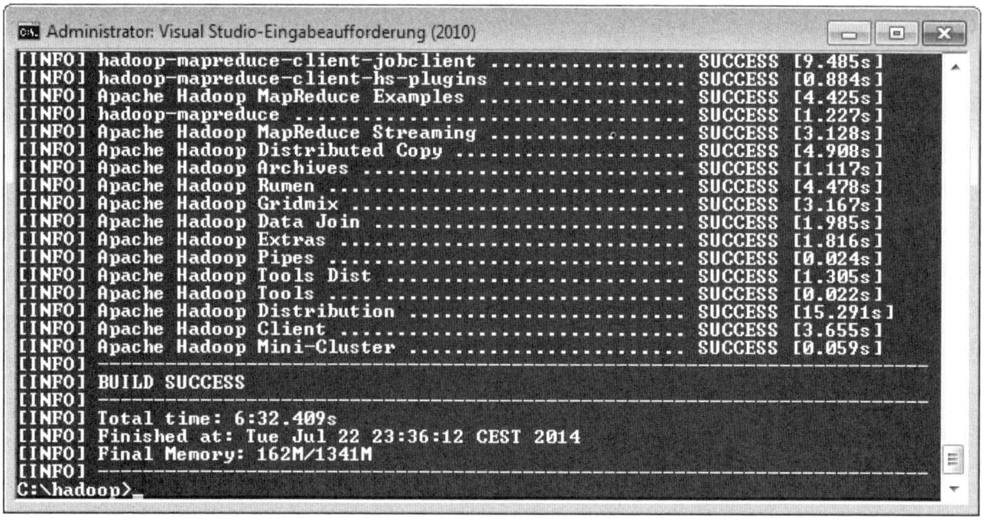
Administrator: Visual Studio-Eingabeaufforderung (2010)
[INFO] hadoop-mapreduce-client-jobclient .................. SUCCESS [9.485s]
[INFO] hadoop-mapreduce-client-hs-plugins ................. SUCCESS [0.884s]
[INFO] Apache Hadoop MapReduce Examples ................... SUCCESS [4.425s]
[INFO] hadoop-mapreduce ................................... SUCCESS [1.227s]
[INFO] Apache Hadoop MapReduce Streaming .................. SUCCESS [3.128s]
[INFO] Apache Hadoop Distributed Copy ..................... SUCCESS [4.908s]
[INFO] Apache Hadoop Archives ............................. SUCCESS [1.117s]
[INFO] Apache Hadoop Rumen ................................ SUCCESS [4.478s]
[INFO] Apache Hadoop Gridmix .............................. SUCCESS [3.167s]
[INFO] Apache Hadoop Data Join ............................ SUCCESS [1.985s]
[INFO] Apache Hadoop Extras ............................... SUCCESS [1.816s]
[INFO] Apache Hadoop Pipes ................................ SUCCESS [0.024s]
[INFO] Apache Hadoop Tools Dist ........................... SUCCESS [1.305s]
[INFO] Apache Hadoop Tools ................................ SUCCESS [0.022s]
[INFO] Apache Hadoop Distribution ......................... SUCCESS [15.291s]
[INFO] Apache Hadoop Client ............................... SUCCESS [3.655s]
[INFO] Apache Hadoop Mini-Cluster ......................... SUCCESS [0.059s]
[INFO] ------------------------------------------------------------------------
[INFO] BUILD SUCCESS
[INFO] ------------------------------------------------------------------------
[INFO] Total time: 6:32.409s
[INFO] Finished at: Tue Jul 22 23:36:12 CEST 2014
[INFO] Final Memory: 162M/1341M
[INFO] ------------------------------------------------------------------------
C:\hadoop>_

**Bild 11.4** Maven meldet einen erfolgreichen Build.

Das kompilierte Projekt finden Sie im Anschluss unter dem Pfad *C:\hadoop\hadoop-dist\target\hadoop-2.2.0*. Die Dateien im Unterordner *bin* benötigen wir, um einen Hadoop-Client für Windows zu erstellen, z. B. für den HDFS-Explorer in Kapitel 3.

# Literaturverzeichnis

| | |
|---|---|
| (Abolhassan, 2013) | *Abolhassan, Ferri:* Daten weisen den Weg in die Zukunft. Business Technologie. 2013, S. 11. |
| (Allen, 2014) | *Allen, Shawn:* Cartograms with d3 & TopoJSON. [Online] [Zitat vom: 13. Juni 2014.] *http://prag.ma/code/d3-cartogram/.* |
| (Apache Software Foundation, 2013) | *Apache Software Foundation:* Hadoop - HDFS Architecture. [Online] 2013. [Zitat vom: 1. Dezember 2013.] *http://hadoop.apache.org/docs/stable/hadoop-project-dist/hadoop-hdfs/HdfsDesign.html.* |
| (Baron, 2013) | *Baron, Pavlo:* Big Data für IT-Entscheider: Hanser, 2013. |
| (Campos, 2010) | *Campos, Mark Edward: http://datavisualization.ch.* [Online] 26. August 2010. [Zitat vom: 30. Juni 2014.] *http://datavisualization.ch/showcases/sound-mapping-in-new-york-city/.* |
| (Chang, 2006) | *Chang, Fay, et al.:* Google – BigTable: A distributed Storage System for Structured Data. [Online] 2006. [Zitat vom: 19. Dezember 2013.] *http://static.googleusercontent.com/external_content/untrusted_dlcp/research.google.com/de//archive/bigtable-osdi06.pdf.* |
| (Cox/Ellsworth, 1997) | *Cox, Michael; Ellsworth, David:* Electronic Visualization Laboratory. [Online] Oktober 1997. [Zitat vom: 10. August 2013.] *http://www.evl.uic.edu/cavern/rg/20040525_renambot/Viz/parallel_volviz/paging_outofcore_viz97.pdf.* |
| (Cutting, 2013) | *Cutting, Doug:* Yahoo. [Online] [Zitat vom: 22. November 2013.] *http://research.yahoo.com/files/cutting.pdf.* |
| (Dumbill, 2012) | *Dumbill, Edd:* Planning for Big Data: O'Reilly Media, 2012. |
| (Evans, 2009) | *Evans, Eric:* Eric Evans's Weblog – NOSQL 2009. [Online] Mai 2009. [Zitat vom: 19. Dezember 2013.] *http://blog.sym-link.com/2009/05/12/nosql_2009.html.* |
| (Fayyad, 1996) | *Fayyad, Usama M.; Piatetsky-Shapiro, Gregory; Uthurusamy, Ramasamy:* Advances in Knowledge Discovery and Data Mining: Mit Pr, 1996. |
| (Ferguson, 2013) | *Ferguson, Mike:* Mike Ferguson's Blog. [Online] [Zitat vom: 22. November 2013.] *http://intelligentbusiness.biz/wordpress/?p=447.* |
| (Gantz/Reinsel, 2011) | *Gantz, John, Reinsel, David:* EMC. [Online] Juni 2011. [Zitat vom: 9. August 2013.] *http://germany.emc.com/collateral/analyst-reports/idc-extracting-value-from-chaos-ar.pdf.* |

| | |
|---|---|
| (Gardner, 2012) | *Gardner, Tom:* Mail Online – RIP Mr Bean. [Online] 27. Februar 2012. [Zitat vom: 22. November 2013.] http://www.dailymail.co.uk/news/article-2106780/Rowan-Atkinson-death-hoax-trends-worldwide-Twitter-RIP-Mr-Bean.html. |
| (Gartner) | *Gartner:* Gartner – Business Intelligence. http://www.gartner.com/it-glossary/business-intelligence-bi/. |
| (George, 2011) | *George, Lars:* Slideshare.net. [Online] November 2011. http://de.slideshare.net/cloudera/hadoop-world-2011-advanced-hbase-schema-design. |
| (Ghemawat/Howard/Leung, 2003) | *Ghemawat, Sanjay; Gobioff, Howard; Leung, Shun-Tak:* Google – The Google File System. [Online] Oktober 2003. [Zitat vom: 1. Dezember 2013.] http://static.googleusercontent.com/external_content/untrusted_dlcp/research.google.com/de//archive/gfs-sosp2003.pdf. |
| (Gilbert/Lynch, 2013) | *Gilbert, Seth und Lynch, Nancy:* Brewer's Conjecture and the Feasibility of Consistent, Available, Partition-Tolerant Web Services. [Online] [Zitat vom: 19. Dezember 2013.] http://lpd.epfl.ch/sgilbert/pubs/BrewersConjecture-SigAct.pdf. |
| (Harbert, 2013) | *Harbert, Tam:* http://www.computerworld.com. [Online] 23. Mai 2013. [Zitat vom: 2014. Juli 05.] http://www.computerworld.com/s/article/9239137/Tech_hotshots_The_rise_of_the_dataviz_expert?pageNumber=4. |
| (Hedlund, 2011) | *Hedlund, Brad:* Understanding Hadoop Clusters and the Network. [Online] 10. September 2011. [Zitat vom: 24. November 2013.] http://bradhedlund.com/2011/09/10/understanding-hadoop-clusters-and-the-network/. |
| (Hutchins, 1994) | *Hutchins, Edwin:* Cognition in the Wild: MIT Press, 1994. |
| (Jeffrey/Ghemawat, 2004) | *Dean, Jeffrey:Ghemawat, Sanjay:* MapReduce: Simplified Data Processing on Large Clusters . [Online] Dezember 2004. [Zitat vom: 24. November 2013.] http://research.google.com/archive/mapreduce.html. |
| (Keim, 2008) | *Keim, Daniel A., et al.:* Visual Analytics: Scope and Challenges. [Online] 2008. [Zitat vom: 06. Juli 2014.] https://kops.ub.uni-konstanz.de/xmlui/bitstream/handle/urn:nbn:de:bsz:352-opus-68426/Visual_Analytics_Scope_and_Challenges.pdf?sequence=1. |
| (Kemper/Baars/Mehanna 2010) | *Kemper, Hans-Georg; Baars, Henning; Mehanna, Walid:* Business Intelligence – Grundlagen und praktische Anwendungen: Vieweg+Teubner Verlag, 2010. |
| (Kononenko/Kukar, 2007) | *Kononenko, Igor; Kukar, Matjaz:* Machine Learning and Data Mining: Introduction to Principles and Algorithms: Crc Press, 2007. |
| (Kurniawan, 2009) | *Kurniawan, Trisnadi:* Infographics & Data Visualization. [Online] 1. November 2009. [Zitat vom: 28. Mai 2014.] http://www.slideshare.net/trisnadi/infographics-data-visualisation. |
| (Lancy, 2001) | *Lancy, Doug:* 3D Data Management: Controlling Data Volume, Velocity, and Variety. [Online] 6. Februar 2001. [Zitat vom: 22. November 2013.] http://blogs.gartner.com/doug-laney/files/2012/01/ad949-3D-Data-Management-Controlling-Data-Volume-Velocity-and-Variety.pdf. |

| | |
|---|---|
| (Lisa, 2012) | *Kart, Lisa:* Gartner. [Online] 2012. [Zitat vom: 22. November 2013.] http://public.brighttalk.com/resource/core/1843/aug_7_big_data_opportunities_lkart_3841.pdf. |
| (Little/Coulson/Fowler, 1972) | *Little, W., Coulson, J. und Fowler, H.:* Shorter Oxford English dictionary: Oxford University Press, 1972. |
| (Marc, 2013) | *Bastien, Marc:* Semistrukturierte Datenmassen – Bei Herausforderungen ist Eile geboten. BI Spektrum. 2013. |
| (Mashey, 2013) | *Mashey, John:* Wikipedia. [Online] [Zitat vom: 27. April 2013.] http://en.wikipedia.org/wiki/Talk:Big_data. |
| (McBurney, 2012) | *McBurney, Vincent:* The Origin and Growth of Big Data Buzz. [Online] 31. Mai 2012. [Zitat vom: 22. November 2013.] http://it.toolbox.com/blogs/infosphere/the-origin-and-growth-of-big-data-buzz-51509. |
| (Olson, 2013) | *Olson, Mike:* www.linkedin.com. [Online] 03. Oktober 2013. [Zitat vom: 2014. Juli 22.] https://www.linkedin.com/today/post/article/20131003190011-29380071-the-cloudera-model. |
| (Press, 2012) | *Press, Gil:* What's The Big Data? [Online] Juni 2012. [Zitat vom: 27. April 2013.] http://whatsthebigdata.com/2012/06/06/a-very-short-history-of-big-data/. |
| (Schroeck, 2012) | *Schroeck, Michael, et al.:* Analytics: Big Data in der Praxis. [Online] 2012. [Zitat vom: 22. November 2013.] http://www-03.ibm.com/press/de/de/pressrelease/39210.wss. |
| (Tidwell, 2011) | *Tidwell, Jenifer:* Designing Interfaces: O'Reilly Media, 2011. |
| (Voxy, 2011) | *Voxy:* http://voxy.com. [Online] 03. Oktober 2011. [Zitat vom: 09. Juli 2014.] http://voxy.com/blog/index.php/2011/03/hardest-languages-infographic/. |
| (Ware, 2012) | *Ware, Colin:* Information Visualization – Perception for Design: Morgan Kaufmann, 2012. |
| (Wikipedia, 2013) | *Wikipedia:* Wikipedia. [Online] [Zitat vom: 22. November 2013.] http://en.wikipedia.org/wiki/Talk:Big_data. |
| (Yau, 2010) | *Yau, Nathan:* FlowingData – What do you use to analyze and/or visualize data? [Online] 28. September 2010. [Zitat vom: 22. November 2013.] |
| (Yau, 2011) | *Yau, Nathan:* Visualize This: The FlowingData Guide to Design, Visualization, and Statistics: John Wiley & Sons, 2011. |
| (Zikopoulos, 2013) | *Zikopoulos, Paul, et al.:* Harness the Power of Big Data: The McGraw-Hill Companies, 2013. |

# Index

## Symbole

$HOME   31
${JAVA_HOME} (Maven)   136
.bashrc   32
/etc/hostname   74, 83
/etc/hosts   70

## A

AE *siehe* Analysis-Engine
Aktienkurse   362
Alternativen zu Hadoop   178
Amazon   179
Ambari   80, 182
AMRMClient   146
AMRMClientAsync   146
Anreichern   357, 362, 367
Apache Commons   155, 303
Apache Oozie   108
Apache POI   114
Apache Sentry   290
Application-Master   25, 74, 130, 143
ApplicationsManager   74
ApplicationSubmissionContext   141
Aufbereitung   16
Ausdünnung   328
Azkaban   108

## B

BashReduce   178
Beispieldaten   5
BigTable   189
Breadcrumbs   162

Brewer's Theorem   *siehe* CAP-Theorem
Bubble-Charts   341
Bucketing   278

## C

Calendar-Chart   338
CapacityScheduler   141
CAP-Theorem   190
Cascading   108
Cascading Style Sheet   161
Cassandra   179, 190, 197
Channel (Flume)   183
Chord-Chart   338
Chord-Diagramm   341
Choroplethenkarte   323
Chrome Experiments   333
CLI   *siehe* Command Line Interface
Column-Family   196, 216, 219, 221, 223
Combine-Phase   42, 43
Commodity-Hardware   20, 42, 189
commons-fileupload   165
Configuration   135, 140, 157, 220
Configured   97
ContainerLaunchContext   140
ContainerRequests   146
ControlledJobs   108
copyFromLocal   23, 77
copyToLocal   23
core-default.xml   140
core-site.xml   34, 140
CouchBase   179
CouchDB   190
cp   23

## D

DAG *siehe* Directed Acyclic Graph
Data Driven Documents *siehe* D3.js
Data Lake   21
Data-Node   21, 34, 69
Data-Scientist   44, 360
Data-Visualizer   325
Data-Warehouse   245, 319, 357
Datenkompression   37
Datenlokalität   20
Datenmigration   194
Denormalisierung   242
Deployment Descriptor   82
Derby   192
dfs.datanode.data.dir   35
dfs.datanode.name.dir   35
dfs.permissions   35
dfs.replication   35
Diagrammempfehlungen   370
Directed Acyclic Graph   108
Disco   178
Document Object Model *siehe* DOM
Document-Store *siehe* Dokumentenorientierte Datenbank
Dokumentenorientierte Datenbank   192
DOM   350
Domäne (Glassfish)   48
Doug Cutting   9
Driver   57, 95
DVD   5

## E

Echtheit von Daten *siehe* Veracity
Eclipse   44
Entwicklungsumgebung   44
Ereignisdaten   12
ext4   21

## F

Fehler   39
Fehlererkennung   173
Fehler in Daten   13
Fehlertoleranz   173
FileSplit   118
FileStatus   145
FileSystem   154

final   35
Flare-Chart   336
Flume   183
Föderiertes Informationssystem   18
Formale Sprachen   378
Formatieren   37
Fourth Extended Filesystem *siehe* ext4
Fragen   5
Fremdschlüssel (Sqoop)   218
fs.file.impl   135
fs.hdfs.impl   135
Full Profile (JavaEE)   48
Fully distributed   27

## G

GenericOptionsParser   59
getApplications   170
getNodeRepots   169
Github   367
Glassfish   46
Goals (Maven)   53
Google File System   21
google-gson   355
Graphen-Datenbanken   192

## H

Hadoop   19
Hadoop Distributed File System *siehe* HDFS
Hadoop-Ecosystem   181
Hadoop Process Definition Language   186
HADOOP_USER_NAME   89
HBase   184, 193
– Autosharding   199
– BinaryComparator   231
– BinaryPrefixComparator   231
– BitComparator   231
– Bulk Loading   207
– Bytes.toBytes   222
– Cell   224
– ColumnCountGetFilter   230
– ColumnPaginationFilter   230
– ColumnPrefixFilter   229
– ColumnRangeFilter   230
– Comparator   231
– CompareFilter   231
– count   203

- create 202
- delete 203
- Delete 228
- deleteall 203
- DependentColumnFilter 230
- disable 203
- Distributed-Mode 203
- drop 203
- enable 203
- EQUAL 231
- Family 224
- FamilyFilter 229
- Filter 229
- FilterBase 231
- FilterList 232
- FirstKeyOnlyFilter 230
- get 202
- Get 225
- GREATER 231
- GREATER_OR_EQUAL 231
- Hadoop-JARs 204
- Hot Spotting 198
- InclusiveStopFilter 230
- KeyOnlyFilter 230
- LESS 231
- LESS_OR_EQUAL 231
- list 203
- MultipleColumnPrefixFilter 229
- MUST_PASS_ALL 232
- MUST_PASS_ONE 232
- NO_OP 231
- NOT_EQUAL 231
- NullComparator 231
- PageFilter 229
- Paging 226, 234
- PrefixFilter 230
- Pseudo-Distributed-Mode 203
- put 202
- Put 226
- Qualifier 224
- QualifierFilter 230
- RegexStringComparator 231
- Region 198
- Region-Server 198
- Row 224
- RowFilter 230
- Row-key 196
- scan 202

- Schema 197
- setReversed 226, 234
- Shell 201
- SingleColumnValueExcludeFilter 230
- SingleColumnValueFilter 229
- Stand-alone 199
- SubstringComparator 231
- TimestampFilter 229
- Value 224
- ValueFilter 230
- Vergleichsoperatoren 231
- Web-Interface 205
HBaseAdmin 220
HBaseConfiguration 220
hbase-default.xml 220
hbase-env.sh 200
hbase-site.xml 200, 205, 220
HCatalog 210, 246
HColumnDescriptor 222
HDFS 20, 21
hdfs-site.xml 34, 73
Heat-Map 329
Herunterladen (HDFS) 155
HFiles 207
History Server 69
Hive 184
- ADD COLUMNS 280
- Aggregatfunktionen 268
- ALTER 278
- Architektur 248
- Arithmetische Operatoren 260
- Authentication-Provider 289, 312
- Auto-Increment 269, 270
- Autorisierung und Authentifizierung 289
- Benutzer 285
- Benutzerverwaltung 313
- Bucketing 263
- Case-Sensitivity 251
- CHANGE 279
- CLI 314
- CLUSTER BY 262
- Command Line Interface 249
- COMMENT 251, 278
- Compiler 248
- COUNT() 257
- CREATE DATABASE 251
- CREATE EXTERNAL TABLE 255
- CREATE ROLE 286

- CREATE TABLE  253
- CREATE TABLE ... LIKE  253
- CREATE TABLE ... PARTITIONED BY ...  254
- CROSS JOIN  283
- DESCRIBE FUNCTION  267
- Directed Acyclic Graph  248
- DISTINCT  260
- DISTRIBUTE BY  262
- Driver  248
- DROP  281
- DROP ROLE  286
- DROP TABLE  255
- Execution Engine  248
- EXPLAIN  258
- Externe Tabellen  254
- FULL OUTER JOIN  283
- GRANT  288
- Grantor  287
- GRANT ... TO ROLE  287
- GROUP BY  264
- Gruppen  285
- HAVING  277
- HCAT_HOME  314
- hive-default.xml.template  247
- HiveQL  245, 251
- hiveserver  249
- hiveserver2  249, 299
- hive-site.xml  247, 285, 294, 296
- Hive-Web-Interface  249
- IF NOT EXISTS  253
- Import  314
- IMPORT  256
- INSERT INTO TABLE  256
- Interactive Shell Mode  250
- JDBC  296
- JOIN  282
- JPam  295
- KERBEROS  295
- Komplexe Datentypen  252
- LDAP  295
- LEFT OUTER JOIN  283
- LEFT SEMI JOIN  283
- Lightweight Directory Access Protocol  
  siehe LDAP
- LIMIT  258
- LOAD DATA  256
- LOCATION  254
- Logging  275
- Logische Operatoren  259
- Mathematische Funktionen  266
- Metadaten  309
- Metastore  248
- ORDER BY  261
- OVERWRITE  257
- Paging  296, 299, 306, 310, 312
- PAM  295
- Partitionierte Tabellen  254
- Partition Pruning  261
- PasswdAuthenticationProvider  291
- Pluggable Authentication Module  
  siehe PAM
- Primitive Datentypen  252
- Privilegien  285
- REPLACE  280
- ResultSet  300
- ResultSetMetaData  311
- REVOKE  288
- RIGHT OUTER JOIN  283
- Rolle  285
- Security  284
- SELECT  257
- SELECT .. AS  258
- SELECT ... WHERE  258
- setCatalog  301
- SET TBLPROPERTIES  281
- SHOW DATABASES  251
- SHOW FUNCTIONS  267
- SHOW GRANT  287
- SHOW ROLES  288
- SHOW TABLES  253
- SORT BY  261
- Stinger-Initiative  246
- String-Funktionen  267
- Subquery  265
- Tabelle klonen  253
- Temporäre Funktionen  271
- TRUNCATE TABLE  255
- UDFType  271
- UNION  265
- USE  251
- User-Defined Functions  269
- View  281

HiveQL  108, 184  
Hochladen (HDFS)  155  
HPDL  siehe Hadoop Process Definition Language

HTableDescriptor   222
HTML5   333, 342
HttpFS   24
HttpServlet   165
Hue   249
hung_task_timeout_secs   216
HWI   *siehe* Hive-Web-Interface

## I

ifconfig   40
Impala   246, 317
ImportTsv   208, 219
include file (JSP)   353
Industrien   7
Infografik   322, 341
In-Memory   176
In-Memory-Datenbanken   192
InputFormat   110, 111
InputFormat-Klassen   60
InputSplit   110, 111, 118
InputStreamReader   346
IPv6   31
isSplitable   115

## J

JAAS   *siehe* Java Authentication and Authorization Service
Java Authentication and Authorization Service   292
Java Database Connectivity   249
Java Persistence API   *siehe* JPA
Java Runtime Environment   29
JavaScript-Validator   347
JDBC   *siehe* Java Database Connectivity
JDK   45
jdk.tools   219
JobControl   108
JobTracker   25
Join   244
JPA   355
Jps   39
JRE   *siehe* Java Runtime Environment
JSON   346
JSON.parse   351

## K

KDD-Prozess   *siehe* Knowledge Discovery in Databases
Key-Value-Datenbank   191
KeyValueInputFormat   61
KeyValueTextInputClass   60
Klassifikator   379, 382
Klassifizierung   379
Knowledge Discovery in Databases   16
Kompression   *siehe* Datenkompression
Kontextsensitive Diagramme   331

## L

Lamda-Expressions   177
Language-Detection   *siehe* Sprachenerkennung
Latenzzeit   245
LingPipe   379
LoadIncrementalHFiles   208
LocalResource   140
LocalResourceVisibility   140
Loci-Methode   322
Log-Aggregation   126
Logging (Hadoop)   125, 130
ls   23

## M

Machine-Learning   186
Mahout   186
Mapper   55, 97, 100
Map-Phase   42, 43
mapred   59
mapred-site.xml   35, 38
Map-Reduce   20, 42
mapreduce.task.timeout   216
Maschine-Learning   384
Maven   50
Maven-Assembly-Plug-in   53, 131
MD5   198
Mehrdeutigkeiten   379
META-INFO   135
Misco   178
mkdir   23
MongoDB   179
mv   23
MySQL   192
MySQL-Server   211

## N

Name-Node 21, 34, 69
Nashorn 344
Natural Language Processing *siehe* NLP
Neo4j 179, 192
NLP 377
Node-Manager 69, 146
Normalform 242
NoSQL 189
Not only SQL *siehe* NoSQL
NullOutputFormat 113

## O

ODBC *siehe* Open Database Connectivity
Oozie 186
Open-Data 367
Open Database Connectivity 249
OpenNLP 173, 358, 379
- Abhängigkeiten 380
- DoccatModel 381
- DocumentCategorizerME 383
- getAllResults 383
- getBestCategory 383
OpenSSH-Client 71
OpenSSH-Server 30
OpenStreetMap 336
OutputCollector 112
OutputFormat 110, 113

## P

Partitioner 112
Partitions 112
PDFBox 114
PDFInputFormat 114
Perspektive (Eclipse) 46
PhantomJS 344
Pig 185, 318
Pig Latin 108, 185, 318
polystrukturiert 13
Primärschlüssel 242
Project-Facet 82, 102, 155, 219, 298
Projekt importieren (Eclipse) 51
Pseudo distributed 27

## Q

Queue 141

## R

Random 350
Random Read/Write 245
RDBMS 194, 195
Recommendation-Engine 369
RecordReader 110, 111
RecordWriter 110, 119, 121
Redirect 241
Reduce-Phase 42, 43
Reducer 56, 98, 101
Region-Server 206
Regular-Expression 231, 260
Relational Database Management System *siehe* RDBMS
Relationale Datenbank 191
Relationen herstellen 357
Repliken 22
Reporter 112
Resilient Distributed Datasets 177
Resource-Manager 25, 69, 74, 130, 140, 141, 146, 248
ResourceTracker 74
REST-API 80
rm 23
Rowan Atkinson 13

## S

Sandbox 27
SAP-Hana 190
SAXParserException 40
Scala (Programmiersprache) 176
Scalable Vector Graphics *siehe* SVG
Scale-out 193
Scale-up 193
Scheduler 74
Schemafreiheit 189
Scoop 209
scrollen (Ubuntu) 65
Secure Shell *siehe* SSH
Sekundärschlüssel 242
Sensordaten 362
Sentiment-Analysis 377, 379, 384
SequenceFileInputFormat 61

SequenceFileOutputFormat   113
setInputFormatClass   60
setJarByClass   92
setMapperClass   60
setOutputFormatClass   60
setOutputKeyClass   61
setOutputValueClass   61
setReducerClass   60
SFTP   297
Shark   177
Shuffeling   112
SingleColumnValueFilter   228, 229, 230, 232
Single Point of Failure   25, 68
Sink (Flume)   183
Social Media   12
Source (Flume)   183
Spaltenorientierte Datenbank   191
Spark   176, 192
Split-Phase   42
Splits   110
Sprachen   377
Sprachenerkennung   378
Sqoop   183, 198, 219, 227, 240, 246, 314
Sqoop2   209, 415
sqoop-env.sh   210
sqoop-env-template.sh   210
SSH   30
SSH File Transfer Protocol   *siehe* SFTP
Stack Traces   65
Standalone   27
start-all.sh   38
Starten eines Map-Reduce-Jobs   64
StoreFiles   209
Storm   176
StringBuilder   238
sudo   29
SVG   342
systemPath (Maven)   136

## T

Tag-Cloud   328, 336
Talend Open Studio   109
Testdaten   95, 347
Textanalyse   357, 376
TextInputFormat   61
Text-Mining   376
TextOutputFormat   113

Thrift   207, 249
ToolRunner   59
touchz   24
Trainingsdaten   173, 379, 381
Transaktionsdaten   12
Tree-Map   337

## U

Ubuntu Server   27
UDF   *siehe* User-Defined Functions
UIMA   358, 377, 386
– Abhängigkeiten   388
– Analysis-Engine   393
– AnnotationIndex   393
– CAS   402
– Eclipse-Plug-in   387
– getDocumentText   393
– JCas   390
– JCasGen   389
– Primitive   394
– Testkonfiguration   398
– Type System Definition   388
Unstructured Information Management
   Architecture   *siehe* UIMA
Upload-Servlet   163
URL-Dekodierung   160, 162
URL-Enkodierung   160, 162

## V

V   *siehe* VVV
Validator   365, 377
Variety   11
Velocity   11
Veracity   13
Verarbeitung (Big-Data)   171
Video-Tutorials   5
View (Eclipse)   46
Visual Analytics   326
Visualisierung   321
– 3D-Diagramme   333
– Assoziation   332
– Audio   334
– Aufmerksamkeit lenken   329
– Circos   341
– Computertomographie   333
– D3.js   341, 342, 343, 344, 353

- Datameer 341
- Datenstrukturen 327
- Datumswerte 338
- Diagrammarten 336
- Dimensionen 334
- Frameworks 341
- Geografische Daten 328
- Hierarchische Daten 327
- infogr.am 341
- InfoViz 341
- Interaktion 330
- Interaktivität 334
- JPGraph 342
- Klassische Werkzeuge 340
- Kontextsensitivität 335
- Lineare Daten 327
- Magnetresonanztomographie 333
- Matlab 341
- m-n-Relation 336
- Netzstruktur 327
- Precog 341
- Processing 341
- ReportGrid 341
- RGB 329
- R-Project 341
- Tabellarische Daten 327
- Visualisierungsempfehlungen 357

VMware Player 27
Volume 10
Vorverarbeitung 189
VVV 10

# W

waitForCompletion 61, 93, 106
WebGL 333

Web Graphics Library *siehe* WebGL
Web-Interface 40, 64, 127, 150
Web Profile (JavaEE) 48
Wikipedia 8
Windows-Binaries (Hadoop) 86, 412
WinSCP 50, 63
winutils.exe 409
Word-Cloud 336

# X

XAMPP 211
XML-Validator 388

# Y

YARN 20, 25
YarnClient 138, 154, 168
YarnConfiguration 140
YARN-Kompatibilität 35
yarn.nodemanager.aux-services 36
yarn.nodemanager.aux-services.mapreduce.
    shuffle.class 36
yarn.nodemanager.delete-debug-delay-sec
    36
yarn.nodemanager.delete.debug-delay-sec
    151
yarn.nodemanager.vmem-pmem-ratio 36
yarn-site.xml 36, 74
Yet Another Resource Negotiator
    *siehe* YARN

# Z

Zookeeper 185, 200, 220
- Quorum 220, 233